מאוהל מועד לימי מועד

עדינה שטרנברג

מאוהל מועד לימי מועד

עיוני מקרא, עיוני משנה, עיוני דרשה

מגיד
מכון תורני לנשים

Adina Sternberg
In the Presence and in the Present:
Jewish Holidays from the Bible to Rabbinic Literature

עדינה שטרנברג
מאוהל מועד לימי מועד: עיוני מקרא, עיוני משנה, עיוני דרשה

עורך אחראי: ראובן ציגלר
עורכת ראשית: אוריה מבורך
עורכת משנה: אפרת גרוס
עריכה לשונית: משה גרוס
הגהה: אביחי גמדני
עימוד: רינה בן גל
תמונת עטיפה: שמואל לעסרי

ספרי מגיד, הוצאת קורן
ת"ד 4044 ירושלים 9104001
טל': 02-6330530 פקס: 02-6330534
www.korenpub.co.il
office@korenpub.com

מסת"ב ISBN 978-965-526-370-1

נדפס בישראל Printed in Israel 2024

הַצְּבִי יִשְׂרָאֵל עַל בָּמוֹתֶיךָ חָלָל אֵיךְ נָפְלוּ גִבּוֹרִים. אַל תַּגִּידוּ בְגַת
אַל תְּבַשְּׂרוּ בְּחוּצֹת אַשְׁקְלוֹן פֶּן תִּשְׂמַחְנָה בְּנוֹת פְּלִשְׁתִּים פֶּן תַּעֲלֹזְנָה
בְּנוֹת הָעֲרֵלִים. הָרֵי בַגִּלְבֹּעַ אַל טַל וְאַל מָטָר עֲלֵיכֶם וּשְׂדֵי תְרוּמֹת
כִּי שָׁם נִגְעַל מָגֵן גִּבּוֹרִים מָגֵן שָׁאוּל בְּלִי מָשִׁיחַ בַּשָּׁמֶן. מִדַּם חֲלָלִים
מֵחֵלֶב גִּבּוֹרִים קֶשֶׁת יְהוֹנָתָן לֹא נָשׂוֹג אָחוֹר וְחֶרֶב שָׁאוּל לֹא תָשׁוּב
רֵיקָם. שָׁאוּל וִיהוֹנָתָן הַנֶּאֱהָבִים וְהַנְּעִימִם בְּחַיֵּיהֶם וּבְמוֹתָם לֹא
נִפְרָדוּ מִנְּשָׁרִים קַלּוּ מֵאֲרָיוֹת גָּבֵרוּ. בְּנוֹת יִשְׂרָאֵל אֶל שָׁאוּל בְּכֶינָה
הַמַּלְבִּשְׁכֶם שָׁנִי עִם עֲדָנִים הַמַּעֲלֶה עֲדִי זָהָב עַל לְבוּשְׁכֶן.

שמואל ב א׳ יט-כד

ספר זה מוקדש לזכרם של אב ובת,

דוד יעקב הלוי אפלבאום ונאוה אפלבאום הי״ד

שנרצחו על ידי מחבלים ערב חתונתה של נאוה בירושלים

י״ג באלול תשס״ג

ספר זה מוקדש לעילוי נשמת

שמואל מאיר (סנדי) אייזנשטאט ז״ל

איש של חזון, יושרה, טוב לב ונדיבות רוח.
מסור לעם היהודי ולמשפחתו האוהבת.

משפחת אייזנשטאט

MATAN מכון תורני לנשים
ע"ש שרה בת יצחק יעקב רעננערט

בשנות השמונים של המאה העשרים העבירה הרבנית מלכה בינה שיעורי גמרא לנשים. היו אלו שיעורים חלוציים שהתקיימו סביב שולחנה של לילי וייל ז"ל. יחד עם לילי, הגתה הרבנית בינה את הקמתו של בית מדרש לנשים שיצמיח מתוכו תלמידות חכמים. בשנת 1998 הקימה הרבנית בינה את המכון התורני לנשים על שם שרה רעננערט ז"ל, הידוע בשם 'מתן'. מאז הקמתו ניצב מתן בחזית לימוד התורה והמנהיגות היהודית הנשית.

כיום מונה מתן אחד־עשר סניפים ברחבי הארץ ועשרות אלפי תלמידות בארץ ובעולם. במתן מוצעות תוכניות בית מדרש אינטנסיביות ללימוד תנ"ך, תלמוד, הלכה ומחשבת ישראל, שהובילו את לימוד התורה לנשים לפסגות חדשות. בוגרות בית המדרש הן רבניות, מנהיגות רוחניות, משיבות הלכה, מחנכות משפיעות ומחוללות שינוי. במתן תוכניות שנתיות עשירות ומגוונות לקהילה הגלובלית, ימי עיון מיוחדים בארץ ובעולם, תוכנית בת מצווה לבנות ואימהות, סדרת פודקאסטים בעברית ובאנגלית, ואוסף גדל והולך של משאבי הלכה מקוונים. מתן נמצא בחזית לימוד התורה והמנהיגות היהודית הנשית, ובחיפוש מתמיד אחר האתגר המשמעותי הבא, במטרה לעורר השראה ולחזק את הדורות הבאים דרך לימוד תורה משנה מחיים.

כִּתְבוּנִי – תוכנית עמיתות לכתיבת ספרים תורניים

'כתבוני' נוסדה בשנת 2022 על ידי ד"ר יעל ציגלר, בוגרת מתן ומרצה בכירה ששימשה כראשת בתי המדרש של מתן. מטרת התוכנית להכשיר ולעודד נשים תלמידות חכמים לכתיבה תורנית. בעוד שחלה עלייה משמעותית במספר הנשים שמלמדות תורה ומנהיגות בעולם היהודי - הכתיבה התורנית על ידי נשים נותרה מאחור. עמיתות כתבוני הינן תלמידות חכמים יוצאות דופן, המבקשות להשפיע על מדף הספרים היהודי ולהעשיר את הספרות התורנית במגוון תחומים. כתבוני מספקת את המסגרת, ההנחיה, והתמיכה המקצועית לכל מחזור של עמיתות, בשיתוף עם הוצאת קורן.

הספר הראשון של כתבוני נכתב על ידי הרבנית ד"ר עדינה שטרנברג, בוגרת ומרצה במתן. ספרה מציע הבנה מעשירה של היחס בין חגי ישראל למקדש לאור התנ"ך והמשנה. ד"ר שטרנברג היא חלוצה. אנו מחכות בציפייה לספרים הבאים שיפורסמו על ידי עמיתות כתבוני.

תוכן העניינים

פתיחה

מאוהל מועד לימי מועד

סיפורי אברהם אבינו מבטאים באופנים שונים את ההגדרה של עובד ה' ועבודת ה'. לצד שמיעת הציווי של ה' "לך לך" וההליכה לארץ ישראל, ניתן לאפיין את עבודת ה' שאברהם מחדש בשני מוקדים: הקריאה בשם ה' בכל מקום (בראשית י"ב ז-ח, י"ג ב-ד, יח) וחינוך ילדיו ל"דרך ה', לעשות צדקה ומשפט" (שם, י"ח יט). לצד הציות לאלוהים, הבשורה של אברהם היא הבאת המודעות לקיומו של ה' "אל השטח" ואל החיים עצמם, חיים של מוסר וצדק.

אך לא די בזה. ה' דורש מאברהם שני דברים נוספים: האחד, לכרות איתו ברית על ידי ברית המילה, ובכך לבטא קשר ייחודי בין ה' לחלק מבני האדם (בראשית י"ז), והשני, להקריב קורבן במקום שה' יבחר (שם, כ"ב). עד סיפור העקדה, אברהם עובר ממקום למקום וקורא בשם ה', ובכך מנסה להביא את דבר ה' לכל מקום. בתיאורים הללו, אברהם בונה מזבחות אך לא מקריב בהם: "ויבן שם מזבח... ויקרא בשם ה'". אפשר שאברהם לא רואה בהקרבה הפיזית או בפולחן ערך. כשה' פונה לאברהם בניסיון העקדה בדרישה "קח נא", הוא מבקש שאברהם גם יבוא אל ה' ויביא אליו משלו. בתחילה ה' מבקש מאברהם להקריב את בנו, אבל נראה לי שמטרת הניסיון – או ההתנסות – היא לגרום לאברהם להקריב מעצמו קורבן במקום שה' בחר.

בעוד אברהם מחפש לשמוע את ה', לקרוא בשמו בכל מקום ולהנחיל את ערכיו בחברה, ה' מבקש גם קִרבה ואינטימיות של הַקרבה. ה' יגיע אל כל מקום שאברהם מביא אותו אליו, 'בכל המקום אשר תזכיר את שמי', כביכול, אך הוא רוצה שגם אברהם יגיע אליו, "בכל המקום אשר אזכיר את שמי" (שמות כ' כ), יתקרב ויביא משהו משל עצמו אל האלוהים.

שתי התנועות הללו – הבאת דבר ה' אל המרחב והתקרבות אל ה' במקום שה' בוחר – מאפיינות את העולם הדתי בכלל ואת החגים בפרט. אומנם כך האידיאל אך "מפני חטאינו גלינו מארצנו", ורבים חשים מרחק מעולם דתי שבמרכזו מקדש. חלף זאת, אנחנו מתרכזים בעולם הדתי שלנו, במרחב הציבורי והפרטי. כשאנו קוראים את ספר ויקרא (ועוד קודם בסוף ספר שמות, עם פירוט בניית המשכן וכליו), אנשים רבים מאבדים את הריכוז ובוודאי שלא מעמיקים בדברים. מעטים נכנסים לתוך נבכי פרטי הקורבנות ומחפשים בהם משמעות.

בספר הזה לא אעסוק באופן נרחב בפרטי הקורבנות, אבל גם לא אתעלם מהמקום המרכזי שיש לעבודת המקדש בחגי ישראל. היום אין אפשרות לקיום מלא של הלכות המועדים, שכן אי אפשר לעלות לרגל והכוהנים לא יכולים לקיים את כל מצוות החגים במקדש. עם זאת, הבנת התפקיד של המקדש לצד התפקיד של ה"מדינה" או ה"גבולין" – כלומר המרחב הכללי, והמרחב הפרטי, הבית – תועיל לנו בהבנת המשמעות הרחבה של המרכיבים השונים של החגים: תקיעת השופר וימי הדין, עבודת יום הכיפורים, סוכה וארבעת המינים, פסח, מצה ומרור ועוד.

כמובן, נתייחס גם לעבודת ה' בגבולין, במרחב הפרטי והכללי, ונראה כיצד מועדי ה' מצויים גם שם ומשפיעים על כל אחד ואחת בבית פנימה. נדמה שהבנת המרכיבים ה"מקדשיים" תשפיע על הקיום שלהם גם מחוץ למקדש, בעולם נטול מקדש, ובחיים הפרטיים.

בשל הקשר ההדוק בין המקדש לבין החגים, קראתי לספר "מאוהל מועד לימי מועד", שכן הוא משקף את הקשר בין המפגש עם אלוהים במקום למפגש עימו בזמן. במהלך הספר אני מקווה לבסס ולהוכיח את הקשר בין שני היסודות הללו: זמן ומקום. נעקוב אחרי לוח השנה: נתחיל ברעיונות כלליים על היחס שבין שבת ליום טוב ועל עלייה לרגל, נעבור דרך חגי תשרי, מועדי החורף ונסיים בחגים של החודשים ניסן-סיון. מתוך התובנות שיעלו במהלך הספר, אנסה להניח תשתית מחשבתית ורעיונית לשאלת מקומן של נשים במצוות הללו, שרבות מהן הן מצוות עשה שהזמן גרמן.

שלושה מעגלים מרכזיים עומדים בבסיס העיון שלנו בכל מועד: **עיוני מקרא** – שבהם נעיין בפשטי המקראות ונציע כיוונים שונים להבנת המרכיבים השונים של החגים; **עיוני משנה** – שבהם נעיין בפרטי המשנה ובמבנה שלה כדי לעמוד על התובנות הגנוזות בטקסט חשוב ויסודי זה; **עיוני דרשה** – שבהם נעיין בדרשות חז"ל השונות – במדרשי ההלכה והאגדה ובתלמודים – כדי למצוא את המקורות המחשבתיים והרעיוניים של הפרטים ההלכתיים. תחת הכותרת **מקראות קודש** אנסה לשזור הכול יחד וליצור משמעות מתוך המקראות השונים לגבי העולם

של מקראי קודש. בסוף כל פרק יבוא מדור נוסף, המכונה **שהחיינו וקיימנו**, שיעסוק בהיבטים קיומיים יותר של הלימוד: היכן הוא פוגש אותנו בחיים ומה אפשר ליישם בצורה מעשית מהרעיונות והתובנות שעלו.

הספר הזה הוא פרי שיעורים שהעברתי במסגרות שונות, ובעיקר בבית המדרש הביתי שלי – 'מתן'. גם כתיבת הספר התאפשרה בזכות התמיכה הנדיבה של 'מתן', יחד עם הוצאת קורן־מגיד, בעזרת התורמים הנדיבים של 'מתן' ותוכנית 'כתבוני'.

השיעורים הללו והספר הזה מושפעים לא מעט מהתורה שלמדתי לאורך השנים:

עיוני מקרא – כבר בבית הוריי ספגתי את חשיבות ההבחנה בין פשט לדרש, בין מה שכתוב למה שאפשר לפרש. בשיעורי התורה ששמעתי בארגון נח"ת (נוער חובב תנ"ך), שיעורים שאותם גם למדתי להעביר, פיתחתי עוד את היכולות הללו. במדרשת לינדנבאום ובמגדל עוז למדתי אצל מומחי התנ"ך של דורנו – הרב ד"ר יואל בן נון, הרב יעקב מדן, הרב אמנון בזק, הרב פרופ' יונתן גרוסמן, הרב פרופ' מרדכי סבתו ורבים נוספים. זכיתי שהרב אמנון בזק הנחה אותי בכתיבת ספר זה, ואני מודה לו על הזמן והמאמץ שהשקיע, על ההערות החשובות ועל דיוק הדברים.

עיוני משנה – את הכלים השונים של לימוד המשנה פיתחתי כאשר למדתי ולימדתי משנה בתוכניות התורה שבעל פה של 'מתן', ובהמשך כשלימדתי במכללת 'אורות'. לימים גיליתי שהרב ד"ר אברהם וולפיש פיתח באופן נרחב כלים שונים ללימוד ספרותי של המשנה, ושמחתי לגלות מערך שיטתי ומנוסח של תיאוריה ספרותית ללימוד משנה שיכולתי לינוק מתוכו ולהשתלב בתוכו. גם הרב ד"ר יעקב נגן בספריו מוסיף לניסוח התובנות החשובות שעולות מהמשנה, לא רק בהיבט ההלכתי אלא גם בהיבט המחשבתי של לימוד התורה שבעל פה.

עיוני דרשה – את הגמרא פגשתי לראשונה כשלמדתי עם אבי מורי לבת המצווה. בהמשך השקעתי זמן רב בלימוד הגמרא ובהבנתה. שני רבנים השפיעו באופן מיוחד על צורת הלימוד שלי: בתוכנית 'חברותא' של האוניברסיטה העברית זכיתי ללמוד אצל הרב שבתי רפפורט, שהיה בזמנו גם ראש הישיבה של בעלי יואב. ממנו למדתי "איך לספר סיפור" מתוך הדעות השונות של החכמים. למדתי כיצד כל דעה מספרת סיפור אחר של הנושא שאותו היא מגדירה, כאשר בדרך כלל בראשה של כל אחת מהדעות יש "דימוי" אחר (לדוגמה: האם שליח הוא "טלפון", "צינור" או "קוף"?), ומתוך כך אפשר להבין את ההכרעה של כל דעה בפרטים השונים של הנושא. ממנו למדתי גם שהדרשה שכל חכם בוחר היא נגזרת של ההבנה שלו את הנושא. הבחירה ללמוד מפסוק מסוים קשורה לאותו דימוי בראש הנוגע לנושא הזה וקשורה לאופן שהנושא הזה מובן ומוסבר. אני מניחה שהתהליך הוא דו־כיווני –

הפסוקים משפיעים על יצירת הדימוי וההבנה, ואז החכם חוזר לפסוקים כדי למצוא את המקור המדויק להבנה הזאת.

ב'מתן' זכיתי ללמוד מכמה חכמים גדולים, והשפעה ניכרת יש לרבי ומורי (שגם הנחה את התזה שלי), הרב ד"ר עוזי פוקס. ממנו למדתי להקשיב לקולות השונים שבטקסט – לדעות השונות שבאות לידי ביטוי באופן מפורש, אבל גם באופן סמוי – דרך המבנה והשקלא והטריא שבסוגיות. ממנו למדתי שמחלוקות בין הראשונים בדרך כלל מבטאות מחלוקות ו"זרמים" בסוגיות עצמן. את הכיוון הזה יישמתי גם בלימוד התנ"ך, בניסיון לזהות כיצד מחלוקות הפרשנים מבטאות את הקולות השונים שנמצאים כבר בטקסט עצמו. כתביו ושיעוריו של הרב מרדכי ברויאר, והתורה שלמדתי מפי תלמידיו, עזרו לבסס את התובנות על אודות הקולות השונים או הבחינות השונות באופן מסודר ושיטתי יותר.

בספר שלפניכם אחפש גם את הקולות השונים הללו, את הכיוונים השונים שנמצאים כבר בתנ"ך, מקבלים שם וצורה בדברי חז"ל, במשנה ובגמרא, ואחר כך ביסוס ותמיכה בדרשות. כל קול מבטא רעיון מתוך שבעים הפנים של התורה, שמצטרפים יחד להבנה רחבה ומגוונת יותר של ההיבטים השונים של כל חג וכל פרט שלו. בעיונים אנסה להציג פרשנויות לפסוקי המקרא, כשחלקן עולות בפשטות מתוך הכתובים (בעיוני מקרא), וחלקן מתעוררות, ניזונות ונתמכות מתוך דברי חכמים (בעיוני משנה ובעיוני דרשה).

אין כאן יומרה להציג את "הפירוש הנכון" או ה"יחיד" לטקסטים השונים, שכן לדעתי הכתובים סובלים פירושים שונים, כשאת חלקם ניתן לזהות מיד, וחלקם מתבהרים לאורך פירושי חז"ל לאורך התקופות. המטרה היא להציג פירושים טובים של דברי התורה ודברי חכמים, באופן שיתיישבו היטב בפסוקים ובלב. אני מקווה שהתרומה שלי תהיה בזיהוי הקולות הללו, הן בלימוד הישיר של התנ"ך והן מתוך הקשבה לפרשנות שעולה באופן גלוי בדברי חז"ל ולזו שאפשר לנסות לזהות בדבריהם.

לאורך השנים האהבה הגדולה שלי לתנ"ך יחד עם ההשקעה הגדולה והמחויבות שלי לספרות חכמים הולידו חיפוש תמידי אחר הגשר בין השניים, בין התורה שבכתב לתורה שבעל פה. בעקבות כך, כאשר אני ניגשת למדרשי חז"ל מנחה אותי פרפרזה על אמירתו של עקביא בן מהללאל (אבות פ"ג מ"א):

דע מאין באת ולאן אתה הולך ולפני מי אתה (עתיד ליתן דין וחשבון).

כשנפגוש במדרשי חז"ל נשאל *'מאין באת'* – על סמך אילו מרכיבים בטקסט נשען

הפירוש? מהיכן הוא נובע מתוך הפסוקים – בין אם באופן ישיר, בפסוקים המפורשים כרגע, ובין אם בראייה רחבה של פסוקי תנ״ך נוספים? נוסיף לכך את שאלת **׳ולאן אתה הולך׳** – לאן הדרשה הזאת מוליכה אותנו ברמה המחשבתית? מדוע הדרשן בחר דווקא את הפסוקים הללו כדי ללמוד את ההלכה, ומה זה אומר על ההבנה שלו את הרעיון שבבסיס הדין? בחלק מהדיונים, אך לא בכולם, נשאל שאלה שלישית: **׳ולפני מי׳** – מי הקהל של הדרשות? האם ההקשר הגיאוגרפי או ההיסטורי יכול להעניק ממד נוסף לבחירה דווקא בדרשה אחת על פני חברתה.

שהחיינו וקיימנו – ללימוד התורה שלי יש כמה מטרות. המטרה הראשונה היא להבין את דבר ה׳ ודברי חכמים ולעמוד על העומק של הרעיונות הרבים הגלומים בתורה ובספרות חז״ל. בכך אני מתחברת לדבר ה׳ כפי שהוא בא לידי ביטוי באופן ישיר בתנ״ך וכפי שהוא נמסר והתפרש בדברי חכמים לאורך הדורות. בעצם הלימוד אני יכולה להבין טוב יותר את העולם הדתי שלי וגם את מכלול האפשרויות הפרשניות והרעיוניות שגלומות בתוכו; המטרה השנייה של הלימוד היא להעניק בעזרת הרעיונות והתובנות עומק ומשמעות למעשה הדתי.

בעיניי, לימוד טוב הוא כזה שגם מבוסס במקורות באופן משכנע וגם משנה את האופן שבו אני מקיימת את ההלכה, בתשומת לב גדולה יותר לפרטים ובאופן שבו אני חווה את קיום המצווה. במדורי העיונים של הספר אני עמלה על ביסוס הרעיונות בכתובים, ובמדור ׳שהחיינו וקיימנו׳ אנסה לגעת בחלק מן המשמעויות שעולות מהלימוד ואני מיישמת בחיים שלי.

הייתה לי הזכות להשתתף במחזור הראשון של תוכנית ׳כתבוני׳ מבית ׳מתן׳. במתן זיהו גם את הצורך של עולם התורה בנשים כותבות שיתרמו מתורתן לארון הספרים המתפתח מדור לדור, וגם את הצורך של נשים בזמן, הקצאת משאבים ותמיכה מקצועית על מנת שיוכלו לכתוב את תורתן בין ההוראה להורות, ולהגשים את החלומות בתוך חיים עמוסים.

אני מודה לבית המדרש מתן על התורה שלמדתי לאורך השנים ועל האמון שלהם בתורה שיש לי לתת בחזרה: לרבנית מלכה בינה, מייסדת מתן והרוח החיה של המוסד, ולחיה בינה־כץ המנכ״לית, שדואגת במסירות נפש שכל התוכניות של מתן, ותוכנית כתבוני בפרט, יוכלו לצאת לפועל. אני רוצה להודות גם לתורמים הנדיבים של מתן לאורך הדורות, ושל תוכנית כתבוני בפרט, על החזון, הנדיבות והתמיכה.

תודה להוצאת קורן־מגיד על הליווי בתהליך הוצאת הספר, החל מהאמון שנתנו בי לכתוב את הספר וכלה בהוצאתו בפועל: לרב משה גרוס שערך, דייק והידק;

ולרב ראובן ציגלר, לרבנית אוריה מבורך, לשמואל לעסרי ולאפרת גרוס על הניהול והדאגה שיצא מתחת ידינו דבר מתוקן. הליווי, הדחיפה והמקצועיות היו חשובים ביותר.

תודה לרב אמנון בזק על ההנחיה, על ההערות החשובות, הזמינות והמקצועיות ועל ההתעניינות החוזרת בהתקדמות הכתיבה. הרבה מתורתו משוקע בדבריי, בין באופן ישיר ובין באופן עקיף.

תודה לקבוצת הנשים שיחד איתי היו חלק מתוכנית כתבוני של מתן והוצאת קורן־מגיד, שהיו שותפות לדרך בכתיבה ובעצה טובה: לרבנית ד״ר שפרה אסולין, לרבנית ד״ר מרים וייטמן, לרבנית יעל ליבוביץ, לרבנית ד״ר מירב סויסה ולרבנית ד״ר שרון גלפר־גרוסמן, ובמיוחד לד״ר יעל ציגלר – אשת החזון של התוכנית – שהנהיגה את הקבוצה ועזרה בעצותיה הטובות והדרכתה הנעימה.

תודה לד״ר תמר קציר, חברת נח״ת בעבר וחברת האקדמיה ללשון עברית בהווה, על העצות הלשוניות והזמינות התמידית, ולד״ר מירי כהנא על הייעוץ בנוגע לתרגומים.

תודה לתלמידותיי־חברותיי לאורך השנים – בסניפים השונים של 'מתן', במכללת אורות ובמכללת אפרתה, בנשמת, במדרשה בבר־אילן ובקהילות שלי בבית שמש ובישוב אדם (גבע בנימין). אני בטוחה שגם תובנותיהן משוקעות בין דפי הספר.

לבסוף, אני מודה מאוד למשפחתי, שתמכה ועודדה אותי בתהליך כתיבת הספר: להוריי ואחיי על התמיכה והעידוד; לילדיי שהתעניינו והתלהבו, שמעו חלק מן הרעיונות (ואף עזרו לי לזכור אותם כשהם צצו במהלך השבת); לאבי מורי פרופ׳ דניאל לסקר ולגיסי הרב בנימין דה־לה־פואנטה, שניאותו לעבור על הספר, השקיעו מזמנם ומניסיונם ועזרו לחדד את הניסוחים ואת הרעיונות.

לאישי היקר יואב אני מודה מאוד על שעודד אותי לקבל על עצמי את המיזם הזה, שליווה את הלבטים השונים שעלו במהלך הכתיבה והשיא עצות טובות מתוך זווית הראייה המיוחדת שלו. לאורך השנים למדתי ממנו המון על היכולת לאזן – בין הלימודים לחיים, בין המשפחה לכתיבה, בין הרצינות לקלילות, בין השכל לרגש, בין הפרשנות למהות, ובין הלוגיקה והטקסט לבין הנשמה. הרבה מתורתי מושפעת במישרין ובעקיפין מהתורה ומצורת החשיבה של יואב. על כל אלו ועוד, תודה רבה.

פרק א

בין האדם לבין "המקום" ובין שבת ליום טוב

בשיר הילדים המפורסם, המשורר אהוד מנור שואל: "אז למה לא כל יום שבת?". השבת היא זמן שהילדים בשיר מחכים לקראתו וגם ההורים אוהבים אותו. בתקופות החגים של תשרי וניסן, לעיתים יש תחושה ש(כמעט) "כל יום שבת". האם זה אכן אותו הדבר? האם החוויה של השבתות אמורה להיות דומה לחוויה של החגים? בפרק הזה נדון מה המיוחד בשבת ובמה שונות השבתות מימי החגים והרגלים.

ההבחנה בין שבתות לחגים תתבסס על ניסוחה של משנה המופיעה בשני מקומות שונים:[1] "אין בין יום טוב לשבת אלא אוכל נפש בלבד". משפט זה מסכם הבדלים הלכתיים רבים בין השניים והוא הבסיס להבדלים נוספים, אך הוא גם מעורר כמה שאלות: מניין למדו שזהו ההבדל בין שבת ליום טוב? האם זהו ההבדל היחיד? ומה המשמעות של הבדל זה מבחינה רעיונית?

עיוני מקרא

בין שבת ליום טוב – היתר תוצאה או היתר מלאכה

כדי לעמוד על ההבדל בין השבת לבין יום טוב, נפנה לפסוקי התורה שמהם ניתן

1. משנה ביצה פ"ה מ"ב, מגילה פ"א מ"ה.

ללמוד את ההבדלים. בני ישראל הצטוו על החג הראשון שלהם עוד קודם ששמעו את דיני השבת.

כך נאמר להם במצרים על חג המצות (שמות י"ב):

(טז) וּבַיּוֹם הָרִאשׁוֹן מִקְרָא קֹדֶשׁ וּבַיּוֹם הַשְּׁבִיעִי מִקְרָא קֹדֶשׁ יִהְיֶה לָכֶם **כָּל מְלָאכָה** לֹא יֵעָשֶׂה בָהֶם **אַךְ אֲשֶׁר יֵאָכֵל לְכָל נֶפֶשׁ** הוּא לְבַדּוֹ יֵעָשֶׂה לָכֶם.

היום הראשון והשביעי של חג המצות הם מקראי קודש. מצד אחד אסור לעשות בהם כל מלאכה, ומצד שני מותר לעשות "אשר יאכל לכל נפש", ומכאן מקור הביטוי "אוכל נפש". עם ישראל עדיין אינו מכיר את איסורי השבת, אך יודע שבחג המצות, בחלק המוגדר 'מקראי קודש', יש איסור על כל מלאכה אך יש במלאכות חריגה לגבי הכנת אוכל.

את איסורי השבת המדויקים נפגוש בהמשך הספר, לדוגמה בעשרת הדיברות (שמות כ'):

(ח) זָכוֹר אֶת יוֹם הַשַּׁבָּת לְקַדְּשׁוֹ: (ט) שֵׁשֶׁת יָמִים תַּעֲבֹד וְעָשִׂיתָ כָּל מְלַאכְתֶּךָ: (י) וְיוֹם הַשְּׁבִיעִי שַׁבָּת לַה' אֱלֹהֶיךָ **לֹא תַעֲשֶׂה כָל מְלָאכָה** אַתָּה וּבִנְךָ וּבִתֶּךָ עַבְדְּךָ וַאֲמָתְךָ וּבְהֶמְתֶּךָ וְגֵרְךָ אֲשֶׁר בִּשְׁעָרֶיךָ: (יא) כִּי שֵׁשֶׁת יָמִים עָשָׂה ה' אֶת הַשָּׁמַיִם וְאֶת הָאָרֶץ אֶת הַיָּם וְאֶת כָּל אֲשֶׁר בָּם וַיָּנַח בַּיּוֹם הַשְּׁבִיעִי עַל כֵּן בֵּרַךְ ה' אֶת יוֹם הַשַּׁבָּת וַיְקַדְּשֵׁהוּ.

בשבת נאסרו כל המלאכות ואין שום תוצר או תכלית שהותרו.

את המועדים נפגוש שוב, בצורה אחרת, בהמשך. פרשת המועדות שבספר ויקרא (פרק כ"ג) פותחת בכותרת כפולה:

(א) וַיְדַבֵּר ה' אֶל מֹשֶׁה לֵּאמֹר: (ב) דַּבֵּר אֶל בְּנֵי יִשְׂרָאֵל וְאָמַרְתָּ אֲלֵהֶם **מוֹעֲדֵי ה' אֲשֶׁר תִּקְרְאוּ אֹתָם** מִקְרָאֵי קֹדֶשׁ **אֵלֶּה הֵם מוֹעֲדָי**: (ג) שֵׁשֶׁת יָמִים תֵּעָשֶׂה מְלָאכָה וּבַיּוֹם הַשְּׁבִיעִי שַׁבַּת שַׁבָּתוֹן מִקְרָא קֹדֶשׁ **כָּל מְלָאכָה לֹא תַעֲשׂוּ** שַׁבָּת הִוא לַה' בְּכֹל מוֹשְׁבֹתֵיכֶם.

(ד) אֵלֶּה **מוֹעֲדֵי ה' מִקְרָאֵי קֹדֶשׁ אֲשֶׁר תִּקְרְאוּ אֹתָם** בְּמוֹעֲדָם: (ה) בַּחֹדֶשׁ הָרִאשׁוֹן בְּאַרְבָּעָה עָשָׂר לַחֹדֶשׁ בֵּין הָעַרְבָּיִם פֶּסַח לַה': (ו) וּבַחֲמִשָּׁה עָשָׂר יוֹם לַחֹדֶשׁ הַזֶּה חַג הַמַּצּוֹת לַה' שִׁבְעַת יָמִים מַצּוֹת תֹּאכֵלוּ: (ז) בַּיּוֹם הָרִאשׁוֹן מִקְרָא קֹדֶשׁ יִהְיֶה

לָכֶם֙ **כָּל מְלֶאכֶת עֲבֹדָה לֹא תַעֲשׂוּ:** (ח) וְהִקְרַבְתֶּם אִשֶּׁה לַה' שִׁבְעַת יָמִים בַּיּוֹם הַשְּׁבִיעִי מִקְרָא קֹדֶשׁ כָּל מְלֶאכֶת עֲבֹדָה לֹא תַעֲשׂוּ.

לאחר הפתיחה "אלה הם מועדי", התורה מתייחסת לשבת, ולאחר מכן פותחת שוב "אלה מועדי ה'". הרמב"ן קובע שהפתיחה המחודשת באה להבחין בין השבת למועדים, כאשר דיני שבת הם מעין מאמר מוסגר כדי להדגיש את ההבחנה הזאת, ששבת אינה חלק מהמועדים אלא עומדת בפני עצמה.[2] בעוד שבשבת נאמר "**כל מלאכה** לא תעשו", במועדים, בחג המצות ושאר החגים למעט יום הכיפורים, נאמר: "כל **מלאכת עבודה** לא תעשו".

שני התיאורים הללו לאופי של יום טוב, נותנים שתי נקודות מבט על איסורי היום.[3] הפסוקים בספר שמות מתמקדים בתכלית: אם המלאכה היא לצורך אוכל נפש, היא מותרת, ואם לא, היא אסורה. לעומת זאת, הפסוקים בספר ויקרא מתמקדים בתהליך – רק אם זו "מלאכת עבודה" היא אסורה. מתוך כך מתברר שיש מלאכות שהן אינן "מלאכת עבודה" אלא מלאכה מסוג אחר.

הרמב"ן (ויקרא כ"ג ז) משלב את שתי נקודות המבט הללו כך:

...אבל פירוש "מלאכת עבודה", כל מלאכה שאינה לצורך אוכל נפש, כענין שנאמר 'ששת ימים תעבוד ועשית כל מלאכתך' (שמות כ' ט), 'ובכל עבודה בשדה' (שם א' יד), 'ונעבדתם ונזרעתם' (יחזקאל ל"ו ט), 'וקין היה עובד אדמה' (בראשית ד' ב), ומלאכה שהיא באוכל נפש היא מלאכת הנאה לא מלאכת עבודה. וזה מתבאר בתורה, כי בחג המצות שאמר תחילה 'כל מלאכה לא יעשה בהם' (שמות י"ב טז), הוצרך לפרש 'אך אשר יאכל לכל נפש הוא לבדו יעשה לכם', ובשאר כל ימים טובים יקצר ויאמר 'כל מלאכת עבודה לא תעשו', לאסור כל מלאכה שאיננה אוכל נפש ולהודיע שאוכל נפש מותר בהן.

2. רמב"ן על ויקרא כ"ג ב ד"ה והנכון בעיני. הרמב"ן משווה זאת לפתיחה לבניית המשכן, גם שם יש כותרת שעוסקת בבניית המשכן, סטייה לדיון בשבת, ושוב כותרת שעוסקת בבניית המשכן והמשך פירוט הקשור לבניית המשכן. ההשוואה המבנית הזאת מצביעה על השבת כיוצאת דופן הן מול המשכן והן מול המועדים. על הדרך היא גם מצביעה על הקשר שבין המשכן למועדים, כפי שנראה בהמשך.

3. לפי יהודה הדסי הקראי (אשכול הכופר רמח, ק), ההיתר של אוכל נפש נאמר רק בפסח, ובחגים האחרים אין היתר כזה, שכן נקראו שבתון או בגלל קדושתם. לדעתו אין כאן שתי נקודות מבט.

ולא יאמר הכתוב לעולם באחד מכל שאר ימים טובים "כל מלאכה" ולא יפרש בהם היתר אוכל נפש, כי "מלאכת עבודה" ילמד על זה.

הרמב"ן מפרש את הפסוקים בספר ויקרא בעקבות הפסוק בספר שמות. מהפסוק בשמות, המתיר עשיית מלאכה לצורך אוכל נפש, הרמב"ן מסיק שמלאכות הכנת האוכל אינן מוגדרות כ"מלאכות עבודה" אלא כ"מלאכות הנאה". אומנם, יש אנשים שמבחינתם אלו "מלאכות הנאה" כיוון שהבישול עצמו מהנה אותם, אך גם לאנשים אחרים אפשר לומר שאלו מלאכות המפיקות הנאה מיידית. נשים לב כי הרמב"ן כולל ב"מלאכת עבודה" גם את מלאכות השדה, אף שהן נצרכות לאוכל נפש.[4] נראה שמלאכה תעשייתית שאין בה הנאה מיידית של אכילה (על פי רוב) לא תיכלל באוכל נפש וגם לא במלאכת הנאה, שכן אלו ממש "מלאכות עבודה".[5]

בין שבת ליום טוב – בין מנוחה לשמחה

ניתן לראות מהפסוקים הללו את ההבדל ההלכתי בין שבת לבין יום טוב: בשבת נאסרה "כל מלאכה" וביום טוב רק "מלאכת עבודה" והותרו מלאכות לצורך אוכל נפש. ננסה להבין מה טיב ההבדל מבחינה רעיונית. בתורה יש כמה סיבות לאיסור מלאכה בשבת, ואחד הרעיונות שחוזר שוב ושוב הוא המנוחה. בעשרת הדיברות שבספר שמות נאמר שהשבת היא: "כִּי שֵׁשֶׁת יָמִים עָשָׂה ה' אֶת הַשָּׁמַיִם וְאֶת הָאָרֶץ אֶת הַיָּם וְאֶת כָּל אֲשֶׁר בָּם **וַיָּנַח** בַּיּוֹם הַשְּׁבִיעִי". דיני השבת נובעים ממנוחת ה' ביום השביעי של הבריאה.[6]

4. הרב ד"ר י' בן נון (זכור ושמור, עמ' 22-21) מבחין בין ההופעות השונות של מצוות השבת, כאשר בחלקן נאסרות "מלאכות הבית" של בישול ואפייה (לדוגמה בפרשת המן, שמות ט"ז), ובחלקן נאסרות דווקא "מלאכות השדה" (כגון בשמות כ"ג י-טז, ל"ד כא). מכאן יש בסיס לחלוקה בין "מלאכת הנאה" ל"מלאכת עבודה".
5. בניסוח אחר, הרב ש"י זוין (המועדים בהלכה, עמ' ה-ו) מתייחס לשאלה אם היתר אוכל נפש הוא **סימן** למלאכות שהותרו או **טעם** למלאכות שהותרו. לשאלה זו ישנן כמה השלכות: א. האם הותרו גם מכשירי אוכל נפש, כדעת ר' יהודה (תוספתא מגילה פ"א ה"ז במהדורת ליברמן; בבלי שבת קלז ע"ב; ביצה כח ע"א-ע"ב; מגילה ז ע"ב, ועוד) או לא; ב. אילו מלאכות הותרו – כל המלאכות שנועדו ליצור אוכל (אם כי חלקן נאסרו מדרבנן) או רק מלאכות שקרובות לתוצר של האוכל, או שאינן "מלאכות עבודה" או מלאכות שעבד עושה לרבו. לדעות נוספות וסיכום היחס בין היתר "אוכל נפש" לאיסור "מלאכת עבודה", ראו באנציקלופדיה התלמודית, ערך יום טוב, סעיף ה', ובכיוון אחר: י' תבורי, מועדי ישראל, עמ' 68-63.
6. בראשית ב' א-ג.

גם הדיברות שבספר דברים מתייחסים למנוחה (פרק ה'):

(יב) שָׁמוֹר אֶת יוֹם הַשַּׁבָּת לְקַדְּשׁוֹ כַּאֲשֶׁר צִוְּךָ ה' אֱלֹהֶיךָ: (יג) שֵׁשֶׁת יָמִים תַּעֲבֹד וְעָשִׂיתָ כָּל מְלַאכְתֶּךָ: (יד) וְיוֹם הַשְּׁבִיעִי שַׁבָּת לַה' אֱלֹהֶיךָ לֹא תַעֲשֶׂה כָל מְלָאכָה אַתָּה וּבִנְךָ וּבִתֶּךָ וְעַבְדְּךָ וַאֲמָתֶךָ וְשׁוֹרְךָ וַחֲמֹרְךָ וְכָל בְּהֶמְתֶּךָ וְגֵרְךָ אֲשֶׁר בִּשְׁעָרֶיךָ **לְמַעַן יָנוּחַ** עַבְדְּךָ וַאֲמָתְךָ כָּמוֹךָ: (טו) וְזָכַרְתָּ כִּי עֶבֶד הָיִיתָ בְּאֶרֶץ מִצְרַיִם וַיֹּצִאֲךָ ה' אֱלֹהֶיךָ מִשָּׁם בְּיָד חֲזָקָה וּבִזְרֹעַ נְטוּיָה עַל כֵּן צִוְּךָ ה' אֱלֹהֶיךָ לַעֲשׂוֹת אֶת יוֹם הַשַּׁבָּת.

גם בספר דברים המנוחה היא חלק משמעותי מן המצווה, אם כי בספר דברים מצוות השבת קשורה גם לזכר יציאת מצרים, והמנוחה נועדה לוודא שגם העבדים והשפחות ינוחו.[7] אם השבת היא זכר למנוחת ה' ביום השביעי, כפי שעולה בספר שמות מחד גיסא, ונועדה להשיג את מנוחתנו, ומנוחת האנשים שתלויים בנו, כפי שעולה בספר דברים מאידך גיסא, הגיוני הוא שיהיה אסור לעשות כל מלאכה. המלאכה מנוגדת למנוחה ונדחית מפניה.[8]

בניגוד לשבת, במועדים לא הוזכרה המנוחה. למה אפוא נועדו המועדים? בהמשך אנסה לפתח רעיון נוסף, אך לעת עתה אציע רעיון בסיסי, הקשור למוטיב השמחה. מוטיב זה רמוז בפרשת המועדות בספר ויקרא, בעיקר סביב חג הסוכות וארבעת המינים, אבל מפותח בפרשת המועדות שבספר דברים (פרק ט"ז):

(י) וְעָשִׂיתָ חַג שָׁבֻעוֹת לַה' אֱלֹהֶיךָ... (יא) **וְשָׂמַחְתָּ** לִפְנֵי ה' אֱלֹהֶיךָ אַתָּה וּבִנְךָ וּבִתֶּךָ וְעַבְדְּךָ וַאֲמָתֶךָ וְהַלֵּוִי אֲשֶׁר בִּשְׁעָרֶיךָ וְהַגֵּר וְהַיָּתוֹם וְהָאַלְמָנָה אֲשֶׁר בְּקִרְבֶּךָ בַּמָּקוֹם אֲשֶׁר יִבְחַר ה' אֱלֹהֶיךָ לְשַׁכֵּן שְׁמוֹ שָׁם... (יג) חַג הַסֻּכֹּת תַּעֲשֶׂה לְךָ שִׁבְעַת יָמִים בְּאָסְפְּךָ מִגָּרְנְךָ וּמִיִּקְבֶךָ: (יד) **וְשָׂמַחְתָּ** בְּחַגֶּךָ אַתָּה וּבִנְךָ וּבִתֶּךָ וְעַבְדְּךָ וַאֲמָתֶךָ וְהַלֵּוִי וְהַגֵּר וְהַיָּתוֹם וְהָאַלְמָנָה אֲשֶׁר בִּשְׁעָרֶיךָ: (טו) שִׁבְעַת יָמִים תָּחֹג לַה' אֱלֹהֶיךָ

7. דברים דומים מובאים בשמות כ"ג יב.
8. על שני הפנים שיש לשבת, זה שקשור למעשה בראשית וזה שקשור ליציאת מצרים, ראו לדוגמה: מורה נבוכים ב' לא; הרב מ' ברויאר, פרקי מועדות א, עמ' 23–39; הרב י' בן נון, זכור ושמור, עמ' 15–26; הרב י' מדן, איפה ואיפה, עמ' 64–70. רד"צ הופמן (הקדמה לויקרא כ"ג) עומד על כך ששני הפנים של השבת – הפן הטבעי של בריאת העולם והפן ההיסטורי של יציאת מצרים – הם למעשה גם הפנים השונים שמתקיימים בחגים השונים.

בַּמָּקוֹם אֲשֶׁר יִבְחַר ה׳ כִּי יְבָרֶכְךָ ה׳ אֱלֹהֶיךָ בְּכֹל תְּבוּאָתְךָ וּבְכֹל מַעֲשֵׂה יָדֶיךָ וְהָיִיתָ אַךְ שָׂמֵחַ.

רעיון השמחה מופיע במפורש בחג השבועות וסוכות (פעמיים), ומדגיש את ההיבט של השמחה בחגים. אותם אנשים שאמורים לנוח בשבת, "אתה ובנך ובתך ועבדך ואמתך", אמורים לשמוח בחג, לצד אנשים נוספים, "הגר היתום והאלמנה אשר בקרבך", שאותם הם אמורים לשמח. גם תיאור שלושת הרגלים כ'חגים', שחוגגים אותם,[9] רומז להיבטים חגיגיים ושמחים של מועדים אלו.

בהקשרים רבים בתורה, השמחה באה לידי ביטוי באמצעות אכילה. בתורה נמצא את השמחה על פי רוב מלווה באכילת קורבנות,[10] אך בנביאים ובכתובים גם "אכילות" אחרות מביאות לידי שמחה.[11] אם כן, הסיבה שלא עושים במועדים מלאכות עבודה היא כדי לשמוח.[12] ממילא, אין צורך לאסור את כל המלאכות ויש היתר להתרכז ב"אוכל נפש" שמביא לידי ביטוי את השמחה.[13] התורה מחייבת עונש מוות על מלאכה רק בשבת, אך לא ביום טוב,[14] ובפשטות ניתן לומר שזאת משום

9. שמות כ"ג יד, וראו גם דברים ט"ז טו. השוו: שמואל א ל' טז; תהלים מ"ב ה (ובאופן אחר שם ק"ז כז).
10. דברים י"ב ז, י"ד כו, כ"ז ז; יואל א' טז. מדברים כ"ז ז למדו חכמים שמקיימים את חובת השמחה ברגלים באמצעות הקרבת קורבנות שלמים. ראו: ספרי דברים פיסקא סד, קז, קלח; בבלי פסחים קט ע"א, ועוד. וראו גם בפרק ג'.
11. מלכים א ד' כ (באופן חיובי); ישעיהו כ"ב יג (באופן שלילי); קהלת ה' יז-יט; ט' ז; נחמיה ח' יב. חכמים קשרו בין שמחת החג באמצעות אכילה לפסוק בנחמיה ח' יב. ראו: בבלי ביצה טו ע"ב.
12. בקרב חז"ל ישנה מחלוקת עד כמה שמחת יום טוב היא עיקרון מכונן (בבלי ביצה ט ע"ב – י ע"א, טו ע"ב). לדעת פרופ' ח' אלבק (מועד, עמ' 282–283) הדינים שקשורים ל"שמחת יום טוב" אינם נובעים מהחיוב לשמוח ביום טוב (שקשור לאכילת שלמים), אלא נובעים מההגדרה של מקרא קודש כיום מקודש לאכילה, שתייה וכסות נקייה (לדוגמה: מכילתא דר"י בא פרשה ט' על סמך נחמיה ח' י; ספרא אמור פרשה י"ב סוף פרק יד אות ד; ספרי במדבר פנחס פיסקא קמז, ועוד). ראו גם: ראב"ע על ויקרא כ"ג כז. מכל מקום, נראה שיש קיום של מצוות שמחת יום טוב באמצעות שלמים מחד גיסא, ובאכילה ושמחה כלליים מאידך גיסא. ראו על כך מחלוקת בין הרמב"ם (הלכות יום טוב פ"ו הי"ז) לתוספות (מועד קטן יד ע"ב ד"ה עשה דיחיד). וראו גם אצל הרב ש"י זוין, המועדים בהלכה, עמ' טו-טז.
13. השוו את דברי הרמב"ם בהלכות שבת פכ"ד הי"ב לדבריו בהלכות יום טוב פ"א ה"ה.
14. שמות ל"א יד, במדבר ט"ו לה (עונש מוות על חילול שבת), לעומת ויקרא כ"ג ח (ועוד, מציינים איסור לאו בקשר למלאכה ביום טוב). וראו: תוספתא ביצה פ"ד ה"ד במהדורת ליברמן; בבלי שבת צה ע"א ובמקבילות.

שבשבת יש בכך פגיעה במנוחה כביטוי לאמונה בה' כבורא העולם (וכמי שהוציא אותנו ממצרים), אבל אין בכך בהכרח פגיעה בשמחה ביום טוב.

כפי שנראה בהמשך, הצגת ההבדל בין השבת ליום טוב כמנוחה מול שמחה היא רק חלק מהסבר רחב יותר של ההבדל בין שבת לבין יום טוב. לשם כך, נראה הבדל נוסף בין שבת ליום טוב, כפי שמופיע במשנה.

עיוני משנה

מחלוקת בית הלל ובית שמאי – הוצאה מרשות לרשות ביום טוב

המסכת במשנה שמוקדשת לדיני יום טוב נקראת 'מסכת יום טוב', שכן היא נוגעת לכלל הימים הטובים, או 'מסכת ביצה', על שם המילה הראשונה של המסכת.[15] קריאת המסכת על שם מאכל מיטיבה לתאר באופן סמלי את המוקד של יום טוב כפי שראינו לעיל – האוכל. הביצה מכילה בתוכה ממד נוסף – ממד ההפתעה והחידוש, שכן ביצה יכולה להיווצר במהלך יום טוב עצמו. אחד הנושאים שהמשנה עוסקת בהם לא מעט, בדיון על אוכל, הוא היחס בין ההיתר להכין את האוכל ביום טוב לצורך להכין את מצרכי האוכל לפני יום טוב.

מסכת ביצה עוסקת בדברים שמותרים ואסורים לצורך הכנת האוכל ביום טוב, מה נחשב "אוכל נפש", אילו פעולות הותרו לצורך אוכל נפש, וכיצד שומרים על צביונו של יום טוב בזמן שהותרו מלאכות אוכל נפש. במסגרת הזאת מתברר הבדל אפשרי ומהותי נוסף בין שבת לבין יום טוב.

וכך נאמר בחטיבה של המחלוקות בין בית הלל לבית שמאי (משנה ביצה פרק א'):

> [ה] ...בית שמאי אומרים **אין מוציאין** לא את הקטן ולא את הלולב ולא את ספר תורה לרשות הרבים,
> ובית הלל **מתירין**...
> [ט] בית שמאי אומרים **אין משלחין** ביום טוב אלא **מנות**,
> ובית הלל אומרים **משלחין** בהמה חיה ועוף בין חיין בין שחוטין משלחין יינות שמנים וסלתות וקטניות אבל לא תבואה, ורבי שמעון מתיר בתבואה.

15. ח' אלבק, מועד, עמ' 283.

במשנה ה, בית הלל ובית שמאי חולקים בנושא הוצאה מרשות לרשות. במשנה ט הם חולקים אם מותר לשלוח אוכל מביתו של אחד לביתו של האחר. בית שמאי מתירים רק "מנות", בעוד שבית הלל מתירים גם מצרכים שאינם מעובדים, חומרי גלם המיועדים (באופן כללי) להכנת אוכל. רבים יזהו כאן רמז למשלוחי המנות של חג הפורים ("ומשלוח מנות איש לרעהו") או למשלוחי המנות של ימי עזרא ונחמיה (נחמיה ח'):

(ט) וַיֹּאמֶר נְחֶמְיָה הוּא הַתִּרְשָׁתָא וְעֶזְרָא הַכֹּהֵן הַסֹּפֵר וְהַלְוִיִּם הַמְּבִינִים אֶת הָעָם לְכָל הָעָם הַיּוֹם קָדֹשׁ הוּא לַה' אֱלֹהֵיכֶם אַל תִּתְאַבְּלוּ וְאַל תִּבְכּוּ כִּי בוֹכִים כָּל הָעָם כְּשָׁמְעָם אֶת דִּבְרֵי הַתּוֹרָה: (י) וַיֹּאמֶר לָהֶם לְכוּ אִכְלוּ מַשְׁמַנִּים וּשְׁתוּ מַמְתַקִּים **וְשִׁלְחוּ מָנוֹת** לְאֵין נָכוֹן לוֹ כִּי קָדוֹשׁ הַיּוֹם לַאֲדֹנֵינוּ וְאַל תֵּעָצֵבוּ כִּי חֶדְוַת ה' הִיא מָעֻזְּכֶם: (יא) וְהַלְוִיִּם מַחְשִׁים לְכָל הָעָם לֵאמֹר הַסּוּ כִּי הַיּוֹם קָדֹשׁ וְאַל תֵּעָצֵבוּ: (יב) וַיֵּלְכוּ כָל הָעָם **לֶאֱכֹל וְלִשְׁתּוֹת וּלְשַׁלַּח מָנוֹת וְלַעֲשׂוֹת שִׂמְחָה גְדוֹלָה** כִּי הֵבִינוּ בַּדְּבָרִים אֲשֶׁר הוֹדִיעוּ לָהֶם.

בקריאת התורה בא' בתשרי (ראש השנה) בימי עזרא ונחמיה, העם התאבל ובכה. כתגובה לבכי, נחמיה הדריך אותם שביום זה יש דווקא לשמוח על ידי אכילה ושתייה.[16] כדי לדאוג שכולם יוכלו לאכול ולשתות, נחמיה הנחה אותם גם לשלוח מנות "לאין נכון לו", כלומר למי שלא היה לו מן המוכן.[17]

לדעת רוב הפרשנים, המחלוקת במשנה ט בין בית הלל לבית שמאי אינה נוגעת להוצאה מרשות לרשות, שעליה נחלקו במשנה ה, אלא לגזרות חכמים הקשורות לטרחה או ל'עובדין דחול'.[18] ועם זאת, אפשר שהמחלוקת הזו עוזרת להבין את הדעות של בית הלל ובית שמאי גם במשנה ה:

16. זהו אחד המקורות לחובת השמחה ביום טוב, המנותקת מחובת השמחה שבאה לידי ביטוי באכילת שלמים. ראו לעיל, הערה 12.
17. כפי שניתן לראות כבר בתורה, מצוות השמחה אינה מצטמצמת לבני הבית בלבד, אלא מתרחבת גם לחלשים שבחברה. וראו: פסיקתא דרב כהנא עשר תעשר, י' י, עמ' 173–174; וכן ברמב"ם בהלכות יום טוב פ"ו הי"ח.
18. מדברי הרמב"ם בפירוש המשנה (ואפשר שגם מראשונים אחרים) עולה שהמחלוקת בין בית הלל לבית שמאי נוגעת להתנהלות ביום טוב שדומה ליום חול, ואינה קשורה להוצאה מרשות לרשות. ברם, לדעת המאירי (על ביצה יד ע"ב), המחלוקת נוגעת (גם) להיתר הוצאה מרשות לרשות ביום טוב, בדברים שלא מוכח שישמשו לסעודת היום. גם לדעת הבית יוסף והרמ"א (או"ח תקט"ז), מה שהתירו לשלח התירו גם להוציא מרשות לרשות (וראו ט"ז שם, ס"ק א). המשנה אינה נוקטת בפועל 'להוציא' אלא 'לשלח', ואפשר שזה נועד לרמוז למקור למנהג הזה בתנ"ך.

לדעת בית שמאי – מותר 'לשלח מנות' בין אם מנות של חֲבֵרוּת כמו בפורים "איש לרעהו" ובין אם מנות של צדקה כמו בראש השנה של נחמיה "לאין נכון לו", כיוון שמופיעה המטרה של "אוכל נפש". אפשר לומר שבית שמאי יצדיקו את האמצעים רק אם המטרה ברורה ומדויקת – מנות ממשיות, שייאכלו דווקא ביום טוב. לעומת זאת, בית הלל יאפשרו לשלוח (ולהוציא) גם מצרכים גולמיים, ולהתיר בידי המקבלים את הבחירה איזה אוכל להכין וכיצד. עד היום, משקי בית שונים מתלבטים באופן דומה לגבי משלוחי המנות של פורים – אם לשלוח מאכלים מוכנים שייאכלו בסעודת היום או לשלוח מיני מאכלים קנויים או גולמיים שלא ישמשו דווקא לסעודה ויאפשרו למקבלי המשלוח להחליט אם ומתי "לצרוך" את ה"מנות" שקיבלו.

מחלוקת בית הלל ובית שמאי – היתר הוצאה ביום טוב

ממשנה ה מתברר שהמחלוקת בין בית הלל לבין שמאי רחבה מאוד. בית שמאי, עקביים בשיטתם, אינם מאפשרים פגיעה בחג לכל צורך אחר. אבל בית הלל מאפשרים לא רק לשלח מיני אוכלים אלא גם להוציא קטן, לולב וספר תורה לרשות הרבים. הם אינם מסבירים מדוע, אבל אפשר בוודאי לראות שאף אחד מן הדברים הללו לא קשור לאוכל נפש.

למשנה הזאת יש משקל נוסף, והוא עולה כאשר מעיינים במשניות מסכת שבת. למרות שהמשך הפרק הראשון עוסק בהכנות שונות לשבת, הנושא של המשנה הראשונה במסכת שבת הוא הוצאה מרשות לרשות,[19] תוך התייחסות לעני שעומד מחוץ לפתח הבית ונותן או מקבל דבר מה מבעל הבית שעומד בתוך הבית. מלבד משנה זו, חלק נכבד מהמסכת מוקדש לנושא זה. פרק א' עוסק בהכנות בערב שבת ובמלאכות שנעשות בערב שבת ונכנסות לתוך השבת, ובתווך מופיעה המשנה האוסרת על חייט לצאת במחטו ועל הלבלר בקולמוסו לקראת השבת (משנה ג). פרקים ב'-ד' עוסקים בקו התפר שבין שבת ליום טוב, ובעיקר בהדלקת הנרות ובהכנת האוכל ושמירתו חם בשבת לקראת הסעודה. פרקים ה'-ו' עוסקים בלבוש שמותר לצאת בו במהלך השבת. סוגי הלבוש המותרים והאסורים מבוססים על הגדרות וגדרים של הוצאה מרשות לרשות. הפרקים הללו הם המשך לפרקים העוסקים בהכנות לשבת, שכן יש בהם הגדרות שמשפיעות על ההכנה וההתארגנות לשבת, בכל הנוגע לבגדים שלובשים, אך גם הם עוסקים בדיני הוצאה מרשות לרשות.[20]

19. פ"א מ"א: "יציאות השבת שתים שהן ארבע בפנים ושתים שהן ארבע בחוץ...".
20. גם הרב ד"ר א' וולפיש (6 פרקים, עמ' 83-93) מצביע על הקשרים הסגנוניים שבין הפרקים.

באופן מחושב למדי, הפרק השביעי של מסכת שבת עוסק במלאכות שבת. אומנם היה הגיוני לציין את ל"ט אבות המלאכה כבר בתחילת המסכת, אך כפי שראינו – חלקה הראשון של המסכת מוקדש להכנות לשבת, וכך רבי מיקם את איסורי המלאכה של היום השביעי דווקא בפרק השביעי.[21]

המלאכה האחרונה ברשימת ל"ט המלאכות היא מלאכת הוצאה מרשות לרשות, ודווקא בה מתחיל הפירוט של האיסורים. מסוף פרק ז' ועד סוף פרק ט' העיסוק הוא על פי רוב[22] בשיעורים השונים של חפצים שונים לעניין איסור הוצאה מרשות לרשות. גם פרקים י'-י"א עוסקים באופנים השונים שניתן להוציא מרשות לרשות. שאר מלאכות שבת, למעט אלו שפורטו בפרקים ב'-ד', נידונות במהלך פרקים י"ב-ט"ז.

מתברר שהמשנה מקדישה כחמישה פרקים ליותר משלושים מלאכות, כאשר למלאכת הוצאה מרשות לרשות הוקדשו שישה פרקים וחצי, לצד אזכורים נוספים, ואף המשנה הראשונה של המסכת הוקדשה לכך. נוסיף לכך שחלק נכבד מסוף המסכת (פרקים י"ז-כ"ד) עוסק בדיני דרבנן ומוקדש לדיני מוקצה, שחלק מהפרשנים סבורים שהם נוצרו כסייג לאיסור ההוצאה מרשות לרשות.[23] כל זאת בלי להתייחס למסכת שלמה נוספת – מסכת עירובין – שעוסקת אף היא בגדרים הבסיסיים של הרשויות השונות.

21. הסידור הזה של המסכת הוא גם סידור כרונולוגי (כפי שניתן למצוא במסכתות נוספות, כגון יומא, פסחים, שביעית, תמיד וכו'), אך יש בו גם ממד פרשני, שכן השבת אינה עומדת בפני עצמה בתורה, אלא ההכנות לה קודם כניסתה הן חלק ממנה.

22. כמחצית פרק ט' נראית לא קשורה ועוסקת בדרשות פסוקים סביב המוטיב "אף על פי שאין ראיה לדבר, זכר לדבר". עיון מדוקדק יגלה שיש קשר בין (לפחות חלק מ)דרשות הפסוקים לבין שיעורי ההוצאה מרשות לרשות. המשנה הראשונה בחטיבה מביאה דרשה שמסבירה את השיעור המינימלי של חרס שהוא שימושי, ובשל כך מתחייבים על הוצאתו בשבת. הסברים דומים עולים מן המשניות הבאות. כך דרשת ר' עקיבא (פ"ט מ"א) שעבודה זרה מטמאה במשא מהווה בסיס לאיסור הוצאת משמשי עבודה זרה שמופיע במ"ו (ראו גם: נ' זהר, קובץ זר, עמ' 353-366). הדרשה על מספר הזרעים (חמשה) שניתן לזרוע בגינה (מ"ב) מהווה הקדמה לדעת ר' יהודה בן בתירא במ"ז: "המוציא... זרעוני גינה פחות מכגרוגרת, רבי יהודה בן בתירא אומר חמשה" (השוו: הרב א' וולפיש, מן הנעשה, עמ' 140-145). נראה שחטיבה זו מלמדת שהערך של חפצים שונים – ובהמשך לכך, השיעור שלהם לעניין הוצאה – נקבע לא רק על פי חשיבותם לבעליהם אלא גם בשל המשמעות ההלכתית שמוענקת לשיעורים.

23. דעת הראשונים הזאת מבוססת, בין היתר, על הסוגיה שנראה בחלק הבא. וראו גם דברי הרב י' מדן (איפה ואיפה, עמ' 67-68) על הקשר בין ההקפדה על איסור ההוצאה בימי נחמיה וגזרות המוקצה. יש כמה טעמים שונים לאיסורי המוקצה, ואחד מהם הוא כסייג להוצאה מרשות לרשות. ראו גם לעיל הערה 13.

מכל זה עולה שמלאכת הוצאה מרשות לרשות היא מלאכה בעלת חשיבות בכל הנוגע להלכות שבת. כאשר מוסיפים לכך את מחלוקת בית הלל ובית שמאי שעוסקת באיסור הוצאה מרשות לרשות ביום טוב, עולה שמלאכה זו עשויה להיות גם בעלת משמעות בהבדל בין שבת לבין יום טוב. אומנם בית שמאי אינם מבחינים בין שבת ליום טוב בעניין הוצאה מרשות לרשות, אבל בית הלל כן, ולא רק בקשר לאוכל.

מה טיבה של מלאכה זו, ומדוע היא כל כך משמעותית?

עיוני דרשה

בין שבת ליום טוב – היתר הוצאה או היתר מלאכה

הגמרא עוסקת ביחס בין שבת ליום טוב בהקשר למחלוקת בין בית הלל לבית שמאי בנוגע להוצאה מרשות לרשות (תלמוד בבלי ביצה דף יב ע"א):

משנה. בית שמאי אומרים: אין מוציאין לא את הקטן, ולא את הלולב, ולא את ספר תורה לרשות הרבים. ובית הלל מתירין.

גמרא. תני תנא קמיה דרבי יצחק בר אבדימי: השוחט עולת נדבה ביום טוב לוקה.

אמר ליה: דאמר לך מני – בית שמאי היא, דאמרי: לא אמרינן מתוך שהותרה הוצאה לצורך – הותרה נמי שלא לצורך. דאי בית הלל – הא אמרי: מתוך שהותרה הוצאה לצורך – הותרה נמי שלא לצורך. הכא נמי, מתוך שהותרה שחיטה לצורך – הותרה נמי שלא לצורך.

מתקיף לה רב יוסף: ...[24] אלא, מדלא מפלגי באבנים, שמע מינה: בהוצאה שלא לצורך פליגי. ואף רבי יוחנן סבר: במתוך שהותרה הוצאה לצורך הותרה נמי שלא לצורך פליגי.

תרגום: שנה התנא לפני רבי יצחק בר אבדימי: מי ששוחט עולת נדבה ביום טוב לוקה (עובר על איסור).

24. רב יוסף חולק על ההסבר שיובא בהמשך ומחזק את ההסבר הזה מתוך כך שטלטול והוצאת אבנים לא הותרו. יש שהבינו שרב יוסף טוען שהמשנה אינה מתירה הוצאת אבנים, וממילא היתר ההוצאה מרשות לרשות מוגבל (וראו בהערה הבאה), ואחרים הבינו שמדובר על איסור המוקצה של אבנים, שהוא למעשה גדר לאיסור הוצאה מרשות לרשות (רש"י שם ד"ה ליפלגו באבנים).

אמר לו (רבי יצחק בר אבדימי): מי ששנה לך זאת, כדברי מי הוא? כבית שמאי הוא, שאמרו: לא אומרים מתוך שהותרה הוצאה לצורך, הותרה גם שלא לצורך. שכן אם (הברייתא) היא לדעת בית הלל, הרי הם אמרו: מתוך שהותרה הוצאה לצורך, הותרה גם שלא לצורך. גם כאן, מתוך שהותרה שחיטה לצורך, הותרה גם שלא לצורך.

הקשה רב יסף... אלא, מתוך שבית שמאי ובית הלל אינם חולקים בנוגע לאבנים, לומדים שבהוצאה שלא לצורך הם חולקים. ואף רבי יוחנן סבר שהם חולקים אם מתוך שהותרה הוצאה לצורך היא הותרה גם שלא לצורך.

הגמרא מביאה שני הסברים למחלוקת בית הלל ובית שמאי לגבי הוצאת קטן, לולב וספר תורה מרשות לרשות. ההסבר הראשון, שצוטט כאן, מוכר יותר: "מתוך שהותרה הוצאה לצורך הותרה נמי (גם) שלא לצורך", כלומר, כיוון שהתירו הוצאה מרשות לרשות לצורך אוכל נפש, התירו זאת גם שלא לצורך אוכל נפש.[25] בהמשך לכך מסביר רבי יצחק בר אבדימי שלדעת בית הלל לא יהיה איסור (או לכל הפחות עונש) על שחיטת עולה ביום טוב (שלא אוכלים אותה), שכן השחיטה הותרה לצורך אוכל נפש, ולכן גם הותרה לצורך אחר – כגון הקרבת קורבן.

לכאורה, ההסבר הזה מוזר למדי – האם מתוך שהותרו מלאכות בשבת לצורך פיקוח נפש הן יותרו גם שלא לצורך פיקוח נפש?[26] ברור לנו שלא. אם כן מדוע נאמר שאם מלאכת הוצאה או מלאכות אחרות הותרו לצורך אוכל נפש, כגון לצורך משלוח מנות, הן יותרו גם לצרכים אחרים?

דע מאין באת – נראה שהתשובה לשאלה זו מופיעה לעיל – בהבדל בין הפסוק בשמות שהתיר לעשות מלאכה לצורך אוכל נפש, והתרכז בתוצר, ובין הפסוקים בספר ויקרא שאסרו רק "מלאכת עבודה", כלומר התרכזו בתהליך.[27] לפי ההסבר הזה של הגמרא, בית שמאי רואים בפסוק בשמות עיקר – רק מה שמשיג "אוכל נפש" מיידי מותר. לעומת זאת, בית הלל רואים בפסוקים בספר ויקרא עיקר – אם

25. מדברי ראשונים רבים משמע שההיתר הוא לא "שלא לצורך כלל" (כדעת רש"י על אתר), אלא "שלא לצורך אוכל נפש" אך לצרכים אחרים. ראו: ר"ח (שמצריך צורך מצווה), ותוספות שם ד"ה ה"ג רש"י (שכולל כל צורך יום טוב).

26. כך שואל האור זרוע חלק א – שאלות ותשובות סימן תשנד.

27. ראו: הרב ש"י זוין, המועדים בהלכה, עמ' ה-ו, ובאחרונים הנוספים שמזכיר שם.

המלאכה מועילה לאכילה, היא תהיה מותרת, כי היא כבר אינה מלאכת עבודה. אם כן, אפשר לומר שבית הלל ובית שמאי נחלקו אם התהליך הוא העיקר או התוצר.[28]

הגמרא מביאה הסבר נוסף:

מתקיף לה רבה: ממאי דבית שמאי ובית הלל בהא פליגי? דלמא בערוב והוצאה לשבת ואין ערוב והוצאה ליום טוב קא מיפלגי? מר סבר: ערוב הוצאה לשבת וערוב הוצאה ליום טוב, ומר סבר: ערוב הוצאה לשבת, ואין ערוב הוצאה ליום טוב, כדכתיב 'ולא תוציאו משא מבתיכם ביום השבת' (ירמיהו י"ז כב), בשבת – אין, ביום טוב – לא.

תרגום: מקשה עליו רבה: מניין שבית שמאי ובית הלל חולקים בכך? שמא הם חולקים אם יש עירוב והוצאה לשבת ואין עירוב והוצאה ליום טוב? לדעה אחת עירוב (נדרש לצורך) הוצאה לשבת ועירוב הוצאה ליום טוב, ולדעת אחרת, עירוב (נדרש לצורך) הוצאה לשבת, ואין עירוב (נדרש לצורך) הוצאה ליום טוב, כמו שכתוב: 'ולא תוציאו משא מבתיכם ביום השבת' (ירמיהו י"ז כב) בשבת נאמר, ולא ביום טוב.

רבה מציע שמחלוקת בית הלל ובית שמאי אינה נוגעת לכלל המלאכות, אם הותרו גם שלא לצורך אוכל נפש, אם הן מלאכות אוכל נפש באופן כללי, אלא המחלוקת קשורה למלאכת הוצאה. לפי הצעה זו, בית הלל מבינים שמלאכת הוצאה היא מלאכה מיוחדת לשבת ולא ליום טוב. אומנם רב יוסף ורבי יוחנן חלוקים על ההצעה הזאת של רבה, אבל יש לה הדים בסוגיות נוספות בתלמוד.[29] המקום המרכזי של מלאכת ההוצאה במסכת שבת תומך אף הוא בכיוון הזה. לפי ההסבר הזה, אפשר לנסח מחדש את הכלל המבחין בין יום טוב לשבת כך: "אין בין יום טוב לשבת אלא אוכל נפש

28. כאמור לעיל (הערה 25), חלק מהראשונים מחפשים את האלמנט שבו המלאכה תישאר "מלאכת הנאה" כלשון הרמב"ן, ולא "מלאכת עבודה". ההיתר אומנם נרחב יותר ואינו מתמקד רק באוכל נפש, אלא בצורך יום טוב או בהגדרה רחבה יותר של "אוכל נפש" כדבר שמזין ומשמח את הנפש.

29. ראו תוספות כתובות ז ע"א ד"ה מתוך שהותרה לצורך. למעשה, גם דעת רבי עקיבא שלא אומרים 'מתוך' או 'הואיל' (בבלי פסחים ה ע"א-ע"ב) עשויה לתמוך בהסבר זה. רעיון זה מופיע שוב, באופן ספציפי לגבי יום הכיפורים (למרות הדמיון שלו לשבת) ביומא סו ע"ב (ואומנם ראו כריתות יד ע"א). וראו: הרב י' שילת, מהלכות המועדים, עמ' 38–42.

ומלאכת הוצאה בלבד". עם זאת, למעט ציטוט מספר ירמיהו שתומך בקשר בין הוצאה מרשות לרשות לשבת דווקא, אין הסבר מדוע מלאכת הוצאה חריגה ביום טוב.

בהמשך אציע רעיון נוסף שעולה מתוך ההבדלים הללו בין שבת לבין יום טוב. לשם כך, נחזור למלאכת ההוצאה ונדון במקור שלה ובמשמעותה.

מקראות קודש

הוצאה מרשות לרשות והמפגש הראשון עם השבת

חלק מהראשונים מצביעים על מלאכת ההוצאה כמלאכה שקשה לתפוס את הבעייתיות שבה: שום שינוי לא נעשה בגוף החפץ והוא בסך הכול נע ממקום למקום. באופן אינטואיטיבי, קשה לראות איזו מלאכה נעשתה כאשר אדם הוציא חפץ מרשות לרשות. בעלי התוספות אף מכנים אותה "מלאכה גרועה".[30] הראשונים מוסיפים שכיוון שמלאכת הוצאה מרשות לרשות היא מלאכה נפוצה, שאפשר להיתקל בה שוב ושוב,[31] המשנה פתחה בסוג של "הקדמה" להסביר שזאת מלאכה אסורה,[32] ועל רקע ההקדמה הזאת נבין את האיסורים שיבואו בהמשך.[33]

הסבר אחר לפתיחת המסכת דווקא במשנה זו[34] נוגע בחשיבות של מלאכת ההוצאה בתוך הלכות שבת, כפי שנרמז לעיל. לשם כך נצטרך להבין מניין מגיע האיסור הזה, שאינו מובן מאליו. בניגוד לרוב מלאכות שבת, דווקא איסור ההוצאה

30. תוספות שבת ב ע"א ד"ה יציאות השבת. בהמשך לכך, ההסבר לכך שאין איסור הוצאה ביום טוב הוא משום שזו מלאכה גרועה. ראו תוספות ביצה יב ע"א ד"ה דלמא בערוב והוצאה קמיפלגי, וראו גם מהרש"ל, ים של שלמה, ביצה פ"א סימן ל'.

31. תוספות שבת ב ע"א ד"ה יציאות השבת. דברים דומים לשני ההסברים הללו כתב הרמב"ם בפירוש המשנה (שבת פ"א מ"א).

32. ההקדמה נוגעת גם למשנה שמזהירה את החייט שלא יצא במחטו (ר"ן על הרי"ף על אתר). גם את המשנה הבאה האוסרת להיכנס להסתפר סמוך למנחה ניתן לראות כהקדמה למשנת החייט, כדי לציין את החשיבות לייצר הרחקות כדי לא להגיע לידי עברה (השוו לפירוש הרמב"ם למ"ב). לדעת הרב י' שביב (מדוע פתחה, עמ' רכח-רל), ולדעת הרב ד"ר א' וולפיש (ששה פרקים), פתיחת המסכת בדיני הרחקות נועדה גם לייצר מסגרת של הרחקה לשבת.

33. אפשר שהמשנה הקדימה את משנת העני ובעל הבית כדי להתייחס למלאכת הוצאה, אך כיוון שהמלאכה עדיין סתומה, התוספתא (שבת פ"א) הגדירה את רשויות השבת השונות כהקדמה למשנה זו. כך גם פתח הרמב"ם את הפירוש למשנה הראשונה במסכת.

34. פרופ' א' גולדברג (שבת, עמ' 2–4) מציע שני הסברים נוספים לפתיחה זו: האחת, הרצון לפתוח את המסכת במספרים, כמו במסכתות אחרות (וראו גם ח' אלבק, מועד, עמ' 12); והשנייה, הבלטת הדיון באיסורי מלאכת הוצאה כיוון שהם נמצאים במוקד מחלוקת בין הפרושים לבין הצדוקים.

מרשות לרשות מפורש בתורה עצמה.[35] כפי שעולה מהגמרא, למלאכה זו ניתן למצוא אפילו שני מקורות שונים.

דע מאין באת – הגמרא בעירובין (יז ע"א) לומדת את איסור ההוצאה מרשות לרשות מפרשת המן (שמות ט"ז):

(כז) וַיְהִי בַּיּוֹם הַשְּׁבִיעִי **יָצְאוּ מִן הָעָם לִלְקֹט** וְלֹא מָצָאוּ: (כח) וַיֹּאמֶר ה' אֶל מֹשֶׁה עַד אָנָה מֵאַנְתֶּם לִשְׁמֹר מִצְוֹתַי וְתוֹרֹתָי: (כט) רְאוּ כִּי ה' נָתַן לָכֶם הַשַּׁבָּת עַל כֵּן הוּא נֹתֵן לָכֶם בַּיּוֹם הַשִּׁשִּׁי לֶחֶם יוֹמָיִם שְׁבוּ אִישׁ תַּחְתָּיו **אַל יֵצֵא אִישׁ מִמְּקֹמוֹ בַּיּוֹם הַשְּׁבִיעִי**: (ל) **וַיִּשְׁבְּתוּ** הָעָם בַּיּוֹם הַשְּׁבִעִי.

האיסור שנאמר לבני ישראל היה האיסור לצאת ללקוט מן בשבת (ולהכניס אותו חזרה לתוך הבתים). את ההימנעות של בני ישראל מהיציאה ללקוט את המן התורה מגדירה כשביתה של העם ביום השביעי. ה' שבת מהורדת המן, והעם שבת מהיציאה ללקט את המן ולהביא אותו לבתיהם.

לעומת זאת, או לצד זאת, הגמרא בשבת (צו ע"ב) לומדת איסור הוצאה מהפסוקים שעוסקים בבניית המשכן (שמות ל"ו):

(א) וְעָשָׂה בְצַלְאֵל וְאָהֳלִיאָב וְכֹל אִישׁ חֲכַם לֵב אֲשֶׁר נָתַן ה' חָכְמָה וּתְבוּנָה בָּהֵמָּה לָדַעַת לַעֲשֹׂת אֶת כָּל מְלֶאכֶת עֲבֹדַת הַקֹּדֶשׁ לְכֹל אֲשֶׁר צִוָּה ה': (ב) וַיִּקְרָא מֹשֶׁה אֶל בְּצַלְאֵל וְאֶל אָהֳלִיאָב וְאֶל כָּל אִישׁ חֲכַם לֵב אֲשֶׁר נָתַן ה' חָכְמָה בְּלִבּוֹ כֹּל אֲשֶׁר נְשָׂאוֹ לִבּוֹ לְקָרְבָה אֶל הַמְּלָאכָה לַעֲשֹׂת אֹתָהּ: (ג) וַיִּקְחוּ מִלִּפְנֵי מֹשֶׁה אֵת כָּל הַתְּרוּמָה אֲשֶׁר הֵבִיאוּ בְּנֵי יִשְׂרָאֵל לִמְלֶאכֶת עֲבֹדַת הַקֹּדֶשׁ לַעֲשֹׂת אֹתָהּ **וְהֵם הֵבִיאוּ אֵלָיו עוֹד נְדָבָה בַּבֹּקֶר בַּבֹּקֶר**: (ד) וַיָּבֹאוּ כָּל הַחֲכָמִים הָעֹשִׂים אֵת כָּל מְלֶאכֶת הַקֹּדֶשׁ אִישׁ אִישׁ מִמְּלַאכְתּוֹ אֲשֶׁר הֵמָּה עֹשִׂים: (ה) וַיֹּאמְרוּ אֶל מֹשֶׁה לֵּאמֹר מַרְבִּים הָעָם לְהָבִיא מִדֵּי הָעֲבֹדָה לַמְּלָאכָה אֲשֶׁר צִוָּה ה' לַעֲשֹׂת אֹתָהּ: (ו) **וַיְצַו מֹשֶׁה וַיַּעֲבִירוּ קוֹל בַּמַּחֲנֶה לֵאמֹר אִישׁ וְאִשָּׁה אַל יַעֲשׂוּ עוֹד מְלָאכָה לִתְרוּמַת הַקֹּדֶשׁ וַיִּכָּלֵא הָעָם מֵהָבִיא**: (ז) וְהַמְּלָאכָה הָיְתָה דַיָּם לְכָל הַמְּלָאכָה לַעֲשׂוֹת אֹתָהּ וְהוֹתֵר.

35. איסור נוסף שנאמר במפורש בנוגע לשבת הוא איסור הבערה. מכאן ניתן להבין את דעת הרמב"ם שרק בשתי המלאכות הללו נאמר "מתוך שהותרה הוצאה/הבערה לצורך, הותרה שלא לצורך", שכן רק המלאכות הללו יוחדו לשבת. ראו: רמב"ם הלכות יום טוב פ"א ה"ד, והשוו: ירושלמי ביצה פ"ה ה"ב; מגיד משנה על הרמב"ם שם; הרב נ"א רבינוביץ, יד פשוטה, זמנים ב', עמ' רמו-רמז). וראו עוד בהערה 41.

בפסוקים אלו מתואר שבני ישראל הביאו תרומות מבתיהם כדי לספק חומרי גלם עבור בצלאל, אהליאב ו"כל איש חכם לב" שיעשו מהם את מלאכת המשכן וכליו. מתברר שאנשים תרמו יותר ממה שהיה צריך ומשה ביקש מהעם להפסיק להביא תרומה, "איש ואשה אל יעשו עוד **מלאכה** לתרומת הקודש". הוצאת החפצים מהבתים נקראת "מלאכה".

ולאן אתה הולך – אם נתבונן בשני המקורות הללו שמהם למדו את מלאכת הוצאה, נראה ששניהם מהווים מעין 'מפגש ראשון' עם השבת. סיפור המן הוא המפגש הראשון עם השבת מבחינה **כרונולוגית**. זו השבת הראשונה שעם ישראל חווה, והוא חווה אותה דרך האיסור לצאת וללקוט מן.[36] אומנם חוא גם לא אמור להכין את האוכל (אוכל נפש) בשבת, אלא לפני השבת.[37] אבל במהלך השבת, המילים "וישבתו העם ביום השביעי" מתייחסות אך ורק להימנעות מהיציאה כדי ללקט את המן. כלומר, השבת הראשונה של עם ישראל באה לידי ביטוי דווקא באי עשיית מלאכת הוצאה (והכנסה) מרשות לרשות.[38]

בפסוקים הקשורים למלאכות המשכן, מלאכת ההוצאה היא המלאכה הראשונה מבחינה **קונספטואלית**. זו המלאכה שמאפשרת את שאר המלאכות.[39] כדי שבצלאל, אהליאב ושאר עושי המלאכה יוכלו לעבוד על מלאכת המשכן, תחילה העם צריך

36. השוו: פני יהושע בחידושיו לתחילת המסכת. לדעת הרב י' מדן (איפה ואיפה, עמ' 66-70), גם בשבת שעליה נצטוו ישראל במרה (ראו: שמות ט"ו כה, בבלי סנהדרין נו ע"ב) וגם בשבת של מדבר סין סביב נתינת המן השביתה באה לידי ביטוי באיסור הוצאה מרשות לרשות דווקא בהקשר של מסחר. האיסור נועד ליצור שוויון בין בני האדם כחלק מחברה של צדק ומשפט שנבנתה על בסיס יציאת מצרים. גם לדעת הרב ד"ר י' בן נון איסור ההוצאה ה"מקורי" היה קשור למסחר, כפי שעולה מירמיהו י"ז ומנחמיה י"ג.

37. נראה שספר היובלים (פרק ב', 29-30, עמ' 149) מעצב את השבת לפי השבת של המן: "והודע ואמור לבני ישראל מצות יום זה וישבתו בו ולא יעזבוהו בשגגת לבם לעשות מלאכה בו ולא יהיו מבלים בו עשות חפצם, ומכינים בו כול אשר יאכל וישתה, ושואבים מים אשר לא יכינו להם בששת ימי המעשה במושבותם ומביאים ומוציאים בו בשעריהם כול דבר הנישא, ולא יוציאו ולא יביאו מבית לבית ביום הזה. כי קדוש ומבורך הוא מכול יום ליובלי יובלים".

38. לדעת הרב ד"ר י' בן נון (זכור ושמור, עמ' 22-23, הערה 24), הפטור ביום טוב מאיסור הוצאה אכן נסמך על פרשת המן, אלא שכיוון שהאיסור חוזר גם בפרשות המשכן, הגמרא נדרשה להוכיח שאיסור הוצאה נשאר ייחודי לשבת על ידי הפסוק מספר ירמיהו (י"ז כא-כב).

39. כך כותב המאירי בהקדמה למסכת שבת: "התחיל בה להיותה עיקר המלאכות והיותה ארוכת הדברים שבכולם". וכן כותב המהר"ל (חידושי גור אריה על מסכת שבת): "והתנא התחיל לדבריו במה שהוא עיקר שביתת שבת... כי המלאכה שעל ידו יש שביתה לגמרי ראוי לשנות בסוף". וראו עוד הרב י' שביב, מדוע פתחה, עמ' רכד-רכז, ובמקורות המוזכרים שם.

להוציא מרשותם את חומרי הגלם שיאפשרו את שאר העבודות.[40] במקומות רבים ניתן לראות שמלאכות שבת נלמדות ממלאכת המשכן, ומהוות מעין ניגוד למשכן. כך הציווי על השבת פותח את הציווי לעם על מלאכת המשכן, כדי לציין שלא עושים מלאכות בשבת, אפילו לצורך המשכן (שמות ל"ה א-ג). המלאכה הראשונה במלאכות המשכן, שמאפשרת את שאר מלאכות המשכן, היא מלאכת ההוצאה מרשות לרשות.[41]

מכאן ניתן להבין מדוע למלאכת ההוצאה יש מקום מרכזי כל כך במהלך מסכת שבת. היא מאפיינת את השבת הן מהבחינה ההיסטורית והן מהבחינה הרעיונית. היא מבטאת את הניתוק מצורכי החול, שאמורים להיות מוכנים עוד לפני השבת, וניתוק ממלאכת החול ואף ממלאכת הקודש של המשכן, שאינן נעשות בשבת.

הבנה זו מולידה הבנה נוספת והיא שבשבת אנו מושכים את ידינו מהעולם בחוץ, והשבת מאופיינת בחוויה של "שבו איש תחתיו, אל יצא איש ממקומו".[42]

בין שבת ליום טוב – התכנסות מול יציאה

על הרקע הזה ניתן להבין את ההבדל בין השבת ליום טוב. בעוד השבת מאופיינת בהתכנסות פנימה ובישיבה ב"מקומו" של האדם, במועדים וברגלים התנועה היא אחרת. וכך מופיע בכמה מקומות בתורה (לדוגמה שמות כ"ג):

(יד) שָׁלֹשׁ רְגָלִים תָּחֹג לִי בַּשָּׁנָה: (טו) אֶת חַג הַמַּצּוֹת תִּשְׁמֹר שִׁבְעַת יָמִים תֹּאכַל
מַצּוֹת כַּאֲשֶׁר צִוִּיתִךָ לְמוֹעֵד חֹדֶשׁ הָאָבִיב כִּי בוֹ יָצָאתָ מִמִּצְרָיִם וְלֹא יֵרָאוּ פָנַי רֵיקָם:
(טז) וְחַג הַקָּצִיר בִּכּוּרֵי מַעֲשֶׂיךָ אֲשֶׁר תִּזְרַע בַּשָּׂדֶה וְחַג הָאָסִף בְּצֵאת הַשָּׁנָה בְּאָסְפְּךָ
אֶת מַעֲשֶׂיךָ מִן הַשָּׂדֶה: (יז) **שָׁלֹשׁ פְּעָמִים בַּשָּׁנָה יֵרָאֶה כָּל זְכוּרְךָ אֶל פְּנֵי הָאָדֹן ה'.**

40. למעשה, יש כאן תפיסה שמלאכות האדם מתבצעות במרחב הציבורי. בפרקים ז'-ט' במסכת שבת ניתן לראות את הקשר בין השיעורים המינימליים של חפצים ומאכלים בחיוב חטאת בהוצאה מרשות לרשות ובין מלאכות שעושים בהם. ראו לעיל, הערה 22.

41. גם מלאכת הבערת אש, שהיא המלאכה המפורשת הנוספת שנאסרה בשבת (ראו לעיל, הערה 35), נחשבת "המלאכה הראשונה" של האדם וביטוי לכושר היצירה שלו (ראו בבלי פסחים נד ע"א). לפיכך חכמים תיקנו להבדיל על האש במוצאי שבת (בראשית רבה פ"ב, כד במהדורת תיאודור-אלבק). והשוו: פילון, על החוקים, חלק ב, 65 (כתבים, כרך ג, עמ' 36): "אסור ביום זה להבעיר אש, שכן האש היא ראשיתן ומקורן של פעילויות החיים, כיוון שבלעדיה אי אפשר לעשות אף לא אחת מן המלאכות לסיפוק הצרכים ההכרחיים לחיים".

42. בכך המשנה הראשונה של המסכת, שממקמת אותנו על פתח הבית, כשבעל הבית בפנים והעני בחוץ, משרטטת "גבול" שמאפיין את השבת ומציג את ההבדל בין הפנים לחוץ.

לעיל ראינו את מוטיב השמחה בנוגע לרגלים. מוטיב יסודי יותר ביחס לשלושת הרגלים הוא הדרישה לעלות לרגל. העלייה לרגל מאפיינת את היציאה מהבית, אל המרחב של הקודש, אל רשות הרבים ואל המשכן או המקדש. למעשה, גם בראש השנה וביום הכיפורים – שאינם חלק משלושת הרגלים – מוקד מרכזי של הפעילות היה במקדש, והוא היה מוקד עלייה לרגל גם אם היא לא נדרשה באופן פורמלי, אפשר לראות את זה בתיאור שהזכרנו לעיל, שהעם התקבץ לקריאה בתורה בראש השנה בימי נחמיה.[43]

מתוך החוויה הזאת ניתן להבין את שני ההבדלים המרכזיים בין שבת לבין יום טוב. כשיוצאים מהבית, ונמצאים באוהלים ברחובות קריה, קשה לבשל ולאפות את האוכל מערב החג לחג. אפשר לארגן את המצרכים מראש,[44] אבל זו הזדמנות שקוראת לבישול בשטח אד הוק. זו חוויה של יציאה החוצה מארבע אמותיו של כל אדם, מ"מקומו" של אדם, אל "המקום" אשר יבחר ה'. חוויה זו בוודאי מלווה בשמחה גדולה, במפגש רעים ובחגיגה גדולה[45] של אכילה ושתייה.

וכן כותב הרמב"ן (על ויקרא כ"ג ב):

> וטעם מקראי קדש – שיהיו ביום הזה כולם **קרואים ונאספים** לקדש אותו, כי מצוה היא על ישראל **להקבץ בבית האלוהים** ביום מועד לקדש היום **בפרהסיא** בתפלה והלל לא־ל בכסות נקיה, ולעשות אותו יום משתה כמו שנאמר בקבלה 'לכו אכלו משמנים ושתו ממתקים ושלחו מנות לאין נכון לו כי קדוש היום לאדונינו ואל תעצבו כי חדות ה' היא מעוזכם' (נחמיה ח' י). והנה "מקרא קדש", מלשון 'קרואי העדה' (במדבר א' טז), 'אחרי כן יאכלו הקרואים' (שמואל א ט' יג), וכן 'על כל מכון הר ציון ועל מקראיה' (ישעיהו ד' ה), המקומות שנקראים שם שיתקבצו בהם קרואי העדה.

43. ראו גם משניות יומא (פ"א מ"ח, פ"ז מ"ב) המתארות את ההשתתפות של העם באירועים השונים של המקדש, וראו להלן בפרק על יום הכיפורים. לגבי מרכזיות המקדש בראש השנה, ראו בפרקים הבאים.

44. ולכך מוקדש חלק ממסכת ביצה, כפי שראינו לעיל. מכל מקום, מסכת ביצה גם מאפשרת להשיג מצרכים בסיסיים במהלך החג – על ידי פנייה לטבח ולבעלי החנויות במהלך החג עצמו. ראו משנה ביצה פ"א מ"ה. כאן, שוב, מופיע הבדל מהותי בין יום טוב לשבת, כאשר בספר נחמיה מתוארת בבירור סגירת השערים כדי לוודא שהסוחרים לא יביאו את מצרכיהם במהלך השבת (נחמיה י"ג טו–כב).

45. ראו את ההתלבטות בגמרא (בבלי חגיגה י ע"ב) אם מצוות התורה (שמות כ"ג יד) "שָׁלֹשׁ רְגָלִים תָּחֹג לִי בַּשָּׁנָה" מתייחסת להקרבת קורבן חגיגה או לחגיגה כפשוטה.

למרות האפשרות להסביר ש"מקראי קודש" הכוונה שקוראים לימים הללו ימי קודש, הרמב"ן מבין שמדובר על ימים שבהם האנשים כולם נקראים לקדש אותו. בכך הרמב"ן עומד על הייחוד של הזמן כהזמנה, ועל מקראי הקודש כקריאה, של עם ישראל לבית ה' בימי המועדים.

למעשה, למילה "מועד" יש משמעות כפולה:[46] זמן[47] ומפגש.[48] מקבילה לכך יש במילה הלועזית "דייט", שמשמעויותיה כוללות גם את התאריך וגם את המפגש עצמו. המועדים הם הזמנים של המפגש: המפגש עם הקדושה, עם הקב"ה, במקומו של הקב"ה – אוהל מועד.[49]

מכאן שהשבת והמועדים – ובמיוחד הרגלים – מייצגים ומבטאים שתי תנועות הפוכות. השבת מייצגת את ההתכנסות פנימה: "אל יצא איש ממקומו". המנוחה והשביתה מכל דבר, מאפשרות את ההתכנסות לבית כשצורכי השבת כבר מוכנים.[50] ההתכנסות לבית מפנה מקום ומזמינה את הקדושה ואת השכינה לבית פנימה.[51]

הרגלים, לעומת זאת, מבטאים תנועה של יציאה החוצה: יציאה מהבית הפרטי למפגש ב"ביתו" של ה' יחד עם כל עם ישראל. את מלאכות העבודה מפסיקים, אבל ממשיכים במלאכות הנאה של יציאה החוצה, אכילת משמנים ושתיית ממתקים ביום קדוש שמוקדש לחדווה יחד עם ה' בבית קודשו.[52] אם בשבת האדם מזמין את הקדושה לתוך ביתו פנימה, ביום טוב האדם יוצא החוצה אל הקדושה ואל בית ה'.

וכך כתב הרב י"ד סולוביצ'יק:[53]

46. השוו: רד"צ הופמן בהקדמה שלו לויקרא כ"ג; י' תבורי, מועדי ישראל, עמ' 45.
47. לדוגמה: בראשית י"ז כא; י"ח יד; כ"א ב; שמות ט' ה, ועוד רבים.
48. לדוגמה: שמות כ"ט מב-מג; ל' ו, לו; במדבר י' ג-ד, ועוד.
49. פרופ' ח' אלבק (מועד, עמ' 3) מציין שלמרות שרוב שמות הסדרים של המשנה הם בלשון רבים – זרעים, נשים, נזיקין, קודשים וטהרות – סדר מועד הוא דווקא בלשון יחיד. הוא מסביר זאת לאור העובדה שהסדר כולל גם את מסכתות תענית ושקלים, "שאינם מועדות, אבל יש להם מועד וזמן קבוע". לדעתי אפשר לצרף לכך את הרצון לקשר בין המועדים (ברבים) לאוהל מועד (ביחיד).
50. פילון מתייחס לשבת כיום של עיסוק בפילוסופיה, חשבון נפש והתבוננות עצמית (על עשרת הדברות, 96-101, בתוך כתבים, כרך ב, עמ' 204-205).
51. פרופ' א"י השל (השבת, עמ' 33-38) התייחס לשבת כ"ארמון בתוך הזמן". אומנם הוא לא מתייחס למרחב הביתי ככזה שמארח את השכינה, אלא רק לעצם הקדשת היום למערכת היחסים עם ה'.
52. לדברים דומים, בשינוי חלק מהפרטים, ראו משך חכמה (ויקרא כ"ג כא). ראו גם: הרב ע"מ מרגלית, הזמנים הראויים, עמ' 151-157.
53. רי"ד סולוביצ'יק, שיעורים, עמ' פא-פב.

> ביו"ט האדם עומד לפני ה', משום שג' רגלים כרוכים במקדש. בעצמה של קדושת היום של יו"ט נאמרת קדושה מיוחדת המקשרת את היום עם המקדש... א"כ החובה של לפני ה' היא חובת כניסת האדם לביתו של הקב"ה, לבית עולמים, לגבולו של שוכן מרומים. האדם נכנס ביו"ט לרשותו של הקב"ה, אביו שבשמים מקבל פניו. הוא לפני ה', כאילו היה במקדש. קדושת היום של חג מחדשת התיחדות האדם עם בוראו, דומה לפגישתו עם הקב"ה בבית עולמים.[54] בשבת המצב שונה לגמרי. אין שבת קשורה במקדש כלל וכלל. נתונה היא לישראל קודם שנצטוו על בנין המקדש.[55] אין האדם נכנס למעונו של הקב"ה, למעונה של אלוהי קדם. אלא כלפי לייא, הקב"ה משרה שכינתו ברשותו ותחומו של האדם.

בהתאם להבנה שאחד המאפיינים של יום טוב הוא היציאה החוצה, לקראת שכינה, המשנה הדגימה את מלאכת ההוצאה ברגלים בדוגמאות רלוונטיות:[56] ניתן להוציא את הקטן כדי לעלות לרגל, את הלולב כדי ליטול במקדש ואת ספר התורה כדי לקרוא במקדש או ברחובה של עיר.[57] גם כאן התנועה היא מהבית החוצה עם מטרה להביא משלנו כדי להיפגש עם הקודש.

בהמשך הספר נראה שיש חגים שיש להם אלמנטים יותר "שבתיים" – ביתיים, וחגים אחרים שהאלמנטים המקדשיים והאלמנטים של 'יציאה החוצה' שולטים בהם יותר.[58] נעמוד על האלמנטים הללו בחגים השונים – נעמוד על האלמנטים המקדשיים, הציבוריים והפולחניים בחגים השונים, וגם נעמוד על החגים שהם בעלי מאפיינים "ביתיים" יותר, המבטאים יותר התכנסות פנימה.

54. לדעת הרב סולוביצ'יק, המקור של שמחת יום טוב הוא במקדש, אבל בפועל המפגש ה"מקדשי" מתפשט גם לתוך הבתים פנימה: "ביו"ט האדם הוא בביתו של הקב"ה בכל מקום שהוא...".
55. יש להעיר שגם על חג הפסח וחג המצות נצטוו לפני שנצטוו על המקדש. חג הפסח כרוך בקורבן, אבל חג המצות לא.
56. הראשונים פירשו באופן אחר. לדעת תוספות ורבנו חננאל (על ביצה יב ע"א) מדובר על הוצאת קטן למילה או לצורך טיול.
57. למקומה של קריאת התורה בחגים דווקא ראו: הקהל (דברים ל"א י-יג), בחגיגת חגי תשרי של עזרא ונחמיה (נחמיה ח'), ובמהלך עבודת כהן גדול ביום הכיפורים (משנה יומא פ"ז מ"א).
58. גם ביום טוב יש איסור לצאת מחוץ לתחום (משנה ביצה פ"ה מ"ה-מ"ו, שולחן ערוך או"ח שצ"ג, ג), וממילא ההליכה למרחקים נאסרת. מכל מקום, השהות מחוץ לבית, ברחובה של עיר, ובמיוחד ברחובות ירושלים ובדרך למקדש, היא חלק מאווירת היום.

שהחיינו וקיימנו

בעיוננו שמנו לב לשני הבדלים מרכזיים בין שבת לבין יום טוב: ההבדל המוצהר והמוכר – היתר אוכל נפש, וההיתר הפחות מוכר – היתר (לפחות חלקי) להוציא מרשות לרשות.

יהודים הגרים היום בארץ ישראל ובמקומות רבים בחו"ל בדרך כלל מרגישים באופן מועט ביותר את שני ההבדלים הללו. רבים מכינים את כל האוכל לפני החג, גם אם מנהג המנגלים הולך ופושט ובחלק מעדות ישראל מקובל יותר בימינו לעמוד ולבשל במהלך היום. אצל חלק גדול מהאנשים, ההבדל העיקרי בין שבת ליום טוב בתחום האוכל בא לידי ביטוי בשאלה אם הם שמים את האוכל ישירות על הפלטה או על כלי הפוך, ואם יחממו בבוקר מרק או לא. גם ההבדל השני, של הוצאה מרשות לרשות, כמעט אינו מורגש ברוב המקומות, בגלל העירוב. ממילא, אין הבדל גדול בחוויה בין שבת לבין יום טוב.

עם זאת, יהודים החיים במקומות שאין בהם עירוב מרגישים היטב את ההבדל בין שבת ליום טוב. החוויה הזאת קשורה לאפשרות לצאת מן הבית עם הילדים הקטנים, להגיע לבית הכנסת ולהתארח אצל אחרים ולאכול אצלם "אוכל נפש". האפשרות הזאת בוודאי תורמת להרגשת השמחה, שאליה התייחסנו לעיל, של אכילת רעים משותפת. על הרקע הזה אני מבינה את מנהג ה־Sukkah-Hopping, שבו מדלגים מסוכה לסוכה, שהתחיל בחו"ל ואף חדר במקומות מסוימים בארץ. במנהג זה חוגגים את היציאה מהבית והביקור אצל אחרים.

אומנם כפי שראינו, ההבדל בין שבת ליום טוב אינו מסתכם בכך. ההבדל בין שבת ליום טוב יכול להשפיע בשני כיוונים – על חוויית השבת ועל חוויית יום טוב.

מטבע הדברים, החוויה של יום טוב תהיה חסרה. בימינו אין מקדש ואיננו מקיימים את מצוות העלייה לרגל ברוב עם. עם זאת, התייחסות לרגלים כימים של דיבוק חברים,[59] שמחה קהילתית, יציאה מהבית ו"אזור הנוחות" והנכחת הקודש במרחב הציבורי עשויה להעניק ממד אחר לחוויית החג.

לגבי השבת, נדמה שההבנה כי השבת היא זמן שבו הקדושה נכנסת לתוך הבית פנימה מעניקה משמעות מיוחדת להכנות לשבת ולהשקעה בתחושה המשפחתית ובקדושה הביתית. בנימה אישית אוסיף שפעמים רבות יש משיכה ורצון לחוות את

59. דבר זה בא לידי ביטוי בהלכות שונות, כגון אלו שקובעות שהרגל עושה את כל ישראל חברים לעניין ספקות בדיני טומאה וטהרה (ירושלמי חגיגה פ"ג ה"ו).

הקדושה המיוחדת של החגים, קדושה שבאה לידי ביטוי בשיאה בהשראת שכינה בבית המקדש. אך מדרשי חז"ל מתארים את האוהל של שרה, ולאחר מכן את זה של רבקה, במאפיינים שמזכירים לנו את השבת מצד אחד ואת השראת השכינה במקדש מצד שני. הם מתארים נר דלוק, ברכה בעיסה וענן ששוכן על האוהל.[60] אלו המרכיבים של עבודת המקדש: המנורה, לחם הפנים והקטורת – אבל גם של השבת – נרות השבת, החלות המבורכות והשכינה ששורה ביניהם בעת שיש שלום בית. לעיתים אנחנו מחפשים את השכינה ואת החוויה בחוץ, אבל בכל שבוע יש לנו אפשרות להביא אותה אל ביתנו פנימה.

60. בראשית רבה ס', טז במהדורת תיאודור־אלבק, ומוזכר ברש"י בראשית כ"ד סז. במדרש שם מתוארות גם דלתות פתוחות לרווחה לצורך הכנסת אורחים, מה שמזכיר גם את המשנה הראשונה במסכת שבת, שבה העני מחזר על הפתחים.

פרק ב

"יראו פני" או "ופני לא יראו"? עלייה לרגל וראיית פני ה'

בשיר "פגישה, חצי פגישה" רחל המשוררת מתארת את הרגשות שמתעוררים בעקבות "פגישה" או אפילו "חצי פגישה, מבט אחד מהיר". לפגישה בין אנשים אוהבים, ובין אדם לבוראו, יש פוטנציאל מסעיר. כפי שראינו בפרק הקודם, מטרת החגים היא להפגיש את האדם עם בוראו.

אבל מה בדיוק מטרת המפגש ומה תכליתו? איך זה קורה בפועל? והיכן ה'מבט' משתלב במפגש מהסוג הזה?

עיוני מקרא

התוכן של החגים – "תחוג", "ולא יראו פני ריקם"
התורה חוזרת בכמה מקומות על האופי והמטרה של העלייה לרגל. כך לדוגמה בשמות כ"ג:

(יד) שָׁלֹשׁ רְגָלִים **תָּחֹג** לִי בַּשָּׁנָה: (טו) אֶת חַג הַמַּצּוֹת תִּשְׁמֹר שִׁבְעַת יָמִים תֹּאכַל
מַצּוֹת כַּאֲשֶׁר צִוִּיתִךָ לְמוֹעֵד חֹדֶשׁ הָאָבִיב כִּי בוֹ יָצָאתָ מִמִּצְרָיִם **וְלֹא יֵרָאוּ פָנַי**
רֵיקָם: (טז) וְחַג הַקָּצִיר בִּכּוּרֵי מַעֲשֶׂיךָ אֲשֶׁר תִּזְרַע בַּשָּׂדֶה וְחַג הָאָסִף בְּצֵאת
הַשָּׁנָה בְּאָסְפְּךָ אֶת מַעֲשֶׂיךָ מִן הַשָּׂדֶה: (יז) שָׁלֹשׁ פְּעָמִים בַּשָּׁנָה **יֵרָאֶה כָּל זְכוּרְךָ**

אֶל פְּנֵי הָאָדֹן ה': (יח) לֹא תִזְבַּח עַל חָמֵץ דַּם זִבְחִי וְלֹא יָלִין חֵלֶב **חַגִּי** עַד בֹּקֶר: (יט) רֵאשִׁית בִּכּוּרֵי אַדְמָתְךָ תָּבִיא בֵּית ה' אֱלֹהֶיךָ לֹא תְבַשֵּׁל גְּדִי בַּחֲלֵב אִמּוֹ.

פסוקים אלו מדגישים שלושה אלמנטים בעלייה לרגל: האלמנט הראשון נוגע לייחוד של כל אחד מן הרגלים, הן מבחינת הזמן והן (באופן חלקי) ביחס לתוכן – חג המצות, שבו צריך לאכול מצות; חג הקציר שנוגע לביכורים; וחג האסיף, החל בזמן האסיף.

האלמנט השני נוגע לקורבנות: דם הזבח,[1] חלב החג, ראשית הביכורים. פסוקים אלו מהווים השלמה לכותרת "תחוג לי", שכן מתברר כאן שמדובר על חגיגה באמצעות קורבן: "חלב חגי".[2]

האלמנט השלישי, שבו נתרכז כעת, קשור לעצם המפגש ולתכליתו. התורה מציגה פעמיים את רכיב הראייה שבעלייה לרגל. בפעם הראשונה נאמר: "ולא יראו פני ריקם", ובפעם השנייה נאמר: "יראה כל זכורך אל פני האדון ה'". בפסוק יז ברור שמי שנראה הם הזכרים, שבאים להיראות אל פני ה', כלומר לפני ה'. אבל הפסוק הראשון – "ולא יראו פני ריקם" – גורם לנו לתהות, מה בדיוק קורה בעלייה לרגל? לאורך כל הפרשה התורה מתנסחת בלשון יחיד עתיד או ציווי: "תשמור", "תאכל", "תזרע", "יראה", "לא תזבח", "תביא". לעומת זאת, חלק הפסוק "ולא יֵרָאוּ פני ריקם" מנוסח בלשון רבים. ממילא, אפשר להתלבט לגבי הפירוש שלו: האם האנשים לא ייראו (ל)פני ה' ריקם, כלומר בריק, בלי כלום, כפי שהשתמע גם מהפסוק האחר. או שמא הכוונה היא שפני ה' לא ייראו ריקם. לפי ההבנה הראשונה, האנשים הם אלו שנראים בעת העלייה לרגל; ולפי ההבנה השנייה, משמע שבעת העלייה לרגל האנשים רואים את פני ה'.

האנשים הנראים – הצגת הפירוש הראשון

פרשני המקרא נזהרים מההבנה השנייה, שממנה משמע שפני ה' הם אלו שנראים. אונקלוס תרגם: "ולא יתחזון קדמי ריקנין" – כלומר, ולא ייראו **לפניי** ריקם. וכך מסביר גם ר' אברהם אבן עזרא בפירוש הקצר (לפסוק טו):

1. במקבילה בשמות ל"ד כה מפורש זבח חג הפסח.
2. ראב"ע מוכיח שהחג הוא קורבן מהפסוק (תהלים קי"ח כז): "...אִסְרוּ **חַג** בַּעֲבֹתִים עַד קַרְנוֹת הַמִּזְבֵּחַ". לשאלת הקורבנות נתייחס בהרחבה בפרק הבא.

פרק ב: "יראו פני" או "ופני לא יראו"? עלייה לרגל וראיית פני ה'

> ולא יראו פני – אין פני פעולים, רק יראו הבאים לחוג. והעד: 'יראה כל זכורך **את** פני' (דברים ט"ז טז).

לדעת ראב"ע כאן, לא הפנים נראים אלא האנשים. ההוכחה שלו היא מהפסוקים המקבילים שעוסקים בעלייה לרגל. בעוד שבמקבילה לפסוקים בשמות ל"ד כתוב ניסוח דומה (פס' כ): "וְלֹא יֵרָאוּ פָנַי רֵיקָם", הניסוח בספר דברים שונה (דברים ט"ז):

> (טז) שָׁלוֹשׁ פְּעָמִים בַּשָּׁנָה יֵרָאֶה כָל זְכוּרְךָ **אֶת** פְּנֵי ה' אֱלֹהֶיךָ בַּמָּקוֹם אֲשֶׁר יִבְחָר בְּחַג הַמַּצּוֹת וּבְחַג הַשָּׁבֻעוֹת וּבְחַג הַסֻּכּוֹת וְלֹא יֵרָאֶה **אֶת** פְּנֵי ה' רֵיקָם.

ראב"ע מנסה להוכיח מלשון הפסוק בספר דברים שהפנים הם המושא, ולא הנושא של פעולת ההיראות, כלומר האנשים נראים לפני ה'.[3] ראב"ע מדגיש שמדובר כאן על פועל סביל ולא פועל פעיל, כלומר האנשים ייראו לפני ה' ולא יִרְאוּ את פני ה'.

דע מאין באת – לראב"ע חשוב להוכיח את פירושו מבחינה לשונית, אבל בפירוש הארוך הוא רומז להסבר עקרוני:

> רבים חשבו כי 'לא יראו פני ריקם', כמו 'ופני לא יראו' (שמות ל"ג כג). וזה איננו נכון, כי הבאים אל בית השם הם נראים. והעד: 'ונראה את פני ה'' (שמואל א א' כב). גם 'יראה כל זכורך את פני השם' (דברים ט"ז טז), כמו לפני השם.

אבן עזרא מפנה ל"רבים" שהסבירו שמה שנראים זה הפנים. הפסוק שמוכיח את טענתם לכאורה מוכיח את הטענה של אבן עזרא. הרי מקור המילים "ופני לא יראו" הוא בפסוקים בשמות ל"ג:

> (כ) וַיֹּאמֶר **לֹא תוּכַל לִרְאֹת אֶת פָּנָי** כִּי לֹא יִרְאַנִי הָאָדָם וָחָי: (כא) וַיֹּאמֶר ה' הִנֵּה מָקוֹם אִתִּי וְנִצַּבְתָּ עַל הַצּוּר: (כב) וְהָיָה בַּעֲבֹר כְּבֹדִי וְשַׂמְתִּיךָ בְּנִקְרַת הַצּוּר וְשַׂכֹּתִי כַפִּי עָלֶיךָ עַד עָבְרִי: (כג) וַהֲסִרֹתִי אֶת כַּפִּי וְרָאִיתָ אֶת אֲחֹרָי **וּפָנַי לֹא יֵרָאוּ**.

מצד אחד, הפסוקים הללו מתייחסים בבירור לִפְנֵי ה' כמה ש"יֵרָאוּ" – כלומר יראו אותם – אבל בד בבד, הפסוק אומר שפני ה' לא יכולים להיראות, "כי לא יראני

3. המילית "את" באה לפני מושא ולא לפני נושא.

האדם וחי". אומנם משה מדבר עם ה' "פָּנִים אֶל פָּנִים כַּאֲשֶׁר יְדַבֵּר אִישׁ אֶל רֵעֵהוּ" (שם, פס' יא), אבל הוא אינו יכול **לראות את פני ה'**.

ממילא, למרות שברור שנאמר הפועל "יֵרָאוּ" ביחס לראיית פני ה', מיניה וביה ברור – לכאורה – שאת פני ה' אי אפשר לראות. ממילא, מתברר שחייבים לפרש אחרת את הפסוקים.

האנשים הנראים – משמעות ההיראות לפני ה'

ולאן אתה הולך – קודם שנפרש את הפסוקים באופן אחר, ננסה להבין מה מטרת העלייה לרגל לפי הפירוש של אונקלוס, ראב"ע ואחרים. נראה לי שלפי פרשנים אלו, מטרת העלייה לרגל, לצד חגיגה והבאת קורבנות, היא לבוא כדי להיראות בפני ה', מעין "חתימת נוכחות" או הפגנת מסירות.[4]

מדוע זה חשוב?

ייתכן שיש ללמוד את החשיבות של ההיראות לפני ה' מעקדת יצחק (בראשית כ"ב):[5]

(ב) וַיֹּאמֶר קַח נָא אֶת בִּנְךָ אֶת יְחִידְךָ אֲשֶׁר אָהַבְתָּ אֶת יִצְחָק וְלֶךְ לְךָ אֶל אֶרֶץ הַמֹּרִיָּה **וְהַעֲלֵהוּ שָׁם לְעֹלָה** עַל אַחַד הֶהָרִים אֲשֶׁר אֹמַר אֵלֶיךָ: (ג) וַיַּשְׁכֵּם אַבְרָהָם בַּבֹּקֶר וַיַּחֲבֹשׁ אֶת חֲמֹרוֹ וַיִּקַּח אֶת שְׁנֵי נְעָרָיו אִתּוֹ וְאֵת יִצְחָק בְּנוֹ וַיְבַקַּע עֲצֵי עֹלָה וַיָּקָם **וַיֵּלֶךְ אֶל הַמָּקוֹם אֲשֶׁר אָמַר לוֹ הָאֱלֹהִים:** (ד) בַּיּוֹם הַשְּׁלִישִׁי וַיִּשָּׂא אַבְרָהָם אֶת עֵינָיו **וַיַּרְא** אֶת הַמָּקוֹם מֵרָחֹק... (ז) וַיֹּאמֶר יִצְחָק אֶל אַבְרָהָם אָבִיו וַיֹּאמֶר אָבִי וַיֹּאמֶר הִנֶּנִּי בְנִי וַיֹּאמֶר הִנֵּה הָאֵשׁ וְהָעֵצִים וְאַיֵּה הַשֶּׂה לְעֹלָה: (ח) וַיֹּאמֶר אַבְרָהָם אֱלֹהִים **יִרְאֶה** לּוֹ הַשֶּׂה לְעֹלָה בְּנִי וַיֵּלְכוּ שְׁנֵיהֶם יַחְדָּו: (ט) **וַיָּבֹאוּ אֶל הַמָּקוֹם אֲשֶׁר אָמַר לוֹ הָאֱלֹהִים** וַיִּבֶן שָׁם אַבְרָהָם אֶת הַמִּזְבֵּחַ וַיַּעֲרֹךְ אֶת הָעֵצִים וַיַּעֲקֹד אֶת יִצְחָק בְּנוֹ וַיָּשֶׂם אֹתוֹ עַל הַמִּזְבֵּחַ מִמַּעַל לָעֵצִים... (יג) וַיִּשָּׂא אַבְרָהָם אֶת עֵינָיו **וַיַּרְא** וְהִנֵּה אַיִל אַחַר נֶאֱחַז בַּסְּבַךְ בְּקַרְנָיו וַיֵּלֶךְ אַבְרָהָם וַיִּקַּח אֶת הָאַיִל וַיַּעֲלֵהוּ לְעֹלָה תַּחַת בְּנוֹ: (יד) וַיִּקְרָא אַבְרָהָם שֵׁם הַמָּקוֹם הַהוּא ה' **יִרְאֶה** אֲשֶׁר יֵאָמֵר הַיּוֹם בְּהַר ה' **יֵרָאֶה.**

4. רש"ר הירש שמות כ"ג יז מנגיד בין העלייה לרגל בדתות אחרות שהיא עלייה לרגל של חולים, בעלי מומים וחלכאים, כדי להירפא, לעומת העלייה לרגל של התורה (כפי שנראה בהמשך) כדי להקדיש דווקא את עמודי התווך של החברה לעבודת ה'.
5. ראו התייחסות לסיפור זה בדברי ההקדמה לספר.

פסוקים אלו הם תמצית מסוימת למהות העלייה לרגל[6] – אב ובנו העולים למקום אשר יבחר ה' ("המקום אשר אמר לו האלוהים") כדי להקריב קורבן. השורש רא"י חוזר בפרשה שוב ושוב. אברהם רואה את המקום שה' אמר, והוא בסוף גם רואה את האיל שה' בחר. ה' הוא זה שֵׁיַּרְאֶה לאברהם וליצחק את האיל, והוא זה שֶׁיִּרְאֶה מה אברהם היה מוכן לעשות. וגם לדורות, האדם יעמוד לפני בוראו ו"יֵרָאֶה". ה' יִרְאֶה כיצד האדם יְרֵא האלוהים מגיע למקום אשר יבחר, עם האנשים שה' בחר, להקריב את הקורבן שה' בחר.[7] במובן הזה, מטרת העלייה לרגל[8] היא כדי להראות בפני הקב"ה את מסירותו של האדם מישראל לשמוע בקול קונו.[9]

האנשים הנראים – בין משה לפרעה בהגדרת עבודת ה'

לימים הרעיון הזה יחזור כשמשה ידבר עם פרעה. בעוד פרעה ינסה להכפיף את המושגים שלו של עבודת הא־ל על העבדים שברשותו,[10] משה יביא את בשורת עבודת ה' לעולם, העומדת על אותם שלושה דברים: המקום, האנשים והקורבן.

כאשר פרעה יקרא כנגד משה (שמות ח' כא): "לְכוּ זִבְחוּ לֵאלֹהֵיכֶם בָּאָרֶץ", משה יענה עניינית שאין זה רעיון טוב לזבוח את תועבת מצרים לעיניהם, אם כי בהמשך, זה בדיוק מה שהם יעשו עם קורבן הפסח. הוא מוסיף גם (פס' כג): "דֶּרֶךְ שְׁלֹשֶׁת יָמִים נֵלֵךְ בַּמִּדְבָּר וְזָבַחְנוּ לַה' אֱלֹהֵינוּ **כַּאֲשֶׁר יֹאמַר אֵלֵינוּ**". ה' הוא שיבחר את המקום, ולא פרעה או עם ישראל.

כאשר פרעה שואל (שמות י' ח): "לְכוּ עִבְדוּ אֶת ה' אֱלֹהֵיכֶם, מִי וָמִי הַהֹלְכִים?",

6. הרב פרופ' י' גרוסמן (וירא את המקום, עמ' 79–85) מצביע על קשרים לשוניים וספרותיים בין ברית האגנות לסיפור העקדה. כפי שנראה בפרק הבא, גם בית הלל ובית שמאי, לפי הגמרא, ראו במעמד ברית האגנות דגם בסיסי של עלייה לרגל.
7. במקרא פעמים רבות 'ראה' פירושו 'בחר', כגון בראשית מ"א לג; שמואל א ט"ז א; שם יז. וממילא "ה' יראה" משמעו "ה' יבחר".
8. מסירותו של האדם עשויה להימדד גם בעצם ההליכה (הרחוקה) למקום המקדש. ראו: הרב ב' לנדאו, עלייה לרגל, עמ' 129–132.
9. ראוי לציון התואר "אדון" בקשר לה' דווקא במצווה זו, וכדברי רד"צ הופמן על שמות כ"ג יז: "עלינו לבוא לפניו כפי שהעבד בא לפני אדוניו וממתין להוראותיו". מצד אחר, במכילתא מציינים את הכינוי "אלוהי ישראל" שנוסף בשמות ל"ד, לציין את הקרבה שיש בין ישראל לה' (וראו עוד להלן פרק ו').
10. אפשר להסביר את ההתעקשויות של פרעה על רקע ההבנה שבני ישראל מתכננים לברוח, והתקדים שנקבע במסע הקבורה של יעקב (בראשית נ' ז–ח), שבו השאירו את הטף והבהמות במצרים. מכל מקום, נראה שיש כאן גם ויכוח עקרוני, ולכל הפחות מדברי התשובה של משה עולה ההקבלה למוטיבים המרכזיים של העלייה לרגל.

מתוך תפיסה שרק גברים אמורים לעבוד את הא־ל (פס׳ יא): ״לְכוּ נָא הַגְּבָרִים וְעִבְדוּ אֶת ה׳ כִּי אֹתָהּ אַתֶּם מְבַקְשִׁים״, משה מתעקש (פס׳ ט): ״וַיֹּאמֶר מֹשֶׁה **בִּנְעָרֵינוּ וּבִזְקֵנֵינוּ נֵלֵךְ בְּבָנֵינוּ וּבִבְנוֹתֵנוּ** בְּצֹאנֵנוּ וּבִבְקָרֵנוּ נֵלֵךְ כִּי חַג ה׳ לָנוּ״. לימים הדרישה לעלות לרגל תהיה דווקא של הגברים (״יראה כל זכורך״), כמחשבת פרעה, אבל העיקרון הוא שה׳ הוא זה שיקבע ״מי ומי ההולכים״.[11]

וכאשר פרעה בכל זאת מנסה בכוחותיו האחרונים לטעון שבני ישראל ייקחו רק חלק מבעלי החיים שלהם (י׳ כד): ״וַיִּקְרָא פַרְעֹה אֶל מֹשֶׁה וַיֹּאמֶר לְכוּ עִבְדוּ אֶת ה׳ רַק צֹאנְכֶם וּבְקַרְכֶם יֻצָּג גַּם טַפְּכֶם יֵלֵךְ עִמָּכֶם״, משה משיב (כה-כו): ״וַיֹּאמֶר מֹשֶׁה גַּם אַתָּה תִּתֵּן בְּיָדֵנוּ זְבָחִים וְעֹלֹת וְעָשִׂינוּ לַה׳ אֱלֹהֵינוּ. וְגַם מִקְנֵנוּ יֵלֵךְ עִמָּנוּ לֹא תִשָּׁאֵר פַּרְסָה כִּי מִמֶּנּוּ נִקַּח לַעֲבֹד אֶת ה׳ אֱלֹהֵינוּ **וַאֲנַחְנוּ לֹא נֵדַע מַה נַּעֲבֹד אֶת ה׳ עַד בֹּאֵנוּ שָׁמָּה**״.

אם כן, לפי הבנה אחת, בעלייה לרגל יש שחזור של מסעו של אברהם ירא האלוהים לעבוד את ה׳ ולהוכיח את היותו ירא אלוהים המקריב מעצמו בכפוף לבחירת ה׳: במקום אשר יבחר, אותו האדם יראה; עם הקורבן שה׳ יבחר, ויראה לאדם; ועם האנשים אשר יבחר, שייראו לפני ה׳.

גם אם נפרש אחרת את הביטוי ״ולא יראו פני ריקם״, ודאי שהמוטיבים הללו קיימים כבר בפסוק שקובע ש״יראה כל זכורך אל/את פני האדון ה׳״. ברור שמטרת העלייה לרגל היא להיראות לפני ה׳, על כל המשתמע מכך.

השאלה היא אם יש קיום ומשמעות גם לפרשנות המקבילה, של הביטוי ״ולא יראו פני ריקם״, הרומזת שאף פני ה׳ יהיו אלו שייראו בידי העולים לרגל.

עיוני משנה

מי חייבים בראייה, ועל איזו ראייה מדובר? בחינה מחודשת

כשהמשנה מתייחסת לרשימת האנשים שחייבים בראייה, המצווה שמבוססת על הפסוקים ״יראה כל זכורך אל/את פני האדון ה׳״, ״ולא יראו פני ריקם״, היא אומרת (חגיגה פרק א׳):

[א] **הכל חייבין בראיה** חוץ מחרש, שוטה וקטן וטומטום ואנדרוגינוס ונשים ועבדים שאינם משוחררים, החיגר **והסומא** והחולה והזקן ומי שאינו יכול לעלות ברגליו.

11. למקומן של נשים בעלייה לרגל נתייחס עוד בפרק הסיכום, וראו גם בהערה 13.

איזהו קטן? כל שאינו יכול לרכוב על כתפיו של אביו ולעלות מירושלם להר הבית דברי בית שמאי,
ובית הלל אומרים כל שאינו יכול לאחוז בידו של אביו ולעלות מירושלם להר הבית שנאמר שלש רגלים.
[ב] בית שמאי אומרים **הראייה** שתי כסף וחגיגה מעה[12] כסף, ובית הלל אומרים **הראייה** מעה כסף וחגיגה שתי כסף.

המשנה מגדירה את החייבים בראייה ואת הפטורים ממנה. ממשנה ב, הקובעת כמה כסף צריך לעלות קורבן ראייה וקורבן חגיגה, משמע שה'ראייה' היא השם של הקורבן שחייבים בו המנויים ברשימה הקודמת.

אך האם זו הראייה שעליה מדובר במשנה א?

לפי אפשרות אחת, משנה א מתייחסת לחובת ההגעה למקדש לצורך ראייה, ומשנה ב מוסיפה על חובה זו גם את חובת הבאת הקורבן. ממילא, הרשימה הפוטרת אנשים שונים מראייה בפועל מתייחסת הן לראייה בעזרה והן לחובת הבאת קורבן ראייה. זו דעת ריש לקיש בבבלי (חגיגה ז ע"א).[13]

אפשרות אחרת היא שמשנה א עוסקת בחייבים בקורבן הראייה, המוזכר במשנה ב. ההשלכות של פירוש זה מעניינות, ומובילות לאפשרות שהפטורים מחובת הקורבן – לכל הפחות נשים וילדים – יהיו חייבים בחובת העלייה לרגל למקדש, אך בלי קורבן. כך נאמר במפורש בירושלמי (חגיגה פ"א ה"א),[14] וכן משמע מדעת ר' יוחנן בבבלי (חגיגה ז ע"א).[15]

12. מעה כסף היא יחידה אחת של כסף (כלומר חצי מ"שתי כסף") שמשקלה ששה עשר גרגירי שעורה. היא שווה כ־32 פרוטות, היחידה הקטנה ביותר של כסף בתקופת חז"ל.

13. גם ממקומות נוספים בבבלי משמע שנשים פטורות מעלייה לרגל בכלל. אומנם הן חייבות לעלות כדי לקיים את חובת השמחה ברגלים. בפירוש המשנה נחלקו רש"י ותוספות על אתר. מדברי הרמב"ם (הלכות חגיגה פ"א ה"א) משמע שהוא כורך את שתי החובות יחד.

14. "מתני' בראיית קרבן אבל בראיית פנים אפי' קטן חייב, מן הדא 'הקהל את העם האנשים והנשים והטף' (דברים ל"א יב)". הירושלמי מתייחס באופן מפורש לחיוב הקטנים, אבל מצטט פסוק שמחייב גם את הנשים.

15. "מאי הראיון? רבי יוחנן אמר: ראיית פנים בעזרה, וריש לקיש אמר: ראיית פנים בקרבן". אחד הסיפורים הראשונים של עלייה לרגל במקרא מתאר משפחה שעולה לרגל – משפחת אלקנה (שמ"א א' ב–ד). פרופ' ש' ספראי (העלייה לרגל, עמ' 88-91) מתייחס לעדויות הרבות על עלייה לרגל של נשים. הוא מביא שהעדויות בחז"ל שהתייחסו באופן שלילי לעלייה לרגל של נשים, מתייחסות דווקא להבאת הקורבן, אך לא לעצם ההיראות.

המושג של פטור וחיוב מתקשר לרעיון שראינו לעיל בנוגע לחובת העלייה לרגל – מי שחייב, צריך להיות זה שעומד בדרישה להשקיע ולהגיע למקדש או לעמוד בדרישות העלייה לרגל, ומי שפטור אינו נדרש לעמוד במחויבות הזאת. אבל מדוע, בעצם, האנשים המנויים במשנה א פטורים ממחויבות זו?

חלק מהפטורים ברשימה קשורים לאנשים שבאופן כללי אינם חייבים במצוות: חירש, שוטה וקטן,[16] וחלק לאפשרות הפיזית לעלות לרגל ברגל: החיגר, הזקן, מי שאינו יכול לעלות ברגליו, וכולל חלק מההגדרה של קטן.[17] מכאן אפשר לומר שהרשימה היא טכנית במהותה ומתייחסת לאפשרות הפיזית או השכלית (של אלו המצווים) לקיים את המצווה.[18]

אפשרות אחרת היא שהרשימה מתכתבת עם רשימת הדרישות מהכוהנים המשרתים את ה', והרי כוהנים בעלי מומים אינם ניגשים אל ה'.[19] ומכאן, שגם לעולי הרגלים יש ממד של שירות בעלייה לרגל ודמיון מסוים לכוהנים. מי שלא היה משרת את ה' בתור כוהן, או שיש לו "מום" דומה, גם פטור מהעלייה לרגל או מהקרבת הקורבן. התפיסה הזאת מתיישבת עם ההבנה שהחובה להיראות לפני ה' קשורה לשירות שהאדם מישראל עושה עבור בוראו, כפי שראינו בסעיפים הקודמים.

בדברים הבאים נעיין בפטור של הסומא.

16. טומטום ואנדרוגינוס פטורים שכן הם לא נכללים ב"כל זכורך", וראו להלן הערה 19.

17. תיאור זה מאתגר את הרעיון שרשימת הפטורים היא בעיקר מהקורבן, ולא מהעלייה לרגל, אם חלק מהאנשים שפטורים, פטורים בגלל חוסר היכולת לעלות לרגל באופן פיזי. אכן, בירושלמי משמע שנשים וקטנים חייבים לעלות לרגל, ולאו דווקא שאר הרשימה. ואפשר שההליכה עצמה היא חלק מהמסירות שבאה לידי ביטוי בקורבן (לעיל הערה 8).

18. פרופ' א' שמש (מלאכי הקודש, עמוד 181 הערה 4) מציע בעקבות פירושו של הרב פרופ' ש' ליברמן (תוספתא כפשוטה, חלק ה, עמ' 1267) שגם הסומא עשוי להיות פטור בגלל הקושי לעלות רגלית לירושלים.

19. ראו בהרחבה: א' שמש, מלאכי הקודש, עמ' 179–206. פרופ' שמש גם עומד על הדמיון בין הדרשות שמוסיפות מומים שפוסלים כוהנים, מעבר לכתוב בפשט, והדרשות שמכתיבות את המומים שפוסלים את העולים לרגל. ואם כי אין זהות בין הרשימות, יש דמיון. חלק מהפסולים לעלות לרגל נובעים מבעיות אסתטיות (ריח רע וכדומה, ראו בבלי חגיגה ד ע"א) וכן אסתטיות והסחות דעת הן חלק מן הפסולים לשאת את ידיהם בברכת כהנים (בבלי מגילה כד ע"ב). לכך ניתן להוסיף את החיוב דווקא של זכרים להיראות (בקורבן), שכן רק כוהנים זכרים משרתים בפועל.

האנשים הרואים – הצגת הפירוש השני

התוספתא מסבירה שיש מחלוקת ביחס לסומא (חגיגה פ״א ה״א במהדורת ליברמן):

> יוחנן בן רחביי אמ׳ משם ר׳ יהודה אף הסומא שנאמ׳ ׳יראה׳ (שמות כ״ג יז) פרט לסומא.

יוחנן בן רחביי מסביר בשם ר׳ יהודה מדוע פטרו את הסומא: ״יראה פרט לסומא״. הטעם הזה קושר בין הראייה שבעלייה לרגל לבין הסומא, כלומר מתייחסים לאדם **הרואה** ולא לאדם הנראה / הא־ל הרואה.

הבבלי מביא את הדברים בנוסח מעט שונה (בבלי חגיגה ב ע״א):

> דתניא יוחנן בן דהבאי אומר משום רבי יהודה סומא באחת מעיניו פטור מן הראייה, שנאמר ׳יראה׳ (שמות כ״ג יז) ׳יראה׳ כדרך שבא לראות כך בא ליראות, מה לראות בשתי עיניו אף ליראות בשתי עיניו.

בבבלי דרשת יוחנן בן רחבאי/דהבאי קובעת שיש סימטריה בין האדם הרואה לאדם הנראה. אדם שבא כדי לראות צריך שתי עיניים, ולכן גם כשהוא בא להיראות הוא צריך שתי עיניים.

נשים לב שהדרשה כאן שונה, למעשה, מהדיון שלעיל. בדיון לעיל הוצגו שתי אפשרויות פרשניות בהבנת הפסוק ״ולא יראו פני ריקם״ – האם הזכרים אמורים להיראות לפני ה׳, כפי שמפורש בדרישה שכל זכורך ״יראה לפני האדון ה׳״, או שפני ה׳ הם אלו שנראים. לפי ההבנה שפני ה׳ **יִרָאוּ**, יש הדדיות בין האדם הנראה לפני הא־ל הנראים. הדרשה של יוחנן בן דהבאי משום ר׳ יהודה שונה, שכן היא קוראת את המילים ״יראה כל זכורך״ באופן פעיל ולא סביל, ולפיה הזכרים באים רק כדי לראות, או בשני אופני קריאה בו זמנית – גם ׳יִרְאֶה׳ וגם ׳יֵרָאֶה׳ – מה שמשאיר את ההדדיות על כנה.[20]

20. יש מחלוקת אם זו דרשה שמשנה מנוסח הקריאה, או שמא המילה המקורית הייתה בלשון פעיל, ורק מסורת הקריאה החליפה אותה ללשון סביל. ראו: שד״ל, פירוש לישעיהו א׳ יב, ואצל ש׳ נאה (אין אם, בעיקר בעמ׳ 412–419). ח׳ גפני (ראיית פני, עמ׳ 5–6) תומך את העמדה הזאת בכך שבדרך כלל צורת שם הפועל של השורש רא״י בבניין נפעל היא ״להיראות״ (שמואל א ג׳ כא; מלכים א י״ח ב) ולא ״ליראות״ כפי שמופיע בפסוקים של העלייה לרגל. לדעת הרב ב׳ לפשיץ (יש אם, עמ׳ 453, בשם המיוחס לר׳ גרשום על ערכין ב ע״ב), הדרשה ״יראה – יראה״ מבוססת

מן המקורות הללו עולה שר׳ יהודה סבור שהעלייה לרגל לא נועדה רק כדי להיראות לפני ה׳, אלא (גם) כדי לראות את פני ה׳. ומכאן יש רמז לתפיסה שבעלייה לרגל לא באים רק להיראות אלא (גם) לראות.[21]

ננסה לבחון מה וכיצד באים לראות.[22]

האנשים הרואים – ראיית פני ה׳ באמצעות לימוד תורה

בהמשך המשנה יש רמז לתשובה גם לכך. במשנה בתחילת פרק ב׳ נאמר:

> [א] אין דורשין בעריות בשלשה, ולא במעשה בראשית בשנים, ולא **במרכבה** ביחיד, אלא אם כן היה חכם ומבין מדעתו. כל **המסתכל** בארבעה דברים ראוי לו כאילו לא בא לעולם: מה למעלה, מה למטה, מה **לפנים**, ומה **לאחור**. וכל שלא חס על **כבוד** קונו ראוי לו שלא בא לעולם.

במשנה מובאות מגבלות על עיון בסודות האלוהיים – מעשה בראשית ומעשה מרכבה – וכן בדיני עריות. היא גם מתייחסת לבעייתיות שבדרישת עניינים – המכונה גם ״הסתכלות״ – שהם מעבר לעולם הזה: מה למעלה, מה למטה, מה לפנים ומה לאחור, ורומזת שיש בכך פגיעה בכבוד קונו.[23] באופן מפתיע, למרות האזהרה,

על הפסוקים בעקדת יצחק שבהם השורש רא״ה בא הן בפעיל והן בסביל. ראיתי שהרב יעקב שפירא (בפייסבוק) קושר בין סוף פרשת וירא, שם מופיעה הראייה במסגרת עקדת יצחק, לבין תחילת הפרשה, שם ה׳ נראה לאברהם.

21. לפי הרב א׳ הכהן (לפני ה׳ יראה, עמ׳ 18), עצם השם האקטיבי של הקורבן, ״ראייה״ (ולא ״היראות״), הוא ראיה לראייה אקטיבית של האדם את אלוהים.

22. ח׳ גפני (ראיית פני, עמ׳ 1-13) מראה כיצד תיאור בניית המשכן משתמש באיברי גוף שונים (מלבד האמה והזרת של המדידה, יש רגליים לכלים, וירכיים וצלעות וכתף למשכן), כאשר לבית עצמו יש פנים, וכן לכלים הפנימיים – לחם הפנים, פני המנורה, והכרובים שיש להם פנים. לדעתו, יש בכך רמז לראיית ״פני ה׳״ באמצעות התבוננות במשכן/במקדש ובכליו. גם לדעת רב קטינא (בבלי יומא נד ע״א) ברגלים היו חושפים בפני עולי הרגלים את הכרובים המעורים זה בזה, וגם ריש לקיש מתאר (בבלי חגיגה כו ע״ב; בבלי מנחות כט ע״א) שמגביהים את שולחן הפנים ומראים לעם את לחם הפנים שעליו. ראו: רמב״ם הלכות חגיגה פ״ב ה״א. וראו עוד: פרופ׳ י׳ קנוהל (פולמוס הכיתות, 139-146), שמפתח את ראיית הכלים כראיית פני ה׳. ראו גם להלן הערה 28. בדברים הבאים נצעד בכיוון אחר.

23. אפשר שיש כאן רמז לפסוק (שמות ל״ג כג): ״וְרָאִיתָ אֶת אֲחֹרָי וּפָנַי לֹא יֵרָאוּ״ שבאה אחרי הבקשה לראות את ״כבוד״ קונו, ובאה לפני עליית משה (למעלה) וירידת הענן (למטה).

הגמרא בחגיגה ממשיכה ומפרטת בהרחבה את הנושאים הללו, מעשה בראשית ומעשה מרכבה.

המשנה הזאת מפתיעה בהקשרה: מה הקשר בין תכנים עיוניים שצריך להיזהר בהם לדיני עלייה לרגל? פרשנים שונים סברו שיש בכך רמז לתשובה לשאלה "כיצד ניתן לראות את פני ה'?".

כמה חוקרים עמדו על קשרים לשוניים שהמשנה מייצרת בין לימוד התורה לחובות הרגל. הרב אברהם וולפיש[24] עומד על הקשר הלשוני שבין המשניות שעוסקות בחגיגה למשניות שעוסקות בלימוד התורה בכלל, ובאופן הסקת ההלכות מתוך הפסוקים בפרט. ראשית, דרך השימוש בלשון "מועט/מרובה" (משנה חגיגה פרק א'):

> [ה] מי שיש לו אוכלים **מרובים** ונכסים **מועטים** מביא שלמים **מרובים** ועולות **מועטות**...
>
> [ח] ... הלכות שבת **חגיגות** והמעילות הרי הם כהררים התלויין בשערה שהן מקרא **מועט** והלכות **מרובות**...

הוא מראה שהמשנה יוצרת השוואה נוספת, דרך השימוש בלשון "סמיכה":

> [א' ח] היתר נדרים פורחין באויר ואין להם על מה **שיסמכו**...[25]
>
> [ב' ב] יוסי בן יועזר אומר שלא **לסמוך** יוסי בן יוחנן אומר **לסמוך**...

ניתן להראות שהמשנה משווה את ההסתמכות על הפסוקים לסמיכה על הקורבנות. הרב יעקב נגן מוסיף שהבחירה לחזור על לשון ה"סמיכה" רומזת גם לסמיכת החכמים נושאי התורה שבעל פה שאחראים להעברת התורה מדור לדור, לדרשתה ולגזור גזרות (שבהן דנות המשניות הללו).[26] הרב דב ברקוביץ[27] מוסיף את הקשר הלשוני

24. הרב א' וולפיש, משחקי לשון, עמ' 82-84.
25. לכאורה הקשר בין דרשות בנוגע לחגיגות לבין עלייה לרגל ברור יותר, משום שמדובר גם על הדרשה וגם על התוכן של עלייה לרגל. גם הנדרים הם חלק מהותי מההתרחשות ברגל, שכן אז אנשים משלמים את נדריהם, כפי שרואים בויקרא כ"ג לח; בבלי ראש השנה ד ע"א-ע"ב; בבלי ביצה יט ע"ב.
26. באתר ישיבת עתניאל.
27. הדף הקיומי, מועד, עמ' 357.

בין הקטן **שרוכב** על כתפי אביו, שנחלקו בית הלל ובית שמאי אם הוא חייב לעלות לרגל, למעשה **מרכבה**.

מכל זה עולה שהמשנה רומזת, הן על ידי סמיכות הנושאים והן על ידי השימוש במונחים לשוניים קרובים, לקשר שבין העלייה לרגל וחובותיה ללימוד התורה. המסקנה העולה מכך היא שבעיון בתורה ובסודותיה יש ממד מסוים של ראיית פני ה׳. מרמזים אלו אפשר להסיק כי יש מובן מסוים של עלייה לרגל שנועד גם לאפשר לאנשים לראות את פני ה׳, וזאת על ידי לימוד תורה.[28] חיזוק לרעיון הזה מופיע בדברי הירושלמי שלומד מתיאור מעמד ההקהל את האופי של העלייה לרגל.[29]

מקראות קודש

עתה אציע הבנה נוספת כיצד אפשר לראות את פני ה׳ – האם באמת ניתן לראות את פני ה׳? הרי נאמר לנו במפורש "כי לא יראני האדם וחי". נוסף לכך ננסה להבין מה המשמעות של העלייה לרגל, לפי ההסבר הזה.

נתחיל במטרת העלייה לרגל. עלייה לרגל מופיעה בתורה בשלושת הרגלים בדומה למה שהבאנו בתחילת הפרק: "ולא יראו פני ריקם... יראה כל זכורך אל פני האדון ה׳". אבל עצם ההגעה למקום הקדוש, בעלייה לרגל שהיא לאו דווקא במועד הרגל, מופיעה במקומות נוספים ויכולה לשפוך אור על מטרתה.

הירושלמי, כאמור, למד ממצוות ההקהל על העלייה לרגל. מצוות הקהל חלה בחג הסוכות אחת לשבע שנים וכוללת גם את הנשים והטף (דברים ל"א):

(י) וַיְצַו מֹשֶׁה אוֹתָם לֵאמֹר מִקֵּץ שֶׁבַע שָׁנִים בְּמֹעֵד שְׁנַת הַשְּׁמִטָּה בְּחַג הַסֻּכּוֹת:
(יא) בְּבוֹא כָל יִשְׂרָאֵל **לֵרָאוֹת אֶת פְּנֵי ה׳** אֱלֹהֶיךָ בַּמָּקוֹם אֲשֶׁר יִבְחָר תִּקְרָא אֶת
הַתּוֹרָה הַזֹּאת נֶגֶד כָּל יִשְׂרָאֵל בְּאָזְנֵיהֶם: (יב) **הַקְהֵל** אֶת הָעָם הָאֲנָשִׁים וְהַנָּשִׁים

28. הרב ד׳ ברקוביץ, הדף הקיומי, מועד, עמ׳ 356 מתייחס לעלייה לרגל ככוללת חושים ואיברים שונים: הרגל והעיניים, באופן פשוט, ובתוך הרשימה גם הדעת, השמיעה וכיו"ב. כלומר הפטורים מן הראייה מעידים על הממד הגופני השלם שבחוויית ההתגלות. גם בהתגלות ה׳ במעמד ברית האגנות ניתן למצוא כינויים של איברי גוף: "ותחת רגליו", "לא שלח ידו" (שמות כ"ד י–יא).

29. ראו ירושלמי חגיגה פ"א ה"א. דרשה נוספת פוטרת את מי שחירש (גם) באוזן אחת מעלייה לרגל, ושם הפטור קשור ליכולת ללמוד תורה. דרשה זו מופיעה בירושלמי (שם) שמחיל את דרישות ההקהל על העלייה לרגל, ובבבלי (חגיגה ב ע"ב – ג ע"א) הגמרא קושרת ביניהן לצורך הדרשה הזאת. וראו אצל: הרבנית ח׳ גודינגר (דרייפוס), מצות חגיגה, עמ׳ 89–116, על היחס בין הבבלי לירושלמי בעניין זה.

וְהַטַּף וְגֵרְךָ אֲשֶׁר בִּשְׁעָרֶיךָ **לְמַעַן יִשְׁמְעוּ וּלְמַעַן יִלְמְדוּ וְיָרְאוּ אֶת ה' אֱלֹהֵיכֶם וְשָׁמְרוּ לַעֲשׂוֹת** אֶת כָּל דִּבְרֵי הַתּוֹרָה הַזֹּאת: (יג) **וּבְנֵיהֶם אֲשֶׁר לֹא יָדְעוּ יִשְׁמְעוּ וְלָמְדוּ לְיִרְאָה אֶת ה' אֱלֹהֵיכֶם** כָּל הַיָּמִים אֲשֶׁר אַתֶּם חַיִּים עַל הָאֲדָמָה אֲשֶׁר אַתֶּם עֹבְרִים אֶת הַיַּרְדֵּן שָׁמָּה לְרִשְׁתָּהּ.

מצוות הקהל כוללת כמה אלמנטים ייחודיים, כגון הקהלת כל העם ושמיעת התורה, אבל היא מצויה בהקשר הכללי של העלייה לרגל בשלושת הרגלים, בתוך ההיראות לפני ה' ברגל, "בבוא כל ישראל לראות את פני ה'". למרות שהאנשים הם הסבילים, שכן הם באים להיראות, למעמד הזה יש השפעה רבה על המשתתפים: "למען ישמעו ולמען ילמדו ויראו את ה' אלוהיכם, ושמרו לעשות...". השמיעה שמובילה לעשיית המצוות קשורה לשמיעת התורה. אפשר שעצם מעמד ההיראות לפני ה' מוביל ליראת ה'. למעשה, זה קורה לא בגלל ההיראות, אלא בגלל ראיית פני ה' יחד עם כל ישראל.

דברים דומים מופיעים גם בפרשת המעשר שמביאים למקום אשר יבחר ה', כך נאמר בדברים י"ד:

(כב) עַשֵּׂר תְּעַשֵּׂר אֵת כָּל תְּבוּאַת זַרְעֶךָ הַיֹּצֵא הַשָּׂדֶה שָׁנָה שָׁנָה: (כג) **וְאָכַלְתָּ לִפְנֵי** ה' אֱלֹהֶיךָ בַּמָּקוֹם אֲשֶׁר יִבְחַר לְשַׁכֵּן שְׁמוֹ שָׁם מַעְשַׂר דְּגָנְךָ תִּירֹשְׁךָ וְיִצְהָרֶךָ וּבְכֹרֹת בְּקָרְךָ וְצֹאנֶךָ **לְמַעַן תִּלְמַד לְיִרְאָה אֶת ה' אֱלֹהֶיךָ כָּל הַיָּמִים.**

האכילה של המעשרות והבכורות לפני ה', במקום שיבחר, נועדה ללמד את יראת ה'. חוויית ההגעה למקום הנבחר לא נועדה רק לסמן את השירות האנושי בקודש, אלא היא משפיעה על האדם שמגיע למקום הזה – של לימוד ליראה את ה'.[30]

האנשים הרואים – משמעות הראייה במעמד הר סיני

מן הדברים הללו משתמע שההתכנסות להיראות את פני ה' משפיעה על האנשים ומובילה אותם ליראת ה', לצד שמיעת התורה שמובילה לשמירת המצוות. באופן דומה, כך מתואר מעמד מתן תורה בהר סיני, שמעמד ההקהל הוא שחזור שלו (דברים ד'):[31]

30. אם בפרשת העקדה יראת האלוהים של אברהם הובילה אותו לכך שהוא **יֵרָאֶה** בהר, כאן ההיראות או **הראייה** מובילות ליראת ה'.

31. ניתן לראות זאת מהנוכחים: כל ישראל, כשהבנים הם במוקד; מהמטרה המשותפת של האירועים:

(ט) רַק הִשָּׁמֶר לְךָ וּשְׁמֹר נַפְשְׁךָ מְאֹד פֶּן תִּשְׁכַּח אֶת הַדְּבָרִים אֲשֶׁר **רָאוּ** עֵינֶיךָ וּפֶן יָסוּרוּ מִלְּבָבְךָ כֹּל יְמֵי חַיֶּיךָ וְהוֹדַעְתָּם לְבָנֶיךָ וְלִבְנֵי בָנֶיךָ: (י) יוֹם אֲשֶׁר עָמַדְתָּ לִפְנֵי ה׳ אֱלֹהֶיךָ בְּחֹרֵב בֶּאֱמֹר ה׳ אֵלַי **הַקְהֶל** לִי אֶת הָעָם וְאַשְׁמִעֵם אֶת דְּבָרָי **אֲשֶׁר יִלְמְדוּן לְיִרְאָה אֹתִי כָּל הַיָּמִים** אֲשֶׁר הֵם חַיִּים עַל הָאֲדָמָה **וְאֶת בְּנֵיהֶם יְלַמֵּדוּן**: (יא) וַתִּקְרְבוּן וַתַּעַמְדוּן תַּחַת הָהָר וְהָהָר בֹּעֵר בָּאֵשׁ עַד לֵב הַשָּׁמַיִם חֹשֶׁךְ עָנָן וַעֲרָפֶל: (יב) וַיְדַבֵּר ה׳ אֲלֵיכֶם מִתּוֹךְ הָאֵשׁ קוֹל דְּבָרִים אַתֶּם שֹׁמְעִים וּתְמוּנָה **אֵינְכֶם רֹאִים** זוּלָתִי קוֹל.

הפסוקים המתארים את מעמד הר סיני מדגישים שבני ישראל לא ראו "תמונה", אבל הם ראו "את הדברים". בני ישראל ראו משהו, חוו משהו, לצד שמיעת הדברים, באופן שאמור להשפיע על יראת ה׳ שלהם ושל בניהם.

מה בדיוק ראו בני ישראל בהר סיני? כך מתואר חלק ממעמד הר סיני בספר שמות (פרק כ"ד):

(י) **וַיִּרְאוּ אֵת אֱלֹהֵי יִשְׂרָאֵל וְתַחַת רַגְלָיו** כְּמַעֲשֵׂה לִבְנַת הַסַּפִּיר וּכְעֶצֶם הַשָּׁמַיִם לָטֹהַר: (יא) וְאֶל אֲצִילֵי בְּנֵי יִשְׂרָאֵל לֹא שָׁלַח יָדוֹ **וַיֶּחֱזוּ אֶת הָאֱלֹהִים** וַיֹּאכְלוּ וַיִּשְׁתּוּ.

בברית האגנות שמלווה את מעמד הר סיני[32] מסופר במפורש – בשני ניסוחים שונים – שבני ישראל או נציגיהם ראו את אלוהי ישראל. נוסף לכך, הם ראו מחזה שתיאורו הוא "ותחת רגליו", שגם אם תוכנו לא ברור, הוא מעיד על ראייה מסוימת של ה׳.[33] כיצד רואים את ה׳?

אפשר להניח שלא מדובר על פנים ממש, רגליים ממש או אחוריים ממש.

ללמוד ליראה את ה׳ ולשמוע את דבריו; וכן מהשם הדומה של האירוע: "הקהל" כנגד "יום הקהל". ראו גם רמב"ם הלכות חגיגה פ"ג ה"ו שמשווה בין מעמד הקהל למעמד הר סיני. לדעת פרופ׳ ש׳ נאה (המחזור השבע־שנתי, עמ׳ 167–187), מחזור הקריאה הארץ ישראלי מכוון לסיים את התורה פעמיים בשבע שנים, ומחזור הקריאה הבבלי מכוון לסיים שבע פעמים בשבע שנים, כאשר המועד שאליו מכוונים שני מחזורי הקריאה הוא מעמד ההקהל.

32. כפי שנראה בפרק הבא, מסורת חז"ל הייתה שברית האגנות התקיימה לפני מעמד הר סיני, וכך שיטת רש"י, ר"י בכור שור, חזקוני ועוד (על שמות כ"ד א). לעומת זאת, שיטת רשב"ם, ראב"ע, רמב"ן, ר׳ אברהם בן הרמב"ם (שם) ועוד, הפרשה נאמרה כסדרה לאחר מתן תורה, ומכל מקום מדובר על מעמד המשך של מעמד הר סיני.

33. לדעת י׳ מייטליס (לראות את פני, עמ׳ 373–376), הסיבה לקריאת שמות ל"ג יב – ל"ד כו בשבת חול המועד סוכות ופסח אינה רק בגלל הציווי על הרגלים בסוף הקטע, אלא בגלל הקשר בין

הפסוקים מדגישים שלא רואים תמונה, אבל כן רואים משהו. ולא ברור אם פני ה' יכולים להיראות או אינם יכולים להיראות.

יש מהפרשנים שסברו כי אי אפשר לראות את ה' וכאן מדובר על ראייה חלקית, כדעת רשב"ם: "כעין וראיתה את אחורי", או ראייה נבואית, כדעת ראב"ע. לפרשנים אחרים זו הייתה ראייה מסוימת של גילוי אלוהי ממשי ומשמעותי: הרמב"ן ורבינו בחיי, מחברים את המעמד לראיית מעשה מרכבה, ורבי אברהם בן הרמב"ם מתייחס לדרגות שונות של ידיעת ה'.

האנשים הרואים: בין ראיית יחידים לראיית העם, ראתה שפחה על הים

להבנתי, את היחס בין המילים "ולא יראו פני ריקם", הרומזות לאפשרות לראות את פני ה', ובין הקביעה "ופני לא יראו", שלפיה אי אפשר לראותם, אפשר להבין רק מתוך ההקשר וכל פסוק לגופו.

האדם – הבודד, היחיד, אפילו יהיה כמשה רבנו – לא יראה את פני ה' (בלשון רבים) ויחיה.[34] אבל עם ישראל, כקולקטיב, הבאים לראות, כל אחד ושתי עיניו – יכול "לראות" את פני ה'. נדמה לי שהתורה רוצה לומר שאף יחיד אינו יכול לתפוס בשתי עיניו את "פני ה'", אבל עם ישראל כמכלול יכול לחוות את ההתגלות האלוהית – מרובת הפנים – השלמה. כיוון שיש ממד של התגלות "פנים בפנים" – כל אחד יצליח להכיל רק את הזווית של ה"פנים" שלו, פן אחד מתוך השלם.[35] כדי ש"פני ה'" יתגלו וייראו, ותהיה להם השפעה על החוויה האנושית, צריכים להיות הרבה פנים.[36] ייתכן שבעלייה לרגל הרגילה, המעמד כלל (או חייב) רק גברים, אבל בגילוי הגדול יותר של מעמד הר סיני, ובשחזור שלו במעמד הקהל,

ראיית ה' בסיפור הלוחות השניים ובין הדרישה לראות פני ה' ברגלים. המילה "פנים" על הטיותיה השונות מופיעה שבע פעמים ביחס לה' ופעמיים ביחס למשה. דברינו בהמשך דומים לדבריו.

34. כאשר הכוהן הגדול נכנס לקודש הקודש, ה' מתגלה באופן מעורפל (ויקרא ט"ז ב): "כִּי בֶּעָנָן אֵרָאֶה עַל הַכַּפֹּרֶת". ראו על כך עוד בסוף הפרק הבא.

35. המילה 'פנים' מופיעה מראשיתה בצורת 'רבים תמידי' (plurale tantum), כמו במילים מים ושמיים. בחיבורים מתקופת הגאונים וימי הביניים חדרה לשפה המובן של פן כ'צד', 'היבט', 'אופן' או 'בחינה', בהשפעת הערבית. למובן הזה של 'פנים' יש מקורות עוד קודם בספרות חז"ל. ראו 'שני פנים או שתי פנים' באתר האקדמיה ללשון עברית.

36. כעין הפסוק (משלי כ"ז יט): "כַּמַּיִם הַפָּנִים לַפָּנִים כֵּן לֵב הָאָדָם לָאָדָם", שחז"ל דרשו על לימוד התורה (מסכת סופרים ט"ז ג; בבלי יבמות קיז ע"א). יש בראיית פני ה' ממד מסוים של השתקפות. ואכן, ה' מדבר עם משה "פנים אל פנים" (שמות ל"ג יא; דברים ל"ד י), אך גם ההתגלות בסיני הייתה "פנים בפנים" (דברים ה' ג–ד), ועדיין כולם שם חיים (שם פס' ג).

הוא נדרש לכלול פנים רבות יותר, גם את של הנשים והטף. לימים זה יגולם באופן מסוים בלימוד תורה במעגלים שונים שמתקבצים יחד, כאשר כל אחד תופס את התורה באופן אחר, דרך הפריזמה הייחודית לו.[37]

רמז לרעיון הזה מופיע במדרש מוכר על היחס בין יוצאי מצרים לנביאים ישעיהו ויחזקאל. נאמר במכילתא דרבי ישמעאל (בשלח, מסכתא דשירה פרשה ג):

> 'זה א־לי' (שמות ט"ו ב), ר' אליעזר אומר מנין אתה אומר שראתה שפחה על הים מה שלא ראו ישעיה ויחזקאל? שנ' 'וביד הנביאים אדמה' (הושע י"ב יא), וכתיב 'נפתחו השמים ואראה מראות אלוהים' (יחזקאל א' א).
> משל למלך בשר ודם שנכנס למדינה ועליו צפירה מקיפתו וגבורים מימינו ומשמאלו וחיילות מלפניו ומלאחריו, והיו הכל שואלין אי זהו המלך? מפני שהוא בשר ודם כמותם, אבל כשנגלה הקדוש ברוך הוא על הים לא הוצרך אחד מהם לשאול אי זהו המלך, אלא כיון שראוהו הכירוהו, פתחו כולן פיהן ואמרו 'זה א־לי ואנוהו' וגו'.

המדרש מתייחס למעלת השפחה על הים, שראתה את מה שיחזקאל בן בוזי לא ראה. לדעתי הכוונה במדרש אינה לשפחות של עם ישראל, אלא לעם ישראל עצמו, שהיה עם של עבדים ושפחות, והרגע נגאל ממצרים.[38] אפשר לראות במדרש הזה התייחסות למעלת יוצאי מצרים, שלמרות שעד כה היו עבדים ושפחות, מעלתם הרוחנית אפשרה להם לראות גילוי שכינה שכמותו יחזקאל הנביא לא זכה לראות. הם יכלו להצביע ולומר "זה" על "א־לי" ולזהות אותו בלי צורך לפרט ולתאר את האופן שבו התגלה. לעומתם, יחזקאל הנביא לא הגיע לרמה רוחנית כזאת וגם כשראה מה שראה, היה נרגש מאוד מעצם המפגש, והרגיש צורך לתאר אותו, כדי שהשומעים יאמינו לו.[39]

אפשרות אחרת להבין את היחס שבין השפחה לבין יחזקאל בין בוזי אינה נוגעת לפער הרוחני ביניהם אלא להקשר. כשה' נגלה לכל עם ישראל, הייתה דרגה מסוימת

37. ראו דברי הרב אי"ה קוק בנוגע ללימוד תורה (אורות התורה ב', א, עמ' יא): "ענין תורה לשמה – לשם התורה... והנה כל הלומד תורה הוא מוציא מהכח אל הפועל את מציאות חכמתה מצד נפשו ובוודאי אינו דומה האור המתחדש מצד חיבור התורה לנפש זו לאור הנולד מהתחברותה לנפש אחרת, ואם כן הוא מגדיל התורה ממש בלימודו".
38. אפשר גם להסביר שמדובר על העבדים והשפחות של בני ישראל, אם כי לא ברור כיצד יש להם כאלו בשלב זה.
39. השוו: בבלי חגיגה יג ע"ב.

של ראייה שכל אחד ואחת חוו חלק ממנה, והיא הייתה סך גדול יותר ממה שנביא בודד כלשהו יכול להשיג.

כשבני ישראל עברו בים, הם זכו לחוויה רוחנית מכוננת. לימים, התורה תדרוש ואף תאפשר לחזור על חוויה רוחנית זו של ראיית פני ה'. על משמעות הקרבת הקורבן במסגרת החוויה הזאת נעמוד בפרק הבא.[40]

שהחיינו וקיימנו

שאלת היכולת לראות את פני ה' מתחברת אצלי לאופן לימוד התורה. במשך שנים חשוב היה לי להוכיח כל דעה שהחזקתי בה ולהפריך את הדעות האחרות, מתוך עמדת מוצא שיש אמת אחת. עם השנים התוודעתי לתורת הבחינות של הרב ברויאר,[41] המבוססת על רעיונות של המהר"ל[42] וחכמים אחרים, שהתורה עצמה כוללת בתוכה סתירות, משום שהיא מציגה בפנינו נושאים שונים, כל פעם מזווית אחרת. בהמשך לאמיתות השונות שהתורה מציגה בפנינו, קוראים שונים שומעים ורואים את הקולות הללו באופנים שונים. כל אדם קולט פן מסוים, בין היתר בהתאם למבנה הנפשי שלו. תורת הבחינות, שמתייחסת לאופן כתיבת התורה, ובאה לידי ביטוי אחר כך בקולות השונים בספרות חז"ל ובדברי הפרשנים,[43] היא המחשה טובה בעיניי של המושג "ראיית פני ה'". רק קבוצה גדולה, הציבור כולו, יכולה לראות את הקולות השונים ולהכיל את המכלול השלם. ההבנה ש"ראיית פני ה'" עוברת גם דרך לימוד התורה של כולנו היום היא המחשה של הקשר בין ראיית פני ה' בתורה להתגשמותה על ידי לימוד התורה בדברי המשנה.

נקודה נוספת עולה מתוך העיון הזה. אנחנו חיים בעולם מאוד אינדיווידואלי, שבו אנחנו רוצים גישה ישירה אל הקודש, רוצים לחוות חוויות ולספוג הכול לְתוֹכֵנוּ. במובן מסוים, כולנו רוצים להיות משה רבנו, אם כי יש להניח שרובנו לא היו רוצים

40. הרב ד"ר א' שמאע (שתי מגמות, עמ' 32–44) מציג את שני התפקידים של המשכן: מקום עבודה והקרבת קורבנות מחד גיסא, ומקום השראת שכינה בקרב ישראל מאידך גיסא. נראה לי ששתי המגמות הללו משקפות את שני ההיבטים של הראייה בפני ה'. וראו גם: הרב ב' קץ (ועשו לי, עמ' 17–21). לתשובה על השאלה איך בדיוק פועל הקורבן, ומה תפקידו במסגרת המפגש הזה, נקדיש את הפרק הבא.

41. ראו: שיטת הבחינות. תפיסתו מושפעת גם ממחקר המקרא הביקורתי.

42. מהר"ל, באר הגולה באר ראשון פרק ה'.

43. ראו: ד' בויארין, מדרש; ד' בויארין, קולות.

לשלם את המחירים שהוא שילם. בדורות האחרונים צצות ופורחות סדנאות מנהיגות, הרצון להתפרסם הולך ופושה ואנחנו מחפשים להטביע את החותם הייחודי שלנו על העולם.

גם התורה מחפשת להטמיע בנו חוויות, דורשת מאיתנו לחפש את קרבת האלוהים והגישה הישירה, וגם להוכיח את המוכנות שלנו להקריב כדי להתקרב. ובכל זאת התורה גם אומרת שכדי "לקלוט את האלוהות" צריך להיות חלק מקבוצה ולאפשר השראת שכינה כחלק מציבור. ההבנה שכולם עומדים לפני ה׳, כולם באים לראות וליראות, היא שמאפשרת לקבל מעט מזעיר מהאלוהות. ולוואי ונזכה – כולנו יחד, וכל אחד ואחת לחוד – להתגשמות ברכת הכוהנים "יאר ה׳ פניו אליך ויחונך".

פרק ג

"ויעלו עולות... וירד ה'" - בין עולת ראייה לשלמי חגיגה

משחר ההיסטוריה, עוד מימי קין והבל, האדם מביא מתנות לבוראו. לעיתים המנחות הללו מגיעות מתוך רצון טוב ולעיתים מתוך תחושת מחויבות גדולה. לעיתים הן ממלאות את מטרתן, ולעיתים, כמו במקרה של קין, נראה שהן מחטיאות את המטרה. אך האדם אוהב לא רק לתת מתנות, אלא גם לקבל. בין אם מדובר ב'מתנות קטנות' שממתיקות לנו את היום־יום כמו בשירו של רמי קליינשטיין, ובין אם מדובר במתנות גדולות, הממלאות עבורנו חוסר גדול או משנות את מהלך חיינו. מתנות, ככללן, הן מחוות אנושיות המבטאות רגשות מגוונים ונועדו להשיג מטרות שונות.

בפרק הקודם עסקנו במטרת העלייה לרגל באופן כללי. בפרק הזה נתעמק ביחס בין חובות הנתינה השונים בעת העלייה לרגל לרגשות שהם מבטאים והמטרות שהם נועדו להשיג.

עיוני מקרא

החובה לחוג ולהיראות לפני ה'

התורה מתייחסת לעלייה לרגל כמה פעמים בצורה דומה למדי. כפי שראינו, חובות העלייה לרגל מופיעות בפסוקים (שמות כ"ג):

(יד) שָׁלֹשׁ רְגָלִים **תָּחֹג** לִי בַּשָּׁנָה: (טו) אֶת חַג הַמַּצּוֹת **תִּשְׁמֹר** שִׁבְעַת יָמִים **תֹּאכַל**

מַצּוֹת כַּאֲשֶׁר **צִוִּיתִךָ** לְמוֹעֵד חֹדֶשׁ הָאָבִיב כִּי בוֹ יָצָאתָ מִמִּצְרָיִם **וְלֹא יֵרָאוּ פָנַי רֵיקָם**: (טז) וְחַג הַקָּצִיר **בִּכּוּרֵי מַעֲשֶׂיךָ** אֲשֶׁר תִּזְרַע בַּשָּׂדֶה וְחַג הָאָסִף בְּצֵאת הַשָּׁנָה בְּאָסְפְּךָ אֶת מַעֲשֶׂיךָ מִן הַשָּׂדֶה: (יז) שָׁלֹשׁ פְּעָמִים בַּשָּׁנָה יֵרָאֶה כָּל זְכוּרְךָ אֶל פְּנֵי הָאָדֹן ה׳: (יח) לֹא **תִזְבַּח** עַל חָמֵץ דַּם זִבְחִי וְלֹא יָלִין **חֵלֶב חַגִּי** עַד בֹּקֶר: (יט) רֵאשִׁית בִּכּוּרֵי אַדְמָתְךָ תָּבִיא בֵּית ה׳ אֱלֹהֶיךָ לֹא תְבַשֵּׁל גְּדִי בַּחֲלֵב אִמּוֹ.

התורה קובעת שיש לחוג שלוש פעמים בשנה. אפשר להבין שהמילה "חג" מציינת חגיגות של שמחה.[1] אך מהמשך הפסוקים, המציינים את האיסור הקשור לזבח, שאין להלין את "חלב חגי", עולֶה שה"חג" הוא קורבן שאת החלב שלו מקריבים על המזבח. מכאן יש להבין שהפסוקים אינם מדברים על הקרבת כל הקורבן, אלא רק את החלבים, כמו בקורבן שלמים.

לצד זאת, התורה קובעת "ולא יראו פני ריקם". משמע שכשאנחנו באים לראות את פני ה׳, עלינו להביא משהו. לא כתוב מה יש להביא. האם זה קורבן, מתנה ואולי כסף? התורה עצמה אינה מפרטת והתחושה היא שהדבר נתון לבחירתו של האדם.

נוסף להתלבטות "מה להביא", יש להתלבט אם מדובר על חובה של הציבור כולו "לחוג", ולא לבוא ריקם, או שמא חובה על יחידים. לשון היחיד שננקטת בפסוק, "תחוג", אינה ראיה, שכן היא יכולה להתייחס לאדם הפרטי או לעם כולו. עם זאת, לשון היחיד בהמשך פרשה: "תשמור", "תאכל", "תביא", עשויה להעיד שמדובר על חובות פרטיות ולא על חובות לאומיות משותפות.

אם כן, נראה שיש כאן רמז לזבח אחד עם חלב, שבאמצעותו חג או חוגג כל אחד בשלושת הרגלים. נוסף לכך ישנו ציווי שלא להיראות ריקם, כאשר העמימות עשויה לרמוז שהדבר נתון לשיקול דעתו של כל אחד.

חובות כלליות של הציבור

בספר ויקרא, לצד "מצוות היום" של כל אחד מן המועדים, מופיע גם נוסח לאקוני (פס׳ ח, כה, כז):[2] "וְהִקְרַבְתֶּם אִשֶּׁה לַה׳". רק בקורבנות העומר ושתי הלחם מופיע פירוט של הקורבנות עצמם, כפי שגם נראה בהמשך הספר, וברור שאלו קורבנות

1. "חוגו חגא" בלשון הבבלי (חגיגה י ע"ב).
2. ובאופן מעט שונה בפסוקים לו-לז, כשבפסוק לז ההגדרה של המועדים היא "אֵלֶּה מוֹעֲדֵי ה׳ אֲשֶׁר תִּקְרְאוּ אֹתָם מִקְרָאֵי קֹדֶשׁ לְהַקְרִיב אִשֶּׁה לַה׳ עֹלָה וּמִנְחָה זֶבַח וּנְסָכִים דְּבַר יוֹם בְּיוֹמוֹ".

של הציבור כולו. הקביעה להביא אישה לה' היא כללית ולא מפורטת. פירוט רב יותר מופיע בפרשת המועדות בספר במדבר, שם מפורטים הקורבנות השונים של כל חג. גם שם משמע שמדובר על חיוב כללי לציבור ולא על חובה פרטית על כל אדם בפני עצמו (במדבר כ"ח):

(א) וַיְדַבֵּר ה' אֶל מֹשֶׁה לֵּאמֹר: (ב) צַו אֶת **בְּנֵי יִשְׂרָאֵל** וְאָמַרְתָּ אֲלֵהֶם אֶת קָרְבָּנִי לַחְמִי לְאִשַּׁי רֵיחַ נִיחֹחִי תִּשְׁמְרוּ לְהַקְרִיב לִי בְּמוֹעֲדוֹ.

אם כן, לצד החובות האישיות שמופיעות בשמות, יש חובות ציבוריות שמוזכרות ומפורטות בחומשים ויקרא ובמדבר.

חובות של שמחה וברכה

בספר דברים ההקשר מעט רחב יותר (פרק ט"ז):

(א) שָׁמוֹר אֶת חֹדֶשׁ הָאָבִיב וְעָשִׂיתָ פֶּסַח לַה' אֱלֹהֶיךָ... (י) וְעָשִׂיתָ חַג שָׁבֻעוֹת לַה' אֱלֹהֶיךָ **מִסַּת נִדְבַת יָדְךָ אֲשֶׁר תִּתֵּן כַּאֲשֶׁר יְבָרֶכְךָ ה' אֱלֹהֶיךָ**: (יא) **וְשָׂמַחְתָּ לִפְנֵי ה' אֱלֹהֶיךָ** אַתָּה וּבִנְךָ וּבִתֶּךָ וְעַבְדְּךָ וַאֲמָתֶךָ וְהַלֵּוִי אֲשֶׁר בִּשְׁעָרֶיךָ וְהַגֵּר וְהַיָּתוֹם וְהָאַלְמָנָה אֲשֶׁר בְּקִרְבֶּךָ בַּמָּקוֹם אֲשֶׁר יִבְחַר ה' אֱלֹהֶיךָ לְשַׁכֵּן שְׁמוֹ שָׁם: (יב) וְזָכַרְתָּ כִּי עֶבֶד הָיִיתָ בְּמִצְרָיִם וְשָׁמַרְתָּ וְעָשִׂיתָ אֶת הַחֻקִּים הָאֵלֶּה: (יג) חַג הַסֻּכֹּת תַּעֲשֶׂה לְךָ.. (יד) **וְשָׂמַחְתָּ** בְּחַגֶּךָ אַתָּה וּבִנְךָ וּבִתֶּךָ וְעַבְדְּךָ וַאֲמָתֶךָ וְהַלֵּוִי וְהַגֵּר וְהַיָּתוֹם וְהָאַלְמָנָה אֲשֶׁר בִּשְׁעָרֶיךָ: (טו) שִׁבְעַת יָמִים תָּחֹג לַה' אֱלֹהֶיךָ בַּמָּקוֹם אֲשֶׁר יִבְחַר **ה' כִּי יְבָרֶכְךָ ה' אֱלֹהֶיךָ בְּכֹל תְּבוּאָתְךָ וּבְכֹל מַעֲשֵׂה יָדֶיךָ וְהָיִיתָ אַךְ שָׂמֵחַ**: (טז) שָׁלוֹשׁ פְּעָמִים בַּשָּׁנָה יֵרָאֶה כָל זְכוּרְךָ אֶת פְּנֵי ה' אֱלֹהֶיךָ בַּמָּקוֹם אֲשֶׁר יִבְחָר בְּחַג הַמַּצּוֹת וּבְחַג הַשָּׁבֻעוֹת וּבְחַג הַסֻּכּוֹת **וְלֹא יֵרָאֶה אֶת פְּנֵי ה' רֵיקָם**: (יז) **אִישׁ כְּמַתְּנַת יָדוֹ כְּבִרְכַּת ה' אֱלֹהֶיךָ** אֲשֶׁר נָתַן לָךְ.

בספר דברים, התורה מפרטת לאן עולים לרגל – שלוש פעמים בשנה הזכרים נראים במקום שה' יבחר. גם כאן הדרישה היא לא להיראות ריקם, אך הפעם ראייה זו מלווה בשני מרכיבים נוספים: השמחה והברכה. בחג השבועות יש להביא מתוך הברכה שה' נתן ולשמוח "לפני ה'", כלומר בהקשר מקדשי, יחד עם בני הבית ועם החלשים שבחברה. גם בחג הסוכות צריך לשמוח בברכה ולשתף אחרים בשמחה.

בפסוקי הסיכום, הקביעה שאין ליראות לפני ה׳ ריקם מלווה בקביעה שאדם מביא מתנה כפי הברכה שה׳ נתן לו. מכאן משמע שהחגים כוללים נתינה לה׳ מחד גיסא, ושיתוף אחרים בשמחה מאידך גיסא, וכל זאת מתוך הברכה שה׳ העניק לנו.

מכל אלו יוצא שעלייה לרגל כרוכה בחובות שונות הקשורות לקורבנות – שלמי חגיגה ומתנה של ראייה, לצד נתינה מתוך הברכה, הקשורה לשמחה. כל אחת מהן, ככל הנראה, מבטאת משהו מעט אחר. בפרק הראשון התייחסנו למאפיין של החגים שקשור – בין היתר – לחגיגה ולשמחה הציבורית, כפי שמופיע בעיקר בספר דברים.[3] בפרק השני הוצג מאפיין של החגים של אנשים רבים שמתקבצים יחד לאומה שבאה ליראות את פני ה׳, כפי שמופיע בספר שמות, ומתקשר לממד הציבורי של החגים שמובא בספרים ויקרא ובמדבר.

בפרק זה נתרכז בקורבן ראייה ושלמי חגיגה, קורבנות היחיד שמוזכרים במסכת חגיגה.

עיוני משנה

מחלוקת בית הלל ובית שמאי – איפה הכסף?

בכמה מקומות בספרות חז״ל, חכמים מגדירים את החובות שמוטלות על היחיד בעלייה לרגל. מדרשי ההלכה מסיקים מתוך הפסוקים השונים את מכלול החובות. המכילתא[4] מציגה את מגוון האפשרויות להבין את החובה ״ולא יראו פני ריקם״ – זבחים, כספים או עולות. למעשה התקבל להלכה שיש להביא קורבן עולה, והוא הנקרא עולת ראייה. כפי שנראה במשנה, חובת החגיגה כוללת הקרבת קורבן שלמים. בספרי דברים[5] נקבע שאת חובת השמחה ברגלים יש לקיים באמצעות קורבן שלמים. שם נקבע שאומנם

3. לאור ההקשר הזה, בספרי דברים פיסקא קמג, רואים בדרישה ״ולא יראו פני ריקם״ דרישה להביא צדקה בעת העלייה לרגל.
4. מכילתא דר׳ ישמעאל, משפטים, מסכת דכספא פרשה כ.
5. פיסקא קלח. חז״ל הבינו שחובת השמחה ברגלים היא לא (רק) מאפיין כללי של החגים, והיא נושאת בחובה חיוב בקורבן נוסף – של שמחה. כיוון ששמחה ואוכל כרוכים זה בזה, הבינו חכמים שגם קורבן השמחה הוא קורבן שלמים. ראו גם בפרק הראשון. המשנה אינה מזכירה את שלמי השמחה, אבל הם מוזכרים במקומות נוספים: תוספתא פסחים פ״ה ה״ג; תוספתא חגיגה פ״א ה״ד-ה״ו במהדורת ליברמן, ועוד.

חובת החגיגה והראייה הן חובות של גברים, אך חובת השמחה שייכת גם לנשים,[6] כפי שעולה מהפסוקים.

נעסוק בשתי החובות שבהן עוסקת מסכת חגיגה: עולת הראייה ושלמי החגיגה (חגיגה פרק א'):

> [ב] בית שמאי אומרים **הראייה** שתי כסף **וחגיגה** מעה כסף
> ובית הלל אומרים **הראייה** מעה כסף **וחגיגה** שתי כסף...
> [ה] מי שיש לו אוכלים מרובים ונכסים מועטים מביא **שלמים** מרובים **ועולות** מועטות,
> נכסים מרובים ואוכלין מועטין מביא **עולות** מרובות **ושלמים** מועטין.
> זה וזה מועט על זה נאמר מעה כסף ושתי כסף.
> זה וזה מרובים על זה נאמר 'איש כמתנת ידו כברכת ה' אלוהיך אשר נתן לך' (דברים ט"ז יז).
> [ו] מי שלא **חג** ביום טוב הראשון של חג **חוגג** את כל הרגל ויום טוב האחרון של חג.
> עבר הרגל ולא **חג** אינו חייב באחריותו על זה נאמר 'מעוות לא יוכל לתקון וחסרון לא יוכל להמנות' (קהלת א' טו).

המשנה פותחת במחלוקת בית שמאי ובית הלל כמה כסף צריך להשקיע בקורבנות השונים. במשנה זו הקורבנות נקראים על שם "תפקידם": ראייה וחגיגה. לבית שמאי יש להשקיע יותר בראייה, ולבית הלל בחגיגה. במשניות הבאות עוברים לדון ב"עולות" לעומת "שלמים", ומתברר ש"ראייה" ו"חגיגה" הם אכן סוגים שונים של קורבנות: עולת ראייה ושלמי חגיגה. בית הלל ובית שמאי חולקים אם להשקיע יותר בראייה, שהיא עולה, או בחגיגה, שהיא שלמים, אבל מחלוקת זו היא רק במקרה הרגיל. במצבים כלכליים ומשפחתיים שונים נראה שההשקעה גמישה יותר ואף נתונה לשיקול דעת. משנה ו, שמתייחסת דווקא להשלמת קורבן החגיגה, רומזת למרכזיות של קורבן החגיגה, בהתאם לשיטת בית הלל. נראה שגם הבחירה בשם חגיגה לשם המסכת מוסיפה לכיוון הזה.[7]

6. למקומן של נשים בעלייה לרגל התייחסנו בפרק הקודם, ונרחיב בכך בפרק הסיכום על מצוות עשה שהזמן גרמן.
7. אומנם בתוספתא המסכת קרויה גם ראייה. ראו: ח' אלבק, מועד, עמ' 388.

כמו בדברים רבים אחרים בחיים, שאלת "איפה הכסף?" היא שאלה של ערכים. הבחירה להשקיע יותר כסף במשהו אחד ולא במשהו אחר מעידה על היחס הערכי שלנו לדברים הללו: האם להשקיע בחינוך או בביטחון? בתרבות או ברווחה? וכן הלאה. ואם כן, כשנשאל מדוע לבית הלל יש להשקיע יותר בחגיגה ולבית שמאי בקורבן ראייה, נצטרך להבין מה הערכים שהקורבנות הללו מגלמים ומה הערכים שבאים לידי ביטוי בהעדפה להשקיע באחד ולא באחר.

כל מי שגדל על הסיפורים שנוגעים להלל ושמאי, ולבית הלל מול בית שמאי, מיד יחשוב על ההבחנה בין שמאי ובית שמאי, שכשמם התמקדו בשמיים וקבעו "שמים נבראו תחילה", לעומת הלל ובית הלל שהתרכזו באנשים ובעולם הזה וקבעו "ארץ נבראה תחילה".[8] כיוון שהעולה קְרֵבה כולה לגבוה, אפשר לראות בה בחינת שמיים, ובית שמאי יעדיפו להשקיע יותר כסף בקורבן שמוקדש כולו לה'. לעומת זאת, בית הלל יעדיפו להשקיע בקורבן שגם בני האדם אוכלים ממנו – קורבן החגיגה, שהוא קורבן שלמים, שנאכלים גם לבעלים, ורק חלק ממנו קרב למזבח וחלק אחר מגיע לכוהנים.[9]

שאלת חלוקת המשאבים, לצד השאלה "במי להשקיע", יכולה להיות גם ביטוי נוסף למחלוקת שראינו בפרק הקודם על אודות אופי העלייה לרגל: האם העיקר הוא מסירות הנפש וההקרבה לקב"ה או שהמוקד הוא הממד החברתי-קהילתי-אנושי. האם המוקד הוא מה מביאים למקדש, כדעת בית שמאי, או גם מה שמקבלים ממנו חזרה, כדעת בית הלל.

עיוני דרשה

מחלוקת בית הלל ובית שמאי – הצגת הטיעונים

הגמרא דנה במחלוקת בית הלל ובית שמאי, ואנחנו נעקוב אחרי הסוגיה במקטעים כדי להבין את הטיעונים השונים וכדי להעמיק ברעיונות שבבסיס המחלוקת.

8. בבלי חגיגה יב ע"א. הרב א' הכהן, לפני ה' יראה, עמ' 31–38, קושר זאת גם לשאלה אם שמחת יום טוב מצווה (ראו לעיל בפרק א', הערה 12), כאשר ר' אליעזר, המשויך לבית שמאי, לא ראה ערך רב בשמחת יום טוב, לעומת ר' יהושע שכן ראה בה ערך. הרב ש"י זוין מפתח כיוון אחר ביחס למחלוקת בין הבתים (לשיטות, עמ' קעד). דעות נוספות אפשר למצוא אצל הרב א' פיקסלר, מחלוקות.
9. לדעת הרב פרופ' י' גרוסמן (תורת הקורבנות, עמ' 88–98), העולה היא קורבן שמעיד על הפער שקיים בין ה' ובין העולם, ולכן בני אדם אינם שותפים באכילתו. לעומת זאת, בשלמים יש ממד של ברית ושיתוף בין האדם לאלוהים (שם, עמ' 221–226, וראו שם דעות נוספות).

המשנה מביאה רק את המסקנה של בית הלל ובית שמאי במחלוקתם במה להשקיע יותר כסף. בברייתא שמצוטטת בגמרא מובאים השיקולים שמאחורי כל דעה (חגיגה ו ע"א):

> ת"ר [תנו רבנן] בית שמאי אומרים הראייה שתי כסף והחגיגה מעה כסף,
> שהראייה עולה כולה לגבוה מה שאין כן בחגיגה,
> ועוד מצינו בעצרת שריבה בהן הכתוב בעולות יותר מבשלמים.
> ובית הלל אומרים הראייה מעה כסף וחגיגה שתי כסף,
> שחגיגה ישנה לפני הדיבור מה שאין כן בראייה,
> ועוד מצינו בנשיאים שריבה בהן הכתוב בשלמים יותר מבעולות.

כל דעה מביאה שני סוגי טיעונים לבסס דעתה: טיעון עקרוני (בית שמאי: שראייה עולה כולה לגבוה; בית הלל: שחגיגה ישנה לפני הדיבור) וטיעון שמבוסס על תקדים (בית שמאי: מקורבנות חג השבועות; בית הלל: מקורבנות הנשיאים). ננסה להבין את הטיעונים השונים עד כמה שנצליח.

הטיעונים על בסיס תקדימים בעד העדפת עולות או שלמים

נתחיל בטיעון על בסיס **התקדים**, שאותו קל יותר להבין. בית שמאי טוענים: "מצינו בעצרת שריבה בהן הכתוב בעולות יותר מבשלמים". התקדים של בית שמאי הוא מעצרת, חג השבועות. זהו החג היחיד שבו הציבור נדרש להביא לצד העולות גם שלמים. למעשה, זהו קורבן הציבור היחיד שיש בו גם קורבן שלמים. כיוון שקורבן שלמים מתחלק בין הבעלים למזבח והכוהנים, הגיוני שבקורבן ציבור לא יובאו שלמים, שכן מי יאכל את הבשר בשם הציבור? עם זאת, בחג השבועות, המכונה גם "עצרת", מצווים להביא קורבן שלמים. על פי זה בית שמאי קובעים: נשווה את היחסים שבין העולות לשלמים. וכך מופיע בפסוקים (ויקרא כ"ג):

(טו) וּסְפַרְתֶּם לָכֶם מִמָּחֳרַת הַשַּׁבָּת מִיּוֹם הֲבִיאֲכֶם אֶת עֹמֶר הַתְּנוּפָה שֶׁבַע שַׁבָּתוֹת
תְּמִימֹת תִּהְיֶינָה: (טז) עַד מִמָּחֳרַת הַשַּׁבָּת הַשְּׁבִיעִת תִּסְפְּרוּ חֲמִשִּׁים יוֹם וְהִקְרַבְתֶּם
מִנְחָה חֲדָשָׁה לַה': (יז) מִמּוֹשְׁבֹתֵיכֶם תָּבִיאוּ לֶחֶם תְּנוּפָה שְׁתַּיִם שְׁנֵי עֶשְׂרֹנִים סֹלֶת
תִּהְיֶינָה חָמֵץ תֵּאָפֶינָה בִּכּוּרִים לַה': (יח) וְהִקְרַבְתֶּם עַל הַלֶּחֶם **שִׁבְעַת כְּבָשִׂים**
תְּמִימִם בְּנֵי שָׁנָה **וּפַר** בֶּן בָּקָר **אֶחָד וְאֵילִם שְׁנָיִם** יִהְיוּ **עֹלָה לַה'** וּמִנְחָתָם וְנִסְכֵּיהֶם
אִשֵּׁה רֵיחַ נִיחֹחַ לַה': (יט) וַעֲשִׂיתֶם שְׂעִיר עִזִּים אֶחָד לְחַטָּאת **וּשְׁנֵי כְבָשִׂים** בְּנֵי

שָׁנָה לְזֶבַח **שְׁלָמִים**: (כ) וְהֵנִיף הַכֹּהֵן אֹתָם עַל לֶחֶם הַבִּכֻּרִים תְּנוּפָה לִפְנֵי ה׳ עַל שְׁנֵי כְּבָשִׂים קֹדֶשׁ יִהְיוּ לַה׳ לַכֹּהֵן: (כא) וּקְרָאתֶם בְּעֶצֶם הַיּוֹם הַזֶּה מִקְרָא קֹדֶשׁ יִהְיֶה לָכֶם כָּל מְלֶאכֶת עֲבֹדָה לֹא תַעֲשׂוּ חֻקַּת עוֹלָם בְּכָל מוֹשְׁבֹתֵיכֶם לְדֹרֹתֵיכֶם.

הרי שבחג השבועות מביאים לקורבן עולה שבעה כבשים, פר אחד ושני אילים, כלומר עשר בהמות סך הכול, ואילו לקורבן השלמים מביאים רק שני כבשים.[10] בהמשך לדברי בית שמאי אפשר לומר: התורה רוצה שנביא עולה ושלמים בחגים. בחג היחיד שבו התורה ציוותה שיביאו עולה ושלמים, התורה בבירור מעדיפה שיהיו יותר עולות מאשר בשלמים. אומנם בעצרת היחס הוא חמישה לאחד, אבל בית שמאי מסתפקים ביחס של שניים לאחד, שמא מפני שהתורה לא קבעה העדפה ברורה בעצמה.

התקדים של בית הלל הוא קורבנות הנשיאים.[11] בקורבנות הנשיאים בחנוכת המשכן היה מערך התנדבותי של הציבור, בעודו מחולק לשבטים, שבו הביאו קורבנות נדבה למשכן. היחס בין הקורבנות השונים שם אחר. כך לדוגמה, בקורבנו של נחשון בן עמינדב, שזהה לקורבנות הנשיאים האחרים, נאמר (במדבר ז׳):

(יב) וַיְהִי הַמַּקְרִיב בַּיּוֹם הָרִאשׁוֹן אֶת קָרְבָּנוֹ נַחְשׁוֹן בֶּן עַמִּינָדָב לְמַטֵּה יְהוּדָה: (יג) וְקָרְבָּנוֹ קַעֲרַת כֶּסֶף אַחַת שְׁלֹשִׁים וּמֵאָה מִשְׁקָלָהּ מִזְרָק אֶחָד כֶּסֶף שִׁבְעִים שֶׁקֶל בְּשֶׁקֶל הַקֹּדֶשׁ שְׁנֵיהֶם מְלֵאִים סֹלֶת בְּלוּלָה בַשֶּׁמֶן לְמִנְחָה: (יד) כַּף אַחַת עֲשָׂרָה זָהָב מְלֵאָה קְטֹרֶת: (טו) **פַּר אֶחָד** בֶּן בָּקָר **אַיִל אֶחָד כֶּבֶשׂ אֶחָד** בֶּן שְׁנָתוֹ **לְעֹלָה**: (טז) שְׂעִיר עִזִּים אֶחָד לְחַטָּאת: (יז) וּלְזֶבַח **הַשְּׁלָמִים בָּקָר שְׁנַיִם אֵילִם חֲמִשָּׁה עַתֻּודִים חֲמִשָּׁה כְּבָשִׂים** בְּנֵי שָׁנָה **חֲמִשָּׁה** זֶה קָרְבַּן נַחְשׁוֹן בֶּן עַמִּינָדָב.

הנשיאים הביאו מגוון של מתנות למשכן, בהמות ומנחות לקורבנות שונים ואת הכלים הנושאים אותם. ובקורבנות היחס בין העולות לשלמים הוא: שלוש בהמות לעולות (פר, איל וכבש אחד); ולזבח השלמים שני בקר, שני אילים, חמישה עתודים[12] וחמישה

10. בפרק על חג השבועות נדון בשאלה מדוע דווקא בחג הזה מובאים שלמים.
11. קורבנות הנשיאים מבטאים את השותפות האנושית בתוך המשכן. בעוד חנוכת המשכן בספר ויקרא מתמקדת במעמד של הכוהנים מול המשכן, חנוכת המשכן בספר במדבר ממקמת את המשכן בתפקיד השראת השכינה בקרב המחנה. ראו: הרב ב׳ קץ, ועשו לי מקדש, עמ׳ 17–21.
12. לפי מילון BDB, מדובר על שעיר זכר. לדעת הרמב״ן (בראשית ל״א י), מדובר על התיישים והאילים – הגדולים בצאן. בעקבותיו רד״צ הופמן (על בראשית ל״א י–יב) משער שמדובר בזכר המוביל את העדר.

כבשים; סך הכול ארבע עשרה בהמות. זהו כמעט אותו יחס בעצרת שראינו לעיל, שבו היחס היה אחד לחמישה, אבל הפוך. אם כן, לבית הלל, כשהתורה מסרה את ההחלטה לשיקול הדעת האנושי, האנשים השקיעו בשלמים יותר מבעולות.

אפשר לקשור את ההיגיון בבחירת התקדימים להיגיון העולה מתוך הטיעון העקרוני שמציגים בית שמאי. הטיעון העקרוני של בית שמאי הוא: "הראיה עולה כולה לגבוה, מה שאין כן בחגיגה". בית שמאי מעדיפים את המתנה "השלמה" שכולה לה', מאשר את המתנה שמתחלקת בין ה' לאנשים. גם בטיעון של בית שמאי שמתבסס על תקדים, בית שמאי מתרכזים בשאלה מה מגיע לה', או במילים אחרות: מה ה' מבקש. וכשה' מבקש או מצווה – הוא מבקש יותר עולות מאשר שלמים. ואילו בית הלל, כשאדם מישראל צריך להביא קורבנות ובפניו יש דרישה כללית לעולה ושלמים, הם מסתכלים מה בני אדם בדרך כלל בוחרים, וזה להשקיע בשלמים יותר מאשר בעולות.[13] אם כן, גם בבחירת התקדימים יש ביטוי מסוים להבדלים המוכרים בין בית הלל לבית שמאי.

הטיעון העקרוני והגדרת "לפני הדיבור"

כפי שראינו, הטיעון העקרוני של בית שמאי היה שהראייה עולה כולה לגבוה. טיעון זה השתלב בעמדת בית שמאי המוכרת לנו, וגם בבחירת התקדים של בית שמאי – העדפת "כולה לגבוה" על פני השיתוף עם בני אדם.

נותר לנו להבין את הטיעון העקרוני של בית הלל, שמעדיפים את החגיגה משום "שהחגיגה ישנה לפני הדיבור". לכאורה לא ברור על איזה "דיבור" מדובר. את הטיעון הזה נוכל להבין מתוך המשך הגמרא המרחיבה את המשא ומתן בין בית הלל ובית שמאי. נעקוב אחריו כדי לחשוף טענות נוספות וכדי להבין את הטענה המרכזית של בית הלל.

וכך ממשיכה הגמרא:

ובית הלל מאי טעמא לא אמרי כבית שמאי?\
דקא אמרת ראייה עדיפא דעולה כולה לגבוה – אדרבה חגיגה עדיפא דאית בה שתי אכילות,\
ודקא אמרת נילף מעצרת – דנין קרבן יחיד מקרבן יחיד ואין דנין קרבן יחיד מקרבן צבור.

13. ראו גם: הרב א' הכהן, לפני ה' יראה, עמ' 40.

תרגום: ובית הלל – מה הטעם שלא אמרו כבית שמאי?
זה שאמרת שראייה עדיפה שכן עולה כולה לגבוה, אדרבה החגיגה עדיפה כי יש בה שתי אכילות (לה׳ ולאדם),
וזה שאמרת שנלמד מעצרת – דנים קורבן יחיד מקורבן יחיד ואין דנים קורבן יחיד מקורבן ציבור.

הגמרא מביאה את התגובה (האפשרית) של בית הלל לדברי בית שמאי. לגבי הטענה שעדיף לתת מתנה שמוקדשת כולה לה׳, מגיע טיעון הנגד, שאותו כבר שיערנו לעיל – שיש ערך במתנה של שותפות, המחברת בין הצדדים, על פני מתנה שמוקדשת כולה למקבל.

לגבי התקדים של הקורבנות, כאן בית הלל אומרים במפורש שבקורבנות יחיד לומדים מתקדים של קורבנות יחיד. אפשר להוסיף שכיוון שהיתרון בקורבן שלמים הוא שגם הבעלים אוכלים, נוסף למזבח ולכוהנים, בציבור אין משמעות לכך, כי הציבור כולו לא יכול לאכול מקורבן אחד, ממילא אין קורבנות שלמים בציבור. אבל גם אם הציבור כולו מצווה בקורבנות הרגלים, המצווה היא אישית על היחידים, ואצל היחידים יש לשלמים ערך משמעותי שצריך לקבל משקל.

נמשיך לתגובת הנגד של בית שמאי:

ובית שמאי מאי טעמא לא אמרי כבית הלל?
דקאמרת חגיגה עדיפא דישנה לפני הדיבור – ראייה נמי ישנה לפני הדיבור,
ודקאמרת נילף מנשיאים – דנין דבר הנוהג לדורות מדבר הנוהג לדורות, ואין דנין דבר הנוהג לדורות מדבר שאינו נוהג לדורות.

תרגום: ובית שמאי מה הסיבה שלא אמרו כבית הלל?
זה שאמרת שחגיגה עדיפה כי ישנה לפני הדיבור, גם ראייה ישנה לפני הדיבור.
וזה שאמרת שנלמד מהנשיאים – דנים דבר הנוהג לדורות מדבר הנוהג לדורות, ואין דנים דבר הנוהג לדורות מדבר שאינו נוהג לדורות.

הגמרא מביאה את תגובתם (האפשרית) של בית שמאי. בנוגע לתקדים, החיסרון של לימוד מקורבנות הנשיאים הוא שמדובר באירוע חד פעמי, ״דבר שאינו נוהג לדורות״. כיוון שכך, יש בעיה מתודולוגית לראות באירוע זה תקדים, ועדיף ללמוד מ״דבר הנוהג לדורות״. אפשר גם לומר שהאירוע החד פעמי היה התנדבותי, ובית

שמאי מעדיפים ללמוד מציוויים בתורה ולא מאירועים יוצאי דופן שאינם מייצגים. גם כאן, בית שמאי מעדיפים נורמות קבועות מגבוה על פני ספונטניות אנושית.

כעת ניגע במחלוקת הנוספת שבין בית שמאי לבית הלל, לגבי הטיעון העקרוני של בית הלל, שבעיניי תחשוף דברים מפתיעים לגבי התפיסות של בית הלל ובית שמאי:

ובית הלל מאי שנא חגיגה דישנה לפני הדיבור, דכתיב 'ויזבחו זבחים שלמים' (שמות כ"ד ה),
ראייה נמי הכתיב 'ויעלו עולות' (שם)?!
קסברי בית הלל עולה שהקריבו ישראל במדבר עולת תמיד הואי,
ובית שמאי סברי עולה שהקריבו ישראל במדבר עולת ראייה הואי.

תרגום: ולבית הלל במה שונה חגיגה שישנה לפני הדיבור, שכן כתוב: 'ויזבחו זבחים שלמים' (שמות כ"ד ה),
ראייה גם, הרי כתוב 'ויעלו עולות' (שם)?!
סוברים בית הלל שעולה שהקריבו ישראל במדבר הייתה עולת תמיד,
ובית שמאי סוברים שהעולה שהקריבו ישראל במדבר הייתה עולת ראייה.

מה הכוונה ש"חגיגה ישנה לפני הדיבור" ומה הבסיס לכך?[14] הגמרא מצטטת את הפסוקים בשמות כ"ד מברית האגנות:

(א) וְאֶל מֹשֶׁה אָמַר עֲלֵה אֶל ה' אַתָּה וְאַהֲרֹן נָדָב וַאֲבִיהוּא וְשִׁבְעִים מִזִּקְנֵי יִשְׂרָאֵל
וְהִשְׁתַּחֲוִיתֶם מֵרָחֹק: (ב) וְנִגַּשׁ מֹשֶׁה לְבַדּוֹ אֶל ה' וְהֵם לֹא יִגָּשׁוּ וְהָעָם לֹא יַעֲלוּ
עִמּוֹ: (ג) וַיָּבֹא מֹשֶׁה וַיְסַפֵּר לָעָם אֵת כָּל דִּבְרֵי ה' וְאֵת כָּל הַמִּשְׁפָּטִים וַיַּעַן כָּל הָעָם
קוֹל אֶחָד וַיֹּאמְרוּ כָּל הַדְּבָרִים אֲשֶׁר דִּבֶּר ה' נַעֲשֶׂה: (ד) וַיִּכְתֹּב מֹשֶׁה אֵת כָּל דִּבְרֵי
ה' וַיַּשְׁכֵּם בַּבֹּקֶר וַיִּבֶן מִזְבֵּחַ תַּחַת הָהָר וּשְׁתֵּים עֶשְׂרֵה מַצֵּבָה לִשְׁנֵים עָשָׂר שִׁבְטֵי

14. לדעת הרב א' הכהן, *לפני ה' יראה*, עמ' 40, בית הלל מתייחסים לכך שאנשים חגגו על ידי קורבנות המשתפים אלוהים ואדם עוד משחר ההיסטוריה, ועוד קודם מתן תורה, באופן התנדבותי, ומכאן ההשוואה לקורבנות הנדבה של הנשיאים בחנוכת המשכן (ראו גם: י' גרוסמן, *תורת הקורבנות*, עמ' 84–85). ואומנם חכמים נחלקו אם שלמים נהגו לפני מתן תורה, ראו בבלי זבחים קטז ע"א (ראו גם: י' גרוסמן, שם, עמ' 217–221), וכן ברור שקודם מתן תורה לעולה היה מקום מכובד יותר מאשר שלמים.

יִשְׂרָאֵל: (ה) וַיִּשְׁלַח אֶת נַעֲרֵי בְּנֵי יִשְׂרָאֵל **וַיַּעֲלוּ עֹלֹת וַיִּזְבְּחוּ זְבָחִים שְׁלָמִים לַה׳ פָּרִים:** (ו) וַיִּקַּח מֹשֶׁה חֲצִי הַדָּם וַיָּשֶׂם בָּאַגָּנֹת וַחֲצִי הַדָּם זָרַק עַל הַמִּזְבֵּחַ: (ז) וַיִּקַּח סֵפֶר הַבְּרִית וַיִּקְרָא בְּאָזְנֵי הָעָם וַיֹּאמְרוּ כֹּל אֲשֶׁר דִּבֶּר ה׳ נַעֲשֶׂה וְנִשְׁמָע: (ח) וַיִּקַּח מֹשֶׁה אֶת הַדָּם וַיִּזְרֹק עַל הָעָם וַיֹּאמֶר הִנֵּה דַם הַבְּרִית אֲשֶׁר כָּרַת ה׳ עִמָּכֶם עַל כָּל הַדְּבָרִים הָאֵלֶּה: (ט) וַיַּעַל מֹשֶׁה וְאַהֲרֹן נָדָב וַאֲבִיהוּא וְשִׁבְעִים מִזִּקְנֵי יִשְׂרָאֵל: (י) וַיִּרְאוּ אֵת אֱלֹהֵי יִשְׂרָאֵל וְתַחַת רַגְלָיו כְּמַעֲשֵׂה לִבְנַת הַסַּפִּיר וּכְעֶצֶם הַשָּׁמַיִם לָטֹהַר: (יא) וְאֶל אֲצִילֵי בְּנֵי יִשְׂרָאֵל לֹא שָׁלַח יָדוֹ וַיֶּחֱזוּ אֶת הָאֱלֹהִים וַיֹּאכְלוּ וַיִּשְׁתּוּ.

פסוקים אלו מתארים את הברית שכרת משה בין ה׳ לבני ישראל בהקשר של מעמד הר סיני. מכאן אפשר להבין ש״הדיבור״ מתייחס לדיבור של ה׳ עם העם במתן תורה. הסבר זה, המובא ברש״י על הגמרא ואף בפירושו לתורה ונשען על דברי חז״ל במקומות אחרים, הוא שברית האגנות המתוארת כאן קדמה למעמד הר סיני.[15] בברית הזאת, שהתקיימה ״לפני הדיבור״ הקריבו גם עולות וגם שלמים. אם נחזור לטיעונים שהעלו בית הלל ובית שמאי, אפשר להבין שלדעת בית הלל – ונראה שבית שמאי לא חולקים על כך – השלמים הללו הם שלמי חגיגה. המחלוקת היא לגבי העולות. לדעת בית הלל מדובר בעולת התמיד, ולדעת בית שמאי מדובר בעולת ראייה.

הטיעון העקרוני והרווח הרעיוני – המשמעות של ״לפני הדיבור״

לכאורה אין סיבה להניח שמדובר בחגיגה או ראייה. מדובר בשלמים ועולות. מניין החיבור בין הקורבנות הללו, שהוקרבו בברית, לקורבנות אחרים שעליהם מצווים בעלייה לרגל?

דע מאין באת – רש״י מביא לנו את הבסיס, ההגיוני למדי, להבנה של בית הלל שקורבן השלמים הוא קורבן חגיגה.[16] לשם כך נחזור לפרק ה׳ בספר שמות:

15. לדוגמה מכילתא דרשב״י שמות כ״ד ד. לדעות חולקות ראו בפרק הקודם, הערה 32. גם לפי השיטה שברית האגנות התרחשה לאחר מעמד הר סיני, גם במעמד הזה הייתה התגלות שכינה. מכל מקום, קשה לקבוע שזה היה ״לפני הדיבור״.

16. הבסיס לדברי רש״י מופיע במפורש בירושלמי, שם כתוב (ירושלמי חגיגה פ״א ה״ב): ״חגיגה נוהגת לפני הדיבור לשון חגיגה נוהגת לפני הדיבור ׳שלח את עמי ויחוגו לי במדבר׳ (שמות ה׳ א)״. לא ברור אם מלשון הירושלמי מדובר רק על לשון משותפת או על תיאור ממשי של האירוע בשמות כ״ד. לפי הקרבן נתנאל, הירושלמי נוקט ״לשון חגיגה״ ולא חגיגה ממש כיוון שלא מדובר ברגלים. אומנם, כפי שראינו בפרק הקודם, כמה מקורות רואים במעמד ברית האגנות דגם בסיסי של עלייה לרגל, הכולל קורבנות לצד ראיית ה׳.

(א) וְאַחַר בָּאוּ מֹשֶׁה וְאַהֲרֹן וַיֹּאמְרוּ אֶל פַּרְעֹה כֹּה אָמַר ה' אֱלֹהֵי יִשְׂרָאֵל שַׁלַּח אֶת עַמִּי **וְיָחֹגּוּ** לִי בַּמִּדְבָּר: (ב) וַיֹּאמֶר פַּרְעֹה מִי ה' אֲשֶׁר אֶשְׁמַע בְּקֹלוֹ לְשַׁלַּח אֶת יִשְׂרָאֵל לֹא יָדַעְתִּי אֶת ה' וְגַם אֶת יִשְׂרָאֵל לֹא אֲשַׁלֵּחַ: (ג) וַיֹּאמְרוּ אֱלֹהֵי הָעִבְרִים נִקְרָא עָלֵינוּ נֵלֲכָה נָּא דֶּרֶךְ שְׁלֹשֶׁת יָמִים בַּמִּדְבָּר **וְנִזְבְּחָה** לַה' אֱלֹהֵינוּ פֶּן יִפְגָּעֵנוּ בַּדֶּבֶר אוֹ בֶחָרֶב:

בית הלל מזהים בין קורבן השלמים, שבמקומות אחרים בתורה מכונה "זבח",[17] לבקשת משה מפרעה לצאת ממצרים כדי "לחוג במדבר". חגיגה זו לא הייתה רק תירוץ ליציאת ישראל ממצרים אלא עניין מהותי, כדי שישראל יחוגו במדבר. זביחת השלמים בברית האגנות ממלאת את הייעוד של יציאת מצרים, ייעוד שקודם למתן תורה – של חגיגה במדבר.

בית הלל מזהים בחגיגה הזאת מטרה נעלה, שאף קודמת למעמד הר סיני ואולי אפילו מאפשרת אותו. אולי האכילה המשותפת, ואולי שמחת החגיגה, הן שמאפשרות את פתיחת הלבבות לקראת דבר ה'. לפי זה, אפשר להבין את המשקל הרב שמעניקים בית הלל לקורבן החגיגה. נראה שעל הטענה הזו, שקורבן השלמים שהוקרב בברית האגנות הוא הוא קורבן חגיגה, אין מחלוקת.

המחלוקת בין בית הלל לבית שמאי נוגעת לשאלה כיצד להבין את קורבן העולה. גם כאן ניתן למצוא בקלות יחסית מקור לדעת בית הלל שמדובר בעולת תמיד, והוא בפרשת המוספים שבספר במדבר, בפתיחה המתארת את קורבן התמיד (פרק כ"ח):

(א) וַיְדַבֵּר ה' אֶל מֹשֶׁה לֵּאמֹר: (ב) צַו אֶת בְּנֵי יִשְׂרָאֵל וְאָמַרְתָּ אֲלֵהֶם אֶת קָרְבָּנִי לַחְמִי לְאִשַּׁי רֵיחַ נִיחֹחִי תִּשְׁמְרוּ לְהַקְרִיב לִי בְּמוֹעֲדוֹ: (ג) וְאָמַרְתָּ לָהֶם זֶה הָאִשֶּׁה אֲשֶׁר תַּקְרִיבוּ לַה' כְּבָשִׂים בְּנֵי שָׁנָה תְמִימִם שְׁנַיִם לַיּוֹם עֹלָה **תָמִיד**: (ד) אֶת הַכֶּבֶשׂ אֶחָד תַּעֲשֶׂה בַבֹּקֶר וְאֵת הַכֶּבֶשׂ הַשֵּׁנִי תַּעֲשֶׂה בֵּין הָעַרְבָּיִם: (ה) וַעֲשִׂירִית הָאֵיפָה סֹלֶת לְמִנְחָה בְּלוּלָה בְּשֶׁמֶן כָּתִית רְבִיעִת הַהִין: (ו) **עֹלַת תָּמִיד הָעֲשֻׂיָה בְּהַר סִינַי** לְרֵיחַ נִיחֹחַ אִשֶּׁה לַה'.

לפי הפסוקים, עולת התמיד נעשתה כבר בהר סיני.[18]

17. ראו: י' גרוסמן, תורת הקורבנות, עמ' 221–226.
18. ראו גם שמות כ"ט לח.

ולאן אתה הולך – ניתן להבין בקלות מה המקור בפסוקים לדעת בית הלל הן לכך שקורבן השלמים בשמות כ״ד הוא קורבן חגיגה והן לכך שקורבן העולה הוא קורבן תמיד. מה המשמעות של הייחוס הזה?

נראה שבית הלל מלמדים אותנו שיש שני תנאים בסיסיים, מקדימים, לאירוע הגדול של מתן תורה: תנאי ראשון – קורבן חגיגה, קורבן שמחבר בין שמיים לארץ ויוצר קרבה של ״אכילה משותפת״ או ״שתי אכילות״ בין ה׳ לישראל. פתיחת שולחן מובילה לפתיחות הלב, והברית עם אלוהים מבוססת על שמחה משותפת והדדית.

התנאי השני – קורבן תמיד, קורבן שעיקרו עבודת ה׳ קבועה ויום־יומית, מונוטונית ותמידית. בהר סיני אולי הקריבו את קורבן התמיד ״הראשון״, אבל הוא מסמל את הבאות, ואת הציפייה לקביעות. העולה הראשונה בהר סיני קרויה ״עולת התמיד העשויה בהר סיני״, כדי לציין שאותו קורבן, המהווה חלק מהברית ושאפשר את מעמד הר סיני, הוא אותו קורבן שמייצג את הקביעות ואת העבודה היום־יומית שמתחילה מהיום הזה והלאה.[19]

נעבור לדון בדעת בית שמאי. מניין להם שקורבן העולה היה עולת ראייה? ומה המשמעות של הקביעה הזאת?

דע מאין באת – רש״י מפנה לפסוק בהמשך ברית האגנות (פס׳ יא): ״...**וַיֶּחֱזוּ** אֶת הָאֱלֹהִים וַיֹּאכְלוּ וַיִּשְׁתּוּ״. גם הפסוק הקודם (פס׳ י) עוסק בראיית ה׳: ״**וַיִּרְאוּ** אֵת אֱלֹהֵי יִשְׂרָאֵל וְתַחַת רַגְלָיו כְּמַעֲשֵׂה לִבְנַת הַסַּפִּיר וּכְעֶצֶם הַשָּׁמַיִם לָטֹהַר״. בפרק הקודם ניסיתי לבסס את המשמעות של ראיית ה׳ על ידי הפסוקים הללו, ונמצא שרש״י מסב את תשומת ליבנו לכך שקורבן העולה הזה הגיע במסגרת של ראיית (פני) ה׳, וממילא אפשר להגדיר אותו כקורבן ראייה.

ולאן אתה הולך – הגמרא, לפי בית שמאי, מדגישה כאן נקודה חשובה. לא רק שהקורבן הוא קורבן ראייה, כי הוא מובא במסגרת של ראיית ה׳, אלא כמו קורבן החגיגה של בית הלל, זהו קורבן ש״ישנו לפני הדיבור״. אם נדייק, נגלה שעולת הראייה חשובה גם היא, כי גם היא הגיעה, לפי דעת בית שמאי, **לפני** מתן תורה. כאשר מדייקים עוד מגלים דבר חשוב נוסף. לפי ההסבר הזה בדברי בית שמאי, עולת הראייה, שהובאה ״לפני הדיבור״ והובאה בהקשר של ״ראיית ה׳״, למעשה באה **לפני** שבני ישראל ראו את האלוהים ולפני שחזו בו.

19. כמובן, אפשר להבין אחרת את הייחוס ״בהר סיני״ למשכן, שנבנה למרגלות הר סיני. ובכל זאת, יש כאן ייחוס דווקא להר.

נקודה זו מאתגרת תפיסה שעשויה להיות ביחס לעולת הראייה. על פניו, נדמה שהסיבה לקורבן עולת ראייה תלויה בבירור שערכנו בפרק הקודם. אם מדובר על חובת הראייה לפני ה' כביטוי של מסירות הנפש, גם הקורבן הוא חלק מהביטוי הזה. אם מדובר (גם) על החובה לבוא כדי שפני ה' ייראו בפנינו, אפשר להוסיף ולומר שכאשר יש לנו הזדמנות לראות את פני ה' (וגם הזדמנות להיראות בפניו), לא ראוי (תרתי משמע) לבוא ריקם. המתנה שאנו מביאים כשאנו רואים את פני ה' היא מעין דרך להודות לו ולהכיר בחסד האלוהי של גילוי שכינה.

סדר האירועים שעולה לפי התיאור של בית שמאי את עולת הראייה רומז להבנה אחרת של התפקיד של הקורבן. אם עולת הראייה הגיעה "לפני הדיבור" ולפני שבני ישראל חזו את האלוהים, משמע שהיא לא הגיעה בתגובה לראיית פני ה', אלא אפשר לומר שהיא יצרה את האפשרות של ראיית פני ה'. אם בעקבות עולת הראייה ה' התגלה, מתברר שלעולת הראייה יש תפקיד משמעותי וחשוב בגילוי השכינה.

אפשר לסכם כך: לפי בית שמאי, ברית האגנות שבאה לפני מתן תורה מציגה את השלב של "**ויעלו** עולות". רק בעקבות העולות מגיע מעמד הר סיני שבו נאמר "**וירד** ה'". הרי שלשיטת בית שמאי, תהליך התגלות השכינה והחיבור בין שמיים לארץ מתחיל מההתקרבות של האדם והעלאת הקורבן, וכתגובה למעשי האדם ה' יורד ומתגלה, "ויחזו את האלוהים". לאור ההסבר הזה, שלא מדובר במתנה סמלית אלא על הנעת תהליך שמאפשר גילוי שכינה, אפשר להבין מדוע בית שמאי מעדיפים להשקיע את הונם והוננו דווקא בקורבן הזה.[20]

מקראות קודש

בין הארץ לשמיים ובין היום־יום ליום הקדוש

גם בית הלל וגם בית שמאי רואים קשר בין שמיים לארץ. לבית הלל, האכילה המשותפת והשמחה ההדדית, לצד העבודה היום־יומית, מאפשרות את הקרבה ואת גילוי השכינה. בעקבות כך מגיע קורבן הראייה, המתבקש מעצם המפגש. לבית שמאי, לעומת זאת, ההקרבה של קורבן הראייה מאפשרת – ואפילו מייצרת – את גילוי

20. אומנם מתגלה פרדוקס מסוים בשיטת בית שמאי, שכן למרות שהם מעדיפים את עולת הראייה על פני החגיגה, הם אוסרים להביא עולת ראייה ביום טוב, ומתירים רק קורבן שלמים, שכלול בהיתר "אוכל נפש" (בבלי ביצה יט ע"א). השוו: הרב א' הכהן, לפני ה' יראה, עמ' 40, 58-59. ראו על כך בפרק הבא.

השכינה. הם מדגישים את השפעת המעשה האקטיבי של האדם על גילוי השכינה, ואפילו נתינת התורה.

לדברי בית שמאי יש הדים גם בעבודת הכוהן הגדול ביום הכיפורים. התורה פותחת את תיאור עבודת הכוהן הגדול ביום הכיפורים כך (ויקרא ט"ז):

(א) וַיְדַבֵּר ה' אֶל מֹשֶׁה אַחֲרֵי מוֹת שְׁנֵי בְּנֵי אַהֲרֹן בְּקָרְבָתָם לִפְנֵי ה' וַיָּמֻתוּ: (ב) וַיֹּאמֶר ה' אֶל מֹשֶׁה דַּבֵּר אֶל אַהֲרֹן אָחִיךָ וְאַל יָבֹא בְכָל עֵת אֶל הַקֹּדֶשׁ מִבֵּית לַפָּרֹכֶת אֶל פְּנֵי הַכַּפֹּרֶת אֲשֶׁר עַל הָאָרֹן וְלֹא יָמוּת **כִּי בֶּעָנָן אֵרָאֶה עַל הַכַּפֹּרֶת.**

בפסוקים אלו התורה מתארת את המטרה של העבודה כהתגלות ה', שתהיה על ידי הענן: "כי בענן אראה על הכפורת".

בהמשך הפסוקים מתואר כיצד ייעשה אותו ענן (שם):

(יב) וְלָקַח מְלֹא הַמַּחְתָּה גַּחֲלֵי אֵשׁ מֵעַל הַמִּזְבֵּחַ מִלִּפְנֵי ה' וּמְלֹא חָפְנָיו קְטֹרֶת סַמִּים דַּקָּה וְהֵבִיא מִבֵּית לַפָּרֹכֶת: (יג) וְנָתַן אֶת הַקְּטֹרֶת עַל הָאֵשׁ לִפְנֵי ה' **וְכִסָּה עֲנַן הַקְּטֹרֶת אֶת הַכַּפֹּרֶת** אֲשֶׁר עַל הָעֵדוּת וְלֹא יָמוּת.

כלומר הענן על הכפורת נוצר על ידי הקטרת הקטורת.[21] גם כאן עולה הקשר הקרוב בין מעשה ההקרבה של האדם להתגלות ה'. אומנם נראה שגם בית הלל מסכימים שבעבודת הכוהן הגדול ביום הכיפורים יש השפעה של הקטורת על ההתגלות האלוהית, וממילא של מעשה האדם על גילוי השכינה. עם זאת, ייתכן שלבית הלל הדגש הוא על התפקיד הכפול של הקטורת: גילוי השכינה לצד הגנה על הכוהן, "ולא ימות". לפי דרכם של בית הלל יש להדגיש את הדואליות במעשה ההקרבה, שכביכול נועד גם ל"גבוה" וגם ל"נמוך".

לצד זאת, יש למצוא הדים לעמדת בית הלל במעשה הקטרת הקטורת של יום הכיפורים כאשר המשנה ביומא משווה אותה להקטרת הקטורת היום־יומית (פרק ד'):

[ד] **בכל יום** היה חותה בשל כסף ומערה בתוך של זהב **והיום** חותה בשל זהב ובה היה מכניס,

21. כך לפי פירוש רמב"ן (וראו גם בפירוש של רד"צ הופמן על אתר). ואומנם רש"י ורשב"ם פירשו שענן ה' נגלה שם באופן בלתי תלוי.

בכל יום חותה בשל ד' קבין ומערה בתוך של שלשת קבין **והיום** חותה בשל שלשת קבין ובה היה מכניס.
ר' יוסי אומר **בכל יום** חותה בשל סאה ומערה בתוך של שלשת קבין **והיום** חותה בשל שלשת קבין ובה היה מכניס.
בכל יום היתה כבדה **והיום** קלה.
בכל יום היתה ידה קצרה **והיום** ארוכה.
בכל יום היה זהבה ירוק **והיום** אדום דברי ר' מנחם.
בכל יום מקריב פרס בשחרית ופרס בין הערבים **והיום** מוסיף מלא חפניו.
בכל יום היתה דקה **והיום** דקה מן הדקה.[22]

לצד הדגשת הייחודיות של הקטרת הקטורת ביום הכיפורים, המשנה נותנת משקל רב להקטרת הקטורת היום־יומית. גם בפרקים נוספים (כגון בפרק ב') המשנה משלבת את עבודת היום־יום עם עבודת יום הכיפורים.[23] שילוב זה מרמז שעבודת הכוהן הגדול ביום הכיפורים לא תיתכן בלי העבודה היום־יומית של כל השנה ובלי העבודות של שאר הכוהנים.[24]

כלומר, אם דעת בית שמאי תואמת ומקבילה לעבודת הכוהן הגדול, ומדגישה את ההשפעה האנושית המעשית על גילוי שכינה, דעת בית הלל תואמת ומקבילה לשאר המשניות במסכת יומא, שבהן גילוי השכינה ברגעים המיוחדים נכללת בעבודה היום־יומית הקבועה.

שהחיינו וקיימנו

בילדותי כשהיינו מתארחים אצל משפחה אחרת לסעודת שבת או חג, תמיד הבאנו למארחים שוקולד חלבי. כיוון שבדרך כלל סעודת השבת והחג היא בשרית, מתנה

22. גם שתי המשניות הבאות משוות בין "בכל יום" לבין "היום".
23. ראו גם בפרק על יום הכיפורים (פרק ח').
24. לפי פרופ' י' קנוהל ופרופ' ש' נאה, מילואים וכיפורים, עמ' 22–24, לפי כתבי קומראן, שקרובים להלכה הצדוקית של הכוהנים במקדש, היו חונכים את המקדש מחדש בכל שנה דווקא בתחילת חודש ניסן. אלא שלדעתם (בעקבות י' ידין), בתקופה זו התמידים בטלים. ומכאן אפשר להבין את המועד הראשון במגילת תענית המתאר את החזרת עבודת התמידים בשמונת הימים הראשונים של חודש ניסן, לפי דעת הפרושים. אם כן, ניתן לראות שהשאלה אם תמידים כסדרם קודמים לכריתת ברית (מחודשת) עם ה' עמדה במוקד מחלוקת בין הפרושים לאנשי קומראן והצדוקים.

כזו היא ערובה לכך שהשוקולד יישאר בידי המארחים, והם יאכלו אותו כאוות נפשם כשירצו. כשגדלתי ועברתי לקהילה אחרת, גיליתי את הנוהג שבו האורחים מביאים חלק מצורכי הסעודה. זה מקל על המשפחה המארחת, שצריכה להכין מעט פחות לצורכי הסעודה ובעיקר יש בכך תחושה של שותפות בסעודה. לימים גיליתי שיש מקומות שבהם "רוקדים על שתי החתונות" ומביאים מנה לסעודה בתוך כלי, והכלי נשאר בידי המשפחה המארחת. כך משלבים את השיתוף יחד עם מתנה "שלמה".

בכלים האנושיים שלנו, אנו עשויים לבחון את הקשר שלנו עם הקב"ה כמו שאנחנו בוחנים את הקשר שלנו עם אנשים אחרים. לחלופין, לעיתים אנחנו עשויים להניח בדיוק הפוך – שהקשר עם הקב"ה אמור להיות שונה מהקשר עם אנשים, וצריכים להיזהר שלא ללמוד מהעולם האנושי על מערכת יחסים מסוג אחר לגמרי.

הן מדברי בית הלל והן מדברי בית שמאי אפשר ללמוד רעיונות שאותם אפשר ליישם בעולם שלנו.

נראה שבית הלל מתרכזים בהיבטים החינוכיים הקשורים לעבודת ה'. בעולם החינוך נוהגים לומר שאי אפשר לבסס את העולם הרוחני (רק) על אירועי שיא מרגשים. הבסיס לחינוך הוא העבודה היום־יומית, שרק בה אפשר לשבץ את אירועי השיא. אז אומנם רגע השיא של בני ישראל, מתן תורה, הגיע מהר מאוד (אחרי הליכה לא קצרה במדבר שכללה כמה תחנות חינוכיות בדרך) אך כאמירה חינוכית, בית הלל סבורים כי העולה הזאת הייתה עולת תמיד, עולה המסמלת את העמל התמידי שבתוכו ניתן לשלב את הדברים המרגשים והנשגבים. כמו כן, לדעת בית הלל קורבן חגיגה עדיף משלמים, ואפשר לומר שאי אפשר לייצר אירוע שיא שכולל ברית בלי לכונן מערכת יחסים קרובה קודם לכן. דבר דומה ניתן לומר גם לגבי זוגיות – מערכת יחסים שמעוגנת בברית צריכה להיות מושתתת על קירוב לבבות ושמחה משותפת מחד גיסא, ועל מחויבות קבועה מאידך גיסא.

מדברי בית שמאי למדנו תפיסה חשובה בנוגע לאפשרות להשכין שכינה בקרבנו. החובות השונות בתוך המסגרת ההלכתית של העלייה לרגל אינן רק רשימת מטלות שצריך לסיים כדי לצאת ידי חובה. החובות הללו הן ביטוי וגם פתיחה למערכת יחסים שמתפתחת בין האדם לבוראו כאשר הוא יוצא לקראתו ועולה אליו למקום שבחר לשכן את שמו שם. ההבנה הזאת קוראת לנו לחשוב כיצד נכלול מרכיבים של קרבת ה', התעלות לקראתו ושותפות ושמחה משותפת איתו במועדים גם בעולם ללא מקדש.

נשים לב שהשם ירושלים, ׳ירושלם׳ כפי שהוא מופיע בתנ״ך, יכול להתפרש כשילוב בין השם שקרא אברהם להר בסוף סיפור העקדה (בראשית כ״ב יד): ״וַיִּקְרָא אַבְרָהָם שֵׁם הַמָּקוֹם הַהוּא ה׳ **יִרְאֶה** אֲשֶׁר יֵאָמֵר הַיּוֹם בְּהַר ה׳ **יֵרָאֶה**״, ובין שם העיר ״**שָׁלֵם**״ (בראשית י״ד יח, תהלים ע״ו ג). כך למעשה, שם העיר משלב בין הראייה לשלמים, ונמצא שהשילוב בין השניים חשוב, גם אם נמשיך להתלבט לגבי האיזון ביניהם.

פרק ד

בין קודש לחול ובין חול למועד

המונח "ניב ניגודים" (אוקסימורון) מתאר רצף של מילים שמכיל בתוכו סתירה פנימית, כמו בביטוי "שתיקה רועמת". לעיתים השפה יכולה לצייר את המציאות רק על ידי צירוף מילים שמשמעות כל אחת מהן הפוכה לאחרת. נראה שגם צירוף המילים 'חול המועד' נושא בתוכו דבר והיפוכו, וביטוי זה נושא בתוכו את המתח שנוגע בימים אלו: האם אלו ימי חול? האם ימי מועד? מה המשמעות של הזמן הזה שנמצא בין שני הימים הטובים של החג?

עיוני מקרא

חול המועד בפסוקים

התורה מעניקה תוכן מאוד ממשי לשלושת הרגלים. כפי שראינו בפרקים הקודמים, יש חובות אישיות של עלייה לרגל והקרבת קורבנות חגיגה וראייה (שמות כ"ג יד-יח; ל"ד יח-כה), וחובות אישיות שקשורות לפרטי החגים של אכילת מצות, ישיבה בסוכה ונטילת ארבעת המינים (ויקרא כ"ג ו, לט-מ, ועוד). יש גם חובות לאומיות שבאות לידי ביטוי בקורבנות החג, ומתוארות באופן כללי כ"והקרבתם אשה לה'" (ויקרא כ"ג), ובאופן מפורט יותר באמצעות קורבנות התמיד והמוספים (במדבר כ"ח-כ"ט). יש גם קורבנות מיוחדים הקשורים להיבטים החקלאיים של החגים – קורבנות העומר ושתי הלחם (ויקרא כ"ג י-כ).

לצד זאת, התורה מגדירה זמנים שונים לכל חג: חג השבועות נמשך יום

אחד;[1] חג המצות שבעה ימים, כולל יום אחד בתחילה ויום אחד בסוף, שעליהם נאמר שאסור לעשות בהם כל מלאכה; וחג הסוכות של שבעה ימים, שהיום הראשון שלו הוא יום של איסור מלאכה, ומיד לאחר שבעת הימים הללו יש עוד יום אסור במלאכה, שהוא חג נפרד.

מה לפי התורה אנו אמורים לעשות בחג המצות וחג הסוכות? האם כולו נדרש לעלייה לרגל? מה המבנה של מסגרת של איסור עבודה לפני ואחרי, בלי להגדיר בפירוש מה אסור או מותר לעשות בימים שבאמצע, מלמד אותנו?

ניתן להסיק מתיאור המועדים בספר דברים שיש ציפיות שונות ביחס לחג הפסח וביחס לחג הסוכות. בחג הפסח נאמר (דברים ט"ז):

> (א) שָׁמוֹר אֶת חֹדֶשׁ הָאָבִיב וְעָשִׂיתָ פֶּסַח לַה' אֱלֹהֶיךָ... (ב) וְזָבַחְתָּ פֶּסַח לַה' אֱלֹהֶיךָ צֹאן וּבָקָר בַּמָּקוֹם אֲשֶׁר יִבְחַר ה' לְשַׁכֵּן שְׁמוֹ שָׁם... (ז) וּבִשַּׁלְתָּ וְאָכַלְתָּ בַּמָּקוֹם אֲשֶׁר יִבְחַר ה' אֱלֹהֶיךָ בּוֹ **וּפָנִיתָ בַבֹּקֶר וְהָלַכְתָּ לְאֹהָלֶיךָ**: (ח) שֵׁשֶׁת יָמִים תֹּאכַל מַצּוֹת וּבַיּוֹם הַשְּׁבִיעִי עֲצֶרֶת לַה' אֱלֹהֶיךָ לֹא תַעֲשֶׂה מְלָאכָה.

מתוך הפסוקים הללו משמע שאחרי קיום מצוות העלייה לרגל והקרבת קורבן הפסח, עם ישראל פונה והולך לאוהליו, כלומר כל אחד חוזר לביתו. אם מדובר על הקרבת קורבן הפסח ביום י"ד ואכילתו בליל ט"ו, הגיוני שאי אפשר יהיה לחזור הביתה ביום הקרבת הקורבן או אכילתו אלא רק למחרת.[2]

1. חז"ל נתנו מעין חול המועד לחג השבועות לצורך השלמת חובת הקרבת הקורבנות. ראו להלן עמ' 68.
2. התורה דורשת לעלות לרגל דווקא בחג המצות (שמות כ"ג טו, ל"ד יח, דברים ט"ז טז), שלפי שמות י"ב יח וויקרא כ"ג ו נמשך החל מליל ט"ו בניסן ועד כ"א בניסן. את הפסח חוגגים, או מציינים, בי"ד בניסן בין הערביים. התורה אינה קובעת את הפסח כמועד עלייה לרגל, אבל מעצם החיוב, שמופיע דווקא בספר דברים (ונרמז בבמדבר ט'), להקריב את הקורבן במקדש, ממילא גם לצורך הפסח יש להגיע למקום אשר יבחר ה'. השהות בלילה, וההליכה הביתה למחרת, מאפשרת לצאת ידי חובת עלייה לרגל גם בחג המצות. על היחס בין חג הפסח לחג המצות ראו עוד להלן בפרקים י"ז-י"ח.

בחג הסוכות הדברים נשמעים אחרת (שם):

(טו) **שִׁבְעַת יָמִים** תָּחֹג לַה׳ אֱלֹהֶיךָ **בַּמָּקוֹם** אֲשֶׁר יִבְחַר ה׳ כִּי יְבָרֶכְךָ ה׳ אֱלֹהֶיךָ בְּכֹל תְּבוּאָתְךָ וּבְכֹל מַעֲשֵׂה יָדֶיךָ וְהָיִיתָ אַךְ שָׂמֵחַ.

מפסוקים אלו היה אפשר להבין שיש דרישה לשמוח במקום אשר יבחר ה׳ במהלך שבעת הימים. אומנם, אפשר שהדרישה היא כללית לעם ישראל, ואינה חייבת להתקיים על ידי כל אחד ואחד במהלך שבעת הימים. רמז אחר לצורך לשמוח באופן אישי לפני ה׳ שבעה ימים מופיע בספר ויקרא (פרק כ״ג):

(מ) וּלְקַחְתֶּם לָכֶם בַּיּוֹם הָרִאשׁוֹן פְּרִי עֵץ הָדָר כַּפֹּת תְּמָרִים וַעֲנַף עֵץ עָבֹת וְעַרְבֵי נָחַל וּשְׂמַחְתֶּם **לִפְנֵי ה׳ אֱלֹהֵיכֶם שִׁבְעַת יָמִים**: (מא) וְחַגֹּתֶם אֹתוֹ חַג לַה׳ שִׁבְעַת יָמִים בַּשָּׁנָה חֻקַּת עוֹלָם לְדֹרֹתֵיכֶם בַּחֹדֶשׁ הַשְּׁבִיעִי תָּחֹגּוּ אֹתוֹ.

גם כאן משתמעת חובה ממשית, או לכל הפחות אפשרות ממשית, של שבעת ימי שמחה לפני ה׳ באמצעות ארבעת המינים. אם כן, בתורה עצמה יש רמז – גם אם לא קביעה חד משמעית – לצורך או להזדמנות לשהות שבעה ימים בחג הסוכות,[3] אבל בחג המצות נראה שאין חובה להישאר זמן רב במקום אשר יבחר. וחוזרת השאלה, האם יש תוכן נוסף או דרישות נוספות במהלך הימים הללו, או אופי מיוחד לימים הללו? האם בעניין הזה חג הסוכות שווה או שונה מחג המצות?

נבחן את התוכן של החגים הללו כדי למצוא להם הגדרה ברורה יותר.

חול המועד בסיפורים – הזדמנות אישית

נראה את התיאור של הימים הללו בשאר ספרי התנ״ך, ואם יש מטרה לימים שבתווך.

אפשר לחלק את התיאור של הרגלים בספרי הנביאים והכתובים לשניים: מדברי הנביאים עולה שהרגלים אכן נוצלו לצורך עלייה לרגל והתקרבות לקודש. נקדים כי לא רק הרגלים הוקדשו לכך, אלא גם השבתות וראשי החודשים.

3. אומנם חז״ל הבינו מהמילים ״ולקחתם לכם ביום הראשון״ שיש מצוות ארבעת המינים ביום הראשון בגבולין (מחוץ למקדש, כדעת רש״י סוכה מא ע״א ד״ה במדינה, או מחוץ לירושלים כדעת הרמב״ם בפירוש המשנה סוכה פ״ג מי״ב) ומשמע שהיה גם מותר להיות ביום הראשון בגבולין.

מדברי ישעיהו הנביא ניתן לתאר את שהתרחש בעלייה לרגל (פרק א'):

(יא) לָמָּה לִּי רֹב זִבְחֵיכֶם יֹאמַר ה' שָׂבַעְתִּי **עֹלוֹת אֵילִים וְחֵלֶב מְרִיאִים וְדַם פָּרִים**
וּכְבָשִׂים וְעַתּוּדִים לֹא חָפָצְתִּי: (יב) כִּי תָבֹאוּ לֵרָאוֹת פָּנָי מִי בִקֵּשׁ זֹאת מִיֶּדְכֶם
רְמֹס חֲצֵרָי: (יג) לֹא תוֹסִיפוּ הָבִיא מִנְחַת שָׁוְא קְטֹרֶת תּוֹעֵבָה הִיא לִי **חֹדֶשׁ וְשַׁבָּת**
קְרֹא מִקְרָא לֹא אוּכַל אָוֶן וַעֲצָרָה: (יד) **חָדְשֵׁיכֶם וּמוֹעֲדֵיכֶם** שָׂנְאָה נַפְשִׁי הָיוּ עָלַי
לָטֹרַח נִלְאֵיתִי נְשֹׂא: (טו) וּבְפָרִשְׂכֶם כַּפֵּיכֶם אַעְלִים עֵינַי מִכֶּם גַּם כִּי תַרְבּוּ תְפִלָּה
אֵינֶנִּי שֹׁמֵעַ יְדֵיכֶם דָּמִים מָלֵאוּ: (טז) רַחֲצוּ הִזַּכּוּ הָסִירוּ רֹעַ מַעַלְלֵיכֶם מִנֶּגֶד עֵינָי
חִדְלוּ הָרֵעַ.

מדברי הנביא ברור שהעם הגיע במקראי הקודש ("קרוא מקרא"), במועדים, בשבתות וב(ראשי) חודשים, כדי לדרוש קרבת אלוהים, להביא מתנות ולהתפלל. ישעיהו מבקר אותם בטענה שהם דורכים על העניים בדרך, וידיהם מביאות המנחה מלאות דם. נראה שהנביא מסכים שימי המועד אמורים לאפשר קרבת אלוהים, אבל הם לא יכולים לבוא אם אין תיקון חברתי.[4]

החיבור בין שבתות וראשי חודשים לבין המועדים עולה גם מדברי נביאים אחרים, והוא נוגע לא רק למקדש אלא גם מחוצה לו. הנביא יחזקאל (מ"ו א-י) רואה בחגים לצד ראשי החודשים והשבתות הזדמנויות לעלייה לרגל.[5] הנביא הושע (ב' יג) רואה בשבת, בחגים ובחודשים זמנים שמחים. הנביא עמוס (ח' ד-ה) קושר בין השבתות והחודשים לימים שבהם נמנעים ממסחר.[6]

בהקשר אחר מצאנו תיאור של האישה השונמית (מלכים ב ד'):

(כב) וַתִּקְרָא אֶל אִישָׁהּ וַתֹּאמֶר שִׁלְחָה נָא לִי אֶחָד מִן הַנְּעָרִים וְאַחַת הָאֲתֹנוֹת

4. מדברי ישעיהו עולה שהשמחה של החג היא לא שמחה אישית, אלא שמחה משפחתית וקהילתית רחבה יותר. והשוו לפסוקים בדברים ט"ז הכוללים את שמחת העניים יחד עם שמחת בני הבית ברגלים. וראו ישעיהו נ"ח המציג את הציפייה שימי צום יהוו תיקון חברתי ופתיחת הלב ולא זמן לגביית חובות.
5. הבחנה מסוימת בין העלייה בשבתות ובחודשים לבין העלייה ברגלים באה לידי ביטוי במיקום המדויק ובמקום הכניסה למקדש.
6. "שִׁמְעוּ זֹאת הַשֹּׁאֲפִים אֶבְיוֹן וְלַשְׁבִּית ענוי עֲנִיֵּי אָרֶץ. לֵאמֹר מָתַי יַעֲבֹר **הַחֹדֶשׁ** וְנַשְׁבִּירָה שֶּׁבֶר **וְהַשַּׁבָּת** וְנִפְתְּחָה בָּר לְהַקְטִין אֵיפָה וּלְהַגְדִּיל שֶׁקֶל וּלְעַוֵּת מֹאזְנֵי מִרְמָה". עמוס מבקר את העם על כך שהם אומנם לא סוחרים בשבתות ובחודשים, אבל כשהם חוזרים לסחור, הם מרמים את הלקוחות.

> וְאָרוּצָה עַד אִישׁ הָאֱלֹהִים וְאָשׁוּבָה: (כג) וַיֹּאמֶר מַדּוּעַ אַתְּ הֹלֶכֶת אֵלָיו הַיּוֹם לֹא **חֹדֶשׁ** וְלֹא **שַׁבָּת** וַתֹּאמֶר שָׁלוֹם.

הבעל תמה מדוע אשתו הולכת לאיש האלוהים, שכן אותו היום "לא חודש ולא שבת", ומכאן אפשר להבין שהיא, או אנשים בכלל, היו נוהגים ללכת לנביא בשבתות ובחודשים.

אם כן, ניתן לראות את ימי המועדים – שאליהם הצטרפו גם השבתות וראשי החודשים – כימים של עצירה ממלאכה, עלייה למקדש ודרישת קודש. לא ברור מהכתוב כמה זמן מהימים הללו נוצלו לשם כך, האם לכל אורך המועד, והאם בכל שבת וכל ראש חודש, אלא יש בכתוב רק ייעוד כללי של הימים הללו.

חול המועד בסיפורים – הזדמנות לאומית

מופע אחר של החגים ניתן למצוא בספרי הנביאים והכתובים המתארים אירועים לאומיים גדולים וארוכים. ספר מלכים מתאר את חגיגת חג הסוכות בימי שלמה המלך (מלכים א ח'):

> (סה) וַיַּעַשׂ שְׁלֹמֹה בָעֵת הַהִיא אֶת **הֶחָג** וְכָל יִשְׂרָאֵל עִמּוֹ קָהָל גָּדוֹל מִלְּבוֹא חֲמָת עַד נַחַל מִצְרַיִם לִפְנֵי ה' אֱלֹהֵינוּ **שִׁבְעַת יָמִים וְשִׁבְעַת יָמִים אַרְבָּעָה עָשָׂר יוֹם:**
> (סו) בַּיּוֹם הַשְּׁמִינִי שִׁלַּח אֶת הָעָם וַיְבָרֲכוּ אֶת הַמֶּלֶךְ וַיֵּלְכוּ לְאָהֳלֵיהֶם שְׂמֵחִים וְטוֹבֵי לֵב עַל כָּל הַטּוֹבָה אֲשֶׁר עָשָׂה ה' לְדָוִד עַבְדּוֹ וּלְיִשְׂרָאֵל עַמּוֹ.

חגיגה של עם כולו שעולה לרגל מופיעה כאן לראשונה בתנ"ך, יחד עם ההופעה הראשונה של המקדש בירושלים. בימי שלמה, העם נכח במקדש לאורך שבעת (או שמונת) ימי חג הסוכות, ושלמה המלך חיבר לשמחת החג את חנוכת המקדש.

דבר דומה קרה מאות שנים אחר כך בימי שיבת ציון. העולים הראשונים הצמידו את חנוכת המזבח לחג הסוכות, וההתאספות הייתה כבר מראש חודש, כלומר מראש השנה (עזרא פרק ג'). שנים מספר אחר כך אירע דבר דומה בימי נחמיה (נחמיה ח'):

> (יז) וַיַּעֲשׂוּ כָל הַקָּהָל הַשָּׁבִים מִן הַשְּׁבִי סֻכּוֹת וַיֵּשְׁבוּ בַסֻּכּוֹת כִּי לֹא עָשׂוּ מִימֵי יֵשׁוּעַ בִּן נוּן כֵּן בְּנֵי יִשְׂרָאֵל עַד הַיּוֹם הַהוּא וַתְּהִי שִׂמְחָה גְּדוֹלָה מְאֹד: (יח) **וַיִּקְרָא בְּסֵפֶר תּוֹרַת הָאֱלֹהִים יוֹם בְּיוֹם מִן הַיּוֹם הָרִאשׁוֹן עַד הַיּוֹם הָאַחֲרוֹן** וַיַּעֲשׂוּ חָג שִׁבְעַת יָמִים וּבַיּוֹם הַשְּׁמִינִי עֲצֶרֶת כַּמִּשְׁפָּט.

התאספות העם בימי נחמיה החלה כבר בראש השנה, כאשר העם הגיע לירושלים וקרא בתורה ושמע על המצופה מהם מאת ה'. גם במהלך ימי חג הסוכות המשיכו בכל יום לקרוא בתורה. כמו בימי שלמה, אנו רואים כיצד ימי המועד "מנוצלים" לצורך התאספות העם וקרבה לה' ולהוספת תכנים הקשורים למקדש ולקודש.

למעשה, כבר התורה מכוונת את מצוות ההקהל של קריאה בתורה ושחזור מעמד הר סיני ברוב עם לעלייה לרגל של חג הסוכות (דברים ל"א י–יג). עם זאת, רשמית זה נעשה רק פעם בשבע שנים.[7]

היה ניתן לומר ששלמה המלך, עולי שיבת ציון ונחמיה בחרו דווקא בחג הסוכות מפני שהעם נמצא יותר בירושלים בחג הזה – יותר אנשים היו מגיעים אליה, והיו שוהים בה זמן ארוך יותר.[8] וממילא את הזמן שבו היו בירושלים ניצלו לאירועים נוספים.[9]

לצד זאת, אנחנו מוצאים גם את חג הפסח כזמן של חגיגה לאומית משותפת. כך מתואר על הנעשה בתקופת המלך חזקיה בספר דברי הימים ב (פרק ל'):

(כא) וַיַּעֲשׂוּ בְנֵי יִשְׂרָאֵל הַנִּמְצְאִים בִּירוּשָׁלַםִ אֶת חַג הַמַּצּוֹת שִׁבְעַת יָמִים בְּשִׂמְחָה
גְדוֹלָה וּמְהַלְלִים לַה' יוֹם בְּיוֹם הַלְוִיִּם וְהַכֹּהֲנִים בִּכְלֵי עֹז לַה': (כב) וַיְדַבֵּר יְחִזְקִיָּהוּ
עַל לֵב כָּל הַלְוִיִּם הַמַּשְׂכִּילִים שֵׂכֶל טוֹב לַה' **וַיֹּאכְלוּ אֶת הַמּוֹעֵד שִׁבְעַת הַיָּמִים**
מְזַבְּחִים זִבְחֵי שְׁלָמִים וּמִתְוַדִּים לַה' אֱלֹהֵי אֲבוֹתֵיהֶם: (כג) **וַיִּוָּעֲצוּ כָּל הַקָּהָל**
לַעֲשׂוֹת שִׁבְעַת יָמִים אֲחֵרִים וַיַּעֲשׂוּ שִׁבְעַת יָמִים שִׂמְחָה: (כד) כִּי חִזְקִיָּהוּ מֶלֶךְ
יְהוּדָה הֵרִים לַקָּהָל אֶלֶף פָּרִים וְשִׁבְעַת אֲלָפִים צֹאן וְהַשָּׂרִים הֵרִימוּ לַקָּהָל פָּרִים
אֶלֶף וְצֹאן עֲשֶׂרֶת אֲלָפִים וַיִּתְקַדְּשׁוּ כֹהֲנִים לָרֹב: (כה) וַיִּשְׂמְחוּ כָּל קְהַל יְהוּדָה
וְהַכֹּהֲנִים וְהַלְוִיִּם וְכָל הַקָּהָל הַבָּאִים מִיִּשְׂרָאֵל וְהַגֵּרִים הַבָּאִים מֵאֶרֶץ יִשְׂרָאֵל
וְהַיּוֹשְׁבִים בִּיהוּדָה: (כו) **וַתְּהִי שִׂמְחָה גְדוֹלָה בִּירוּשָׁלָםִ** כִּי מִימֵי שְׁלֹמֹה בֶן דָּוִיד

7. באופן אירוני, ואפילו מעט ציני, ירבעם מלך ישראל מתחיל את עבודת הבמות והעגלים ב"חג" שהעתיק מהחודש השביעי לחודש השמיני (מלכים א י"ב לב–לג).

8. אפשר גם שכיוון שלמצוות ארבעת המינים הייתה משמעות במשך שבעה ימים דווקא "לפני ה'", הייתה עוד סיבה להתאמץ להימצא במשך כל הימים הללו.

9. לדעת הרב א' בזק (פסח וסוכות, עמ' 117–126), המשכן נחנך בחודש ניסן, המסמל את מעגל השנה המיוחד דווקא לעם ישראל, ונקבע לפי ההיסטוריה האישית, שכן המשכן נועד למפגש בין ה' לישראל. לעומת זאת, המקדש נחנך בחודש תשרי, המסמל את מעגל השנה האוניברסלי, ונקבע לפי עונות השנה, שכן המקדש פונה גם לאומות העולם ומאפשר להם קשר עם ה'.

מֶלֶךְ יִשְׂרָאֵל לֹא כָזֹאת בִּירוּשָׁלִָם: (כז) **וַיָּקֻמוּ הַכֹּהֲנִים הַלְוִיִּם וַיְבָרְכוּ אֶת הָעָם וַיִּשָּׁמַע בְּקוֹלָם וַתָּבוֹא תְפִלָּתָם לִמְעוֹן קָדְשׁוֹ לַשָּׁמָיִם.**

בימי חזקיה נעשה פסח גדול, שבו אנשי יהודה, ואף מצטרפים מממלכת ישראל, הגיעו לחגוג בירושלים. גם כאן, השמחה, התפילות הגדולות, הקורבנות המרובים, והחוויה בכללותה, הובילו את הקהל לחגוג במשך כל שבעת הימים ואף להוסיף עוד שבוע ימים של כינוס. בעקבות החגיגה הכפולה הזאת, הפסוקים קושרים בין השמחה בימים אלו לשמחה בימי המלך שלמה. לימים המלך יאשיהו עשה חגיגת פסח לאומית גדולה (מלכים ב כ"ג כא-כד; דברי הימים ב ל"ה א-כ), אם כי שם לא ברור כמה זמן יהודה וישראל נכחו בפועל.

אם כן, התורה רומזת לשהות משמעותית יותר דווקא בחג הסוכות, ואכן יש יותר אירועים לאומיים בחג הסוכות. ולצד זאת, התורה מתארת שבוע חג גם בחג המצות, ואף חג זה מנוצל, אם כי ברמה פחותה יותר, לצורך חגיגות לאומיות שקשורות לחידוש הברית עם ה'.

האם התיאורים הללו מעידים על הכלל – שימי המועד היו ימים של התאספות לאומית וקרבה מחודשת לה' – או דווקא היו היוצאים מן הכלל? אפשר שגם וגם.

ניתן לראות בימי המועדים הזדמנות אישית לעלייה לרגל ודרישת קודש מחד גיסא, והזדמנות לאומית להתחדשות דתית – בחנוכת המקדש, בלימוד התורה ובכריתת ברית עם ה', מאידך גיסא. עם כל זאת, עדיין לא ברור היחס בין הימים הטובים לימים שבתווך. כמו כן, לא ברור מה קורה כשאין אירועים גדולים יזומים מן הסוג הזה.

עיוני משנה

סדר מועד ומסכתות המועדים

שלוש מסכתות מוקדשות במשנה לחגים: ביצה, חגיגה ומועד קטן.

מסכת **ביצה**, הקרויה גם מסכת "יום טוב", עוסקת בדינים שקשורים ליום טוב עצמו.

מסכת **חגיגה** עוסקת בדיני העלייה לרגל – חובת העלייה לרגל והחובות של הקורבנות השונים – שלמי חגיגה ועולת ראייה, שבהם עסקנו בשני הפרקים הקודמים. האם הם מוגדרים לפי זמן מסוים במהלך הרגל? לכאורה, אפשר להיות כל הרגל בירושלים, לבקר בבית ה' ולהביא קורבנות. אבל כמה זמן צריך להשקיע בכך בפועל?

פרק ד: בין קודש לחול ובין חול למועד

המשנה כותבת (חגיגה פרק א'):

[ו] מי שלא חג ביום טוב הראשון של חג חוגג את כל הרגל ויום טוב האחרון של חג,
עבר הרגל ולא חג אינו חייב באחריותו, על זה נאמר 'מעוות לא יוכל לתקון וחסרון לא יוכל להמנות' (קהלת א' טו).

מהמשנה ברור שיש חובה אחת, ונראה שהיא דווקא ביום טוב ראשון. אפשר להשלים אותה במהלך הימים הבאים, אבל יש לה מוקד אחד.[10] ממילא, עקרונית, אפשר לעשות את החובה ולחזור הביתה או להגיע באמצע החג ואז לקיים את החובה.[11]

בהמשך מתברר שלדעת בית שמאי אי אפשר לקיים את כל החובות ביום הראשון של החג (חגיגה פרק ב'):

[ג] בית שמאי אומרים מביאין שלמים ואין סומכין עליהם אבל לא עולות, ובית הלל אומרים מביאין שלמים ועולות וסומכין עליהם.

לדעת בית הלל, אפשר להביא ביום טוב עצמו גם את שלמי החגיגה וגם את עולות הראייה, וממילא ניתן להשלים את כל חובות הרגל כבר ביום טוב ראשון. אך לדעת בית שמאי, אי אפשר להביא עולות ביום טוב ראשון.[12] לדעתם ניתן להביא את השלמים אך לא לסמוך עליהם, מה שכנראה גרם לאנשים לא להביא את השלמים למקדש ביום טוב ראשון.[13] כיוון שיש צורך להקריב גם קורבן ראייה, זה צריך להיעשות דווקא שלא ביום טוב. בחג המצות ובחג הסוכות אפשר להקריב בחול

10. האמוראים נחלקו אם ימי החג הם תשלומים לראשון או תשלומים זה לזה (חגיגה ט ע"א), לעניין השאלה אם אדם שהיה פטור ביום הראשון יכול להתחייב בהמשך החג. מכל מקום, המשנה מדגישה דווקא את היום הראשון, וכן ברור שיש רק חובה על חגיגה אחת ועולת ראייה אחת במהלך כל החג.
11. ר' אליעזר מוורמיזא סבור שדווקא ביום "הושענא רבה" היו מקריבים את המספר הגדול ביותר של קורבנות, כי זה היה המועד האחרון לתשלומי נדרים, ואנשים חיכו "לרגע האחרון". ראו: ספר הרוקח, הלכות סוכה סימן רכא.
12. דעת בית שמאי המדויקת נתונה במחלוקת בין הברייתות השונות. ראו תוספתא חגיגה פ"ב ה"י במהדורת ליברמן; בבלי ביצה יט ע"א-ע"ב; ירושלמי חגיגה פ"ב ה"ג. וראו דיון אצל הרב ש' ליברמן, תוספתא כפשוטה, חלק ה, עמ' 1301-1303.
13. ראו: ירושלמי ביצה פ"ב ה"ד, ואצל: הרב א"א הלוי, המחלוקת הראשונה, עמ' 154-157.

המועד, וממילא זהו תוכן ממשי אפשרי לחול המועד, שאינו רק "השלמה" ליום טוב.[14] לגבי חג השבועות, או לבית הלל אם יום טוב חל בשבת, אמרה המשנה הבאה שם:

[ד] עצרת שחל להיות בערב שבת בית שמאי אומרים יום טבוח אחר השבת,
ובית הלל אומרים אין יום טבוח אחר השבת.
ומודים שאם חל להיות בשבת שיום טבוח אחר השבת.
ואין כהן גדול מתלבש בכליו ומותרין בהספד ובתענית שלא לקיים דברי האומרין עצרת אחר השבת.

לפי בית שמאי, את החובות של חג השבועות אפשר להשלים אחרי שבועות, ויום זה נקרא "יום טבוח". גם לדעת בית הלל, אם שבועות חל בשבת, את קורבנות החג מקריבים ביום שאחרי החג.

על פניו נראה שמבחינת קורבנות החג, לדעת בית הלל חול המועד הוא רק אפשרות להשלמה, ואילו לדעת בית שמאי, מלכתחילה את הקורבנות צריך להקריב בימים אלה. עם זאת, חז"ל למדו שניתן להשלים את החובות של חג השבועות במשך שבוע ימים,[15] אף שאין בו "חול המועד". ממילא, לא ברור הצורך דווקא בחול המועד לשם השלמת הקרבת הקורבנות. אומנם יש תוכן חיובי שאפשר למלא בו את חול המועד, אבל לא נראה שיש הכרח בחול המועד לשם כך.[16]

המסכת השלישית שעוסקת במועדים היא **מועד קטן**, והיא עוסקת בימי חול המועד מנקודת המבט של איסורים – אילו פעולות מותר או אסור לעשות במהלך הימים הללו, כפי שנראה בסעיף הבא.

14. ממקורות חז"ל שונים משמע שהייתה מחשבה לחייב באופן נרחב יותר לשהות בירושלים. עם זאת, האפשרויות הללו נדחו להלכה. הגמרא קובעת חובת לינה בהקרבת קורבן הפסח וממנה הסיקה לחג הסוכות (בבלי ראש השנה ה ע"א), והתוספות העלו שייתכן שמדובר על חובת לינה של שבעה ימים (תוספות פסחים צה ע"ב, ד"ה טעון לינה, ובמקבילות), וראו דיון בחבל נחלתו ב' יד; כמו כן משמע שיש חובת שמחה כל שבעה, וממילא תיתכן חובה לאכול שלמים במשך שבעה ימים (תוספתא חגיגה פ"א ה"ד במהדורת ליברמן, אך ראו מאירי על פסחים עא ע"א).
15. בבלי ראש השנה ד ע"ב ובמקבילות.
16. עדות מסוימת לכך שאנשים לא שהו בכל השבוע במקדש ניתן ללמוד מהתיאור של מנהג אנשי ירושלים דווקא לשאת איתם את ארבעת המינים לכל מקום לכל אורך השבוע (תוספתא סוכה פ"ב ה"י במהדורת ליברמן).

איסורי מלאכה במועד במשנה

המשנה של מסכת מועד קטן מניחה שיש איסורי מלאכה מסוימים במועד, אם כי הם לא מוחלטים. לאורך כל המסכת נראה שאין איסורים גורפים על מלאכות מסוימות או מעשים מסוימים אלא הגבלה שלהם לתנאים מסוימים או מקרים מסוימים.

מסכת מועד קטן מתחילה בעבודות הקרקע וממשיכה לעולמות מופשטים יותר. **פרק א׳** פותח בעבודות החקלאות: ״משקין בית השלחין במועד... אבל אין משקין לא ממי גשמים...״; עובר דרך עבודות אחרות של הקרקע, כמו הריגת מזיקים של שדות, ליקוט עצמות וחפירות כוכים למתים; בהמשך הפרק עוברים לתיקון בתים ובגדים. **פרק ב׳** עובר לעולם הסחורות, שהם למעשה התוצר של חלק מהנושאים שהוזכרו בפרק א׳:[17] האפשרות לסיים את המלאכות שקשורות ליצירת שמן ויין, הכנסת פירות לבית, וקנייה ומכירה של סחורות. **פרק ג׳** עובר לעולם המופשט יותר של האדם: הן בבחינת הטיפול בגוף האדם, כגון גילוח וכיבוס, והן במערכות משפטיות ויחסים בין אישיים, כגון כתיבת שטרות וקידושין, ודיני אבלות.

מבנה המסכת רומז שאיסורי המלאכה של המועד נוגעים לא רק ל״מלאכות״ המוגדרות של שבת ויום טוב, אלא אף לתחומים נוספים שבשבת וביום טוב נאסרו מדרבנן, וקשורים להתנהלות היום־יומית של האדם.[18]

כשעוברים על המשניות של מסכת מועד קטן, על ההלכות בתוספתא, ולומדים את הגמרא, עולה תחושה שחז״ל משרטטים בעיקר את הגבולות של האסור והמותר, שמפנים זמן ומקום, אבל לא מגדירים באופן מפורש כיצד למלא את הזמן הזה.

המשנה משווה בין חול המועד לאבלות (פ״ב מ״א) ושמיטה (פ״א מ״א), כיוון שבכולם יש איסורי מלאכה חלקיים לאורך תקופה ארוכה. לצד זאת, המשנה מנכיחה את ההתנגשות בין (חול) המועד לבין אבלות מחד גיסא, ולכן המועד דוחה את

17. נראה שהמסכת עוברת מהמוחשי אל המופשט, החל בגוף (הקרקע), עובר לפירות, ולאחר מכן לפעולות משפטיות. הטור (או״ח תק״ל), לעומת זאת, פותח במה שקרוב ביותר לאדם ושכיח יותר, וסדר הנושאים בספרו הוא שהם מתרחקים מן האדם, הן ברמה הפיזית והן ברמת השכיחות.

18. אנחנו מכירים את המסכת כמסכת ׳מועד קטן׳, אם כי מצאנו שהיא נקראת גם מסכת ״משקין״ על פי המילה הראשונה במסכת. ראו י״נ אפשטיין, מבואות, עמ׳ 989-991; ח׳ אלבק, מועד, עמ׳ 371. הם מציינים גם עדויות שהמסכת נקראת ׳מועד׳ סתם. במשנה השם ׳חול המועד׳ מופיע רק במסכת מגילה פ״ד מ״ב. שני השמות הללו מבטאים באופן אלגנטי את המתח ביחס לימים הללו – ימים שפועלים בהם, על אש נמוכה ולפי הצורך, כלומר ״משקין״ במקרים ובתנאים מסוימים, או ימים שהם מועד, גם אם ״קטן״.

האבלות (פ"ג מ"ה),[19] ובין נישואין מאידך גיסא, ולכן לא נושאים נשים במועד (פ"א מ"ז).[20] בשני ההקשרים נראה שההתנגשות היא בין חוויות רגשיות, בין אם החוויות דומות כגון שמחה, ובין אם הן סותרות, כשהשמחה עומדת מול האבלות. מהמשנה משתמע שבמועד יש צורך "להתמקד" במועד ולא בדברים אחרים. אבל לא כתוב לְמה אמורים להקדיש את הימים של המועד.

האם זו השלמה למסכת חגיגה, שמנסחת את הלכותיה בבחינת "עשה טוב", בעוד מסכת מועד קטן מתארת את ה"סור מרע"? האם מסכת חגיגה מתארת את המועד בעולם שיש בו מקדש, בעוד מסכת מועד קטן מתייחסת לחול המועד בעולם ללא מקדש? ובכלל – מה טיב האיסורים הללו, ומאין הם צמחו?

עיוני דרשה

המקור לאיסורי מלאכה במועד

בספרות חז"ל ניתן למצוא כמה מאפיינים לאיסורי המלאכה של חול המועד: מעשה אומן, טרחה, שלא לצורך המועד וכו'.[21] איסורי המלאכה של חול המועד קלים מאיסורי המלאכה של שבת ושל יום טוב, ועם זאת הם מעניקים תוכן לימים הללו, גם אם על דרך השלילה.

לר' שמעון איסורי המלאכה ברורים ומהווים הסבר להבדל בין החגים השונים (ספרי דברים פיסקא קמ):

> רבי שמעון אומר פסח וחג שאין עונות מלאכה, עשה זה שבעה וזה שמונה. עצרת שהיא עונת מלאכה, אינה אלא יום אחד בלבד. מלמד שחסך הכתוב לישראל.

19. ר' יוסי אוסר ללקט עצמות בגלל העיסוק באבל (פ"א מ"ה). אומנם לדעת ר' מאיר, יש בכך ממד משמח (דיו) ולכן מותר. ראו בהערה הבאה.
20. המשנה פעמיים נוקטת בלשון "מפני ששמחה היא לו". הנישואין אסורים בגלל ההתנגשות שבין שמחת הנישואין ל(שמחת) המועד. בפ"א מ"ה הטענה של ר' מאיר היא שמותר ללקט עצמות "מפני ששמחה היא לו". אין הכוונה שהדבר משמח, אלא שאין זו התנגשות בין האבלות לבין (שמחת) המועד.
21. למקורות בנוגע לכללים השונים ראו באנציקלופדיה תלמודית, ערך 'חול המועד'; י' תבורי, מועדי ישראל, עמ' 74–76.

רבי שמעון מסביר מדוע בשלושת הרגלים, רק לשניים יש חול המועד. היה ניתן לומר שזה קשור לעובדה שבימים אלו עושים מהפך של ממש: מהפך במטבח בפסח ומעבר דירה בסוכות. מאמץ כזה עושים לשבוע ולא ליום אחד בלבד. אפשר גם שאת השינוי צריך לחוות לאורך זמן, והשינוי בבית או באוכל מורגש רק אחרי כמה ימים. עם זאת, לר' שמעון יש הסבר אחר. מדבריו עולה שיש צורך להפסיק ממלאכה בחול המועד, וה' חס על ישראל ולכן ציווה על כך רק בפסח וסוכות, שממוקמים בסוף העונה ובתחילתה. בשבועות, בעיצומה של עונת הקציר, אי אפשר לעצור את מלאכת השדה – ולכן איננו מצווים לעצור את העבודה לשבוע.

דע מאין באת – מה שברור למשנה ולר' שמעון בדרשה זו פחות מובן מאליו לתנאים האחרים, והם חיפשו את המקור לאיסורי המלאכה של חול המועד. הדרשות פזורות במדרשי ההלכה ומרוכזות בסוגיה בגמרא (חגיגה יח ע"א):[22]

...מכלל דתרוייהו סבירא להו [מכאן ששניהם (ריש לקיש ור' יוחנן, שדבריהם הובאו קודם בסוגיה) סבורים] דחולו של מועד אסור בעשיית מלאכה, מנהני מילי [מניין זה]?

דתנו רבנן: 'את חג המצות תשמר שבעת ימים' (שמות כ"ג טו), לימד על חולו של מועד שאסור בעשיית מלאכה, דברי **רבי יאשיה**.[23]

רבי יונתן אומר: אינו צריך, קל וחומר: ומה ראשון ושביעי שאין קדושה לפניהן ולאחריהן – אסור בעשיית מלאכה, חולו של מועד שיש קדושה לפניהן ולאחריהן – אינו דין שיהא אסור בעשיית מלאכה?

ששת ימי בראשית יוכיחו, שיש קדושה לפניהן ולאחריהן ומותרין בעשיית מלאכה!

מה לששת ימי בראשית שאין בהן קרבן מוסף, תאמר בחולו של מועד שיש בו קרבן מוסף.

ראש חדש יוכיח, שיש בו קרבן מוסף ומותר בעשיית מלאכה!

מה לראש חדש שאין קרוי מקרא קדש, תאמר בחולו של מועד שקרוי מקרא קדש, הואיל וקרוי מקרא קדש – דין הוא שאסור בעשיית מלאכה.

22. לניתוח מפורט של הדרשות השונות, כולל המקבילות והגרסאות השונות, ראו אצל הרב י' מדן, גדרי, עמ' 13–42.

23. לדעת י' מייטליס (לראות את פני, עמ' 373–376), הקשר בין פסוק זה לאיסור מלאכה בחול המועד הוא המקור לכך שקוראים את הפסוקים הללו בשבת חול המועד, וראו במקורות שמוזכרים שם.

ר׳ יאשיה מבין מהפסוק שצריך ״לשמור״ את חג המצות, שיש בו ממד של שמירה, כמו בשבת, של הימנעות ממלאכה. **ר׳ יונתן** לומד מהמסגרת של שבעת הימים שפותחת וסוגרת בקדושה, שהיא צריכה להשפיע גם על הימים שבתווך. הגמרא מקשה על דברי ר׳ יונתן שכל שבוע רגיל בשנה בנוי בצורה הזו, נפתח ומסיים בקדושה ויש בו ימים בתווך. אומנם ההשוואה אינה מדויקת, כי בכל שבוע יש יום קדוש בסוף שישה ימים של עשייה, ואין זו מסגרת אלא מעגליות. מכל מקום, ר׳ יונתן גם מצביע על כך שלמסגרת הזו יש תוכן. היא קרויה ״מקרא קודש״ והיא גם כוללת הקרבת קורבן.

הגמרא ממשיכה:

> תניא אידך: ׳כל מלאכת עבדה לא תעשו׳ (ויקרא כ״ג ז) לימד על חולו של מועד שאסור בעשיית מלאכה, דברי **רבי יוסי הגלילי**.
> **רבי עקיבא** אומר: אינו צריך, הרי הוא אומר ׳אלה מועדי ה׳׳ (שם ד) וגו׳; במה הכתוב מדבר? אם בראשון – הרי כבר נאמר שבתון, אם בשביעי – הרי כבר נאמר שבתון.
> הא אין הכתוב מדבר אלא בחולו של מועד, ללמדך שאסור בעשיית מלאכה.

ר׳ יוסי הגלילי ור׳ עקיבא רואים את החגים כמערכת כללית שעליה נאמר ״כל מלאכת עבודה לא תעשו״ (ר׳ יוסי הגלילי) או ״מועד״ (ר׳ עקיבא).[24] להבנתם, אופי הימים אינו נובע מהציווי המפורש על שמירה, או מהמסגרת של החג, אלא מהכללת הימים הללו בפרק שלם שעוסק במועדים, כשהכותרת הכללית של מועד זה הוא איסור מלאכה.

הגמרא מביאה ברייתא נוספת (שם):

> **תניא אידך:** ׳ששת ימים תאכל מצות וביום השביעי עצרת לה׳׳ (דברים ט״ז ח), מה שביעי עצור – אף ששת ימים עצורין, אי [אם] מה שביעי עצור בכל

24. דברי ר׳ עקיבא מופיעים גם בספרא אמור יב, פרק יד אותיות ז–ח, ושם דבריו כוללים גם את ההתייחסות לימים אלו בכללם כמקרא קודש. הרב י׳ מדן (גדרי, עמ׳ 15) מציין שבמהלך הפרק, רק הימים הראשון והאחרון של החגים מוגדרים כמקראי קודש, אבל בסיכום המועדים, שמופיע בפסוק לז, כל הימים המוזכרים נכללים תחת הכותרת ״מקראי קודש״, מה שמציג את האמביוולנטיות של הימים הללו.

> מלאכה – אף ששת ימים עצורין בכל מלאכה? תלמוד לומר: 'וביום השביעי עצרת' – השביעי עצור בכל מלאכה, ואין ששה ימים עצורין בכל מלאכה. הא לא מסרן הכתוב אלא לחכמים, לומר לך איזה יום אסור ואיזה יום מותר, איזו מלאכה אסורה ואיזו מלאכה מותרת.

הדעה האחרונה כאן – "תניא אידך" – מופיעה בספרי דברים (פיסקא קלה) כדעת ר' ישמעאל. **ר' ישמעאל** לומד מהחיבור שהתורה עושה בין ששת הימים הראשונים ליום השביעי, בהקשר של "עצרת", כלומר עצירה ממלאכה, שגם בששת הימים הללו יש ממד של עצירה ממלאכה. ר' ישמעאל מבין שיש דואליות בפסוקים: מצד אחד, יש חיבור בין הימים, ומצד שני יש ייחוד ביום האחרון. מכאן הוא מבין שיש איסור מסוים של מלאכה, אבל הוא אינו גורף כמו ביום טוב עצמו. לדואליות הזו הוא קורא "מסרו הכתוב לחכמים".[25]

לדעת ר' ישמעאל, התורה לא כתבה בצורה מדויקת את הגדרת איסורי המלאכה כדי שחכמים יזהו מה הצורך בכל דור ויגדירו בהתאם לו את איסורי המלאכה.

התובנה שעולה מכל המקורות הללו היא שמועדים הם זמן להפסקה ממלאכה. המינונים אולי ישתנו, אבל הם שייכים בכל אחד מן המועדים ולכל אורך המועד.

המטרה של איסורי המלאכה במועד

מדרשי ההלכה דורשים את פסוקי התורה ומסיקים מהם שבאופן כללי יש מלאכות שאסורות במועד. מכאן משמע שהאיסורים הללו הם מהתורה. לעומת זה, במקומות אחרים בספרות חז"ל נאמר שאיסורי מלאכה במועד הם מדרבנן.[26] בתווך, **ר' ישמעאל** קובע ש"מסרו הכתוב לחכמים", כלומר העיקרון נתון מהתורה והיישום נמסר לידי חכמים. בעקבות המקורות הסותרים ישנה גם מחלוקת בין הראשונים אם איסור מלאכה בחול המועד הוא מדאורייתא או מדרבנן.[27] בנקודה זו עלינו לשאול: מדוע התורה או חכמים אוסרים את המלאכות הללו בחול המועד?

ולאן אתה הולך – אם נחזור לאחור, נראה שהגמרא מביאה את ארבעת התנאים

25. על המשמעות של "מסרן הכתוב לחכמים" ראו אצל: י' עמנואל, לא מסרן, עמ' 27-41; י' בלידשטיין, לא מסרן, עמ' 9-29.
26. לדוגמה: בבלי מועד קטן יא ע"ב לעומת דברי ר' בא בר ממל בירושלמי שנראה בהמשך. לדיון נוסף ומקורות נוספים, ראו אצל הרב י' מדן (גדרי), וע' ביגמן (חולו של מועד).
27. לדעת הרב א' נבנצאל (ירושלים במועדיה, עמ' עה-עו) יש מועדים שהם "מקראי קודש" וקדושתם עצמית, אבל יש מועדים – כראש חודש וכחול המועד – שקדושתם תלויה בהקרבת קורבן.

הראשונים בצמדים של זוגות. ר׳ יאשיה מתייחס לשביתה מהמלאכה, וכנגדו ר׳ יונתן טוען לתוכן של קדושה לימים הללו, שהם ימי מועד שמביאים בהם קורבן. וכך גם ר׳ יוסי מתייחס לשביתה מהמלאכה, בעוד ר׳ עקיבא טוען שיש כותרת כללית לימים הללו, שהם ימי מועד. ר׳ ישמעאל בספרי דברים מצטרף לחכמים שרואים את הימים הללו בעיקר כימים שעצורים ממלאכה.

אפשר לומר שיש כאן שתי תפיסות ביחס לאיסורי המלאכה בחול המועד. קבוצה אחת של תנאים רואה בימים אלו ימים שעוצרים בהם (ר׳ ישמעאל), מפסיקים את המלאכה (ר׳ יוסי הגלילי) וצריכים להישמר מפניה (ר׳ יאשיה). חכמים אלו מתרכזים בהפסקה ממלאכה, בבחינת ״סור מרע״. לעומת זאת, קבוצה אחרת של תנאים מתרכזים בתוכן ה״עשה טוב״ של הימים הללו כימי מועד (ר׳ עקיבא) או ימים קדושים (ר׳ יונתן), שמתוך קדושתם נגזר גם איסור המלאכה.[28] ההגדרה של הימים הללו כימים קדושים נובעת מההגדרה שלהם כ״מקראי קודש״ (ר׳ יונתן ור׳ עקיבא) שבהם מקריבים אִשה לה׳ (ר׳ יונתן).[29]

למעשה, אפשר לראות בקבוצה הראשונה של התנאים (ר׳ ישמעאל, ר׳ יוסי הגלילי ור׳ יאשיה) בחינת מסכת ״מועד קטן״. הם מתרכזים בשאלה מה אסור לעשות, ומפנים מקום מעיסוקי היום־יום שאינם נצרכים, וממילא אסורים. הם לא ממש מגדירים ׳מה כן׳ מותר לעשות בימים אלה. כדעת ר׳ יאשיה, איסורי המלאכה הם בבחינת ״שמור״ של שבת, שמתאפיינת בהפסקה ממלאכה. לעומת זאת, אפשר לראות בקבוצה השנייה (ר׳ עקיבא ור׳ יונתן) בחינת מסכת ״חגיגה״. הם מתרכזים בתוכן החיובי של הימים הללו, כימים של קדושה, של קריאת היום כקדוש, וכימים שמקריבים בהם קורבנות מיוחדים. איסורי המלאכה הם רק נגזרת של התוכן של הימים הללו, שהוא בבחינת ״זכור״ של שבת. אפשר לחלק את שתי הקבוצות הללו

ממילא, יהיו תקופות שבהן הם יוגדרו כמועד ותקופות שלא. השוו לדין איסורי מלאכה בערב פסח (להלן פרק י״ז).

28. קריאת הימים הללו ׳חול המועד׳ רומזת לשיטת ר׳ עקיבא ור׳ יונתן.

29. הרמב״ם קושר בין קדושה של ימים לבין איסור מלאכה (מצוות עשה קנט). הרב י׳ מדן (גדרי, עמ׳ 22) משווה בין איסור המלאכה של אנשי מעמד, שמתרכזים בהקרבת הקורבנות ב״משמרת״ שלהם, לבין איסור המלאכה במועדים, שנועד למנוע הסחות דעת. וראו גם במאמרו של ע׳ ביגמן (חולו של מועד), בנוגע לשאלה אם הימים הללו אסורים במלאכה, אלא שהתירו מלאכות בהקשרים מסוימים, או שמלכתחילה איסורי המלאכה נועדו לשרת מטרה מסוימת, והם בעלי אופי עצמאי. ראו גם פרופ׳ י׳ תבורי, מועדי ישראל, עמ׳ 74, שמתייחס לאיסורים ככאלו שנועדו להשיג מטרה כלשהי.

לפי השאלה למה נועדו איסורי המלאכה הללו – לייצר תודעת חופש או תודעת קודש.

התוכן החיובי של חול המועד – "מועד קטן" שהוא "חופש גדול"

לפי הדעה שגוזרת את איסורי המלאכה במועד מקדושת המועד, אפשר לעמוד על שני הצדדים של המטבע: יש למועד תוכן חיובי, הכולל קדושה, עלייה לרגל והקרבת קורבנות, וממנו נגזרים איסורי המלאכה. אבל לפי הדעה שלומדת את איסורי המלאכה מפסוקים העוסקים באיסורי מלאכה, לְמה איסורים אלו נועדו? האם יש להם מטרה?

נראה לי שאפשר לראות את הימים הללו כ"חופשה מרוכזת" שהתורה מכתיבה. בעולם שלנו אנו רגילים לחופש גדול בן חודשיים בחודשי הקיץ, אבל התורה אינה מכירה חופש כזה. יש יום אחד של מנוחה בכל שבוע, ויום נוסף של ביטול מסוים ממלאכה בראשי חודשים,[30] לצד כמה ימים טובים של חג לאורך השנה. מלבד זה יש שבוע פנוי, שבוע של פנאי, בשניים מהרגלים.[31] יש דברים שצריכים "להחתיק" במהלך הימים הללו, כמו עלייה לרגל וקיום חובות החג: קורבנות ראייה, חגיגה ושלמי שמחה. אפשר להקדיש לכך יותר זמן, אבל לעיתים אנשים יצטרכו להתפנות גם לדברים דחופים אחרים, כגון ל"דבר האבד". לפי הגישה הזאת ניתן לומר שהתשובה לשאלה כיצד יש לנהל את הזמן נשארת לבחירת העם.[32]

ובכל זאת ניתן גם למצוא כמה כיוונים בדברי חכמים כיצד ניתן למלא את הזמן בימי חול המועד. הגמרא במסכת סוכה מביאה סיפור על ר' אליעזר ור' אלעאי (כז ע"ב):

> תנו רבנן: מעשה ברבי אלעאי שהלך להקביל פני רבי אליעזר רבו בלוד ברגל, אמר לו: אלעאי, אינך משובתי הרגל. שהיה רבי אליעזר אומר: משבח אני את העצלנין שאין יוצאין מבתיהן ברגל, דכתיב 'ושמחת אתה וביתך' (דברים י"ד כו). איני [האומנם]? והאמר רבי יצחק: מניין שחייב אדם להקביל פני רבו

30. ראו שמואל א כ'. וראו ספורנו במדבר כ"ח יא.

31. השוו ערוך השולחן אורח חיים תקל"ט ג.

32. הביטוי "ובלבד שלא יכוון מלאכתו במועד" (משנה מועד קטן פ"א ה"י; פ"ב ה"ג; והשוו גם פ"א מ"ג) למעשה מתייחס לחשש שהמועד "מתרוקן" ועשויים לכוון למלא אותו בדברים שלא הספיקו להכין לפני המועד. ואם כן, גם דברים מותרים ייאסרו, כדי להשאיר את הזמן פנוי לדברים שאינם מלאכת היום־יום. פרופ' י' תבורי (מועדי ישראל, עמ' 76) קושר לכך גם את איסור הנישואים במועד, ראו בדבריו שם.

ברגל – שנאמר 'מדוע את הלכת אליו היום לא חדש ולא שבת' (מלכים ב ד' כג) – מכלל דבחדש ושבת מיחייב איניש לאקבולי אפי רביה [מכאן שב(ראש) חדש ושבת חייב אדם להקביל את פני רבו]!
לא קשיא, הא דאזיל ואתי ביומיה, הא דאזיל ולא אתי ביומיה [לא קשה. זה (מה שהתיר ר' אליעזר הוא) כשהולך וחוזר באותו יום, זה (מה שאסר הוא) כשהולך ולא בא באותו יום].

הגמרא מתארת שר' אלעאי הלך להקביל את פני ר' אליעזר רבו ברגל, כלומר לבקרו ו"לראות את פניו". הגמרא תומכת את המעשה הזה בלימוד של ר' יצחק ממעשיה של האישה השונמית. כאשר השונמית אמרה שהיא הולכת לנביא אלישע, בעלה תמה שהרי "לא חודש ולא שבת". מכאן הסיק ר' יצחק שבשבת ובראש חודש יש חיוב או מצווה ללכת לרב, ומכאן ש(גם) ברגל יש מנהג או חובה להקביל את פני הרב, וכן עולה ממנהגו של ר' אלעאי.[33] מהתפיסה הזאת, בין אם היא הלכתית ובין אם היא רעיונית, עולה שניתן וצריך לנצל את הימים הללו לצורך הקבלת פני הרב, בין אם מתוך מטרה ללמוד ממנו תורה או חכמה, לקבל "דברי נבואה" במקרה של ביקור נביא, לחלוק לו כבוד או להיות מושפע מאישיותו וממעשיו.[34]

מתברר שר' אליעזר אינו שותף למחשבה שיש ללכת לרב ברגל. להפך, לדעתו יש להיות "משובתי הרגל", ניסוח שמזכיר את התפיסה על ההפסקה ממלאכה שהיא בגדר "שביתה". ר' אליעזר רוצה "לְפַנות" את הרגל מעשייה, ולא להוסיף לו מטלות. ובכל זאת, מהמשך הדברים משמע שגם לדעת ר' אליעזר יש תוכן לרגל. ר' אליעזר משבח את ה"עצלנין",[35] מפני שהם נשארים בבית ברגל. מציטוט הפסוק: "ושמחת אתה וביתך" (דברים י"ד כו) משמע שמדובר על שמחה עם האישה ברגל.[36] כלומר,

33. לדיון ביחס שבין הניסוח במסכת סוכה, שם כתוב שיש חובה ללכת בשבת ובחודש לרב, לבין הניסוח במסכת ראש השנה (טז ע"ב), שם כתוב שצריך ("איבעי ליה") ללכת לרב, וכן אם מדובר בחיוב או במצווה, מדאורייתא או מדרבנן, דווקא בימי הבית או דווקא שלא בימי הבית, נפסק להלכה או שלא נפסק להלכה, ראו: הרב ע' זילבר, הקבלת פני, עמ' 156-174.
34. לדעת הרמב"ם, החובה היא דווקא על רבו המובהק, ואפשר לראות שיש כאן חשיבות להמשך קשר אישי, גם אם הקשר היום־יומי ניתק. באופן דומה, גם העלייה לרגל מנסה להמשיך שפע אלוהי במנות מזדמנות כדי שיימשך הקשר. וראו בפרק הבא.
35. נראה שזהו כינוי גנאי בדרך כלל, וכך מפרש המאירי על אתר. השוו תוספתא יבמות פ"ד ה"ח במהדורת ליברמן, שמגדירה את מי שנמנע ממלאכה בחול המועד כ"שפל ונשכר".
36. פסוק זה נאמר על העלייה למקום אשר יבחר ה', אם כי לא נאמר ברגל עצמו. פסוק דומה נאמר ברגלים (דברים ט"ז יד), ושם ההדגשה היא על מכלול בני הבית. ר' אליעזר מצטט את הפסוק

ר׳ אליעזר רוצה לסלק כל גורם שיכול להפריע לאדם לפנות זמן שבו יוכל לשמוח יחד עם אשתו והמשפחה. מתברר שכאשר לא עובדים ברגל, יש שלל דברים שבהם אפשר למלא את הזמן – באמצעות פגישה עם הרב או לחלופין באמצעות שמחה ובילוי משפחתיים.

גם ר׳ בא בירושלמי מתייחס לתוכן הרצוי בחול המועד (ירושלמי מועד קטן פ״ב ה״ג):

> א״ר בא בר ממל, אילו היה לי מי שיומנה עמי... והיתרתי שיהו עושין מלאכה בחולו של מועד... כלום אסרו לעשות מלאכה בחולו של מועד אלא כדי שיהו אוכלין ושותין ויגיעין בתורה, ואינון [והם] אוכלין ושתין ופחזין.

ר׳ בא בר ממל רואה באיסורי המלאכה בחול המועד גזרה של חכמים, שלכאורה היה אפשר גם לבטל אותה.[37] גם לדעת רב בא בר ממל, מלאכה נאסרה בחולו של מועד [illegible] מטרה לפנות זמן,[38] ולדעתו פינוי הזמן נועד, לצד האכילה והשתייה, ליגיעה בתורה. הוא קובל על כך שבניגוד למטרה המקורית, אנשים מנצלים את ימי המועד כדי להיות ״פוחזין״. במקומות מסוימים בספרות חז״ל, תיאור הגנאי ״פוחזים״ מופיע כניגוד ליישוב עולם ופיתוחו,[39] ובמקומות אחרים הכינוי מובא יחד עם הליכה לטרטריאות וקרקסאות,[40] מה שנחשב לתרבות פנאי פסולה בעיני חז״ל. בהמשך לביקורת של יעקב על ראובן: ״פַּחַז כַּמַּיִם אַל תּוֹתַר כִּי עָלִיתָ מִשְׁכְּבֵי אָבִיךָ אָז חִלַּלְתָּ יְצוּעִי עָלָה״ (בראשית מ״ט ד), ניתן למצוא מקומות שבהם התואר ״פוחז״

שמתרכז, ככל הנראה, דווקא באישה. ראו רש״י על אתר, וכן ר״ח ורשב״א על בבלי ראש השנה ו ע״ב. השוו יבמות סב ע״ב.

37. ייתכן שרק את התוכן המוגדר של המלאכות ״מסר הכתוב לחכמים״, אך לא את עצם תוקף האיסור. ראו לדוגמה חידושי רמב״ן מועד קטן ד״ה והשתא קשיא.

38. התפיסה של שביתה ממלאכה שנועדה להשיג מטרה מסוימת עולה מהפירושים השונים לדברי ר׳ ישמעאל ״לא מסרן הכתוב אלא לחכמים״, שעומד על התפקיד של חכמים לזהות את הצרכים המדויקים שלשמם נועדה מצווה זו. ראו בפירושים השונים שהובאו אצל י׳ בלידשטיין, לא מסרן, עמ׳ 16.

39. לדוגמה: בראשית רבה ל״ט, א במהדורת תיאודור־אלבק.

40. לדוגמה: פסיקתא רבתי (איש שלום) הוספה א, פסקה ד.

מתקשר אפילו לזנות.[41] אם כן, האשמתו של ר' בא בר ממל יכולה לנוע מבטלנות ועד לתרבות פנאי שלילית ואף פסולה.[42]

מדברי ר' בא בר ממל ניתן לעמוד על הדינמיקה של הימים הללו. חכמים הגדירו בקווים כלליים מה אסור ומה מותר לעשות ברגל, מתוך מטרה לפנות זמן. הם ציפו מאיתנו להוסיף את התוכן של שמחה ותורה לחגים, לא רק סביב מקראי הקודש, אלא גם בחלק ה"חול" של המועד; לא רק בהקשר של מילוי חובות החג, אלא בניצול הזמן הפנוי.[43] אומנם, כשהכתוב "מוסר את הדבר" – כלומר את הבחירה בנוגע לתוכן החיובי של הימים הללו – לא רק לחכמים אלא גם לעם כולו, לא פלא שרבי בא בר ממל רואה שאנשים ממלאים את הזמן באופן אחר, על ידי בטלנות או תרבות פנאי שלילית.[44]

למרות דברי הביקורת של ר' בא בר ממל, מדרש אחר קובע שהיו אנשים שהשכילו למלא את ימי המועד בתכנים חיוביים. כך נאמר במדרש הגדול (במדבר כ"ט לה):

> דבר אחר 'יספת לגוי יי'' (ישעיהו כ"ו טו), אומות העולם את נותן להם ימים, והן אוכלין ושותין ופוחזין, ונכנסין לבתי תיטריות ולבתי קרקסיות שלהן ומכעיסין אותך. אבל ישראל את נותן להן ימים טובים, והן אוכלין ושותין ושמחין, ונכנסין לבתי כנסיות ולבתי מדרשות, ומרבין בתפלה ומרבין בקרבנות ומרבין במוספין, לפי כך צרך הכתוב לומר, 'ביום השמיני עצרת תהיה לכם' (במדבר כ"ט לה).

41. לדוגמה: איכה רבה א, א; פסיקתא דרב כהנא (מנדלבוים), פיסקא טו, ו. סוקולוב (מילון, עמ' 895), מתרגם פחז כנמהר, ולפי זה נראה שזה שלב קודם לזנות, וכמעין חוסר שליטה ביצרים.
42. חשש מפני פריצות בחגים מופיע בדברי הרמב"ם הלכות יום טוב פ"ו ה"כ-הכ"א. ראו גם בתוספתא סוכה פ"ד ה"א ובבלי סוכה נא ע"ב – נב ע"ב. הפריצות יכולה לבוא גם מתוך בטלנות וגם מתוך אירועי קדושה סביב המקדש.
43. הגמרא במסכת סוכה (כו ע"א) עוסקת בשאלה מתי הולכי דרכים פטורים מן הסוכה. ניתן לראות בסוגיה זו שתי חלופות כיצד לנצל את ימי המועד: בהליכה בדרך רשות (ונחלקו אם מדובר על כל רשות, או רק לצורך המועד ולדבר האבד) או בהליכה בדרך מצווה. כמובן, אפשר גם לנצל את ימי המועד לשמחה במצוות הסוכה ובשמחה המשפחתית.
44. ייתכן שהבחירה של חגיגות מרהיבות של שמחת בית השואבה (משנה סוכה פ"ה מ"א-מ"ד; תוספתא סוכה פ"ד ה"א-ה"ט במהדורת ליברמן; בבלי סוכה נג ע"א) לאורך שבעת ימי חג הסוכות נועדה גם למלא את מכלול ימי החג ב"בידור של קדושה". אפשר שחכמים "התאמצו" יותר על קביעת תוכן דווקא לחג הסוכות במקדש, משום שבתורה נרמזה חשיבות רבה יותר לשהות ממושכת דווקא בימי חג הסוכות (ראו לעיל עמוד 62, ראו גם: י' תבורי, מועדי ישראל, עמ' 73.

המדרש מסביר את הצורך או הזכות ביום חופש נוסף לעם ישראל על פני העמים, שהוא היום השמיני שמגיע אחרי שבעת ימי החג. גם העמים אמורים לזכות ליום חופש בימים הללו,[45] אבל הם לא יודעים לנצל זאת, ומגיעים לתרבות פנאי פסולה. לעומת זאת, המדרש משבח את עם ישראל שמוצא אפיקים חיוביים לחופש הזה – שמחה משפחתית וכללית, תפילה, לימוד תורה, הקרבת קורבנות. המדרש רומז שניתן למלא את הזמן באפיקים שונים, כל עוד מטרתם לשם שמיים. בהתאם למה שראינו בפרקים הקודמים, הוא מקדים את האכילה, השתייה והשמחה לשאר התכנים.

נראה שאין סתירה בין דברי ר' בא בר ממל לדברי המדרש הגדול כאן. כיוון שהתורה השאירה את הבחירה כיצד למלא את ימי הרגל לאנשים, לעיתים הם יבחרו בתוכן בעל משמעות, כפי שמתאר המדרש הגדול, ולעיתים הם יבחרו לעסוק בתכנים ריקניים ובבטלנות, כפי שמתאר ר' בא בר ממל.

אפשר לראות את מסכת "מועד קטן" כצד השני של המטבע של מסכת "חגיגה". אבל אפשר גם לראות בבחירה להעמיד את מועד קטן כמסכת בפני עצמה מסר חשוב. המשנה במסכת זו משאירה את הבחירה כיצד לנצל את הימים הללו בידי האדם עצמו.[46] כך, גם הבחירה להקדיש את הימים הללו לתורה, לבילוי זמן ארוך יותר במקדש, ולשמחות לאומיות, היא בחירה שאפשר לשבח אותה.[47]

מקראות קודש

'למען תלמד ליראה' בעולם ללא מצוות ראייה

ולאן אתה הולך – בעולם שיש בו מקדש, חכמים יכלו להוסיף תוכן לימי המועד שנסוב סביב המקדש. שמחת בית השואבה והתיקונים שנעשו לצורך כך בעזרה יכלו

45. אולי הכוונה לתיאור בזכריה י"ד, כאשר גם הגויים חוגגים את חג הסוכות.

46. בין אם נקרא לכך "מסרו הכתוב לחכמים" ובין אם נדבר על האחריות האישית של כל אחד ואחד. לאור הגמישות המסוימת בבחירה כיצד ולמה להקדיש את הרגל, חכמים ניסו בכל זאת לבטל מניעות חיצוניות העשויות להקשות על האדם. כך לדוגמה בשאלה אם להקדיש כסף לפדיון הבן או לעלייה לרגל, ר' יהודה ביכר את העלייה לרגל, שכן "זו מצווה עוברת" (תוספתא בכורות פ"ו ה"י במהדורת צוקרמאנדל, בבלי קידושין כט ע"ב). הם קבעו שאין להספיד לפני הרגל שלשים יום, כדי שאדם לא יוציא על כך את כספו עד שלא יישאר לו לצורך העלייה לרגל (משנה מועד קטן פ"א מ"ה ובבבלי שם ח ע"א).

47. למרות העיקרון "גדול המצווה ועושה", התורה משאירה מקומות "פתוחים" שבהם אנו נבחנים כיצד אנחנו בוחרים "למלא אותם". וכך המדרש משבח את הבחירה של ישראל להקדיש ימים אלו לתורה כבחירה שמזכה בפרס – יום חופש נוסף.

לעודד אנשים להישאר בעיר הקודש ולהיות מחוברים לקדושה ולתורה. גם הדגשת הרגלים כזמן לתשלום נדרים נועדה למשוך את האנשים להישאר במקדש[48] ובכך להשיג את המטרה שהתורה קובעת באופן כללי לעלייה לרגל (דברים י"ד, בהקשר למעשר):

(כג) וְאָכַלְתָּ לִפְנֵי ה' אֱלֹהֶיךָ **בַּמָּקוֹם אֲשֶׁר יִבְחַר לְשַׁכֵּן שְׁמוֹ שָׁם** מַעְשַׂר דְּגָנְךָ תִּירֹשְׁךָ וְיִצְהָרֶךָ וּבְכֹרֹת בְּקָרְךָ וְצֹאנֶךָ **לְמַעַן תִּלְמַד לְיִרְאָה אֶת ה' אֱלֹהֶיךָ כָּל הַיָּמִים.**

עם זאת, נראה לי שהרבה מהתכנים שחכמים "הוסיפו" או כיוונו אליהם את ימי המועד, ואולי דווקא את ימי החול שבהם, נוצרו בעולם ללא מקדש. הקבלת פני הרב מחליפה במידה מסוימת את ראיית פני ה',[49] לימוד התורה מחליף את הקורבנות ואת לימוד התורה במקדש, הליכה לבתי הכנסת מהווה אלטרנטיבה לעלייה לרגל והשמחה המשפחתית האישית מחליפה את השמחה הלאומית.

שהחיינו וקיימנו

אחד האתגרים הגדולים שנתקלתי בהם בהורות הוא כשהילדים היו בעיצומם של "תקופות בטלה". הן מופיעות בדרך כלל בחופשים הגדולים שאחרי כיתות ה'-ז', כשהילדים גדולים מדי לקייטנות, אבל עוד לא מספיק גדולים כדי ליצור לעצמם מסגרות חלופיות. זה כמובן חזר לא מעט בסגרי הקורונה, וכן בחול המועד. הורים רוצים שהילדים שלהם גם ינוחו ולא יעבדו כל הזמן, אבל לפעמים קשה להם לראות אותם מתבטלים שעות על גבי שעות.

התורה מייצרת עבורנו ימים מעטים של "בטלה". היא גם רומזת כיצד למלא אותם, אבל האחריות מוטלת בסופו של דבר על היחיד, וגם על המסגרות שהאומה תחליט – או לא – לייצר. אם נודה על האמת, גם בטלה במינון מסוים היא דבר בונה.[50] כשמבטלים את כל המסגרות, ולא מייצרים מסגרות חדשות, נדרש מהאדם

48. אפשר שגם חג ה' בשילה מימים ימימה (שופטים כ"א יט) לא היה חג חדש אלא תוכן שהוכנס לאחד החגים הקיימים. ראו אברבנאל על אתר.
49. אצל האישה השונמית, שגרה בממלכת ישראל, ביקור הנביא החליף את הביקור במקדש.
50. אומנם חכמים קבעו שהבטלה מביאה לידי זימה או לידי שעמום (משנה כתובות פ"ה מ"ה), אך נראה שמדובר על חיי בטלה ולא על תקופות זמניות.

למצוא לבד כיצד למלא את הזמן החופשי שנוצר. על האדם להחליט מה חשוב לו ומה מעניין אותו, ומה יעזור לזמן להיות משמעותי ומספק. לפעמים אדם יבלה שבוע שלם במקום אשר יבחר ה׳, ולפעמים יעלה לרגל לביקור קצר, אבל את שאר הזמן יקדיש לטיולים משפחתיים או למנוחה. הזמן הריק מעמיד בפני האדם את הבחירה אם וכיצד למלא אותו.

נדמה שיש גם אמירה מסוימת, שמציאת התוכן צריכה להגיע מתוך ניקוי המסגרות, מתוך חוויית ריק מסוים, אולי אפילו מתוך חוויית שעמום. מצפים מהאדם לשהות לרגע, לפנות קצת את המחשבות מהריצה היום־יומית, "להתרוקן" קצת. להיות בחוויה של being במקום בחוויה של doing. אחרי זה, אדם יכול להחליט גם מה, כמה ואיך הוא יתמלא ואיזה תוכן ייכלל בזמן החדש והפנוי שנוצר. למעשה, בעולם שלנו יש הרבה יותר חופש ופנאי משהיה בעולם הקדום. ועלינו לשאול את עצמנו, כיצד נמלא את הזמן הפנוי כדי שימלא אותנו חזרה.

פרק ה

אם כבנים אם כעבדים – סוגים שונים של עבודת ה'

בתפילות הימים הנוראים, מצויים שני דימויים מתחרים ליחסי עם ישראל עם ה' – הדגם של עבדים והדגם של בנים. כך לשון הפיוט שאומרים בתפילת מוסף של ראש השנה:[1]

הַיּוֹם הֲרַת עוֹלָם / הַיּוֹם יַעֲמִיד בַּמִּשְׁפָּט כָּל יְצוּרֵי עוֹלָמִים /
אִם כְּבָנִים אִם כַּעֲבָדִים /
אִם כְּבָנִים רַחֲמֵנוּ כְּרַחֵם אָב עַל בָּנִים /
וְאִם כַּעֲבָדִים עֵינֵינוּ לְךָ תְלוּיוֹת עַד שֶׁתְּחָנֵּנוּ /
וְתוֹצִיא כָאוֹר מִשְׁפָּטֵנוּ / אָיוֹם קָדוֹשׁ.

מהפיוט הזה משמע שלא לגמרי ברור לנו מה אנחנו – בנים או עבדים. חוסר הידיעה גורם לנו לנסות את שני האפיקים במקביל, ולכן אנו פונים אל ה' בכל אחד מהם. התפיסות של עם ישראל כעבדים או כבנים נטועות עמוק בדברי התנ"ך[2] ובדברי

1. לא ידוע מי חיבר פיוט זה. הוא מוזכר בסדר רב עמרם גאון, עמ' קמג.
2. הדימויים בפיוט זה שנוגעים ליחסי אב ובנים לקוחים מתהלים ק"ג יג: "כְּרַחֵם אָב עַל בָּנִים רִחַם ה' עַל יְרֵאָיו". הדימוי שנוגע ליחסי עבדים ואדונים לקוח מתהלים קכ"ג ב: "הִנֵּה **כְעֵינֵי עֲבָדִים** אֶל יַד **אֲדוֹנֵיהֶם כְּעֵינֵי שִׁפְחָה** אֶל יַד **גְּבִרְתָּהּ** כֵּן עֵינֵינוּ אֶל ה' אֱלֹהֵינוּ **עַד שֶׁיְּחָנֵּנוּ**". יש לשים לב גם לדימוי הנשי של ה' (וראו עוד להלן, הערה 21). ההבדל בין רחמים לחנינה לא ברור דיו,

חז"ל.[3] פרק זה, שיחד עם הפרק הבא מהווים מעין חוליית מעבר לפרק על חגי תשרי, יוקדש למבט־על על הדגמים השונים של עבודת ה' שהתורה מציגה לפתחנו. ננסה להבין מה המשמעות של כל דימוי ולאיזה דימוי יש בכורה בתורה ובספרות חז"ל וכיצד הדימויים משפיעים על מערכת היחסים שלנו, כיחידים וכעם, עם הקב"ה. בהמשך נבחן את ההשלכה של הדגמים הללו על ההבנה של מקומם של החגים – ובמיוחד הרגלים – במערך הכולל של עבודת ה'.

עיוני מקרא

בן ועבד במקרא – כבוד ומורא

מה ההבדל בין בן לעבד? ומה ההבדל בין הגדרת יחסי עם ישראל או האדם מישראל עם הקב"ה כיחסי בן־אב או עבד־אדון? באופן אינטואיטיבי ניתן לצעוד בכיוונים שונים. הגישה הרווחת רואה הבדל רגשי בין סוגי הקשרים השונים: הקשר ההורי הוא קשר של אהבה, בעוד הקשר בין עבד לאדון הוא קשר של יראה. ההסבר הזה נוגע בעיקר לאופן שבו **אנו** מתייחסים לה'.

הנביא מלאכי מבטא זאת כך (פרק א'):

(ו) בֵּן **יְכַבֵּד** אָב וְעֶבֶד אֲדֹנָיו וְאִם **אָב** אָנִי אַיֵּה **כְבוֹדִי** וְאִם **אֲדוֹנִים** אָנִי אַיֵּה **מוֹרָאִי**...

מהפיוט משמע שאנחנו לא בטוחים כיצד להגדיר את הקשר עם הקב"ה: "אם כבנים אם כעבדים", וממילא, אנו לא בטוחים באיזה אופן **ה'** יתייחס אלינו, אם מתוך רחמים או אולי חנינה. לעומת זאת, מדברי מלאכי משמע שה' לא בטוח איך **אנחנו** תופסים אותו: "ואם אב אני... ואם אדונים אני...".

לפי מלאכי, אנחנו מצפים מבן שיכבד את אביו ומעבד שיירא מאדוניו, ומלאכי רומז שעם ישראל אינו נוהג לא כך ולא כך. יש בזה משהו מפתיע, כי התורה מצפה שבנים גם יכבדו את הוריהם וגם יראו מהם.[4] אפשר להבין שבהשוואה בין אב לאדון, אצל הבן אמור לנכוח יותר הכבוד כלפי אביו, ואולי גם האהבה, אם כי עליה מלאכי

ובמקורות שונים הם מופיעים זה לצד זה (לדוגמה: שמות ל"ד ו; תהלים פ"ו טו; ובאופן דומה תהלים ק"ג ח).

3. בתנ"ך, בדברי חז"ל ובפיוטים אנו מכירים דימויים נוספים. בשל הדומיננטיות של דימויי הבנים והעבדים אתמקד בהם.

4. שמות כ' יב; ויקרא י"ט ג. לפי מדרש חז"ל, מהאב יראים יותר ואת האם מכבדים יותר (בבלי

לא מדבר. לעומת זאת, מערכת היחסים של עבד־אדון תהיה שונה, ושם אנחנו מצפים שדווקא הצד של היראה יגבר. כשמתארים זאת כך, יש להניח שנעדיף את ה׳ בתפקיד האב, ה״דורש״ בעיקר כבוד, ולא בתפקיד האדון, שראוי יותר לירא ממנו.

לצד זאת, האופן שאנחנו מנתחים את הקשר עם ה׳ כבנים או כעבדים אינו חייב להישען דווקא על החלוקה שיוצר מלאכי או החלוקה שמשתמעת מהפיוט. ברצוני לבחון את הקשר בין עם ישראל לקב״ה כפי שעולה מהתורה, שם עומדים זה מול זה הדימוי של אב־בן והדימוי של עבד־אדון.

״כי לי בני ישראל עבדים״ – דימוי העבד בתורה

המקום הראשון שבו ה׳ מתאר את טיב היחסים שלו עִם עַם ישראל הוא ביציאת מצרים. במשא ומתן של ה׳ מול משה, ה׳ אומר (שמות ג׳):

(יב) וַיֹּאמֶר כִּי אֶהְיֶה עִמָּךְ וְזֶה לְּךָ הָאוֹת כִּי אָנֹכִי שְׁלַחְתִּיךָ בְּהוֹצִיאֲךָ אֶת הָעָם
מִמִּצְרַיִם **תַּעַבְדוּן** אֶת הָאֱלֹהִים עַל הָהָר הַזֶּה...
(כ) וְשָׁלַחְתִּי אֶת יָדִי וְהִכֵּיתִי אֶת מִצְרַיִם בְּכֹל נִפְלְאֹתַי אֲשֶׁר אֶעֱשֶׂה בְּקִרְבּוֹ וְאַחֲרֵי
כֵן **יְשַׁלַּח** אֶתְכֶם: (כא) וְנָתַתִּי אֶת חֵן הָעָם הַזֶּה בְּעֵינֵי מִצְרָיִם וְהָיָה כִּי תֵלֵכוּן **לֹא
תֵלְכוּ רֵיקָם**: (כב) וְשָׁאֲלָה אִשָּׁה מִשְּׁכֶנְתָּהּ וּמִגָּרַת בֵּיתָהּ כְּלֵי כֶסֶף וּכְלֵי זָהָב וּשְׂמָלֹת
וְשַׂמְתֶּם עַל בְּנֵיכֶם וְעַל בְּנֹתֵיכֶם **וְנִצַּלְתֶּם אֶת מִצְרָיִם.**

ה׳ מגדיר שתפקידו של משה הוא להוציא את בני ישראל ממצרים כדי לעבוד ״את האלוהים על ההר הזה״.[5] הוצאת ישראל ממצרים גם מנוסחת כתיאור של שחרור עבדים. הביטויים שמופיעים כאן מופיעים גם בדיני שחרור עבדים בספר דברים (פרק ט״ו):

(יב) כִּי יִמָּכֵר לְךָ אָחִיךָ הָעִבְרִי אוֹ הָעִבְרִיָּה **וַעֲבָדְךָ** שֵׁשׁ שָׁנִים וּבַשָּׁנָה הַשְּׁבִיעִת
תְּשַׁלְּחֶנּוּ חָפְשִׁי מֵעִמָּךְ: (יג) וְכִי תְשַׁלְּחֶנּוּ חָפְשִׁי מֵעִמָּךְ **לֹא תְשַׁלְּחֶנּוּ רֵיקָם**: (יד)
הַעֲנֵיק תַּעֲנִיק לוֹ מִצֹּאנְךָ וּמִגָּרְנְךָ וּמִיִּקְבֶךָ אֲשֶׁר בֵּרַכְךָ ה׳ אֱלֹהֶיךָ תִּתֶּן לוֹ... (יח)

קידושין ל ע״ב – ל ע״א). אפשר שהעניין הוא יחסי: יראים יותר מהאב ומכבדים יותר את האם, אבל בהשוואה בין אב לאדון, יראים מהאדון ומכבדים את האב.

5. רש״י, בעקבות המדרשים, רואה כאן רמז לקבלת התורה, שאפשר להגדיר אותה כתמצית עבודת ה׳. לדעת ראב״ע, הגדרת ״תעבדון״ היא להפוך את ה׳ להיות האלוהים. הרמב״ן משלב בין שני הפירושים.

לֹא יִקְשֶׁה בְעֵינֶךָ בְּשַׁלֵּחֲךָ אֹתוֹ חָפְשִׁי מֵעִמָּךְ כִּי מִשְׁנֶה שְׂכַר שָׂכִיר עֲבָדְךָ שֵׁשׁ שָׁנִים וּבֵרַכְךָ ה׳ אֱלֹהֶיךָ בְּכֹל אֲשֶׁר תַּעֲשֶׂה.

כמו שמצפים שבשילוח עבד עברי – שהוא לא באמת עבד – לשלח אותו חופשי, ולא לשלח אותו ריקם אלא להעניק לו מהברכה שזכה לה האדון, כך ביציאת מצרים בני ישראל יישלחו, ולא ילכו ריקם, אלא יקבלו משכניהם כלי כסף וכלי זהב. פסוקים אלו גם מזכירים את תיאור "יציאת" משפחת יעקב מבית לבן, שם ה׳ 'הציל' את רכוש לבן והביא להם כדי שהם לא 'יישלחו ריקם'.[6]

תהליך יציאת מצרים, שמתואר כ'גאולה',[7] מוזכר בפסוקים נוספים ביחס ל'גאולת' עבדים (ויקרא כ"ה):

(כה) כִּי יָמוּךְ אָחִיךָ וּמָכַר מֵאֲחֻזָּתוֹ וּבָא גֹאֲלוֹ הַקָּרֹב אֵלָיו וְגָאַל אֵת מִמְכַּר אָחִיו... (מז) וְכִי תַשִּׂיג יַד גֵּר וְתוֹשָׁב עִמָּךְ וּמָךְ אָחִיךָ עִמּוֹ וְנִמְכַּר לְגֵר תּוֹשָׁב עִמָּךְ אוֹ לְעֵקֶר מִשְׁפַּחַת גֵּר: (מח) אַחֲרֵי נִמְכַּר **גְּאֻלָּה** תִּהְיֶה לּוֹ... (נג) כִּשְׂכִיר שָׁנָה בְּשָׁנָה יִהְיֶה עִמּוֹ לֹא יִרְדֶּנּוּ בְּפֶרֶךְ לְעֵינֶיךָ: (נד) וְאִם לֹא **יִגָּאֵל** בְּאֵלֶּה וְיָצָא בִּשְׁנַת הַיֹּבֵל הוּא וּבָנָיו עִמּוֹ: (נה) **כִּי לִי בְנֵי יִשְׂרָאֵל עֲבָדִים עֲבָדַי הֵם אֲשֶׁר הוֹצֵאתִי אוֹתָם מֵאֶרֶץ מִצְרָיִם** אֲנִי ה׳ אֱלֹהֵיכֶם.

התורה מצווה את הקרובים לגאול את מי שנמכר לגוי. גם עם ישראל "נמכר" למצרים, וה׳ גואל אותו.[8] הפרשנים נחלקו בנוגע להגדרה של גאולה. כאשר אדם מוכר את הקרקע שלו וקרוב משפחתו גואל את הקרקע, יש שהבינו שהקרקע נשארת בבעלות

6. בראשית ל"א טז, מב. מהרב שבתי רפפורט למדתי שההבחנה בין עבד לשכיר הוא זמן קבלת הכסף. הכסף על העבד ניתן מראש, בין אם לעבד עצמו ובין אם למי שהחזיק בו קודם, וממילא התשלום בעבר מחייב את העבודה בהמשך והיא נעשית מתוך חובה וללא תקווה. לעומת זאת, "שכירות אינה משתלמת אלא בסוף" (בבלי בבא מציעא סה ע"א), והשכיר נושא את עיניו אל שכרו, "ואליו הוא נושא את נפשו" (דברים כ"ד טו) ועובד לקראתו. השכיר גם יכול לחזור בו "בחצי היום" (בבלי בבא מציעא עז ע"א ועוד). מה שמוביל אותו בעבודה זו התקווה לכסף ולא המחויבות לכסף שכבר קיבל. מצוות ההענקה, שקובעת שהעבד יקבל "משכורת" גם כשהוא משתחרר מעבדות, נועדה להפוך את ההגדרה למפרע מעבד לשכיר. גם כשיעקב יצא מלבן וישראל ממצרים הם יצאו עם רכוש, ואנו מצווים להעניק מברכתנו לעבד העברי כדי שלמפרע העבדות תוגדר כשכירות.
7. שמות ו׳ ו: "...**וְגָאַלְתִּי** אֶתְכֶם בִּזְרוֹעַ נְטוּיָה וּבִשְׁפָטִים גְּדֹלִים".
8. השוו ישעיהו נ"ב ג: "כִּי כֹה אָמַר ה׳ חִנָּם נִמְכַּרְתֶּם וְלֹא בְכֶסֶף תִּגָּאֵלוּ".

הגואל עד היובל,[9] אבל אחרים הבינו שהקרקע חוזרת לבעלים המקוריים.[10] באופן דומה, כאשר הקרוב גואל את אחיו שנמכר לגוי, יש שהבינו שהאח משתעבד עכשיו מחדש לקרובו, בעוד אחרים קבעו שהאח משתחרר לחלוטין.[11] למעשה, השאלה היא אם גאולה היא שחרור ויציאה לחירות, כפי שאנחנו רגילים לחשוב, או שמא הגאולה היא תהליך שנועד להעביר קרקע או אדם שמשועבדים לגורם חיצוני לידי המשפחה.[12] מתוך ההסבר שגאולה מעבירה בעלות לבעלות "קרובה" יותר, ניתן להבין את פסוקי הסיכום של פרשת השמיטה והיובל (ויקרא כ"ה). לפי פסוקים אלו, ה' גאל את עם ישראל מיד פרעה, וממילא כעת הם עברו להיות עבדי ה'. מכל מקום, חשוב לציין שההשלכה ההלכתית המשמעותית לכך שעם ישראל הם עבדים של ה' היא החובה לשחרר את אחינו מלהיות עבדים לעולם.

לפני שנמשיך לדימוי השני, נזכיר שהמושג "עבד" מופיע בהקשרים שונים. הוא יכול להתייחס למערכת יחסים של עבד־אדון,[13] המבטא שעבוד מוחלט, כמו בעבד כנעני, או לכל הפחות שעבוד חלקי כמו בעבד עברי. לעומת זאת, כשמדברים על יחסי עבד־מלך מדובר על עבדות בסדר גודל אחר – תלות, נאמנות ומחויבות, אבל לא שעבוד של עבד־אדון. בהקשר לפרשת גאולת עבד, משתמע שמדובר על יחסי עבד־אדון. אך במקומות אחרים בתורה, לדוגמה (דברים ל"ב מג): "הַרְנִינוּ גוֹיִם עַמּוֹ כִּי דַם **עֲבָדָיו** יִקּוֹם וְנָקָם יָשִׁיב לְצָרָיו וְכִפֶּר אַדְמָתוֹ עַמּוֹ", הביטוי עשוי להתייחס

9. ראו רש"י ויקרא כ"ה יג. כן משמע מגאולת הקרקעות (והאישה) אצל בעז (רות ד' ד–ה), וממשפט הגאולה של ירמיהו (ל"ב, ז–ח).

10. רבנו בחיי על ויקרא כ"ה כה. מדבריו עולה שגאולת הקרקע היא חסד שעושה הגואל עם קרובו. וראו דרך אמונה על רמב"ם הלכות שמיטה ויובל פי"א הי"ח שמציג את האפשרויות השונות.

11. לאפשרויות השונות ראו מחלוקת רבי, ר' יוסי הגלילי ור' עקיבא (בבלי קידושין טו ע"ב). השוו רמב"ן על שמות ו' ו: "וגאלתי אתכם – כי יעשה בהם שפטים עד שיאמרו המצרים הנה לך ישראל בפדיון נפשנו, כי טעם גאולה כענין מכר".

12. יש שהבחינו בין גאולת קרקעות לגאולת עבדים. ראו לדוגמה רמב"ם הלכות עבדים פ"ב ה"ז, לעומת הלכות שמיטה ויובל פי"א הי"ח.

13. בסעיף הזה התייחסתי לתיאור של עם ישראל כעבד. תיאור של ה' כאדון מופיע במקומות נוספים (במיוחד בישעיהו וביחזקאל), וכן מופיע כינוי האדנות של ה', א־דני. פעמים רבות כשאנשים פונים אל ה' בכינוי 'א־דני' זה נעשה בוויכוח עימו (אברהם – בראשית י"ח; אבימלך – בראשית כ' ד; משה – שמות ד' י–יג; שמות ל"ד ט; יהושע – יהושע ז' ז–ח, ועוד). אפשר לומר שכאשר פונים בבקשה או בוויכוח עם ה', ראוי להדגיש את קטנות האדם ביחס אליו (כמו בדברי דוד, בשמואל ב ז'), גם אם ההתנהגות עצמה נדמית פחות כהתנהגות של עבד. גם השם אלוהים קשור יותר לא־ל כמלך מאשר שם הויה, המבטא קשר אישי (לדוגמה: רד"צ הופמן, בראשית כ"ב י–יב; מ' דובדבני, מעשה העקידה, עמ' 12).

למערכת יחסים רחוקה יותר ומשעבדת פחות.[14] עבד עשוי להיות גם כינוי למשרת מרצון שאיננו משועבד בכפייה.[15]

בתורה עצמה, אין כמעט תיאור של ה׳ כמלך. למעט הפסוק (שמות ט״ו יח): ״ה׳ יִמְלֹךְ לְעֹלָם וָעֶד״ בשירת הים, אין מקום ברור שה׳ מכונה מלך.[16] תיאור ה׳ כמלך הולך ומתרבה בתנ״ך דווקא כשעם ישראל מבקשים או ממליכים עליהם מלך בשר ודם.[17]

״בנים אתם לה׳ אלוהיכם״ – דימוי הבן בתורה

לצד ביטויים ודימויים מעולם העבדות שמופיעים בסיפור יציאת מצרים, מופיע גם הדימוי של בן, בדברי משה לפרעה (שמות ד׳):

> (כב) וְאָמַרְתָּ אֶל פַּרְעֹה כֹּה אָמַר ה׳ **בְּנִי בְכֹרִי יִשְׂרָאֵל:** (כג) וָאֹמַר אֵלֶיךָ **שַׁלַּח אֶת בְּנִי וְיַעַבְדֵנִי** וַתְּמָאֵן **לְשַׁלְּחוֹ** הִנֵּה אָנֹכִי הֹרֵג אֶת בִּנְךָ בְּכֹרֶךָ.

פסוקים אלו משלבים בתוכם את מושג העבדות, שכן מטרת ה׳שילוח׳ היא ׳ויעבדני׳, אבל ה׳ מתייחס לעם ישראל כבנו הבכור. לאור המקורות הקודמים, אפשר לומר שה׳ מקבל על עצמו לגאול את ישראל מעבדות בגלל הקשר המשפחתי. כלומר, הקשר המשפחתי עונה על השאלה מדוע ה׳ רוצה לגאול את ישראל. בהמשך הדימוי ההורי מופיע ביתר הרחבה, וכבר בתחילתו יש לו תפקיד חשוב.

הדימוי בהמשך נמצא בעיקר בחוויה של משה רבנו. משה מתאר את יחסי ה׳ ובני ישראל כך (דברים א׳):

14. השוו לדוגמה את דברי יהודה ליוסף (בראשית מ״ד לג): ״וְעַתָּה יֵשֶׁב נָא **עַבְדְּךָ** תַּחַת הַנַּעַר **עֶבֶד** לַאדֹנִי וְהַנַּעַר יַעַל עִם אֶחָיו״. למשמעויות השונות ראו גם מ״צ קדרי (מילון, עמ׳ 767–768).
15. לדוגמה הכינוי של משה, שאומנם נשלח בעל כורחו לשליחות מול פרעה, אך התנ״ך מכנה אותו באופן קבוע ״עבד ה׳״, אם כי בדרך כלל אחרי מותו (למעט במדבר י״ב ז). גם יהושע זכה לתואר זה רק אחרי מותו (יהושע כ״ד כט).
16. רמזים למלכות ה׳ מופיעים בפי בלעם (במדבר כ״ג כא): ״ה׳ אֱלֹהָיו עִמּוֹ וּתְרוּעַת מֶלֶךְ בּוֹ״, וממילא אינם קשורים להגדרות של ה׳ או בני ישראל את היחסים ביניהם; וכן מפי משה (דברים ל״ג ה): ״וַיְהִי בִישֻׁרוּן מֶלֶךְ בְּהִתְאַסֵּף רָאשֵׁי עָם יַחַד שִׁבְטֵי יִשְׂרָאֵל״, שנחלקו הפרשנים אם מדובר על משה או על ה׳.
17. ראו: שופטים ח׳ כב–כג (אומנם מנוסח בשורש מש״ל, אבל ההתייחסות לשושלת רומזת למלוכה, וכן בקשת המלוכה של אבימלך בהמשך); שמואל א י״ב יב; ובהמשך בדברי הנביאים. לדעת פרופ׳ ד׳ שטרן, המשל במדרש, עמ׳ 30–31, בעקבות א׳ ציגלר, גם משלי המלכים של חז״ל מושפעים עמוקות מהתרבות החומרית של העולם היווני־רומי וחצרות הקיסרים שלו שהיו בזמנם.

(לא) וּבַמִּדְבָּר אֲשֶׁר רָאִיתָ אֲשֶׁר נְשָׂאֲךָ ה' אֱלֹהֶיךָ **כַּאֲשֶׁר יִשָּׂא אִישׁ אֶת בְּנוֹ** בְּכָל הַדֶּרֶךְ אֲשֶׁר הֲלַכְתֶּם עַד בֹּאֲכֶם עַד הַמָּקוֹם הַזֶּה: (לב) וּבַדָּבָר הַזֶּה אֵינְכֶם מַאֲמִינִם בַּה' אֱלֹהֵיכֶם.

משה מתאר את ההליכה במדבר על ידי הדימוי של אב הנושא את בנו כפוי הטובה. משה מוסיף בהמשך (דברים ח'):

(ב) וְזָכַרְתָּ אֶת כָּל הַדֶּרֶךְ אֲשֶׁר הוֹלִיכֲךָ ה' אֱלֹהֶיךָ זֶה אַרְבָּעִים שָׁנָה בַּמִּדְבָּר לְמַעַן עַנֹּתְךָ לְנַסֹּתְךָ לָדַעַת אֶת אֲשֶׁר בִּלְבָבְךָ הֲתִשְׁמֹר מִצְוֺתָיו אִם לֹא: (ג) **וַיְעַנְּךָ וַיַּרְעִבֶךָ וַיַּאֲכִלְךָ אֶת הַמָּן** אֲשֶׁר לֹא יָדַעְתָּ וְלֹא יָדְעוּן אֲבֹתֶיךָ לְמַעַן הוֹדִיעֲךָ כִּי לֹא עַל הַלֶּחֶם לְבַדּוֹ יִחְיֶה הָאָדָם כִּי עַל כָּל מוֹצָא פִי ה' יִחְיֶה הָאָדָם: (ד) **שִׂמְלָתְךָ לֹא בָלְתָה מֵעָלֶיךָ וְרַגְלְךָ לֹא בָצֵקָה** זֶה אַרְבָּעִים שָׁנָה: (ה) וְיָדַעְתָּ עִם לְבָבֶךָ **כִּי כַּאֲשֶׁר יְיַסֵּר אִישׁ אֶת בְּנוֹ** ה' אֱלֹהֶיךָ מְיַסְּרֶךָּ: (ו) וְשָׁמַרְתָּ אֶת מִצְוֺת ה' אֱלֹהֶיךָ לָלֶכֶת בִּדְרָכָיו וּלְיִרְאָה אֹתוֹ.

בפסוקים אלו ההליכה במדבר מתוארת ביתר הרחבה, תוך התייחסות לטיפול ולחינוך ההורי: התלות בכל הקשור לאוכל, ההבנה ש"על כל מוצא פי ה' יחיה האדם", הדאגה לבגדים ולרפואה, ולמעשה – המסע כולו. יש בכך ממד של ייסורים, אבל זה חלק מהתפקיד ההורי בחינוך הילדים.

החוויה ההורית באה לידי ביטוי גם בדברי משה סביב בקשת הבשר (במדבר י"א):

וַיֹּאמֶר מֹשֶׁה אֶל ה' לָמָה הֲרֵעֹתָ לְעַבְדֶּךָ וְלָמָּה לֹא מָצָתִי חֵן בְּעֵינֶיךָ לָשׂוּם אֶת מַשָּׂא כָּל הָעָם הַזֶּה עָלָי: (יב) **הֶאָנֹכִי הָרִיתִי אֵת כָּל הָעָם הַזֶּה אִם אָנֹכִי יְלִדְתִּיהוּ כִּי תֹאמַר אֵלַי שָׂאֵהוּ בְחֵיקֶךָ כַּאֲשֶׁר יִשָּׂא הָאֹמֵן אֶת הַיֹּנֵק עַל הָאֲדָמָה** אֲשֶׁר נִשְׁבַּעְתָּ לַאֲבֹתָיו: (יג) מֵאַיִן לִי בָּשָׂר לָתֵת לְכָל הָעָם הַזֶּה כִּי יִבְכּוּ עָלַי לֵאמֹר תְּנָה לָּנוּ בָשָׂר וְנֹאכֵלָה.

מדברי משה עולה שה' נתן למשה כעין תפקיד של הורה נוסף, בזמן שהוא לא היה מעוניין להיות אפילו האומן. התחושה שעולה מהפסוקים הללו היא שמשה מבקש שה' – ההורה – הוא זה שיקבל על עצמו את משא העם. בספר דברים ראינו את המקום שההורה תופס ביחס לבן: החינוך, הדאגה לאוכל, לבגדים ולשלמות גופנית,

תוך הבהרת התלות בהורה, וקביעת המסע והדרך. יש למקום הזה השלכה על החוויה של הילד, שמרגיש בעצם הטיפול והחינוך ממד של עינוי וייסורים. בספר במדבר הדגש הוא אחר, ונוגע להתנהגות של עם ישראל כ'ילד'. משה מגיב להתנהגות ה"ילדותית" של העם, הכוללת תלונות, בקשת אוכל, בחינת ההורים ובחינת הגבולות. גם כאן יש השלכה להתנהגות של ה'ילד' על החוויה ההורית, הכוללת תסכול, ולעיתים אפילו ייאוש.

למרות שהדימוי ההורי עולה במיוחד אצל משה ומפותח על ידו, נראה שיש לכך רמזים נוספים בסיפורי התורה, לצד הכינוי "בני בכורי ישראל" שטבע ה', שכבר ראינו קודם.

סיפור יציאת מצרים מעוצב כתהליך של לידה. ה'משבר' הראשון, תרתי משמע, מופיע כשהעם נמצא על פתחו של ים סוף ומחכה לנס. ואז מתרחש אירוע משמעותי ביותר (שמות י"ד):

(כא) וַיֵּט מֹשֶׁה אֶת יָדוֹ עַל הַיָּם וַיּוֹלֶךְ ה' אֶת הַיָּם בְּרוּחַ קָדִים עַזָּה כָּל הַלַּיְלָה וַיָּשֶׂם אֶת הַיָּם לֶחָרָבָה **וַיִּבָּקְעוּ הַמָּיִם**: (כב) וַיָּבֹאוּ בְנֵי יִשְׂרָאֵל בְּתוֹךְ הַיָּם בַּיַּבָּשָׁה וְהַמַּיִם לָהֶם חֹמָה מִימִינָם וּמִשְּׂמֹאלָם.

השלב הראשון בלידה, תוך רגעי אימה ופחד, הוא שלב 'בקיעת המים'.[18] בני ישראל עוברים בתעלה שנפתחת לכבודם באופן ניסי ונסגרת מיד אחריהם. כשם שאי אפשר להחזיר את התינוק שנולד לתוך בטן אימו, כך גם למצרים כבר אי אפשר לחזור (שמות י"ד יג): "כִּי אֲשֶׁר רְאִיתֶם אֶת מִצְרַיִם הַיּוֹם לֹא תֹסִפוּ לִרְאֹתָם עוֹד עַד עוֹלָם".[19]

השלב הבא – הבכי לאוכל ולשתייה וסיפוק צורכיהם של בני ישראל. בכל פעם שתלונתם של בני ישראל מוצדקת, הם מקבלים מענה מיידי.[20] מצד אחד, ה' מאוד

18. על קשרים נוספים במקרא בין לידה למים בהקשרים מעט אחרים, ראו תהלים ס"ח כז; ישעיהו מ"ח א ובפרשנים שם.
19. השוו דברים י"ז טז.
20. ראו את תגובת ה' בשמות ט"ו כג-כה (היענות בסיפור מרה); ואת היענות ה' במן בשמות ט"ז א-יד; את חוסר התגובה בשמות י"ז א-ב (שככל הנראה עדיין היו מים, אבל העם חשש), וגם ההגדרה כמסה ומריבה, לצד התגובה העניינית בפס' ג-ז, כשהעם כבר צמא למים. השוו לתגובות הכועסות לתלונות הבלתי מוצדקות בבמדבר י"א א-ג (תבערה), ד-לד (קברות התאווה), ובהמשך בתלונות המרגלים ובתלונות קרח ועדתו.

קרוב לבני ישראל ומספק להם את כל צורכיהם, אבל מצד שני, הוא גם זה שקובע את המינונים ואת הזמנים – אוכל יורד פעם ביום, לפי שיעור מסוים ומדוד לכל אחד.

בשירת האזינו, משה שוב מתאר את התהליך הזה כתהליך של הנקה (דברים ל"ב):

> (יא) כְּנֶשֶׁר יָעִיר קִנּוֹ עַל **גּוֹזָלָיו** יְרַחֵף יִפְרֹשׂ כְּנָפָיו יִקָּחֵהוּ יִשָּׂאֵהוּ עַל אֶבְרָתוֹ:
> (יב) ה' בָּדָד יַנְחֶנּוּ וְאֵין עִמּוֹ אֵל נֵכָר: (יג) יַרְכִּבֵהוּ עַל במותי בָּמֳתֵי אָרֶץ וַיֹּאכַל
> תְּנוּבֹת שָׂדָי **וַיֵּנִקֵהוּ** דְבַשׁ מִסֶּלַע וְשֶׁמֶן מֵחַלְמִישׁ צוּר.

משה גם מתייחס לעם ישראל כגוזלים שה' מרחף מעליהם ואז נושא אותם על גבם, ואף מתאר את האוכל שבמדבר כהנקה.[21]

לאור זאת, אפשר להבין רבות מהחוויות של ישראל במדבר. כך התורה מתארת את מסעות בני ישראל במדבר (במדבר ט'):

> (יז) וּלְפִי הֵעָלֹת הֶעָנָן מֵעַל הָאֹהֶל וְאַחֲרֵי כֵן יִסְעוּ בְּנֵי יִשְׂרָאֵל וּבִמְקוֹם אֲשֶׁר יִשְׁכָּן
> שָׁם הֶעָנָן שָׁם יַחֲנוּ בְּנֵי יִשְׂרָאֵל: (יח) **עַל פִּי ה' יִסְעוּ בְּנֵי יִשְׂרָאֵל וְעַל פִּי ה' יַחֲנוּ**
> כָּל יְמֵי אֲשֶׁר יִשְׁכֹּן הֶעָנָן עַל הַמִּשְׁכָּן יַחֲנוּ: (יט) וּבְהַאֲרִיךְ הֶעָנָן עַל הַמִּשְׁכָּן יָמִים
> רַבִּים וְשָׁמְרוּ בְנֵי יִשְׂרָאֵל אֶת מִשְׁמֶרֶת ה' וְלֹא יִסָּעוּ: (כ) וְיֵשׁ אֲשֶׁר יִהְיֶה הֶעָנָן
> יָמִים מִסְפָּר עַל הַמִּשְׁכָּן עַל פִּי ה' יַחֲנוּ וְעַל פִּי ה' יִסָּעוּ: (כא) וְיֵשׁ אֲשֶׁר יִהְיֶה
> הֶעָנָן מֵעֶרֶב עַד בֹּקֶר וְנַעֲלָה הֶעָנָן בַּבֹּקֶר וְנָסָעוּ אוֹ יוֹמָם וָלַיְלָה וְנַעֲלָה הֶעָנָן וְנָסָעוּ:
> (כב) אוֹ יֹמַיִם אוֹ חֹדֶשׁ אוֹ יָמִים בְּהַאֲרִיךְ הֶעָנָן עַל הַמִּשְׁכָּן לִשְׁכֹּן עָלָיו יַחֲנוּ
> בְנֵי יִשְׂרָאֵל וְלֹא יִסָּעוּ וּבְהֵעָלֹתוֹ יִסָּעוּ: (כג) **עַל פִּי ה' יַחֲנוּ וְעַל פִּי ה' יִסָּעוּ** אֶת
> מִשְׁמֶרֶת ה' שָׁמָרוּ עַל פִּי ה' בְּיַד מֹשֶׁה.

בפסוקים עם ישראל מתואר כפסיבי, כמי שיוצא למסע שלא תכנן בעצמו, שאין לו

21. ה' מוגדר כאב ועם ישראל כבנים בתחילת השירה (דברים ל"ב ה-ו): "שִׁחֵת לוֹ לֹא **בָּנָיו** מוּמָם דּוֹר עִקֵּשׁ וּפְתַלְתֹּל. הֲלַה' תִּגְמְלוּ זֹאת עַם נָבָל וְלֹא חָכָם הֲלוֹא הוּא **אָבִיךָ** קָּנֶךָ הוּא עָשְׂךָ וַיְכֹנְנֶךָ". על הקשר בין המן להנקה ראו עוד: תוספתא סוטה פ"ד ה"ג במהדורת ליברמן; בבלי יומא עה ע"א, ועוד. ראו גם אצל הרבנית ד"ר ת' קלמן, המן והנקה. וראו בישעיהו מ"ט טו; ס"ו יג. למרות שרוב דימויי הא־ל בתנ"ך הם דימויים זכריים, ניתן למצוא גם דימויים נקביים של הקב"ה. ראו גם לעיל הערה 2. ראו גם: מ' גרובר, דימויים נשיים.

שליטה עליו. כמו ילדים, שההורים מתכננים עבורם את המסע ושולטים בכל פרטיו, כל שנותר לילדים הוא להתלונן כשצורכיהם לא מסופקים וכשלא נוח להם.

סיפור בקשת הבשר, שראינו לעיל, ממחיש היטב את הלך הרוח ה'ילדותי' של עם ישראל. לא ברור מה כל כך מיוחד בבשר, ובמיוחד לא ברור מדוע בני ישראל כלל צריכים לבקש בשר, שהרי כשיצאו ממצרים, הם לקחו איתם בעלי חיים לרוב, ויש להניח שלא הקריבו את כולם במעמד הר סיני. אם כן מדוע הם לא אוכלים את הבשר שלהם?

נראה ששתי תשובות בדבר: התשובה הראשונה היא שבני ישראל התרגלו שהאוכל מגיע מה', ולכן מצפים שגם הבשר יסופק להם. כמו ילד שמבקש ממתק מההורים, למרות שיש לו כסף משלו.

התשובה השנייה מבוססת על הבנת המצב של בני ישראל במדבר. האם בני ישראל באמת יכלו לאכול בשר כאוות נפשם במדבר? לפחות לפי הבנה אחת של הפסוקים נראה שלא. כך מופיע בספר ויקרא (פרק י"ז):

> (א) וַיְדַבֵּר ה' אֶל מֹשֶׁה לֵּאמֹר: (ב) דַּבֵּר אֶל אַהֲרֹן וְאֶל בָּנָיו וְאֶל כָּל בְּנֵי יִשְׂרָאֵל וְאָמַרְתָּ אֲלֵיהֶם זֶה הַדָּבָר אֲשֶׁר צִוָּה ה' לֵאמֹר: (ג) אִישׁ אִישׁ מִבֵּית יִשְׂרָאֵל אֲשֶׁר יִשְׁחַט שׁוֹר אוֹ כֶשֶׂב אוֹ עֵז בַּמַּחֲנֶה אוֹ **אֲשֶׁר יִשְׁחַט מִחוּץ לַמַּחֲנֶה: (ד) וְאֶל פֶּתַח אֹהֶל מוֹעֵד לֹא הֱבִיאוֹ לְהַקְרִיב קָרְבָּן לַה'** לִפְנֵי מִשְׁכַּן ה' דָּם יֵחָשֵׁב לָאִישׁ הַהוּא דָּם שָׁפָךְ וְנִכְרַת הָאִישׁ הַהוּא מִקֶּרֶב עַמּוֹ.

לפי הפסוקים הללו, אי אפשר סתם לשחוט או לזבוח בעל חיים מחוץ למחנה. כל בשר שרוצים לשחוט צריך לבוא כחלק מקורבן שלמים.[22] כלומר, כשאדם רוצה לאכול בשר, הוא צריך לבוא לאוהל מועד ולהקריב קורבן. במקום שהבשר יהיה האוכל 'שלו', הוא בעצם יזכה (או יזדקק, תלוי בנקודת המבט) לאכול 'משולחן גבוה', כלומר מה'.

הרב ירחמיאל בוצ'קו[23] רואה בבקשת הבשר בקשת עצמאות של ילדים קטנים, שרוצים להתנהל בעצמם.[24] בהמשך לכך, ניתן לומר שכשהאדם הראשון היה בגן עדן ואכל מגנו של ה', הוא לא אכל בשר. אבל לאחר הגירוש מגן עדן, ולאחר המבול,

22. זהו פירושו של ר' ישמעאל, ראו: מדרש תנאים דברים י"ב כ; בבלי חולין טז ע"ב, רמב"ן ויקרא י"ז ב. ואומנם פירושו של ר' עקיבא (ורש"י) הוא אחר.
23. הרב י' בוצ'קו, אור היהדות, עמ' קלו-קלז, ודברים דומים גם בפירושו לפרשת בהעלותך.
24. לדעת הרב י' מדן (איפה ואיפה, עמ' 61-90) בני ישראל הוגבלו בכמויות המזון שאכלו במדבר, "עומר לגולגולת", וההתמרדות שלהן כללה רצון לשלוט בעצמם בכמויות.

כשנח קיבל עצמאות ואחריות על העולם, הותר לו לאכול בשר. כך כשבני ישראל היו במדבר, גם הבשר שאכלו היה משולחנו של ה׳, אבל התשוקה של בני ישראל הייתה לבשר משל עצמם.

באיזה שלב התפתחותי מטפורי בני ישראל נמצאים ברגע הזה? האם הם בגיל שנתיים, שבו רוצים לעשות הכול לבד, כשברור שזה לא אפשרי, ולכן גם כשרצו בשר משל עצמם, הם פנו למשה רבנו. או שמא הם בגילאי העשרה, שאז בועטים בסמכות ההורית ורוצים להתפרנס לבד ולהחליט לבד, אבל כדי להתחיל את הדרך כעצמאים פונים ל״הורים״, למשה. משורר תהלים קורא לעם ישראל בסיפור הבשר ״דור סורר ומורה״ (תהלים ע״ח ח-לב). לפי פירושם של חכמים לדין בן סורר ומורה, משתמע שעם ישראל נמצא בגיל ההתבגרות.[25]

ובאמת בקשת העצמאות של בני ישראל, שבאה לידי ביטוי בבקשת בשר, הייתה מוקדמת מדי. כשבני ישראל קיבלו את הבשר, הם לא ידעו לשים לעצמם גבולות ובכך התגלה שהבקשה ביטאה מרידה בקב״ה ובסמכות, ולכן הם נענשו בהתאם.

לצד ההגבלות על אכילת בשר במדבר, התורה קובעת שכשבני ישראל ייכנסו לארץ, הם יוכלו לאכול בשר (דברים י״ב):

(כ) כִּי יַרְחִיב ה׳ אֱלֹהֶיךָ אֶת גְּבֻלְךָ כַּאֲשֶׁר דִּבֶּר לָךְ וְאָמַרְתָּ אֹכְלָה בָשָׂר כִּי תְאַוֶּה נַפְשְׁךָ לֶאֱכֹל בָּשָׂר **בְּכָל אַוַּת נַפְשְׁךָ תֹּאכַל בָּשָׂר:** (כא) כִּי יִרְחַק מִמְּךָ הַמָּקוֹם אֲשֶׁר יִבְחַר ה׳ אֱלֹהֶיךָ לָשׂוּם שְׁמוֹ שָׁם וְזָבַחְתָּ מִבְּקָרְךָ וּמִצֹּאנְךָ אֲשֶׁר נָתַן ה׳ לְךָ כַּאֲשֶׁר צִוִּיתִךָ וְאָכַלְתָּ בִּשְׁעָרֶיךָ בְּכֹל אַוַּת נַפְשֶׁךָ: (כב) אַךְ כַּאֲשֶׁר יֵאָכֵל אֶת הַצְּבִי וְאֶת הָאַיָּל כֵּן תֹּאכְלֶנּוּ הַטָּמֵא וְהַטָּהוֹר יַחְדָּו יֹאכְלֶנּוּ: (כג) רַק חֲזַק לְבִלְתִּי אֲכֹל הַדָּם כִּי הַדָּם הוּא הַנָּפֶשׁ וְלֹא תֹאכַל הַנֶּפֶשׁ עִם הַבָּשָׂר: (כד) לֹא תֹּאכְלֶנּוּ עַל הָאָרֶץ תִּשְׁפְּכֶנּוּ כַּמָּיִם: (כה) לֹא תֹּאכְלֶנּוּ לְמַעַן יִיטַב לְךָ וּלְבָנֶיךָ אַחֲרֶיךָ **כִּי תַעֲשֶׂה הַיָּשָׁר בְּעֵינֵי ה׳.**

ההיתר לאכול ׳בשר תאווה׳ מופיע בפרק הזה פעמיים. נראה שפעם אחת כפועל יוצא מריחוק המקום אשר יבחר ה׳, שמזקיק מציאת פתרון לאכילת בשר מחוץ למקדש. לאחר מכן, מגיעה הפתיחה החגיגית שצוטטה כאן: ״כי ירחיב ה׳ אלוהיך את גבולך״,

25. לפי הפירוש של חז״ל לדין בן סורר ומורה (משנה סנהדרין פ״ח מ״א). מדברי הרב בוצ׳קו עצמו משמע שהוא רואה אותם כילדים קטנים, שם, עמ׳ קלב-קלג.

שתוביל לאכילת בשר. התורה קובעת שיש כללים שצריך להקפיד עליהם – כגון זביחה כראוי ואי אכילת הדם, אבל אכילת הבשר באופן הזה היא "הישר בעיני ה׳".[26]

אפשר לומר שהתורה לא רואה בעיה בעצם אכילת הבשר, אבל אכילת בשר התאווה היא סמל לעצמאות, שתבוא יחד עם הפרידה החלקית מ"ההורים", בשלב שכל אחד הולך לנחלתו לבנות את משפחתו.[27] עם הכניסה לארץ, הקשר עם "ההורים" כבר לא בא לידי ביטוי דרך האוכל, והאדם מישראל יבוא ׳לבקר את ההורים׳ רק לעיתים מזומנות, "שלוש פעמים בשנה". מכאן אפשר להבין שסיפור ההליכה במדבר הוא תיאור הינקות וההתבגרות של עם ישראל, ובכניסה לארץ בני ישראל יצטרכו לעצב מערכת יחסים מורכבת יותר עם ה׳, ההורה.

עצמאות מול שירות – סוגים שונים של מערכות יחסים

כשהתורה מתארת את מערכת היחסים שבין עם ישראל לקב"ה כמערכת יחסים של הורים וילדים, היא מתארת מערכת מורכבת שיש לה ביטויים שונים בזמנים שונים. לא ראי הקשר עם הקב"ה בשלב הינקות, הדורש תשומת לב וניסים יום-יומיים, לקשר בשלב ההתבגרות, הכולל הצבת גבולות ובחינתם ותלות סביב האוכל לצד רצון לעצמאות; ושני אלו שונים מהקשר בשלב בוגר יותר, כאשר מערכת היחסים מתנהלת במעין ׳שלט רחוק׳, כשהילד המבוגר כבר עוזב את בית ההורים ובונה חיים משלו.

לצד ההבנה שבתורה מערכת היחסים ההורית דומיננטית בהרבה ממערכת היחסים של עבד ואדון או מלך, מהמקורות הללו אפשר לתפוס טוב יותר את המשמעות הדתית של קשר הורי בין בני ישראל לקב"ה. בניגוד לעבד ולשפחה שעיניהם אל האדון והגבירה, המערכת של הורים וילדים מתאפיינת באיזון העדין שבין תלות לעצמאות. בני ישראל במדבר היו תלויים בקב"ה, אבל התלות תלויה בתקופה ולא נועדה להיות לנצח. משה מנהיג את בני ישראל במדבר, במסע שמטרתו להגיע לארץ המובטחת. ובארץ הזאת, ירחק ממך המקום אשר יבחר ה׳ לשכן שמו.

במדבר, השכינה קרובה וה׳ מביט מקרוב. בכל פעם שבני ישראל חוטאים, מיד "כבוד ה׳ נראה בענן".[28] ילדים קטנים אוהבים לחמוק אל החדר, כדי להיעלם מעיני

26. זאת בניגוד לתחילת הפרק, שם *משמע* שמשה מבקר את בני ישראל על כך שהם עושים "איש הישר בעיניו" (פס׳ ח), והכוונה היא שיש להם נגישות גדולה להקרבת קורבנות, כפי שנראה להלן.

27. השוו ספרי במדבר פיסקא פט: "ד"א מה הדד הזה תינוק מצטער בשעה שפורש ממנו, כך היו ישראל מצטערים בשעה שפירשו מן המן, שנאמר ׳וישבות המן ממחרת׳ וגו׳ (יהושע ה׳ יב)".

28. שמות ט"ז י; והשוו: במדבר ט"ז יט; י"ז ז; כ׳ ו.

ההורים, ובכל זאת – מבטו של ההורה תמיד מציץ מעבר לפינה, פותח את הדלת ונותן את הדעת למעשיו של הילד. כמו בתקופת הילדות, כחלק מתהליך החינוך, התגובות ההוריות לא מאחרות לבוא.

בארץ ישראל השכינה מרחפת אבל נוכחת פחות. עיני ה׳ אלוהיך תמיד בארץ, אבל מרחוק. הארץ קדושה, אבל ה׳ שם את שמו במקום שבו בחר.[29] כשאיש יושב תחת גפנו ותחת תאנתו, הקשר ׳מאפשר יותר׳ ו׳אוורירי יותר׳. כמו ביחסי הורים וילדים, החינוך יישאר תמיד, וגם הגבולות, ואפילו הכעס והאכזבה. אבל המערכת הרבה יותר מאפשרת.[30]

וכאן, לדעתי, ההבדל הגדול בין המערכת הזאת למערכת של עבד ואדון. הגדרת העבד היא לפי השעבוד שלו לאדון. הוא משרת את האדון, גם אם יש לו פנאי וזמן לעצמו, ההגדרה העצמית שלו, ומה שממלא את זמנו מבוקר עד ליל, היא השירות שהוא נותן לאדון.

לעומת זאת, ילדים אינם עבדים. במסגרת המשפחתית הם שותפים, גם אם זוטרים, וכשהם יוצאים מהבית הם אדונים לעצמם. יש להם בחירה לאיזה כיוון לפנות, איזה מרכיב באישיות לפתח, כיצד להתפרנס וכמה להשקיע בקשר. קשר כזה עם הקב״ה הוא קשר שבו האדם מתקדם בחייו ובונה את עצמו, על בסיס גבולות והגדרות, ויוצק לתוכם תוכן משלו. אמנם ברור בתורה, שיש גם הרבה מאוד ציפיות, אבל הן מלוות את החיים ולאו דווקא מגדירות אותם.

בין בנים לעבדים בעלייה לרגל

כפי שנרמז לעיל, במערכת היחסים של ה׳ וישראל כמערכת של הורה וילדים ניתן להבין את החובה לעלות לרגל שלוש פעמים בשנה. משה רבנו עומד ערב הכניסה לארץ ואומר לבני ישראל (דברים י״ב):

(ח) לֹא תַעֲשׂוּן כְּכֹל אֲשֶׁר אֲנַחְנוּ עֹשִׂים פֹּה הַיּוֹם **אִישׁ כָּל הַיָּשָׁר בְּעֵינָיו:**
(ט) כִּי לֹא בָאתֶם עַד עָתָּה אֶל הַמְּנוּחָה וְאֶל הַנַּחֲלָה אֲשֶׁר ה׳ אֱלֹהֶיךָ נֹתֵן לָךְ:
(י) וַעֲבַרְתֶּם אֶת הַיַּרְדֵּן וִישַׁבְתֶּם בָּאָרֶץ אֲשֶׁר ה׳ אֱלֹהֵיכֶם מַנְחִיל אֶתְכֶם וְהֵנִיחַ לָכֶם

29. פרשנים רבים מתייחסים להבחנה שבין הנהגה ניסית להנהגה טבעית. כאן הדברים נקשרים גם לאופן ההתנהגות של עם ישראל.

30. ה׳ גם מבקש שנקפיד על מראה חיצוני ונתנהג בצורה מכובדת (דברים י״ד א): ״בָּנִים אַתֶּם לַה׳ אֱלֹהֵיכֶם לֹא תִתְגֹּדְדוּ וְלֹא תָשִׂימוּ קָרְחָה בֵּין עֵינֵיכֶם לָמֵת״ (לפי רש״י, רס״ג, רבנו מיוחס ואחרים על אתר). בכל מקום נהיה מזוהים איתו והתנהגותנו תשליך עליו.

מִכָּל אֹיְבֵיכֶם מִסָּבִיב וִישַׁבְתֶּם בֶּטַח: (יא) וְהָיָה הַמָּקוֹם אֲשֶׁר יִבְחַר ה' אֱלֹהֵיכֶם בּוֹ לְשַׁכֵּן שְׁמוֹ שָׁם שָׁמָּה תָבִיאוּ אֵת כָּל אֲשֶׁר אָנֹכִי מְצַוֶּה אֶתְכֶם עוֹלֹתֵיכֶם וְזִבְחֵיכֶם מַעְשְׂרֹתֵיכֶם וּתְרֻמַת יֶדְכֶם וְכֹל מִבְחַר נִדְרֵיכֶם אֲשֶׁר תִּדְּרוּ לַה': (יב) וּשְׂמַחְתֶּם לִפְנֵי ה' אֱלֹהֵיכֶם אַתֶּם וּבְנֵיכֶם וּבְנֹתֵיכֶם וְעַבְדֵיכֶם וְאַמְהֹתֵיכֶם וְהַלֵּוִי אֲשֶׁר בְּשַׁעֲרֵיכֶם כִּי אֵין לוֹ חֵלֶק וְנַחֲלָה אִתְּכֶם.

משה אומר לבני ישראל, ש"היום" הם עושים "איש כל הישר בעיניו", אבל אחרי שייכנסו לארץ, הדברים ישתנו ויהיה רק מקום אחד שה' בוחר, ואליו יביאו את הקורבנות. חז"ל וחלק מהפרשנים הקלאסיים למדו מכאן שמרגע הכניסה לארץ ועד בחירת המקום יהיה מותר להקריב בבמות, דהיינו בכל מקום, וזה "איש הישר בעיניו".[31] בפשוטו של מקרא קשה להלום את הפירוש הזה, כי נראה שמשה רבנו מדבר על זמנו. לכן נראה פירושו של הרשב"ם (דברים י"ב ח):[32]

איש כל הישר בעיניו – בכל מקום שאנו חונים שם במדבר אנו מקריבים במשכן המיטלטל ממקום למקום.

לפי רשב"ם, במדבר הייתה נגישות תמידית למשכן. מי שרצה להקריב קורבן ולהתקרב לה' היה מגיע למשכן, וזה "איש הישר בעיניו".[33] בהמשך לכך, נראה שיש כאן התוויה שכאשר בני ישראל ייכנסו לארץ ישראל, הם יצטרכו 'לעזוב את הבית' וללכת איש לדרכו.[34] בתוך ההקשר הזה ניתן להבין מחדש את הדרישה – שהופיעה עוד בספר שמות וחוזרת בספר דברים (פרק ט"ז):

(טז) **שָׁלוֹשׁ פְּעָמִים בַּשָּׁנָה** יֵרָאֶה כָל זְכוּרְךָ אֶת פְּנֵי ה' אֱלֹהֶיךָ בַּמָּקוֹם אֲשֶׁר יִבְחָר בְּחַג הַמַּצּוֹת וּבְחַג הַשָּׁבֻעוֹת וּבְחַג הַסֻּכּוֹת וְלֹא יֵרָאֶה אֶת פְּנֵי ה' רֵיקָם.

31. מדרש תנאים דברים י"ב ח-ט; משנה זבחים פי"ד מ"ה; בבלי זבחים קיט ע"א, ועוד. וראו רש"י דברים י"ב ח.
32. השוו לפירוש הראשון במדרש תנאים דברים י"ב ח.
33. לפי פירוש חז"ל ורש"י, הנגישות הייתה גם לבמות אחרי הכניסה לארץ.
34. כפי שראינו, בהמשך הפרק יתברר שדווקא אכילת הבשר, המסמלת את העצמאות, יחד עם שמירה על החוקים הרלוונטיים היא היא "הישר בעיני ה'" (דברים י"ב כ-כח).

אומנם בכניסה לארץ ה' רוצה שנתפזר ונלך איש לנחלתו, אבל הוא גם רוצה שנבוא לבקר לעיתים מזומנות ונשמור על הקשר המיוחד והאינטימי בביקורים הללו.

הבן העובד את אביו – המשל המשולב

עד כה הוצגו שתי תפיסות מקבילות בנוגע לאופי של מערכת היחסים בין ישראל לקב"ה – תפיסת הבן והאב מול תפיסת העבד והאדון. בדברי הנביאים יש פיתוחים של מערכות יחסים נוספות: האחת היא מערכת היחסים הזוגית, הרמוזה בתורה עצמה, אבל מפותחת מאוד בנביאים ובכתובים.[35] תפיסה אחרת נוגעת להגדרה של ה' כמלך, ונראה שהיא מושפעת מהמקום של המלוכה בקרב עם ישראל.[36]

תפיסה אחרת, שעליה אתעכב, היא פיתוח של הדימויים בן ועבד. הנביא מלאכי, שלעיל ראינו שהתלבט אם בני ישראל הם בנים או עבדים, מציג דגם ביניים (מלאכי ג'):

(יז) וְהָיוּ לִי אָמַר ה' צְבָאוֹת לַיּוֹם אֲשֶׁר אֲנִי עֹשֶׂה סְגֻלָּה וְחָמַלְתִּי עֲלֵיהֶם כַּאֲשֶׁר יַחְמֹל אִישׁ עַל **בְּנוֹ הָעֹבֵד אֹתוֹ**.

מלאכי מתייחס לחמלת האב, אבל הפעם היא כלפי "בנו העובד אותו". רד"ק מסביר (שם):

העובד אותו – האב חומל על כל בניו כמו שאמר "כרחם אב על בנים", אבל יותר חומל על העובד אותו.

לפי רד"ק יש שני סוגי בנים: יש בן שדומה לבן שעליו דיברנו לעיל. הוא גדל אצל הוריו, ובשלב מסוים בונה לעצמו חיים חדשים. גם אם הם בתוך אותה נחלה, הוא "עוזב את אביו ואת אמו", אולי גם "דבק באשתו", ובא לבקר מפעם לפעם. אבל יש בן שאינו עוזב את אביו, והוא הבן שעובד את אביו.

רד"ק רואה בקשר בין יוסף ויעקב קשר כזה (על בראשית ל"ז לה):

ויבך אתו אביו – אמר אביו, שהראה בו אביו אהבת אב על **הבן העובד אותו,**

35. עסקתי בזה מעט במאמרי על שיר השירים, שימני כחותם.
36. ראו לעיל, הערה 17.

כי היה עמו תמיד, כי אף על פי שהיה רועה עם אחיו רוב פעמים היה עומד עם אביו ועובד אותו, ובכל שעה שהיה צריך לעבודתו היה זוכרו ולא היה יכול להתאפק מלבכות.

במקרא – וגם בימינו – אנחנו מכירים בנים שנשארים קרובים לבית, או אפילו בבית עצמו, כדי להמשיך בקשר הקרוב, ובעצם כדי להמשיך לדאוג להורים ולשרת[37] אותם בהמשך. אלו בנים שיאמצו את הזהות של "בן ממשיך" או "בן העובד את אביו". אולי לכך רמז ה׳ כשאמר "בני בכורי ישראל... שלח את בני ויעבדני". פעמים רבות הבן הממשיך היה הבן הבכור, שבתמורה להישארות זכה לנחלה כפולה.[38]

נראה שזהו סוג הקשר שמחפש דוד המלך בתהלים כ"ז:

(ד) אַחַת שָׁאַלְתִּי מֵאֵת ה׳ אוֹתָהּ אֲבַקֵּשׁ **שִׁבְתִּי בְּבֵית ה׳ כָּל יְמֵי חַיַּי** לַחֲזוֹת בְּנֹעַם ה׳ וּלְבַקֵּר בְּהֵיכָלוֹ. (ט) אַל תַּסְתֵּר פָּנֶיךָ מִמֶּנִּי אַל תַּט בְּאַף עַבְדֶּךָ עֶזְרָתִי הָיִיתָ אַל תִּטְּשֵׁנִי וְאַל תַּעַזְבֵנִי אֱלֹהֵי יִשְׁעִי: (י) **כִּי אָבִי וְאִמִּי עֲזָבוּנִי וַה׳ יַאַסְפֵנִי:** (יא) הוֹרֵנִי ה׳ דַּרְכֶּךָ וּנְחֵנִי בְּאֹרַח מִישׁוֹר לְמַעַן שׁוֹרְרָי.

מזמור זה מבקש להמשיך את ההורות של ה׳, האב המאמץ, כל הימים. הוא מבקש קשר קרוב, שבא לידי ביטוי בכך שדוד ישב בבית ה׳ כל ימי חייו. התודעה של דוד המלך היא תודעת הבן העובד את אביו – הן בקשר הפיזי הקרוב והן בתודעת השירות הקרובה. במובן זה, הכינויים "דוד עבדי" ו"משה עבדי" מבטאים קשר קרוב של שירות קבוע.

עיוני משנה

משל לעבד שבא למזוג כוס לרבו – דימוי העבד במשנה

גם במשנה ניתן למצוא דימויים ומשלים שקשורים לעבדים או לבנים. במסכת אבות (פרק א׳) נאמר:

37. על הקשר בין עבודה לשירות, השוו במדבר ח׳ כה-כו.
38. כך שמעתי מהרב י׳ מדן. ממנו הבנתי שאפשר לראות בתורה שני דגמים: דגם בן הזקונים, כמו אצל יוסף (ראו רמב"ן על בראשית ל"ז ג), ודגם הבכור הרגיל.

[ג] אנטיגנוס איש סוכו קבל משמעון הצדיק הוא היה אומר אל תהיו **כעבדים** המשמשין את הרב על מנת לקבל פרס אלא הוו **כעבדים** המשמשין את הרב שלא על מנת לקבל פרס ויהי **מורא שמים** עליכם.

אנטיגונוס איש סוכו מתייחס לעבודת ה' הראויה כעבודה של עבד שמשמש את הרב שלא על מנת לקבל פרס. זו הגדרה עצמית של עבודת ה' כעבד. עבדות זו משלבת ממד של אהבה, שכן היא לא נעשית על מנת לקבל פרס, עם ממד היראה של "ויהי מורא שמים עליכם".[39]

משל נוסף מופיע במסכת סוכה ועוסק במקרה של ירידת גשמים במהלך החג (פרק ב'):

[ט] ירדו גשמים, מאימתי מותר לפנות? משתסרח המקפה.[40]
משלו משל, למה הדבר דומה? **לעבד** שבא למזוג כוס לרבו ושפך לו קיתון על פניו.[41]

המשנה מתארת את הישיבה בסוכה כעבד שבא למזוג כוס לרבו. אומנם במקרה הזה האדון אינו מרוצה, אבל עשיית המצוות מתוארת כשירות של עבד.[42] קיום המצווה כ'עבד' אינו מתואר במושגים של פרס או עונש, אלא במושגים של שירות.

בנים אתם לה' אלוהיכם – משמעות הדימוי בספרות חז"ל

במשנה אחרת ר' עקיבא מגדיר את ישראל כבנים (אבות פרק ג'):

[יד] הוא היה אומר... חביבין ישראל שנקראו **בנים** למקום, **חבה יתירה** נודעת להם שנקראו בנים למקום, שנאמר (דברים י"ד א) 'בנים אתם לה' אלוהיכם'.

39. ראו: א"א אורבך, חז"ל, עמ' 352-351.
40. פירוש: מרגע שהמים מקלקלים את התבשיל.
41. דימוי דומה אפשר למצוא בגמרא (בבלי שבת קיג ע"ב-קיד ע"א): "אמר רבי אחא בר אבא אמר רבי יוחנן: מניין לשנוי בגדים מן התורה, שנאמר 'ופשט את בגדיו ולבש בגדים אחרים' (ויקרא ו' ד). ותנא דבי רבי ישמעאל: לימדך תורה דרך ארץ, בגדים שבישל בהן קדירה לרבו – אל ימזוג בהן כוס לרבו". התנא מבית מדרשו של ר' ישמעאל לומד משירות הכוהן לשירות של כל אדם.
42. וראו ביתר הרחבה בפרק על הסוכה (פרק ט').

ר׳ עקיבא רואה בביטוי "בנים" ביטוי של חיבה, המעיד על היחס הרגשי של ה׳ כלפי ישראל. אכן, לכל אורך ספרות חז"ל ניתן למצוא את עם ישראל מכונה "בנים" של ה׳, כשיקוף של חיבת ה׳ לישראל. בהמשך לכך נראה שתלמידיו נחלקו בדיוק בשאלה זו (בבלי קידושין לו ע"א):[43]

> לכדתניא: ׳בנים אתם לה׳ אלוהיכם׳ (דברים י"ד א), בזמן שאתם נוהגים מנהג בנים – אתם קרוים בנים, אין אתם נוהגים מנהג בנים – אין אתם קרוים בנים, דברי ר׳ יהודה;
> רבי מאיר אומר: בין כך ובין כך אתם קרוים בנים, שנאמר: ׳בנים סכלים המה׳ (ירמיהו ד׳ כב), ואומר: ׳בנים לא אמון בם׳ (דברים ל"ב כ), ואומר: ׳זרע מרעים בנים משחיתים׳ (ישעיהו א׳ ד), ואומר: ׳והיה במקום אשר יאמר להם לא עמי אתם יאמר להם בני א־ל חי׳ (הושע ב׳ א).

ר׳ מאיר ור׳ יהודה חלוקים אם ה׳ עדיין רואה בבני ישראל בנים גם כאשר הם חוטאים.[44] האם החיבה לישראל תלויה במעשיהם או מנותקת מהם. אומנם ברור שיש ציפייה מהבנים לעשות את המוטל עליהם, אך השאלה היא אם יש קשר בין מילוי החובות לבין החיבה, כאשר הכינוי ׳בנים׳ מסמל את החיבה ולא את החובה.

כבן המתחטא על אביו – ביקורת על דימוי הבן במשנה

דימוי הבן או הבנים מצוי בסיפור המפורסם על חוני המעגל (משנה תענית פרק ג׳):

> [ח] מעשה שאמרו לו לחוני המעגל התפלל שירדו גשמים. אמר להם צאו והכניסו תנורי פסחים בשביל שלא ימוקו. התפלל ולא ירדו גשמים. מה עשה? עג עוגה ועמד בתוכה, ואמר לפניו: רבונו של עולם **בניך** שמו פניהם עלי שאני **כבן בית** לפניך, נשבע אני בשמך הגדול שאיני זז מכאן עד שתרחם על בניך. התחילו גשמים מנטפין, אמר: לא כך שאלתי אלא גשמי בורות שיחין ומערות.

43. ובמקבילה ספרי דברים פיסקא צו, והשוו ספרי דברים פיסקא שח. לשאלת ההגדרה של ישראל כבנים סביב החיבה בניגוד לחובה, ראו אצל א׳ גושן־גוטשטיין, אלוהים וישראל, עמ׳ 47-76.
44. הגמרא שמה בפי טורנוסרופוס את הקביעה שכשבני ישראל לא עושים רצונו של מקום הוא מגדיר אותם כעבדים ולא כבנים (בבלי בבא בתרא י ע"א). שם הפער בין בנים לעבדים בדבריו נוגע לשאלה אם יש לעזור לבן/עבד הנזוף (בנתינת צדקה). אפשר להוסיף שהשאלה היא גם אם יש שיקול דעת עצמי בשאלת נתינת הצדקה, כשמעמד העני עשוי להעיד על היותו נזוף למקום.

התחילו לירד בזעף, אמר: לא כך שאלתי אלא גשמי רצון ברכה ונדבה. ירדו כתיקנן עד שיצאו ישראל מירושלם להר הבית מפני הגשמים. באו ואמרו לו כשם שהתפללת עליהם שירדו כך התפלל שילכו להן, אמר להן: צאו וראו אם נמחת אבן הטועים. שלח לו שמעון בן שטח: אלמלא חוני אתה גוזרני עליך נידוי, אבל מה אעשה לך שאתה מתחטא לפני המקום ועושה לך רצונך **כבן** שהוא מתחטא על אביו ועושה לו רצונו, ועליך הכתוב אומר: 'ישמח **אביך ואמך** ותגל יולדתך' (משלי כ"ג כה).

חוני המעגל פונה לה' כנציג של בניו כדי לבקש עליהם רחמים ונענה. הדימוי של בנים בא יחד עם הרעיון של ה' כדואג לבניו, בעיקר בתחום הפיזי, וממלא את צורכיהם, ואפילו מרחם עליהם, גם אם הם אינם ראויים לכך. אם דימוי העבד עלה בנוגע לקיום המצוות והחובות של האדם מישראל, דימוי הבן בספרות חז"ל מתייחס לקשר הרגשי של ה' לבניו. לפי זה מובן מדוע חוני המעגל פונה לה' דווקא כבן בית שמייצג את בניו, ולא כעבד שבא להתחנן לרבו.

לצד זאת, נשים לב שבסוף הסיפור של חוני, שמעון בן שטח מעביר עליו ביקורת. אומנם הוא לא יכול לנדות אותו, אבל משמע מדבריו שההתנהגות של חוני, כשל ילד מפונק שכופה את ההורה לתת לו את מבוקשו, אינה לגיטימית. גם אם ה' בוחר לראות בנו בניו ולדאוג לנו, אנחנו – או ההנהגה הרבנית שלנו – לא רואים זאת בעין יפה. נדמה שנוח לנו יותר להיות בעמדת העבד, גם אם רבו שופך לו קיתון על פניו, מאשר בעמדת הילד המפונק, גם אם אביו ממלא את מבוקשו.

אומנם, המשנה מרבה לתאר את ה' כאב, אבל בתוספת קבועה של התיאור "אבינו שבשמיים".[45] ה' מוצג שוב ושוב כאביהם של ישראל, אבל נראה שהכינוי הזה דווקא מציג אותו באופן מרוחק. וכך, אנטיגונוס איש סוכו, שראינו לעיל, אומר "ויהי מורא שמים עליכם". כפי שראינו, גם ההגדרה של העבודה האידיאלית היא כעבודת עבד לרבו.[46]

45. ראו אצל א' גושן-גוטשטיין, אלוהים וישראל, עמ' 10–32. על הכינוי "שמיים" לה' כיושב השמיים וכמביע מרחק, ראו: א"א אורבך, חז"ל, עמ' 57. אומנם לדעת פרופ' אורבך, הכינוי "המקום" כמתייחס לא-ל שמתגלה בכל מקום, דווקא נועד לשמר את הקרבה (שם, עמ' 58–64).

46. פרופ' א"א אורבך (חז"ל, עמ' 348–370) מתייחס לאידיאל השילוב שבין אהבה ליראה בדברי חכמים. נראה לי שדווקא משום שחכמים הם ש'בחרו' את דגם העבד, על פני דגם הבן, מתוך אהבת ה', הם צריכים להדגיש גם את ממד היראה.

עיוני דרשה

״אבינו מלכנו״ – משמעות הדימוי בספרות חז״ל

לעיל ראינו שכשר׳ עקיבא מנסח את נקודת מבטו של ה׳, הוא מציג את בני ישראל כ״בנים למקום״, מתוך נקודת מוצא של חיבת ה׳. אותו ר׳ עקיבא מחדש או מנסח מטבע לשון, המסמלת נקודת מבט אחרת, כשאנו פונים אל ה׳: ״אבינו מלכנו״. וכך מסופר (בבלי תענית כה ע״ב):

> שוב מעשה ברבי אליעזר שירד לפני התיבה ואמר עשרים וארבע ברכות ולא נענה.
> ירד **רבי עקיבא** אחריו, ואמר: **אבינו מלכנו** אין לנו **מלך** אלא אתה. **אבינו מלכנו** למענך רחם עלינו, וירדו גשמים.
> הוו מרנני רבנן [חכמים היו מרננים, מלחששים].
> יצתה [יצאה] בת קול ואמרה: לא מפני שזה גדול מזה, אלא שזה מעביר על מידותיו, וזה אינו מעביר על מדותיו.

כשרבי עקיבא מתפלל לפני ה׳, הוא פונה אליו כאב וכמלך, בו זמנית, ותפילתו נענית ויורדים גשמים. הגמרא בבבלי מסבירה שר׳ עקיבא מעביר על מידותיו, בניגוד לר׳ אליעזר רבו, ובמקבילה בירושלמי ר׳ עקיבא מסביר שה׳ רואה אותו כילדה חצופה שהאב נענה לה רק כדי להשתיק אותה,[47] בניגוד לבת החביבה (ר׳ אליעזר), שהמלך דווקא מעדיף להמשיך להקשיב לה, ולכן לא נענה לה מיד. הסבר זה דומה לאופן שבו שמעון בן שטח הבין את המעשה של חוני המעגל, ובשני המקרים יש נימה של ביקורת על אף ההצלחה. עם זאת, השימוש בכינוי ״מלכנו״ רומז לריחוק, ואפילו לאדם ש״מעביר על מידותיו״, מכניע את עצמו ומעמיד עצמו כעבד.[48]

במקביל, או בהמשך למטבע הלשון שטבע ר׳ עקיבא, אם נחפש בספרות התנאים, נמצא משלים רבים שעוסקים בעם ישראל כבן, אבל ה׳ כמעט תמיד מתואר כמלך:[49] ״(משל) למלך שכעס על בנו״,[50] ״(משל) למלך בשר ודם שגזר על בנו״,

47. תלמוד ירושלמי מסכת תענית פ״ג ה״ד. ראו דיון אצל הרב ש׳ יסלזון, אבינו מלכנו, עמ׳ 12-16.
48. העדפתו של ר׳ עקיבא על סמך היותו ״מעביר על מידותיו״ לא קשורה בהכרח לתוכן התפילה. ומכל מקום, אפשר שהניסוח מעיד על הכנעה של ר׳ עקיבא.
49. על תולדות התפילה ״אבינו מלכנו״ ראו אצל הרב י׳ יעקבסון, נתיב בינה, כרך ה׳, עמ׳ 78-93.
50. לדוגמה: מכילתא דרשב״י שמות י״ד טו; ספרי במדבר פיסקא פו; בבלי ברכות לב ע״א, ועוד. ראו אצל א׳ גושן־גוטשטיין, אלוהים וישראל, עמ׳ 88-108.

ועוד.[51] ה׳ מתואר כמי שדואג לבניו, נותן להם מתנות, מחנך אותם, מעניש אותם וכועס עליהם. אבל למרות שהם בניו, הוא עדיין מלך.[52]

ניתן להציע שלדימוי הזה יש השפעה על התפיסה שלנו את ה׳. יש ממד של אינטימיות בתיאור עם ישראל כבנים של ה׳, אבל יש ממד גדול של נשגבות ושל מחויבות בתיאור ה׳ כמלך. פעמים רבות נראה בספרות חז״ל שהקשר בין המלך לבנו נעשה באמצעות אפוטרופוס או פדגוג, ולא בקשר ישיר. כמו בכינוי ״אבינו שבשמיים״, הרואה בה׳ דמות אב, אבל רחוקה ומחייבת, כך התפיסה של ה׳ כמלך שאנו בניו, משמרת את דמות האב, אבל מוסיפה עליו את השלטון המוחלט של מלך. נראה שהבחירה בכינוי ״אבינו מלכנו״ היא בחירה לראות בעם ישראל ׳בן העובד את אביו׳.

נעיין במדרש נוסף (ספרי במדבר פיסקא קטו):

> ד״א [דבר אחר] למה מזכירים יציאת מצרים על כל מצוה ומצוה?
> משל למה הדבר דומה, למלך שנשבה בן אוהבו וכשפדאו לא פדאו לשום בן חורין אלא לשום עבד, שאם יגזור ולא יהיה מקבל עליו יאמר לו עבדי אתה. כיון שנכנס למדינה אמר לו נעול לי סנדליי וטול לפני כלים להוליך לבית המרחץ, התחיל הבן ההוא מנתק.[53] הוציא עליו שטר ואמר לו עבדי אתה. כך כשפדה הקדוש ברוך הוא את זרע אברהם אוהבו, לא פדאם לשום בנים, אלא לשום עבדים, כשיגזור ולא יהיו מקבלים עליהם יאמר להם עבדיי אתם, כיון שיצאו למדבר התחיל לגזור עליהם מקצת מצות קלות ומקצת מצוות חמורות כגון שבת ועריות ציצית ותפילין, התחילו ישראל להיות מנתקים אמר להם עבדיי אתם על מנת כן פדיתי אתכם על מנת שאהיה גוזר ואתם מקיימים.

במדרש זה ברור שלבן יש יותר אפשרות לעשות כרצונו, ודווקא אצל העבד מודגשת המחויבות לקיים את דברי האדון־המלך.

51. לדוגמה: ספרי במדבר פיסקא פט; מכילתא דר״י בשלח, פרשתא דעמלק, פרשה ב, ועוד. למשלי המלך המחנך, המלך הגוזר, המלך והפדגוג/אפוטרופוס והמלך שמעניק מתנות, ראו אצל א׳ גושן־גוטשטיין, אלוהים וישראל, עמ׳ 117–161.
52. ראו אצל א׳ גושן־גוטשטיין, אלוהים וישראל, עמ׳ 37 ואילך. לדעת ד׳ שטרן, המשל במדרש, עמ׳ 30–44, גם משלים שבתקופת התנאים התייחסו לאדם, בתקופת האמוראים כבר הומרו למלך.
53. פועל זה מתייחס לפעולת המרידה נגד ה׳, ומבוסס בגמרא על הפסוק (תהלים ב׳ ג): ״נְנַתְּקָה אֶת מוֹסְרוֹתֵימוֹ וְנַשְׁלִיכָה מִמֶּנּוּ עֲבֹתֵימוֹ״.

מקראות קודש

תודעת הבן ותודעת העבד

לעיל הצעתי שההבחנה בין בן לעבד בתורה היא ההבחנה בין הקשר בין עם ישראל לקב״ה שיש בו ממד של עצמאות וחירות, כשהתורה מהווה מסגרת לחיים שהבן בוחר, לקשר שבו יש תודעה וציפייה תמידיות של שירות, כשהתורה היא התוכן של החיים של העבד ומגדירה אותו ואת חייו.

גם הכינוי ״אבינו מלכנו״, שמהדהד את ריבוי המשלים של מלך שיש לו בן, מבטא לדעתי לא רק קשר הורי, אלא גם קשר של שירות. נוסף לכך, נראה שהאופן שבו חז״ל עיצבו את ההלכה הוא ביטוי של תודעה עצמית של עבדים, המנסים באופן קבוע ומקיף לשרת ולרצות את המלך. אומנם ה׳ רואה בנו בנים, אבל אנחנו תופסים את עצמנו כבנים (שהם יותר) עבדים, כשם שאנו רואים בו אבינו (שהוא יותר) מלכנו.

במילים אחרות, חכמים באופן קבוע פורטים את דברי התורה לפרוטות. לדוגמה, אם התורה אמרה שיש לעשות את הפסח ״צלי אש״ (שמות י״ב ט), חכמים מלמדים את האופן המדויק ביותר האפשרי לוודא שהפסח יהיה צלוי דווקא באמצעות האש, ולא שום דבר אחר. לכן השיפוד שעליו צולים את קורבן הפסח יהיה עשוי מעץ רימון כדי שלא יתחמם ו״יבשל״ את הקורבן מבפנים שלא באמצעות חימום ישיר של האש.[54]

כשהתורה אומרת שצריך לשבת שבעה ימים בסוכות, חכמים יקבעו מידות מדויקות של מספר ואופי הדפנות והסכך, ומידות מינימום ומקסימום של גובה ורוחב, כדי להביא לידי ביטוי את הרעיונות השונים האפשריים של מצווה זו.[55]

חכמים ביטאו זאת במדרש (בבלי ברכות כ ע״ב):

> דרש רב עוירא, זמנין [לפעמים] אמר לה משמיה [משמו של] דרבי אמי וזמנין [לפעמים] אמר לה משמיה [משמו של] דרבי אסי: אמרו מלאכי השרת לפני הקדוש ברוך הוא: רבונו של עולם, כתוב בתורתך ׳אשר לא ישא פנים ולא יקח שחד׳ (דברים י׳ יז), והלא אתה נושא פנים לישראל, דכתיב: ׳ישא ה׳ פניו אליך׳ (במדבר ו׳ כו).

54. משנה פסחים פ״ז מ״א ובבבלי פסחים עד ע״א. הבדיקות שעושים הזב והזבה נועדו לוודא שלא רק שהם נמצאים במצב של היטהרות, אלא הם נקיים לגמרי.

55. משנה סוכה פרקים א׳-ב׳ ובסוגיות הגמרא.

אמר להם: וכי לא אשא פנים לישראל? שכתבתי להם בתורה: 'ואכלת ושבעת וברכת את ה' אלוהיך' (דברים ח' י), והם מדקדקים [על] עצמם עד כזית ועד כביצה.

לפי דברי חכמים בגמרא, התורה קבעה דרישה כללית לברך את ה' אחרי שאוכלים ושבעים, אבל חכמים דקדקו וקבעו שיעורים מדויקים, שלא נתונים לשיקול דעת, ובכך הרחיבו את המצווה מעבר לדרישה המקורית.

ההלכה שעוצבה בידי חכמים מלווה את האדם מבוקר יומו ועד ליל, מנטילת ידיים, ברכות השחר, אופן קשירת שרוכי הנעליים ולבישת הבגדים, נוסח התפילה וכן הלאה. חכמים הפכו את העולם הדתי למקיף כול וחובק כול. בכל רגע מיומו, יהודי עושה פעולה שמבטאת את עבודת ה'. אומנם לא כל אחד אימץ את כלל המנהגים הללו,[56] אבל נראה שהתפיסה הדומיננטית שבבסיס דברי חז"ל וההלכה היא תפיסת עבד, או לכל הפחות בן העובד את המלך אביו.

נראה שההסבר להבדל הוא שה' רוצה מאיתנו דברים בסיסיים – את הקשר, כלומר מערכת יחסים קרובה, את החסד ואת החברה התקינה, ואילו חכמים רוצים שנעניק חזרה על מה שה' נתן לנו. רק בני אדם יכולים לנסח בצורה כל כך טוטאלית את החובות לה', מתוך ענווה גמורה ומתוך הכרת הטוב עצומה, כ"בן העובד את אביו".

כשחוזרים לפסוקים בתהלים שמהווים את הבסיס לפיוט "אם כבנים, אם כעבדים", ניתן לראות שבפרק ק"ג המזמור מתאר את ה' כאב שמרחם על בנים. התיאור של ה' כרחום וחנון הוא מסקנה מהתנהגות ה' בעבר. לעומת זאת, הפסוקים בתהלים קכ"ג, המתחננים אל ה' ופונים אליו בבקשה, באים דווקא מנקודת המבט של האדם ומה הוא מעז לבקש, וזו חנינה של אדון את עבדו או גבירה את שפחתה.[57]

בין בנים לעבדים בתפילה ובעלייה לרגל

ניתן להמחיש את ההבחנה בין תודעת הבן לתודעת העבד לפי היחס לתפילה. חז"ל הציגו בפנינו כמה מקורות לתפילות היום־יומיות (בבלי ברכות כו ע"ב):

56. יש לשאול עד כמה ההנחיות הקטנות נועדו לכלל ועד כמה הן נועדו לעצב חברה מצומצמת יותר מתוך הכלל של תלמידי חכמים או עובדי ה' אינטנסיביים יותר.

57. אפשר לראות זאת בתגובה של שמעון בן שטח לחוני המעגל. שמעון בן שטח רואה בהתנהגות של חוני, כבן המתחטא על אביו, חוצפה שדורשת נידוי. אומנם הוא אינו מנדה אותו, בדיוק בגלל הדבר הזה, אבל הוא רואה בהתנהגות שלו התנהגות פסולה.

איתמר, רבי יוסי ברבי חנינא אמר: תפלות אבות תקנום;
רבי יהושע בן לוי אמר: תפלות כנגד תמידין תקנום.

הגמרא מביאה מחלוקת בנוגע למקור התפילות. לדעת ר׳ יוסי ברבי חנינא התפילות הן המשך לקשר הישיר והאישי של האבות עם ה׳. פיתוח מסוים של התפיסה הזאת ניתן למצוא בדברי רמב״ן, שרואה בתפילה חסד ה׳ שמוכן להקשיב לפניות שלנו אליו.[58] לעומת זאת, לדעת ר׳ יהושע בן לוי, התפילות היום־יומיות הן כנגד קורבנות התמיד. אדם מישראל הוא ככוהן המקריב בוקר וערב קורבן לה׳ ומתמיד בשירות אליו. בעוד התורה דורשת שהאדם מישראל ייפגש עם ה׳ שלוש פעמים בשנה, חכמים דורשים שנעבוד אותו שלוש פעמים ביום.

גם העלייה לרגל מתוארת, לכל הפחות בפי חלק מהחכמים, כעבודת העבד לרבו.[59] כך מתאר רב הונא (בבלי חגיגה ד ע״ב):

רב הונא, כי מטי להאי קרא [כשהגיע לפסוק הזה] 'יראה' (שמות כ״ג יז) 'יראה' בכי [בכה], אמר: **עבד** שרבו מצפה לו לראותו יתרחק ממנו? דכתיב [שכתוב]: 'כי תבאו לראות פני מי בקש זאת מידכם רמס חצרי' (ישעיהו א׳ יב).
רב הונא כי מטי להאי קרא בכי [כשהגיע לפסוק הזה בכה]: 'וזבחת שלמים ואכלת שם' (דברים כ״ז ז), **עבד** שרבו מצפה לאכול על שלחנו יתרחק ממנו? דכתיב: 'למה לי רב זבחיכם יאמר ה'' (ישעיהו א׳ יא).

רב הונא רואה בעולי הרגלים עבדים שבאים להיראות בפני ה׳, אך לפי הנביא ה׳ דוחה אותם. דברים אלו מזכירים את התיאור של המשנה בנוגע לגשם שיורד בחג הסוכות. נראה מכאן שעם ישראל נתפס כעבדים כל השנה כולה, אלא שברגלים תודעת השירות מתעצמת, ואולי גם מתוגמלת.

אפשר לראות בעלייה לרגל שני מוקדים אפשריים: המוקד האחד הוא עצם המפגש, והוא יונק מהריחוק שבשאר השנה, כאשר ברגלים נוצר מפגש מחודש, הכולל הבאת מתנה. נדמה לי שזה המוקד בתורה. מוקד אחר הוא הזדמנות לעבודת ה׳,

58. השגות הרמב״ן לספר המצוות של הרמב״ם, מצות עשה ה.
59. בפרק ב׳ הצעתי דמיון מסוים בין העולים לרגל ובין הכוהנים המשרתים. ראו לעיל עמ׳ 30. שתי המימרות של רב הונא הן חלק מחטיבה שלמה הרואה בעם ישראל עבד, אבל רב הונא קושר בין הדימוי לעלייה לרגל.

לעבוד בפניו בקורבן, וזה נעשה בזמנים שה' מזמן אותנו אליו לעבוד אותו. ונדמה שזה המוקד אצל חז"ל.[60]

אם נחזור לדיון על חול המועד (בפרק הקודם), מוקד אחד הוא בעצם ההזדמנות למפגש, שנתון לשיקול דעתנו עד כמה למלא אותו ובאיזה אופן. מוקד אחר מתייחס לחובות של העלייה לרגל, ושאר הדינים יונקים מהחובות המוגדרים והברורים, הסובבים את תודעת השירות.

שהחיינו וקיימנו

בחברה הדתית היום, אני מזהה הבדלים בין קבוצות דתיות בדיוק על השאלה אם אנחנו עבדים או בנים. האם החיים שלנו מוקדשים כולם מבוקר עד ערב לעבודת ה' או שמא אנחנו חיים את חיינו, בתוך המסגרת ההלכתית שקיבלנו מה', ומקווים להתקרב אליו בעיקר בזמנים מסוימים ובתקופות מסוימות.

נדמה לי שהקושי של חלקים מהחברה עם עולם ההלכה נובע מפער מסוים בין הרצון שהחיים הדתיים יהוו מסגרת לחיים מלאים ועצמאיים לבין התחושה שההלכה דורשת עבדות מן האדם, ודרישה לשעבוד החיים כל רגע וכל שעה.

בעיניי, הבנת היחס בין דרישת ה' מאיתנו בתורה שבכתב לדרישת חכמים מאיתנו בתורה שבעל פה קריטית לתודעה שלנו בעבודת ה'. ההבנה שה' רואה אותנו כבנים, בנים שבתקופה מסוימת חיו תחת חסותו והשגחתו הצמודה של ה', אבל המטרה היא שהם יחיו חיים עצמאיים, היא הבנה חשובה בכל הנוגע למקום שלנו מול הקב"ה. ה' אוהב אותנו וחפץ בהתפתחות ובהתקדמות שלנו. לצד זאת, חכמים, כמייצגים את האומה, מציגים הבנה עמוקה שראוי שנראה את עצמנו כעבדים. לא בגלל דרישת ה', אלא מהכרת הטוב העמוקה מצידנו, וגם מצד הרצון לשרת את הא־ל הגדול, הגיבור והנורא. כבן העובד את אביו, לא כי האב דורש, אלא כי הבן חש צורך.

יש בעם ישראל כאלה המאמצים, בתודעה, את תפיסת הבן, כפי שמפותח בתורה שבכתב. הם מחפשים הגשמה עצמית מסוימת, חווים את התחושה שראוי ונכון שכל אחד ישב תחת גפנו ותחת תאנתו ויטפח את החיים שלו, שהם אולי בורגניים, אך רבי

60. המילה "ריקם" מופיעה בתורה בשני הקשרים בלבד ובשלושה מופעים בכל הקשר: שחרור עבדים (בראשית ל"א מב; שמות ג' כא; דברים ט"ו יג) ועלייה לרגל (שמות כ"ג טו, ל"ד כ; דברים ט"ז טז). אפשר שהתורה דורשת "ולא יראו פני ריקם" מכוח זה שבני ישראל לא יצאו ממצרים ריקם, ואפשר שהדרישה נועדה לייצר מערכת הדדית יותר, ה' העניק לנו, ואנחנו מעניקים חזרה.

משמעות ומבטאים את השליחות הייחודית שלו, ובאותו זמן גם ישמור על קשר עם הקב"ה. אחרים מעם ישראל חיים בתודעה של עבד, כפי שהתפתחה בתורה שבעל פה. מבוקר עד ערב הם משועבדים לחפש את דבר ה׳ ומה ה׳ רוצה מהם. אלו גם אלו יכולים לעמוד בדרישות השונות של ההלכה, אבל חלק יראו בה מסגרת ואחרים מהות.

יש נקודה נוספת שברצוני לעמוד עליה. בעיניי, הדואליות שמציג מלאכי "אם אב אני... אם אדונים אני..." משתקפת בתמונת הראי של תפילות הימים הנוראים "אם כבנים... אם כעבדים...". אפשר לראות בהתלבטות הזאת, הן מצידו של ה׳ והן מצידנו, תפיסה מסוימת שאפשר לקרוא לה ׳האלוהים של שרדינגר׳. אפשר להסתכל על אלוהים כמלך או אדון, וכך אכן הוא יהיה, ואפשר להתבונן בו כאב, וזאת הדמות שהוא, כביכול, יעטה. ואומנם, בתקופות שונות בחיים אנחנו נחפש למצוא בה׳ דמות אחרת – לפעמים דמות אב או אם קרובים, ולעיתים רחוקים; לפעמים אדון קרוב שאפשר לשרת אותו, ולכל מעשה במהלך היום יהיו משמעות וחשיבות; ולפעמים מלך יושב על כיסאו בשמיים, ורק צופה בנתיניו שעושים את דברו בעולם. וכמים הפנים לפנים, כך לב ה׳ לאדם.

הבחירה לחזור על פרק כ"ז בתהלים בתקופה של הימים הנוראים רומזת לכך שזהו דגם שאנחנו רוצים לאמץ, גם אם זה רק בחלק מהשנה. במעגל החיים שלנו אנו עוברים גלגולים רבים. בחלק מהתקופות מרגישים יחסי הורים וילדים קטנים התלויים באופן מוחלט בהורה, ובתקופות אחרות מחפשים את העצמאות וה׳הגשמה העצמית׳. בתקופות מסוימות רוצים מסגרת דתית רחבה, ובאחרות עבודת ה׳ צפופה וטוטלית. אומנם המחויבות ההלכתית שה׳ יהיה בפרטים הקטנים של היום־יום עדיין אינה מחייבת אימוץ מוחלט של התודעה. אפשר לתת ביטוי לקשר עם ה׳ בפרטים הקטנים, ועדיין לחיות בתודעה ש"בנים אתם לה׳ אלוהיכם".

פרק ו

ראשי שנים וימי דין

כל אחד ואחת חווים את הימים הנוראים באופן אחר. יש אנשים שכבר בתחילת חודש אלול רועדים כמו הדגים שבים, בעוד אחרים מחכים (סמוך יותר) לראש השנה כדי להיכנס לאווירת היום. יש אנשים שרואים בראש השנה בעיקר יום חגיגי, ומתמקדים באוכל המיוחד, בסימני החג, בבגדים החדשים ובאווירת ההתחדשות. לעומתם נמצא את אלו שחרדים לקראת היום הקדוש, מתרכזים בסליחות, בחזרה בתשובה, ובאימת יום הדין.

אבל כשמעיינים בתורה, אף אחד מן המרכיבים הללו אינו קיים. התורה קובעת (ויקרא כ"ג):

> (כג) וַיְדַבֵּר ה' אֶל מֹשֶׁה לֵּאמֹר: (כד) דַּבֵּר אֶל בְּנֵי יִשְׂרָאֵל לֵאמֹר בַּחֹדֶשׁ הַשְּׁבִיעִי בְּאֶחָד לַחֹדֶשׁ יִהְיֶה לָכֶם שַׁבָּתוֹן זִכְרוֹן תְּרוּעָה מִקְרָא קֹדֶשׁ: (כה) כָּל מְלֶאכֶת עֲבֹדָה לֹא תַעֲשׂוּ וְהִקְרַבְתֶּם אִשֶּׁה לַה'.

פסוקים אלו מדברים על 'שבתון זכרון תרועה' שיוצא בכלל 'בחדש **השביעי** באחד לחדש'. איך הגענו מהפסוקים הללו לאימת יום הדין של ראש השנה?[1]

בפרק הזה נעסוק בממד של ראש השנה כיום דין, ובשאר ראשי השנים וימי הדין, וננסה להסביר על מה מבוססים שני המרכיבים הללו.

1. ראו בשאלות הפתיחה של הרמב"ן לדרשתו לראש השנה. על הקשר לשופר נעמוד בפרק הבא.

עיוני משנה

ארבעה ראשי שנים וארבעה ימי דין

הפעם נתחיל את העיון מהמשנה, שכן בה אנחנו פוגשים לראשונה רשימה של ראשי שנים וימי דין (ראש השנה פרק א׳):

[א] ארבעה **ראשי שנים** הם:
באחד בניסן **ראש השנה** למלכים ולרגלים,
באחד באלול **ראש השנה** למעשר בהמה, רבי אלעזר ורבי שמעון אומרים באחד בתשרי,
באחד בתשרי **ראש השנה** לשנים ולשמיטין וליובלות לנטיעה ולירקות,
באחד בשבט **ראש השנה** לאילן כדברי בית שמאי, בית הלל אומרים בחמשה עשר בו.
[ב] בארבעה פרקים העולם **נידון**:
בפסח על התבואה,
בעצרת על פירות האילן,
בראש השנה כל באי העולם עוברין לפניו כבני מרון[2] שנאמר ׳היוצר יחד לבם המבין אל כל מעשיהם׳ (תהלים ל״ג טו),
ובחג נידונין על המים.

מסכת ראש השנה פותחת את הדיון בראש השנה על ידי קישורו לשתי מערכות של זמנים: ראשי חודשים ופרקים שבהם העולם נידון. משנה א פותחת בארבעה ראשי שנים וקושרת בינם לבין ראשי חודשים. אומנם על ראש השנה של שבט יש מחלוקת בין בית הלל לבית שמאי, אבל כשהמשנה מציינת תחילה את דעת בית שמאי,[3] היא

2. הגמרא (בבלי ראש השנה יח ע״א) הביאה שלשה פירושים לביטוי זה: ״כבני אמרנא״ (רש״י – ״ככבשים שמונין אותם לעשרן, ויוצאין זה אחר זה בפתח קטן, שאין יכולין לצאת כאחד״), כמעלות בית חורון או חילות של בית דוד. הרב פרופ׳ ש׳ ליברמן (תוספתא כפשוטה, ה, עמ׳ 1022–1023) מתייחס לגרסת המשנה בכת״י קאופמן, שם כתוב ״כבנו מרון״. ניתן להבין ״כבנומרון״ המקביל ל-numerus, שהוא שמה של יחידה צבאית רומית. אפשר לספור את החיילים ביחידות (חיילות בית דוד) או אחד אחד (אם הם עולים במעלה צר על ההר). ראו שם דיון. וראו להלן, הערה 33.
3. כך המשנה נוקטת ברוב המקרים, השוו בבלי עירובין יג ע״ב. כאן יש לכך משמעות ספרותית נוספת.

מייצרת רצף שממנו עולה שראש השנה הוא גם ראש חודש. לצד זאת, דעת בית הלל שראש השנה לאילן הוא בט״ו בחודש שוברת את הרצף הזה ואת ההנחה הבסיסית שמעגל השנה קשור למעגל התחדשות הירח. המשך פרקים א׳-ב׳ ותחילת פרק ג׳, העוסקים בקידוש החודש, מחזקים את הקשר בין ראש השנה לראש חודש.

משנה ב שמה את ראש השנה במסגרת ארבעה פרקים שבהם העולם נידון. במשנה א שעסקה בראשי שנים, ראש השנה כונה ״אחד בתשרי״, שכן שאר המועדים המוזכרים הם גם ראשי שנים, אך במשנה ב אחד בתשרי מכונה פשוט ״ראש השנה״ ולמעשה מכוון, שכל ראשי השנים הם שווים אבל יש ראשי שנים שהם שווים יותר.

על המשנה יש לשאול כמה שאלות: איך ייתכן שיש כמה ראשי שנים? איך יודעים שיש כמה ראשי שנים? מה המשמעות של ראשי שנים שהם חלק מכמה ראשי שנים? מה היחס בין ראשי השנים לפרקים שבהם העולם נידון? מניין לנו שבתקופות הללו העולם אכן נידון? ומה מקומו של ״ראש השנה״ בתוך המארג הכפול הזה?

עיוני מקרא

ראש חודשים וראשית השנה

בתנ״ך יש לכאורה ראש אחד לשנה (שמות י״ב):

(א) וַיֹּאמֶר ה׳ אֶל מֹשֶׁה וְאֶל אַהֲרֹן בְּאֶרֶץ מִצְרַיִם לֵאמֹר: (ב) הַחֹדֶשׁ הַזֶּה לָכֶם **רֹאשׁ חֳדָשִׁים** רִאשׁוֹן הוּא לָכֶם **לְחָדְשֵׁי הַשָּׁנָה**.

לפי התורה נראה כי הזמן מתחיל ב״החודש הזה לכם״. בהמשך רואים שמדובר בחודש האביב, המכונה אצלנו ניסן. כל הזמנים בתורה מכאן ואילך מתייחסים לנקודת הזמן הזו כנקודה שממנה מתחילים לספור את החודשים. עד ימי שיבת ציון, שבהם ניתנו לחודשים שמות בבליים, החודשים מכונים החודש הראשון, השני וכן הלאה.[4] התאריכים של הלוח העברי נקבעים לפי הסדר הסידורי הזה: פסח וחג המצות בחודש הראשון; לאחר שבעה שבועות חג השבועות; יום (זכרון) תרועה, יום הכיפורים, וחג הסוכות בחודש השביעי. אם כן, לכאורה יש מעגל אחד של השנה שמתחיל בניסן, ובמעגל הזה קשה לראות את ראשית החודש השביעי כראש השנה.

4. השם ׳ניסן׳ מופיע בספרים אסתר (ג׳ ז) ונחמיה (ב׳ א). חז״ל העידו ששמות החדשים ״עלו בידם מבבל״ (ירושלמי ראש השנה פ״א ה״ב, דף ו ע״א).

אומנם התורה מלאה ברמזים למעגל שנה נוסף.[5] כך נאמר בתיאור הרגלים בשמות כ"ג:

(יד) שָׁלֹשׁ רְגָלִים תָּחֹג לִי בַּשָּׁנָה: (טו) אֶת חַג הַמַּצּוֹת תִּשְׁמֹר שִׁבְעַת יָמִים תֹּאכַל מַצּוֹת כַּאֲשֶׁר צִוִּיתִךָ לְמוֹעֵד חֹדֶשׁ הָאָבִיב כִּי בוֹ יָצָאתָ מִמִּצְרָיִם וְלֹא יֵרָאוּ פָנַי רֵיקָם: (טז) וְחַג הַקָּצִיר בִּכּוּרֵי מַעֲשֶׂיךָ אֲשֶׁר תִּזְרַע בַּשָּׂדֶה וְחַג הָאָסִף **בְּצֵאת הַשָּׁנָה** בְּאָסְפְּךָ אֶת מַעֲשֶׂיךָ מִן הַשָּׂדֶה.

לפי פסוקים אלו, חג האסיף הוא בצאת השנה. היה אפשר לומר שהשנה החקלאית מתחילה בחג המצות ומסתיימת בחג האסיף,[6] אבל קשה להגדיר את השנה בצורה כזו, שבה חצי שנה אינה נכללת במעגל השנה. במקבילה בשמות ל"ד הזמן הזה מכונה:

(כא) שֵׁשֶׁת יָמִים תַּעֲבֹד וּבַיּוֹם הַשְּׁבִיעִי תִּשְׁבֹּת בֶּחָרִישׁ וּבַקָּצִיר תִּשְׁבֹּת: (כב) וְחַג שָׁבֻעֹת תַּעֲשֶׂה לְךָ בִּכּוּרֵי קְצִיר חִטִּים וְחַג הָאָסִיף **תְּקוּפַת הַשָּׁנָה**.

אם כן, יוצא שחג האסיף הוא תקופת השנה, מלשון "להקיף" – כאן מסתיימת ההקפה של המעגל השלם.[7]

גם דין היובל מלמד שהשנה מתחילה בחודש השביעי (ויקרא כ"ה):

(ד) **וּבַשָּׁנָה הַשְּׁבִיעִת** שַׁבַּת שַׁבָּתוֹן יִהְיֶה לָאָרֶץ שַׁבָּת לַה' שָׂדְךָ לֹא תִזְרָע וְכַרְמְךָ לֹא תִזְמֹר... (ח) וְסָפַרְתָּ לְךָ שֶׁבַע שַׁבְּתֹת שָׁנִים שֶׁבַע שָׁנִים שֶׁבַע פְּעָמִים וְהָיוּ לְךָ יְמֵי שֶׁבַע שַׁבְּתֹת הַשָּׁנִים תֵּשַׁע וְאַרְבָּעִים שָׁנָה: (ט) וְהַעֲבַרְתָּ שׁוֹפַר תְּרוּעָה בַּחֹדֶשׁ הַשְּׁבִעִי **בֶּעָשׂוֹר לַחֹדֶשׁ** בְּיוֹם הַכִּפֻּרִים תַּעֲבִירוּ שׁוֹפָר בְּכָל אַרְצְכֶם: (י) **וְקִדַּשְׁתֶּם אֵת שְׁנַת הַחֲמִשִּׁים שָׁנָה** וּקְרָאתֶם דְּרוֹר בָּאָרֶץ לְכָל יֹשְׁבֶיהָ יוֹבֵל הִוא תִּהְיֶה לָכֶם וְשַׁבְתֶּם אִישׁ אֶל אֲחֻזָּתוֹ וְאִישׁ אֶל מִשְׁפַּחְתּוֹ תָּשֻׁבוּ: (יא) יוֹבֵל הִוא **שְׁנַת הַחֲמִשִּׁים שָׁנָה** תִּהְיֶה לָכֶם לֹא תִזְרָעוּ וְלֹא תִקְצְרוּ אֶת סְפִיחֶיהָ וְלֹא תִבְצְרוּ אֶת נְזִרֶיהָ.

5. עסקו בכך לא מעט. ראו לדוגמה: רמב"ן, בדרשה לראש השנה; רד"צ הופמן בפירושו לויקרא כ"ג כג (גם בעקבות אברבנאל); ובימינו: הרב מ' ברויאר, ראשי שנים; הרב ד"ר י' בן נון, ראש השנה, שרואה בכל חודש תשרי תקופה של ראשית השנה, ועוד.
6. ראו לדוגמה הרב ת' גרנות, חג הסוכות, עמ' 42–44.
7. ראו מילון BDB ערך 'תקופה'.

לפי התורה, עובדים את האדמה שש שנים, ובשנה השביעית "שבת לארץ". בנוגע לשמיטה, לא נאמר במפורש מתי השנה השביעית מתחילה. דבר זה מתברר מהיובל, בשנה החמישים, שבו מקדשים את השנה בחודש השביעי. אומנם, קידוש היובל הוא בעשור לחודש, אבל ברור שמעגל השנה מתחיל בחודש השביעי (תשרי), ולא בחודש הראשון (ניסן).

גם מפסוקי ההקהל לומדים שחג הסוכות חל בסוף השנה, או בסוף סדרה של שנים (דברים ל"א י): "וַיְצַו מֹשֶׁה אוֹתָם לֵאמֹר **מִקֵּץ** שֶׁבַע שָׁנִים בְּמֹעֵד שְׁנַת הַשְּׁמִטָּה **בְּחַג הַסֻּכּוֹת**".[8]

אם כן, די ברור שגם אם חודשי השנה מתחילים בניסן, תחילת השנה וסופה הם דווקא בתשרי. דבר זה מלמד אותנו שיש לפחות שני מעגלים לשנה: מעגל של חודשים ומעגל של שנים. בניסן התחילה ההיסטוריה היהודית ובתשרי מתחילה השנה החקלאית, שכן היא באה לידי ביטוי דרך עבודת האדמה והפסקתה בשמיטה וביובל, ובסיכום השנה על ידי האסיף של חג הסוכות.[9]

מכאן כבר נפתח פתח לרעיון שיש כמה מעגלים לשנה – והם תלויי הקשר.

ראש השנה כמסגרת לארגון זמן

מצאנו התייחסות למסגרת של שנה בשני הקשרים נוספים. הראשון בדברים י"ד:

(כב) עַשֵּׂר תְּעַשֵּׂר אֵת כָּל **תְּבוּאַת זַרְעֶךָ** הַיֹּצֵא הַשָּׂדֶה **שָׁנָה שָׁנָה**... (כח) **מִקְצֵה שָׁלֹשׁ שָׁנִים** תּוֹצִיא אֶת כָּל מַעְשַׂר תְּבוּאָתְךָ בַּשָּׁנָה הַהִוא וְהִנַּחְתָּ בִּשְׁעָרֶיךָ: (כט) וּבָא הַלֵּוִי כִּי אֵין לוֹ חֵלֶק וְנַחֲלָה עִמָּךְ וְהַגֵּר וְהַיָּתוֹם וְהָאַלְמָנָה אֲשֶׁר בִּשְׁעָרֶיךָ וְאָכְלוּ וְשָׂבֵעוּ לְמַעַן יְבָרֶכְךָ ה' אֱלֹהֶיךָ בְּכָל מַעֲשֵׂה יָדְךָ אֲשֶׁר תַּעֲשֶׂה.

8. הביטוי "ראש השנה" מופיע לראשונה אצל יחזקאל הנביא (יחזקאל מ', א): "בְּעֶשְׂרִים וְחָמֵשׁ שָׁנָה לְגָלוּתֵנוּ **בְּרֹאשׁ הַשָּׁנָה** בֶּעָשׂוֹר לַחֹדֶשׁ בְּאַרְבַּע עֶשְׂרֵה שָׁנָה אַחַר אֲשֶׁר הֻכְּתָה הָעִיר...". הפרשנים הקלאסיים קבעו שמדובר ביום הכיפורים, שהוא נקודת ציון של ראשית השנה בשנת היובל, אך יש החולקים על זיהוי זה, ולדעתם יחזקאל מתייחס לחודש ניסן. ראו דיון אצל הרב א' וולפיש, שיטת העריכה, עמ' 51 הערה 35.

9. ראו: הרב מ' ברויאר, לעיל הערה 5. הרב ברויאר מציין שניסן משמעותי לספירת החודשים, בעוד שלחודשי השנה שמתחילה בתשרי יש שמות אחרים (זיו, בול וכו') שמתאימים לעונה החקלאית. הרב ד"ר י' בן נון (שם) מציין שא' בתשרי נבחר לראש השנה מתוך התקופה כולה משום שהוא חל בראש החודש.

בדברים י״ד התורה מתייחסת למעגל השנה ולסיום השנה בהקשר של מעשרות של תבואת השדה. בדברים ט״ו נאמר:

(יט) כָּל **הַבְּכוֹר** אֲשֶׁר יִוָּלֵד **בִּבְקָרְךָ וּבְצֹאנְךָ** הַזָּכָר תַּקְדִּישׁ לַה׳ אֱלֹהֶיךָ לֹא תַעֲבֹד בִּבְכֹר שׁוֹרֶךָ וְלֹא תָגֹז בְּכוֹר צֹאנֶךָ: (כ) לִפְנֵי ה׳ אֱלֹהֶיךָ תֹאכְלֶנּוּ **שָׁנָה בְשָׁנָה** בַּמָּקוֹם אֲשֶׁר יִבְחַר ה׳ אַתָּה וּבֵיתֶךָ.

הביטוי ״שנה בשנה״ מופיע בדברים ט״ו בקשר לבכורות הבקר והצאן.

אם כן, התורה מתייחסת למעגל שנתי הן ביחס לחודשים (המערכת האנושית הקלה ביותר לארגון זמן המבוססת על המחזוריות בטבע), הן לעבודת האדמה (בהקשר של שמיטה ויובל), הן ביחס למעשרות מן השדה והן ביחס לבכורות הצאן. מכאן הדרך סלולה להגדיר ארבעה ראשי שנים – למסגרות האנושיות של רגלים ומלכים, להגדרות שנה של שמיטה, יובל ועבודה חקלאית, ולמסגרות חקלאיות נוספות – בעלי חיים מצד אחד, ופירות אילן מצד שני. מעיון בתורה עצמה היה נראה לייחד סעיף לתבואת השדה דווקא, אבל חכמים מתרגמים אותו לפירות האילן, ובהמשך נראה לכך ביטוי נוסף.

לפי זה, משמע ש״ראש השנה״ הוא דרך לארגון הזמן, ובין היתר משמש כסמן עבור ״שנת המס״ של התוצרת החקלאית: הירקות בא׳ בתשרי, פירות האילן בשבט, ופרי הבטן של הבהמות בא׳ באלול.[10]

בין ראש השנה ליום הדין

אבל מה בין ראש השנה, שנראה שנועד לארגן את הזמן, לימי דין?[11]

10. לשני ראשי שנים יש תאריך קבוע מהתורה, ולכן הוא גם ״מוסכם״, בעוד שביחס למעשרות השונים, כיוון שאין תאריך ברור בתורה (אלא רק רמז לכך שכל שנה עומדת בפני עצמה), נחלקו התנאים מתי ראש השנה שלהם.

11. לכאורה, התשובה לשאלה זו מופיעה במשנה עצמה המביאה את הפסוק: ״מִשָּׁמַיִם הִבִּיט ה׳ רָאָה אֶת כָּל בְּנֵי הָאָדָם. מִמְּכוֹן שִׁבְתּוֹ הִשְׁגִּיחַ אֶל כָּל יֹשְׁבֵי הָאָרֶץ. **הַיֹּצֵר יַחַד לִבָּם המבין אֶל כָּל מַעֲשֵׂיהֶם**״ (תהלים ל״ג יג-טו). פסוקים אלו מדברים על ה׳ שמסתכל על הארץ כדי לבחון את מעשי בני האדם. עם זה, לא ברור כיצד זה קשור דווקא לראש השנה. למאן דאמר שבתשרי נברא העולם, הקשר לפסוקים אלו ברור יותר, שכן המזמור מתייחס גם לבריאת העולם. בתוספתא המקבילה (פ״א הי״א) צוטטו פסוקים נוספים – מוכרים יותר – לחיזוק הקשר שבין ראש השנה ליום הדין: ״תִּקְעוּ בַחֹדֶשׁ שׁוֹפָר בַּכֵּסֶה לְיוֹם חַגֵּנוּ. כִּי חֹק לְיִשְׂרָאֵל הוּא מִשְׁפָּט לֵאלֹהֵי יַעֲקֹב״ (תהלים פ״א ד-ה). יש כאן קשר בין תקיעת השופר כשהחודש מתכסה למשפט, ועם זאת אפשר לפרש

לכאורה, הדבר עולה ממקום נוסף שבו מעגל השנה מוזכר בספר דברים (פרק י"א):

(יא) וְהָאָרֶץ אֲשֶׁר אַתֶּם עֹבְרִים שָׁמָּה לְרִשְׁתָּהּ אֶרֶץ הָרִים וּבְקָעֹת לִמְטַר הַשָּׁמַיִם תִּשְׁתֶּה מָּיִם: (יב) אֶרֶץ אֲשֶׁר ה' אֱלֹהֶיךָ דֹּרֵשׁ אֹתָהּ **תָּמִיד** עֵינֵי ה' אֱלֹהֶיךָ בָּהּ **מֵרֵשִׁית הַשָּׁנָה וְעַד אַחֲרִית שָׁנָה:** (יג) וְהָיָה **אִם שָׁמֹעַ תִּשְׁמְעוּ** אֶל מִצְוֹתַי אֲשֶׁר אָנֹכִי מְצַוֶּה אֶתְכֶם הַיּוֹם לְאַהֲבָה אֶת ה' אֱלֹהֵיכֶם וּלְעָבְדוֹ בְּכָל לְבַבְכֶם וּבְכָל נַפְשְׁכֶם: (יד) וְנָתַתִּי מְטַר אַרְצְכֶם בְּעִתּוֹ יוֹרֶה וּמַלְקוֹשׁ וְאָסַפְתָּ דְגָנֶךָ וְתִירֹשְׁךָ וְיִצְהָרֶךָ: (טו) וְנָתַתִּי עֵשֶׂב בְּשָׂדְךָ לִבְהֶמְתֶּךָ וְאָכַלְתָּ וְשָׂבָעְתָּ.

בנאום ההכנה לקראת הכניסה לארץ, משה רבנו מדגיש את ייחודה של ארץ ישראל לעומת מצרים. בעוד במצרים המים מצויים בשפע, בארץ ישראל המים תלויים בגשם, והגשם קשור לעיני ה' הנמצאות בארץ "מרשית השנה ועד אחרית שנה". משמע שעיני ה' בוחנות את הארץ ובודקות אם היא אכן ראויה לגשמים. אפשר לפרש שעיני ה' בוחנות את המציאות לאורך השנה כולה, כפי שנאמר "תמיד". לחלופין, אפשר שעיני ה' תמיד כאן, אבל הבחינה נעשית מראשית השנה עבור השנה כולה.[12] לפי פסוק זה, עולה האפשרות שראשית השנה – לפחות השנה החקלאית הכללית – היא זמן שבו נבחן עם ישראל אם הוא ראוי לקבל את השפע, ומכאן שזהו יום של דין באופן כללי.[13]

רעיון זה בוודאי אפשרי ומסתבר, אך הוא אינו מסביר את קיומם של ימי דין שונים לאורך השנה, כפי שמתואר במשנה. במיוחד כשמביאים בחשבון שהמשנה קבעה את ימי הדין שקשורים לחקלאות בתאריכים אחרים. הקביעה ש"בחג נידונים על המים" מסתברת לאור העובדה שחג הסוכות הוא בתקופת ראשית או אחרית השנה. חג הסוכות כזמן של דין על המים מופיע במפורש גם בדברי הנביא זכריה (פרק י"ד), כפי שנראה בהמשך.

שהפסוק מתייחס לכך שזהו חוק ומשפט, כלומר מצווה, לתקוע בשופר, מה שמאפשר לבחון כיוונים נוספים.

12. ההתלבטות לגבי זמן הדין באה לידי ביטוי במחלוקת התנאים על אודות ימי הדין בתוספתא ראש השנה פ"א הי"ג במהדורת ליברמן (ובמקבילות). וראו דיון אצל הרב א' וולפיש, יום הדין, עמ' 61–88.

13. הבנה זו של הפסוקים אינה הכרחית ומושפעת מהידיעה שעברה במסורת על אודות יום הדין. עם זאת, נראה לי שהדברים קרובים לפשט.

עדיין לא ברור מה ההבדל או היחס בין א׳ בתשרי לחג הסוכות. כמו כן, לא ברור מניין הגיעו ימי הדין הנוספים – בפסח על התבואה ובעצרת על פירות האילן. נעיין בתוספתא ובגמרא ונמצא שם נתונים נוספים.[14]

עיוני דרשה

ראשי שנים, ימי דין והזדמנות לברכה

לצד ההסברים בגמרא שקושרים בין התקופות החקלאיות לקיומם של ראשי השנים הנוספים (א׳ או ט״ו בשבט לפירות האילן, וא׳ באלול למעשר בהמה), ניתן למצוא גם ״ראשי שנים״ נוספים. כך נאמר בברייתא בבבלי (ראש השנה ז ע״ב):

> מיתיבי: ששה עשר בניסן **ראש השנה** לעומר, ששה בסיון **ראש השנה** לשתי הלחם.

ברייתא זו מפליאה: מה המשמעות של ״ראש השנה לעומר״ או ״ראש השנה לשתי הלחם״? לצד הקושי בשאלה, יש בה גם תשובה מעניינת לשאלה אחרת ששאלנו: מניין שבפסח נידונים על התבואה ובעצרת על פירות האילן? צירוף המשנה עם הברייתא יוצר מערך שבו ״פסח״ באופן כללי, או בט״ז בניסן באופן ספציפי, הוא ראש השנה לעומר, וזהו גם הזמן שבו נידונים על התבואה. בשישה בסיוון, קרי בשבועות (״עצרת״), ראש השנה לשתי הלחם, וזהו גם הזמן שבו נידונים על פירות האילן. לעיל כבר ראינו קשר בין תבואת השדה לפירות האילן, ונעמוד עליו בהמשך.

יוצא מכאן שאם במשנה היה נדמה שיש שתי מערכות – מערכת של ראשי שנים שנועדו לארגן את הזמן ומערכת של ימי דין שבהם העולם נידון, הברייתא למעשה מייצרת מערכת של ראשי שנים שהם הם הזמנים שבהם העולם נידון. ימי הדין הם (גם) ראשי שנים. כאן גם נוסף נתון חשוב: את ראשי השנים הברייתא קשרה דווקא לקורבן המיוחד שמביאים בחג עצמו – עומר בט״ו בניסן ושתי הלחם בו׳ בסיוון.

אם כן, **המשנה** קשרה בין החגים לפרקים שבהם העולם נידון ו**הברייתא** קשרה בין החגים, ראשי שנים וקורבן מיוחד.

14. גם בקומראן היו מעין ארבעה ״ראשי שנים״ או ימי תקופה שהם גם ימי זיכרון, זכר לימים שבהם ה׳ פעל במבול מפני שזכר את נח. ראו: א׳ שמש וכ׳ ורמן, לגלות נסתרות, עמ׳ 276–277. לדעת פרופ׳ א׳ שמש, חגיגת ימי הזיכרון היא ביטוי להכרה בשליטת הא־ל בטבע.

בתוספתא נראה חיזוק נוסף לקשר בין הדברים השונים (ראש השנה פ"א הי"ב במהדורת ליברמן):

אמ' ר' עקיבא אמרה תורה הבא עומר שעורין בפסח **שהו פרק**[15] **שעורין כדי שתתברך** לכם תבואה,
הבא חטים בכורים בעצרת שהוא **פרק אילן כדי שיתברכו** עליך פירות אילן,
הבא ניסוך המים בחג **כדי שיתברכו** עליך מי גשמים,
אמרו לפניו מלכיות זכרונות ושופרות: מלכיות **כדי** שתמליכוהו עליהם,
זכרונות **כדי** שיבא זכרונכם לטובה לפניו, שופרות **כדי שתעלה תפלתכם** בתרועה לפניו.

ר' עקיבא מתייחס לארבעת "הפרקים שבהם העולם נידון" של המשנה, כאשר בכל אחד מהם "מביאים" משהו לה': עומר בפסח, שתי הלחם בעצרת, ניסוך מים בחג (הסוכות) וברכות של מלכויות, זכרונות ושופרות יחד עם תרועת השופר בראש השנה.

הברייתא הזאת קושרת בין החג, הקורבן המיוחד והאפשרות להתברך על הצרכים הממשמשים ובאים, כל אחד בפרקו: בסוכות נותנים את שאריות המים, אחרי הקיץ הארוך, בתקווה לזכות למים; בפסח נותנים את ראשית התבואה, בתקווה לזכות לברכה בתבואה; ובעצרת נותנים את ראשית התבואה ה"מפותחת" לכדי לחם, בתקווה לזכות לברכה במפעלים החקלאיים האנושיים, פירות העץ.[16]

במקום אחר הגמרא קושרת בין העומר ושתי הלחם לחשש החקלאי (בבלי סוכה לז ע"ב):

תנן התם: שתי הלחם ושני כבשי עצרת כיצד הוא עושה? מניח שתי הלחם על גבי שני הכבשין, ומניח ידו תחתיהן ומניף, ומוליך ומביא, מעלה ומוריד, שנאמר 'אשר הונף ואשר הורם' (שמות כ"ט כז).
אמר רבי יוחנן: מוליך ומביא – למי שהארבע רוחות שלו, מעלה ומוריד – למי שהשמים והארץ שלו.

15. בניסוח הברייתא בבבלי (ראש השנה טז ע"א) המינוח הוא "מפני ש.. הוא זמן...". לשון התוספתא מבהירה את הקשר לארבעת ה"פרקים" שבהם העולם נידון, שכן בכל אחד זהו ה"פרק" של תקופה חקלאית אחרת. ראו אצל ש' ליברמן, תוספתא כפשוטה, ה, עמ' 1024.

16. ראו התייחסות בהרחבה בפרק י' על ארבעת המינים, ובפרק י"ב על בקשת הגשמים.

במערבא מתנו הכי [שנו כך], אמר רבי חמא בר עוקבא אמר רבי יוסי ברבי חנינא: מוליך ומביא – כדי לעצור רוחות רעות, מעלה ומוריד – כדי לעצור טללים רעים.

הברייתא קובעת שההנפה שנאמרה בשתי הלחם כוללת גם הרמה.[17] מכאן היא מסיקה שמנענעים לכיוונים שונים: גם לצדדים (הנפה) וגם מעלה־מטה (הרמה). מה המטרה של התנועה הזו? לדעת ר׳ יוחנן יש בכך ממד מסוים של הקדשה, או של הצהרה, שמנחה זו מעידה על השלטון של ה׳ בכל מקום. בארץ ישראל הסבירו באופן אחר, שיש בהנפה ובתרומה בקשה לעצור את הרוחות הרעות והטללים הרעים, כלומר הפנייה לכיוונים השונים היא סמל לתפילה למזג אוויר מיטיב לגידולים החקלאיים.[18]

בין תבואת השדה לפירות האילן

לפני שנדון במשמעות של החיבורים השונים שנוצרו בין מועדים, קורבנות, דין וראש השנה, ננסה להבין את הקשר בין שתי הלחם לפירות האילן, שחוזר שוב ושוב, על רקע המיקום של החיטה והשעורה בדברי השבח לארץ ישראל (דברים פרק ח׳):

(ז) כִּי ה׳ אֱלֹהֶיךָ מְבִיאֲךָ אֶל אֶרֶץ טוֹבָה אֶרֶץ נַחֲלֵי מָיִם עֲיָנֹת וּתְהֹמֹת יֹצְאִים בַּבִּקְעָה וּבָהָר: (ח) **אֶרֶץ חִטָּה וּשְׂעֹרָה וְגֶפֶן וּתְאֵנָה וְרִמּוֹן אֶרֶץ זֵית שֶׁמֶן וּדְבָשׁ:** (ט) אֶרֶץ אֲשֶׁר לֹא בְמִסְכֵּנֻת תֹּאכַל בָּהּ **לֶחֶם** לֹא תֶחְסַר כֹּל בָּהּ אֶרֶץ אֲשֶׁר אֲבָנֶיהָ בַרְזֶל וּמֵהֲרָרֶיהָ תַּחְצֹב נְחֹשֶׁת: (י) וְאָכַלְתָּ וְשָׂבָעְתָּ וּבֵרַכְתָּ אֶת ה׳ אֱלֹהֶיךָ עַל הָאָרֶץ הַטֹּבָה אֲשֶׁר נָתַן לָךְ... (יח) וְזָכַרְתָּ אֶת ה׳ אֱלֹהֶיךָ כִּי הוּא הַנֹּתֵן לְךָ כֹּחַ לַעֲשׂוֹת חָיִל לְמַעַן הָקִים אֶת בְּרִיתוֹ אֲשֶׁר נִשְׁבַּע לַאֲבֹתֶיךָ כַּיּוֹם הַזֶּה.

נראה שאחד המאפיינים של שבעת המינים המוזכרים בפסוק זה הוא שהם פירות שאפשר להפיק מהם ערך מוסף. מהגפן מפיקים יין, והשמן כבר כלול בשם ״זית

17. בחזה ובשוק של איל המילואים מוזכרת גם תנופה (בחזה) וגם הרמה (בשוק). לגבי העומר גם נאמרה פעולת הנפה, אם כי היא לא מוזכרת בברייתא כאן.
18. בבחינת ״לאן אתה הולך״ נראה שהגמרא הדגישה שבארץ ישראל מודעים יותר לתלות במזג האוויר, וממילא את הקשר המהותי בין הקורבן לדאגה מרוחות רעות וטללים רעים. אומנם, גם ר׳ יוחנן, בעל הדעה הראשונה, הוא אמורא ארץ ישראלי, אבל לגביו פרט זה לא הודגש.

שמן". הדבש הוא התוצר של התמר,[19] ובכל מקרה הן התמרים, הן התאנים והן הגפן הם פירות שאפשר לשמר באמצעות טכנולוגיה לאורך זמן. גם הרימון, שנאכל בצורתו הגולמית, דורש חשיבה אנושית כדי למקסם את השימוש בו. חז"ל ראו בו סמל לפוטנציאל הגלום בכל יהודי: "אפילו ריקנין שבך מלאים מצות כרמון",[20] כלומר חבויים בתוכו מצוות לרוב.

החיטה והשעורה הן הפסגה של הרשימה הזאת, שכן מהן אפשר לייצר לחם, שמוזכר בפסוק הבא. למעשה, החיטה היא זאת שעומדת בפסגה, וממנה בדרך כלל מכינים את הלחם (כשיש), והשעורה לעיתים נשארת בצורתה הגולמית עבור בעלי החיים. מכאן שהחיטה, כמו שאר הרשימה, היא הפתיח לחומרי גלם המאפשרים פיתוח וטכנולוגיה אנושית. זאת הסיבה שפסוקים אלו ממשיכים לאזהרה בהמשך, שמתוך הטכנולוגיה וההישגים האנושיים אנו עשויים לשכוח את ה', שהוא הנותן לנו כוח וחומרי גלם לעשות חיל.

רשימה זו מתקשרת לפסוק בספר ישעיהו (ס"ה ח):

(ח) כֹּה אָמַר ה' כַּאֲשֶׁר יִמָּצֵא הַתִּירוֹשׁ בָּאֶשְׁכּוֹל וְאָמַר אַל תַּשְׁחִיתֵהוּ **כִּי בְרָכָה בּוֹ** כֵּן אֶעֱשֶׂה לְמַעַן עֲבָדַי לְבִלְתִּי הַשְׁחִית הַכֹּל.

ישעיהו הנביא מבטיח בשם ה' שלא יכלה את עם ישראל, שכן, בדומה לגפן, תמיד אפשר להפיק משהו, להגיע לברכה. כך גם הפירות שנשתבחה בהם ארץ ישראל, כמו ארץ ישראל עצמה, וכמו עם ישראל, הם פירות בעלי פוטנציאל גדול שצריך לעמול כדי להפיק מהם משהו. במובן הזה, החיטה המסמלת את הלחם היא גם סמל לכלל פירות העץ, שהוא כשלעצמו יצרן הפירות מהיעילים בטבע.[21]

את הרעיון הזה ניתן לקשור גם למדרש שמתלבט מהו הפרי של "עץ הדעת

19. כך הבינו חכמים (לדוגמה: משנה ביכורים פ"א מ"ג) וראו בפירושו של רלב"ג על אתר. ראו להלן הערה 25.
20. בבלי ברכות נז ע"א על בסיס שיר השירים ד' ג.
21. את הרעיון של עץ כמפעל ייצור, שלכן זוקק ברכה במעלה גבוהה יותר, שמעתי מהרב שבתי רפפורט. בספר בראשית, האדם זוכה לאכול גם מפרי העץ ובעלי החיים רק מפרי הארץ (בראשית א' כט-ל). השוו: הרב ב' גיגי, ובחג נידונין, עמ' 78.

טוב ורע" שממנו אכלו אדם וחוה.[22] המדרש מביא כמה דעות על כך והראשונה היא דעת ר' מאיר, שמדובר בחיטה, המסמלת את חכמת האדם.[23]

מעבר לחיטה כסמל לחכמת האדם ולפיתוח האנושי, הבאת שתי הלחם, המכונים גם "ביכורים", היא האירוע הפותח של הבאת הביכורים מפירות האילן.[24] וכך, גם אם שתי הלחם עצמם אינם מפרי האילן, הם סמל לפירות האילן.[25]

מקראות קודש

בין זיכרון לבין דין

אנסה להציע דרך להבין את הקשר שנוצר בדברי חז"ל בין **מועד** – (מעין) **קורבן מיוחד**[26] – **ראש השנה** – **יום דין**. לשם כך נחזור שוב לפסוקי התורה. כפי שראינו לעיל, בתורה נאמר שראש השנה הוא יום "זכרון תרועה" (ויקרא כ"ג כד). בפרק הבא נתייחס לאפשרות ללמוד על ה'תרועה' ממקורות שונים בתורה. אחד מהם הוא פרשת החצוצרות (במדבר פרק י'):[27]

(ט) וְכִי תָבֹאוּ **מִלְחָמָה** בְּאַרְצְכֶם עַל הַצַּר הַצֹּרֵר אֶתְכֶם **וַהֲרֵעֹתֶם** בַּחֲצֹצְרֹת **וְנִזְכַּרְתֶּם** לִפְנֵי ה' אֱלֹהֵיכֶם וְנוֹשַׁעְתֶּם מֵאֹיְבֵיכֶם: (י) וּבְיוֹם **שִׂמְחַתְכֶם וּבְמוֹעֲדֵיכֶם וּבְרָאשֵׁי**

22. בראשית רבה ט"ו ט במהדורת תיאודור־אלבק.
23. וכן מביא הריטב"א על ראש השנה טז ע"א.
24. כך מפרש קובץ שיטות קמאי בשם הרמב"ם על בבלי ראש השנה טז ע"א. וראו בגרסאות השונות לתוספתא שהובאו אצל ר' ש' ליברמן, תוספתא כפשוטה, ה, עמ' 1024.
25. גם את הפירוש הזה מביא הריטב"א הנ"ל. קשר נוסף בין שתי הלחם לפירות האילן עשוי להיות רמוז בפסוקי התורה (ויקרא ב' יא-יב) הקושרים בין קורבן הראשית של החמץ לקורבן הראשית של הדבש, כלומר של הפירות. אומנם יש מקומות בתנ"ך שהדבש מתייחס לדבש דבורים (לדוגמה: שופטים י"ד ח), אך לצידם יש מקורות שמהם ברור שמדובר בדבש פירות, כמו בפסוק המתאר את שבעת המינים (דברים ח' ח), והשוו: דברי הימים ב ל"א ה.
26. יוצא דופן הוא ראש השנה שאין לו קורבן (עומר, שתי הלחם, ניסוך מים) אלא ברכות שמלוות את תקיעת השופר. עם זאת, ברור כאן (ובפרק הבא נראה כיוונים נוספים) שהשופר הוא שמלווה את התפילה העומדת כנגד הקורבנות. לדוגמה: בבלי ברכות כו ע"ב, בבלי ראש השנה כו ע"א, וראו אצל הרב א' וולפיש, "יום הדין", לעיל הערה 12, עמ' 79-82 ובספרות המצוינת שם. כמו כן, גם לשופר תפקיד פולחני־מקדשי, כפי שנרחיב בפרק הבא.
27. על הקשר שבין "זכרון תרועה" לבין פרשת החצוצרות עמדו רבים. לדוגמה: רשב"ם על ויקרא כ"ג כד, רמב"ן כנ"ל ובדרשה לראש השנה.

חָדְשֵׁיכֶם וּתְקַעְתֶּם בַּחֲצֹצְרֹת עַל עֹלֹתֵיכֶם וְעַל זִבְחֵי שַׁלְמֵיכֶם וְהָיוּ לָכֶם **לְזִכָּרוֹן** לִפְנֵי אֱלֹהֵיכֶם אֲנִי ה' אֱלֹהֵיכֶם.

התורה מתארת שני מצבים שבהם נדרשים להשמיע את קול החצוצרות למטרת "זיכרון". ברגעים של צרה אפשר להריע ולהיזכר לפני ה'; גם ברגעים של שמחה, שכוללים מועדים וראשי חודשים, כאשר א' בתשרי בוודאי עונה על שתי ההגדרות, אפשר (וצריך) לתקוע ולהיזכר לפני ה'. לשאלה מדוע מצוות היום בראש השנה היא דווקא בשופר נתייחס בפרק הבא. בכל מקרה, אפשר ללמוד מהפרשה הזו על משמעות היום – יש תרועה שנועדה לזיכרון, ואכן אנו פוגשים בלשון חז"ל ובתפילה את ראש השנה גם כ"יום הזיכרון".

אבל איך הזיכרון לפני ה' קשור לדין?[28]

אפשר להציע שבכל פעם שאנחנו באים בבקשות להיזכר, אכן יש זיכרון. זוכרים מה היה בעבר, מסתכלים על ההווה וחושבים אם מי שפונה אלינו אכן ראוי להיזכר לטובה. הפנייה לקב"ה פותחת את האפשרות להסתכלות חיובית וגם את האפשרות להסתכלות שלילית. אומנם ה' אומר לנו לפנות אליו, להזכיר את עצמנו פעם בשנה, כדי שעיניו יביטו עלינו "מרשית השנה ועד אחרית שנה", אבל אנחנו צריכים להיות ראויים להיזכר לטובה.

למעשה, דין קשור למפגש. בכל פעם שאנחנו פוגשים אנשים, בוודאי כאלו שחשובים לנו ושיש להם השפעה על החיים שלנו, יש גם בחינה הדדית מסוימת. כשבאים לבקר את ההורים, או כשההורים באים לבקר את ילדיהם הבוגרים, מתלבשים בבגדים יפים ומתואמים, דואגים שהבית יהיה מסודר יותר ומעודדים את הנכדים להיות במיטבם. לא תמיד באים בבקשה להורים, למרות שפעמים רבות מקבלים מתנות ו"פינוקים", אבל המפגש המשמעותי מייצר גם רצון לייצר רושם טוב, מתוך מודעות לעין הבוחנת (במודע או שלא במודע). תשומת הלב והפניית התודעה הן האלמנטים הבסיסיים של הזיכרון.

כל זאת על אחת כמה וכמה כאשר באים להיפגש עם ה'. כפי שראינו בפרקים הקודמים, שלושת הרגלים הם זמנים שבהם באים להיפגש: "שָׁלֹשׁ פְּעָמִים בַּשָּׁנָה יֵרָאֶה כָּל זְכוּרְךָ אֶל פְּנֵי הָאָדֹן ה'" (שמות כ"ג יז). המפגש הזה קשור לרצון של הקב"ה להעניק שפע וברכה – לברך את הגשם, את התבואה ואת הפירות. כדי להיות ראויים

28. הקשר בין זיכרון לדין אכן מופיע גם בתפילת מוסף של ראש השנה: "כי תביא חוק זכרון להפקד כל רוח ונפש". על הקשר בין זיכרון לדין ראו גם אצל הרב י' בן נון, זכור ושמור, עמ' 18.

לברכה הזאת, ה' גם מבקש ומאפשר נתינה חוזרת. ברמה הלאומית, אנו מנסכים את המים ומקריבים את העומר ושתי הלחם;[29] וברמה הפרטית אנו מביאים את הקורבנות האישיים של העלייה לרגל. המפגש נועד להרבות ברכה ושפע בעולם באמצעות נתינה הדדית.

אבל חז"ל עמדו על טיבם של דברים – שכל מפגש כזה גם עשוי לעורר את השאלה אם הברכה אכן מגיעה בדין. התורה מלמדת שמול פוטנציאל של ברכה יש גם פוטנציאל של קללה.[30] כל התחלה וצורך של הענקת ברכה היא גם סוג של ראש השנה. לא ראש השנה של שנת מס, כפי שעולה מהתאריכים שהוזכרו במשנה, אלא ראש השנה במסגרת תפקידו כיום של הענקת שפע, וממילא של יום בחינה ודין. למקום של א' בתשרי במערך הזה נתייחס בהמשך.

בין זיכרון לדין בשאר התורה

אפשר למצוא תימוכין לרעיון הזה בשני מקורות שונים בתורה, האחד הלכתי והשני סיפורי. המקור הראשון הוא החוק הנוגע לאישה סוטה. נאמר בתורה (במדבר ה'):

(יא) וַיְדַבֵּר ה' אֶל מֹשֶׁה לֵּאמֹר: (יב) דַּבֵּר אֶל בְּנֵי יִשְׂרָאֵל וְאָמַרְתָּ אֲלֵהֶם אִישׁ אִישׁ כִּי תִשְׂטֶה אִשְׁתּוֹ וּמָעֲלָה בוֹ מָעַל: (יג) וְשָׁכַב אִישׁ אֹתָהּ שִׁכְבַת זֶרַע וְנֶעְלַם מֵעֵינֵי אִישָׁהּ וְנִסְתְּרָה וְהִיא נִטְמָאָה וְעֵד אֵין בָּהּ וְהִוא לֹא נִתְפָּשָׂה: (יד) וְעָבַר עָלָיו רוּחַ קִנְאָה וְקִנֵּא אֶת אִשְׁתּוֹ וְהִוא **נִטְמָאָה** אוֹ עָבַר עָלָיו רוּחַ קִנְאָה וְקִנֵּא אֶת אִשְׁתּוֹ **וְהִיא לֹא נִטְמָאָה:** (טו) וְהֵבִיא הָאִישׁ אֶת אִשְׁתּוֹ אֶל הַכֹּהֵן וְהֵבִיא אֶת קָרְבָּנָהּ עָלֶיהָ עֲשִׂירִת הָאֵיפָה קֶמַח שְׂעֹרִים לֹא יִצֹק עָלָיו שֶׁמֶן וְלֹא יִתֵּן עָלָיו לְבֹנָה כִּי מִנְחַת קְנָאֹת הוּא **מִנְחַת זִכָּרוֹן מַזְכֶּרֶת עָוֹן.**

האיש שחושד באשתו מביא "מנחת זכרון", והיא חלק מתהליך של בירור במשכן, שיש בו ממד של משפט, שכן הוא בוחן אם האישה נטמאה או לא. בניגוד לראש השנה והרגלים, שבהם יש חגיגיות ושמחה, והבירור והדין נועדו להביא ברכה, אצל הסוטה

29. מכאן מתברר שבפסח הדין מופיע באופן יחסי בתחילתו, ביום ט"ז בניסן, בעוד שהמסורת קושרת את הדין בסוכות לסופו, בהושענא רבה. ראו על כך: הרב ש' גורן, הושענא רבה, והרב ב' גיגי, ובחג נידונין.

30. ממילא נמצא דעות בחז"ל שנזהרו שבכל הנוגע לראש השנה אין להזכיר דברים רעים, כגון לתקוע בשופר של פרה, המזכיר את חטא העגל (ראש השנה כו ע"א), וראו אצל הרב ת' גרנות, חג הסוכות, עמ' 49-51.

ההקשר הוא לכאורה שלילי, ומתחיל מנקודת מבט של אשמה, שצריכה להתברר.[31] עם זאת, הזיכרון הזה, שהוא זימון העין האלוהית הבוחנת, באמצעות שם ה' שבא בקרבה של האישה, עתיד לגלות אם יש כאן קללה של "מים מאררים" (פס' יח, יט, כד, כז) או ברכה של "ונקתה ונזרעה זרע" (פס' כח).[32]

גם בחלק הסיפורי של התנ"ך ניתן למצוא המחשה לדינמיקה הזאת בצורה טובה, כפי שזה בא לידי ביטוי בסיפור יום ההולדת של פרעה (בראשית מ' כ-כג). כאשר פרעה חוגג יום הולדת הוא נושא את ראש עבדיו.[33] הוא רוצה לגמול טובה למי שהיא מגיעה לו, אבל באותה הזדמנות הוא עשוי לגלות שלא רק שלא מגיעה טובה וחנינה, אלא דווקא ענישה חמורה. דינו של אדם תלוי (תרתי משמע) בשאלה מה יגלה המלך כשיבחן את מעשיו. יוסף, שמבין את גודל השעה, מבקש גם הוא שיזכרו אותו, כדי שיוכל "להיזכר" לפני פרעה (שם, יד).[34]

בין הדין של שלושת הרגלים לדין של ראש השנה

לאחר הכותרת שיש ארבעה ראשי שנים, המשנה חותמת בקביעה ש"בחג נידונין על המים". לאזכור החוזר של השורש דו"נ במשנה דווקא בהקשר של חג הסוכות יש משקל ספרותי מיוחד לדין שבחג הסוכות. ואכן, במסורת ישראל ממד הדין של שלושת הרגלים מודגש בחג הסוכות בליל חיתום הדין בהושענא רבה, שבא לידי ביטוי גם בהושענות הרבות ובמצוות הערבה,[35] וכן בדמיון מסוים בין תפילת הנעילה של יום הכיפורים לתפילות היום האחרון של "החג".[36]

התובנה שקושרת בין סוכות לדין מבוססת על פסוקים מפורשים בזכריה י"ד:

31. לדעת רש"ר הירש (על במדבר ה' טו), כיוון שהאישה נאסרה על הבעל מעצם החשד, מטרת הזיכרון היא לטהר אותה מאשמה, כדי שתחזור להיות מותרת לו (לדעתו, גם ה'אזכרה' של המנחות הרגילות נועדה לבקש מה' לזכור ולברך את נכסיו של האדם).

32. פוטנציאל הברכה הגלום במעמד זה גדול כל כך עד שחכמים חשבו שנשים יעוררו חשד כזה רק כדי לזכות בברכה (בבלי ברכות לא ע"ב).

33. אונקלוס תרגם את נשיאת הראש כזיכרון "אדכר". רש"י מתייחס לנשיאת הראש בקשר למניית השרים, שבאה עם מושג הפקידה גם בהקשרים אחרים, כמו בפירושו ל"כבני מרון", שגם מתייחס לספירת הצאן (לעיל, הערה 2).

34. השוו עוד להלן, פרק ח', עמ' 174-175.

35. ראו: הרב ב' גיגי, ובחג נידונין, עמ' 73-91.

36. ראו: הרב ש' גורן, מועדי ישראל, עמ' קיז-קכב. אפשר להוסיף לכך את דברי ספר הרוקח (הלכות סוכות סימן רכא) שיום הדין הוצמד ליום האחרון של חג הסוכות כי אז הזמן האחרון להביא את הנדרים שאנשים נדרו, וממילא זהו יום שבו הוקרבו קורבנות רבים.

(טז) וְהָיָה כָּל הַנּוֹתָר מִכָּל הַגּוֹיִם הַבָּאִים עַל יְרוּשָׁלָם וְעָלוּ מִדֵּי שָׁנָה בְשָׁנָה לְהִשְׁתַּחֲוֺת לְמֶלֶךְ ה׳ צְבָאוֹת וְלָחֹג אֶת חַג הַסֻּכּוֹת: (יז) וְהָיָה אֲשֶׁר לֹא יַעֲלֶה מֵאֵת מִשְׁפְּחוֹת הָאָרֶץ אֶל יְרוּשָׁלַם לְהִשְׁתַּחֲוֺת לְמֶלֶךְ ה׳ צְבָאוֹת וְלֹא עֲלֵיהֶם יִהְיֶה הַגָּשֶׁם.

זכריה הנביא רואה בחג הסוכות יום דין אוניברסלי שבו אומות העולם "נידונין על המים".[37]

לצד זאת, המדרש מזהה דרגות שונות של דין לפי מידת השמחה שבכל אחד מהרגלים, המושפעת גם מהשאלה עד כמה יש מתח באוויר (ילקוט שמעוני אמור רמז תרנד):

אתה מוצא שלש שמחות כתיב בחג 'ושמחת בחגך' (דברים ט"ז יד), 'והיית אך שמח' (שם טו), 'ושמחתם לפני ה' אלוהיכם שבעת ימים' (ויקרא כ"ג מ), אבל בפסח אין אתה מוצא שכתוב בו אפילו שמחה אחת. למה? **אתה מוצא שבפסח התבואה נידונית ואין אדם יודע אם עושה השנה אם אינו עושה.** ד"א בשביל שמתו בו המצריים... וכן אתה מוצא שאין כתוב בעצרת אלא שמחה אחת דכתיב 'ועשית חג שבועות לה' אלוהיך ושמחת אתה וביתך' (דברים ט"ז יא), ולמה כתב בה שמחה אחת [מפני] שהתבואה נכנסת בפנים. **ומה טעם אין כתוב שם שתי שמחות לפי שפירות האילן נידונין, אבל בראש השנה אין כתיב שם אפילו שמחה אחת שהנפשות נידונות ומבקש אדם את נפשו יותר מממונו,** אבל בחג לפי שנטלו הנפשות דימוס[38] ביום הכפורים כמו שנאמר 'כי ביום הזה יכפר עליכם', **ועוד שהתבואה ופירות האילן בפנים לפיכך כתב שלש שמחות** 'ושמחת בחגך', 'ושמחתם לפני ה' אלוהיכם', 'והיית אך שמח'.

לפי המדרש, בפסח ובשבועות יש מתח גבוה יותר בכל הנוגע לקיום התבואה, וממילא יש פחות ביטויים של שמחה, ובפסח אף לא אומרים הלל (שלם) לאורך ימי החג. בחג הסוכות אפשר שיש מתח על העתיד, אבל הוא מלווה בשמחה הנובעת מההווה המבורך.

37. למרות שעל רוב האומות (כולל ישראל) הדין מתייחס לגשם, ביחס למצרים נאמר (שם, יח) שאם לא יעלו תהיה עליהם מגפה. תרגום יונתן פירש את המגפה כמניעת מים באופן אחר: "לָא לְהוֹן יִסַּק נִילוּס", זאת כיוון שהמצרים אינם תלויים בגשם.

38. פירוש המילה פטור או פרישה (מפעל המילון ההיסטורי). פירושים אחרים הם רחמים (פני משה על ירושלמי פ"ט ה"א), או זיכוי בדין (ידיד נפש שם).

מתוך המדרש הזה ניתן להבין מדוע בימינו אנחנו חווים פחות מתח סביב החגים, שכן רובנו לא מחוברים לעולם החקלאי ולחוסר הביטחון שהוא נושא בתוכו. מכל מקום, גם בימינו אנו מציינים את הקשר שבין החגים לממד הזיכרון והדין בתפילת 'יעלה ויבוא', המשולבת בתפילות וברכות המזון של המועדים, ומבקשת מה' שיעלה "זכרוננו וזכרון אבותינו" כדי שניפקד לברכה וניוושע לחיים.[39]

מה מקומו של ראש השנה במארג הזה?[40]

ראש השנה של א' בתשרי אינו יום של עלייה לרגל ומפגש פיזי במקום אשר יבחר ה', ולכן מפתיע להציג אותו כ'יום מפגש' הקשור לדין. אין בו גם היבט חקלאי מובהק שמבדיל בינו לבין חג הסוכות ושאפשר לייחד לגביו את הדין. עם זאת, דווקא היום הזה הוגדר בתורה כ'יום זיכרון', שמגיע עם התרועה. על בסיס הקשר לתרועת הזיכרון של החצוצרות, נראה שזהו יום של תקופת ראשית השנה, שה' בוחר לאפשר לעם ישראל להיזכר לפניו. אומנם הזיכרון הזה נועד לברכה ולא לקללה, אך הוא מייצר מפגש שמהותו בחינה. זהו יום זיכרון שעומד בפני עצמו, ואינו קשור בהכרח לתחילת תקופה חקלאית, אלא להגדרת "ראשית השנה". ממילא, הוא מתרכז באדם עצמו – הן כיחיד והן כחלק מעם ישראל.[41] יום הזיכרון של ראש השנה הוא העצמה של הזיכרון שמתקיים בראשי החודשים, בזעיר אנפין.

הנביא זכריה תיאר שראה בחזונו אבן במקדש שיש לה שבע עיניים, ש"שִׁבְעָה אֵלֶּה עֵינֵי ה' הֵמָּה מְשׁוֹטְטִים בְּכָל הָאָרֶץ" (זכריה ד' י). עיני ה', שנמצאים במקדש, פונים החוצה אל המתרחש בארץ כולה. בשלושת הרגלים עם ישראל מתראה לפני ה' כדי להיזכר לפניו. לעומת זאת, ביום הזיכרון, לצד תקיעת השופר (גם) במקדש, עיני ה' פונות החוצה ופוקדות את הנעשה באותה "ארץ אשר עיני ה' אלוהיך בה".

לצד הכותרת "מקראי קודש" שניתנה לכלל המועדים בפרשת המועדות של ספר ויקרא (פרק כ"ג), לחגי תשרי, יחד עם השבת, נוספה ההגדרה "שבתון".[42] אפשר

39. תפילה זו נאמרת גם בראשי חודשים. ראש חודש הוא לא זמן מובהק של עלייה לרגל, אבל הזדמנות עממית לעלייה לרגל ולמפגש עם הקודש, כפי שראינו בפרק ד' על חול המועד, וכפי שנרמז בבמדבר י' י. כיוון שכך, גם כאן יש הזדמנות למפגש, אם כי הוא לא מוכתב מלמעלה. והשוו: ספורנו במדבר כ"ח יא.

40. על הפער המהותי והסגנוני בין ראש השנה של א' בתשרי לשאר המועדים שבהם העולם נידון, ראו אצל: הרב א' וולפיש, יום הדין, עמ' 61-86; הרב ב' גיגי, ובחג נידונין, עמ' 73-91.

41. ראו בפירושים השונים לביטוי "כבני מרון", לעיל הערה 2.

42. הכינוי 'שבתון' מופיע בעיקר ביחס לשבת (שמות ט"ז כג, ל"א טו, ל"ה ב; ויקרא כ"ג ג), לחגי החודש השביעי (ויקרא כ"ג כד – ראש השנה; ט"ז לא; כ"ג לב – יום הכיפורים; כ"ג לט – סוכות ושמיני עצרת) ולשמיטה (שם כ"ה ד-ה). חז"ל אומנם למדו ממילה זו שיש מצוות עשה לשבות

לומר שכותרת זאת מצביעה על הדמיון של חגים אלו לשבת, סביב ממד ה"ביתיות". בחגים אלו יש משמעות למפגש בין אלוהים לאדם לא רק במשכנו של ה', במקום אשר יבחר, אלא גם בביתו של האדם.[43]

הגמרא במסכת ראש השנה (יח ע"א) התייחסה לייחוד של הציבור שיכול לפנות לה' תמיד, בעוד שהיחידים זוכים לפנות לה' רק בזמן מסוים, בראשית חודש תשרי (ישעיהו נ"ה ו): "דִּרְשׁוּ ה' בְּהִמָּצְאוֹ קְרָאֻהוּ בִּהְיוֹתוֹ קָרוֹב".[44] לימים, האדמו"ר הזקן של חב"ד טבע את מטבע הלשון "המלך בשדה" כדי לתאר את המפגש הזה, שלא מתרחש (רק) במקדש, אלא (גם) מחוצה לו.[45]

אם נסכם, מתוך הזיהוי של חכמים של ארבעה ראשי השנים, שבהם יש פוטנציאל לברכה אך גם לדין, ומתוך הקשר שהם יצרו בין מרכיבים אלו לבין קורבן מיוחד, הצעתי שההיבטים השונים של הדין קשורים למפגש בין ה' לבין ישראל. ברגלים, המפגש הזה נעשה באופן לאומי בבית ה', ויש בו פוטנציאל לברכת ה' חקלאית, ומתוך כך גם בחינה אם הברכה הזאת ראויה. בראש השנה עיני ה' הן דווקא בארץ, והמפגש מתקיים מחוץ למקדש, באופן אישי ובבחינה אישית של כל אחד ואחת.

בין חדווה ליראה, בין שמחה לעצב

ננסה להבין מדוע ימי הדין הוצמדו דווקא לרגלים והאם יום דין הוא יום שמח.

בספר נחמיה מתואר א' בתשרי (פרק ח'):

(א) וַיֵּאָסְפוּ כָל הָעָם כְּאִישׁ אֶחָד אֶל הָרְחוֹב אֲשֶׁר לִפְנֵי שַׁעַר הַמָּיִם וַיֹּאמְרוּ לְעֶזְרָא הַסֹּפֵר לְהָבִיא אֶת סֵפֶר תּוֹרַת מֹשֶׁה אֲשֶׁר צִוָּה ה' אֶת יִשְׂרָאֵל: (ב) וַיָּבִיא עֶזְרָא הַכֹּהֵן אֶת הַתּוֹרָה לִפְנֵי הַקָּהָל מֵאִישׁ וְעַד אִשָּׁה וְכֹל מֵבִין לִשְׁמֹעַ **בְּיוֹם אֶחָד לַחֹדֶשׁ הַשְּׁבִיעִי**: (ג) וַיִּקְרָא בוֹ לִפְנֵי הָרְחוֹב אֲשֶׁר לִפְנֵי שַׁעַר הַמַּיִם מִן הָאוֹר עַד

בכל החגים (בבלי שבת כד ע"ב – כה ע"א ועוד), אך הם גם למדו מכאן איסורים מיוחדים ליום הכיפורים (בבלי יומא עו ע"א ועוד). מכל מקום, נראה לי שיש כאן אמירה על היחס בין חגי תשרי לשבת (לא רק סביב המספר שבע, כדעת ראב"ע בפירוש הקצר לשמות ט"ז כג). לדעת הרב ת' גרנות, חג הסוכות, השביעי מציין את הקדושה וביטוי מלכות ה' לאחר מחזור של שישה ימים/חודשים/שנים. ההצעה כאן היא שיש ב'שבתון' גם ביטוי להתכנסות מסוימת למרחב הביתי.

43. על ממד הביתיות של חגי תשרי נעמוד ביחס לחגים האחרים, כל אחד בפרקו.
44. השווה: מדרש דברים רבה האזינו ד"ה הצור תמים פעלו, הקושר למשל המלך.
45. אומנם האדמו"ר הזקן התייחס לחודש אלול, אך לדעתי הדבר ממוקד בא' תשרי.

מַחֲצִית הַיּוֹם נֶגֶד הָאֲנָשִׁים וְהַנָּשִׁים וְהַמְּבִינִים וְאָזְנֵי כָל הָעָם אֶל סֵפֶר הַתּוֹרָה... (ח) וַיִּקְרְאוּ בַסֵּפֶר בְּתוֹרַת הָאֱלֹהִים מְפֹרָשׁ וְשׂוֹם שֶׂכֶל וַיָּבִינוּ בַּמִּקְרָא: (ט) וַיֹּאמֶר נְחֶמְיָה הוּא הַתִּרְשָׁתָא וְעֶזְרָא הַכֹּהֵן הַסֹּפֵר וְהַלְוִיִּם הַמְּבִינִים אֶת הָעָם לְכָל הָעָם הַיּוֹם קָדֹשׁ הוּא לַה׳ אֱלֹהֵיכֶם אַל תִּתְאַבְּלוּ וְאַל תִּבְכּוּ כִּי בוֹכִים כָּל הָעָם כְּשָׁמְעָם אֶת דִּבְרֵי הַתּוֹרָה: (י) וַיֹּאמֶר לָהֶם לְכוּ אִכְלוּ מַשְׁמַנִּים וּשְׁתוּ מַמְתַקִּים וְשִׁלְחוּ מָנוֹת לְאֵין נָכוֹן לוֹ **כִּי קָדוֹשׁ הַיּוֹם לַאֲדֹנֵינוּ וְאַל תֵּעָצֵבוּ כִּי חֶדְוַת ה׳ הִיא מָעֻזְּכֶם:** (יא) וְהַלְוִיִּם מַחְשִׁים לְכָל הָעָם לֵאמֹר הַסּוּ כִּי הַיּוֹם קָדֹשׁ וְאַל תֵּעָצֵבוּ: (יב) **וַיֵּלְכוּ כָל הָעָם לֶאֱכֹל וְלִשְׁתּוֹת וּלְשַׁלַּח מָנוֹת וְלַעֲשׂוֹת שִׂמְחָה גְדוֹלָה** כִּי הֵבִינוּ בַּדְּבָרִים אֲשֶׁר הוֹדִיעוּ לָהֶם.

התאספות בירושלים לקראת א׳ בתשרי היא הזדמנות עבור עזרא ונחמיה כדי לקרוא לעם בתורה ולהיזכר בדבר ה׳. קריאה זו מזכירה לעם את המחויבויות שלהם, ומשקפת בפניהם כמראה את המצב הרוחני שלהם, מה שמביא לבכי גדול. התגובה של עזרא ונחמיה היא שזהו יום שמח. שתי התגובות הרגשיות הללו דרות זו לצד זו: הבכי שנובע מההתבוננות, מהמפגש עם הציפיות ועם האכזבה האפשרית, לצד ההבנה שעצם המפגש הוא דבר משמח ומעניק הזדמנות.

נראה שהפער שבין הבכי של העם להבנה של עזרא ונחמיה דומה לפער בין מדרשי חז״ל, המבטאים אימה ויראה, לחוויה שהתורה מנסה לשקף, של הזדמנות של מפגש. מהתורה עולה שיש ביום הזה חסד של זיכרון לפני ה׳, כמו ביום ההולדת של פרעה, במועד שלפי חלק מהחכמים הוא יום ההולדת של האנושות.[46]

על פי רוב, הזיכרון האלוהי שמופיע בתנ״ך הוא זיכרון שנועד לחסד ולהטבה. החל מה׳ שזוכר את נח ומסיים בשל כך את תקופת המבול (בראשית ח׳ א), דרך הצלת לוט מסדום מפני שה׳ זוכר את אברהם (בראשית י״ט כט); עבור בזכירת רחל שמעניקה לה היריון (בראשית ל׳ כב). פעם אחר פעם ה׳ זוכר – או מתבקש לזכור – את הברית עם האבות כדי להציל את בניהם מרעה.[47] הבקשה לזיכרון ולהענקת חסד מוזכרת שוב בדברי שמשון (שופטים ט״ז כח): ״ה׳ אלוהים זָכְרֵנִי נָא וְחַזְּקֵנִי נָא אַךְ הַפַּעַם הַזֶּה הָאֱלֹהִים וְאִנָּקְמָה נְקַם אַחַת מִשְּׁתֵי עֵינַי מִפְּלִשְׁתִּים״.

כשמעיינים בברכה ובקללה בתורה, הברכה תמיד מקדימה לקללה. אם שמוע

46. בעניין זה נחלקו ר׳ אליעזר ור׳ יהושע. ראו בבלי ראש השנה י ע״ב – יא ע״א.
47. שמות ב׳ כד, ו׳ ה, ל״ב יג; ויקרא כ״ו מב, מה; דברים ט׳ כז.

נשמע יהיה טוב, ורק אם לא נשמע יהיה רע (דברים י"א יג-יז).[48] קודם מציגים את החיים ואת הטוב, ורק אם הבחירה תהיה שגויה, יהיו גם מוות ורע (דברים ל' טו).[49]

לצד זאת, תודעה מרכזית שעולה מדברי חז"ל אומנם מתייחסת לחסד שבדין, אבל מדגישה את הדין. כך לדוגמה נאמר במדרש (ויקרא רבה אמור כ"ט ג):

> יהודה ברבי נחמן פתח 'עלה אלוהים בתרועה ה' בקול שופר' (תהלים מ"ז ו) בשעה שהקב"ה יושב ועולה על כסא דין **בדין הוא עולה**, מאי טעם 'עלה אלוהים בתרועה'. ובשעה שישראל נוטלין את שופריהן ותוקעין לפני הקדוש ברוך הוא **עומד מכסא הדין ויושב בכסא רחמים** דכתיב 'ה' בקול שופר' ומתמלא עליהם רחמים ומרחם עליהם והופך עליהם מדת הדין לרחמים. אימתי? בחדש השביעי.

במקורות רבים בספרות חז"ל ניתן לראות את ממד הדין המאיים, שרק בזכות השופר והתפילות מתהפך לרחמים.[50]

אפשר שיש כאן דוגמה נוספת להבחנה בין תודעת ה' הרואה את עצמו כאב לתודעת ישראל שרואים את עצמם כעבדים.[51] ה' רואה את עצמו כאב שבניו באים לבקרו שלוש פעמים בשנה, ופעם אחת בשנה הוא (גם) יוצא לקראתם ומהרהר בהם. זה אמור להיות מפגש משמח, של נתינת עין לטובה, של הזדמנות להענקת חסד.

48. למעשה, בתחילה הקב"ה כלל לא מאיים בקללה, והדבר רק משתמע מהברכה. ראו שמות ט"ו כו, וכן שמות כ"ג כ-כה. רק לאחר הכישלון בחטא העגל, איומי הקללה מפורשים יותר. וגם אז, תמיד הברכה תקדם. נראה שאין זה רק עניין דידקטי אלא מהותי.

49. נראה שהרעיון הזה בא לידי ביטוי בהלכה שלכל תרועה, המסמלת קול שבור וקושי, ובפסוקים נקשרת לאימת המלחמה, תהיה מסגרת של תקיעה לפניה ולאחריה. זהו קול פשוט ושמח, הנקשר בפסוקי החצוצרות לשמחת המועדים. וראו בפירוש הרמב"ן לויקרא כ"ג כד. לדעתו, ראש השנה הוא אכן יום של דין, גם אם המסגרת היא של רחמים.

50. המדרש כאן דורש את ההבחנה בין שם אלוהות, המסמל ריחוק ודין, ובין שם ה', המסמל קרבה ויחס אישי. הרב ד"ר י' ברנד, ראש השנה, עמ' 21-39, רואה את השינוי מיום זיכרון והמלכת ה' ליום דין בחורבן הבית ובניתוק בין השופר למקדש. על הקשר בין השופר למקדש ראו בפרק הבא.

51. תודעה זו מעוצבת גם בידי חז"ל, כפי שראינו בפרק הקודם, אבל באה לידי ביטוי גם באופן עממי על ידי העם בתקופת עזרא ונחמיה. חז"ל עמדו על העובדה שיום הדין תלוי בקביעה האנושית מתי יחול ראש השנה (תוספתא ראש השנה פ"א הי"א במהדורת ליברמן). הם מתייחסים לכך שכביכול המלך מחכה שנתיניו יחליטו מתי הוא ישפוט אותם. אפשר גם שהמפגש נקבע בזמן שמוסכם על ידי שני הצדדים.

לעומת זאת, התודעה של ישראל היא תודעה של עבדים הבאים לרצות את המלך,[52] ואם כי הם יודעים שהוא מלך מלא רחמים, התודעה הבסיסית שלהם היא תודעה של אימה ודין, הבאה לידי ביטוי בבכי וחרדה, תפילות ותחינות.[53]

שהחיינו וקיימנו

כפי שפתחנו את הפרק, עבור אנשים רבים ראש השנה ויום הכיפורים – הימים הנוראים – הם אכן נוראים. אלו ימים של מתח וחרדה, שבהם אימת הדין נוכחת בכל מקום. לפעמים, מרוב אימה, אנשים לומדים להתנתק מחוויות היום ו'לסנן' את התחושות שלפעמים קשה לשאת אותן. לכן הם מתרכזים בבגד החדש, בסימני החג ובבישולים ומתרגשים לקראת החגים ותחושת ההתחדשות והמלכת ה'.

נראה שהמסרים העולים מהתורה, מספר נחמיה ומדברי חכמים מבקשים לאחוז בזה אך גם מזה לא להניח את ידינו. עלינו לראות את הימים הללו כימי הזדמנות ומפגש עם ה'. ימים שמזמנים אותנו להתכונן אליהם, להבין שעצם המפגש מזמן בחינה אבל גם שפע וברכה. לראות בימים הללו חסד אלוהי של רצון ה' להיפגש עם בני עמו ולהעניק להם מטובו, אבל גם לדרוש מהם להיות ראויים לכך.

לפעמים, מפגש עם הורה, או עם מלך, עשוי להיות מפגש מתוח, במיוחד כשמרגישים לא ראויים, שכן בכל ביקור טמונה גם אפשרות לביקורת,[54] ובכל דרישת ה' הוא דורש את מצבנו בחזרה.[55] אבל צריך לזכור שהקשר האישי לא ניתן לניתוק, יש שם אהבה ויש שם הזדמנות ואפשרות תמידית לתיקון היחסים.

52. הקשר בין ראש השנה להמלכת ה' בא לידי ביטוי באחד ההסברים לשופר, כפי שנראה בפרק הבא.
53. המזמור (תהלים ל"ג) המצוטט במשנה, עומד על השניות של הדין והחסד. המזמור מתאר שה' אוחז גם במשפט וגם בחסד, אבל בעוד הארץ כולה יראה מאת ה', ה' מפר את עצת הגויים ועוזר לעמו ישראל. העם מייחל, אבל ה' מעניק חסד.
54. גם המילונים קושרים בין הביקור לביקורת. ראו לדוגמה: מ"צ קדרי, מילון, עמ' 121–122.
55. ראו הפירושים השונים לבקשת דוד "ולבקר בהיכלו" (תהלים כ"ז ד).

פרק ז

"ותקעתם... על עולותיכם" או "תעבירו שופר בכל ארצכם"?

אחת התשובות הראשוניות והבסיסיות לשאלה מדוע אנחנו מקיימים מצווה זו או אחרת היא: "כי כך ה' ציווה". על פי רוב, התשובה הזאת חשובה וגם מספקת, לכל הפחות בשלב ראשון.[1] אך בנוגע לתקיעת השופר מיד עולה התהייה: "והיכן ציוונו?". בתורה עצמה לא מופיעים במפורש לא השופר ולא "ראש השנה", שלו הוקדש הפרק הקודם. למעשה, יש להניח, שתשובה מדויקת יותר לשאלה מדוע תוקעים בשופר תהיה: "כי כך עשה סבא שלי, וכך עשה סבא שלו, וכך נהגו אבות אבותינו במשך דורות".

למרות שאופן קיום המצווה עבר במסורת, המקורות השונים יעזרו לנו לעמוד על המשמעות של מצוות השופר. לשם כך, נחפש את יסודות המצווה בתורה, נעיין ביסודות שמצאו והגדירו חז"ל למצווה זו ומן היסודות נוכל להמשיך ולהתקדם לזיהוי הרעיונות שבבסיס קיום המצווה.

1. השוו בבלי ראש השנה טז ע"א.

עיוני מקרא

"זיכרון" ו"תרועה" בתורה

היום שאנו מכנים ראש השנה מוזכר פעמיים בתורה. פעם אחת בפרשת המועדות של ספר ויקרא (פרק כ"ג):

> (כג) וַיְדַבֵּר ה' אֶל מֹשֶׁה לֵּאמֹר: (כד) דַּבֵּר אֶל בְּנֵי יִשְׂרָאֵל לֵאמֹר בַּחֹדֶשׁ הַשְּׁבִיעִי בְּאֶחָד לַחֹדֶשׁ יִהְיֶה לָכֶם שַׁבָּתוֹן **זִכְרוֹן תְּרוּעָה** מִקְרָא קֹדֶשׁ: (כה) כָּל מְלֶאכֶת עֲבֹדָה לֹא תַעֲשׂוּ וְהִקְרַבְתֶּם אִשֶּׁה לַה'.

היום הזה, אחד לחודש השביעי, מכיל מאפיינים המופיעים גם במקראי קודש נוספים: "שבתון" (שמופיע בשבת ובחגי תשרי), איסור על "כל מלאכת עבודה", והקרבת אשה לה'. מה שמייחד את היום הזה הוא שהוא "זכרון תרועה".

היום הזה מוזכר שוב בפרשת המוספים בספר במדבר (פרק כ"ט):

> (א) וּבַחֹדֶשׁ הַשְּׁבִיעִי בְּאֶחָד לַחֹדֶשׁ מִקְרָא קֹדֶשׁ יִהְיֶה לָכֶם כָּל מְלֶאכֶת עֲבֹדָה לֹא תַעֲשׂוּ **יוֹם תְּרוּעָה** יִהְיֶה לָכֶם: (ב) וַעֲשִׂיתֶם **עֹלָה** לְרֵיחַ נִיחֹחַ לַה' פַּר בֶּן בָּקָר אֶחָד אַיִל אֶחָד כְּבָשִׂים בְּנֵי שָׁנָה שִׁבְעָה תְּמִימִם: (ג) וּמִנְחָתָם סֹלֶת בְּלוּלָה בַשָּׁמֶן שְׁלֹשָׁה עֶשְׂרֹנִים לַפָּר שְׁנֵי עֶשְׂרֹנִים לָאָיִל: (ד) וְעִשָּׂרוֹן אֶחָד לַכֶּבֶשׂ הָאֶחָד לְשִׁבְעַת הַכְּבָשִׂים: (ה) וּשְׂעִיר עִזִּים אֶחָד חַטָּאת לְכַפֵּר עֲלֵיכֶם: (ו) מִלְּבַד עֹלַת הַחֹדֶשׁ וּמִנְחָתָהּ וְעֹלַת הַתָּמִיד וּמִנְחָתָהּ וְנִסְכֵּיהֶם כְּמִשְׁפָּטָם לְרֵיחַ נִיחֹחַ אִשֶּׁה לַה'.

גם בפרשת המוספים היום הזה מתחבר לשאר חגי תשרי, שכן מקריבים בו פר אחד, איל אחד ושבעה כבשים לעולה לצד שעיר עיזים לחטאת, כמו בחגי תשרי האחרים.[2] לצד תיאור קורבנות המוספים, ליום הזה יש כותרת שונה מההגדרה בספר ויקרא: "יום תרועה", אך הגדרה זו עמומה ולא ברורה.

אנשים רבים, הנטועים בתוך המסורת ההלכתית, מניחים מראש שהאופי העיקרי

2. בקורבנות המוספים (במדבר כ"ח-כ"ט) יש שתי מערכות של חגים. לעומת חגי תשרי, במערכת החגים שכוללת ראש חודש, חג המצות וחג השבועות, במקום פר אחד מקריבים שני פרים. בחג הסוכות יש שילוב של שתי המערכות, ולכן מקריבים בו שני אילים (אחד של חגי תשרי ואחד של הרגלים) וארבעה עשר כבשים (שבעה לכל מערכת), לצד מספר משתנה של פרים. ראו לדוגמה: י' גרוסמן, קורבנות המוספים. נדון בכך עוד בפרק י"א על שמיני עצרת.

של ראש השנה קשור לתקיעת השופר, שבאמצעותו 'מריעים', והם מחפשים את משמעות השופר בתנ"ך או בהקשרים אחרים. הקראים הלכו לכיוון אחר, וחיפשו את המשמעויות השונות של תרועה במקרא וביכרו את המקומות שבהם תרועה מסמלת קריאה של העם.[3] דבריהם נתמכים בתיאור של ראש השנה בימי עזרא ונחמיה, שם היום התאפיין בקריאה בתורה, שאפשר להגדיר אותה כזכירת דברי ה', והיא הובילה לבכי של העם, שאפשר להגדיר כסוג של 'תרועה'. בהמשך נראה ביטוי לפירוש הזה גם בספרות חז"ל.

אבל נראה שהם לא הביאו בחשבון את הקשר המהותי בין "זיכרון" ל"תרועה", וכן שהם פנו לכתובים כדי ללמוד על משמעות היום, בלי למצות את האפשרויות הפרשניות העולות מתוך התורה עצמה.[4] אפשרות אחרת היא לחפש היכן התורה עצמה רמזה למשמעות היום באמצעות התייחסות לשני המרכיבים הבסיסיים הללו יחד: "זיכרון" ו"תרועה".

למעשה, יש מקום פשוט וברור (ויחיד) המשלב את שתי המילים הללו יחד, בפרשת החצוצרות בספר במדבר (פרק י'):[5]

(א) וַיְדַבֵּר ה' אֶל מֹשֶׁה לֵּאמֹר: (ב) עֲשֵׂה לְךָ שְׁתֵּי חֲצוֹצְרֹת כֶּסֶף מִקְשָׁה תַּעֲשֶׂה אֹתָם וְהָיוּ לְךָ לְמִקְרָא הָעֵדָה וּלְמַסַּע אֶת הַמַּחֲנוֹת: (ג) **וְתָקְעוּ** בָּהֵן וְנוֹעֲדוּ אֵלֶיךָ כָּל הָעֵדָה אֶל פֶּתַח אֹהֶל מוֹעֵד: (ד) וְאִם בְּאַחַת **יִתְקָעוּ** וְנוֹעֲדוּ אֵלֶיךָ הַנְּשִׂיאִים רָאשֵׁי אַלְפֵי יִשְׂרָאֵל: (ה) **וּתְקַעְתֶּם תְּרוּעָה** וְנָסְעוּ הַמַּחֲנוֹת הַחֹנִים קֵדְמָה: (ו) **וּתְקַעְתֶּם תְּרוּעָה** שֵׁנִית וְנָסְעוּ הַמַּחֲנוֹת הַחֹנִים תֵּימָנָה **תְּרוּעָה יִתְקְעוּ** לְמַסְעֵיהֶם: (ז) וּבְהַקְהִיל

3. לדוגמה, יהודה הדסי, אשכל הכפר, סימן רכה (עמ' 86). ראו אצל אבי מורי פרופ' ד' לסקר, קראות, עמ' 105. לתרועה כקריאה ראו: שמות ל"ב יז; יהושע ו' ה, י, טז, כ; שופטים ז' כא; ט"ו יד; שמואל א ד' ה; י' כד; י"ז כ, נב; ישעיהו מ"ב יג; תהלים צ"ה א-ב; עזרא ג' יא, יג.
4. זו דרכם של הקראים לדרוש את כלל ספרי המקרא, לצרכים הלכתיים (ראו: אבי מורי פרופ' י' לסקר, קראים, עמ' 167–170). ספרות חז"ל מורכבת יותר (ראו מאמרי, יחסי חוק וסיפור). אומנם לפי הדסי (בהערה הקודמת), "**מזכירין** שבחות ושירות **להריע** ולהלל ולשבח ולפאר שם ה' בגרותנו", כלומר יש שילוב של הזיכרון עם התרועה, אך נראה שהדבר מבוסס על הבנה של תרועה כקריאה, והזיכרון הוא התוכן, ולא על חיפוש של קשר בין זיכרון לתרועה בתורה עצמה. לפי פרופ' א' שמש וכ' ורמן, לגלות נסתרות, עמ' 278–279, בכת קומראן, לצד התקיעה בשופר וראיית הימים כימי זיכרון, ראו בימים אלו גם ממד של "תרומת שפתיים", כלומר יום של תפילה. למעשה, גם המשנה מתארת את התפילות/ברכות לצד התקיעות, כפי שנראה בהמשך.
5. פסוקים אלו נדונו בפרק הקודם בקשר לממד הזיכרון. המוקד בפרק הזה הוא בקשר שבין הזיכרון לתרועה.

אֶת הַקָּהָל **תִּתְקְעוּ וְלֹא תָרִיעוּ**: (ח) וּבְנֵי אַהֲרֹן הַכֹּהֲנִים **יִתְקְעוּ** בַּחֲצֹצְרוֹת וְהָיוּ לָכֶם לְחֻקַּת עוֹלָם לְדֹרֹתֵיכֶם.
(ט) וְכִי תָבֹאוּ מִלְחָמָה בְּאַרְצְכֶם עַל הַצַּר הַצֹּרֵר אֶתְכֶם **וַהֲרֵעֹתֶם** בַּחֲצֹצְרוֹת **וְנִזְכַּרְתֶּם** לִפְנֵי ה׳ אֱלֹהֵיכֶם וְנוֹשַׁעְתֶּם מֵאֹיְבֵיכֶם: (י) וּבְיוֹם שִׂמְחַתְכֶם וּבְמוֹעֲדֵיכֶם וּבְרָאשֵׁי חָדְשֵׁיכֶם **וּתְקַעְתֶּם** בַּחֲצֹצְרֹת **עַל עֹלֹתֵיכֶם וְעַל זִבְחֵי שַׁלְמֵיכֶם** וְהָיוּ לָכֶם **לְזִכָּרוֹן** לִפְנֵי אֱלֹהֵיכֶם אֲנִי ה׳ אֱלֹהֵיכֶם.

פסוקים אלו מתארים את השימושים השונים של החצוצרות במדבר. בחלק הראשון מתואר תפקיד החצוצרות ברמה האזרחית ב׳מקרא העדה׳, כשאפשר לקרוא לכל העדה באמצעות תקיעה בשתי חצוצרות, או רק לנשיאים באמצעות תקיעה בחצוצרה אחת. שימוש אזרחי נוסף נעשה במסע המחנות, כשתוקעים תרועה והמחנות השונים מתחילים בנסיעה.

בחלק השני מתואר שימוש דתי של החצוצרות. במקרה של מלחמה, מריעים בחצוצרות כדי להיזכר ׳לפני ה׳׳. ובמקרה של ימי שמחה ומועד תוקעים בחצוצרות גם כדי להיזכר לפני ה׳. תקיעה זו מלווה את הקורבנות, ״על עולותיכם ועל זבחי שלמיכם״.

הרצון ללמוד מתרועת החצוצרות שנועדה לזיכרון ל״זכרון התרועה״ של הראשון לחודש השביעי הגיוני מאוד.[6] הוא מצביע על הרעיון של תרועה (ותקיעה), המלווה את הקורבן, בפנייה לה׳ בעת צרה או עת מועד, כדי להיזכר לפניו ולזכות לעזרתו. הסבר זה אומנם נתקל בקושי, כשהתורה שבעל פה דווקא מלמדת על תקיעה(!) בשופר, ולא על תרועת החצוצרות. ננסה אפוא להבין מה המשמעות של תקיעת השופר לפי דברי חז״ל.

עיוני משנה

המשנה עוסקת בדיני השופר בפרקים ג׳-ד׳ של מסכת ראש השנה. פרק ג׳ עוסק קודם ב״חפצא״, בחפץ של השופר, ולאחר מכן עוסק ב״גברא״, באדם ששומע את קול השופר.[7]

6. ראו גם: רמב״ן, דרשה לראש השנה; רשב״ם, חזקוני על ויקרא כ״ג כד, ד״ה זכרון תרועה. השוו גם רש״י שם.
7. סוגיות רבות בנוגע למבנה מסכת ראש השנה, שיקולי עריכה ועוד רבים כיו״ב מטופלות בדוקטורט

פרק ג' – מה"חפצא" של השופר לשמיעה וכוונה של ה"גברא"

לאחר משנה שעוסקת בקידוש החודש וקשורה לפרקים הקודמים, פרק ג' מתחיל במשניות שעוסקות בטיב השופר:

[ב] **כל השופרות כשרין** חוץ משל פרה מפני שהוא קרן,
אמר רבי יוסי: והלא **כל השופרות** נקראו קרן, שנאמר 'במשוך בקרן היובל' (יהושע ו' ה).[8]
[ג] שופר של ראש השנה של **יעל פשוט** ופיו מצופה זהב ושתי חצוצרות מן הצדדין,
שופר מאריך וחצוצרות מקצרות **שמצות** היום בשופר.
[ד] בתעניות בשל **זכרים כפופין** ופיהן מצופה כסף ושתי חצוצרות באמצע,
שופר מקצר וחצוצרות מאריכות שמצות היום בחצוצרות.
[ה] שוה היובל לראש השנה לתקיעה ולברכות,
רבי יהודה אומר בראש השנה תוקעין בשל **זכרים** וביובלות בשל **יעלים**.
[ו] שופר שנסדק ודבקו, **פסול**. דבק שברי שופרות, **פסול**.
ניקב וסתמו, אם מעכב את התקיעה, **פסול**. ואם לאו, **כשר**.

חמש המשניות עוסקות בגוף השופר. משנה ב קובעת שכל השופרות כשרים, למעט אולי שופר של פרה. משנה ג עוסקת בשופר של יעל שפיו מצופה זהב ושתי חצוצרות מצדדיו. לדעת רוב הראשונים, לא מדובר בדין רגיל, שכן "כל השופרות כשרים", ואפילו של פרה לדעת ר' יוסי. להבנתם, מדובר על תקיעת השופר במקדש דווקא,

של הרב ד"ר א' וולפיש (שיטת העריכה). לא אוכל להפנות לכל המקורות, והמעוניינים יעיינו שם בנפרד. בחלק מהמקרים דבריי קרובים לדבריו ובחלק מהדברים, ובמבנה הדיון, אני נוקטת בקו עצמאי.

8. פסוק זה מובא מסיפור נפילת חומת יריחו. בציטוט כאן מובאת רק פעולת המשיכה בקרן היובל (של איל), אבל בכת"י קאופמן מופיע הקשר מלא יותר: "והיה במשך בקרן היובל כשומעכם את קול השופר". אפשר שיש כאן רמז לשני המוקדים האפשריים של השופר: התקיעה (במשוך בקרן) או השמיעה (כשומעכם). ראו עוד להלן, הערות 44, 45. פסוק זה מזכיר את הפסוק במעמד הר סיני (שמות י"ט יג): "...בִּמְשֹׁךְ הַיֹּבֵל הֵמָּה יַעֲלוּ בָהָר", המתקשר לפסוקי השופרות, כפי שנראה בהמשך.

תקיעה שמלווה בחצוצרות.[9] בשופר במשנה ד תקעו במקדש בתעניות כדי ללוות את החצוצרות.[10]

לכאורה, שתי המשניות הללו, הדנות בחצוצרות (ושופר) של תעניות ובשופר של יובל, מיותרות ולא עוסקות בראש השנה בכלל. הם 'נושאים נלווים' שנראים כאילו הם נכנסו בדרך אגב למשנה,[11] בגלל הדמיון לנושא של המשנה, אבל במבט ראשון נראה שאין להם תרומה ישירה לנושא הנידון, שופר של ראש השנה.

במשנה ה מובאת מחלוקת בין חכמים לר' יהודה אם השופרות של ראש השנה ויובל הם של יעלים או שבראש השנה השופר הוא של איל ("זכרים") ורק ביובל של יעל. למעשה ר' יהודה סבור שבראש השנה, כמו בתעניות, תוקעים בשופר של איל. זאת בניגוד לדעת חכמים במשנה ג, שבראש השנה תוקעים בשל יעל, כמו ביובל. אם כן, למרות שהמשנה סוטה מדיון ישיר בראש השנה, ועוברת לדיון בשופר של יובל, יש עדיין תרומה בהבאת דעת ר' יהודה בנוגע לטיב השופר של ראש השנה. מכל מקום, היה ניתן לדון בשופר של ראש השנה בלי להזדקק לשופר של היובל. למעשה, גם משנה ג, העוסקת בשופר במקדש, היא משנה 'היסטורית' המתארת מה להבנת חכמים היה במקדש, ולא את ההלכה היום־יומית שנוהגת לאחר חורבן המקדש. בהמשך ננסה להבין מה התועלת בכך שהמשנה בכל זאת כללה את הנושאים הללו בתוך הדיון.

במשנה ו חוזרים לדיון בשופר עצמו והמשנה עוסקת בדין דיעבד של השופר – במקרה שהשופר נפגם בצורה כלשהי. כשרות השופר תלויה בשאלה אם האדם יוכל לתקוע בשופר, וזו נקודת המעבר לחלק הבא של הפרק, העוסק בתקיעת השופר ושמיעתו.[12]

9. לדעת הרמב"ם (הלכות שופר פ"א ה"א), תוקעים דווקא בשופר של איל כפוף, כדעת ר' יהודה במשנה ה, הן במקדש והן במדינה, ומתברר שלדעתו ר' יהודה חולק על הקביעה שניתן לתקוע בכל קרן. הראב"ד חולק על כך, וגם לדעת רש"י (ר"ה כו ע"א, ד"ה קרן) משנה ג עוסקת בדין שופר לכתחילה, ומשנה ב מכשירה שופרות אחרים בדיעבד.

10. בראש השנה כו ע"ב משמע שתקעו בחצוצרות ובשופרות דווקא במקדש, אך בתענית יד ע"א משמע שתקעו בתעניות בשופר מחוץ למקדש. מהירושלמי (ראש השנה פ"ג ה"ד) משמע שהיו חכמים שרצו לתקוע בחצוצרות בתעניות מחוץ למקדש, אבל נקבע שאין תוקעים בחצוצרות בגבולין. לדעת הרשב"א ראש השנה כז ע"א (וכן עולה גם מראשונים אחרים), במקדש היה שילוב בין השופר לחצוצרות, ומחוץ למקדש היו תוקעים רק באחד מהם, אם כי נחלקו באיזה. נראה שהדבר תלוי גם בשאלה האם החצוצרות נועדו לכינוס העם, או לזעקה שקשורה (גם) לקורבנות.

11. בנושא של נושאים נלווים במשנה ראו מאמרי: ע' שטרנברג, נושאים נלווים.

12. גם במסכת סוכה, שבנויה באופן דומה למסכת ראש השנה, שבה דנים תחילה על הסוכה ואחר כך

וכך ממשיך הפרק:

[ז] **התוקע** לתוך הבור או לתוך הדות או לתוך הפיטס, אם **קול שופר שמע, יצא**. ואם קול הברה **שמע, לא יצא**.
וכן מי שהיה עובר אחורי בית הכנסת, או שהיה ביתו סמוך לבית הכנסת, **ושמע קול שופר** או קול מגילה, אם כיון לבו, **יצא**. ואם לאו, **לא יצא**. אף על פי שזה שמע וזה שמע, זה כיון לבו וזה לא כיוון לבו.
[ח] 'והיה כאשר ירים משה ידו וגבר ישראל' (שמות י"ז יא) וגו'. וכי ידיו של משה עושות מלחמה או שוברות מלחמה? אלא לומר לך: כל זמן שהיו ישראל מסתכלים כלפי מעלה ומשעבדין[13] את לבם לאביהם שבשמים, היו מתגברים; ואם לאו, היו נופלין.
כיוצא בדבר אתה אומר: 'עשה לך שרף ושים אתו על נס, והיה כל הנשוך וראה אתו וחי' (במדבר כ"א ח). וכי נחש ממית, או נחש מחיה? אלא, בזמן שישראל מסתכלין כלפי מעלה ומשעבדין את ליבם לאביהן שבשמים, היו מתרפאים; ואם לאו, היו נימוקים.
חרש, שוטה וקטן **אין מוציאין** את הרבים ידי חובתן. זה הכלל: כל שאינו מחויב בדבר, אינו **מוציא** את הרבים ידי חובתן.

המשניות הבאות מפנות אותנו מהחפץ אל האדם: האדם שתוקע לתוך בורות שונים והאדם ששומע את קול השופר, ושמכוון את ליבו לצאת ידי חובה. בעוד חטיבת המשניות הקודמת השתמשה במילים "כשר" ו"פסול", כיוון שהיא דנה בשופר כחפץ, החטיבה הזאת משתמשת בביטויים "(לא) יצא" "(אין) מוציא", שכן מדובר

על היושב בה, יש משנה שמהווה חולית ביניים. המשנה האחרונה של פרק א' עוסקת במחצלת שבמקרים מסוימים עשויה לשמש כסכך, כחלק מהגדרת הסוכה, ובמקרים אחרים לצורך שינה עליה, כחלק מהמעשים שהאדם עושה בסוכה. וראו עוד להלן הערה 14.

13. בכתב יד קאופמן הנוסח "ומכוונים את לבם". רק בהמשך יש שימוש במילה "ומשעבדים את לבם", ונראה שהניסוח בהמשך השפיע על הניסוח כאן.

על חובת האדם.[14] גם כאן המשנה משווה לנושא אחר וקובעת שגם בקריאת מגילה צריך לכוון ליבו.[15]

משנה ח המפורסמת לכאורה סוטה, שוב, מן הנושא ועוסקת בהבנת הכוח של ידי משה ונחש הנחושת. המשנה מסבירה שאלו לא כלים מאגיים שמנצחים את המלחמה או המגפה, אלא רק האמצעים להפנות את המבט של האדם לשמיים, ולשעבד את הלב. הדמיון בין שעבוד הלב (בידי משה ונחש הנחושת) לכוונת הלב (בשמיעת השופר), ובין החפץ שמפנה את המבט לשמיים לשופר, רומזים שהמשנה כאן קוראת לאדם לא להסתפק בחפצא של השופר, וגם לא בשמיעת הקול, ואפילו לא בכוונת הלב,[16] אלא לשאוף להגיע גם לשעבוד הלב ולהפניית המבט לאבינו שבשמיים.

באופן מאכזב קמעה, הפרק מסיים במשנה ט שדנה במי יכול להוציא ידי חובה, וקובעת שחירש (שאינו שומע), שוטה (שאינו יכול לכוון) וקטן (שעוד לא מספיק מכיר את אביו שבשמיים),[17] אינם יכולים להוציא את הרבים ידי חובה.[18] בהמשך ננסה להסביר מדוע המשנה בחרה לשים משנה זו בסוף הפרק.

פרק ד׳ – ראש השנה של תקיעות וראש השנה של ברכות

כדי לבדוק מה ניתן ללמוד מהמשנה על האופי של תקיעת השופר ומשמעותה, נעיין גם בפרק הבא, פרק ד׳. הפרק פותח בדין ראש השנה שחל בשבת:

14. השוו לתחילת מסכת סוכה. פרק א׳ עוסק בסוכה כשרה ופסולה, כאשר הקביעה הקיצונית ביותר במשנה היא הקביעה (משנה ח) "אינה סוכה". לעומת זאת פרק ב׳ עוסק בשאלה מתי האדם יוצא ידי חובה, ושם הביטוי החריף הוא במשנה ז: "אם כן, לא קיימת מצוות סוכה מימיך". יש כאן סדר הגיוני – תחילה דנים על החפץ, ואחר כך בשימוש בו.
15. ההשוואה בין תקיעת שופר לקריאת מגילה בהקשר של כוונת הלב רומזת גם היא לכוונה שאינה רק לצאת ידי חובה, אלא של כוונה לתוכן הדברים. השוו: חידושי ר׳ חיים הלוי מבריסק על הרמב"ם הלכות תפילה פ"ד ה"א.
16. שאותה הסבירו חכמים ככוונה לצאת ידי חובת המצווה. ראו בסוגיה בבבלי ראש השנה כח ע"א – כט ע"א ובמקבילות.
17. חירש, שוטה וקטן מובאים בהקשרים רבים כמי שפטורים ממצוות בגלל שאינם בני דעת. ראו לדוגמה: משנה בבא קמא פ"ח מ"ד; חגיגה פ"א מ"א ובפירושים שם.
18. נשים לב שנשים לא מוזכרות במשנה זו, וניתן להבין שהן יכולות להוציא ידי חובה. נדון בכך בפרק הסיכום שעוסק במצוות עשה שהזמן גרמן.

[א] יום טוב של ראש השנה שחל להיות בשבת במקדש היו תוקעים אבל לא במדינה.
משחרב בית המקדש התקין רבן יוחנן בן זכאי שיהו תוקעין בכל מקום שיש בו בית דין. אמר רבי אלעזר: לא התקין רבן יוחנן בן זכאי אלא ביבנה בלבד, אמרו לו: אחד יבנה ואחד כל מקום שיש בו בית דין.[19]
[ב] ועוד זאת היתה ירושלם יתירה על יבנה שכל עיר שהיא רואה ושומעת וקרובה ויכולה לבא תוקעין, וביבנה לא היו תוקעין אלא בבית דין בלבד.

לפי המשנה, כשראש השנה חל בשבת, תוקעים רק במקדש ולא במדינה, ואחרי החורבן תיקן רבן יוחנן בן זכאי שיתקעו ביבנה או בכל מקום שיש בית דין, אם כי באופן שונה מעט מהמקדש/ירושלים.[20]

ושוב, המשנה סוטה מהנושא ומזכירה תקנות נוספות של רבן יוחנן בן זכאי (משניות ג-ד, שלא צוטטו כאן). המשנה כוללת את התקנה של ריב"ז ביחס לשופר ברשימת תקנות נוספות הקשורות לעולם המקדש: נטילת לולב במדינה כל שבעה ולא רק יום אחד, איסור אכילת חדש בכל יום הנפת העומר ותקנות הנוגעות לעדות החודש.[21]

בפתיחה לפרק ניתן לראות את קריאת הכיוון של הפרק כולו. למעט תקנות ריב"ז, הפרק עוסק ביחס בין התקיעות לברכות. משנה א מציגה שני סוגי ראש השנה: כזה שתוקעים בו וכזה שלא תוקעים בו. בשנים רגילות, ובמקדש תמיד, ראש השנה כולל תקיעות. כשראש השנה חל בשבת – לא תוקעים בו במדינה.

המשך הפרק מסביר מה המשמעות של ראש השנה בלי תקיעות, ומציג את הברכות שלצד התקיעות. במשנה ה מובא השילוב בין הברכות לבין התקיעות, ובמשנה ו מובאות הברכות עצמן, תוך הגדרה מדויקת של מספר הפסוקים בכל ברכה. במשנה ז שוב דנה המשנה בשילוב של התקיעות בתפילה, וכן אם תוקעים בשחרית או

19. מרכזיות בית הדין מתחברת גם לדיני קידוש החודש, שמתרחש דווקא בבית דין, וראו להלן הערה 37.
20. משנה א מתייחסת **למקדש** מול מדינה, ומשנה ב' מתייחסת **לירושלים** מול יבנה. מכאן נולדו ההבדלים בין הראשונים אם תקעו בכל ירושלים (כדעת הרמב"ם, לדוגמה בפירושו למשנה) או רק במקדש (כדעת רש"י על אתר). לדיון בדעת הרמב"ם בהגדרת 'מקדש' לעומת 'מדינה' ו'גבולין' ראו: הרב נ' גוטל, מקדש ומדינה.
21. באופן מאוד מפתיע, משנה זו אינה מופיעה בפרקים א'-ב' של המסכת, שעוסקים בקידוש החודש, אלא כחיזוק לתקנות של ריב"ז, הקשורות לחורבן הבית.

במוסף, ובמשנה ח המשנה מביאה מקרים שונים שבהם אי אפשר לתקוע בשופר, בגלל איסורי תורה או איסורי דרבנן המונעים את הנגישות לשופר. ממילא, במקרים כאלו נשארות רק התפילה והברכות: המלכויות, הזכרונות והשופרות, המשולבות בתפילה.

הפרק מסיים במשנה ט:

[ט] סדר **תקיעות** שלש של שלש שלש. שעור תקיעה כשלש תרועות, שעור **תרועה** כשלש יבבות. תקע בראשונה ומשך בשניה כשתים, אין בידו אלא אחת.
מי **שברך** ואחר כך נתמנה לו שופר תוקע ומריע ותוקע שלש פעמים.
כשם ששליח צבור חייב כך כל יחיד ויחיד חייב, רבן גמליאל אומר **שליח צבור מוציא** את הרבים ידי חובתן.

משנה ט חותמת את הפרק באפשרות לתקוע בנפרד ולברך בנפרד. באופן אידיאלי משלבים את התקיעות עם הברכות, אבל הפרק הזה מלמד שאפשר גם לחוד. הפרק הזה מציג בפנינו את הפן של ראש השנה של 'תרועה' של בני אדם,[22] תרועת התפילה, שלעיתים משתלבת, ולעיתים לא, עם תרועת השופר.

כיוון שמוקד הפרק הוא ההיבט של ראש השנה שמשתלב עם התקיעות, אבל גם עומד בפני עצמו – הפרק מסתיים בתפקידו של שליח הציבור. פרק ג' הסתיים בסוג של שליח ציבור – וקבע שחירש, שוטה וקטן אינם יכולים להוציא את הרבים ידי חובה. וכך גם פרק ד' מסתיים בשליח ציבור שמוציא את הרבים ידי חובה. ההבדל בין השניים מעיד על ההבדל בין שני הפרקים. פרק ג' עוסק **בתוקע** שמוציא את הרבים ידי חובה, ופרק ד' עוסק **במתפלל** שמוציא את הרבים ידי חובה. המוקד של פרק ג' הוא השופר והאדם התוקע והשומע, ואילו המוקד של פרק ד' הוא הברכות והתפילה, שרצוי – אבל לא תמיד הכרחי – לשלב את התקיעות בתוכן.

סיכום

מהעיון במשנה למדנו שיש שופר של מקדש, שהוא שונה בכמה פרטים מהשופר של המדינה. בפרק ג' למדנו על המבנה שלו – של יעל שפיו מצופה זהב ומלווה בחצוצרות (לדעת חכמים), ובפרק ד' למדנו שתוקעים בו גם אם ראש השנה חל בשבת. לצד זאת השופר של המדינה יכול להיות מכל חיה (למעט של פרה, לדעת חכמים), ולא תוקעים בו אם ראש השנה חל בשבת. למדנו שתקיעות עומדות בפני

22. כפי שראינו לעיל בהערות 3 ו־4, כך פירשו הקראים.

עצמן והתפילות בפני עצמן, וקיום אידיאלי של המצווה כולל גם את אלו וגם את אלו, אבל לא בכל מקרה הן יבואו יחד. למדנו שהשופר, כמו ידי משה ונחש הנחושת, אינו כלי מאגי והוא גם לא נועד רק כדי לצאת ידי חובה, אלא עדיף לראות בו כלי שעוזר לאדם לשעבד את ליבו לאבינו שבשמיים.

נוסף לכך, שולבו במשנה נושאים נוספים שיש מקום לדון מדוע הם שולבו במשנה זו: השופר והחצוצרות של התעניות, השופר של היובל, הכוונה בשמיעת מגילה, תקנות ריב"ז בעקבות חורבן הבית וההלל שקשור לשליח הציבור.

לאחר שנעיין בדרשות הגמרא, ננסה להבין את המשמעות של כל זה.

עיוני דרשה

מניין שבשופר?

הנחת היסוד של המשנה היא שבראש השנה תוקעים בשופר. במשנה לא שאלו מדוע ולמה, אך בגמרא שאלו הן על השופר, הן על צורת התקיעה והן על מספר התקיעות. נראה שהגמרא אינה שואלת מה המקור בתורה לתקיעה בשופר, אלא היא מנסה ללמוד מה הרעיון – לאילו פסוקים, וממילא לאילו רעיונות, קשורות תקיעות השופר של ראש השנה? ייתכן שהשופר וצורת התקיעה עברו במסורת מסיני, וייתכן שהם אכן נלמדו מדרשות הפסוקים או בדרך אחרת, אבל מעצם המחלוקות שנראה בגמרא, נראה ששאלת הדרשה לא נועדה למצוא מקור אלא משמעות.

הסבר ראשון – שופר של ראש השנה ושופר של יובל

הדרשות השונות בברייתות ובגמרא, הנוגעות לשופר, מבטאות רעיונות שונים שננסה לזהות ולהבין. בגמרא מובאת ברייתא שעוסקת בכך (ראש השנה לג ע"ב – לד ע"א):[23]

> תנו רבנן מנין שבשופר? תלמוד לומר 'והעברת שופר תרועה' (ויקרא כ"ה ט). אין לי אלא **ביובל**, בראש השנה מנין? תלמוד לומר 'בחדש השביעי' (שם), שאין תלמוד לומר [לא היה צריך לומר] 'בחדש השביעי', ומה תלמוד לומר [ומה בא ללמדנו] 'בחדש השביעי'? שיהיו כל תרועות של חדש שביעי זה כזה.

23. לסוגיה זו מספר מקבילות במדרשי ההלכה. למקורות מלאים יותר ניתן לראות בהפניות במאמרי, נושאים נלווים, עמ' 183–189.

ומנין שפשוטה [תקיעה רציפה] לפניה? תלמוד לומר 'והעברת שופר תרועה'.
ומנין שפשוטה [תקיעה רצופה] לאחריה? תלמוד לומר 'תעבירו שופר' (שם).
ואין לי אלא ביובל, בראש השנה מנין? תלמוד לומר 'בחדש השביעי', שאין תלמוד לומר [לא היה צריך לומר] 'בחדש השביעי' ומה תלמוד לומר [ומה בא ללמדנו] 'בחדש השביעי'? שיהו כל תרועות החדש השביעי זה כזה.
ומנין לשלש של שלש שלש [מנין לשלש מערכות של שלש תקיעות כל פעם]? תלמוד לומר 'והעברת שופר תרועה' (ויקרא כ"ה ט), 'שבתון זכרון תרועה' (ויקרא כ"ג כד), 'יום תרועה יהיה לכם' (במדבר כ"ט א).
ומנין ליתן את האמור של זה בזה ושל זה בזה? תלמוד לומר 'שביעי' 'שביעי' לגזירה שוה.
הא כיצד? שלש שהן תשע. שיעור תקיעה כתרועה, שיעור תרועה כשלשה שברים.

התנא הראשון בברייתא לומד על השופר מפסוקי היובל. על היובל נאמר (ויקרא כ"ה):

(ח) וְסָפַרְתָּ לְךָ שֶׁבַע שַׁבְּתֹת שָׁנִים שֶׁבַע שָׁנִים שֶׁבַע פְּעָמִים וְהָיוּ לְךָ יְמֵי שֶׁבַע שַׁבְּתֹת הַשָּׁנִים תֵּשַׁע וְאַרְבָּעִים שָׁנָה: (ט) **וְהַעֲבַרְתָּ שׁוֹפַר תְּרוּעָה בַּחֹדֶשׁ הַשְּׁבִעִי** בֶּעָשׂוֹר לַחֹדֶשׁ בְּיוֹם הַכִּפֻּרִים **תַּעֲבִירוּ שׁוֹפָר** בְּכָל אַרְצְכֶם: (י) וְקִדַּשְׁתֶּם אֵת שְׁנַת הַחֲמִשִּׁים שָׁנָה וּקְרָאתֶם דְּרוֹר בָּאָרֶץ לְכָל יֹשְׁבֶיהָ יוֹבֵל הִוא תִּהְיֶה לָכֶם וְשַׁבְתֶּם אִישׁ אֶל אֲחֻזָּתוֹ וְאִישׁ אֶל מִשְׁפַּחְתּוֹ תָּשֻׁבוּ.

כפי שראינו בפרק הקודם, שנת היובל מתחילה בחודש השביעי. את שנת החמישים מקדשים באמצעות העברת שופר תרועה ביום הכיפורים, בעשור לחודש. חז"ל ראו בימים שבינתיים, בין הראשון לחודש לעשור לחודש, מעין 'חופשת שחרור' של העבדים. הם כבר אינם עובדים את אדוניהם, אבל עדיין לא משוחררים לבתיהם.[24] כפי שראינו, זוהי הוכחה שמעגל השנה אינו מתחיל בחודש הראשון, אלא בחודש השביעי, שכן בו מתחילה ומתקדשת שנת החמישים.

דע מאין באת – בפסוקים אלו אין מדובר על זיכרון, אלא על תרועה. מה היתרון בבחירה לקשור בין התרועה של ראש השנה לתרועת השופר של יובל?

נראה שיש לכך כמה תשובות: מדובר על תרועה שמתקיימת בחודש השביעי.

24. ראו: ספרא בהר פרשה ב פרק ב אות א.

הגמרא קישרה בדרשה את המילים "בחודש השביעי", המיותרות לכאורה (בהיקש או בגזרה שווה), לאירוע אחר שמתרחש "בחודש השביעי" – יום תרועה של הראשון לחודש.

השוואת ה'תרועה' של ראש השנה ל'תרועת' היובל 'מועילה' לגמרא גם בדרשת אופי התקיעות. הברייתא רואה כאן שלוש 'תנועות' של השופר – "והעברת שופר", "תרועה", ו"תעבירו שופר". יש כאן תנועה של 'העברה', תנועה פשוטה – שאותה תרגמו חכמים לתקיעה, ואז תרועה, ושוב 'העברת' שופר – תקיעה. מכאן הברייתא בעצם מבססת הן את הכלי והן את הקולות של התרועה של היובל. אזכור התרועה פעמיים בפסוקי ראש השנה ופעם בפסוקי היובל גם מבסס את המבנה של שלושה סבבים של תקיעות.

ולאן אתה הולך – מעבר ליתרונות הפרשניים בבחירה ללמוד מיובל, לצד החיסרון שהזיכרון אינו מופיע כאן, יש להבין מה ההישג הרעיוני שבדרשה זו. נראה שהדבר נעוץ בעובדה שתקיעת השופר של היובל נועדה להחזיר את האנשים הביתה ולשחרר את העבדים ואת הקרקעות משעבוד. יש שיראו בכך קשר לראש השנה, בבחינת התחלה חדשה. אני מעדיפה להתמקד בסיבה לשחרר את העבדים, המופיעה בסוף הפרק:

(נה) **כִּי לִי בְנֵי יִשְׂרָאֵל עֲבָדִים** עֲבָדַי הֵם אֲשֶׁר הוֹצֵאתִי אוֹתָם מֵאֶרֶץ מִצְרָיִם אֲנִי ה' אֱלֹהֵיכֶם.

תקיעת השופר, שבפועל משחררת את העבדים ואת הקרקעות, היא למעשה קריאה לזכור – ולתרגם את הזכירה לפעולה – שכולם בעצם עבדי ה'.[25]

הסבר שני – שופר של ראש השנה וחצוצרות המדבר

הגמרא מציינת שזו רק דרשה אחת על המקור של התקיעות, ומוסיפה (שם):

והאי תנא מייתי לה [והתנא הזה מביא (לומד) אותה] בגזירה שוה ממדבר [פרשת החצוצרות שנאמרה במדבר],
דתניא 'ותקעתם תרועה' (במדבר י' ה), תקיעה בפני עצמה ותרועה בפני עצמה.

25. ראו גם: הרב ת' גרנות, חג הסוכות, עמ' 41. למשמעות היותנו עבדי ה' הן בתורה והן בדברי חז"ל, ראו בפרק ה'.

> אתה אומר תקיעה בפני עצמה ותרועה בפני עצמה, או אינו אלא תקיעה ותרועה אחת היא?
> כשהוא אומר 'ובהקהיל את הקהל תתקעו ולא תריעו' (במדבר י' ז) הוי אומר תקיעה בפני עצמה ותרועה בפני עצמה.
> ומנין שפשוטה לפניה? תלמוד לומר 'ותקעתם תרועה',
> ומניין שפשוטה לאחריה? תלמוד לומר 'תרועה יתקעו' (שם ו).
> רבי ישמעאל בנו של רבי יוחנן בן ברוקא אומר אינו צריך,
> הרי הוא אומר 'ותקעתם תרועה שנית' (שם) שאין תלמוד לומר 'שנית', ומה תלמוד לומר 'שנית'? זה בנה אב שכל מקום שנאמר תרועה תהא תקיעה שניה לה.
> אין לי אלא במדבר, בראש השנה מנין? תלמוד לומר 'תרועה' 'תרועה' לגזירה שוה.
> ושלש תרועות נאמרו בראש השנה: 'שבתון זכרון תרועה', 'יום תרועה', 'והעברת שופר תרועה', ושתי תקיעות לכל אחת ואחת...

הגמרא מפנה לתנא אחר בברייתא אחרת, ושם למדו "ממדבר", מפרשת החצוצרות. אם נדקדק, נראה שלא למדו את התקיעה בשופר דווקא, כי דווקא את הפרט הזה לא ניתן ללמוד מהחצוצרות. הפניה ל"מדבר" היא ללמוד על אופי התקיעות.

מצד אחד, הברייתא מכירה, לכאורה, בקשר בין תרועת ראש השנה לחצוצרות, אבל מצד שני, אין קשר לתרועת (או תקיעת) החצוצרות שנועדה להעלות זיכרון, אלא דווקא לתרועות ולתקיעות של מסע המחנות. הברייתא דורשת מ"ותקעתם תרועה" ו"תרועה יתקעו" ממסע המחנות שגם בראש השנה המבנה הוא תקיעה־תרועה־תקיעה.

החסרונות של הדרשה הזאת ברורים: אין במקור שופר אלא חצוצרות, ואין מקור לשלוש סדרות של תקיעות ותרועות.[26] למעשה, הדרשה מועילה רק לעניין הסדר תקיעה־תרועה־תקיעה. כדי להשלים את הסדרה, הגמרא חוזרת לשלושת פסוקי התרועה: שניים בראש השנה ואחד ביובל. מתברר שה'מקור' הזה אינו עומד בפני עצמו, והוא דורש השלמה גם מהמקור על היובל.

26. מהרב ד"ר י' בן נון שמעתי שניתן לזהות שלושה קולות (במדבר י' ה-ו): "**וּתְקַעְתֶּם תְּרוּעָה** וְנָסְעוּ הַמַּחֲנוֹת הַחֹנִים קֵדְמָה: **וּתְקַעְתֶּם תְּרוּעָה** שֵׁנִית וְנָסְעוּ הַמַּחֲנוֹת הַחֹנִים תֵּימָנָה **תְּרוּעָה יִתְקְעוּ** לְמַסְעֵיהֶם". למעשה יש כאן שלושה ציוויים על תקיעה ותרועה. מכל מקום, התנא והדיון בגמרא בעקבותיו לא הלכו בכיוון הזה. וראו גם דברי הרב ד' הכהן (הנזיר), קול ואור, עמ' קכז-קכט ועוד.

פרק ז: "ותקעתם... על עולותיכם" או "תעבירו שופר בכל ארצכם"?

הגמרא מוסיפה (שם):

ולהאי תנא דמייתי לה [ולתנא הזה שמביא (לומד) אותה] ממדבר, אי [אם] מה להלן חצוצרות אף כאן חצוצרות?! תלמוד לומר 'תקעו בחדש שופר בכסה ליום חגנו' (תהלים פ"א ד). אי זהו חג שהחדש מתכסה בו? הוי אומר זה ראש השנה, וקאמר רחמנא שופר.

כדי ללמוד שהכלי שבו תוקעים ומריעים בראש השנה הוא השופר, הגמרא לא למדה מהיובל, ובוודאי לא מהחצוצרות, אלא מפסוק בתהלים שממנו אפשר ללמוד שיש תקיעה בשופר בראש חודש שהוא גם חג, קרי בראש השנה (תהלים פ"א):

(א) לַמְנַצֵּחַ עַל הַגִּתִּית לְאָסָף: (ב) הַרְנִינוּ לֵאלֹהִים עוּזֵּנוּ **הָרִיעוּ** לֵאלֹהֵי יַעֲקֹב: (ג) שְׂאוּ זִמְרָה וּתְנוּ תֹף כִּנּוֹר נָעִים עִם נָבֶל: (ד) **תִּקְעוּ בַחֹדֶשׁ שׁוֹפָר** בַּכֵּסֶה לְיוֹם **חַגֵּנוּ**: (ה) כִּי חֹק לְיִשְׂרָאֵל הוּא מִשְׁפָּט לֵאלֹהֵי יַעֲקֹב.[27]

אפשר שהפסוק בתהלים הוא מקור לתקיעה בשופר, שכן הוא מנוסח בלשון ציווי: "תקעו בחודש שופר!" יחד עם ציווי על תרועה, "הריעו!". ואפשר שזו רק עדות לתורה שבעל פה, שבעל המזמור מזכיר שבחודש, כלומר בראש חודש,[28] תוקעים בשופר, ביום שהוא חג.[29] בכל מקרה, ההישענות על פסוק בתהלים מלמדת שאין מקור בתורה עצמה.[30]

אם הדרשה כל כך "חסרה", מדוע התנא לומד דווקא מחצוצרות המדבר? ואם

27. רגילים לקשור בין פס' ה לתפיסה של ראש השנה כיום דין. עם זאת, אפשר שהחוק והמשפט קובעים ש'בחודש' תוקעים בשופר, ואין קשר לדין אלא למצווה. על ראש השנה כיום דין ראו בפרק הקודם.
28. למילה 'חודש' בתנ"ך יש שני מובנים עיקריים. המובן המוכר יותר, המשמש גם בימינו, הוא יחידת זמן בת 29–30 יום שבהם הירח מקיף את כדור הארץ. המובן האחר הוא היום הראשון של יחידה זאת, על שם הירח החדש, והוא מכונה בימינו 'ראש חודש'. ראו לדוגמה במילון BDB ערך חדש.
29. ראו גם: קדמוניות המקרא י"ג ו, מהדורת הרטום, עמ' 45, המגדיר את היום כ'חג השופר'.
30. לדעת הרמב"ן (על ויקרא כ"ג כג), הציווי על זיכרון תרועה קדם לציווי על הכנת החצוצרות, וממילא, נדרש כלי אחר כדי למלא את הציווי הזה. ובכל זאת הקשר בין הפרשות יכול ללמד על הרעיון של התרועה של ראש השנה.

כבר בחר ללמוד מהחצוצרות, מדוע לא פנה למוטיבים של זיכרון ותרועה המופיעים בימי הצרה וימי המועד אלא דווקא למסע המחנות?

ולאן אתה הולך – נראה שהרעיון שהתנא ניסה לייבא מתוך מסע המחנות הוא העיקר. נראה שהמטרה של התקיעות והתרועה שבמסע המחנות היא לעורר את העם לתנועה. בתקיעה ובתרועה מודיעים למחנות השונים שצריך לארוז את חפציהם ולהתחיל בתנועה. מסע המחנות מתקדם בעקבות מסע הענן, בעקבות גילוי שכינה. כשהענן נעלה מעל המשכן, יודעים שהגיע הזמן לנוע ונעים עד שהענן ינוח ואז ידעו מה התחנה הבאה. החצוצרות מזכירות לעם להיות מודעים לגילוי השכינה ולמסע בעקבותיה.

ראש השנה שחל בשבת – במקדש תוקעים אבל לא במדינה, מדוע?

רעיון נוסף בא לידי ביטוי אצל חכמינו ביחס לשופר, וכדי להבין אותו יש לנדוד לסוגיה שבה מבחינים בין ראש השנה שחל בשבת לראש השנה שחל בחול. כפי שראינו במשנה, כשראש השנה חל בשבת, תוקעים במקדש אבל לא במדינה. מדוע?

בתלמודים נאמרו תשובות שונות. בבבלי הובאו שני רעיונות (ראש השנה כט ע"ב):

> מנא הני מילי?
> אמר רבי לוי בר לחמא אמר רבי חמא בר חנינא: כתוב אחד אומר 'שבתון זכרון תרועה' (ויקרא כ"ג כד) וכתוב אחד אומר 'יום תרועה יהיה לכם' (במדבר כ"ט א).
> לא קשיא! כאן ביום טוב שחל להיות בשבת כאן ביום טוב שחל להיות בחול.
> אמר רבא אי מדאורייתא היא, במקדש היכי תקעינן?...
> אלא אמר רבא: מדאורייתא מישרא שרי, ורבנן הוא דגזור ביה כדרבה, דאמר רבה: הכל חייבין בתקיעת שופר ואין הכל בקיאין בתקיעת שופר, גזירה שמא יטלנו בידו וילך אצל הבקי ללמוד ויעבירנו ארבע אמות ברשות הרבים, והיינו טעמא דלולב והיינו טעמא דמגילה.

> **תרגום**: מניין שתוקעים במקדש ולא במדינה?
> אמר ר' לוי בר לחמא בשם רבי חמא בר חנינא יש סתירה בין הפסוקים: כתוב אחד אומר 'שבתון זכרון תרועה' (ויקרא כ"ג כד) וכתוב אחד אומר 'יום תרועה יהיה לכם' (במדבר כ"ט א).

משיבה הגמרא שאין קושי או סתירה: כאן ביום טוב שחל להיות בשבת, כאן ביום טוב שחל להיות בחול.

אמר רבא: אם מהתורה לא תוקעים, איך תוקעים במקדש?

אלא אמר רבא: מהתורה מותר (לתקוע), וחכמים גזרו כמו רבה, שאמר רבה: הכל חייבין בתקיעת שופר ואין הכל בקיאין בתקיעת שופר, וגזרו שמא ייטלנו בידו וילך עם השופר אצל הבקי ללמוד ויעבירנו ארבע אמות ברשות הרבים, וזו הסיבה שלולב לא נוטלים בשבת וזו הסיבה שמגילה לא קוראים בשבת.

לשאלת הגמרא מניין שתוקעים רק במקדש ולא במדינה אם ראש השנה חל בשבת ניתנו שתי תשובות. רבי לוי בר לחמא בשם רבי חמא בר חנינא דורש את שני הכתובים השונים. בספר במדבר מדובר על 'יום תרועה', ומשמע שזה יום שמריעים בו. אבל בספר ויקרא מדובר על 'זכרון תרועה' והוא מבין שמדובר על יום שזוכרים בו את התרועה אך לא מריעים בפועל. מי זוכר את התרועה? ככל הנראה, האנשים שביום הזה לא מריעים בפועל.

דרשה זו – שמופיעה גם בירושלמי בשם רב כהנא[31] – נתקלת בקשיים, כפי שנראה תכף, ואומנם היא נדחית גם בבבלי וגם בירושלמי, אך הנחת היסוד שלה חשובה. הנחת היסוד של הדרשה היא שהעם שומע או זוכר את התרועה. ההנחה המובלעת היא שהתרועה נועדה לעם, באופן מעשי או בזיכרון הקולקטיבי.

הבעיה בדרשה הזו היא שהיא לא מסבירה את הפער בין המקדש למדינה. אם הפסוקים מלמדים שיש פעמים שמריעים בפועל ויש פעמים שרק זוכרים את התרועה, לא הייתה צריכה להיות הבחנה בין המקדש למדינה.

רבא מביא הסבר אחר בשם רבה והוא שאכן היה צריך לתקוע בכל מקום, ולא היה צריך להיות הבדל בין המקדש לבין המדינה, אלא שיש חשש שאנשים יחללו את

31. ירושלמי ראש השנה פ"ד ה"א.

השבת כדי לתקוע בשופר. במקדש אין חשש מחילול שבת כיוון שאין שבות במקדש[32] (או) משום שאנחנו סומכים על הכוהנים,[33] אבל במדינה גזרו שלא לתקוע בשופר.[34]

הסבר שלישי – שופר של ראש השנה הוא שופר של מקדש

בירושלמי מוזכרת הדרשה על 'יום תרועה' מול 'זכרון תרועה', ונוספו שני הסברים (ירושלמי ראש השנה פ"ד ה"א):

> תנא 'באחד לחדש' (ויקרא כ"ג כד) מעתה אפילו במקום שהן יודעין שהוא באחד לחדש ידחה?!
> תני ר"ש בן יוחי 'והקרבתם' (ויקרא כ"ג כה) במקום שהקרבנות קריבין.

הסבר אחד הוא שההבחנה בין המקדש למדינה קשורה לידיעת התאריך האמיתי.[35] רק במקדש, שבו מקדשים את החודש, ידוע אם ראש השנה חל בפועל בשבת או לא, ולכן רק שם שבת 'תידחה'[36] כדי לתקוע בשופר, ובשאר המדינה השבת תגבר על השופר.[37] גם ההסבר הזה אינו מבחין הבחנה מהותית בין המקדש למדינה, אלא רק מתייחס לאפשרות לדעת אם יום זה הוא אכן ראש השנה.[38]

32. כך פירשו רש"י ומאירי על אתר ור"ן על הרי"ף, דף ח ע"א.
33. לפי חלק מהראשונים זה ההסבר מדוע אין איסור שבות (גזרות חכמים) במקדש. ראו: כסף משנה הל' בית הבחירה פ"ח הי"ב; שו"ת הריב"ש סי' קסג. בעקבות כך, הרמב"ם מסביר שריב"ז תיקן לתקוע בבית דין מפני שהם זריזים ולא יבואו התוקעים להעביר השופר בפניהם ברשות הרבים (הלכות שופר וסוכה פ"ב ה"ט). הרמב"ם מתייחס גם לכך שהתקיעה בשבת נעשית דווקא בבית דין שקידשו את החודש, וראו להלן על חשיבות נקודה זו.
34. גם הקביעה של המשנה שאין עוברים על גזרות חכמים כדי להשיג את השופר לתקיעה (פ"ד מ"ח) משתלבת ברעיון שלעיתים לא תוקעים בשופר בגלל גדרות שיצרו חכמים.
35. בפסיקתא דרב כהנא (כג, יב – ראש השנה) גם הטיעון הזה מופיע בשם רשב"י. שם הטענה בנוגע לקשר בין השופר לקורבנות מבוססת על הפסוק בבמדבר כ"ט א-ב: "יום תרועה יהיה לכם. ועשיתם". ההוכחה לא משכנעת כשלעצמה, שכן בכל המועדים נאמר שיש להקריב קורבן, ומפורטים המוספים. ועם זאת, בשני ההקשרים ממקמים את התרועה בהקשר מקדשי.
36. משמע מכאן שתקיעת שופר היא חילול שבת, ובבבלי משמע שאין בעיה הלכתית בתקיעת שופר כשלעצמה. להרחבה בסוגיה זו ראו: ד' הנשקה, תקיעה בשבת.
37. הדים לרעיון הזה מופיעים בצורת הקביעה לתקוע דווקא בבית דין, דוגמת יבנה, וראו ספראי, משנה ראש השנה, עמ' 403. רעיון זה מעניק הסבר נוסף לבחירה להקדיש חצי מהמסכת לנושא קידוש החודש, ובכך לקשור באופן מהותי בין תקיעת השופר לקידוש החודש, ובמיוחד בכל הנוגע לשבת.
38. הסבר דומה מופיע בדברי הרמב"ם (על סמך בבלי סוכה מג ע"א) ביחס ללולב שאינו דוחה בחוץ

הסבר מהותי ומשמעותי יותר הוא ההסבר של ר' שמעון בן יוחי. רשב"י מתייחס לפסוקים המתארים את החג בספר ויקרא (פרק כ"ג):

(כג) וַיְדַבֵּר ה' אֶל מֹשֶׁה לֵּאמֹר: (כד) דַּבֵּר אֶל בְּנֵי יִשְׂרָאֵל לֵאמֹר בַּחֹדֶשׁ הַשְּׁבִיעִי בְּאֶחָד לַחֹדֶשׁ יִהְיֶה לָכֶם שַׁבָּתוֹן **זִכְרוֹן תְּרוּעָה** מִקְרָא קֹדֶשׁ: (כה) כָּל מְלֶאכֶת עֲבֹדָה לֹא תַעֲשׂוּ **וְהִקְרַבְתֶּם** אִשֶּׁה לַה'.

דע מאין באת – רשב"י מבין שהתיאור "והקרבתם" אינו (רק) חלק מתיאור החג, הכולל גם קורבן, אלא הוא חלק מהותי מהרצף של הפירוט של מהות היום – זיכרון התרועה מתחבר לפעולת ההקרבה. למעשה, רשב"י דורש את הפסוקים בספר ויקרא, אבל המשמעות שעולה מדבריו מחזקת את הקשר בין 'זכרון התרועה' למה שראינו בפרשת החצוצרות – התרועה והתקיעה שנועדו ללוות את הקורבנות ולהוות זיכרון של העם בפני ה'.[39] לדעתי, כך קורה פעמים רבות בדרשות חכמים – חכמים דורשים מילה אחת בפרשה מסוימת, אבל העיקרון העומד בבסיס הדרשה קיים במקומות נוספים בתורה.

ולאן אתה הולך – המשמעות של דרשת רשב"י היא שתקיעת שופר נועדה במהותה להיות ליווי קולי לקורבנות. כשם שהקורבנות עולים לרצון לפני ה', כך גם תקיעת השופר פונה כלפי שמיים, ומהווה מעין 'דפיקה על הדלת', קריאה בפתח 'שער השמיים' להעלות את זיכרונם של ישראל לפני ה'.[40] מטבע הדברים, התקיעה בשופר מתקיימת דווקא במקדש, במקום אשר יבחר ה', בשילוב עם הקורבנות.[41]

לארץ את השבת בסוכות (הלכות שופר ולולב פ"ז הי"ז, פירוש המשנה סוכה פ"ד מ"ב).

39. ייתכן שהקדשת חלק נכבד ממסכת ראש השנה לדיני קידוש החודש נועדה גם לחזק את המבט לתקיעות שמלוות לא רק את ראש השנה, אלא גם את ראשי החודשים, כפי שבא לידי ביטוי בפרשת החצוצרות.

40. רש"י על ראש השנה כו ע"ב ד"ה שוה היובל, ד"ה כמה דכייף איניש. השוו: פילון (על החוקים לפרטיהם, ב, בעריכת ס' דניאל-נטף, ירושלים תש"ס, עמ' 60, ברם ראו הערה 283 שם); ראו גם: הרב י"ד סולובייצ'יק, שופר, יט-כב; הרב י' נגן, נשמת המשנה, עמ' 191-192.

41. ראו גם בבלי ראש השנה כו ע"א, בקשר לדעת חכמים שאסור לתקוע בשופר של פרה, וההסבר הוא שזה כמו שכוהן גדול אינו מקריב בפנים בבגדי זהב, שכן זה מזכיר את חטא העגל: "שופר נמי מבחוץ הוא [ולכן אמור להיות מותר, כמו שכוהן גדול מקריב בחוץ בבגדי זהב]! כיון דלזכרון הוא – כבפנים דמי".

לפי זה צריך להבין עתה מדוע תוקעים בשאר המדינה בשאר השנים.[42] פעמים רבות בעת צרה קוראים ל'עצרת תפילה מרכזית בכותל'. המוקד של התפילה נמצא כמה שיותר קרוב למקום הקדוש. לשם יגיעו ההמונים ושם יצטרפו התפילות והבקשות יחד. לצד קיום התפילה המרכזית, יצטרפו המונים גם מבתיהם – בין אם בניסיון לכוון לשעה המדויקת כדי להגיד תפילה מהבית שתצטרף לאירוע המרכזי, ובין אם דרך צפייה והתחברות במדיה. באופן דומה, תפילות יום הכיפורים בבתים, מלוות מרחוק את עבודת הכוהן הגדול במקדש, שהיא עיקר עבודת היום.[43] כך אפשר להבין את תקיעת השופר, לפי הסברו של רשב"י. האירוע המרכזי והמשמעותי הוא במקדש, אבל יש לו הדים ו'קולות הצטרפות' גם בשאר המדינה, שכן גם שם אנחנו מבקשים להיזכר לפני ה'. אנשים במדינה מצרפים את תקיעותיהם, איש איש ממקומו, וקהילה וקהילה ממקומה, כמעין תזמורת שלמה שמלווה את הסולן הראשי, והכלי המרכזי והמשמעותי.

אומנם, כשראש השנה חל בשבת, משתיקים את קולות הרקע ונשאר הקול המרכזי והעיקרי – הקול שבמקדש.

ההסברים השונים למהות תקיעת השופר

ההסבר של רשב"י שונה מכל ההסברים האחרים שהובאו ולדעתו יש הבדל מהותי בין המקדש למדינה.

התנא הנוסף בירושלמי רק מבחין בין היכולת לדעת מתי חל ראש חודש במקדש ובמדינה, אבל קשה לדעת מדבריו כיצד הוא רואה את משמעות תקיעת השופר. האמוראים בבבלי בוודאי תופסים את האופי של השופר אחרת מרשב"י, שדבריו הובאו בירושלמי. לדעתם, אין הבדל מהותי בין המקדש למדינה. הם סבורים שתקיעת השופר אמורה להישמע במדינה כולה, אבל לא תמיד זה יקרה. לפעמים **האנשים** במדינה רק **יזכרו** את התקיעות ולא ישמעו אותן בפועל. ולדעת רבא ורבה, זה רק בגלל החשש מחילול שבת.

42. לדעת ספראי (משנה ראש השנה, עמ' 275), תחילה תקעו רק במקדש, לאחר מכן הרחיבו גם לירושלים, ובהמשך למדינה כולה. לדעתו, מצוות השופר שייכת למצוות שהועברו מהמקדש למדינה "כחלק מתהליך של ביזור מצוות המקדש בכל ישראל". אין בכוונתי לעמוד על שאלת ההתפתחות ההיסטורית, אלא על שאלת משמעות המצווה כפי שהיא מעוצבת ומבוטאת במקורות השונים.

43. בפרק על יום הכיפורים נתייחס לשאלה מה עיקר היום, אך בוודאי שעבודת יום הכיפורים היא אחד המוקדים, והתפילות מלוות את העבודה מרחוק.

הסברי האמוראים בבבלי שהשבת דוחה את תקיעת השופר במדינה מובנים היטב לאור שתי הדרשות למקור השופר והתקיעות שבבבלי. המקור הראשון היה מההשוואה ליובל, שם נאמר: "תַּעֲבִירוּ שׁוֹפָר **בְּכָל אַרְצְכֶם**", כלומר קול השופר אמור להגיע לכל הארץ. המקור השני היה ממסע המחנות וגם שם התקיעה והתרועה בשופר נועדו להישמע באוזני **העם** כולו ולקרוא אליו.

אם כן, הדרשות ששולבו בבבלי, לצד ההסבר שמובא בבבלי להבחנה בין מקדש למדינה, מציגים הבנה מסוימת של תקיעות השופר: התקיעות נועדו להישמע **באוזני העם**, בין אם הן קוראות לעם להכיר בכך שכולם עבדי ה' ובין אם הן קוראות לעם לשים לב לגילוי השכינה ולנוע בעקבותיה.[44] כיוון שהתקיעות נועדו לעם כולו, לא אמור להיות הבדל בין התקיעות במקדש לתקיעות במדינה.

אבל דברי רשב"י בירושלמי מציגים אחרת את התקיעות: המוקד שלהן הוא במקדש, כי הן פונות כלפי **שמיא** ולא נועדו (בהכרח) לאוזני העם. הן **הקול של העם** ולא קול אל העם.[45]

ולפני מי אתה עומד – באופן טבעי, דווקא הירושלמי מדגיש את המרכזיות של המקדש בהבנת מצוות השופר, בעוד הבבלי מעניק משמעות למצווה גם בעולם בלי מקדש ורחוק ממנו.

44. בהמשך לכך, ניתן להגדיר את מצוות השופר **כשמיעת** הקול של השופר. כך הגדיר זאת הרמב"ם (לדוגמה: ספר המצוות עשה קע, ועוד). כך ניתן להבין את דברי המשנה המחייבת שמיעת קול השופר (ראש השנה פ"ג מ"ז). אומנם הרמב"ם מגדיר באופן מעט אחר את מטרת השופר, וראו להלן בהערה 54, וכן את מטרת השופר ביובל (הלכות שמיטה ויובל פ"י ה"י-הי"א), ונראה שלא יסכים עם ההבחנה שעשיתי כאן. לדעת ראשונים אחרים מצוות השופר היא בתקיעה. וראו בהערה הבאה.

45. הדים לרעיון הזה ניתן למצוא בכמה מדרשים. הבבלי (ראש השנה לג ע"ב) קושר בין התרועה והשברים לבכי של אם סיסרא, ובכך מאיר את תקיעת השופר כקריאה, תפילה ובכי. וכן בירושלמי (תענית פ"ב ה"א): "א"ר יעקב דרומיא ולמה תוקעין בקרנות? לומר חשבינו כאילו גועים כבהמה לפניך". גם הגדרת המצווה **כחובת תקיעה** בדברי חלק מהראשונים (לדוגמה רי"ף ראש השנה יא ע"א; ברא"ש ראש השנה ד, י בשם רבינו תם ועוד) מתרכזת בתקיעה שפונה לה', ולא בקול ששומע האדם (גם אם הוא נדרש כחלק מהמעשה, בדומה לתפילה, שאדם צריך לשמוע את שהוא מוציא בשפתיו). לפי אפשרות זאת, אדם יכול להוציא את חברו ידי חובת תקיעת השופר מדין שומע כעונה, בדומה לתפילה וברכות (ראו לדוגמה: הרב צבי פסח פרנק, שו"ת הר צבי ח"ב סי' פה; בית הלוי דרושים דרוש ט"ו). כבר מימי הגאונים מוכרות הן הגרסה של "לשמוע" והן הגרסה של "לתקוע" בברכת המצוות של השופר (ספראי, משנה ראש השנה, עמ' 276).

מקראות קודש

המשניות שמטרימות את הדרשות

אם נחזור למשנה, נגלה ניצנים של הכיוונים השונים שפותחו והובהרו בגמרא.

ראשית כול, ראינו שהמשנה מפתחת את התקיעה במקדש כדבר מיוחד שעומד בפני עצמו – התקיעה הטקסית עם שופר מצופה זהב ומלווה בחצוצרות בתחילת פרק ג׳, והייחוד של תקיעת השופר במקדש כשראש השנה חל בשבת בפתיחת פרק ד׳. פרק ד׳ גם עומד על האפשרות של ברכות שמנותקות מהתקיעות ומבטאות את הליווי המילולי של העם לקול השופר במקדש. תקנות ריב״ז שנוגעות למצוות השונות הקשורות למקדש (נטילת לולב,[46] הנפת העומר והלכות הקשורות לקידוש החודש[47]) ומשולבות במשנה מאירות ומדגישות את ההקשר המקדשי של התקיעות.

לצד זאת, המשנה משלבת ׳רמזים׳ לכיוונים נוספים באמצעות הנושאים הנלווים. פרק ג׳ משווה בין השופר של ראש השנה לשתי מצוות נוספות: האחת, תקיעת החצוצרות של התעניות, אותן תקיעות של עת צרה שנועדו לעורר את זיכרוננו בפני ה׳ ומשמשות במקדש בעיקר.[48] הרמז הזה מצטרף לרמזים הקודמים של שופר שעיקרו במקדש; ההשוואה השנייה היא לתקיעת השופר של יובל. המחלוקת במשנה בין ר׳ יהודה לחכמים אם שופר של ראש השנה שווה ליובל או שונה ממנו מטרימה את הדרשות שתביא הגמרא אם השופר של ראש השנה דומה במהותו לשופר של יובל או שמדובר על רעיונות שונים.

התוספתא משלימה את הרמז החסר ומזכירה גם את התקיעות של מסעות המדבר (תוספתא ראש השנה פ״ב ה״ג במהדורת ליברמן):

> **בתעניות** תוקעין שלש על שלש **ובמסעות** שלש על שלש שלש על שלש על כל דגל ודגל דברי ר׳ יהודה, וחכמים או׳ שלש על כל מטה ומטה. במה הן תוקעין? בחצצרות שעשה משה. ר׳ יהודה אומ׳ בראש השנה תוקעין בשל זכרים **וביובל** בשל יעלים. נתנו חכמים את המצוי למצוי ואת שאין מצוי לשאין מצוי.

46. ראו בפרק י׳.
47. ריב״ז שינה את אופן קבלת עדות החודש כדי לא לפגוע בעבודת המקדש, ולאחר החורבן ביטל את התקנה.
48. קשר נוסף בין החצוצרות לזיכרון לפני ה׳ והשופר מופיע בספרי, שלומד את הברכות השונות של ראש השנה מפרשת החצוצרות. ראו ספרי במדבר פיסקא עז, עמ׳ 183 במהדורת כהנא, וראו בהערות של כהנא שם.

התוספתא מציינת באמירה אחת את מכלול ההקשרים שמהם ניתן ללמוד על השופר של ראש השנה: החצוצרות של התעניות, החצוצרות של המסעות והשופר של יובל.

תנועה כפולה – בין תקיעה לתרועה

שתיים מתוך שלוש הדרשות שראינו התייחסו לשילוב של תקיעות ותרועות יחד בראש השנה. הדרשה הראשונה זיהתה בשופר של **היובל** תנועה של "העברת שופר", שאותה הסבירה כקול פשוט של תקיעה, לצד "תרועת שופר". הדרשה השנייה למדה **מחצוצרות** המדבר שלעיתים תוקעים תרועה ולפעמים רק תוקעים, ובמסע המחנות "תוקעים תרועה" ומשלבים בין הקולות השונים.

הדרשה השלישית, שקשרה בין התרועה לקורבן, לא סיפקה הסבר לשילוב של התקיעות, שלא כתובות במפורש בפסוקים, עם התרועות, שמפורשות בפסוקים, אבל רומזת להסבר כזה. כפי שראינו, הקשר בין התרועה לקורבן, שאותו זיהה רשב"י, מתחבר לקשר הזה בחצוצרות של המדבר.

גם בהקשר הדתי של החצוצרות במדבר יש שני סוגי קולות (במדבר י'):

> (ט) וְכִי תָבֹאוּ **מִלְחָמָה** בְּאַרְצְכֶם עַל הַצַּר הַצֹּרֵר אֶתְכֶם **וַהֲרֵעֹתֶם** בַּחֲצֹצְרֹת **וְנִזְכַּרְתֶּם לִפְנֵי ה' אֱלֹהֵיכֶם** וְנוֹשַׁעְתֶּם מֵאֹיְבֵיכֶם: (י) וּבְיוֹם **שִׂמְחַתְכֶם** וּבְמוֹעֲדֵיכֶם וּבְרָאשֵׁי חָדְשֵׁיכֶם **וּתְקַעְתֶּם** בַּחֲצֹצְרֹת **עַל עֹלֹתֵיכֶם וְעַל זִבְחֵי** **שַׁלְמֵיכֶם** וְהָיוּ לָכֶם **לְזִכָּרוֹן לִפְנֵי אֱלֹהֵיכֶם** אֲנִי ה' אֱלֹהֵיכֶם.

פסוקים אלו מתארים שני שימושים בחצוצרות: תרועה בשעת מלחמה ותקיעה בשעת שמחה, הכוללת מועדים וראשי חודשים, וראש השנה עונה על שתי הדרישות. בשני ההקשרים מדובר על "לפני ה'", למרות שרק בהקשר של ימי השמחה והמועד מפורש שזה בהקשר של קורבן. מכל מקום, ניתן לשער שמכאן נלמד השילוב של תקיעה ותרועה לשם זיכרון על הקורבן. לכל הפחות, מכאן הושאלה התקיעה שעל הקורבן שמצטרפת לתרועה שמפורשת בפסוקים של "יום תרועה" ו"יום זכרון תרועה".

יש מהפרשנים שעומדים על ההבדל שבין תרועה, שהיא קול שבור, רעוע, שאפשר גם לראות בה קול מערער ומעורר, לבין התקיעה, שהיא קול רציף ושלם, ואפשר לראות בה קול שאומנם מבקש שימת לב, אבל באופן רגוע יותר.[49] דרישה

49. השוו: רש"ר הירש על במדבר י' ג. הרמב"ן (על במדבר י' ו-ז) קושר בין התקיעה למידת הרחמים ובין התרועה למידת הדין.

לשני סוגי הקולות יחד מצביעה על שילוב של ניעור וערעור של התרועה יחד עם צפירת הרגעה של התקיעה, האוספת.

בשלוש הדרשות אפשר לראות את הצורך בשילוב התנועות השונות: התרועה שמערערת את המבנה החברתי של אדונים ועבדים, והתקיעה שאוספת את העבדים הביתה; התרועה שמערערת את מבנה המחנה המסודר, והקריאה שמכוונת ליעד החדש; התרועה שזועקת במקרה של מלחמה וקושי, לצד התקיעה המשמחת של ביטחון בא־ל הזוכר את ברואיו. שתי התנועות הללו מזכירות את שתי התנועות שעליהן עמדנו בפרק הקודם, ואת שני ההיבטים של יום ראש השנה: יום מערער ומפחיד מחד גיסא, אבל מרגיע ומשמח מאידך גיסא. יום שבו קול בכי העם משולב עם השמחה כי "חדוות ה' היא מעוזכם".

שלושה קולות – מלכויות, זיכרונות ושופרות

הבחירה אילו פסוקים לקשר ל"זיכרון תרועה" ו"יום תרועה" של ראש השנה משפיעה על המשמעות של התרועה הזאת: האם היא תרועת היובל של "עבדי הם", תרועת המדבר "למסעיהם" או תרועה המלווה את הקורבנות במקדש "על עולותיכם".[50] פעמים רבות נגלה שלבחירה לקשור בין המצווה לפסוקים שונים יש משמעות הלכתית, ויש "נפקא מינה" שונה לכל בחירה. ננסה להבין איזו דרשה ואיזה רעיון מתקבלים בהקשר של תקיעת השופר, הדרשה של יובל, של "מדבר" או הקשר לקורבנות.

באופן ייחודי למדי, נראה שברכות ראש השנה מגלמות בפועל את שלוש האפשרויות הללו: ברכת **המלכויות** מגלמת בתוכה את התזכורת לעם ש"עבדי הם", וכולנו מקבלים על עצמנו להשתעבד לה' מלכנו ומלך העולם;[51] ברכת **הזיכרונות** מבטאת את הרעיון שהתקיעות נועדו להעלות את זיכרוננו לפני ה'. ה' הוא הזוכר את קול התרועה שמלווה את הקורבנות ואת התפילות, ושומע לתפילותינו בעקבות

50. אפשר שהתפיסות השונות בנוגע לשאלה למי השופר פונה: לה' או לישראל, נעוצות בשני התיאורים השונים של היום. בעוד שויקרא כ"ג מגדיר אותו כזיכרון תרועה, ומתייחס לתרועה כזיכרון (בפני ה'), בבמדבר כ"ט מדובר על יום תרועה, והוא מתייחס לעצם התרועה, בלי הזיכרון שהוא נועד לעורר.

51. ברכה זו מוזכרת ראשונה, כיוון שהיכולת להיזכר לפני ה' ולקבל מאיתו את השפע מבוססת על כוחו של ה' ושלטונו בעולם. אומנם בפרק הקודם התייחסנו לאפשרות לפנות אל ה' דווקא כהורה ולא (רק) כמלך, עם זאת, תקיעות היובל נועדו להנכיח את עבדותנו אל ה', שבאה לידי ביטוי בברכת המלכויות.

כך; ברכת **השופרות** ממוקדת בשופר שמודיע ומלווה את גילוי השכינה והופעת ה' בעולם, החל ממעמד הר סיני ולאורך הדורות, ודורש מאיתנו להכיר בנוכחותו וללכת בעקבותיו.[52]

שהחיינו וקיימנו

בתורה המשמעות של ראש השנה והתרועה עמומה למדי. עם ההעמקה בלימוד אפשר לתת משמעות ועומק למצוות זיכרון התרועה שקשורה אליה בצורה שגם תשפיע על אופן קיומה. כשאני שומעת את תקיעות השופר בראש השנה, אני מנסה לתת ללימוד המקורות והרעיונות להשפיע גם על האופן שבו אני שומעת את תקיעת השופר. אני מנסה לדמיין את התנועה של קול השופר. בגלל הרעיונות השונים, ה'תמונה' המדומיינת משתנה בקולות השונים.

במלכויות אני מדמיינת את תקיעות השופר שמבשרות על בואו של מלך וקוראות לבטא את ההבנה הזאת בתוך החיים עצמם. שטיח אדום וקהל גדול מעפה ומתרגש עשויים להימצא גם ברקע.

בזיכרונות אני מדמיינת את קול השופר העולה ודופק על שערי שמיים ופותח לנו פתח שדרכו התפילות, התחינות והבקשות ייכנסו. אני לא תוקעת בשופר בעצמי, אבל רואה את הקול כבוקע מתוכי, ומתוך הקהילה והאומה בכללה. למרות ששופר הזיכרונות הוא שופר מקדשי במהותו, הבנת הרעיון שבו מעשירה גם את האופן שבו אני מקיימת את המצווה בבית הכנסת שבו אני מתפללת.

בתקיעות של **שופרות** אני מדמיינת את השמיים נפתחים והארה אלוהית של גילוי שכינה מנצנצת מתוכה בקריאה גדולה לתת את ליבנו לפלא הגדול של חיבור שמיים וארץ. כמו בברכת המלכויות, גם בברכה זו אני מדמיינת את עצמי כנמענת של שופר הגבולין, שקורא אליי לשים לב, לכוון את עצמי ולהתרגש.

52. ברכת השופרות משלבת בתוכה את הופעת ה' בשופר שתקע בעבר, כגון שופר ההתגלות בהר סיני, ושבו הוא עתיד להתגלות בגאולה העתידית, יחד עם תקיעות השופר והחצוצרות של ישראל, שנועדו לעודד ולזמן את הופעת ה' בעולם. בכך ברכת השופרות מתכתבת עם קורבן עולת הראייה, לפי התיאור של בית שמאי (ראו בפרק ג'), ולהקטרת הקטורת של יום הכיפורים שמייצרת את ענן השכינה (שם). כיוון שכך, ברכה זו משלבת את פסוקי החצוצרות, שהיינו מצפים שיופיעו דווקא בברכת הזיכרונות, שאף הם מזמנים את הגילוי האלוהי, כדי שנוכל להיזכר לפניו.

בזכות תקנות חכמים להרבות בתקיעות נוספות, לפני ואחרי תפילת מוסף,[53] והמנהג לתקוע בשופר לאורך כל חודש אלול, ניצבת בפנינו האפשרות להוסיף משמעויות מגוונות על השופר, כפי שנוספו לאורך השנים, וכפי שנוגעות אלינו ברגעי התקיעה עצמם.[54]

53. בעניין זה אפשר להצביע על תופעה מעניינת. התורה קבעה "יום תרועה" ו"זכרון תרועה" כאשר לא רק ההגדרה של תרועה לוטה בערפל, אלא גם מספר התרועות. כפי שראינו לעיל, חכמים קבעו שיש חיוב על שלוש מערכות של תקיעות ותרועות ("שלש של שלש שלש"). זה מייצר מינימום מסוים, המגדיר מתי המצווה מקוימת. בפועל אנחנו תוקעים הרבה יותר מכך, ואפילו מאה קולות. באופן מעשי, אנו הופכים את היום הזה ל"יום תרועה", במובן הפשוט של המילים הללו.

54. כך ניתן לשמוע את השופר של הרמב"ם שקורא "עורו עורו ישנים משנתכם וישנים הקיצו מתרדמתכם" (הלכות תשובה פ"ג ה"ד), השופר הקורא לתשובה, המזוהה בפי כול עם השופר של ראש השנה. למרות שאיני מזהה את השופר הזה עם המקורות השונים של השופר כפי שבאו לידי ביטוי בעיון זה, אני יכולה לחוש את קול השופר הזה ולכוון אליו בתקיעות שלפני תפילת מוסף או אחריה. ראו גם בסדר תפילת ראש השנה לאבודרהם, שמביא בשם רס"ג כוונות שונות על סמך עשרת העניינים שכלולים בתקיעת השופר.

פרק ח

בכל מושבותיכם או בבית מקדשכם – בין בית למקדש ביום הכיפורים

נשים רבות חשות רגשות מעורבים, מתח ודילמה גדולה בערב יום הכיפורים. לא מעט נשים כלל אינן יכולות להגיע לבית הכנסת, ואם הן כן יכולות, הן צריכות להחליט לאיזה חלק (קטן?) מתוך היום הן יגיעו. לצד אנשים נוספים כגון זקנים, חולים ובעלי מוגבלויות שונות, הן חוות על בשרן את הפער בין יום הכיפורים כיום של תפילה ובית הכנסת ליום הכיפורים שעיקרו עינוי נפש, שגם אותו לא תמיד ניתן לקיים. ובתוך המתח הזה, אם הן יצליחו להגיע לבית הכנסת, עליהן להחליט איזה חלק הוא החשוב ביותר: תחילת היום וסופו, תפילות כל נדרי ונעילה, או אולי דווקא תפילת מוסף, הכוללת את עבודת הכוהן הגדול של יום הכיפורים? ההתלבטות הזו, אם היא קיימת, מהדהדת שאלה גדולה: מהו עיקר היום? עינוי הנפש הפרטי או העבודה הציבורית? התפילות האישיות או עבודת הכוהן הגדול? על כך נדון בפרק זה.

עיוני מקרא

בכל מושבותיכם – יום הכיפורים בפרשת המועדות בויקרא כ״ג

שלוש פרשות בתורה מוקדשות ליום הכיפורים. שתיים במסגרת פרשות המועדות שלא כוללות רק את שלושת הרגלים: ויקרא כ״ג ובמדבר כ״ח-כ״ט. נוסף לכך, פרק שלם (ויקרא ט״ז) מוקדש לעבודת הכוהן הגדול ביום הזה. כשעוסקים ביום הכיפורים,

הנטייה הטבעית היא לפנות תחילה לפרק ט"ז בספר ויקרא, אך אנחנו נפתח דווקא בתיאורים של יום הכיפורים המשולבים במערכת הכללית של המועדים.

כך מתואר יום הכיפורים בפרשת המועדות של ספר ויקרא (פרק כ"ג):

(כו) וַיְדַבֵּר ה' אֶל מֹשֶׁה לֵּאמֹר: (כז) אַךְ **בֶּעָשׂוֹר לַחֹדֶשׁ** הַשְּׁבִיעִי הַזֶּה **יוֹם הַכִּפֻּרִים**
הוּא **מִקְרָא קֹדֶשׁ** יִהְיֶה לָכֶם **וְעִנִּיתֶם אֶת נַפְשֹׁתֵיכֶם** וְהִקְרַבְתֶּם **אִשֶּׁה לַה'**:
(כח) **וְכָל מְלָאכָה לֹא תַעֲשׂוּ** בְּעֶצֶם הַיּוֹם הַזֶּה כִּי יוֹם כִּפֻּרִים הוּא לְכַפֵּר עֲלֵיכֶם
לִפְנֵי ה' אֱלֹהֵיכֶם: (כט) כִּי כָל הַנֶּפֶשׁ אֲשֶׁר לֹא תְעֻנֶּה בְּעֶצֶם הַיּוֹם הַזֶּה וְנִכְרְתָה
מֵעַמֶּיהָ: (ל) וְכָל הַנֶּפֶשׁ אֲשֶׁר תַּעֲשֶׂה כָּל מְלָאכָה בְּעֶצֶם הַיּוֹם הַזֶּה וְהַאֲבַדְתִּי אֶת
הַנֶּפֶשׁ הַהִוא מִקֶּרֶב עַמָּהּ: (לא) כָּל מְלָאכָה לֹא תַעֲשׂוּ חֻקַּת עוֹלָם **לְדֹרֹתֵיכֶם בְּכֹל**
מֹשְׁבֹתֵיכֶם: (לב) **שַׁבַּת שַׁבָּתוֹן** הוּא לָכֶם וְעִנִּיתֶם אֶת נַפְשֹׁתֵיכֶם **בְּתִשְׁעָה לַחֹדֶשׁ**
בָּעֶרֶב מֵעֶרֶב עַד עֶרֶב תִּשְׁבְּתוּ שַׁבַּתְּכֶם.

מפסוקים אלו עולים כמה נתונים הקשורים ליום הכיפורים:

התאריך: "בעשור לחודש השביעי" אבל גם "בתשעה לחודש בערב, מערב עד ערב";

הכותרת: 'יום הכיפורים' (השם המיוחד ליום זה), 'מקרא קודש' (כמו שאר המועדים), 'שבתון' (כמו שאר חגי תשרי);

התוכן המעשי: הקרבת אישה, כמו במועדים האחרים, עינוי נפש ואיסור לעשות כל מלאכה.

המיקום הגאוגרפי: הקרבת האישה היא "לה'", אבל איסור המלאכה ועינוי הנפש הם "בכל מושבותיכם".

מבין כל הפרטים הללו, הגדרת היום כיום כיפורים והקרבת האישה שייכות למקדש, ושאר הפרטים שייכים לעולם שמחוץ למקדש: הקביעה שאיסורי היום הם "בכל מושבותיכם", התאריך "מערב עד ערב", והכינוי "שבתון" כפי שנראה להלן.

ייתכן שההדגשה בפסוקים שהאיסורים הם "בכל מושבותיכם" נובעת מהמחשבה שחובות היום על היחידים הן נגזרת של עבודת הכוהן במקדש. גם בשאר המועדים שמוזכרים בויקרא כ"ג ניתן לראות שהתורה מדגישה את המרחב הגיאוגרפי של "בכל מושבותיכם" דווקא בחגים שבהם הדבר לא ברור כל צורכו – התורה מדגישה שלקורבן העומר במקדש יש משמעות בגבולין, וכן ששתי הלחם שמקריבים במקדש

באים דווקא "ממושבותיכם".[1] אם כן, גם לגבי יום הכיפורים, התורה מדגישה שחובת העינוי ואיסור המלאכה שייכים בכל זמן ("חקת עולם לדרותיכם") ובכל מקום ("בכל מושבותיכם").[2]

עם זאת, נראה שלביטוי הזה יש משמעות נוספת. פרשת המועדות בויקרא כ"ג פותחת בהגדרה הגאוגרפית של השבת: "שַׁבָּת הִוא לַה' **בְּכֹל מוֹשְׁבֹתֵיכֶם**" (ויקרא כ"ג ג). איסור המלאכה בשבת הוא בכל המושבות. כך נקבע כבר בספר שמות (ל"ה ג): "לֹא תְבַעֲרוּ אֵשׁ **בְּכֹל מֹשְׁבֹתֵיכֶם** בְּיוֹם הַשַּׁבָּת".[3]

אפשר לומר שאב הטיפוס של קיום מצוות "בכל מושבותיכם" הוא השבת, שכן השבת באה לידי ביטוי בעיקר במקום שבו האדם יושב (שמות ט"ז כט): "**שְׁבוּ** אִישׁ תַּחְתָּיו אַל יֵצֵא אִישׁ **מִמְּקֹמוֹ** בַּיּוֹם הַשְּׁבִיעִי". מקום מושבו של האדם הוא המקום של השבת, והישיבה והשביתה כרוכות זו בזו. כפי שראינו בפרק הראשון, בשבת נקודת המבט היא על הבית, על המדינה, ולמעשה, בניתוק שיש בין הבית לבין אוהל מועד. גם לגבי יום הכיפורים התורה מדגישה את החשיבות של איסור המלאכה והעינוי "בכל מושבותיכם", במנותק מאוהל מועד.

גם מערכת הזמנים "מערב עד ערב" עשויה לחבר בין יום הכיפורים למערכת הזמנים שמחוץ למקדש. מערכת הזמנים במקדש מתרכזת בשעות היום, והמסגרת של עבודות המקדש היא קורבן התמיד של שחר ושל ערב. במקדש הלילה הולך אחר היום. בלילה מתעכלים על המזבח קורבנות היום שעבר.[4] לעומת זאת, מחוץ למקדש היום הולך אחר הלילה "מערב עד ערב" כמו בבריאת העולם (בראשית א'):[5]

(ה) וַיִּקְרָא אֱלֹהִים לָאוֹר יוֹם וְלַחֹשֶׁךְ קָרָא לָיְלָה וַיְהִי עֶרֶב וַיְהִי בֹקֶר יוֹם אֶחָד.[6]

1. ראו להלן פרק י"ט.
2. ראו גם י' גרוסמן, מכפרת המשכן, עמ' 20–21, בשם הרב ת' גרנות.
3. למעשה כבר ביחס לחג המצות נאמר (שמות י"ב כ): "כָּל מַחְמֶצֶת לֹא תֹאכֵלוּ **בְּכֹל מוֹשְׁבֹתֵיכֶם** תֹּאכְלוּ מַצּוֹת". ראו עוד להלן הערה 7 ובפרק כ'.
4. ויקרא ו' ב.
5. לדוגמה: תוספתא זבחים פ"ו הי"ח במהדורת צוקרמאנדל; ירושלמי יומא פ"א ה"א; בבלי חולין פג ע"א; המיוחס לרש"י על נדרים עו ע"ב ד"ה נדרה בלילי שבת.
6. בין פרשני הפשט ניטשה מחלוקת אם סיפור הבריאה תומך במבנה של "מערב עד ערב" או לא. ראו לדוגמה איגרת השבת לראב"ע בעקבות פירוש הרשב"ם לבראשית א'. ראו גם את פירושו הקצר לשמות ל"ה ג על האפשרויות השונות לפרש את מבנה היום ואת הצורך להישען על פירוש חז"ל.

הקישור בין מערכת הזמנים של "מערב עד ערב" לסיפור הבריאה רומז לתפקיד של הזמן הזה בשבת.[7] אם נכונים הדברים, הן הכינוי "בכל מושבותיכם" והן מערכת הזמנים "מערב עד ערב" קושרים בין יום הכיפורים לשבת. לכך נוסיף שכלל חגי תשרי נקראים "שבתון", כשבת, וה"שביעי" מחבר ביניהם.[8] ואם כן, גם הכינוי הזה יכול להעיד על המשמעות של יום הכיפורים כיום של "בית", ולאו דווקא כיום של מקדש.

התיאור הזה של יום הכיפורים מתמקד בחובות של האנשים הפרטיים: עינוי נפש ואיסור מלאכה. אומנם, הפרטים אינם מודגשים אלא השייכות לכלל. מי שלא מענה את נפשו ביום הזה, ומי שלא חדל ממלאכה, נפשו נכרתת מהעם. מצד אחד, החובה היא אישית ואינה קשורה לענייני המקדש, אך מצד שני, החובה היא חלק מכלל גדול יותר, העם.[9]

עינוי נפש – יום הכיפורים בפרשת המוספים

קודם שנעבור לתיאור המרכזי של יום הכיפורים, נעיין בתיאור היום בפרשת קורבנות המוספים (במדבר כ"ט):

(ז) **וּבֶעָשׂוֹר לַחֹדֶשׁ הַשְּׁבִיעִי הַזֶּה** מִקְרָא קֹדֶשׁ יִהְיֶה לָכֶם **וְעִנִּיתֶם אֶת נַפְשֹׁתֵיכֶם כָּל מְלָאכָה לֹא תַעֲשׂוּ**: (ח) **וְהִקְרַבְתֶּם** עֹלָה לַה' רֵיחַ נִיחֹחַ פַּר בֶּן בָּקָר אֶחָד אַיִל אֶחָד כְּבָשִׂים בְּנֵי שָׁנָה שִׁבְעָה תְּמִימִם יִהְיוּ לָכֶם: (ט) וּמִנְחָתָם סֹלֶת בְּלוּלָה בַשָּׁמֶן שְׁלֹשָׁה עֶשְׂרֹנִים לַפָּר שְׁנֵי עֶשְׂרֹנִים לָאַיִל הָאֶחָד: (י) עִשָּׂרוֹן עִשָּׂרוֹן לַכֶּבֶשׂ הָאֶחָד לְשִׁבְעַת הַכְּבָשִׂים: (יא) שְׂעִיר עִזִּים אֶחָד חַטָּאת **מִלְּבַד חַטַּאת הַכִּפֻּרִים** וְעֹלַת הַתָּמִיד וּמִנְחָתָהּ וְנִסְכֵּיהֶם.

7. התייחסות דומה ניתן למצוא בחג המצות, שגם הוא נחוג "בכל מושבותיכם" וזמנו (שמות י"ב יח): "בָּרִאשֹׁן בְּאַרְבָּעָה עָשָׂר יוֹם לַחֹדֶשׁ בָּעֶרֶב תֹּאכְלוּ מַצֹּת עַד יוֹם הָאֶחָד וְעֶשְׂרִים לַחֹדֶשׁ בָּעָרֶב". אכילת המצות בבתים היא עד העשרים ואחד לחודש בערב, בסוף שבעת ימי החג, שאף הם, כמו יום הכיפורים, מסתיימים בערב, לעומת קורבן הפסח שאסור להותיר ממנו "עד בוקר" (שם י).
8. ראו לעיל, עמ' 124 ובהערה 42. הרב פרופ' י' גרוסמן (מכפרת המשכן, עמ' 11–23) עומד על המבנה הסגנוני של הפרשה בויקרא כ"ג ומזהה שתי מחציות שעוסקות בדואליות של היום הזה במקדש ובגבולין.
9. הרב א' שרקי (בעוד מועד, עמ' 49–50) רואה ביום הזה דווקא את ההתחברות לכלל, וממילא מסביר שהכוהן הגדול כמייצג את הכלל עושה את העבודה העיקרית של היום, ואילו ליחיד היום הזה 'פנוי'. רק כיום, שליחיד יש מקום מרכזי יותר בחוויה, העבודה עוברת מהכלל אל הפרט. אני מסכימה שיש צד של חיבור לכלל, אבל הוא לא כולל בהכרח את המקדש, אלא את הנפש שמתענה (באופן אישי), ובכך היא מצטרפת לעם, כפי שנראה בהמשך.

גם בפרשה זו ניתן לעמוד על השניות של היום: זהו יום של הקרבת קורבנות במקדש, כמו שאר המועדים, אבל בתוכו משולבות שתי מערכות: מערכת אחת היא קורבנות המוספים של חגי תשרי שבה מקריבים פר אחד, איל אחד ושבעה כבשים, כמו גם בראש השנה ובשמיני עצרת. ולצד זאת, התורה מזכירה שיש גם, בבחינת טפל לעיקר, "חטאת הכיפורים". כלומר, ליום זה "שני כובעים": מועד ממועדי החודש השביעי ויום של כיפורים, כשהפן של מועדי תשרי מודגש. כיוון שכך, מהות היום העיקרית בפסוקים אלו היא "ועיניתם את נפשותיכם", דבר שכל אחד עושה בביתו פנימה. למרות ש"חטאת הכפורים" מצויה לצד הקורבנות של המוספים, היום עצמו כלל אינו מוגדר כ"יום הכיפורים" אלא כ"עשור לחודש השביעי הזה".

אם כן, שתי פרשות המועדים מאפיינות את יום הכיפורים בעיקר באמצעות איסור מלאכה ועינוי נפש, לצד הקורבנות שמוקרבים גם בשאר החגים – "אשה לה'" שבויקרא כ"ג או קורבנות המוספים בדומה לחגי תשרי האחרים שבבמדבר כ"ח-כ"ט. לצד זאת, פרשות אלו מתייחסות ליום כ"יום הכיפורים" (ויקרא כ"ג) שבו מקריבים גם את "חטאת הכיפורים" (במדבר כ"ט) כחלק מהמכלול של היום. לפי שתי הפרשות הללו, ביום הזה המדינה והמקדש משולבים זה בזה.

כניסת הכוהן מן החוץ פנימה, וכפרה וטהרה מן הפנים החוצה – ויקרא ט"ז

כפי שצוין לעיל, באופן טבעי מי שרוצה להבין את המשמעות של יום הכיפורים הן מבחינה מעשית והן מבחינה רעיונית פונה תחילה לויקרא ט"ז, שם לכאורה מופיע המוקד של היום. עם זאת, התורה כלל לא מציגה את הפרק הזה כפרק שעוסק ביום הכיפורים, דבר שעולה רק מפסוקי הסיכום.

התורה פותחת כך את הפרק (ויקרא ט"ז):

(א) וַיְדַבֵּר ה' אֶל מֹשֶׁה **אַחֲרֵי מוֹת שְׁנֵי בְּנֵי אַהֲרֹן בְּקָרְבָתָם לִפְנֵי ה' וַיָּמֻתוּ:**
(ב) וַיֹּאמֶר ה' אֶל מֹשֶׁה דַּבֵּר אֶל אַהֲרֹן אָחִיךָ **וְאַל יָבֹא בְכָל עֵת אֶל הַקֹּדֶשׁ** מִבֵּית
לַפָּרֹכֶת אֶל פְּנֵי הַכַּפֹּרֶת אֲשֶׁר עַל הָאָרֹן וְלֹא יָמוּת כִּי בֶּעָנָן אֵרָאֶה עַל הַכַּפֹּרֶת:
(ג) **בְּזֹאת יָבֹא אַהֲרֹן אֶל הַקֹּדֶשׁ** בְּפַר בֶּן בָּקָר לְחַטָּאת וְאַיִל לְעֹלָה: (ד) כְּתֹנֶת
בַּד קֹדֶשׁ יִלְבָּשׁ וּמִכְנְסֵי בַד יִהְיוּ עַל בְּשָׂרוֹ וּבְאַבְנֵט בַּד יַחְגֹּר וּבְמִצְנֶפֶת בַּד יִצְנֹף
בִּגְדֵי קֹדֶשׁ הֵם וְרָחַץ בַּמַּיִם אֶת בְּשָׂרוֹ וּלְבֵשָׁם: (ה) וּמֵאֵת עֲדַת בְּנֵי יִשְׂרָאֵל יִקַּח
שְׁנֵי שְׂעִירֵי עִזִּים לְחַטָּאת וְאַיִל אֶחָד לְעֹלָה.

הכותרת של הפרשה מתארת את עבודת היום ושהקורבנות השונים שמוקרבים

ביום הזה מאפשרים לאהרן לבוא אל הקודש. אם תיעשה העבודה כמו שצריך ולפי הכללים, אהרן יוכל להיכנס אל הקודש – כלומר אל קודש הקודשים. כותרת זאת רומזת שתכלית היום היא המפגש בין הכוהן הגדול, שהוא גם הנציג של עם ישראל, לה' בקודש הקודשים.

פסוקי הסיום רומזים לתכלית מעט שונה של היום (שם):

(כט) וְהָיְתָה לָכֶם לְחֻקַּת עוֹלָם בַּחֹדֶשׁ הַשְּׁבִיעִי בֶּעָשׂוֹר לַחֹדֶשׁ תְּעַנּוּ אֶת נַפְשֹׁתֵיכֶם וְכָל מְלָאכָה לֹא תַעֲשׂוּ הָאֶזְרָח וְהַגֵּר הַגָּר בְּתוֹכְכֶם: (ל) **כִּי בַיּוֹם הַזֶּה יְכַפֵּר עֲלֵיכֶם לְטַהֵר אֶתְכֶם מִכֹּל חַטֹּאתֵיכֶם לִפְנֵי ה' תִּטְהָרוּ:** (לא) שַׁבַּת שַׁבָּתוֹן הִיא לָכֶם וְעִנִּיתֶם אֶת נַפְשֹׁתֵיכֶם חֻקַּת עוֹלָם: (לב) וְכִפֶּר הַכֹּהֵן אֲשֶׁר יִמְשַׁח אֹתוֹ וַאֲשֶׁר יְמַלֵּא אֶת יָדוֹ לְכַהֵן תַּחַת אָבִיו וְלָבַשׁ אֶת בִּגְדֵי הַבָּד בִּגְדֵי הַקֹּדֶשׁ: (לג) וְכִפֶּר אֶת **מִקְדַּשׁ הַקֹּדֶשׁ** וְאֶת **אֹהֶל מוֹעֵד** וְאֶת **הַמִּזְבֵּחַ** יְכַפֵּר וְעַל **הַכֹּהֲנִים** וְעַל כָּל **עַם הַקָּהָל** יְכַפֵּר: (לד) וְהָיְתָה זֹּאת לָכֶם לְחֻקַּת עוֹלָם לְכַפֵּר עַל בְּנֵי יִשְׂרָאֵל מִכָּל חַטֹּאתָם אַחַת בַּשָּׁנָה וַיַּעַשׂ כַּאֲשֶׁר צִוָּה ה' אֶת מֹשֶׁה.

לפי פסוקי הסיום, תכלית העבודה היא כפרה וטהרה, והיא נעשית מן הפנים החוצה: כפרת 'מקדש הקודש' (קודש הקודשים), 'אהל מועד', 'המזבח',[10] 'הכוהנים' ו'עם הקהל'.

למעשה, ניתן לראות כאן שתי נקודות מבט על עבודת הכוהן: בראשונה קורבנות הכוהן והעם מאפשרים לכוהן 'להיכנס פנימה', ובשנייה עבודת הכוהן בפנים מאפשרת לכפרה 'לצאת החוצה'.[11] אפשר שזה מפני שהפרק בתחילתו מציג את העבודה כאפשרות של אהרן לגשת אל הקודש לאו דווקא ביום הכיפורים,[12] ובסיכום הפרק

10. שלושת המרחבים הקדושים – הקודש, האוהל והמזבח – מוזכרים במהלך הכפרה של היום בפסוקים טז-יט.

11. ראו: ב"א לוין, ויקרא, עמ' 99; הרב י' מרקוס, מכפרת המקדש, עמ' 96. במגילת המקדש של כת קומראן צומצמו הפסוקים שעוסקים בעבודת הכוהן הגדול וכפרת המקדש באמצעות שעיר החטאת, והומרו בקביעה: "וכפר בו על כל עם הקהל". לפי פרופ' י' קנוהל וש' נאה, מילואים וכיפורים, עמ' 24-27, "עבודת יום הכיפורים לפי המגילה מכוונת אפוא בעיקרה אל העם, ולא אל המקדש". לדעתם, שינוי זו נובע מהעמדה שביום הכיפורים חונכים מחדש את המקדש, אלא שבקומראן החנוכה עברה לניסן, וממד זה נעלם מיום הכיפורים.

12. ראו לדוגמה: ויקרא רבה כ"א ז; שמות רבה לח; וראו בספר חכמת אדם (סוף שער השמחה בשם הגר"א), בדברי אליהו ויקרא אחרי מות, ואצל הרב א' בזק, כניסת הכוהן. לגבי היחס בין המטרות השונות של היום ראו סיכום אצל הרב א' סתיו, מבית לפרוכת, עמ' 9-18.

נראה שיש לעשות את העבודה הזאת בכל שנה ביום הכיפורים כדי לכפר על העם על ידי שהתחלת הכפרה נעשית במקדש וממנו יוצאת החוצה. בין אם הפעולות נעשות כדי לאפשר לכוהן להיכנס פנימה, ובין אם כדי להוציא את הכפרה החוצה, במבט ראשון, לעם המתכפר אין תפקיד משמעותי. אפשר לשער ש"העם שבשדות"[13] מחכה בציפייה דרוכה לדעת מה היו תוצאות מעשיו ועבודתו של הכוהן, תוך שימוש בקורבנות, שהעם השתתף במימונם,[14] אבל בלי עבודה אקטיבית משל עצמו.

ננסה לעמוד על היחס בין המוקדים השונים של עבודת היום. לא נוכל להקיף את כל הדיון על תפקידו של היום באופן כללי, ובתיאור עבודת היום של יום הכיפורים באופן פרטי, וננסה למקד את הדיון במיקומים הגיאוגרפיים של האירועים בפרק ובשאלת היחס בין האוהל למועד, ובין הכוהן הגדול לעם.

כשנעיין שוב בפסוקים נגלה שהכניסה של הכוהן הגדול פנימה מהירה יחסית. לאחר תיאור הקורבנות השונים שמביאים ביום הזה (פר חטאת ואיל לעולה לכוהן הגדול, ושני שעירים של בני ישראל), התורה מציינת שאז מקריבים את פר החטאת (ויקרא ט"ז):

(ו) **וְהִקְרִיב** אַהֲרֹן אֶת פַּר הַחַטָּאת אֲשֶׁר לוֹ וְכִפֶּר בַּעֲדוֹ וּבְעַד בֵּיתוֹ... (יא) **וְהִקְרִיב** אַהֲרֹן אֶת פַּר הַחַטָּאת אֲשֶׁר לוֹ וְכִפֶּר בַּעֲדוֹ וּבְעַד בֵּיתוֹ **וְשָׁחַט** אֶת פַּר הַחַטָּאת אֲשֶׁר לוֹ: (יב) וְלָקַח מְלֹא הַמַּחְתָּה גַּחֲלֵי אֵשׁ מֵעַל הַמִּזְבֵּחַ מִלִּפְנֵי ה' וּמְלֹא חָפְנָיו קְטֹרֶת סַמִּים דַּקָּה **וְהֵבִיא מִבֵּית לַפָּרֹכֶת**: (יג) וְנָתַן אֶת הַקְּטֹרֶת עַל הָאֵשׁ **לִפְנֵי ה'** וְכִסָּה עֲנַן הַקְּטֹרֶת **אֶת הַכַּפֹּרֶת אֲשֶׁר עַל הָעֵדוּת** וְלֹא יָמוּת.

כדי להיכנס לפניי ולפנים, נדרשת רק הכפרה של הכוהן הגדול בעדו ובעד ביתו. רק אחרי הכנסת הקטורת וכיסוי הכפורת על ידי הענן, הכוהן ממשיך את עבודות החיטוי והכפרה הכוללות הזאה מדם פר החטאת בקודש הקדשים, שחיטת שעיר החטאת והזאת דמו בפנים, הזאת דמים באוהל מועד ואז יציאה החוצה לכפר על המזבח החיצון. תנועת הכפרה היא מן הפנים החוצה, כאשר מתברר שמה שמתחיל

13. מקור הביטוי בבבלי ראש השנה לה ע"ב, עיינו שם.
14. מגמה זו מומחשת ביחס ל"לשון הזהורית". דברי ר' ישמעאל שנכנסו למשנה (יומא פ"ו מ"ח, בבלי יומא סח ע"ב, אבל לא נמצאים בכתבי היד) קובעים שקשרו לשון של זהורית על פתח ההיכל וצבעה הפך ללבן כשהגיע השעיר למדבר. הגמרא מתארת שהפסיקו לתלות את הלשון מבחוץ כשצבעה הפסיק להפוך מאדום ללבן (בבלי יומא סז ע"א). ראו דיון אצל הרב א' סתיו, מבית לפרוכת, עמ' 158–160, 167–169.

את התהליך, מניע אותו, ואולי אף מאפשר אותו, הוא דווקא הקטרת הקטורת לפניי ולפנים. הכפרה והחיטוי לא מאפשרים את הכניסה אל "הקודש", דהיינו קודש הקודשים, אלא מתאפשרים מתוכה. אומנם יש צורך לכפר על הכוהן וביתו באמצעות הפר[15] לפני הכניסה אל הקודש, אבל מנקודת המבט של כפרת העם, כניסת הכוהן אל קודש הקודשים היא לא התכלית של היום אלא הפתיחה שלו.

מרחבי המקום של עבודת יום הכיפורים

עד כה נראה שעבודת הכוהן הגדול מתמקדת בשתי תנועות שקודש הקודשים נמצא במרכזן: התנועה פנימה של הכוהן הגדול "בזאת יבוא אהרן אל הקודש", והתנועה החוצה של הכפרה, שמתחילה מקודש הקודשים, ממשיכה לאוהל מועד ויוצאת אל המזבח. באופן דומה, תנועת הכפרה מתנהלת בשלושה מעגלים: הכוהן הגדול, הכוהנים ועם ישראל (ויקרא ט"ז יז): "וְכִפֶּר בַּעֲדוֹ וּבְעַד בֵּיתוֹ וּבְעַד כָּל קְהַל יִשְׂרָאֵל".

לצד מרחבי המקום שקשורים לאוהל מועד, יש מקום נוסף שקשור לשעיר המשתלח:

> (כ) וְכִלָּה מִכַּפֵּר אֶת הַקֹּדֶשׁ וְאֶת אֹהֶל מוֹעֵד וְאֶת הַמִּזְבֵּחַ וְהִקְרִיב אֶת הַשָּׂעִיר הֶחָי: (כא) וְסָמַךְ אַהֲרֹן אֶת שְׁתֵּי ידו יָדָיו עַל רֹאשׁ הַשָּׂעִיר הַחַי וְהִתְוַדָּה עָלָיו אֶת כָּל עֲוֹנֹת בְּנֵי יִשְׂרָאֵל וְאֶת כָּל פִּשְׁעֵיהֶם לְכָל חַטֹּאתָם וְנָתַן אֹתָם עַל רֹאשׁ הַשָּׂעִיר **וְשִׁלַּח** בְּיַד אִישׁ עִתִּי **הַמִּדְבָּרָה**: (כב) וְנָשָׂא הַשָּׂעִיר עָלָיו אֶת כָּל עֲוֹנֹתָם אֶל **אֶרֶץ גְּזֵרָה וְשִׁלַּח** אֶת הַשָּׂעִיר **בַּמִּדְבָּר**.

התורה קובעת שעל גבי השעיר המשתלח נאמר וידוי. בניגוד לפירושי חז"ל והפרשנים הקלאסיים, שלדידם כפרה על קורבנות כוללת וידוי גם בהקשרים אחרים,[16] התורה מדגישה את הווידוי דווקא אצל השעיר המשתלח.[17] הווידוי הזה מתברר לאור המקום הנוסף שאליו השעיר הזה נשלח: המדבר, ארץ גזרה. השעיר הזה אינו מכפר, אבל

15. לדעת חכמים ההקרבה הכפולה של אותו הפר מעידה על כפרה כפולה: על הכוהן ועל אחיו הכוהנים. אומנם, לפי חלק מהפרשנים (לדוגמה רשב"ם, ראב"ע על אתר) אין הקרבה (וכפרה) כפולה אלא פסוק של כותרת ופסוק של ביצוע.
16. חז"ל דרשו שבתהליך הכפרה של היום הזה (ובהקשרים אחרים) מתוודים על הקורבן. ראו לדוגמה (ביחס ליום הכיפורים): משנה יומא פ"ג מ"ח, פ"ד מ"ב. עם זאת, בתורה נאמר (ביחס לפר ולשעיר החטאת) "וכיפר" ולא מפורש הצורך בווידוי. הווידוי מופיע דווקא בשעיר המשתלח.
17. למעשה, פעולת הווידוי מופיעה בספר ויקרא רק בשלושה מקומות: בקורבן האשם (ויקרא ה' ה,

באמצעות סמיכת הידיים והווידוי על ראשו, עוונות ישראל מועברים אל השעיר והוא נושא אותם למדבר.

אחרי המשך תיאור עבודת הכוהן הגדול ביום הכיפורים, סביב העבודות היום־יומיות הרגילות, מתואר מקום נוסף, המחנה:[18]

> (כו) וְהַמְשַׁלֵּחַ אֶת הַשָּׂעִיר לַעֲזָאזֵל יְכַבֵּס בְּגָדָיו וְרָחַץ אֶת בְּשָׂרוֹ בַּמָּיִם וְאַחֲרֵי כֵן **יָבוֹא אֶל הַמַּחֲנֶה**: (כז) וְאֵת פַּר הַחַטָּאת וְאֵת שְׂעִיר הַחַטָּאת אֲשֶׁר **הוּבָא** אֶת דָּמָם לְכַפֵּר בַּקֹּדֶשׁ **יוֹצִיא אֶל מִחוּץ לַמַּחֲנֶה** וְשָׂרְפוּ בָאֵשׁ אֶת עֹרֹתָם וְאֶת בְּשָׂרָם וְאֶת פִּרְשָׁם: (כח) וְהַשֹּׂרֵף אֹתָם יְכַבֵּס בְּגָדָיו וְרָחַץ אֶת בְּשָׂרוֹ בַּמָּיִם וְאַחֲרֵי כֵן **יָבוֹא אֶל הַמַּחֲנֶה**.

האיש שמוציא את עוונות בני ישראל למדבר נטמא ואינו יכול לחזור למקדש ואף לא למחנה.[19] גם מי ששורף את הבשר והעור של פר החטאת ושעיר החטאת, מחוץ למחנה, אינו יכול לחזור למחנה לפני שהוא נטהר.[20] המחנה הוא מקום שאינו סובל את הטומאה שנובעת מהחטאים – הן של שאריות הכפרה של קורבנות החטאת והן של נשיאת החטאים החוצה באמצעות השעיר המשתלח. התיאור הזה, מפנה את הזרקור אל המחנה, כמוקד נוסף של התרחשות.

בין כפרת יום הכיפורים לכפרת המצורע – המחנה והחוץ

ננסה לעמוד על המשמעות של המקומות השונים שמוזכרים בעבודת יום הכיפורים על ידי השוואה לכפרת המצורע, הכוללת גם היא מקומות שונים. בדרך כלל, כשמשווים את עבודת יום הכיפורים לכפרת המצורע, מתמקדים בכך שבשני התהליכים יש שני

וכן בבמדבר ה׳ ז), בשעיר המשתלח של יום הכיפורים (כאן) ובתיאור התגובה לקללות בפרשת בחוקותי (כ״ו מ, והפרשנים נחלקו אם מדובר בתיאור מצב או בציווי).

18. כפי שניתן לראות, לכל אורך הפרק השורשים בו״א (עשר פעמים) ויצ״א (ארבע פעמים) חוזרים ונשנים, כחלק מהבלטת המעברים בין המקומות.

19. חז״ל נחלקו ממתי המשלח נטמא, אם מרגע שיצא מחוץ לחומות ירושלים (״המחנה״) או מרגע דחיית השעיר לצוק (״המדברה״), כשאין אפשרות לחטאים שהשעיר נושא לחזור אל המחנה. ראו: משנה יומא פ״ו מ״ו.

20. כך הדין של חטאות פנימיות – שהבשר והעור נשרפים מחוץ למחנה (ויקרא ד׳ יא-יב, כא; ו׳ כג).

בעלי חיים דומים, האחד נהרג והשני משולח מחוץ למחנה.[21] על הדמיון הזה נתעכב בהמשך, ועתה נעסוק בדמיון הנוגע למקומות שבמוקד תהליך הכפרה.

התהליך הראשון של המצורע מתחיל ביציאת הכוהן אל המצורע מחוץ למחנה (ויקרא י"ד):

(א) וַיְדַבֵּר ה' אֶל מֹשֶׁה לֵּאמֹר: (ב) זֹאת תִּהְיֶה תּוֹרַת הַמְּצֹרָע בְּיוֹם טָהֳרָתוֹ **וְהוּבָא** אֶל הַכֹּהֵן: (ג) **וְיָצָא** הַכֹּהֵן **אֶל מִחוּץ לַמַּחֲנֶה** וְרָאָה הַכֹּהֵן וְהִנֵּה נִרְפָּא נֶגַע הַצָּרַעַת מִן הַצָּרוּעַ: (ד) וְצִוָּה הַכֹּהֵן וְלָקַח לַמִּטַּהֵר שְׁתֵּי צִפֳּרִים חַיּוֹת טְהֹרוֹת וְעֵץ אֶרֶז וּשְׁנִי תוֹלַעַת וְאֵזֹב: (ה) וְצִוָּה הַכֹּהֵן וְשָׁחַט אֶת הַצִּפּוֹר הָאֶחָת אֶל כְּלִי חֶרֶשׂ עַל מַיִם חַיִּים: (ו) אֶת הַצִּפֹּר הַחַיָּה יִקַּח אֹתָהּ וְאֶת עֵץ הָאֶרֶז וְאֶת שְׁנִי הַתּוֹלַעַת וְאֶת הָאֵזֹב וְטָבַל אוֹתָם וְאֵת הַצִּפֹּר הַחַיָּה בְּדַם הַצִּפֹּר הַשְּׁחֻטָה עַל הַמַּיִם הַחַיִּים: (ז) וְהִזָּה עַל הַמִּטַּהֵר מִן הַצָּרַעַת שֶׁבַע פְּעָמִים וְטִהֲרוֹ **וְשִׁלַּח** אֶת הַצִּפֹּר הַחַיָּה **עַל פְּנֵי הַשָּׂדֶה**: (ח) וְכִבֶּס הַמִּטַּהֵר אֶת בְּגָדָיו וְגִלַּח אֶת כָּל שְׂעָרוֹ וְרָחַץ בַּמַּיִם וְטָהֵר וְאַחַר **יָבוֹא אֶל הַמַּחֲנֶה וְיָשַׁב מִחוּץ לְאָהֳלוֹ** שִׁבְעַת יָמִים.

המצורע הטמא נדרש לשבת מחוץ למחנה עד שהוא מיטהר.[22] לאורך התנ"ך רואים שטומאת המצורע מיוחדת בקשר שבינה לבין חטאים. אצל רוב המצורעים בתנ"ך אפשר לקשור בין הצרעת לחטאים ולראות בצרעת עונש על חטאים אלו.[23] בהמשך לכך, אפשר לראות בישיבה מחוץ למחנה את ההרחקה של המצורע מחברת בני האדם.[24]

21. ראו לדוגמה: י' קויפמן, תולדות, א, עמ' 567–572 (וההנגדה לקורבנות שילוח אליליים), וחוקרי מקרא נוספים (שמחפשים דמיון לצד הניגוד לפולחנים אליליים דומים, כגון: י' מילגרום, ויקרא, עמ' 133–134, 166).
22. ראו גם: במדבר ה' א–ד, ובפרשנות חז"ל שם. לדעת ד' נוישטטר (מצוות שילוח, עמ' 112–113), הרמב"ם מזהה בשילוח המצורע מן המחנה את דין שילוח הטמאים שאותו מספיק לעשות מהר הבית, יחד עם דין עצמאי של המצורע שצריך לשבת בדד מחוץ למחנה, כלומר גם מחוץ לעיר.
23. במדבר י"ב א–י; מלכים ב ה'; ט"ו ה; דברי הימים ב כ"ו כא–כג, ומשם חז"ל הסיקו גם לשמות ד' ו, ועוד. לרשימת החטאים הגוררים צרעת ראו בבלי ערכין טז ע"א; ויקרא רבה י"ז ג; נ' ליבוביץ, עיונים בספר ויקרא, עמ' 149–163, ועוד.
24. חז"ל ראו בכך באופן מיוחד את הרחקת האדם מביתו, זו אשתו. ראו, לדוגמה: משנה נגעים פי"ד מ"ב, בבלי מועד קטן ז ע"ב (על בסיס ההשוואה לדברים ה' כז).

לאחר שתסמיני הצרעת חולפים, המצורע נדרש לעבור תהליך כפול: התהליך הראשון – הכולל את שחיטת הציפור האחת ושילוח הציפור האחרת – מאפשר למצורע להיכנס למחנה, שם הוא יושב במשך שבעה ימים מחוץ לאוהלו.

לאחר מכן מתחיל התהליך השני (שם):

(ט) וְהָיָה בַיּוֹם הַשְּׁבִיעִי יְגַלַּח אֶת כָּל שְׂעָרוֹ אֶת רֹאשׁוֹ וְאֶת זְקָנוֹ וְאֵת גַּבֹּת עֵינָיו וְאֶת כָּל שְׂעָרוֹ יְגַלֵּחַ וְכִבֶּס אֶת בְּגָדָיו וְרָחַץ אֶת בְּשָׂרוֹ בַּמַּיִם וְטָהֵר: (י) וּבַיּוֹם הַשְּׁמִינִי יִקַּח שְׁנֵי כְבָשִׂים תְּמִימִם וְכַבְשָׂה אַחַת בַּת שְׁנָתָהּ תְּמִימָה וּשְׁלֹשָׁה עֶשְׂרֹנִים סֹלֶת מִנְחָה בְּלוּלָה בַשֶּׁמֶן וְלֹג אֶחָד שָׁמֶן: (יא) וְהֶעֱמִיד הַכֹּהֵן הַמְטַהֵר אֵת הָאִישׁ הַמִּטַּהֵר וְאֹתָם **לִפְנֵי ה׳ פֶּתַח אֹהֶל מוֹעֵד.**

לאחר שבעה ימים, המצורע יכול לחזור לביתו, אם כי הדבר לא נאמר באופן מפורש. במקביל, נדרש ממנו לעבור תהליך של כפרה וטהרה (פס׳ יח) הכולל הבאת קורבנות למקדש. בד בבד עם התהליך שיאפשר התקרבות מחודשת של המצורע לקודש, המצורע גם יכול לחזור ולהתקרב לביתו.[25]

התהליך שמאפשר למצורע להיכנס חזרה **למחנה** דומה לעבודת השעירים של יום הכיפורים, שאף הם קשורים **למחנה** ולמחוצה לו. כפי שראינו, בשני המקרים לוקחים שני בעלי חיים זהים: אצל המצורע שתי ציפורים, וביום הכיפורים שני שעירים.[26] בשלב הראשון, נהרג אחד מבעלי החיים – ציפור אחת נשחטת (י״ד ה): ״וְצִוָּה הַכֹּהֵן וְשָׁחַט אֶת הַצִּפּוֹר הָאֶחָת״, ושעיר אחד מוקרב לה׳ (ט״ז טו): ״וְשָׁחַט אֶת שְׂעִיר הַחַטָּאת אֲשֶׁר לָעָם״. לאחר מכן, השעיר החי והציפור החיה נשלחים ״החוצה״. השעיר משולח למדבר (ט״ז כא): ״וְשִׁלַּח בְּיַד אִישׁ עִתִּי הַמִּדְבָּרָה״, והציפור משולחת (י״ד ז) ״עַל פְּנֵי הַשָּׂדֶה״. לפי הפשט, הם נשלחים לנפשם, אם כי מובן שלא נרצה לאפשר לנושאי העוונות הללו לחזור לתוך המחנה.[27]

25. השוו: י׳ מילגרום, ויקרא, עמ׳ 134.
26. על הקשר בין עבודת יום הכיפורים לטהרת המצורע ראו לדוגמה: משנה נגעים פי״ד מ״ה בהשוואה ליומא פ״ו מ״א, בבלי שבועות יג ע״ב; רמב״ן ויקרא י״ד ד; רד״צ הופמן ויקרא י״ד ד; מ׳ פרי, מקבילות נפגשות, עמ׳ 40-43.
27. חז״ל הבינו שהשעיר מגיע לארץ גזרה, ארץ שתדאג לכך שגם איבריו ייגזרו (פסיקתא זוטרתא ויקרא ט״ז כב). ממילא, אם השעיר ברח, יש בכך סמל שלילי (ירושלמי יומא פ״ו ה״ג). באופן דומה, החזקוני (ויקרא י״ד ו) הבין שהציפור המשולחת נטבלת בדם כדי שחיות אחרות יאכלו אותה.

בשני התהליכים יש תחושה שנעשה מעשה סמלי של פרידה. צמד הציפורים מסמל את המצורע וצמד השעירים מסמל את עם ישראל. כשם שהתורה קובעת שהשעיר נושא את חטאי בני ישראל אל המדבר (ט"ז כב): "וְנָשָׂא הַשָּׂעִיר עָלָיו אֶת כָּל עֲוֹנֹתָם אֶל אֶרֶץ גְּזֵרָה וְשִׁלַּח אֶת הַשָּׂעִיר בַּמִּדְבָּר", כך ניתן לשער כי אף הציפור החיה נושאת עימה את עוונות המצורע אל מחוץ למקום היישוב.[28]

כאן מתברר הבדל בין תהליך המצורע לשעירים של יום הכיפורים. בשני המקרים החיה הראשונה נשחטת, אלא בשיום הכיפורים את השעיר הראשון לא רק שוחטים אלא מקריבים אותו לה'.

אפשר לראות בשעירי החטאת שני כוחות מנוגדים, והגורל משקף אם עם ישראל יוקדש לה' או ישולח אל מחוץ למחנה.[29] ברם, אפשר לראות בשעירים הללו שיתוף פעולה: ההתקרבות של שעיר החטאת, בבחינת "עשה טוב", מאפשרת את תהליך הפרידה מהשעיר לעזאזל והעוונות שהוא נושא על גביו, בבחינת "סור מרע".

ולפי זה יש הבדל בין השעירים לציפורים. במקרה של שהות בתוך החטא, כמו אצל המצורע, התהליך הוא הפוך: צריך להתחיל בשילוח העוונות כלפי חוץ,[30] כאשר השילוח הזה כרוך בתהליך פרידה כואב, והשילוח מגלם בתוכו משהו "מת" שנפטרים ממנו, שנפרדים ממנו. כדי שהציפור, שנושאת את הצרעת או את החטאים, תוכל להישלח על פני השדה, ממד אחר שמסמל את המצורע ואת חטאיו צריך למות, וממילא ציפור אחת צריכה למות כדי שיהיה אפשר לשלח את הציפור השנייה מחוץ למחנה. לעומת זאת, בעבודת יום הכיפורים, שבו מתחילים במקום ניטרלי יותר, כשהטוב והרע דרים בערבוביה ויד הרע טרם גברה, שעיר אחד צריך ויכול להיות מוקרב כדי שיהיה אפשר לשלח את החטאים מחוץ למחנה.

מכל מקום, נראה שמטרת השילוח היא להוציא את החטאים (באופן סמלי)

28. ראו לדוגמה: רמב"ן ויקרא י"ד נג; קשרים נוספים בין השניים הם לשון של זהורית (רש"י ויקרא י"ד ו, משנה יומא פ"ד מ"ב). הלשון הזאת מסמלת – על ידי נתינה מעשית – את החטאים של עם ישראל (ראו אצל הרב א' סתיו, מבית לכפורת, עמ' 162–164, ובמקורות שם). ממילא גם הלשון של זהורית, ודם הציפור השחוטה על הציפור החיה עשויים לסמל את העונות שהציפור נושאת איתה. הקשר בין הצבע האדום לבין חטאים מבוסס, בין היתר, על דברי ישעיהו (א' יח): "אִם יִהְיוּ חֲטָאֵיכֶם כַּשָּׁנִים כַּשֶּׁלֶג יַלְבִּינוּ אִם יַאְדִּימוּ כַתּוֹלָע כַּצֶּמֶר יִהְיוּ". ראו משנה שבת פ"ט מ"ג.

29. רעיון זה יכול לבוא לידי ביטוי בהבנה שיש משמעות אם הגורל על שעיר החטאת עלה ביד ימין (חיובי) או ביד שמאל (שלילי) של הכוהן. ראו משנה יומא פ"ד מ"א; בבלי יומא לט ע"א; הרב י' מרקוס, מכפרת המקדש, עמ' 49–51.

30. האמורא ר' יהודה בן לוי (בבלי ערכין ט"ז ע"ב) ובעקבותיו רש"י (ויקרא י"ד ד) הסבירו שהבחירה בציפורים מבוססת על תכונת הפטפוט שלהן, בדומה ללשון הרע שהמצורע דיבר.

מתוך המחנה החוצה. אצל המצורע השילוח מאפשר את החזרה של המצורע למחנה, ובשעיר לעזאזל השילוח נועד לאפשר לישראל להישאר בקדושה במחנה ולשמור על שכינת ה' בתוכם, כפי שנרמז בפסוק (ט"ז טז): "וְכִפֶּר עַל הַקֹּדֶשׁ מִטֻּמְאֹת בְּנֵי יִשְׂרָאֵל וּמִפִּשְׁעֵיהֶם לְכָל חַטֹּאתָם וְכֵן יַעֲשֶׂה לְאֹהֶל מוֹעֵד **הַשֹּׁכֵן אִתָּם** בְּתוֹךְ טֻמְאֹתָם". פסוק זה מזכיר את מטרת המשכן (שמות כ"ה ח): "וְעָשׂוּ לִי מִקְדָּשׁ **וְשָׁכַנְתִּי בְּתוֹכָם**". טהרת המקדש וכפרתו הן חלק משכינת ה' בתוך בני ישראל **בקרב המחנה**. ממילא, גם טהרת המחנה עומדת כאחד ממוקדי עבודות היום.[31]

בין כפרת יום הכיפורים לכפרת המצורע – המחנה והפנים

כפי שראינו לעיל, לאחר שילוח הציפור מחוץ למחנה, המצורע אינו חוזר לביתו במחנה, אלא יושב מחוץ לאוהלו. השלב השני של תהליך הכפרה בא מתוך עמדת ביניים – הימצאות במחנה אבל ניתוק מהבית, מהחיים הרגילים. הקרבה המחודשת לה' מתבצעת במקביל לקרבה המחודשת של אדם לתוך ביתו![32]

ביום הכיפורים נדרש מהלך דומה מהיושבים במחנה. התורה ציינה שתי דרישות: עינוי נפש והימנעות ממלאכה. מתוך התורה עצמה לא ברור מה כלול בעינוי נפש,[33] וכפי שניתן למצוא במדרשי חז"ל שנועדו לברר שאלה זאת, עינוי בתנ"ך מופיע במגוון הקשרים: באוכל, לבוש, מצב נפשי עייף ובהקשר של יחסי אישות.[34] אומנם אפשר לטעון שאם בשאר המועדים מותר להכין אוכל נפש, הדרישה לעינוי נפש תהיה הפוכה, ו(אפילו) לאכול יהיה אסור. עם זאת, התורה לא כתבה שיש לצום בצורה מפורשת, ואפשר גם להבין שעינוי נפש כולל התרחקות מצרכים שונים של הנפש.[35]

31. ואולי אפשר לראות בכך הסבר לקריאת התורה של יום הכיפורים במנחה, שעיקרה איסורי עריות (ויקרא י"ח, על סמך בבלי מגילה לא ע"א).
32. ניתן להשוות זאת לברית המילה, שמתרחשת אף היא ביום השמיני, אחרי שבעה ימים של 'המתנה' (השוו: י' פריאל, טהרת המצורע, עמ' 40). יש בברית ממדים של הקרבה ודמיון בין התינוק ששוהה עם אימו שבעה ימים לבהמה ששוהה עם אימה שבעה ימים ורק: "וּמִיּוֹם הַשְּׁמִינִי וָהָלְאָה יֵרָצֶה לְקָרְבַּן אִשֶּׁה לַה'" (ויקרא כ"ב כז). לעומת זה, תהליך הברית הוא תהליך כניסה לעם ישראל דרך הקשר למשפחה, שבו האדם כורת ברית עם ה' דרך זרעו והתינוק כורת ברית עם ה' דרך משפחתו.
33. הרב י' מדן (גדרי, עמ' 22) רואה באיסורי יום הכיפורים – הן איסור המלאכה והן איסורי האכילה והשתייה – איסורים שנועדו למנוע היסח הדעת. הוא מדמה זאת לתעניות של אנשי מעמד (משנה תענית פ"ד מ"ג). למעשה, אנשי מעמד גם נהגו באיסור מלאכה (ירושלמי פסחים פ"ד ה"א).
34. ראו בדרשות בבבלי יומא עד ע"ב – עה ע"א, עו ע"ב, עז ע"א-ע"ב.
35. גם באוכל נפש חכמים כללו דברים נוספים שאינם אוכל, כגון רחיצה ותשמיש, שהם מקבילים לעינוי נפש שמוצאים בהלכות יום הכיפורים (לדוגמה: בבלי כתובות ז ע"א).

אם כן, כשם שבתהליך הכפרה והטהרה המצורע מופרש מביתו ומצרכיו, כך גם עם ישראל השוהה במחנה, כחלק מתהליך הכפרה והטהרה, מופרש (באופן סמלי יותר) מביתו ומצרכיו.[36]

מכאן שאפשר לראות בעינוי הנפש ובהימנעות ממלאכה מעשה אקטיבי שעושה העם באופן קולקטיבי בקרב המחנה. באמצעות עינוי הנפש, האנשים עוברים תהליך הדומה למצורע שנכנס למחנה אך עדיין נדרש לפסק זמן מן החיים לפני שיוכל להיכנס מחדש לאוהל הפרטי ולאוהל ה׳. דברים אלו לא נועדו רק כדי לאפשר את כניסת הכוהן הגדול אל הקודש, וניתן לראות בהם חלק מתהליך הוצאת החטאים מחוץ למחנה.

מתברר שגם בפרק ט״ז, העוסק בעבודת הכוהן הגדול ביום הכיפורים, המוקד של היום הוא לא רק כניסת הכוהן הגדול אל הקודש וכפרת המקדש מקודש הקדשים החוצה. כפי שראינו לעיל, פסוקי הסיכום של הפרשה מדגישים את המקום של עם ישראל בכפרה, מתוך התייחסות למקומות שציינו:

(כט) וְהָיְתָה לָכֶם לְחֻקַּת עוֹלָם בַּחֹדֶשׁ הַשְּׁבִיעִי בֶּעָשׂוֹר לַחֹדֶשׁ תְּעַנּוּ אֶת נַפְשֹׁתֵיכֶם
וְכָל מְלָאכָה לֹא תַעֲשׂוּ **הָאֶזְרָח וְהַגֵּר הַגָּר בְּתוֹכְכֶם**: (ל) כִּי בַיּוֹם הַזֶּה יְכַפֵּר עֲלֵיכֶם
לְטַהֵר אֶתְכֶם מִכֹּל חַטֹּאתֵיכֶם **לִפְנֵי ה׳** תִּטְהָרוּ: (לא) **שַׁבַּת שַׁבָּתוֹן** הִיא לָכֶם וְעִנִּיתֶם
אֶת נַפְשֹׁתֵיכֶם חֻקַּת עוֹלָם.
(לב) וְכִפֶּר הַכֹּהֵן אֲשֶׁר יִמְשַׁח אֹתוֹ וַאֲשֶׁר יְמַלֵּא אֶת יָדוֹ לְכַהֵן תַּחַת אָבִיו וְלָבַשׁ
אֶת בִּגְדֵי הַבָּד בִּגְדֵי הַקֹּדֶשׁ: (לג) וְכִפֶּר אֶת **מִקְדַּשׁ הַקֹּדֶשׁ** וְאֶת **אֹהֶל מוֹעֵד** וְאֶת
הַמִּזְבֵּחַ יְכַפֵּר וְעַל **הַכֹּהֲנִים** וְעַל **כָּל עַם הַקָּהָל** יְכַפֵּר.
(לד) וְהָיְתָה זֹּאת לָכֶם לְחֻקַּת עוֹלָם **לְכַפֵּר עַל בְּנֵי יִשְׂרָאֵל** מִכָּל חַטֹּאתָם אַחַת
בַּשָּׁנָה וַיַּעַשׂ כַּאֲשֶׁר צִוָּה ה׳ אֶת מֹשֶׁה.

בפסוקים אלו שלובים יחד מקומות שונים. בפס׳ כט, עינוי הנפש שייך לכולם, כולל הגר שגר ״בתוככם״. פסוק ל׳ קובע שהכפרה והטהרה הן ״לפני ה׳״, במקדש. בני

36. ראו גם: א׳ פריש (פרשת נח עמ׳ 9–24), שעומד על הקשר בין סיפורי נח לבניית המשכן, ומראה כיצד ההתכנסות של נח לתיבה ש״כפרת אותה מבית ומחוץ... בעצם היום הזה״ (ואפשר להוסיף לכך – תוך הפרדה בין הגברים לנשים) מקבילה לכפרה שנעשית במשכן ״בעצם היום הזה״. גם בסיפור נח אפשר לראות התנתקות מהעולם הפיזי והתכנסות פנימה, בזמן שהעולם נשטף ונטהר במקווה אחד גדול. גם בספר היובלים יום הכיפורים נקשר עם סיפור נח. ראו: הרב י׳ מרקוס, מכפרת המקדש, עמ׳ 99–100 (ובספרות המצוינת שם).

ישראל נטהרים לפני ה׳ – ובכל ספר ויקרא מדובר על המקדש. פס׳ לא חוזר למרחב הביתי של השבת ולתחום האחריות של שאר העם – עינוי הנפש. בפסוקים לב-לג חוזרים לכפרה מן הקודש החוצה, ובפס׳ לד מגיע הסיכום המדבר על כפרה כללית על ״בני ישראל״ בלי ציון מקום.

הכפרה מתחילה מהמרחב של המקדש, יוצאת החוצה ומתנתקת ממנו. היא נכנסת אל המחנה ואל הבית פנימה, אחרי שפינו אותם מעשיית מלאכה וצורכי הנפש – בבחינת שביתה מוחלטת, שבת שבתון – כדי לאפשר את ההתנקות והכפרה. הכפרה במקדש באמצעות קורבנות הכוהן ושעיר החטאת הם השלב הראשון בדרך לניקוי המחנה מהחטאים, ולאחריו העם יוכל לחזור לחיים הפיזיים של היום־יום.

לסיכום, יום הכיפורים בתורה נע על שני צירים: ציר המקדש, שבו הכוהן הגדול נכנס לפניי ולפנים בשמו ובשם כל ישראל כש״בזאת יבוא אהרן אל הקודש״. מתוך קודש הקודשים הוא יוכל להתחיל לטהר את המקדש ולצאת ולכפר על בני ישראל. הציר השני הוא הציר של ״בכל מושבותיכם״. שם, באוהלים או בבתים הפרטיים במחנה, מתרחש תהליך של הוצאת החטאים החוצה. הדבר נעשה באופן סמלי באמצעות שילוח השעיר לעזאזל, אבל גם באופן אישי על ידי בני ובנות ישראל, המתנתקים לשם כך מצורכי הגוף ומחיי היום יום באמצעות השביתה ממלאכה ועינוי הנפש. התנתקות לשם התנקות.

עיוני משנה

בין עבודת הכוהן הגדול לעבודת האדם הפרטי – היום השמיני והפרק השמיני

מפסוקי התנ״ך נעבור לעיין במשנה, וננסה להבין מה מוקד היום לפי המשנה. כמו מסכתות נוספות מסדר מועד, רובה של מסכת יומא במשנה הוא כרונולוגי.[37] פרק א׳ נפתח בהפרשה של הכוהן הגדול מביתו שבעה ימים קודם יום הכיפורים:

> [א] **שבעת ימים קודם יום הכפורים מפרישין** כהן גדול **מביתו** ללשכת פלהדרין, ומתקינין לו כהן אחר תחתיו שמא יארע בו פסול. רבי יהודה אומר אף אשה אחרת מתקינין לו, שמא תמות אשתו שנאמר (ויקרא ט״ז ו) ׳וכפר בעדו ובעד **ביתו׳ ביתו** זו אשתו. אמרו לו אם כן אין לדבר סוף.

37. כך גם מסכתות שבת, פסחים, ראש השנה (ראו: הרב י׳ שביב, ראש השנה), ועוד.

[ב] **כל שבעת הימים** הוא זורק את הדם ומקטיר את הקטורת ומטיב את הנרות ומקריב את הראש ואת הרגל, ושאר כל הימים אם רצה להקריב מקריב שכהן גדול מקריב חלק בראש ונוטל חלק בראש.
[ג] מסרו לו זקנים מזקני בית דין וקורין לפניו בסדר היום ואומרים לו אישי כהן גדול קרא אתה בפיך שמא שכחת או שמא לא למדת.
ערב יום כפורים שחרית מעמידין אותו בשער מזרח ומעבירין לפניו פרים ואילים וכבשים כדי שיהא מכיר ורגיל בעבודה.

לאחר שבעת הימים הללו, המשנה ממשיכה לערב יום הכיפורים וליל יום הכיפורים, ולמאמצים של פרחי הכהונה להשאיר את הכוהן הגדול ער:

[ד] **כל שבעת הימים** לא היו מונעין ממנו מאכל ומשתה,
ערב יום הכפורים עם חשיכה לא היו מניחים אותו לאכול הרבה מפני שהמאכל מביא את השינה.
[ה] מסרוהו זקני בית דין לזקני כהונה והעלוהו לעליית **בית** אבטינס והשביעוהו ונפטרו והלכו להם, ואמרו לו אישי כהן גדול אנו שלוחי **בית דין** ואתה שלוחנו ושליח **בית דין** משביעין אנו עליך במי ששכן שמו **בבית** הזה שלא תשנה דבר מכל מה שאמרנו לך. הוא פורש[38] ובוכה והן פורשין ובוכין...
[ז] בקש להתנמנם פרחי כהונה מכין לפניו באצבע צרדה ואומרים לו אישי כהן גדול עמוד והפג אחת על הרצפה, ומעסיקין אותו **עד שיגיע זמן השחיטה.**

הפרק מסתיים בתרומת הדשן באמצע הלילה:

[ח] בכל יום תורמין את המזבח בקריאת הגבר או סמוך לו בין לפניו בין לאחריו, **ביום הכפורים מחצות,** וברגלים מאשמורה הראשונה. ולא היתה קריאת הגבר מגעת עד שהיתה עזרה מלאה מישראל.

נראה שהמשנה מעבירה אותנו תהליך דומה לזה שעובר הכוהן הגדול. הפרק הראשון

38. יש כאן משחק מילים עם השורש פר״ש. הכוהן הגדול פורש מביתו בתחילת שבעת הימים, ולאחר שחושדים בו בית הדין, הם פורשים ממנו והוא מהם. הפרישה מהבית מושווית לפרישה מהציבור. ראו עוד: הרב א׳ וולפיש, משחקי לשון, עמ׳ 81–82.

מתאר כיצד הכוהן הגדול מופרש **מביתו**[39] שבעה ימים קודם יום הכיפורים. במשך הימים הללו, הכוהן הגדול, יחד איתנו, נכנס בסוד התנהלות העניינים במקדש. אומנם דיני הקורבנות מפורטים בסדר קודשים, אך הכניסה לעולם המקדש וסדר היום שלו מתוארת במסכת זו כחלק מההיכרות של הכוהן הגדול עם העבודות הללו. אנו, יחד עם הכוהן הגדול, לומדים איך המקדש מתנהל.

המהלך הראשון בדרך לעבודת הקודש הוא ההפרשה מהבית ומחיי היום־יום. תהליך זה, הדומה להפרשת המצורע מביתו, נועד להכשיר את הכוהן הגדול לעבודה. אחת הדעות בגמרא קושרת בין ההפרשה של הכוהן הגדול מביתו להכנת הכוהנים במשך שבעת ימי המילואים לגילוי השכינה של היום השמיני בחנוכת המשכן.[40] אכן, עבודת הכוהן הגדול ביום הכיפורים פותחת במילים "ויהי אחרי מות שני בני אהרן... בזאת יבא אהרן אל הקדש" ורומזת למיתת בני אהרן באותו יום שמיני שבו הם לא נכנסו כראוי אל הקודש.[41] באופן דומה, ניתן להיזכר גם במצורע שמופרש מביתו למשך שבעה ימים כדי להתכונן לכפרת היום השמיני.

פרק ב' מתאר את הפייסות שהיו במקדש, כהקדמה לעבודות היום.[42] פרק ג' מתחיל בעלות השחר לצורך הקרבת התמיד של הבוקר, ומשם ואילך המשניות

39. למילה "בית" תפקיד חשוב הן בתורה והן במשנה. בויקרא ט"ז הבית הוא רק המשפחה. במשנה א הכוהן גם מופרש "מביתו", ממרחבו הפרטי, ומאשתו, וגם צריך לכפר "בעדו ובעד ביתו". יש כאן מתח מובנה כאשר שתי הדרישות דרות בכפיפה אחת: לכוהן צריך להיות "בית", כלומר אישה, והוא צריך להיות מופרש מה"בית" (הזה), כדי שיוכל לעבוד לשם מי ששיכן את שמו "בבית הזה" (משנה ה). ראו גם הרב ד"ר א' וולפיש, משחקי לשון, עמ' 80-82. גם לדעתו ההפרשה מביתו נועדה (לצד הזהירות מטומאה) "להפרישו אף מחיי השגרה כדי להכניסו לאווירה של קדושה". השוו: הרב י' נגן, נשמת המשנה, עמ' 197-198, 204.

40. זו דעת ר' יוחנן (בבלי יומא ג ע"ב – ד ע"ב, השוו: ירושלמי יומא פ"א ה"א). להסברים נוספים ראו שם ובתוספתא כפורים פ"א ה"א. את הכיוון הזה מפתחים י' קנוהל וש' נאה, מילואים וכיפורים, שגם עומדים על התפקיד של ענן הקטורת בתור גילוי השכינה. הרב ד"ר י' מרקוס, מכפרת המקדש, עמ' 29-47 רואה בשבעת הימים הכנה לקראת עבודת יום הכיפורים וההפרשה מהבית נעשית בעיקר כדי למנוע פסול שיפגע באפשרות של הכוהן לעשות את עבודתו. לדעתו (עמ' 56-60), התוספתא שקובעת שהפרישה נועדה למנוע חשש טומאת נידה של אדם מאשתו מציגה את הכוהן באופן שלילי, כרומזת שהוא לא נזהר דיו. עם זאת, אפשר שיש בכך רמז שהפרישה מהבית היא אכן פרישה מהאישה.

41. ראו: הרב מ' ברויאר, פרקי מועדות, ב, עמ' 509; הרב י' בן נון, היום השמיני, שם הוא מבסס את ההשוואה ומפתח אותה ואף עומד על ההבדלים בין השניים.

42. הראשונים נחלקו אם הפייסות המתוארים היו רק ביום־יום, אך לא ביום הכיפורים (בעל המאור) או שהם התקיימו גם ביום הכיפורים, באופן מלא (הרמב"ן) או חלקי (הרמב"ם), ראו אצל: ש' ליבוביץ, הפייסות, המנתח את העולה מן הפיוטים השונים ואת שיטות הראשונים בעניין.

מתארות את סדר היום במקדש ביום הכיפורים עד סוף פרק ז׳, שם מסתיים תיאור עבודות היום במשנה (פרק ז׳):

> [ד] הביאו לו בגדי עצמו ולבש, ומלוין אותו עד **ביתו**. ויום טוב היה עושה לאוהביו בשעה שיצא בשלום מן הקדש.

לכאורה, המסכת הייתה יכולה להסתיים כאן, ביציאת הכוהן הגדול מן הקודש בשלום, עם סיום עבודות הכוהן הגדול. אלא שהמשנה האחרונה בפרק עוסקת בהבחנה בין בגדי הכוהן הגדול לבגדי הכוהן ההדיוט, ואחרי כן יש פרק שלם נוסף, פרק ח׳, העוסק באדם הפרטי ביום הכיפורים.

אפשר לראות את פרק ח׳ כסוג של נספח, העוסק באדם הפרטי, או כ׳מערכת נפרדת׳ שאומנם מקבילה לעבודת הכוהן הגדול, אבל יש לה מעט מקום,[43] שכן בעוד לעבודת המקדש הוקדש נתח נכבד מהמסכת – שבעה פרקים – למקומו של האדם הפרטי הוקדש רק פרק אחד.

עם זאת, אפשר להצביע על החשיבות שיש לאדם הפרטי ביום הקדוש הזה גם בתוך המשנה עצמה. כפי שראינו, המשנה מעוצבת באופן כרונולוגי ופותחת בשבעה ימים קודם יום הכיפורים שבהם הכוהן מופרש מביתו. ניתן להצביע על מלאכת המחשבת מאחרי עיצוב המסכת, שבה שבעה פרקים עוסקים בעבודת הכוהן הגדול, ואפשר לראותם כמכינים וכמובילים לפרק השמיני של עבודת היחיד, כפרתו וטהרתו.[44] הפרק השמיני, המתאר את יומו של אדם מישראל, מקביל ליום השמיני שהוא יומו של הכוהן הגדול.[45]

בהתאם לעולה מתוך פסוקי התורה ביחס לתפקיד האדם מישראל ביום קדוש זה, הפרק השמיני פותח בהגדרת העינויים ובאיסור המלאכה[46] (פרק ח׳):

> [א] יום הכפורים אסור באכילה ובשתיה וברחיצה ובסיכה ובנעילת הסנדל

43. הרב י׳ נגן, נשמת המשנה, עמ׳ 222 רואה בפרק הזה איזון למשקל היתר שניתן לכוהן ולמקדש בשאר המסכת.
44. לדעת כמה חוקרים, כבר בתקופת בית המקדש, המוקד של כפרת יום הכיפורים עבר מכפרת המקדש לכפרת הקהל. לסיכום ודיון ראו אצל הרב י׳ מרקוס, מכפרת המקדש, עמ׳ 127. לדעתי, יש כאן כפל מוקדים לאורך כל הדרך, כאשר כל אחד תלוי במשנהו ומשולב בתוכו.
45. חדי העין ישימו לב שגם הפרק הזה הוא הפרק השמיני בספר.
46. איסור המלאכה מוזכר במשנה ג.

ובתשמיש המטה, והמלך והכלה ירחצו את פניהם, והחיה תנעול את הסנדל דברי רבי אליעזר, וחכמים אוסרין...

ניתן לראות שאיסורי עינוי הנפש של יום הכיפורים קשורים לצרכים הפיזיים של היום־יום – אכילה ושתייה, רחיצה וסיכה, לבישת הסנדל ותשמיש המיטה. העינויים הללו נוגעים גם לחיי המשפחה והחיים החברתיים. כמו המצורע המורחק מביתו, וכמו הכוהן הגדול שמופרש מביתו, כך ביום הכיפורים, בני הזוג פורשים זה מזה.

בפרק הזה מובאות צורות שונות של כפרה, שחלקן כוללות קורבנות, וחלקן מתרכזות בתהליך שעובר האדם עצמו באמצעות תשובה, ומסיימות בכך שה׳ מכפר על עם ישראל ישירות,[47] וכדברי ר׳ עקיבא (פרק ח׳):

[ט] אמר רבי עקיבא אשריכם ישראל! לפני מי אתם מיטהרין, מי מטהר אתכם? אביכם שבשמים.[48] שנאמר ׳וזרקתי עליכם מים טהורים וטהרתם׳ (יחזקאל ל״ו כה), ואומר ׳מקוה ישראל ה׳׳ (ירמיהו י״ז יג), מה מקוה מטהר את הטמאים, אף הקדוש ברוך הוא מטהר את ישראל.

למעשה, ניתן לזהות כאן שני מעגלים: המעגל של עבודת הקורבנות לצד המעגל של עבודת הפרט,[49] כאשר נראה שה׳ נמצא במוקד שני המעגלים בו זמנית.[50]

47. לא נתייחס כאן ליחס בין צורות הכפרה. בעניין זה רבו הדעות והפירושים כבר בפרשנות המקרא ובדברי חז״ל.
48. לנוסח ״אביכם שבשמיים״ ראו בפרק ה׳.
49. רב ששת השווה בין עבודת הקורבנות לעבודת הפרט, ומסופר שלאחר שהיה יושב בתענית היה מתפלל ואומר (בבלי ברכות יז ע״א): ״רבון העולמים, גלוי לפניך, בזמן שבית המקדש קיים אדם חוטא ומקריב קרבן, ואין מקריבין ממנו אלא חלבו ודמו ומתכפר לו; ועכשיו ישבתי בתענית ונתמעט חלבי ודמי, יהי רצון מלפניך שיהא חלבי ודמי שנתמעט כאילו הקרבתיו לפניך על גבי המזבח ותרצני״ (ראו הרב י׳ נגן, נשמת המשנה, עמ׳ 222–223). נראה שיש בעבודה הטכנית של העינוי התנתקות מחיי היום־יום וחיבור לגורל האומה. התשובה מאפשרת רבדים נוספים של כפרה, כשם שהריצוי של האדם את חברו מאפשר רובד נוסף של סליחה.
50. מכאן ניתן לראות דו־משמעות בקביעה ש״עברות שבין אדם למקום, יום הכיפורים מכפר״ (משנה יומא פ״ח מ״ט). מדובר על העברות שבין אדם לקב״ה, אבל תוך התייחסות ל״מקום״. העברות שבין אדם לחברו, שמתנהלות ברובד הבין־אישי, דורשות התמודדות מסוג אחר, הכוללת ריצוי, כמו בריצוי הקורבנות.

שותפות האדם הפרטי בעבודת הכוהן הגדול

מקומו של האדם הפרטי במסכת מגיע במקום מפתיע נוסף, בסוף פרק ג׳, תוך דיון בגורלות השעירים:

[ט] בא לו למזרח העזרה לצפון המזבח, הסגן מימינו וראש בית אב משמאלו, ושם **שני שעירים** וקלפי היתה שם ובה שני גורלות. של אשכרוע היו, ועשאן בן גמלא של זהב והיו **מזכירין אותו לשבח.**
[י] בן קטין עשה שנים עשר דד לכיור, שלא היו לו אלא שנים, ואף הוא עשה מוכני לכיור, שלא יהיו מימיו נפסלין בלינה; מונבז המלך היה עושה כל ידות הכלים של יום הכפורים של זהב; הילני אמו עשתה נברשת של זהב על פתחו של היכל, ואף היא עשתה טבלא של זהב שפרשת סוטה כתובה עליה; נקנור נעשו נסים לדלתותיו, והיו **מזכירין אותו לשבח.**
[יא] **ואלו לגנאי:** של בית גרמו לא רצו ללמד על מעשה לחם הפנים, של בית אבטינס לא רצו ללמד על מעשה הקטורת, הגרוס בן לוי היה יודע פרק בשיר ולא רצה ללמד, בן קמצר לא רצה ללמד על מעשה הכתב. על הראשונים נאמר **׳זכר צדיק לברכה׳** (משלי י׳ ז) ועל אלו נאמר **׳ושם רשעים ירקב׳** (שם).

סוף פרק ג׳ עוסק באנשים שתרמו תרומות מיוחדות למקדש ומוזכרים לשבח, יחד עם ציטוט הפסוק (משלי י׳ ז): ״זֵכֶר צַדִּיק לִבְרָכָה״. לעומת זאת, מוזכרים לגנאי עושי המלאכה של צורכי המקדש ששמרו לעצמם את הסודות המקצועיים. עליהם המשנה מצטטת את המשך הפסוק: ״וְשֵׁם רְשָׁעִים יִרְקָב״.

על פניו, חטיבה זו נכנסה כ״נושא נלווה״ בעקבות הזכרת בן גמלא שעשה גורלות של זהב לשעירי יום הכיפורים. ברם, נראה שיש בחטיבה זו, ובשיבוצה במסכת זו, מסר חשוב. כיוון שהמסכת ברובה עוסקת בעבודת הכוהן הגדול, עשויה להיווצר תחושה כי עולם המקדש, הכפרה במקדש והעבודה ביום הכיפורים מנותקים מהאדם הפשוט והרגיל, זה שאינו חי במקדש ואינו כוהן. משניות אלו מלמדות שגם אדם שאינו כוהן[51] יכול לתרום בדרכו שלו לעולם המקדש ובכך להיזכר לברכה ולשבח.[52]

51. כפי שציינו תלמידותיי באחד השיעורים, אנשים אלו אינם פשוטים, אלא אנשים חשובים כהילני המלכה ומונבז המלך. אם כך, ייתכן שיש כאן רמיזה שתרומתם של אנשים מעין אלו צריכה להיעשות באמצעות תרומה למקדש ולא באמצעות מינוי כוהנים.

52. ראו גם: מ׳ פרי, מקבילים נפגשים, עמ׳ 29–32. השוו הרב י׳ נגן, נשמת המשנה, עמ׳ 208–214. תיאור הניסים שנעשו בדלתות ניקנור, כאשר אחת אבדה, והשנייה יחד עם ניקנור הוטלה לים,

בן גמלא, בן קטין, מונבז והילני, וגם ניקנור, כולם תרמו משהו למקדש, וחלקם אף ייעודיים ליום הכיפורים, כגון ידות הכלים וגורלות השעירים. אדם מישראל יכול להיות חלק מעבודת הכוהן הגדול. כמו שעירי יום הכיפורים, שהאחד הולך לה׳ והשני לעזאזל, האדם מישראל יכול לבחור אם יהיה בבחינת "זכר צדיק לברכה" או "שם רשעים ירקב",[53] ובכך להמחיש את הנחיית התורה (דברים ל׳ יט): "נָתַתִּי לְפָנֶיךָ הַבְּרָכָה וְהַקְּלָלָה וּבָחַרְתָּ בַּחַיִּים".[54]

היחס בין הכוהן הגדול לכלל ישראל מופיע גם במשנה האחרונה בחטיבה העוסקת בכוהן הגדול (פרק ז׳):

> [ה] כהן גדול משמש בשמנה כלים וההדיוט בארבעה... מוסיף עליו כהן גדול... באלו נשאלין באורים ותומים: ואין נשאלין אלא למלך ולבית דין ולמי **שהצבור** צריך בו.

משנה זו מדגישה את היות הכוהן הגדול שליח הציבור ולא אדם פרטי העומד בפני עצמו. משנה זו יוצרת מסגרת יחד עם תחילת המסכת המזכירה את שבועת בית הדין: "אישי כהן גדול, אנו שלוחי בית דין ואתה שלוחנו ושליח בית דין...".[55] חטיבה זו,

והים עמד מזעפו, מזכיר הן את השעירים, שאחד הושלך מההר והשני הוקרב במקדש (כפי שעולה מדברי הרב ד"ר י׳ נגן שם), והן את הגורלות שעשו ליונה, כפי שקוראים בהפטרה של מנחה ביום הכיפורים. גם יונה נזרק לים, אבל לבסוף, בעקבות התשובה והבקשה (יונה ב׳ ה): "וַאֲנִי אָמַרְתִּי נִגְרַשְׁתִּי מִנֶּגֶד עֵינֶיךָ אַךְ אוֹסִיף לְהַבִּיט אֶל הֵיכַל קָדְשֶׁךָ" זכה לעלות מחדש ממצולות הים ולהתקרב לקודש.

53. לעיל, עמ׳ 122, שם עסקנו בכך שכאשר יש זיכרון יש דין, והאדם יכול להגיע לכדי ברכה או קללה, כמו אצל שר האופים והמשכן ובפרשת סוטה. לצד הילני המלכה שתרמה טבלה של זהב עם פרשת סוטה, ניתן גם להנגיד בין בן קטין, שנזכר לשבח על ההנגשה של המים שבכיור, בבחינת שר המשקים, לבין אופי לחם הפנים שמוזכרים לגנאי, בבחינת שר האופים.

54. השוו: רש"ר הירש ויקרא ט"ז י. חכמים אחרים הלכו בגישה הפוכה, שמבטלת או מקטינה את הבחירה החופשית, ומתרכזת בהיבטים השרירותיים של הגורל. ראו אצל הרב א׳ סתיו, מבית לפרוכת, עמ׳ 152–154. יש הקושרים את צמד השעירים לדמיון שבין יעקב לעשו, ולבחירה שכל אחד מהם עושה בחייו. ראו לדוגמה: הרב י׳ זקס, מועדים לשיחה, עמ׳ 63–67, המדגיש את כוח הבחירה בעקבות רש"ר הירש, לעומת הרב ר׳ נויברט, לגעת בזמן, עמ׳ 69–74 בעקבות הרב א׳ כי־טוב בספר התודעה, שמתרכזים בכוחות שה׳ טבע בעולם.

55. אף ההלכה המופיעה בתחילת המסכת, שכוהן גדול צריך להיות נשוי, תורמת לרעיון שהכוהן הגדול איננו יכול לעמוד בפני עצמו. הוא אינו יכול להיכנס כאדם פרטי, אלא רק כאדם שקשור לאנשים אחרים.

העוסקת בהכנה של הכוהן הגדול לעבודתו ביום חשוב זה, פותחת במינוי של הכוהן הגדול לעבודה זו כשליח של בית הדין, וממילא של עם ישראל כולו. החטיבה מסיימת בכך שאף משימות אחרות של הכוהן הגדול, משימות שיש בהן גילוי שכינה – כגון שאלה בה׳ – אף הן רק חלק מתפקידו כשליח ציבור.

וכך, למרות שעבודת הכוהן הגדול, כשמה, היא של הכוהן הגדול, ושל שאר הכוהנים שעוזרים לו, המשנה מתארת (יומא פ״א מ״ח): ״ולא היתה קריאת הגבר מגעת עד שהיתה עזרה מלאה מישראל״.[56] השותפות של ישראל משמעותית ביותר גם בעבודתו של הכוהן הגדול, והיא מופיעה שוב בהמשך (פרק ז׳):

> [ב] הרואה כהן גדול כשהוא קורא אינו רואה פר ושעיר הנשרפים, והרואה פר ושעיר הנשרפים אינו רואה כהן גדול כשהוא קורא. ולא מפני שאינו רשאי, אלא שהיתה דרך רחוקה ומלאכת שניהן שוה כאחת.

לעם יש רצון להיות שותף לעבודתו ולמעשיו של הכוהן הגדול. יש כמה מוקדי התרחשות במקביל שצופים שונים יכולים לראות, אלו הנמשכים לקורבנות (ולשריפתם) לצד אוהבי הספר והלימוד. ניתן לראות בקריאת התורה של הכוהן סוג של דיווח של הכוהן לשלוחיו שעשה את מה שנצטווה לעשות.[57] גם בכך הכוהן מצהיר שהוא רק שליח. גם התורה אינה נשארת אצלו, והוא מביא אותה אל העם. ובהמשך לכך הגמרא תספר: ״מכאן ואילך, כל אחד ואחד מביא ספר תורה מתוך ביתו וקורא בו״.[58]

אם נסכם, נראה שגם המשנה משלבת בין עבודת הכוהן הגדול לעבודת האדם הפרטי ביום הקדוש בשנה. המשנה מביאה אותנו יחד עם הכוהן הגדול אל הקודש פנימה, ועוקבת אחר מעשיו, יחד עם העם שבא לצפות בעבודת היום, להיות שותף ולקבל דיווח על הנעשה. לצד זאת, המשנה מוצאת מקום לאדם הפרטי כמי שמוקדש לו הפרק השמיני שבמסכת, המקביל ליום השמיני של חנוכת המשכן וגילוי שכינה, אותו היום שמהווה תשתית לעבודות יום הכיפורים. הפרק הזה עוסק בניתוק של האדם הפרטי מצורכי היום־יום לצד הקורבנות והתשובה כמעשים של האדם הפרטי

56. לדעת רוב הפרשנים העזרה הייתה מתמלאת דווקא ברגלים, אך המשנה עצמה דו־משמעית ורומזת גם לשותפות העם בעבודת יום הכיפורים. ראו גם ספראי, משנה יומא, עמ׳ 57.
57. כך דעת תוספות רא״ש יומא סח ע״ב ד״ה בא לו. ראו דיון אצל הרב א׳ סתיו, מבית לפרוכת, עמ׳ 335–338.
58. בבלי יומא ע ע״א; בבלי סוטה מא ע״א.

בתהליך הכפרה. גם במהלך עבודת הכוהן הגדול מוזכרים האנשים הפרטיים, שבדומה לשעירים יכולים להיות מוזכרים לשבח או לגנאי, אלא שאצל האדם הפרטי הדבר אינו תלוי בגורל אלא בבחירה.

מקראות קודש

יום הכיפורים, השיבה אל המחנה והשיבה הביתה

אצל רבים יום הכיפורים נתפס כיום של ניתוק מחיי המעשה כדי להתחבר אל הקודש, יום שבו אנחנו נדמים כמלאכים[59] ויונקים באופן ישיר מעבודת המקדש, גם אם רק דרך תחליפים, כמו בית כנסת במקום בית מקדש ותפילה במקום קורבנות. עם זאת, לאורך הפרק היה ניתן לראות שוב ושוב את המחנה כחלק מהמרחב שהמקדש פועל בתוכו ונועד להשפיע עליו. המקדש אינו מנותק ממחנה ישראל אלא שוכן בתוך ישראל. עינוי הנפש לא נועד רק כדי להתחבר למקדש ולקודש, אלא כדי לנקות את המחנה עצמו ולטהר אותו, כדי שנוכל לחיות בתוכו חיים משמעותיים יותר בהמשך השנה.

ההבנה שיום הכיפורים הוא חלק ממכלול של חיים, שמטרתו אינה להתנתק מהחיים אלא ניתוק וחזרה אליהם, עולה מתוך ההדגשה שנתנו חז"ל לסעודה המפסקת של ערב יום הכיפורים[60] ול"יום טוב" שהכוהן הגדול עושה עבור קרוביו בסוף הצום כשחזר ל"ביתו".[61] לכך מצטרפת המשנה החותמת את מסכת תענית (פרק ד'):

> [ח] אמר רבן שמעון בן גמליאל לא היו ימים טובים לישראל כחמשה עשר באב וכיום הכפורים שבהן בנות ירושלם יוצאות בכלי לבן שאולין שלא לבייש את מי שאין לו... ובנות ירושלים יוצאות וחולות בכרמים. ומה היו אומרות? בחור שא נא עיניך וראה מה אתה בורר לך אל תתן עיניך בנוי תן עיניך במשפחה 'שקר החן והבל היופי אשה יראת ה' היא תתהלל' (משלי ל"א ל), ואומר 'תנו לה מפרי ידיה ויהללוה בשערים מעשיה' (שם לא), וכן הוא אומר 'צאינה וראינה בנות ציון במלך שלמה בעטרה שעטרה לו אמו ביום חתונתו וביום שמחת לבו' (שיר השירים ג' יא), ביום חתונתו זו מתן תורה וביום שמחת לבו זה בנין בית המקדש שיבנה במהרה בימינו אמן.

59. ראו לדוגמה: אבני נזר חו"מ קס"א.
60. לדוגמה: בבלי יומא פא ע"ב.
61. משנה יומא פ"ז מ"ד.

לפי המשנה, יום הכיפורים היה אחד מן הימים הטובים שבהם בנות ירושלים יוצאות לחולל בכרמים, מתוך מטרה לבנות בית. בכך יש השוואה ליום טוב שהיה עושה הכוהן הגדול כשזכה לחזור מבית ה׳ לביתו שלו.[62]

באופן מעט דומה, גם יום הכיפורים של היובל מסמל את החזרה לתוך הבית[63] (ויקרא כ״ה):

(י) וְקִדַּשְׁתֶּם אֵת שְׁנַת הַחֲמִשִּׁים שָׁנָה וּקְרָאתֶם **דְּרוֹר בָּאָרֶץ לְכָל יֹשְׁבֶיהָ** יוֹבֵל הִוא תִּהְיֶה לָכֶם וְשַׁבְתֶּם אִישׁ אֶל **אֲחֻזָּתוֹ** וְאִישׁ אֶל **מִשְׁפַּחְתּוֹ** תָּשֻׁבוּ.

יום הכיפורים מסמל את הקריאה לחזור הביתה אחרי ניתוק מסוים ממנו. הבית יכול להיות המרחב הפיזי – האחוזה, ויכול להיות המרחב הרגשי והאינטימי – המשפחה.

חז״ל זיהו שיש פער מסוים בין תחילת השנה ביום הראשון לחודש השביעי לשחרור העבדים לביתם דווקא ביום הכיפורים, וכך הם תיארו (בבלי ראש השנה ח ע״ב):

מכאן אמר רבי ישמעאל בנו של רבי יוחנן בן ברוקא: מראש השנה עד יום הכפורים לא היו עבדים נפטרין לבתיהן ולא משתעבדין לאדוניהם, אלא אוכלין ושותין ושמחין ועטרותיהן בראשיהן. כיון שהגיע יום הכפורים – תקעו בית דין בשופר, נפטרו עבדים לבתיהן, ושדות חוזרות לבעליהן.

לפי ר׳ ישמעאל בנו של ר׳ יוחנן בן ברוקא, בין ראש השנה לבין יום הכיפורים העבדים היו במעמד ביניים, משוחררים מחובותיהם אבל עדיין מחוץ לבתיהם, במעין שלב מעבר מהחוץ לבית. הבחירה לייחד את יום הכיפורים ליום של שיבה הביתה, מתוך הכרה בנוכחות ה׳ בקרב המחנה, מחזקת את התפיסה שיום הכיפורים הוא יום ״שבתון״ – שיונק מהתודעה של השבת, שבה אנו מביטים אל הבית פנימה כדי להשכין בו את השכינה.

62. יש לציין לדעות שהמחולות בכרמים היו רק בט״ו באב ולא ביום הכיפורים. ראו אצל הרב א׳ הנקין הי״ד, ט״ו באב, עמ׳ 72.
63. על יום הכיפורים כחג של חירות, ראו: הרב י׳ שביב, יום הכיפורים, עמ׳ 25–27.

שהחיינו וקיימנו

אנשים רבים חושבים שההתרחשות של יום הכיפורים היא בבית הכנסת. נשים שקשה להן לצום, או שעסוקות בהריונות ובילדים קטנים, מרגישות לא שייכות. בבית הכנסת מתפללים, מתוודים, ומבקשים סליחה וכפרה. ובבית, חסרה החוויה המיוחדת הזו.

גם אני מזדהה עם התחושה הזאת, אבל לא מפני שאני מרגישה שתחסר לי כפרה אם לא אהיה בבית הכנסת, אלא מפני שאני מרגישה שיש בהתרחשות בבית הכנסת השפעה עליי ועל מה שאני שימשיך איתי למשך השנה. אני מבינה ש'עבודת היום' שלי היא – כמו כל עם ישראל – להתנתק מחיי היום־יום, מצורכי הגוף ומעשיית מלאכה. לפנות את העשייה כדי שהמחנה יוכל להתפנות מהחטאים. כשעוסקים בילדים קטנים ובצרכים הפיזיים שלהם, קשה להתנתק מחיי היום־יום. ובכל זאת, אולי זו העבודה המשמעותית ביותר – של שהות 'במחנה', תוך כדי התנתקות עצמית מהצרכים הפיזיים האישיים.

אבל כשם שאנשים רצו להיות שותפים בחוויה במקדש ולהיות חלק מעבודת היום, כך גם היום אנחנו רוצות להרגיש חלק. הכפרה אומנם התחילה במקדש, אבל יצאה משם החוצה עד שהוציאה את החטאים מתוך המחנה. באופן הזה, אירועי המקדש הקרינו החוצה על המדינה, ולכל הפחות היו חלק חשוב ממה שאירע שם. כך כולנו רוצים לחוות את ההשפעה של התפילות והכפרות על החיים הרגילים ועל המחנה.

לא תמיד זה אפשרי, וגם לא כל עם ישראל הצליח להגיע למקדש ולהיות שייך לעבודות הכוהן הגדול. השותפות של העם בתהליך, לצד ההימנעות מחיי היום־יום הפיזיים, היא דינמית ומשתנה. בעיניי, התודעה החשובה היא לדעת שההימנעות הזאת מאפשרת התנתקות והתנקות, שליחת החטאים החוצה עם השעיר (שבעולם ללא מקדש הוא בעיקר דמיוני ומטאפורי), ושמירה על המחנה הקדוש.

יום הכיפורים הוא יום שמכיל דואליות, כי הוא יום שיש לו שני מוקדים: מוקד אחד הוא עבודת הכוהן הגדול במקדש, שמקבל נפח גדול בתורה בפרק ט"ז בספר ויקרא. המוקד הזה קיים היום בתפילות, ובעיקר בתפילת המוסף. המוקד האחר הוא המוקד של כל אחד ואחד, כחלק מאומה, כשמתנתקים מהצרכים הפיזיים כדי לנקות את המחנה מהעוונות ומהפשעים שלנו. היכולת לנקות את המחנה יונקת מהקרבה לקודש שנוצרת בעבודת הכוהן הגדול, אבל היא גם עומדת בפני עצמה. היא מתפרטת על פני היום כולו, ואולי אפילו נחווית דווקא בקצוות, בהתנתקות מהאוכל והשתייה עם סיום הסעודה המפסקת בתחילת היום, ובשיא ההתנתקות

כפי שהיא נחווית בסיכומו של היום. ממילא, אפשר להבין את המקום שהתפילות בתחילת היום ובסופו, כל נדרי ונעילה, התפילות של "מערב עד ערב", תופסות בחוויה הקולקטיבית שלנו "בכל מושבותינו".

בין כך ובין כך, מי שניצב במרכז המעגל – בין אם בבית הכנסת ובין אם בבית – הוא ה' אלוהינו שמטהר אותנו.

פרק ט

סוכה זו על שום מה

בעולם הפסיכולוגי יש מושג של "in the mind", מה התמונה שמצטיירת בראש כשחושבים על מושג מסוים.[1] פעמים רבות אנשים שונים תופסים מושגים שונים בצורה אחרת. לאנשים שונים יש דימוי שונה של איך סוכה צריכה להיראות. פעמים רבות הדימוי מושפע מהסוכה שהייתה בילדותם, או שמתאפשרת להם בהווה.

לחלופין, השאלה 'מהי סוכה בעיניכם?' עשויה להשפיע (אם כי היא לא חייבת) על האופן שבו בוחרים לעצב בפועל את הסוכה. כדי לדמיין את הסוכה האידיאלית, כדאי לחשוב למה נצטווינו על הסוכה ומה מטרותיה.

עיוני מקרא

הפנים השונים של חג הסוכות

חג הסוכות הוא חג מורכב: מצד אחד, הוא חלק מחגי תשרי, ומצד שני הוא חלק ממערכת הרגלים. גם במערכת של הרגלים ישנה מורכבות, שכן ברגלים קיימים שני היבטים: היבט חקלאי והיבט היסטורי. ההיבט החקלאי מודגש בספר שמות (פרק כ"ג):

(יד) שָׁלֹשׁ רְגָלִים תָּחֹג לִי בַּשָּׁנָה: (טו) אֶת **חַג הַמַּצּוֹת** תִּשְׁמֹר שִׁבְעַת יָמִים תֹּאכַל מַצּוֹת כַּאֲשֶׁר צִוִּיתִךָ לְמוֹעֵד **חֹדֶשׁ הָאָבִיב** כִּי בוֹ יָצָאתָ מִמִּצְרָיִם וְלֹא יֵרָאוּ פָנַי

1. ראו: ד' ארמסטרונג, ארגון.

רֵיקָם: (טז) וְחַג **הַקָּצִיר בִּכּוּרֵי מַעֲשֶׂיךָ אֲשֶׁר תִּזְרַע בַּשָּׂדֶה** וְחַג **הָאָסִף** בְּצֵאת הַשָּׁנָה **בְּאָסְפְּךָ אֶת מַעֲשֶׂיךָ מִן הַשָּׂדֶה**.

פרשה זו מדגישה את ההיבטים החקלאיים של שלושת הרגלים: אביב, קציר ואסיף. פסוקים אלו רומזים גם להיבט היסטורי, לפחות של חג המצות, "כי בו יצאת ממצרים".

הפן החקלאי של חג המצות בא לידי ביטוי בעיקר בהקפדה על כך שיחול בחודש האביב, והפן החקלאי של חג הקציר מתקשר להבאת הביכורים. בפרשת המועדות של ספר ויקרא (פרק כ"ג) מופיע שבחג המצות מביאים קורבן עומר, של ראשית התבואה, ובחג השבועות מביאים קורבן ביכורים של שתי הלחם. כפי שראינו בפרק ו', בתחילתן של תקופות שונות של השנה, אנחנו חוגגים לה', מביאים קורבן לה' להודות לו על העבר ולבקש את ברכתו בעתיד.[2] שמות כ"ג מדגיש גם את ההיבט החקלאי של חג הסוכות, שם הוא מכונה חג האסיף.

בספר דברים החג נקרא חג הסוכות, אבל גם שם המוקד הוא האסיף (דברים ט"ז):

(יג) **חַג הַסֻּכֹּת** תַּעֲשֶׂה לְךָ שִׁבְעַת יָמִים **בְּאָסְפְּךָ** מִגָּרְנְךָ וּמִיִּקְבֶךָ: (יד) וְשָׂמַחְתָּ בְּחַגֶּךָ אַתָּה וּבִנְךָ וּבִתֶּךָ וְעַבְדְּךָ וַאֲמָתֶךָ וְהַלֵּוִי וְהַגֵּר וְהַיָּתוֹם וְהָאַלְמָנָה אֲשֶׁר בִּשְׁעָרֶיךָ: (טו) שִׁבְעַת יָמִים תָּחֹג לַה' אֱלֹהֶיךָ בַּמָּקוֹם אֲשֶׁר יִבְחַר ה' כִּי יְבָרֶכְךָ ה' אֱלֹהֶיךָ **בְּכֹל תְּבוּאָתְךָ וּבְכֹל מַעֲשֵׂה יָדֶיךָ** וְהָיִיתָ אַךְ שָׂמֵחַ.

ההקשר החקלאי של חג הסוכות בא לידי ביטוי בספר דברים באמצעות התיאור "באספך מגרנך ומיקבך", והשמחה קשורה לברכת ה' בתבואה. יש הקושרים בין הסוכה כאן לסוכות החקלאיות של אוספי התבואה בשדה,[3] ולכל הפחות לחגיגת השמחה ביבול. ייתכן שהדבר בא לידי ביטוי בחומרים שמהם עשויה הסוכה, כפי שמופיע בגמרא. על השאלה מניין שיש לעשות את הסוכה מחומרים שגידולם מן הארץ ואינם מקבלים טומאה[4] משיבים בגמרא (סוכה יב ע"א):

2. הממד החקלאי של חג הסוכות בא לידי ביטוי גם בקשר שבין סוכות לבין הדין על הגשם, כפי שניתן לראות בזכריה י"ד, כפי שראינו גם בפרק ו', וכפי שנראה בפרק הבא. על הפן החקלאי וההיסטורי של חג השבועות נעמוד בפרק י"ט.
3. ראו לדוגמה: ש' בר־און, עולם התנ"ך דברים, עמ' 136; י"ש ליכט, סוכות, עמ' 1039 בשם ולהאוזן.
4. משנה סוכה פ"א מ"ד.

כי אתא [כשבא] רבין אמר רבי יוחנן אמר קרא 'באספך מגרנך ומיקבך' (דברים ט"ז יג) בפסולת גורן ויקב הכתוב מדבר.

לפי רבין בשם ר' יוחנן, הסוכה עשויה מהשאריות של איסוף היבולים, וכך בישיבה בה זוכרים את ברכת ה'.[5]

לצד היבטים החקלאיים של חג הסוכות, בספר ויקרא מצוי גם הפן ההיסטורי של החג, בהתייחסות כפולה לחג עצמו. ויקרא כ"ג עוסק בחג הסוכות פעמיים, בפעם הראשונה לפני החתימה של המועדות כולם (ויקרא כ"ג):

(לג) וַיְדַבֵּר ה' אֶל מֹשֶׁה לֵּאמֹר: (לד) דַּבֵּר אֶל בְּנֵי יִשְׂרָאֵל לֵאמֹר **בַּחֲמִשָּׁה עָשָׂר יוֹם** לַחֹדֶשׁ הַשְּׁבִיעִי הַזֶּה **חַג הַסֻּכּוֹת** שִׁבְעַת יָמִים לַה': (לה) בַּיּוֹם הָרִאשׁוֹן **מִקְרָא קֹדֶשׁ** כָּל מְלֶאכֶת עֲבֹדָה לֹא תַעֲשׂוּ: (לו) שִׁבְעַת יָמִים **תַּקְרִיבוּ אִשֶּׁה לַה'** בַּיּוֹם הַשְּׁמִינִי מִקְרָא קֹדֶשׁ יִהְיֶה לָכֶם וְהִקְרַבְתֶּם אִשֶּׁה לַה' עֲצֶרֶת הִוא כָּל מְלֶאכֶת עֲבֹדָה לֹא תַעֲשׂוּ. (לז) **אֵלֶּה מוֹעֲדֵי ה' אֲשֶׁר תִּקְרְאוּ אֹתָם** מִקְרָאֵי קֹדֶשׁ לְהַקְרִיב אִשֶּׁה לַה' עֹלָה וּמִנְחָה זֶבַח וּנְסָכִים דְּבַר יוֹם בְּיוֹמוֹ: (לח) מִלְּבַד שַׁבְּתֹת ה' וּמִלְּבַד מַתְּנוֹתֵיכֶם וּמִלְּבַד כָּל נִדְרֵיכֶם וּמִלְּבַד כָּל נִדְבֹתֵיכֶם אֲשֶׁר תִּתְּנוּ לַה'.

פסוקים אלו מתייחסים לחג הסוכות באופן גנרי. מדובר על חג בן שבעה ימים ועוד יום בסופו.[6] החג כולל מקרא קודש, איסור מלאכת עבודה, והקרבת אישה לה'. המידע הייחודי עליו הוא שמו, חג הסוכות. הרושם שעולה מהפסוקים הללו הוא שהפרק מסתיים, שכן מגיעה החתימה "אלה מועדי ה' אשר תקראו אותם", הדומה לפתיחת הפרק (שם ד): "אֵלֶּה מוֹעֲדֵי ה' מִקְרָאֵי קֹדֶשׁ אֲשֶׁר תִּקְרְאוּ אֹתָם בְּמוֹעֲדָם".[7]

לאחר החתימה, נוסף קטע שלם:

(לט) אַךְ **בַּחֲמִשָּׁה עָשָׂר יוֹם** לַחֹדֶשׁ הַשְּׁבִיעִי **בְּאָסְפְּכֶם** אֶת תְּבוּאַת הָאָרֶץ תָּחֹגּוּ אֶת **חַג ה'** שִׁבְעַת יָמִים בַּיּוֹם הָרִאשׁוֹן **שַׁבָּתוֹן** וּבַיּוֹם הַשְּׁמִינִי שַׁבָּתוֹן: (מ) וּלְקַחְתֶּם

5. בהמשך לכך מצאנו גם שנהגו לקשט את הסוכה בפירות. ראו: בבלי סוכה י ע"א ובמקבילות.
6. ליום השמיני מוקדש פרק י"א.
7. ישנה פתיחה נוספת לפרק, בפס' ב, ולאחריה מופיעה השבת. הבאתי כאן את הפתיחה השנייה הן בגלל שהיא צמודה למועדים והן בגלל הדמיון לפסוק החותם. הכותרת הכפולה בתחילת הפרק רומזת להבחנה בין השבת שנמצאת בראש מקראי הקודש אבל אינה שייכת למועדים, והיא גם מוצאת מרשימת המועדים בסוף הפרק: "מלבד שבתותיכם". ראו עוד בפרק א'.

לָכֶם בַּיּוֹם הָרִאשׁוֹן פְּרִי עֵץ הָדָר כַּפֹּת תְּמָרִים וַעֲנַף עֵץ עָבֹת וְעַרְבֵי נָחַל וּשְׂמַחְתֶּם
לִפְנֵי ה' אֱלֹהֵיכֶם שִׁבְעַת יָמִים: (מא) וְחַגֹּתֶם אֹתוֹ **חַג לַה'** שִׁבְעַת יָמִים בַּשָּׁנָה חֻקַּת
עוֹלָם לְדֹרֹתֵיכֶם בַּחֹדֶשׁ הַשְּׁבִיעִי תָּחֹגּוּ אֹתוֹ: (מב) **בַּסֻּכֹּת תֵּשְׁבוּ** שִׁבְעַת יָמִים כָּל
הָאֶזְרָח בְּיִשְׂרָאֵל יֵשְׁבוּ בַּסֻּכֹּת: (מג) **לְמַעַן יֵדְעוּ דֹרֹתֵיכֶם כִּי בַסֻּכּוֹת הוֹשַׁבְתִּי אֶת**
בְּנֵי יִשְׂרָאֵל בְּהוֹצִיאִי אוֹתָם מֵאֶרֶץ מִצְרָיִם אֲנִי ה' אֱלֹהֵיכֶם: (מד) וַיְדַבֵּר מֹשֶׁה
אֶת מֹעֲדֵי ה' אֶל בְּנֵי יִשְׂרָאֵל.

פסוקים אלו דנים שוב בחג שחל בחמישה עשר בתשרי, ועתה גם מוענק תוכן עצמאי, כפול. מצד אחד "חג ה'", כפי שהוא מכונה כאן, הוא "באספכם את תבואת הארץ". מצד שני, הסוכות אינן השם של החג אלא חלק מהתוכן ההיסטורי שלו: יושבים בסוכות כדי שהדורות הבאים ידעו שה' הושיב את בני ישראל בסוכות.

מתוך השוואה בין הכותרת "חג הסוכות" בפרשה הראשונה לכותרת "חג הסוכות" בספר דברים יש המפרשים שיש ממד של חג הסוכות שנחוג בעת האסיף (כפי שמתברר מספר דברים), ועל הממד החקלאי של חג הסוכות התורה מגדירה "חג ה'" שיכלול בתוכו אלמנטים היסטוריים של ישיבה בסוכה (כפי שעולה מספר ויקרא). הישיבה בסוכה "ההיסטורית" מצטרפת ל"חג הסוכות" החקלאי.[8]

בפרק הזה ננסה לעסוק בסוכה ההיסטורית[9] ולתהות על קנקנה.

בסוכות הושבתי את בני ישראל

כפי שראינו, התורה קובעת שיש לשבת בסוכות כי ה' הושיב את בני ישראל בסוכות כשיצאו ממצרים, אלא שלכאורה בני ישראל לא ישבו בסוכות כשיצאו ממצרים!

ממספר מקומות בתורה רואים שבני ישראל ישבו דווקא באוהלים. לדוגמה (במדבר י"א):

8. יש הרואים בשני שמות החג – חג האסיף וחג הסוכות – את שני ההיבטים הללו או שתי שכבות באותו חג. ראו לדוגמה: הרב מ' ברויאר, פרקי מועדות, ב, עמ' 570–571; הרב י' בן נון, חג האסיף. לצד זאת, יש הרואים בחג הסוכות גם אלמנט שמשתלב בחגי תשרי. כך לדוגמה (פרופ' א' שבייד, מחזור הזמנים, עמ' 85): "לפנינו אקורד משולש של שמחה. שמחת עובד האדמה האוסף לביתו את שפעת היבול; שמחת עובד אלוהיו המרגיש שנתכפרו עוונותיו וחייו מתחילים מחדש בטוהרה, שמחת העם הנבחר המרגיש את חסדי אלוהיו בדרכו אל החופש". להסברים נוספים ראו להלן הערה 46.

9. בהמשך לכך, יש להתלבט אם ארבעת המינים שייכים לפן החקלאי של החג או לפן ההיסטורי שלו. נקדיש לכך דיון בפרק הבא.

(י) וַיִּשְׁמַע מֹשֶׁה אֶת הָעָם בֹּכֶה לְמִשְׁפְּחֹתָיו אִישׁ לְפֶתַח **אָהֳלוֹ** וַיִּחַר אַף ה׳ מְאֹד וּבְעֵינֵי מֹשֶׁה רָע.

וכן (במדבר כ״ד):

(ב) וַיִּשָּׂא בִלְעָם אֶת עֵינָיו וַיַּרְא אֶת יִשְׂרָאֵל שֹׁכֵן לִשְׁבָטָיו... (ה) מַה טֹּבוּ **אֹהָלֶיךָ** יַעֲקֹב מִשְׁכְּנֹתֶיךָ יִשְׂרָאֵל.

אם כן למה התכוונה התורה כשאמרה שה׳ הושיב את בני ישראל בסוכות כשהם יצאו ממצרים?[10]

נעיין בפסוקים ובדרשות חז״ל.

עיוני דרשה

מקור הסוכה – סוכות ממש או סוכות ענני כבוד?

מכיוון שבאופן פשוט בני ישראל ישבו במהלך ארבעים שנות הליכה במדבר דווקא באוהלים, ניתן לראות מחלוקת בין החכמים באילו סוכות מדובר. נעיר כי זהות הדוברים השונים נתונה במחלוקת גרסאות בין מקורות שונים. הדעות השונות הן דעת ר׳ אליעזר ור׳ עקיבא, אבל במקורות שונים, הקשר בין הדעות השונות לדוברים השונים משתנה. מטעמים שיובאו בהמשך, אני מעדיפה את הזיהוי שמופיע בתלמוד הבבלי לפי הנוסחים המקובלים, אבל ניעזר גם במקורות שבהם הדעות הפוכות.

וכך נאמר בגמרא (בבלי סוכה יא ע״ב):

דתניא: ׳כי בסכות הושבתי את בני ישראל׳ (ויקרא כ״ג מג),
ענני כבוד היו, דברי **רבי אליעזר**.
רבי עקיבא אומר סוכות ממש עשו להם.

10. באופן מפתיע למדי ראב״ע (ויקרא כ״ג מג) מפרש שבני ישראל אכן ישבו בסוכות במדבר. הוא לא מתייחס לאוהלים שבהם ישבו בני ישראל. נזכיר את דבריו שוב להלן הערה 22.

ר׳ אליעזר ור׳ עקיבא נחלקו אם הסוכות שבהן ישבו בני ישראל היו ענני כבוד או סוכות ממש. את המחלוקת ביניהם ניתן להבין לאור המכילתא דרשב״י על הפסוק בשמות (פרק י״ב):

(לז) וַיִּסְעוּ בְנֵי יִשְׂרָאֵל מֵרַעְמְסֵס **סֻכֹּתָה** כְּשֵׁשׁ מֵאוֹת אֶלֶף רַגְלִי הַגְּבָרִים לְבַד מִטָּף.

וכך אמרו שם (מכילתא דרשב״י י״ב לז):

׳סוכותה׳ (שמות י״ב לז) – ר׳ עקיבה אומר סוכות ממש עשו להן ׳בסוכות׳ ר׳ אליעזר אומר סוכות ענני כבוד.

ר׳ עקיבא מבין שבתחנה הראשונה של בני ישראל ביציאתם ממצרים, במקום שקראו לו סוכות, בני ישראל ישבו בסוכות ממש. נראה שגם לדעת ר׳ אליעזר המקום נקרא על שם הסוכות, אלא שלדעתו היו אלו ענני כבוד ולא סוכות ממש.[11] מתוך צירוף המדרש במכילתא עם דברי התנאים כפי שהובאו בגמרא, ניתן להבין שלדעתם, כאשר זוכרים את הסוכות שבהן ה׳ הושיב את ישראל במדבר, חוזרים לתחנה הראשונה ביציאת מצרים. שם, לדעת ר׳ עקיבא, ישבו בסוכות ממש, ולדעת ר׳ אליעזר היו שם ענני כבוד, שהתורה מכנה ׳סוכות׳. אפשר שמכאן הם גם ליוו אותם הלאה. דעת ר׳ עקיבא עולה מתוך לשון הכתובים, אך צריך להבין על מה נשען ר׳ אליעזר.

הטיעונים השונים יתבהרו מהמקבילה במכילתא דרבי ישמעאל, ושם אומנם הדעות הפוכות,[12] אך הן שופכות אור על השיקולים שבבסיס כל דעה (פרשת בא, מסכתא דפסחא, פרשה יד):

׳סוכותה׳ (שמות י״ב לז). סוכות ממש היו, דכתיב ׳ויעקב נסע סוכתה׳ (בראשית ל״ג יז) דברי רבי אליעזר,

11. למרות שהדבר מסתבר, אין הכרח לחבר בין המקורות השונים. היו שפירשו ׳סוכות ממש׳ על תקופת הלחימה על הארץ, החל ממלחמת סיחון ועוג. ראו לדוגמה: הרוקח, הלכות סוכה ריט. ראב״ע (בהערה הקודמת, וראו להלן, הערה 24) קשר את הסוכות הללו לתחילת ימי הקור והגשמים, וכך גם יוספוס, קדמוניות ספר ג׳ י, ד (כרך א, עמ׳ 98).

12. כך גם במקבילה במכילתא דרשב״י על י״ג כ, ובמחלוקת כפי שמופיעה בספרא אמור פרשה יב תחילת פרק יז אות יא.

וחכמים אומרים אין סוכות אלא מקום שנאמר 'ויסעו מסוכות ויחנו באיתם' (במדבר ל"ג ו), מה איתם מקום אף סוכות מקום.
רבי עקיבא אומר אין סוכות אלא ענני כבוד שנאמר 'וברא ה' על מכון הר ציון ועל מקראיה ענן יומם ונוגה אש להבה לילה כי על כל כבוד חופה' (ישעיהו ד' ה). אין לי אלא לשעבר לעתיד לבא מנין? ת"ל 'וסוכה תהיה לצל יומם מחורב' וגו' (שם ו) ואומר 'ופדויי ה' ישובון ושמחת עולם על ראשם' (ישעיהו ל"ה י).

כמו במכילתא דרשב"י, גם במכילתא דרבי ישמעאל המחלוקת בין החכמים אינה נוגעת למצוות הסוכה אלא להגדרת המקום הראשון אליו הגיעו בני ישראל כשיצאו ממצרים, "סוכות". לדעה הראשונה היו שם סוכות ממש, ואילו לדעת חכמים סוכות הוא שם של מקום. מתוך הציטוט שמובא לתמוך בטענה של 'סוכות ממש', לא ברור אם הם לגמרי חלוקים, שכן הפסוק מופיע בסיפור על יעקב אבינו, ושם כתוב (בראשית ל"ג):

(יז) וְיַעֲקֹב נָסַע **סֻכֹּתָה** וַיִּבֶן לוֹ בָּיִת וּלְמִקְנֵהוּ עָשָׂה **סֻכֹּת** עַל כֵּן קָרָא שֵׁם הַמָּקוֹם **סֻכּוֹת**.

מההפניה לסיפור של יעקב אפשר להבין שגם אצל בני ישראל, השם סוכות נושא מטען כפול: גם היו (או הוקמו) שם סוכות, ו(בעקבות כך) כך גם נקרא המקום.

בני ישראל יצאו ממצרים ובמקום הראשון שיכלו הם עצרו לנוח. האם בשלב הזה, במקום לפרוק יריעות ליצירת אוהלים בני ישראל אספו ענפים, עלים וכדומה ויצרו סוכות כדי להגן על עצמם? או שמא במקום עצמו הם מצאו סוכות מעין אלו מוכנות? שני התיאורים סבירים, גם אם האחד מתמקד במעשי האדם והשני במעשי שמיים.

בין כך ובין כך, לפי האפשרות הזו, שבגמרא ובמכילתא דרשב"י מובאת בשם ר' עקיבא, בחג הסוכות חוגגים את התחנה הראשונה שבה עצרו ישראל אחרי שיצאו ממצרים, התחנה של המנוחה הראשונה שבאה לידי ביטוי בישיבה תחת הסככות הללו. זו תחנה ארעית, ובה הייתה הגנה ארעית, שמלווה בניחוח הראשון של החופש. פירוש זה מסתבר בפשט הפסוקים, אם כי יש בו קושי מסוים, שכן התורה מצווה לחגוג את חג הסוכות בסתיו ולא בסמיכות לחג המצות.

לצד ההסבר של "סוכות ממש" מופיע ההסבר "ענני הכבוד". לפי ההסבר הזה, בני ישראל אכן ישבו ב"סוכות", אבל הסוכות הללו היו ענני כבוד[13] שליוו אותם לאחר היציאה ממצרים, ואולי אפילו במקום שנקרא סוכות, ומשם ואילך העננים ליוו את מסע בני ישראל במדבר.[14]

במכילתא דרבי ישמעאל ההסבר של סוכת ענני כבוד נשען על הופעת המילה סוכות במקום אחר בתנ"ך, בפסוקים שבספר ישעיהו (פרק ד'):

(ב) בַּיּוֹם הַהוּא יִהְיֶה צֶמַח ה' לִצְבִי וּלְכָבוֹד וּפְרִי הָאָרֶץ לְגָאוֹן וּלְתִפְאֶרֶת לִפְלֵיטַת יִשְׂרָאֵל: (ג) וְהָיָה הַנִּשְׁאָר בְּצִיּוֹן וְהַנּוֹתָר בִּירוּשָׁלַ‍ִם קָדוֹשׁ יֵאָמֶר לוֹ כָּל הַכָּתוּב לַחַיִּים בִּירוּשָׁלָ‍ִם: (ד) אִם רָחַץ ה' אֵת צֹאַת בְּנוֹת צִיּוֹן וְאֶת דְּמֵי יְרוּשָׁלַ‍ִם יָדִיחַ מִקִּרְבָּהּ בְּרוּחַ מִשְׁפָּט וּבְרוּחַ בָּעֵר: (ה) וּבָרָא ה' עַל כָּל מְכוֹן הַר צִיּוֹן וְעַל מִקְרָאֶהָ **עָנָן יוֹמָם** וְעָשָׁן וְנֹגַהּ **אֵשׁ** לֶהָבָה **לָיְלָה** כִּי עַל כָּל **כָּבוֹד** חֻפָּה: (ו) **וְסֻכָּה** תִּהְיֶה לְצֵל יוֹמָם מֵחֹרֶב וּלְמַחְסֶה וּלְמִסְתּוֹר מִזֶּרֶם וּמִמָּטָר.

ישעיהו הנביא מתאר גאולה שתגיע לאחר פורענות גדולה. ניתן למצוא בתיאור של ישעיהו את הגאולה העתידית את המילה 'סוכה' יחד עם מילות מפתח חשובות נוספות: 'ענן', 'יומם', 'אש', 'לילה' ו'כבוד'. אלו מילות מפתח מסיפור יציאת מצרים. כך מופיע לדוגמה בשמות (פרק י"ג):

(כא) וַה' הֹלֵךְ לִפְנֵיהֶם **יוֹמָם** בְּעַמּוּד **עָנָן** לַנְחֹתָם הַדֶּרֶךְ **וְלַיְלָה** בְּעַמּוּד **אֵשׁ** לְהָאִיר לָהֶם לָלֶכֶת יוֹמָם וָלָיְלָה: (כב) לֹא יָמִישׁ עַמּוּד הֶעָנָן יוֹמָם וְעַמּוּד הָאֵשׁ לָיְלָה לִפְנֵי הָעָם.

וכן בפרק ט"ז:

(ט) וַיֹּאמֶר מֹשֶׁה אֶל אַהֲרֹן אֱמֹר אֶל כָּל עֲדַת בְּנֵי יִשְׂרָאֵל קִרְבוּ לִפְנֵי ה' כִּי שָׁמַע

13. ההסבר הזה הוא ההסבר המקובל, בין היתר בגלל שהטור והשולחן ערוך פסקו אותו להלכה, כפי שנראה בהמשך. הב"ח (תרכ"ה, ס"ק א) מסביר שכיוון שמצוות הסוכות כוללת את הידיעה על הסוכות שבהן ישבו בני ישראל, יש צורך לדון באילו סוכות מדובר.

14. שמות י"ג כ-כב מתאר את המסע שמתחיל בסוכות, ולמסע הזה נלוו עמוד האש ועמוד הענן. הרב מ' ברויאר (פרקי מועדות, ב, עמ' 571) רואה כאן תחנת מעבר משלב היציאה ממצרים לשלב ההליכה במדבר. אפשר שיש בדבריו הסבר מדוע התורה הפרידה בין חג הסוכות לחג הפסח.

> אֶת תְּלֻנֹּתֵיכֶם: (י) וַיְהִי כְּדַבֵּר אַהֲרֹן אֶל כָּל עֲדַת בְּנֵי יִשְׂרָאֵל וַיִּפְנוּ אֶל הַמִּדְבָּר וְהִנֵּה **כְּבוֹד** ה׳ נִרְאָה **בֶּעָנָן**.

התנא כאן מבין שבני ישראל לא ישבו בסוכות ממש בזמן ההליכה במדבר. על פי הפסוקים בישעיהו שמתארים את הגאולה העתידית בראי גאולת מצרים,[15] ר׳ אליעזר (ולפי המכילתא דר״י ר׳ עקיבא) הבין שהסוכה שבה ישבו בני ישראל היא לא סוכה עשויה דפנות וסכך, אלא סוכת חופה של ענני כבוד. אומנם הסוכה שאנחנו צריכים לשבת בה צריכה להיות מדפנות וסכך, אך היא נועדה להזכיר את ענני הכבוד שהקיפו את ישראל בימי ההליכה במדבר.[16]

ממקור הסוכה למבנה הסוכה

כפי שהוצע לעיל, הרעיון של סוכה עשוי – ואולי אף צריך – להשפיע על המבנה של הסוכה. בעקבות כך, הפסוק שבעזרתו למדנו על המקור של מצוות הסוכה, משמש בהמשך את רב מתנה האמורא להסבר הלכה הקשורה לפרטי הסוכה. הגמרא מביאה ברייתא לגבי הדפנות (סוכה ו ע״ב):

> תנו רבנן: שתים כהלכתן, ושלישית אפילו טפח. רבי שמעון אומר: שלש כהלכתן, ורביעית אפילו טפח...
> רב מתנה אמר: טעמיה [ההסבר של] דרבי שמעון מהכא [מכאן] ׳וסכה תהיה לצל יומם מחרב ולמחסה ולמסתור מזרם וממטר׳ (ישעיהו ד׳ ו).

התנאים בברייתא הזו נחלקו כמה דפנות נדרשות לסוכה. חכמים מצריכים שתיים וקצת, ולר׳ שמעון צריך שלוש וקצת. רב מתנה מסביר את ההיגיון של שיטת ר׳ שמעון: אם הסוכה היא זכר לענני הכבוד, אנחנו רוצים שזה יבוא לידי ביטוי גם

15. השוו מקומות נוספים בספר ישעיהו שהגאולה העתידית מבוססת על גאולת העבר ומעוצבת בדמותה. לדוגמה: ישעיהו י׳ כו; י״א יא-טז; כ״ו כ-כא; ל׳ כז-לג; ל״א א-ח; ל״ה א-י ועוד.

16. כך הבינו בגמרא את הדרישה של חכמים (משנה סוכה פ״א מ״ד) שהסכך יהיה מדבר שגידולו מן הארץ ואינו מקבל טומאה (בבלי סוכה יא ע״ב): ״אמר ריש לקיש: אמר קרא (בראשית ב׳ ו) ׳ואד יעלה מן הארץ׳, מה אד דבר שאינו מקבל טומאה וגידולו מן הארץ – אף סוכה דבר שאין מקבל טומאה וגידולו מן הארץ. הניחא למאן דאמר ענני כבוד היו...״. השוו: ירושלמי סוכה פ״א ה״ה. לפי הסבר זה, החומר של הסוכה מדמה באופן כלשהו את ה׳צמיחה׳ של האדם שמייצרים עננים מתוך הארץ.

במבנה הסוכה, ולכן עליה להיות עוטפת ומגוננת. אין הגנה שלמה בשתי דפנות וטפח, בוודאי לא כמו ההגנה של שבעה ענני כבוד שתיארו חכמים.[17] לפי רב מתנה, ר׳ שמעון מבקש לגלם את המשמעות של הסוכה במבנה שלה.

גם בדיון על הגובה המקסימלי של הסוכה, שלפי המשנה צריך להיות פחות מעשרים אמה, מוזכר הפסוק הזה (בבלי סוכה ב ע״א):

> רבי זירא אמר: מהכא (ישעיהו ד׳ ו) ׳וסכה תהיה לצל יומם מחרב׳, עד עשרים אמה – אדם יושב בצל סוכה, למעלה מעשרים אמה – אין אדם יושב בצל סוכה, אלא בצל דפנות...

לפי רבי זירא, הסוכה, שנקראת על שם הסכך,[18] צריכה להיות מורגשת ונוכחת, וצריכה להשפיע מצילה על מי שיושב בתוך המבנה כולו, וממילא לא יכולה להיות מעל עשרים אמה. בניגוד לרב מתנה, שמסביר את הדעה הדחויה של ר׳ שמעון, רבי זירא מסביר את הדעה המקובלת של חכמים. ממילא, מתברר שאפשר לאמץ את ההסבר של ענני כבוד למהות הסוכה ועדיין להתווכח אם הגנת הסוכה מתמקדת דווקא בסכך או שהיא מתייחסת למכלול כולו.

ממקור הסוכה למשמעות הסוכה

בשלב זה יש לנו שתי שיטות בנוגע למקור הסוכה, בבחינת ״דע מאין באת״, וממילא יש גם מחלוקת בנוגע למשמעות הסוכה, בבחינת ״ולאן אתה הולך״. נראה שיש כאן שתי הבנות שונות של הסוכה: לפי הבנה אחת, ״סוכות ממש״, הסוכה היא מבנה ארעי, חד פעמי, שבישיבה בה אנו אמורים להרגיש כפי שהרגישו ישראל במפגשם הראשון עם המדבר לאחר היציאה ממצרים. לעומת זאת, לפי השיטה שהסוכות הן כנגד ״ענני הכבוד״ הסוכה מסמלת מבנה קבוע, עוטף ומגונן של חיבוק אלוהי.

פיתוח מסוים של הרעיון הראשון – ״סוכה ממש״ – מופיע בדברי הרמב״ם (מורה נבוכים ג׳ מג):

> רוצה לומר, סוכות ופסח מלמדים דעות ומדות, אמנם הדעת בפסח הזכרת

17. לדוגמה מכילתא דרבי ישמעאל בשלח, מסכתא דויהי פתיחתא.
18. כך עולה גם מתוך המשניות, שבין היתר מתייחסות לגובה הסכך כגובה הסוכה במנותק מגובה הדפנות.

> אותות מצרים והתמדתם לדורות, אמנם הדעת בסוכות להתמיד זכר אותות המדבר לדורות, אמנם המדות הוא **שיהיה האדם זוכר ימי הרעה בימי הטובה**, בעבור שירבה להודות להשם ושילמוד מדת ענוה ושפלות, יאכל מצה ומרור בפסח לזכור מה שאירע לנו, **וכן יצא מן הבתים לשכון בסכות כמו שיעשו השרויים בצער שוכני המדברות**, לזכור שכן היה עניננו בתחלה, 'כי בסכות הושבתי את בני ישראל' וגו'... והנראה לי בארבעת מינים שבלולב, שהם שמחה בצאתם מן המדבר אשר היה לא מקום זרע ותאנה וגפן ורמון ומים אין לשתות, אל מקום האילנות נותני פרי והנהרות...

לפי הרמב"ם, הסוכה היא זכר להליכה הקשה במדבר. היא בבחינת "מרור", זכר לקושי, המלווה אותנו בסוכות, לצד ארבעת המינים, שהם ה"פסח" וה"מצה", המסמלים את הגאולה הטובה, ובמקרה של סוכות – את היעד הסופי של הכניסה לארץ. דברים דומים כותב גם רשב"ם.[19] הם לא מתייחסים לשאלה מתי בדיוק ישבו בני ישראל בסוכות, אלא רואים את הסוכה כמסמלת את "צער שוכני המדברות", כלשון הרמב"ם. זהו פיתוח של הרעיון של ר' עקיבא, שהסוכה מסמלת ארעיות וקושי.[20]

לצד חכמים אלו נפגוש חכמים רבים לאורך הדורות שהעדיפו את ההסבר של ר' אליעזר, שהסוכות הן כנגד ענני הכבוד. כך מביא הטור (אורח חיים תרכ"ה):

> **והסוכות שאומר הכתוב שהושיבנו בהם הם ענני כבודו** שהקיפן בהם לבל יכה בהם שרב ושמש ודוגמא לזה צונו לעשות סוכות **כדי שנזכור נפלאותיו ונוראותיו**. ואף על פי שיצאנו ממצרים בחדש ניסן לא צונו לעשות סוכה

19. הרשב"ם (לויקרא כ"ג מג) קושר בין הטעם ההיסטורי לטעם החקלאי של החג, ומציין שהיציאה מהבתים היא בתקופת האסיף כדי לזכור שגם היבול בשדות הוא מה'. הן הכניסה לארץ והן התבואה בשדות הן חסד ה' שאין לקבל כמובן מאליו, והיציאה מהבית לסוכות עראי מדגישה אותו. הרב מ' ברויאר מדגיש שההיבט ההיסטורי של חג הסוכות מופיע רק במקום אחד מתוך שבעת המקומות שבהם התורה מזכירה את חג הסוכות (פרקי מועדות, ב, עמ' 576–579). ממילא הישיבה בסוכה, שאצל חקלאים הייתה טבעית, שעליה ציוותה התורה להזכיר את נוכחות ה' בעת האסיף, היא העיקר שאליו נלווה הזיכרון ההיסטורי, והוא חלק מההבנה שלא כוחנו ועוצם ידינו עשה לנו את החיל הזה.

20. פרופ' א' שביד, מחזור הזמנים, עמ' 94 מגדיר זאת כחזרה אל "מצב הביניים של ראשית התרבות". הוא מתייחס להתרגשות שביציאה מהשגרה אל הסוכה, יחד עם הקושי והניסיון של התנאים הלא מפותחים.

> באותו הזמן לפי שהוא ימות הקיץ ודרך כל אדם לעשות סוכה לצל ולא היתה ניכרת עשייתנו בהם שהם במצות הבורא יתברך, ולכן צוה אותנו שנעשה בחדש השביעי שהוא זמן הגשמים ודרך כל אדם לצאת מסוכתו ולישב בביתו ואנחנו יוצאין מן הבית לישב בסוכה, בזה **יראה לכל שמצות המלך היא עלינו לעשותה.**

הטור מכריע[21] שהסוכות הן זכר לענני הכבוד ולניסי ה׳ במדבר. הוא מוסיף שחוגגים את סוכות דווקא בתשרי (ולא בניסן) כדי שיהיה ניכר שיושבים בסוכה לשם מצווה.[22] אומנם נראה שלפי ההבנה שסוכות הן זכר לענני הכבוד, יש פחות צורך להסביר מדוע לא יושבים בסוכה בניסן, שכן בני ישראל ישבו בסוכות לאורך כל השנה במשך ארבעים שנה, ולא רק בניסן. ועדיין יש צורך להסביר מדוע נצטווינו לשבת בסוכות דווקא בתשרי, ועל כך כותב הטור.

גם לפי הטעם של סוכות ממש ניתן להסביר מדוע יושבים בסוכה דווקא בתשרי, בחג האסיף. לפי הרמב״ם והרשב״ם, דווקא בעת האסיף צריך לזכור את קשיי ההליכה במדבר, ובכך להבין שהזכות לאסוף את התבואה איננה מובנת מאליה, והיא חסד ה׳ עלינו.

בהמשך לכך, ניתן לתת טעם אחר לזכירת ענני הכבוד בחג האסיף דווקא. בתקופה זו אנו חוגגים את השפע שנמצא מחוץ לבית, בשדות, כשנשאר רק לאסוף את התבואה מהשדה. תחושה זו עשויה – וצריכה – להזכיר את השגחת ה׳ במדבר. השגחה זו באה לידי ביטוי באופן ברור באמצעות האוכל שנמצא בחוץ, המן, שאותו היה צריך רק ללקט.[23] ממילא, את זכר ההשגחה הצמודה במדבר אנו חוגגים בזמן

21. וכן פוסק השולחן ערוך (או״ח תרכ״ה, א) בעקבותיו.
22. פרשנים נוספים תהו על הקישור לתשרי. הסבר דומה לטור מופיע גם במהרי״ל (מנהגים, הלכות סוכות, ד״ה [ב] דרש), וכן אצל ר׳ חיים פלטיאל על ויקרא כ״ג מג, והם טוענים שבקיץ ישיבה בסוכות היא טבעית, ולכן יושבים בסתיו, כדי שיהיה היכר. בניגוד לכך, הרמב״ם קבע שה׳ ציווה לשבת בסוכה בסתיו כשמזג האויר נעים (מורה נבוכים ג׳ מג, והשוו אליהו רבה פרשה יח). מקובל לומר שהתשובות השונות נובעות מהמיקומים הגאוגרפיים השונים של הפרשנים. נוסיף את דעת ראב״ע, שסבור שבני ישראל ישבו בסוכות ממש, והוא מסביר שהם בנו את הסוכות דווקא לקראת גשמי החורף, וראו גם לעיל הערה 19.
23. הפועל לק״ט מופיע בדרך כלל בהקשר לחג השבועות, ונדון בכך בהקשר של העומר ושתי הלחם בפרק י״ט. ואמנם ראו גם משנה סוכה פ״ד מ״ה.

שבו חווים את ההשגחה האלוהית בארץ, שבאה לידי ביטוי ביבולה של ארץ ישראל הנצבר בשדות.[24]

מקור חדש ומשמעות חדשה – הסכך והכרובים הסוככים

ברצוני להוסיף רעיון שנוגע לשאלת המקור והמהות של הסוכה, ובהמשך נראה כיצד ניתן לזהות אותו גם במשנה.[25] כדי להגיע אליו, נחפש רמזים בדרשות נוספות של חכמים על רעיון הסוכה או פרטי הסוכה. לעיל הבטנו בשיקולים שמשפיעים על הגובה המקסימלי של הסוכה, ועכשיו נפנה לדיון בגובה המינימלי של הסוכה. המשנה (סוכה פ"א מ"א) קבעה שהסוכה צריכה להיות לא פחות מעשרה טפחים, והגמרא מחפשת לכך מקור (סוכה ד ע"ב – ה ע"א):

> ושאינה גבוהה עשרה טפחים.
> מנלן? אתמר, רב ורבי חנינא ורבי יוחנן ורב חביבא מתנו. בכולה סדר מועד, כל כי האי גוונא לוטיי רבי יוחנן ומעיילי רבי יונתן. **ארון תשעה וכפורת טפח – הרי כאן עשרה, וכתיב 'ונועדתי לך שם ודברתי אתך מעל הכפרת'** (שמות כ"ה כב),
> ותניא, רבי יוסי אומר: **מעולם לא ירדה שכינה למטה, ולא עלו משה ואליהו למרום,** שנאמר 'השמים שמים לה' והארץ נתן לבני אדם' (תהלים קט"ו טז)... וממאי דחללה עשרה בר מסככה? אימא בהדי סככה!
> **אלא מבית עולמים גמר,** דכתיב 'והבית אשר בנה המלך שלמה לה' ששים אמה ארכו ועשרים רחבו ושלשים אמה קומתו' (מלכים א ו' ב), וכתיב 'קומת הכרוב האחד עשר באמה וכן הכרוב השני' (שם כו).

24. הפטרת חג הסוכות (זכריה י"ד) מתארת את הגאולה העתידית ויש בה מוטיבים הקשורים לגן העדן (במיוחד אור גדול, קול רגלי ה', ונהר שיוצא מהמקדש ופונה קדמה; השוו יחזקאל מ"ז). גם בגן עדן, כמו בזמן ההליכה במדבר, וכמו בתקופת האסיף, היבול שנוצר בידי שמיים היה זמין ל(בני ה)אדם. קשר נוסף בין הסוכה לגן עדן רמוז בדרשה על "ואד יעלה מן הארץ" (לעיל הערה 16), וראו גם הרב י' נגן (חג הסוכות, עמ' 93-95). גם לפי הסבר זה יש ביציאה אל הסוכה תזכורת לאדם שהשפע הזה מגיע מאת ה' ואינו תלוי בו. ראו גם א' שביד, מחזור הזמנים, עמ' 94-98.

25. רבים מהרעיונות ומהמקורות שיוצגו להלן מובאים בכמה מחקרים של הרב ד"ר יעקב נגן. ראו: נגן, חג הסוכות, עמ' 66-104; נגן, מצוות סוכה ועוד. הדגשים כאן יהיו אחרים, ויתקשרו לרעיונות שבפרקים האחרים בספר, וחלק מהרעיונות הולכים לכיוונים אחרים משלו. לחלק מהרעיונות התייחס גם י"ל רובינשטיין, ההיסטוריה של סוכות, בעיקר בעמ' 239-272. ראו גם: הרב א"ח שנוולד, חג הסוכות, עמ' 121-123 ובכיוונים נוספים שהוא מפתח בהמשך לתפיסת 'ענני הכבוד'.

ותניא: מה מצינו בבית עולמים – כרובים בשליש הבית הן עומדין, **משכן נמי כרובים בשליש הבית הן עומדין**.
משכן כמה הוי – עשר אמות, דכתיב 'עשר אמות ארך הקרש' (שמות כ"ו טז). כמה הוי להו – שיתין פושכי. תלתיה כמה הוי – עשרים פושכי. דל עשרה דארון וכפורת – פשו להו עשרה, **וכתיב 'והיו הכרבים פרשי כנפים למעלה סככים בכנפיהם על הכפרת'** (שמות כ"ה כ).
קרייה רחמנא סככה למעלה מעשרה.

תרגום: ושאינה גבוהה עשרה טפחים.
מניין לנו? נאמר שרב ורבי חנינא ורבי יוחנן ורב חביבא שנו. בכל סדר מועד, כאשר מצטטים את שני הזוגות הללו, יש להחליף את ר' יוחנן בר' יונתן: **ארון תשעה וכפורת טפח – הרי כאן עשרה, וכתיב 'ונועדתי לך שם ודברתי אתך מעל הכפרת'** (שמות כ"ה כב)
ותניא, רבי יוסי אומר: **מעולם לא ירדה שכינה למטה, ולא עלו משה ואליהו למרום**, שנאמר 'השמים שמים לה' והארץ נתן לבני אדם' (תהלים קט"ו טז)...
ומניין שחלל הסוכה צריך להיות עשרה טפחים מלבד הסכך? אולי נאמר שזה ביחד עם הסכך!
אלא למד מבית המקדש שכתוב 'והבית אשר בנה המלך שלמה לה' ששים אמה ארכו ועשרים רחבו ושלשים אמה קומתו' (מלכים א ו' ב), וכתוב 'קומת הכרוב האחד עשר באמה וכן הכרוב השני' (שם כו).
ותניא: מה מצינו בבית עולמים – כרובים בשליש הבית הן עומדין, **במשכן גם כרובים בשליש הבית הן עומדין**.
מה גובה המשכן – עשר אמות, שכתוב 'עשר אמות ארך הקרש' (שמות כ"ו טז). כמה זה יוצא? ששים טפחים. שליש מזה, כמה? עשרים טפחים. תוריד עשרה של ארון וכפורת – נשארו עשרה טפחים, **וכתוב 'והיו הכרבים פרשי כנפים למעלה סככים בכנפיהם על הכפרת'** (שמות כ"ה כ). קראה לזה התורה סככה למעלה מעשרה.

הדרשנים קושרים בין הגובה המינימלי של הסוכה לגובה של ארון הברית. כדי להבין מדוע דווקא סוכה צריכה להיות לא פחות מעשרה טפחים, מביאים הוכחות של מיקום הכרובים במקדש שלמה, ומכאן הסיקו לגובה של הכרובים והיחס בינם לבין הארון במשכן במדבר.

במבט ראשון, לא ברור מה הקשר בין ארון הברית לסוכה. מהתיאור הזה עולה בבירור שהסוכה אמורה להיות במקום מפגש בין שמיים לארץ: "מעולם לא ירדה שכינה למטה, ולא עלו משה ואליהו למרום...", אך לא ברור מניין הרעיון הזה.

דע מאין באת – הקשר בין הסוכה לארון הברית, והחיבור בין שמיים לארץ, מתבהר לאור הפסוק שמצוטט בהמשך הסוגיה ביחס לגובה הארון ומיקום הכרובים (שמות כ"ה):

(כ) וְהָיוּ **הַכְּרֻבִים** פֹּרְשֵׂי כְנָפַיִם לְמַעְלָה **סֹכְכִים** בְּכַנְפֵיהֶם עַל הַכַּפֹּרֶת וּפְנֵיהֶם אִישׁ אֶל אָחִיו אֶל הַכַּפֹּרֶת יִהְיוּ פְּנֵי הַכְּרֻבִים.

הקשר בין הסוכה לארון מבוסס על הכרובים שסוככים בכנפיהם על הארון: **הסכך** הוא זכר לכרובים **הסוככים**.[26]

ולאן אתה הולך – ההשוואה בין הסוכה לכרובים הסוככים מלמדת שהסוכה היא מעין זכר לארון הברית בפרט או למשכן בכלל. נוכל לראות שיש פסוקים נוספים בתנ"ך הקושרים בין ענני כבוד, גילוי שכינה וסוכה והפעם הם משלבים בתוכם גם כרובים. כך מופיע בשירת דוד בשמואל ב' (פרק כ"ב):[27]

(ט) עָלָה עָשָׁן בְּאַפּוֹ **וְאֵשׁ** מִפִּיו תֹּאכֵל גֶּחָלִים בָּעֲרוּ מִמֶּנּוּ: (י) וַיֵּט שָׁמַיִם וַיֵּרַד **וַעֲרָפֶל** תַּחַת רַגְלָיו: (יא) וַיִּרְכַּב עַל **כְּרוּב** וַיָּעֹף וַיֵּרָא עַל כַּנְפֵי רוּחַ: (יב) וַיָּשֶׁת חֹשֶׁךְ סְבִיבֹתָיו **סֻכּוֹת** חַשְׁרַת מַיִם **עָבֵי** שְׁחָקִים: (יג) מִנֹּגַהּ נֶגְדּוֹ בָּעֲרוּ גַּחֲלֵי אֵשׁ: (יד) יַרְעֵם מִן שָׁמַיִם ה' וְעֶלְיוֹן יִתֵּן קוֹלוֹ.

דוד המלך מתאר את הופעת ה' על 'כרוב' שעף, וכולל בתוכו 'ערפל' ו'עבים' (עננים), 'אש' וגם 'סוכה'. פסוקים אלו מחזקים את הרעיון שהסוכה שעליה התורה מדברת קשורה לגילוי שכינה באמצעות ענן במקום הכרובים.[28]

26. בהמשך לכך מצאנו דרשה נוספת בירושלמי (סוכה פ"א ה"ו): "רבי יסא בשם רבי חמא בר חנינה (שמות מ' ג) 'וסכת על הארן את הכפורת [הפרוכת]'. מיכן שהדופן קרוי סכך מיכן שעושין דפנות בדבר שהוא מקבל טומאה". כפי שמציין הרב ד"ר י' נגן (חג הסוכות, עמ' 88–89), יש בכך המשך לרעיון שהכרובים הם כסכך על ידי התייחסות לפרוכת כדפנות והשוואת החומרים של הפרוכת לחומרים שמהם מותר להכין את הדפנות.

27. יש לכך מקבילה בתהלים י"ח, ושם הניסוחים מעט דומים.

28. גם כשאדם הראשון גורש מגן עדן, על הפתח – בין גן ה' לעולמם של בני האדם – ניצבים

הרעיון הזה דומה לרעיון שהסוכה היא זכר לענני כבוד ולקשר בין הסוכה להתגלות אלוהית, אלא שבעוד שבתחילה היה נדמה שזיכרון ענני הכבוד מתרכז בזכירת ההגנה האלוהית במדבר, הלימוד מהמשכן ומהכרובים מסב אותנו להבנה שהסוכה היא מקום השראת שכינה ומפגש של אדם עם אלוהים.[29]

לאור ההבנה הזאת, כיצד יש להבין את הפסוק: "לְמַעַן יֵדְעוּ דֹרֹתֵיכֶם כִּי **בַסֻּכּוֹת** הוֹשַׁבְתִּי אֶת בְּנֵי יִשְׂרָאֵל בְּהוֹצִיאִי אוֹתָם מֵאֶרֶץ מִצְרָיִם"? בני ישראל לא ישבו בארון הברית, מתחת לכרובים, ואף לא במשכן, וממילא הפסוק נשאר קשה להבנה.

אולי ניתן להבין את הפסוק כך: "בסוכות הושבתי את בני ישראל", כלומר 'בתוך שכינתי הושבתי את בני ישראל'. שכינת ה' באה לידי ביטוי באופן ממוקד באוהל מועד ובאופן נרחב יותר במחנה ישראל. במועד חג הסוכות, הסוכה מחזירה אותנו לשכינת ה' הקרובה במדבר, וכדי להדגיש זאת, מבנה הסוכה מחזיר אותנו, לפחות באופן רעיוני וחלקי – אל אוהל מועד.

אפשר גם לראות את הסוכות של ענני הכבוד שבתוכן ישבו בני ישראל כהרחבה או כהתפשטות של הענן ששכן על המשכן במקום הארון ויונקים מכוחו.[30] הכרובים ששוכנים על הארון, פורשים את כנפיהם ומוטת כנפיהם, לפחות באופן וירטואלי, מקיפה את המחנה כולו, בבחינת "ועשו לי מקדש", ובכל זאת "ושכנתי בתוכם" – בתוך כל בני ישראל, ולא רק במקדש עצמו.

השראת שכינה קרובה כזו הייתה בתקופה ממוקדת וקצרה בעם ישראל. הסוכה עשויה להזכיר לנו את הארעיות של המפגש הקרוב והנוכח עם ה' לצד הניסיון לייצר לזמן קצר מפגש חוזר כזה כל שנה מחדש.

הכרובים (בראשית ג' כד). על הקשר בין הסוכה לגן עדן ראו עוד לעיל הערה 24.

29. ההלכות שקובעות שאת הדפנות ניתן להכין מכל דבר ואת הסכך מדברים גולמיים מהטבע (ראו לעיל, הערה 16) ממחישות את המפגש בין (דברים המיוצרים בידי) שמיים לבין (דברים שמיוצרים גם בידי) אדם. כך מנסח זאת פרופ' א' שביד, מחזור הזמנים, עמ' 94: "דומה כי כל הדיוקים ההלכתיים שהבאנו לעיל מצביעים על מצב בינים שבין קיום טבעי לקיום תרבותי".

30. השוו ברייתא דמלאכת המשכן פרק י"ד: "כיון שהיו ישר' חונים היה (עומד) **עמוד הענן מתמר ועולה ונמשך על גבי בני יהודה כמין סוכה ומחפה את האהל מבפנים וממלא המשכן מבחוץ** שנ' 'ויכס הענן' וגו' (שמות מ' לד) וזה [אחד] **משבעה ענני כבוד** ששימשו לישר' [במדבר] ארבעים שנה". אותו ענן היה נודד, יחד עם המשכן, במסע המחנות, כפי שניתן לראות בבמדבר ט' טו-כג יחד עם י' יא-יב, לג-לו. ראו רשב"ם במדבר י' לג, והשוו: תוספתא סוטה פ"ד ה"ב במהדורת ליברמן. כפי שמציין הרב ד"ר י' נגן (חג הסוכות, עמ' 79-81), הקביעה שהשכינה לא ירדה מתחת לעשרה טפחים נוגעת למיקום הענן שיורד על הארון.

מהמקור לפרטים – הישיבה בסוכה כישיבה באוהל מועד

אפשר לראות במקורות חז"ל ביטויים נוספים של הרעיון שהסוכה היא מעין משכן. כך דרשו במדרש ההלכה (ספרא אמור פרשה יב, י"ז, ה):

> (ה) 'תשבו' (ויקרא כ"ג מב) – ואין תשבו אלא כעין תדורו, מיכן אמרו אוכל בסוכה, שותה בסוכה, ומטייל בסוכה,[31] ומעלה כליו בסוכה. 'ימים' – אין לי ימים, לילות מנין? הריני דן נאמר כאן 'שבעה', ונאמר 'שבעה' באוהל מועד, מה שבעה האמור באוהל מועד עשה בהם לילות כימים, אף שבעה האמורים כאן נעשה בהם הלילות כימים...

המדרש שואל מניין שמצוות הישיבה בסוכה כוללת גם את הלילות. הרי רוב מצוות החגים חלות דווקא ביום: ארבעת המינים, מוספים, תקיעת שופר, עבודת הכוהן הגדול ביום הכיפורים וכו'.[32] הלימוד הוא מהשוואה ל"אוהל מועד". שם מדובר ככל הנראה על שבעת ימי המילואים (ויקרא ח'):

> (לג) וּמִפֶּתַח **אֹהֶל מוֹעֵד** לֹא תֵצְאוּ שִׁבְעַת יָמִים עַד יוֹם מְלֹאת יְמֵי מִלֻּאֵיכֶם כִּי שִׁבְעַת יָמִים יְמַלֵּא אֶת יֶדְכֶם: (לד) כַּאֲשֶׁר עָשָׂה בַּיּוֹם הַזֶּה צִוָּה ה' לַעֲשֹׂת לְכַפֵּר עֲלֵיכֶם: (לה) וּפֶתַח אֹהֶל מוֹעֵד **תֵּשְׁבוּ יוֹמָם וָלַיְלָה שִׁבְעַת יָמִים** וּשְׁמַרְתֶּם אֶת מִשְׁמֶרֶת ה' וְלֹא תָמוּתוּ כִּי כֵן צֻוֵּיתִי.

הישיבה במשך שבעה ימים בסוכה נלמדת מישיבת הכוהנים בפתח אוהל מועד בימי המילואים.[33] ממילא מתברר שהיושבים בסוכה משמשים ככוהנים.[34]

31. טיול הוא ככל הנראה כינוי לפעילות פנאי. אפשר להשוות לכינוי "טיילין", שמופיע במסכת כתובות (פ"ה מ"ו), שם האפשרויות השונות הן בטלנים או לומדי תורה (בבלי כתובות סב ע"א).
32. ראו משנה מגילה פ"ב מ"ה. יש לשים לב שהרשימה ברובה קשורה להיבטים פולחניים, במיוחד במקדש, שם היום מתחיל בבוקר. ממילא, גם הציפייה שהמצווה המעשית של ישיבה בסוכה תהיה ביום דווקא נעוצה בהבנת הקשר בינה לבין המקדש.
33. השוו בבלי סוכה מג ע"ב. אומנם התוספות שם (ד"ה תשבו) מזכירים שהכוהנים לא ישנו ממש במשכן, וממילא ההשוואה אינה מלאה.
34. באופן מעניין, אחרי שבעת ימי הישיבה בסוכה בא היום השמיני, שמיני עצרת.

גם מזמור כ"ז בתהלים, שחלק מהעדות משלבות אותו בתפילות מראש חדש אלול ועד סוכות, עומד על הקשר שבין הסוכה לבין המקדש (תהלים כ"ז):[35]

(ד) אַחַת שָׁאַלְתִּי מֵאֵת ה' אוֹתָהּ אֲבַקֵּשׁ שִׁבְתִּי **בְּבֵית ה'** כָּל יְמֵי חַיַּי לַחֲזוֹת בְּנֹעַם ה' וּלְבַקֵּר **בְּהֵיכָלוֹ**: (ה) כִּי יִצְפְּנֵנִי **בְּסֻכֹּה** בְּיוֹם רָעָה יַסְתִּרֵנִי בְּסֵתֶר **אָהֳלוֹ** בְּצוּר יְרוֹמְמֵנִי: (ו) וְעַתָּה יָרוּם רֹאשִׁי עַל אֹיְבַי סְבִיבוֹתַי **וְאֶזְבְּחָה בְאָהֳלוֹ זִבְחֵי תְרוּעָה** אָשִׁירָה וַאֲזַמְּרָה לַה'.

במזמור הזה, הבקשה לשבת בבית ה' מקבילה לבקשה להיות צפון בסוכה, ושני אלו קשורים לבקשה לזבוח באוהלו של ה'.

לסיכום, לצד הדעות שהישיבה בסוכות נועדה להזכיר את התחנה הראשונה של היציאה במדבר, או את קשיי ההליכה במדבר, מוכרת הדעה שהישיבה בסוכה מזכירה את ההגנה האלוהית של ענני הכבוד שליוו את עם ישראל במדבר. פיתוח מסוים של הרעיון הזה רואה בסוכה זכר לשכינת ה' השורה בעם ישראל, כאשר מוטיבים שונים של מצוות הסוכה שאולים מהמשכן ומזכירים אותו. כך גובה הסוכה המינימלי שנלמד ממיקום הכרובים על ארון העדות, וכך גם משך זמן הישיבה בסוכה שנלמד מימי המילואים של הכוהנים באוהל מועד. לימים נראה שחסידות חב"ד הפנימה את רעיון השכינה השורה בסוכה, ולכן נהגו או הנהיגו (למרות ההלכה!) לא לישון בסוכה.[36] שכן, כיצד ניתן לישון במקום השכינה? אומנם ראינו שבספרא דורשים שכשם שהכוהנים ישנו בפתח המשכן במשך שבעה ימים ולילות, כך בסוכות יש לחוות את קרבת אלוהים במשך שבעת ימי החג ולילותיו. מכל מקום, תודעה של סוכה כמקום שכינה בוודאי עשויה להשפיע על תחושת יראה של "ולבקר בהיכלו".

עיוני משנה

פרטי המשנה והמקור לסוכה

המשנה נוטה להתייחס בעיקר לפרטים הלכתיים, ולעיתים רק מבין השורות, ומתוך

35. מדרש שוחר טוב תהלים כ"ז ד קושר בין "אורי" לראש השנה ו"ישעי" ליום הכיפורים. בעקבות זאת, ככל הנראה התבסס המנהג לומר מזמור זה מראש חודש אלול, וראו אלף למטה תקפ"א ס"ק ו.

36. כך קבע האדמו"ר האמצעי מחב"ד (רבי דובער שניאורי), וחיזק את דבריו הרבי מליובאוויטש. ראו לדוגמה ספר השיחות תרצ"ו-ת"ש, עמ' 295. רבים העבירו ביקורת על כך.

המחלוקות, עולים רעיונות ומשמעויות שעומדים בבסיס פרטי ההלכות. מסכת סוכה עוסקת במבנה הסוכה (פרק א׳) ובישיבה בה (פרק ב׳). ראינו לעיל כיצד הסבירו בגמרא חלק מהפרטים שנוגעים למבנה הסוכה, ועתה נדון במשניות העוסקות במעשה האדם בישיבתו בסוכה, ונזהה רמזים לרעיון שזיהינו לעיל.

במשנה נחלקו על מצוות האכילה בסוכה (פרק ב׳):

> [ו] **ר׳ אליעזר** אומר ארבע עשרה סעודות חייב אדם לאכול בסוכה אחת ביום ואחת בלילה, וחכמים אומרים אין לדבר קצבה חוץ מלילי יום טוב ראשון של חג בלבד.
>
> ועוד אמר **רבי אליעזר** מי שלא אכל לילי יום טוב הראשון ישלים בלילי יום טוב האחרון וחכמים אומרים אין לדבר תשלומין על זה נאמר ׳מעוות לא יוכל לתקון וחסרון לא יוכל להמנות׳ (קהלת א׳ טו).

ר׳ אליעזר קובע שצריך לאכול שתי סעודות בכל יום בסוכה, ושיש חובת ״השלמה״ לסעודות אלה אם החסיר אחת מהן או יותר.[37] לעומתו, חכמים קובעים כי אין לדבר ״תשלומין״. המונח תשלומים לקוח מעולם הקורבנות.[38] ניסוח דומה למשנתנו מופיע במסכת חגיגה על חובת הקרבת קורבן החגיגה (פרק א׳):

> [ו] מי שלא חג ביום טוב הראשון של חג חוגג את כל הרגל ויום טוב האחרון של חג, עבר הרגל ולא חג אינו חייב באחריותו. על זה נאמר ׳מעוות לא יוכל לתקון וחסרון לא יוכל להמנות׳ (קהלת א׳ טו).

המשנה נוקטת באמצעים אינטרטקסטואליים הקושרים בין טקסטים שונים במקומות

37. בגמרא (בבלי סוכה כז ע״א) הבינו שדברי ר׳ אליעזר סותרים זה את זה, שכן אי אפשר להשלים בלילי יום טוב אחרון, שבו אין חובת ישיבה בסוכה. לדעת רש״י, ר׳ אליעזר חזר בו מעצם החובה של ארבע עשרה סעודות, ולדעת התוספות ר׳ אליעזר חזר בו מהחיוב להשלים. ספראי (משנה סוכה, עמ׳ 102–103) מציע באופן יצירתי שניתן להשלים את הסעודות בסוכה ביום השמיני, אם יתחילו את הסעודה בסוכה לפני השקיעה וימשיכו אותה אחריה, ואפילו בבית.

38. ראו דברי רש״י, ריטב״א ורא״ה על אתר (השוו בבלי פסחים צג ע״א; ראש השנה ד ע״ב, ועוד). מושג התשלומים מופיע כבר בתנ״ך בהקשר של קורבנות. ראו דברים כ״ג כב (בהקשר של נדרים, ובדרך כלל הכוונה היא לקורבנות שלמים); שמואל ב ט״ו ז; ישעיהו י״ט כא; הושע י״ד ג; יונה ב׳ י; נחום ב׳ א, ופעמים רבות בתהלים (לדוגמה כ״ב כו, ועוד).

שונים. בעצם שימוש בניסוח הזהה, המשנה משווה בין אכילה בסוכה להקרבת קורבן החגיגה. גם החובה של שתי סעודות ביום מזכירה את קורבן התמיד המוקרב פעמיים ביום, אם כי מערכת הזמנים כאן שונה ומותאמת לגבולין.[39] גם חכמים הסוברים שאין תשלומים משתמשים בביטוי שלקוח מעולם הקורבנות, על זמן שבו כבר אי אפשר להשלים. ממילא, אפשר שהם מסכימים על עולם המושגים השאול מהקורבנות, ורק חולקים אם אפשר להשלים את הסעודות החסרות. מהניסוח הזה מתברר שיש השוואה בין הסוכה למשכן,[40] בין היושבים בסוכה לכוהנים ובין הסעודות לקורבנות.[41]

רעיון זה בא לידי ביטוי במשנה נוספת, מוכרת יותר (פרק ב'):

> [ט] מאימתי מותר לפנות? משתסרח המקפה.
> משלו משל למה הדבר דומה **לעבד שבא למזוג כוס לרבו** ושפך לו קיתון על פניו.

המשנה דנה מתי מותר לצאת מהסוכה כשיורד גשם.[42] התשובה הרשמית של המשנה

39. במקדש, הלילה הולך אחר היום, ולמעשה הוא נספח ליום. בגבולין היום הולך אחר הלילה, ויש משמעות ללילה בפני עצמו. ראו בפרק הקודם. ממילא, אפשר לראות בסעודות התמיד של חג הסוכות צמד שמתחיל בלילה וממשיך ליום, אבל במסגרת של גבולין. גם אם הסעודה הראשונה היא בלילה, הניסוח של ר' אליעזר מתאים למבנה המחשבתי של המקדש שכן הניסוח הוא "אחת ביום ואחת בלילה".
40. בעקבות כך ניתן להבין מדוע לדעת ר' אליעזר יש לבנות "סוכה הראויה לשבעה", ולמעט לצאת ממנה (בבלי סוכה כז ע"א-ע"ב).
41. אף שבדרך כלל ר' אליעזר נוטה יותר לפירוש הפשט, בעקבות משנה זו אני מבכרת את הייחוס של רעיון "סוכת ענני כבוד" דווקא לר' אליעזר. הרעיון של הסוכה כמשכן הוא רעיון שמפתח את הכיוון של ענני כבוד ושכינה, בניגוד לכיוון של סוכה ארעית על אם הדרך. נוסף לכך, ניתן למצוא מקורות שבהם ר' עקיבא תומך בהגדרת הסוכה כמבנה ארעי (ראו בבלי סוכה כב ע"ב – כג ע"א) וכן דעת ר' מאיר תלמידו לאורך מסכת סוכה בפרקים א'-ב'. אומנם, להלכה נפסק הן הרעיון של סוכות ענני כבוד והן הקביעה שהסוכה צריכה להיות ארעית, וממילא, שני הרעיונות הללו יכולים לדור בכפיפה אחת. ואכן, דעת ר' אליעזר לגבי הסעודות לא נפסקה להלכה. הרב ד"ר י' נגן (חג הסוכות, עמ' 71–73), מבכר את הקשר בין ענני הכבוד לר' עקיבא מתוך עמידה על התפיסות המיסטיות של ר' עקיבא שמתייחס לאימננטיות של גילוי שכינה, עיי"ש.
לגבי ההכרעה כדעה שהסוכה היא כנגד ענני כבוד, הרב פרופ' נ' גוטל, שלמי שמחה, עמ' 150–153, טוען שזה אכן פשוטו של מקרא, וח"א שורץ, ענני כבוד, מראה שדעה זו התקבלה אצל אמוראים שונים, כולל ר' יוחנן.
42. כשנדון במסכת תענית (להלן, פרק י"ב) נראה שגשם שיורד בחג מוגדר כסימן קללה (משנה תענית פ"א מ"א).

היא "משתסרח המקפה", כלומר מהרגע שאוכל קפוי/קרוש מתקלקל מהמים שנכנסים אליו. המשל על העבד שבא למזוג כוס לרבו הוא דוגמה יפה לשילוב של אגדה והלכה. למרות שבאופן רשמי מותר לצאת מהסוכה בגלל הגשם, לא צריך לשמוח מכך, אלא להבין שזהו ביטוי לחוסר נחת של ה'.[43]

לצד ההבנה הזו, אפשר גם לשים לב שהמשל מתייחס לעבד ואדון. העבד שאוכל בסוכה משרת בכך את האדון שלו, והאכילה היא כאילו הוא מוזג כוס לרבו. שירות מעין זה רומז לעבודת הכוהנים,[44] וכפי שמצאנו בהחלפת בגדי כהונה אחרי תרומת הדשן (בבלי שבת קיג ע"ב – קיד ע"א):

> אמר רבי אחא בר אבא אמר רבי יוחנן: מניין לשנוי בגדים מן התורה, שנאמר 'ופשט את בגדיו ולבש בגדים אחרים' (ויקרא ו' ד). ותנא דבי רבי ישמעאל: לימדך תורה דרך ארץ, בגדים שבישל בהן קדירה לרבו – **אל ימזוג בהן כוס לרבו.**

התנא מבית מדרשו של ר' ישמעאל מתייחס אל הכוהן המשרת ומקריב קורבנות כעבד שבא למזוג כוס לרבו, ולכן הוא צריך להחליף את בגדיו לאחר הוצאת הדשן, כלומר 'בישול הקדרה'. כך גם היושבים בסוכה הם ככוהנים המשרתים את ה', אלא אם הוא מגרש אותם מביתו באמצעות הגשם.

מקראות קודש

בית ומקדש בחוויית הסוכה

כשמסתכלים על חוויות הסוכה שלנו היום, שאין מקדש, יש לסוכה שני היבטים: היא מוציאה אותנו מהבית, אל מבנה (ארעי) של קדושה, אך בדרך כלל המבנה הזה קרוב לבית, ובכך מקום הקדושה מתקרב אלינו. במובן הזה, חג סוכות קשור גם לעלייה לרגל, וגם לחגי תשרי ה'ביתיים' יותר.

43. ראו לדוגמה רמ"א על שולחן ערוך או"ח תרל"ט ז: "וכשיוצא מן הסוכה מכח הגשמים, אל יבעט ויצא, אלא יצא כנכנע כעבד שמוזג כוס לרבו ושפכו על פניו".

44. אפשר שיש כאן רמז לשילוב של ניסוך המים יחד עם ניסוך היין בחג, שכן במזיגת הכוס לרב מוהלים יין מרוכז עם מים, קודם שמגישים את השתייה. נציין כי הגר"א רואה כאן רמז למיתוק הדין של חגי תשרי (דברי אליהו חידושים על הש"ס, סוכה כח ע"ב, ועוד).

בעולם שיש בו מקדש ועלייה לרגל, הסוכות מילאו את רחובות ירושלים וגגותיה,[45] ב'מקדשי מעט' המפוזרים ברחבי העיר, ובכך אפשרו מפגשים קטנים, המהדהדים את המפגש במקדש, שם גם נראו לפני ה'. ובכל זאת, החגיגה נעשית באופן כמעט 'ביתי',[46] בבית ה'חדש' והארעי שכל אחד ואחד יוצר לעצמו, ושם – בבית הזה – תשרה שכינתו של הקב"ה.[47]

ולפני מי אתה – לדעת הרב יעקב נגן, העיצוב של הסוכה בהלכה ובמדרשי חז"ל כמעין ישיבה באוהל מועד מאפשר לחג הסוכות לשמור על האופי שלו גם אחרי חורבן המקדש.[48] למעשה, הסוכה הופכת לסוג של תחליף למקדש. אומנם הרב נגן מודה שהאופי הזה היה קיים גם כשבית המקדש היה קיים. אם כן, נראה שצריך לבחון מה המשמעות של הסוכה, שיש בה ממדים מקדשיים, גם בעולם שיש בו מקדש.

כיוון שהתורה קובעת שהישיבה בסוכה היא **זכר** לסוכות שהיו ביציאת מצרים, ומדברי חכמים למדנו שהם הבינו שהזיכרון הזה קשור גם לכרובים הסוככים של המשכן, נראה לומר שהסוכה אינה זכר למקדש אלא דווקא **למשכן**.

כפי שציינו בפרק ה', עבודת ה' הלאומית היא דינמית. אם מדמים את הקשר בין עם ישראל והקב"ה כקשר של הורה עם בנים, תקופת המדבר מייצגת את תקופת הילדות וההתבגרות, ובכניסה לארץ עוברים לקשר של בנים בוגרים עם ההורה. במדבר, השכינה הייתה קרובה, והילדים חסו בצילו של הקב"ה, כששולי היכל ה' מתפרשים

45. ישנם חוקרי מקרא שמפרשים את חג הסוכות במנותק מן ההקשר ההיסטורי סביב השימוש של הסוכות במועד העלייה לרגל. ראו לדוגמה: י"ש ליכט, מועדי ישראל, עמ' 175–176.

46. לדעת הרב ת' גרנות (חג הסוכות, עמ' 33–39), פסוקי חג הסוכות המופיעים לפני פסוקי הסיכום מזכירים את פסוקי העלייה לרגל, בעוד הפסוקים שלאחר פסוקי הסיכום – הכוללים את הסוכה וארבעת המינים – שייכים למערכת של חגי תשרי, יחד עם התואר "שבתון". מרכיבים אלו של סוכה (וגם ארבעת המינים, כפי שנראה בפרק הבא) עשויים להאיר את המרכיבים של חג הסוכות שיש בהם זיקה חזקה למקדש, מתוך ההקשר הביתי שלהם. גם הרב ד"ר י' נגן (מצוות סוכה, עמ' 163) קושר בין הסוכה לשבת (ובינם לבין גן העדן).

47. השוו הרב ד"ר י' נגן (חג הסוכות, עמ' 99): "הסוכה מחליפה את הבית למשך שבעת ימי הסוכות, אבל היא גם המקום שבו נמצא האדם כעבד לפני קונו". הוא קושר זאת (שם, עמ' 100) לדברי הלל: "אם תבוא אל ביתי אני אבוא אל ביתך" (סוכה נג ע"א). לדעתו, הסוכה היא שילוב בין בית למקדש המאפשר לאדם לקיים את הדחף הדתי האוניברסלי לגור בקרבת הא־ל (מצוות סוכה, עמ' 140). לדעתי, בתורה עצמה יש שאיפה בו זמנית להנכיח את הקדושה בבית (בשבת) לצד ההבנה שיש מקום מיוחד שה' מתגלה בו וצריך לצאת אליו (ברגלים). בחג הסוכות חוגגים את הדואליות הזו: את היציאה מבית קבע לבית ארעי, שבו מתארחת שכינת ה' בדומה למקדש.

48. הרב י' נגן, ארבעת המינים, עמ' 7. לדעת ספראי (משנה סוכה, עמ' 6–7) הסוכה היא מצווה מקדשית שהורחבה לגבולין.

באופן סמלי על פני כל המחנה. ה׳ מגונן בכל רגע וגם מגיב ומחנך כל הזמן. בכניסה לארץ, ׳עוזבים את הבית׳, מתרחקים ממקום השכינה וחיים חיים עצמאיים, אם כי עדיין דתיים ורוחניים, והקשר בין הבנים לאב בא לידי ביטוי בביקורים במקדש שלוש פעמים בשנה.

הישיבה בסוכה מבטאת את הנוסטלגיה לקשר ההורי הקרוב של המדבר: הישיבה המשותפת והקרובה, תחושת הסיכוך של דאגה לצרכים הפיזיים והקִרבה הרגשית והרוחנית. הישיבה בסוכה, לצד עלייה לרגל במקדש, מייצרת חוויה של קרבה מחודשת, שבה הנוסטלגיה מתרכזת בחוויות הילדות ותחושת קִרבה מחודשת. לימים, לגעגוע למשכן של המדבר יתווסף הגעגוע למקדש של ארץ ישראל.

שהחיינו וקיימנו

פעמים רבות התודעה שלנו על המצוות ומשמעותן קשורה לאופן שבו אנחנו מקיימים את המצוות. לפעמים אנחנו מקיימים את המצוות בצורה שמשקפת את ההבנה שלנו, ולפעמים ההבנה שלנו, באופן לא מודע, מושפעת מאופן קיום המצוות בילדותינו ומהדרכים שבהן מתאפשר לנו לקיים את המצוות הללו בבגרותנו.

נדמה שאנשים שגרים בקומה השביעית ויש להם סוכה קטנה במרפסת, או אפילו סוכה בינונית שמתחבאת בחניה של הבניין, יזדהו עם הגדרת הסוכה כסוג של ׳מרור׳, כפי שהגדיר הרמב״ם. הם יחוו את הארעיות שמתלווה ליציאה מהבית ולקשיי הדרך, גם אם סופם הארץ המובטחת. לעומת זאת, יושבי הווילות וקומות הקרקע לצד בעלי המרפסות הגדולות שיש להם סוכה רחבת ידיים, שלהן דפנות חזקות וסכך צפוף (יחסית), יכולים להזדהות עם החוויה המגוננת שמשדרת הסוכה של ענני כבוד. לצד זאת, בחירה לשבת בסוכה שדומה לסוכה שבה ישבנו בילדותינו עשויה לשמר את האלמנט הנוסטלגי שמעורר חג הסוכות, כפי שראינו בסעיף הקודם.

לעיתים, גם לנו יש יכולת להשפיע על התודעה שאנחנו מנסים לעצב – אם לא דרך מבנה הסוכה, שמושפע מהאפשרויות הטכניות שעומדות בפנינו, לפחות דרך עיצוב הסוכה וקישוטה.

לפני כמה שנים, אחי דב לסקר, שלמד אדריכלות, השתתף בתחרות עיצוב סוכות. בין יתר המחשבות העיצוביות היפות שלו, תפס את עיניי הרעיון שלו לעשות את הסכך מצמר גפן לבן. זהו דבר שגידולו מן הארץ שאינו מקבל טומאה, המביא לידי ביטוי את חוויית ענני הכבוד. אם נרצה להנכיח בסוכה גם את הופעת השכינה, נוכל לשלב פרטים נוספים בצורה עיצובית. יש שנוהגים לקשט את הסוכה בבצל

תלוי שנעוצים בו כנפיים, לסמל את התפילה: "**בְּצֵל כְּנָפֶיךָ** תַּסְתִּירֵנִי" (תהלים י"ז ח), ובכך יש גם רמז לכנפי הכרובים הסוככים. תלמידה שלי עיצבה קישוט סוכה הכולל ציור של ארון הברית עם הכרובים שעליו. אחרים תולים בסוכה תמונות של המקדש. פעולות כגון אלו עשויות להיות משאלת לב וחיבור אל הקודש, אך גם יכולות לבטא תודעה של הסוכה כמקדש מעט, מקדש ארעי, המעורר געגוע לקרבת ה' במשכן ותקווה לקרבה מחודשת במקדש.

פרק י

ארבעת המינים וקרבת אלוהים

לעין חיצונית, מצוות ארבעת המינים היא אחד הטקסים הדתיים המוזרים ביותר. אדם מן החוץ שיזדמן לבית כנסת או לרחבת הכותל בתפילת הלל באחד מימי חג הסוכות, ימצא קהל רב מנפנף בענפים ודוקר לכל כיוון בלולבים מלבלבים. לכאורה, אין לנוהג כזה אח ורע בשום מצווה בחגים השונים.[1] רוב המנהגים בחגים נוגעים לעיצוב הבית או עיצוב האוכל, במרחב הביתי, לצד קורבנות שונים במקדש. אבל ארבעת המינים בולטים (תרתי משמע) ויוצאים דופן ומעוררים מחשבה.

אולי דווקא בגלל הייחודיות של מצוות ארבעת המינים, והעובדה שהם לא נכללים באף מסגרת מחשבתית מוכרת (של פולחן, אוכל, בית), לאורך הדורות הועמסו על ארבעת המינים משמעויות אלגוריות רבות. המוכרת שבכולן היא שארבעת המינים מסמלים חלקים השונים של עם ישראל. אלגוריה זאת מופיעה ברשימה של כמה אלגוריות שונות בויקרא רבה פרשה ל׳. למרות ובגלל האנומליה של מצווה זו וריבוי הפירושים, נחפש משמעות קונקרטית יותר שמתייחסת לא רק למבנה של ארבעת המינים, אלא גם לפרטים נוספים של המצווה. בין היתר, נשאל אם זו מצווה של מקדש או מדינה, ואיך התשובה לשאלה זו משפיעה על ההבנה של המצווה.

1. חוקרים מצאו לכך מקבילות במנהגי עמים קדומים (ראו גם במחקרים שמצוינים להלן, הערה 2), אך נראה שאין לכך מקבילה בימינו, בוודאי לא במסגרת העמים המונותאיסטים, פרט אולי ל־Palm Sunday של הנוצרים, וגם בתורה זהו מנהג יוצא דופן.

עיוני מקרא

ארבעת המינים – מצווה היסטורית או חקלאית

מצוות ארבעת המינים מופיעה בתורה בסוף פרשת המועדות של ספר ויקרא (ויקרא כ"ג):

(לט) אַךְ בַּחֲמִשָּׁה עָשָׂר יוֹם לַחֹדֶשׁ הַשְּׁבִיעִי בְּאָסְפְּכֶם אֶת תְּבוּאַת הָאָרֶץ תָּחֹגּוּ אֶת
חַג ה׳ שִׁבְעַת יָמִים בַּיּוֹם הָרִאשׁוֹן שַׁבָּתוֹן וּבַיּוֹם הַשְּׁמִינִי שַׁבָּתוֹן: (מ) **וּלְקַחְתֶּם לָכֶם**
בַּיּוֹם הָרִאשׁוֹן פְּרִי עֵץ הָדָר כַּפֹּת תְּמָרִים וַעֲנַף עֵץ עָבֹת וְעַרְבֵי נָחַל וּשְׂמַחְתֶּם
לִפְנֵי ה׳ אֱלֹהֵיכֶם שִׁבְעַת יָמִים: (מא) וְחַגֹּתֶם אֹתוֹ חַג לַה׳ שִׁבְעַת יָמִים בַּשָּׁנָה
חֻקַּת עוֹלָם לְדֹרֹתֵיכֶם בַּחֹדֶשׁ הַשְּׁבִיעִי תָּחֹגּוּ אֹתוֹ: (מב) בַּסֻּכֹּת תֵּשְׁבוּ שִׁבְעַת יָמִים
כָּל הָאֶזְרָח בְּיִשְׂרָאֵל יֵשְׁבוּ בַּסֻּכֹּת: (מג) לְמַעַן יֵדְעוּ דֹרֹתֵיכֶם כִּי בַסֻּכּוֹת הוֹשַׁבְתִּי
אֶת בְּנֵי יִשְׂרָאֵל בְּהוֹצִיאִי אוֹתָם מֵאֶרֶץ מִצְרָיִם אֲנִי ה׳ אֱלֹהֵיכֶם.

שני פעלים נאמרו במצווה זו: "ולקחתם", "ושמחתם". פעולת הלקיחה נאמרה ביום הראשון והשמחה בכל שבעת הימים. לשמחה יש מקום מוגדר – "לפני ה׳ אלוהיכם", ולא ברור מה היחס בין שתי הפעולות הללו וכיצד מקיימים אותן.

כשנתבונן בצורה רחבה, נשים לב שהפסוקים שמתייחסים לארבעת המינים מופיעים בציווי על חג הסוכות הכולל את שני ההיבטים של החג שראינו בפרק הקודם: החקלאי וההיסטורי. הכותרת היא "באספכם את תבואת הארץ", אך המינים הללו באים בסמוך לציווי על הסוכה ההיסטורית.

מתוך תשומת לב להקשר, נשאל: לאן שייכים ארבעת המינים? להיבטים החקלאיים של החג? להיבטים ההיסטוריים שלו? גם וגם? ואולי הם קשורים למשהו אחר?[2]

בדברי חז"ל ניתן למצוא הדים להתלבטות אם ארבעת המינים והסוכה שלובים זה בזה, או שכל אחד מהם עומד בפני עצמו. התלבטות זאת קשורה להבנת הפסוקים בספר נחמיה (פרק ח׳):

2. יש שקשרו בין ארבעת המינים למערכת של חגי תשרי דווקא, וראו בהם מעין טקס ניצחון "בדין" בדומה לטקסים יווניים. ראו ויקרא רבה ל׳ ב–ג; י׳ תבורי, מועדי ישראל, עמ׳ 189–190 ובמקורות המצוינים שם; הרב פרופ׳ ד׳ שפרבר, מצוות ולקחתם; ובאופן מעט אחר ר"י בכור שור על ויקרא כ"ג מ. את מוטיב הניצחון אחרים קשרו להיבט ההיסטורי של מלחמות ישראל בארץ, כשישבו בסוכות בזמן הכיבוש (לעיל, פרק י׳ הערה 11). ראו עוד להלן, הערות 8 ו־14.

(יד) וַיִּמְצְאוּ כָּתוּב בַּתּוֹרָה אֲשֶׁר צִוָּה ה׳ בְּיַד מֹשֶׁה **אֲשֶׁר יֵשְׁבוּ בְנֵי יִשְׂרָאֵל בַּסֻּכּוֹת** בֶּחָג בַּחֹדֶשׁ הַשְּׁבִיעִי: (טו) וַאֲשֶׁר יַשְׁמִיעוּ וְיַעֲבִירוּ קוֹל בְּכָל עָרֵיהֶם וּבִירוּשָׁלַ͏ִם לֵאמֹר **צְאוּ הָהָר וְהָבִיאוּ** עֲלֵי זַיִת וַעֲלֵי עֵץ שֶׁמֶן וַעֲלֵי הֲדַס **וַעֲלֵי תְמָרִים וַעֲלֵי עֵץ עָבֹת לַעֲשֹׂת סֻכֹּת** כַּכָּתוּב: (טז) וַיֵּצְאוּ הָעָם וַיָּבִיאוּ וַיַּעֲשׂוּ לָהֶם סֻכּוֹת אִישׁ עַל גַּגּוֹ וּבְחַצְרֹתֵיהֶם וּבְחַצְרוֹת בֵּית הָאֱלֹהִים וּבִרְחוֹב שַׁעַר הַמַּיִם וּבִרְחוֹב שַׁעַר אֶפְרָיִם.[3]

בפסוקים אלו מתוארת יציאה לאיסוף עלי תמרים ועלי עץ עבות, המוזכרים ברשימת ארבעת המינים בתורה, כדי "לעשות סוכות ככתוב". נוספו להם גם עלי זית, עלי עץ שמן ועלי הדס, שלא מוזכרים בארבעת המינים.[4] בשל הדמיון בפסוקים, היו שהבינו שארבעת המינים המתוארים בפסוקי התורה נועדו (גם) לבניית הסוכה. כך טוען ר׳ יהודה בברייתא במסכת סוכה (לו ע"ב – לז ע"א), שאת הסוכה יש לבנות דווקא באמצעות ארבעת המינים. שיטה זו קיבלה ביטוי קיצוני אצל הקראים, שהבינו שארבעת המינים אינם מצווה בפני עצמה, אלא (רק) חומרי הגלם שמהם יש לבנות את הסוכות.[5] לעומת זאת, לדעת ר׳ מאיר (שם), אפשר שהסכך יהיה מכל דבר שגידולו מן הארץ ואינו מקבל טומאה. אומנם יש דמיון בין הפסוקים בנחמיה לארבעת המינים, אבל מהעובדה שמוזכרים שם מינים נוספים נראה שאין קשר בין הדברים.[6]

הדיון הזה, אם את הסוכה יש לבנות מארבעת המינים דווקא, עשוי להיות קשור

3. מעניין להשוות את הפסוקים הללו שמתארים את היציאה אל ההר לאסוף חומרי גלם לבניית הסוכה לפסוקים בספר חגי (א׳ ח): "**עֲלוּ הָהָר** וַהֲבֵאתֶם **עֵץ** וּבְנוּ הַבָּיִת וְאֶרְצֶה בּוֹ וְאֶכָּבְדָה אָמַר ה׳". לצד הרקע הדומה בשני הפסוקים, אפשר שהדמיון בין הפסוקים קורא לקשור בין בניית המקדש, גם אם באופן ראשוני ואפילו ארעי – שכן החלום להביא ארזים מהלבנון, כפי שמתואר בעזרא ג׳ ז, לא התגשם – לבניית הסוכות. ייתכן שהקשר לספר יהושע קורא להשוות את בניית הבית השני והסוכות להקמת המשכן בכניסה לארץ.

4. חז"ל הבינו שענף עץ עבות הוא ההדס, וממילא הבינו שההדס כאן הוא הדס שוטה. ראו: בבלי סוכה יב ע"א.

5. אל־קירקיסני, כיתאב, ד, עמ׳ 925; א׳ בשייצי, אדרת אליהו, עמ׳ 160, וראו פירוש ראב"ע על אתר. השוו למנהג דומה אצל יהדות אתיופיה (הרב ש׳ שרון, מסיני לאתיופיה, עמ׳ 206). בהמשך, אחרי השפעה של ההלכה המקובלת, גם הם הנהיגו את מצוות ארבעת המינים. ראו: פ"א מילר, דמדומים, עמ׳ 112–121; י׳ תבורי, מועדי ישראל, עמ׳ 175–177; ג׳ אלון, מחקרים, א, עמ׳ 112–113.

6. לדעת רד"צ הופמן (ויקרא כ"ג לג–לו), הפסוקים בנחמיה מתייחסים הן ליציאה להרים לאיסוף חומרים לארבעת המינים והן לאיסוף חומרים לבניית הסוכות. הביטוי "לעשות סוכות ככתוב" פירושו לקיים את חג הסוכות, וכולל את כל מצוות החג. החומרים שלא מוזכרים היו נגישים יותר, בתוך העיר או סמוך לה.

לשאלה אם זו מצווה אחת – חקלאית, היסטורית או גם וגם שיש לה שני ביטויים, במבנה ובנטילת המינים, או שאלו שתי מצוות נפרדות.

בין הפרשנים מצויים כיוונים שונים. הרמב"ם מתרכז בהיבט ההיסטורי של ארבעת המינים, ולדעתו הוא שונה מההיבט ההיסטורי של הסוכה ומשלים אותו (מורה נבוכים ג' מג):

> והנראה לי **בארבעת מינים שבלולב, שהם שמחה בצאתם מן המדבר** אשר היה לא מקום זרע ותאנה וגפן ורמון ומים אין לשתות, אל מקום האילנות נותני פרי והנהרות.

לפי הרמב"ם, ארבעת המינים קשורים לשמחה, והם זכר לכניסה לארץ ישראל. אומנם, הם קשורים גם לחקלאות, אבל השמחה על החקלאות היא בעצם השמחה על ירושת הארץ. בעוד הסוכה מזכירה את קשיי המדבר, בבחינת מרור, ארבעת המינים מזכירים את הכניסה לארץ, בבחינת פסח ומצה. מדברי הרמב"ם עולה שמטרת המינים הללו להזכיר את המאורע ההיסטורי של הכניסה לארץ.

לעומת זאת, ספר החינוך קושר את המצווה דווקא להיבט החקלאי של החג (מצוות עשה שכד):[7]

> וכמו כן מצות הלולב עם שלשת מיניו מזה השורש היא, **לפי שימי החג הם ימי שמחה גדולה לישראל, כי הוא עת אסיפת התבואות ופירות האילן בבית**, ואז ישמחו בני אדם שמחה רבה, ומפני כן נקרא **חג האסיף**, וצוה הא־ל לעמו לעשות לפניו חג באותו העת, לזכותם להיות עיקר השמחה לשמו. ובהיות השמחה מושכת החומר הרבה ומשכחת ממנו יראת אלוהים בעת ההיא, **ציונו השם לקחת בין ידינו דברים המזכירים אותנו כי כל שמחת לבנו לשמו ולכבודו**. והיה מרצונו להיות המזכיר מין המשמח, כמו שהעת עת שמחה, כי צדק כל אמרי פיו, וידוע מצד הטבע כי ארבעה המינין כולם משמחי לב רואיהם.

בעל ספר החינוך קושר בין ארבעת המינים להיבט החקלאי של החג, ואיסוף המינים זו הדרך להזכיר את השמחה באסיף. החגיגה עצמה מוקדשת לה', אבל כיוון שעשויים לשכוח על מה השמחה, נטילת ארבעת המינים משמשת תזכורת.

7. השוו לדברי אברבנאל על ויקרא כ"ג לד.

למעשה, גם לדעת ספר החינוך וגם לדעת הרמב״ם, ארבעת המינים משמשים תזכורת. לספר החינוך – תזכורת להווה המבורך, ולרמב״ם – תזכורת לברכת ה׳ בעבר, שעה שהכניס אותנו לארץ.[8] בהמשך נראה גם אפשרות לקשור בין מצוות ארבעת המינים למבט לעתיד, מתוך הפירושים הקושרים את ארבעת המינים לבקשת המים.

עיוני משנה

מהחפץ למעשה – תיאור ארבעת המינים ואגידתם יחד

במשנה עצמה קשה למצוא הסבר מפורש למשמעות של ארבעת המינים, ובכל זאת ניתן לעמוד על רמזים מסוימים. כמו ביחס לשופר ולסוכה, המשניות שעוסקות בארבעת המינים מתחילות מהחפץ – הגדרת כל מין בפני עצמו, עוברות לאדם – אופן השימוש בחפץ, ולאחר מכן נותנת לו הקשר רחב יותר.

החלק הראשון של פרק ג׳ במסכת סוכה עוסק בארבעת המינים. המשנה מביאה קריטריונים שפוסלים את כל אחד מהמינים: גזול, יבש, של אשרה ושל עיר הנידחת. הלולב, ההדס והערבה פסולים גם כשנקטם הראש או נפרצו העלים, והאתרוג פסול אם הוא אסור באכילה, אם הוא בצבע מסוים או פגום בצורות אחרות. אפשר לומר שיש שני סוגי קריטריונים שפוסלים את המינים: קריטריונים אסתטיים – יובש, נשירת עלים, קטימה או מוזרות;[9] וקריטריונים דתיים – שיש בהם ממד של עברה כגון גזל, עבודה זרה ועיר הנידחת, ואליהם נחזור בהמשך.

המשנה מייצרת קשר בין הלולב, ההדס והערבה, הן באמצעות הקריטריונים הפוסלים הדומים, הן באופן ספרותי, בכך שהמשנה אוגדת אותם יחד, ומפרידה בינם לאתרוג. המשנה עוסקת בתיאור שלושת המינים הללו, לאחר מכן במספר הפריטים של כל מין, ורק אז היא חוזרת לדון בקריטריונים של אתרוג כשר ופסול. כך, באופן ספרותי, המשנה מפרידה בין המינים שהם עלים לפרי עץ ההדר. אומנם היינו מצפים שדווקא האתרוג יופיע ראשון, כבפסוק, אבל כפי שנראה בהמשך הפרק, הלולב לא

8. נראה שרד״צ הופמן על ויקרא כ״ג מב אוחז בשני ההסברים גם יחד. וראו גם נ׳ הראובני, טבע ונוף, עמ׳ 76–77, שמתייחס לארבעת המינים כמייצגים תחנות שונות של ההליכה במדבר והכניסה לארץ. אומנם לדעתו (עמ׳ 81–85) בימי בית שני התרכזו במינים כסמלים שמייצגים את העולם החקלאי באמצעות סמלים של מים (כפי שגם נראה בהמשך), הצלחה, פוריות וניצחון. כשהעם יצא לגולה, התרכזו בסמליות שקשורה לאחדות העם ולימוד התורה.
9. בעיקר ביחס לאתרוג, סוכה פ״ג מ״ו–מ״ז.

רק ראשון בתיאור ארבעת המינים, אלא המשנה קוראת למצווה על שמו ואף הברכה היא 'על נטילת לולב'.

מהחפץ למעשה – לקיחה, נטילה ונענוע הלולב

משנה ח היא נקודת המעבר בין דיון בחפץ לדיון באדם:

[ח] אין **אוגדין** את **הלולב** אלא במינו, דברי רבי יהודה. רבי מאיר אומר: אפילו במשיחה.
אמר רבי מאיר: מעשה באנשי ירושלים שהיו אוגדין את לולביהן בגימוניות של זהב.
אמרו לו: במינו היו אוגדין אותו מלמטה.

הפעולה הראשונה שהמשנה מתארת לגבי ארבעת המינים, או לפחות לשלושה מהם, היא פעולת האגד. כפי שראינו, גם המשנה אגדה את המינים הללו – באופן ספרותי – יחד.
המשנה מסבירה מה עשו עם אותם מינים:

[ט] והיכן היו **מנענעין** ב'הודו לה'' (תהלים קי"ח א) תחלה וסוף, וב'אנא השם הושיעה נא' (שם, כה), דברי בית הלל. ובית שמאי אומרים: אף ב'אנא ה' הצליחה נא' (שם). אמר רבי עקיבא: צופה הייתי ברבן גמליאל ורבי יהושע, שכל העם היו **מנענעין**[10] את **לולביהן** והן לא **נענעו** אלא ב'אנא ה' הושיעה נא'.
מי שבא בדרך ולא היה בידו **לולב ליטול**, לכשיכנס לביתו **יטול** על שלחנו.
לא **נטל** שחרית, **יטול** בין הערבים, שכל היום כשר **ללולב**.
[י] מי שהיה עבד או אשה או קטן מקרין אותו עונה אחריהן מה שהן אומרין, ותהי לו מאירה.
אם היה גדול מקרא אותו, עונה אחריו 'הללויה'.
[יא] מקום שנהגו לכפול יכפול, לפשוט יפשוט, לברך אחריו יברך אחריו, הכל כמנהג המדינה.
הלוקח לולב מחבירו בשביעית נותן לו אתרוג במתנה, לפי שאין רשאי **ללוקחו** בשביעית.

10. בכתבי היד כתוב "מטרפים", ומשמע שמדובר על נענוע חזק יותר.

המשנה מביאה פעלים שונים לגבי הלולב, שמשמש שם כולל לארבעת המינים. בתיאור האידיאלי, מנענעים את הלולב, והנענוע קשור לאמירת ההלל. המשנה מרחיבה בנושא ההלל, למרות שאין בכך הכרח או צורך, ולכן פרטים אלו הם למעשה נושא נלווה במשנה. נראה שהבחירה להביא את הפרטים הללו נועדה לחזק ולהדגיש את המקום של ההלל במצוות הלולב, שיש לו משמעות במהות המצווה. את הלולב מנענעים בפסוקי הודאה ובקשה: ב״הודו לה׳ כי טוב״ יש הודאה לה׳ על העבר, וב״אנא ה׳ הושיעה נא״ ו״אנא ה׳ הצליחה נא״ יש בקשה לעתיד.

הבחירה בשורש נענ״ע מעניקה רמז נוסף למיקום של מצוות הלולב בהלל, שכן נענוע במקומות רבים מסמן את התגובה האלוהית לתפילה.[11] יש בכך רמז שנענוע הלולב הוא חלק מתפילה. מיקום זה נולד מרצון לקבל מענה לבקשתנו, כפי שרמוז: ״**אנא** ה׳ **הושיעה נא**״. פעולת הנענוע היא חלק מהותי מהגדרת הלולב, שמשנה א׳ קובעת: ״לולב שיש בו שלשה טפחים כדי **לנענע** בו כשר״. כדי שלולב יהיה כשר, עליו להיות מספיק ארוך כדי שיוכלו לנענע בו.

אם אי אפשר לקיים את מצוות הלולב בזמן אמירת ההלל, המשנה לא משתמשת בפועל נענ״ע אלא בפועל נט״ל, שאותה אפשר לעשות גם בבית, ״על שולחנו״.[12] המשנה גם משתמשת בפועל ״הלוקח״, המבוסס על לשון הכתוב ״ולקחתם לכם״. אם כן, פעולת ׳לקיחה׳ קשורה להשגת המינים, ׳נטילה׳ כפעולה שאינה חלק מהתפילה, ו׳נענוע׳ של הלולב כאשר מצוות הלולב משולבת בהלל.

מהמקדש למדינה וחזרה למקדש

המשנה מתארת הקשר רחב יותר של מצוות הלולב:

> [יב] בראשונה היה **לולב ניטל במקדש** שבעה ובמדינה יום אחד, משחרב בית המקדש התקין רבן יוחנן בן זכאי שיהא **לולב ניטל** במדינה שבעה זכר למקדש, ושיהא יום **הנף** כולו אסור.
>
> [יג] יום טוב הראשון של חג שחל להיות בשבת, כל העם **מוליכין** את לולביהן

11. ראו משניות תענית פ״א (ולהלן דיון בפרק י״ב), וכן במדרש על מלאך ה׳: ״ונענע לי בראשו״ (בבלי ברכות ז ע״א).

12. בברייתא בבבלי ברכות ל ע״א ובמקבילות מופיע השורש נענ״ע ככל הנראה גם בלי ההקשר של ההלל, וממילא משמע שיש משמעות לנענוע גם שלא בתפילה (אומנם מהגרסאות השונות לא ברור אם האדם מתפלל בשלב הזה אם לאו). בכל זאת, המשנה מדגישה את הקשר בין הנענוע להלל דווקא.

> **לבית הכנסת.** למחרת משכימין ובאין כל אחד ואחד מכיר את שלו **ונוטלו**. מפני שאמרו חכמים אין אדם יוצא ידי חובתו ביום טוב הראשון של חג **בלולבו** של חבירו, ושאר ימות החג אדם יוצא ידי חובתו **בלולבו** של חבירו.

המשנה קובעת שהלולב קשור בעיקר למקדש, שבו נוטלים את הלולב שבעה ימים, לעומת יום אחד במדינה. רק בעקבות חורבן הבית נוטלים את הלולב שבעה ימים גם במדינה. נראה שהמשנה השתמשה בפועל "ניטל" משום שההלל לא נזכר. לאחר הקביעה שנוטלים לולב במדינה כל שבעה, המשנה מבארת כיצד יש לעשות זאת אם יום טוב ראשון חל בשבת, כלומר כיצד אפשר ליטול את הלולב בלי לעבור על איסור הוצאה לרשות הרבים.[13] במהלך התיאור אנו מבינים שלמרות שהלולב ניטל במדינה, המקום הטבעי לכך הוא דווקא בבית הכנסת. זה מחזק את הקשר שראינו קודם בין נענוע הלולב לאמירת ההלל.

נשים לב ששוב מופיע כאן נושא נלווה, כאשר המשנה קושרת בין התקנה על נטילת הלולב לתקנת ריב"ז על יום הנפת העומר, ונתייחס לכך בהמשך.

בפרק ד' חוזרת המשנה לתאר את נטילת הלולב במקדש:

> [א] **לולב** וערבה ששה ושבעה, ההלל והשמחה שמונה, סוכה וניסוך המים שבעה, והחליל חמשה וששה.
>
> [ב] **לולב** שבעה כיצד? יום טוב הראשון של חג שחל להיות בשבת לולב שבעה ושאר כל הימים ששה.
>
> [ג] ערבה שבעה כיצד? יום שביעי של ערבה שחל להיות בשבת ערבה שבעה ושאר כל הימים ששה.

המשנה ממקמת את מצוות הלולב יחד עם מצוות נוספות שהתקיימו בחג: ערבה, הלל, שמחה, סוכה וניסוך המים והחליל. מצוות הלולב, הערבה וניסוך המים התקיימו באופן

13. ראינו במשנה בביצה (פ"א מ"ה) שבית הלל התירו ביום טוב להוציא את הלולב, אבל כאן מדובר על שבת. שתי המשניות הבאות מתמודדות עם שאלה זו: "[יד] רבי יוסי אומר יום טוב הראשון של חג שחל להיות בשבת ושכח והוציא את הלולב לרשות הרבים פטור מפני שהוציאו ברשות. [טו] מקבלת אשה מיד בנה ומיד בעלה ומחזירתו למים בשבת רבי יהודה אומר בשבת מחזירין, ביום טוב מוסיפין ובמועד מחליפין. קטן היודע לנענע חייב בלולב". במשנה יד ר' יוסי מתייחס לאפשרות של הוצאה מהבית (לבית הכנסת) בשבת בטעות, ומשנה טו מתייחסת ללולב בתוך הבית, שמחזירים אותו למים.

מיוחד במקדש. ללולב יש גם קשר מיוחד לשמחה ("ושמחתם לפני ה׳ אלוהיכם"), ולהלל (כפי שראינו קודם). על הקשר לערבה ולניסוך המים נעמוד בהמשך.

המשנה מפרטת את מצוות הלולב:

[ד] מצות **לולב** כיצד? יום טוב הראשון של חג שחל להיות בשבת **מוליכין** את לולביהן **להר הבית**, והחזנין מקבלין מהן וסודרין אותן על גב איצטבא, והזקנים מניחין את שלהן בלשכה, ומלמדים אותם לומר כל מי שמגיע לולבי בידו הרי הוא לו במתנה. למחר משכימין ובאין והחזנין זורקין אותם לפניהם, והן מחטפין ומכין איש את חבירו.[14] וכשראו בית דין שבאו לידי סכנה התקינו שיהא כל אחד ואחד **נוטל בביתו**.

המשנה הזאת היא מעין תמונת ראי למשנה בפרק ג׳ שעסקה בהולכת הלולבים **לבית הכנסת** כשיום טוב ראשון של סוכות חל בשבת. בפרק ג׳ במשנה הוצגה מצוות הלולב **במדינה**, ופרק ד׳ חוזר ומתאר את מצוות הלולב **במקדש**. יש בכך רמז שתקנת ריב"ז אומנם הובילה לנטילת לולב שבעה ימים במדינה, אבל הקיום האמיתי של מצווה זו הוא דווקא במקדש. בשני הפרקים הללו המשנה מדגישה את החשיבות שהלולב יהיה שייך לכל אחד באופן אישי. למרות החשיבות של נענוע הלולב במקדש, העדיפו את הנטילה בבית על פני מריבות שהתגלעו סביב הלולבים בבית המקדש, כשלא הייתה אפשרות שכל אחד יביא את הלולב מתוך ביתו.

לצד מצוות הלולב, המשנה מפרטת את מצות הערבה:

[ה] מצות **ערבה** כיצד? מקום היה למטה מירושלם ונקרא מוצא. יורדין לשם ומלקטין משם מרביות[15] של ערבה ובאין **וזוקפין אותן בצדי המזבח**, וראשיהן **כפופין** על גבי המזבח, תקעו והריעו ותקעו.[16]

בכל יום **מקיפין** את המזבח פעם אחת ואומרים **׳אנא ה׳ הושיעה נא אנא ה׳ הצליחה נא׳** (תהלים קי"ח כה), רבי יהודה אומר אני והו הושיעה נא. ואותו

14. השימוש בלולב כדי לחבוט באחרים מעורר את האסוציאציה של הלולב ככלי מלחמה. ראו לעיל הערה 2. אומנם הרמז הזה מצביע על השימוש בלולב ככלי מלחמה כדבר שלילי.
15. ענפים גדולים (תוספות יום טוב, על סמך התיאור בגמרא).
16. פעולת הכיפוף, יחד עם הקשר שבין מצוות הערבה לתקיעה־תרועה־תקיעה, מזכירה את הדרישה של ר׳ לוי (בבלי ראש השנה כו ע"ב, בעקבות דעת ר׳ יהודה במשנה ראש השנה פ"ג מ"ה) שגם השופר של ראש השנה יהיה כפוף.

היום **מקיפין** את המזבח שבעה פעמים.[17] בשעת פטירתן מה הן אומרים 'יופי לך מזבח יופי לך מזבח', רבי אליעזר אומר 'ליה ולך מזבח ליה ולך מזבח'.
[ו] כמעשהו בחול כך מעשהו בשבת אלא שהיו **מלקטין** אותן מערב שבת ומניחים אותן בגיגיות של זהב כדי שלא יכמשו. ר' יוחנן בן ברוקה אומר **חריות של דקל** היו מביאין וחובטין אותן בקרקע בצדי המזבח ואותו היום נקרא יום חבוט חריות.
[ז] מיד התינוקות שומטין את **לולביהן** ואוכלין אתרוגיהן.

במשנה זו מתוארת מצווה, שאומנם נקראת 'מצוות ערבה' אבל נראית קשורה למצוות הלולב. המשנה מתארת מחלוקת אם המצווה נעשתה באמצעות זקיפת ערבות שנכפפות למזבח, כדעה הסתמית במשנה, או באמצעות חבטת חריות (ענפי) דקל[18] בצידי המזבח, כדעת ר' יוחנן בן ברוקא. הפעולה הזאת נעשית יחד עם הקפת המזבח. בגמרא[19] נחלקו אם הקיפו את המזבח באמצעות ערבות, וממילא אפשר שמצוות ערבה עומדת בפני עצמה, או שהקיפו את המזבח עם ארבעת המינים, ואז ברור יותר שמצוות הערבה קשורה קשר הדוק למצוות הלולב. האפשרות שמדובר דווקא על הקפה באמצעות ארבעת המינים מסתברת מתוך הקשר לאמירת ההלל, בייחוד לפסוק "אנא ה' הושיעה נא". בין כך ובין כך, מדובר על חיבור בין אחד מארבעת המינים – ערבה או לולב – למזבח, בין אם על ידי זקיפה ובין אם על ידי חבטה.

כאשר סיימו את הקפות המזבח ביום השביעי, וזקיפת הערבות או חבטת חריות הדקל, הסתיימה מצוות הלולב, והיה אפשר לשמוט את הלולבים ולאכול את

17. הפרשנים נחלקו כיצד ישראל הקיפו את המזבח, שכן אסור לישראלים להיכנס "בין האולם למזבח" (משנה כלים פ"א מ"ח-מ"ט). לדעת הפרשנים הקלאסיים (ר"ן, תוספות יום טוב, מלאכת שלמה), העם עמד במקומו סביב למקדש, ואת ההקפה עשו הכוהנים. אך רגליים לדבר שברגלים הדבר נפרץ. ראו אור זרוע חלק ב הלכות סוכה שטו, בעקבות הירושלמי (סוכה פ"ד ה"ג) ורש"י (שיוזכר בהמשך); י' קנוהל (פולמוס הכתות, עמ' 139–146, ובמיוחד עמ' 141 הערה 12) וא' שמש (מלאכי הקודש). לדעת פרופ' א' שמש, זאת הסיבה שלבעלי מומים נאסר לעלות לרגל, משום שלבעלי מומים אסור להיכנס לשם. אומנם לדעת רש"י (סוכה מד ע"א ד"ה כהנים בעלי), גם כוהנים בעלי מומים הקיפו את המזבח בימים אלו. גם בספר היובלים מצאנו התייחסות להקפת המזבח, כשספר היובלים מייחס את המנהג כבר לאברהם אבינו. ראו: ספר היובלים ט"ז לא (עמ' 299).
18. לפי הרב ד"ר י' פליקס, עולם התנ"ך, ויקרא, עמ' 174, החריות הן כפות הדקל הפתוחים, בניגוד ללולבים שהם כפות הדקל הסגורים (כפותים).
19. בבלי סוכה מג ע"ב – מד ע"א.

האתרוגים. לא ברור אם אכילת האתרוגים היא סימן לסיום התפקיד של הלולב, או רמז למשהו נוסף.

המשנה עצמה אינה אומרת במפורש מה המשמעות של התיאור הזה, מה מקורו והיכן הוא נזכר בתורה, אם בכלל. כדי להבין זאת נעיין בדרשות על מצוות ארבעת המינים.

נסכם את מה שעלה מהמשנה: במבט על ארבעת המינים, המשנה הדגישה את החשיבות האסתטית של המינים ואת החשיבות הדתית של מינים שאינם גזולים (ואף שייכים לבעלים) ואינם קשורים לעבודה זרה. המשנה אגדה ספרותית ומילולית את הענפים השונים יחד וקראה למצווה כולה על שם הלולב.

בתיאור המעשה שקשור לארבעת המינים, המשנה התייחסה לפעולת הלקיחה של הלולב כשקונים אותו והאירה את החשיבות של נטילת הלולב ביום הראשון במדינה. לצד זאת המשנה התרכזה בתפקיד נטילת הלולב דווקא במקדש. את הלולב במקדש נטלו דווקא סביב המזבח, ומשמע שהקיפו באמצעותו את המזבח, כאשר ביום האחרון מין אחד מתוך ארבעת המינים – הערבה או הדקל – נקשר בצורה כזו או אחרת למזבח. הן במקדש, והן בקיום החלופי בבית הכנסת, נענוע הלולב קשור לאמירת ההלל. האתרוג מוצג כמשהו שונה, כאשר בסוף קיום מצוות הלולב מתארים את האכילה של האתרוג. ננסה לחפש משמעות לכל זה.

עיוני דרשה

נטילת הלולב והנפת העומר ושתי הלחם

נעיין במדרשים, ותוך כדי העיון נאיר את הפרטים השונים שעלו מהמשנה.[20] הגמרא דנה בנענוע הלולב (גמרא סוכה לז ע״ב):

> נענוע מאן דכר שמיה? התם קאי: ׳כל לולב שיש בו שלשה טפחים כדי לנענע בו כשר׳, וקאמר ׳היכן מנענעין׳.

20. בעניין זה ראו אצל הרב ד״ר י׳ נגן, ארבעת המינים; נשמת המשנה, עמ׳ 240-248. כמו בפרק הקודם, דבריי מקבילים לדבריו בחלקם, אך אוסיף על דבריו, אדגיש כיוונים אחרים ומסקנותיי מעט שונות.

תרגום: מי הזכיר את הנענוע? הוא נזכר שם: 'כל לולב שיש בו שלשה טפחים כדי לנענע בו כשר', ועל זה שאל התנא 'היכן מנענעין'.

הגמרא שואלת על הקשר בין הלולב לנענוע, ומיישבת שהנענוע מוזכר בהגדרת הלולב עצמו. ממילא, בהמשך המשנה תתאר את הנענוע בלי צורך להגדיר מחדש את הקשר בין הלולב לנענוע. עם זאת, הגמרא עדיין תסביר מדוע הנענוע הוא חלק מהותי מהגדרת הלולב.

הגמרא מביאה ברייתא (לז ע"ב – לח ע"א):

תנן התם [שנינו שם]: **שתי הלחם ושני כבשי עצרת** כיצד הוא עושה מניח שתי הלחם על גבי שני הכבשין ומניח ידו תחתיהן ומניף ומוליך ומביא מעלה ומוריד שנאמר 'אשר הונף ואשר הורם' (שמות כ"ט כז).

אמר רבי יוחנן: מוליך ומביא למי שהארבע רוחות שלו מעלה ומוריד למי שהשמים והארץ שלו,

במערבא מתנו הכי [בארץ ישראל שנו כך]: אמר רבי חמא בר עוקבא אמר רבי יוסי ברבי חנינא: מוליך ומביא כדי לעצור רוחות רעות מעלה ומוריד כדי לעצור טללים רעים.

אמר רבי יוסי בר אבין ואיתימא [ואם תאמר (מסורת אחרת לגבי זהות הדובר)] רבי יוסי בר זבילא: זאת אומרת שירי מצוה מעכבין את הפורענות, שהרי תנופה שירי מצוה היא ועוצרת רוחות וטללים רעים.

ואמר רבא: **וכן בלולב**.

הברייתא עוסקת בהגדרת ההנפה של שתי הלחם, ומתארת את הנענוע לארבע רוחות השמיים, בין אם כהקדשה והודאה על העבר "למי שהארבע רוחות שלו", כדעה הראשונה, ובין אם כדי לעצור רוחות רעות וטללים רעים, כחלק מתפילה ובקשה על העתיד, כדעה השנייה.[21] ר' יוסי בר אבין או ר' יוסי בר זבילא מסיקים ש"הפרט השולי" בהקרבת שתי הלחם, "שיירי המצווה", דהיינו התנופה, יכול "לעכב את הפורענות", כלומר להגן מפני פגעי מזג האוויר.

החידוש הגדול בסוגיה זו הוא דברי רבא – "וכן בלולב". רבא קושר בין הנפת

21. כפי שראינו לעיל, המשנה קשרה בין הנענוע בהלל לפסוקי ההודאה על העבר ב"הודו לה' כי טוב" ולפסוקי הבקשה על העתיד ב"אנא ה' הושיעה נא".

שתי הלחם לנענוע הלולב, ולדעתו גם הוא נועד לעצור רוחות רעות וטללים רעים. אם נמשיך את ההשוואה גם לדברי ר׳ יוחנן, אפשר לראות בנענוע הלולב את הקדשת המינים ״למי שארבע רוחות שלו״, בדומה להקדשת שתי הלחם. מכל מקום, לרבא פעולת ההנפה וההרמה קושרת קשר הדוק בין שתי הלחם לארבעת המינים.[22]

דע מאין באת – מאין הסיק רבא שיש קשר בין הנפת שתי הלחם לבין נענוע הלולב? נראה שהקשר מבוסס על עיון בפסוקי התורה. לעיל ניסינו לעמוד על המשמעות של ארבעת המינים בהקשר של חג הסוכות – האם הם קשורים לפן ההיסטורי או לפן החקלאי, אבל לא נתנו את הדעת למשמעות של ארבעת המינים בפרשת המועדות בספר ויקרא (פרק כ״ג), שדווקא שם מצווה זו מופיעה.

כפי שראינו לעיל,[23] בפרשת המועדות בויקרא כ״ג הפן החקלאי של חג המצות בא לידי ביטוי בעומר (באביב), והפן החקלאי של שבועות בא לידי ביטוי בשתי הלחם (בתקופת הקציר). יש דמיון רב בין שתי המצוות הללו: שתיהן עוסקות בקציר (קציר חיטים וקציר שעורים), ושתיהן מובאות בתנופה. בעומר נאמר (ויקרא כ״ג):

(יא) **וְהֵנִיף** אֶת הָעֹמֶר **לִפְנֵי ה׳** לִרְצֹנְכֶם מִמָּחֳרַת הַשַּׁבָּת יְנִיפֶנּוּ הַכֹּהֵן.

ההנפה מופיעה שוב בשתי הלחם (שם):

(יז) מִמּוֹשְׁבֹתֵיכֶם תָּבִיאוּ לֶחֶם **תְּנוּפָה** שְׁתַּיִם שְׁנֵי עֶשְׂרֹנִים סֹלֶת תִּהְיֶינָה חָמֵץ תֵּאָפֶינָה בִּכּוּרִים לַה׳: (יט) ...וּשְׁנֵי כְבָשִׂים בְּנֵי שָׁנָה לְזֶבַח שְׁלָמִים: (כ) **וְהֵנִיף** הַכֹּהֵן אֹתָם עַל לֶחֶם הַבִּכֻּרִים תְּנוּפָה **לִפְנֵי ה׳** עַל שְׁנֵי כְּבָשִׂים קֹדֶשׁ יִהְיוּ לַה׳ לַכֹּהֵן.

העומר ושתי הלחם מונפים לפני ה׳ ובשניהם חלק מוקרב למזבח והשאר לכוהנים. אפשר לומר שאם ״מצוות היום״ של חג המצות היא הקרבת העומר ו״מצוות

22. ניתן למצוא דמיון נוסף בין שתי הלחם לארבעת המינים סביב אגידת המינים. בשתי הלחם התורה מצווה להניף את הלחם עם קורבן השלמים, ובכך להפוך אותם לדבר אחד שחלקו מוקרב על המזבח וחלק אחר אינו מוקרב, שכן אין מקריבים חמץ למזבח. הכריכה והנענוע מסמלים שגם החלק שאינו מוגש למזבח הופך לחלק מהקורבן. באופן דומה, גם ארבעת המינים נאגדים והופכים בכך לחבילה אחת. פרופ׳ י׳ תבורי (מועדי ישראל, עמ׳ 175) מציין שהיו ציורים בבתי כנסת שהצביעו גם על אגידת האתרוג לשאר המינים. הוא מציג זאת כ״מעשה״ של ארבעת המינים (בהקבלה לעשיית סוכה). על החלק שהולך למזבח נעמוד בהמשך.

23. ראו גם בפרק ו׳ על ראשי שנים וימי דין.

היום" של חג השבועות היא הקרבת "שתי הלחם", "מצוות היום" של חג הסוכות היא הקרבת, או הבאת, ארבעת המינים.

נבסס את הדברים מעט יותר. הפעולה הראשונה שעושים עם ארבעת המינים היא הלקיחה (ויקרא כ"ג לט-מ):

...**בְּאָסְפְּכֶם אֶת תְּבוּאַת הָאָרֶץ** תָּחֹגּוּ אֶת חַג ה' שִׁבְעַת יָמִים... **וּלְקַחְתֶּם** לָכֶם בַּיּוֹם הָרִאשׁוֹן...

את הלקיחה מצאנו כבר בקורבן פסח (שמות י"ב):[24]

(ג) דַּבְּרוּ אֶל כָּל עֲדַת יִשְׂרָאֵל לֵאמֹר בֶּעָשֹׂר לַחֹדֶשׁ הַזֶּה **וְיִקְחוּ** לָהֶם אִישׁ שֶׂה לְבֵית אָבֹת שֶׂה לַבָּיִת: (ד) וְאִם יִמְעַט הַבַּיִת מִהְיוֹת מִשֶּׂה **וְלָקַח** הוּא וּשְׁכֵנוֹ הַקָּרֹב אֶל בֵּיתוֹ בְּמִכְסַת נְפָשֹׁת אִישׁ לְפִי אָכְלוֹ תָּכֹסּוּ עַל הַשֶּׂה: (ה) שֶׂה תָמִים זָכָר בֶּן שָׁנָה יִהְיֶה לָכֶם מִן הַכְּבָשִׂים וּמִן הָעִזִּים **תִּקָּחוּ**.

לקיחת קורבן הפסח הייתה השלב הראשון, והחשוב ביותר, בדרך להקרבת הקורבן.

הפעולה השנייה שעושים עם ארבעת המינים היא השמחה: "וּשְׂמַחְתֶּם לִפְנֵי ה' אֱלֹהֵיכֶם שִׁבְעַת יָמִים". שמחה בתורה יכולה לבוא לידי ביטוי בהקשרים רבים. עם זאת, כאן השמחה היא "לפני ה' אלוהיכם".[25] לביטוי "לפני ה'" יש משמעות רבה בספר ויקרא. הוא לא מתייחס רק לתודעה הדתית של האדם,[26] אלא זו טרמינולוגיה מובהקת של עולם הקורבנות.

ביטוי זה מופיע בכל הקורבנות שמתארים את תהליך ההקרבה שלהם. כך לדוגמה בעולה (ויקרא א'):

(ג) אִם עֹלָה קָרְבָּנוֹ מִן הַבָּקָר זָכָר תָּמִים יַקְרִיבֶנּוּ אֶל פֶּתַח אֹהֶל מוֹעֵד יַקְרִיב אֹתוֹ

24. חז"ל מייחסים משמעות רבה למעשה הזה. לדוגמה: מכילתא דר"י מסכתא דפסחא פרשה ה; וראו עוד להלן, הערות 53 ו־55. מכאן שנטילת הלולב במדינה מקבילה ללקיחת קורבן הפסח, כשלב ראשון לפני ההקרבה.

25. השוו (דברים כ"ז ז): "וְזָבַחְתָּ שְׁלָמִים וְאָכַלְתָּ שָּׁם וְשָׂמַחְתָּ לִפְנֵי ה' אֱלֹהֶיךָ". אומנם מצאנו פירושים שהשמחה בפסוק לא נעשית באמצעות ארבעת המינים, אלא באמצעות שלמים. ראו: ירושלמי סוכה פ"ג הי"א, ובדברי הנצי"ב על ויקרא כ"ג מ.

26. כפי שמופיע לדוגמה בדברים ט' יח; יונה א' ג; תהלים ק"ב א.

לִרְצֹנוֹ **לִפְנֵי ה'**: (ד) וְסָמַךְ יָדוֹ עַל רֹאשׁ הָעֹלָה וְנִרְצָה לוֹ לְכַפֵּר עָלָיו: (ה) וְשָׁחַט אֶת בֶּן הַבָּקָר **לִפְנֵי ה'** וְהִקְרִיבוּ בְּנֵי אַהֲרֹן הַכֹּהֲנִים אֶת הַדָּם...

מכאן למדו חכמים גם את המיקום המדויק של הקרבת הקורבן.[27]

ביטוי זה מופיע גם במנחת העומר ושתי הלחם. במנחת העומר (ויקרא כ"ג יא): "וְהֵנִיף אֶת הָעֹמֶר **לִפְנֵי ה'** לִרְצֹנְכֶם[28] מִמָּחֳרַת הַשַּׁבָּת יְנִיפֶנּוּ הַכֹּהֵן"; ובשתי הלחם (שם פסוק כ): "וְהֵנִיף הַכֹּהֵן אֹתָם עַל לֶחֶם הַבִּכּוּרִים תְּנוּפָה **לִפְנֵי ה'** עַל שְׁנֵי כְּבָשִׂים קֹדֶשׁ יִהְיוּ לַה' לַכֹּהֵן". הביטוי "לפני ה'" רומז לקשר בין ארבעת המינים למנחת העומר ושתי הלחם, ואף מקשר את ארבעת המינים לעולם הקורבנות ולמקדש "לפני ה'", ואכן מכאן למדו חכמים שאת הלולב נוטלים במשך שבעה ימים דווקא במקדש.[29]

כפי שראינו, רבא השווה את נענוע הלולב להנפת שתי הלחם כשהאמוראים תיארו את ההנפה כהקדשה לה' שנמצא בכל מקום או כפולחן להינצל מפגעי מזג האוויר. הרעיון הזה מופיע כבר במשנה, שבה מובאת תקנת ריב"ז לאחר החורבן לגבי נטילת הלולב שבעה ימים בגבולין. תקנה זו כרורה עם התקנה של ריב"ז ב**הנפת העומר**, ובכך המשנה רומזת לקשר בין העומר לארבעת המינים.[30]

סוגי הפסול בארבעת המינים ובקורבנות

ניתן לזהות את הרעיון הזה גם בדרשות נוספות. המשנה קבעה קריטריונים שונים שעל פיהם אפשר לדעת אם המינים השונים כשרים או פסולים. בגמרא מסבירים פסולים שונים לפי השוואה לקורבנות. בנוגע לפסול של גזול נאמר (סוכה כט ע"ב – ל ע"א):

27. לדוגמה ספרא נדבה פרשה ג תחילת פרק ד, א.

28. פעולת הריצוי מופיעה באופן ספציפי ביחס לקורבן העומר, ובהמשך נראה כיצד חז"ל קבעו שגם בארבעת המינים יש ממד של ריצוי. ראו גם הרב י' נגן (ארבעת המינים, עמ' 28).

29. ראו לדוגמה: ספרא אמור פרשה יב פרק טז, ט. יש לציין כי נראה שלפי שיטת הרמב"ם מצווה זו נוהגת בירושלים (ולא רק במקדש) כל שבעה. אפשר כי פסיקה זו קשורה לעובדה כי לפי הרמב"ם מצוות ארבעת המינים אינה חקלאית אלא היסטורית, ולא קשורה לקורבנות אלא לזיכרון. מכל מקום, ישנן עדויות היסטוריות המעידות שככל הנראה בזמן בית שני מצוות לולב נהגה רק במקדש. דבר זה נלמד משתיקתו של פילון בנוגע למצווה זו. ראו: ג' אלון, מחקרים, א', עמ' 112–113.

30. כפי שראינו במשניות ראש השנה, יש חטיבה ארוכה יותר של תקנות ריב"ז שקשורה כולה למקדש ומצביעה על הקשר בין תקיעת השופר למקדש. הבחירה כאן קושרת באופן ממוקד יותר בין הלולב לעומר.

אמר רבי יוחנן משום רבי שמעון בן יוחי: משום דהוה ליה מצוה הבאה בעבירה, שנאמר 'והבאתם גזול ואת הפִּסֵחַ ואת החולה' (מלאכי א' יג) גזול דמיא דפִּסֵחַ, מה פסח לית ליה תקנתא אף גזול לית ליה תקנתא...
בשלמא לפני יאוש 'אדם כי יקריב מכם' (ויקרא א' ב) אמר רחמנא ולאו דידיה הוא...
ואמר רבי יוחנן משום רבי שמעון בן יוחי מאי דכתיב 'כי ה' אהב משפט שונא גזל בעוֹלָה' (ישעיהו ס"א ח).

תרגום: אמר רבי יוחנן משום רבי שמעון בן יוחי: משום שהיא מצוה הבאה בעבירה, שנאמר 'והבאתם גזול ואת הפִּסֵחַ ואת החולה' (מלאכי א' יג). גזול דומה לפיסח, כמו שלפיסח אין תקנה, כך לגזול אין תקנה...
אפשר להבין כשמדובר על (הקרבת הבהמה) לפני ייאוש (הבעלים) 'אדם כי יקריב מכם' (ויקרא א' ב) אמרה התורה וזה לא שלו...
ואמר רבי יוחנן משום רבי שמעון בן יוחי מהו שכתוב 'כי ה' אהב משפט שונא גזל בעוֹלָה' (ישעיהו ס"א ח).

ארבעת המינים הגזולים פסולים. ר' יוחנן מסביר בשם ר' שמעון בן יוחי שהסיבה היא מפני שזו מצווה הבאה בעברה. להסבר זה מובאים שלושה נימוקים – שניים בהמשך דברי ר' יוחנן משם רשב"י, ואחד בגמרא עצמה.

הנימוק הראשון מבוסס על דברי הנביא מלאכי הקובל על כך שבני ישראל מביאים קורבנות גזולים ובעלי מומים. הנימוק השני שעולה מדברי הגמרא מבוסס על דרישת התורה שקורבן שאדם מקריב יבוא "מכם", כלומר שיהיה שייך לבעל הקורבן, ואכן במשנה מודגשת החשיבות שהלולב יהיה שייך לאדם המנענע.[31] הנימוק השלישי, גם הוא של ר' יוחנן משמו של רשב"י, מבוסס על דברי ישעיהו (ס"א ח) שה' ש"אֹהֵב מִשְׁפָּט" גם "שֹׂנֵא גָזֵל בְּעוֹלָה", כלומר שונא עולות גזולות, קורבנות גזולים.

שלושת הנימוקים הללו מלמדים על הצורך שהלולב יהיה שייך לאדם, ולא גזול, מתוך עולם הקורבנות. נוסיף שלמרות העיקרון מצווה הבאה בעברה, יש מצוות

31. בתחילת הסוגיה הגמרא דורשת "לכם – שלכם", אבל בהמשך הסוגיה רואים שהדרישה קשורה לכך שגם קורבן של אדם צריך להיות שייך לו. אומנם, הראשונים על אתר התקשו למצוא לכך מקור נפרד.

אחרות שאפשר לקיים בחפצים גזולים,[32] ומכאן נראה שהפסול מיוחד לקורבנות. ההשוואה בין ארבעת המינים להנפת העומר ושתי הלחם מגלה שחכמים ראו אותה כמצווה הקשורה לקורבנות ולפולחן המקדש. כאן ניתן לראות ביסוס נוסף וקשר נוסף שבין ארבעת המינים לבין עולם הקורבנות הרחב.[33]

וכך קובע רבי אבהו בשם ר' אלעזר (בבלי סוכה מה ע"א-ע"ב):

> אמר רבי אבהו: אמר רבי אלעזר: כל הנוטל לולב באגודו והדס בעבותו מעלה עליו הכתוב כאילו בנה מזבח והקריב עליו קרבן, שנאמר 'אסרו חג בעבתים עד קרנות המזבח' (תהלים קי"ח כז).[34]

הפסוק שר' אלעזר מצטט מתייחס לקשירת החג, כלומר הקורבן, למזבח באמצעות עבותים. במבט ראשון, את המילה "עבותים" יש לפרש כחבלים,[35] אבל ר' אבהו בשם ר' אלעזר מזהה את הקשר בין העבותים ל"ענף עץ עבות" שבארבעת המינים. הקרבת המינים הללו למזבח רומח לקשירה או לקירוב קורבן ה"חג" למזבח.

בין נטילת הלולב לשחיטת הפסח

קשר נוסף בין הלולב לקורבן אפשר למצוא בדברי חז"ל בדיון על הקשר בין שחיטת הפסח להלל. המשנה קבעה שיש לומר הלל בשחיטת פסח ראשון ושני (משנה פסחים פ"ט מ"ג). על כך הגמרא שואלת "מאי טעמא?" ועונה (פסחים צה ע"ב):

> אפשר ישראל שוחטין את פסחיהן ונוטלין את לולביהן ואין אומרים הלל?!

32. לדוגמה סוכה גזולה (בבלי סוכה לא ע"א, בדעת חכמים), שופר גזול (ירושלמי סוכה פ"ג ה"א).
33. הרב ד"ר י' נגן מוסיף לכאן גם את ההתייחסות לאתרוג בהשוואה לדיר שיש בו בהמות תמימות ובעלות מומים. גם כאן הטרמינולוגיה מצביעה על האתרוג כסוג של קורבן. ראו: סוכה לה ע"א, ואצל הרב י' נגן, ארבעת המינים, עמ' 11–12. כמו כן, הוא משווה בין שלושת הפסולים גזול, יבש ואשרה לפסולים חללו במערכת הקורבנות – ספרא ויקרא פרשה ב, פרק ב; משנה בכורות פ"ו מ"א; משנה תמורה פ"ו מ"א (שם, עמ' 23).
34. בקשר בין הפסוק הזה לארבעת המינים נעסוק בהמשך.
35. השוו: שופטים ט"ו יג-יד; ט"ז יא-יב; ישעיהו ה' יח, ועוד. הביטוי בהקשר חקלאי מופיע ביחזקאל י"ט יא; ל"א ג, י, יד. מעניין ש'עבות' מופיע לא מעט גם במבנה של החושן בבגדי הכוהן הגדול (שמות כ"ח יד, כב, כד, כה; ל"ט טו, יז, יח).

הטיעון כאן מעט מעגלי: אומרים הלל, כי ברור שצריך להגיד הלל.[36] מכך משמע שברור לגמרא שאומרים הלל בשחיטת הפסח ובנטילת הלולב, ובאופן דומה משתמע שברור לגמרא שיש דמיון בין נטילת הלולב לשחיטת הפסח, בשתיהן אומרים הלל ושתיהן פולחן שעושים במקדש.

נטילת הלולב ופעולת הריצוי

בדיון נוסף ניתן לראות כיצד הבינו חכמים את התפקיד של ארבעת המינים. המשנה הראשונה במסכת תענית עוסקת בהזכרת גשמים, ומביאה מחלוקת מתי מתחילים להזכיר, והיא מוצגת בהרחבה בגמרא (תענית ב ע"ב):

> דתניא מאימתי [ממתי] מזכירין על הגשמים? רבי אליעזר אומר משעת נטילת לולב, רבי יהושע אומר משעת הנחתו. אמר רבי אליעזר **הואיל וארבעת מינין הללו אינן באין אלא לרצות על המים**, וכשם שארבע מינין הללו אי אפשר בהם בלא מים כך אי אפשר לעולם בלא מים.

לפי הגמרא יש קשר בין ארבעת המינים לפן החקלאי של חג הסוכות. ר' אליעזר ור' יהושע מסכימים שיש קשר בין ארבעת המינים להזכרת הגשמים, ולר' אליעזר הקשר הוא שארבעת המינים באים "לרצות" על המים.[37]

גם השורש רצ"ה מצוי בעולם הקורבנות. כך לדוגמה פותח ספר ויקרא (פרק א'):

> (ב) דַּבֵּר אֶל בְּנֵי יִשְׂרָאֵל וְאָמַרְתָּ אֲלֵהֶם אָדָם כִּי יַקְרִיב מִכֶּם קָרְבָּן לַה' מִן הַבְּהֵמָה מִן הַבָּקָר וּמִן הַצֹּאן תַּקְרִיבוּ אֶת קָרְבַּנְכֶם: (ג) אִם עֹלָה קָרְבָּנוֹ מִן הַבָּקָר זָכָר תָּמִים יַקְרִיבֶנּוּ אֶל פֶּתַח אֹהֶל מוֹעֵד יַקְרִיב אֹתוֹ **לִרְצֹנוֹ** לִפְנֵי ה'.

36. לדעת רש"י שם, אומרים הלל כיוון שמדובר בדבר מצווה, אך נראה שאין זה הסבר ממצה.
37. ראו: ר' בחיי על ויקרא כ"ג מ. השוו קדמוניות המקרא י"ג ז: "ועשיתם לי חג הסוכות ולקחתם לי פרי עץ הדר... ואזכור מטר כל הארץ ותקבע מידת העתים ואסדר את הכוכבים ואצווה את העננים ותרעשנה הרוחות וירוצו הברקים ויהיה רעש ורעמים. וזאת תהיה לאות עולם והלילות יתנו טל כאשר אמרתי אחר מבול הארץ". בפרק הקודם השווינו במידה מסוימת בין יום הכיפורים לתיבת נח. בהמשך להשוואה זו, סידור מחדש של הגשמים לפי הצרכים החקלאיים, והאות שבין ה' לעולם, מתרחש בחג הסוכות. לתפיסה שחג הסוכות קשור לבקשת המים ראו זכריה י"ד טז-יז ובהרחבה בפרק ו'. ראו גם: הרב ש' גורן, מועדי ישראל, עמ' צח-קד.

הקורבנות באים "לרצון" או "לרצות".[38] שורש זה מופיע גם בעומר (ויקרא כ"ג יא):[39] "וְהֵנִיף אֶת הָעֹמֶר לִפְנֵי ה' **לִרְצֹנְכֶם** מִמָּחֳרַת הַשַּׁבָּת יְנִיפֶנּוּ הַכֹּהֵן".

הקשר שיוצרים ר' אליעזר ור' יהושע בין נטילת הלולב לריצוי על המים מזכיר את ניסוך המים שמוזכר במשנה ונעשה במקדש.[40] גם ניסוך המים נועד לרצות לבקש על הגשמים, כפי שנאמר בתוספתא (ראש השנה פ"א הי"ב במהדורת ליברמן): "הבא ניסוך המים בחג כדי שיתברכו עליך מי גשמים".[41]

לצד פעולת הריצוי שמצאנו בלולב, במדרש המפורסם הקושר בין ארבעת המינים לבין חלקי האומה הישראלית נאמר (ויקרא רבה אמור ל' יב):

> ד"א [דבר אחר] פרי עץ הדר אלו ישראל... אמר הקדוש ברוך הוא יוקשרו כולם אגודה אחת **והן מכפרין אלו על אלו**...

המדרש משתמש בפועל מכפרין כדי לתאר את התועלת שבאגידת החלקים יחד. גם הפועל כפרה לקוח מתחום הקורבנות.

אם כן, ניתן לראות הן בניסוך המים והן בארבעת המינים מעין קורבנות יוצאי דופן שמובאים כדי לבקש מה' גשמי ברכה (אבל לא רוחות רעות וטללים רעים).[42] באופן הזה, ארבעת המינים הם חלק מהפן החקלאי של החג, אבל הם לא מתרכזים בעבר או בהווה, אלא דווקא בעתיד. אומנם בהשוואה בין ארבעת המינים לקורבנות העומר ושתי הלחם נראה שהבקשה לעתיד משולבת עם תודה על העבר.

38. על היחס בין הרצון לריצוי ראו: י' גרוסמן, תורת הקורבנות, עמ' 44-45.
39. אומנם הוא נעדר משתי הלחם, וייתכן שהדבר קשור לכך ששתי הלחם הוא חמץ.
40. קשר נוסף בין ארבעת המינים לניסוך המים ניתן למצוא בתיאור של המשנה (פ"ד מ"ט): "ניסוך המים כיצד?... ולמנסך אומרים לו הגבה ידך שפעם אחת ניסך אחד על גבי רגליו ורגמוהו כל העם באתרוגיהן".
41. כמו בנוגע למצוות ערבה, שנדון בה בהמשך, גם בניסוך המים יש מחלוקת אם מדובר על דרשת הכתובים או הלכה למשה מסיני. נראה שניסוך המים קשור לכך שבחג נידונים על המים (ראו לעיל, פרק ו'), ומתקשר לניסוך המים של שמואל הנביא (שמואל א ז' ו) ואליהו הנביא (מלכים א י"ח לד-לה). אליהו לקח את המים האחרונים שהיו אחרי שלוש שנות בצורת והקריב אותם לה'. אומנם בכך הוא הגדיל את נס הורדת האש מן השמיים, אך ניתן לראות בכך גם ממד של הקרבת המים האחרונים לה' והבעת אמונה בה' שהוא עתיד להוריד את הגשם. ראו עוד להלן פרק י"ב.
42. על הקשר בין ארבעת המינים למים ראו: בבלי סוכה לה ע"א (הגמרא שם קושרת בין ההדר להידרו היווני שפירושו מים).

מקראות קודש

קרבה והקרבה בארבעת המינים – משמעות מעשית

ננסה להבין מה המשמעות בראיית ארבעת המינים סוג של קורבן.

השלב הראשון של הקורבן קשור להקדשה שלו. בשלב הבא נותנים חלק ממנו על המזבח. בקורבנות מן החי שוחטים את הבהמה וזורקים את הדם על המזבח, את החלבים וחלקים פנימיים נוספים (בלשון חז"ל אימורים[43]) מקטירים על המזבח, ובעולה גם את שאר האיברים (למעט העור). בקורבן מן הצומח, המנחה, נותנים קומץ על המזבח. לעיתים, חלק מן הקורבן נאכל לכוהנים, ובשלמים גם הבעלים אוכלים חלק.

במשנה נצליח לזהות את "מעשה הקרבת ארבעת המינים" במנהג זקיפת הערבות. לפי תנא קמא, הדעה הסתמית במשנה, את הערבה זוקפים על גבי המזבח.[44] אומנם ארבעת המינים היא מצווה על כל יחיד, אבל החלק למזבח הגיע באופן קולקטיבי ממוצא, ליד ירושלים, וזקפו אותו על צידי המזבח.[45] המשנה מתארת במקביל לזקיפת הערבות גם הקפה של המזבח, וכאמור לעיל, לאחת הדעות בגמרא מקיפים את המזבח כשבידיהם ארבעת המינים.[46]

43. ר' תנחום הירושלמי (המדריך המספיק, ערך אמר, עמ' 25) ובעקבותיו מילון בן יהודה (עמ' 277 הערה 1) מביא שהמילה קשורה לשורש אמ"ר, המציין העלאה למעלה (האמיר), ובן יהודה עצמו מציע שאולי בעבר השורש הזה ציין הקרבת קורבן.

44. הגמרא מתארת את הבסיס לזקיפת הערבות על המזבח כך (בבלי סוכה מה ע"א): "אמר רבי אבהו: מאי קראה? שנאמר 'אסרו חג בעבותים עד קרנות המזבח' (תהלים קי"ח כז)", ומשמע שהן נזקפו על קרנות המזבח, כשם שהדם של חלק מהקורבנות ניתן על קרנות המזבח (לדוגמה ויקרא ד' ז, יח [על מזבח הקטורת], כה, ל [על מזבח העולה]). חז"ל פירשו ש'ענף עץ עבות' זה ההדס (לדוגמה: ספרא אמור פרשה יב פרק טז אות ו), ולדעתם זוקפים ("בעבותים") דווקא ערבה (או דקל) על המזבח. את המקור לכך ראו בהערה הבאה.

45. בשאלת המקור של מצוות הערבה נחלקו חכמים בגמרא (בבלי סוכה מד ע"א; ירושלמי סוכה פ"ד ה"א). לדעת אבא שאול, מצווה זו נלמדת מהפסוקים על ארבעת המינים, הכוללים את הריבוי "ערבי נחל". על פי דבריו, ניתן להסביר שזה חלק מהמצווה. כן עולה מההסבר של רבא (ורב חסדא בשם רבי יצחק, שם ע"ב), שכשאין מקדש יוצאים ידי חובה בערבה שבלולב. גם לדעת חכמים שם, שמצוות ערבה היא הלכה למשה מסיני – יחד עם ניסוך המים – ניתן להבין שזה קשור לפעולות הריצוי הן של ניסוך המים והן של ארבעת המינים. הגמרא קושרת גם את דעת ר' יוחנן בן ברוקא לפסוק על ארבעת המינים, אלא שבמקום לדרוש את הריבוי "ערבי נחל", הוא דורש את הריבוי "כפות תמרים" (שם, מה ע"ב).

46. בבלי סוכה מג ע"ב – מד ע"ב. לדעה האחרת מקיפים בערבה. מכל מקום, לעיל ראינו שבסיום ההקפה הסתיימה מצוות ארבעת המינים.

כלומר לא מקריבים את כל ארבעת המינים אלא מפרישים חלק אחד, את הערבה, ולפי ר׳ יוחנן בן ברוקא את הלולב, ואותו חובטים (שוחטים?) על צידי המזבח.[47] רק לאחר ההקרבה (הסופית, ביום האחרון של חג הסוכות), כמו בקורבנות אחרים, אפשר לאכול את מה שהבעלים יכול לאכול, האתרוג, שהוא בבחינת "בשר" הקורבן. אם תיאור זה נכון, ניתן להבין מדוע חז"ל לא קראו למכלול על שם האתרוג, שהוא אולי יפה ומהודר, אבל לא החלק העיקרי. דווקא הערבה או הדקל הם החלק שמקריבים על המזבח, ואת האתרוג אוכלים.

מדברי המשנה ברור שלמרות שיש קיום מסוים למצוות הלולב מחוץ למקדש, בעיקר ביום הראשון של ה"לקיחה" והקדשת המינים לה׳, הקיום המשמעותי של מצווה זו היא במקדש – בהיקף הזמן ובהקפת המזבח, בהקרבת חלק למזבח ובחיבור בין מצוות הלולב לתפילת ההלל.

קרבה והקרבה בארבעת המינים – משמעות רעיונית

ולאן אתה הולך – ההבנה של ארבעת המינים כסוג של קורבן לא מערערת על ההסברים שניתנו לעיל למקומם הרעיוני של ארבעת המינים. הם יכולים לבטא שמחה על הכניסה לארץ (כדעת הרמב"ם) או על היבול שזכינו לו מאת ה׳ (כדעת ריה"ל), ובמקביל גם לבטא הקרבה שנלווית לתפילה לה׳ לברך את החורף בגשמי ברכה, כמו בניסוך המים.

התיאור של ארבעת המינים כקורבן נועד להבין כיצד זה קורה. כיצד אנחנו מבטאים את השמחה? זה נעשה באמצעות הקרבה. הן בלקיחה הראשונית – בהקדשת היבול או בקנייתו לשם שמיים, והן בקרבה של הנענוע לארבע רוחות השמיים, כאמצעי להכיר שהכול מאת ה׳,[48] וכדי להתפלל לעזרה בעתיד.

ההבנה שארבעת המינים הם קורבן מעניקה למצווה זו הקשר פולחני אך משמעות רוחנית, שכל פנייה שלנו אל ה׳ – הן כהודאה על העבר הן כבקשה לעתיד – תהיה משמעותית יותר אם היא תכלול בתוכה ממד של הקרבה ונתינה.

ולפני מי אתה – לדעת הרב ד"ר יעקב נגן, התפיסה של ארבעת המינים כקורבן

47. נשים לב שגם בקורבנות יש מרכיב של נתינת הדם על המזבח או על הקיר ויש מרכיב של שחיטת הקורבן. לכך אפשר לדמות את חיבוט החריות בדברי ר׳ יוחנן בן ברוקא, ואת חיבוט הערבות שנהוג בימינו. מנהג זה נסמך על העדות של ר׳ אייבו שכך ראה שעושים ממנהג הנביאים (סוכה מד ע"ב, ורש"י שם ד"ה חביט חביט מפרש דוקא כנענוע).

48. לדעת רש"ר הירש ויקרא כ"ג מ, ארבעת המינים מבטאים היבטים שונים של גדילת הצמחים, וגם פיזור גיאוגרפי של הגידולים. ראו גם נ׳ הראובני, טבע ונוף, עמ׳ 76–77.

מאפשרת את התפשטות מצוות המקדש לגבולין ולקיים מעין קורבן גם בעולם שאין בו מקדש.[49] אכן, התקנה של ריב"ז לנענע את הלולב במדינה במשך שבעה ימים כ'זכר למקדש' היא מעין העתקה של מצוות המקדש לגבולין או ניסיון לייצר תחליף למקדש,[50] גם אם התוכן המלא ניטל מהמצווה.

בגבולין אין חלק שהולך למזבח, אבל עדיין אפשר לשמר רעיונות מהמצווה גם בלי לקיים את כולה – בשתי דרכים שונות. נטילת לולב במשך שבעה ימים (שישה, למעשה) בגבולין כזכר למקדש שבה מצמידים את נענוע הלולב להלל רומזת על ההבנה שארבעת המינים הם פולחן שבו פונים לה'.[51] כשם שהשופר הוא כלי תפילה, גם בבתי הכנסת ולא רק במקדש, כך הלולב מלווה את התפילה בדרכו שלו. הלולב מצביע על הכיוון של התפילה למי שארבע רוחות השמיים שלו. גם אם הרצון להקריב לא יכול להתממש במלואו, הוא מסמן קריאת כיוון וניסיון להתקרב אל ה'. במקדש תפילת ההלל מלווה את ארבעת המינים, ובגבולין ארבעת המינים מלווים את תפילת ההלל.[52]

הדרך האחרת אינה זכר למקדש אלא ממהות ארבעת המינים עצמם. כבר בתורה ובדברי חז"ל פעולת הלקיחה, בדומה ללקיחת קורבן הפסח, היא פעולה שעושים בגבולין.[53] חז"ל עמדו על החשיבות שארבעת המינים, לכל הפחות ביום הראשון, יהיו שייכים לכל אחד שמקיים את המצווה.[54] חשיבות הבעלות על המינים, מתוך

49. הרב ד"ר י' נגן מודה שגם בתקופת המקדש קיימו את מצוות ארבעת המינים באופן מסוים מחוץ למקדש. הוא רואה בהרחבת מצוות המקדש כלפי חוץ אידיאל "שבו עולם הטבע מתוקן ודעת ה' מצויה בכל" (ארבעת המינים, עמ' 19), כמו בגן עדן. בעוד הרב ד"ר נגן רואה בהתפשטות הזו שאיפה, שכרגע מתקיימת רק בחג הסוכות, נראה לי שיש משמעות שונה לקיום של ארבעת המינים במקדש לקיום בגבולין, וצריך להיזהר מטשטוש המוטיבים השונים ולהבחין בין זכר למקדש למשמעות בהקשר מקדשי.

50. ראו לדוגמה: ספראי, משנה ראש השנה, עמ' 408.

51. ישנן השלכות הלכתיות של הקדושה של המינים גם בשבעת הימים הללו. ראו לדוגמה: סוכה לז ע"ב (איסור הרחת ההדס, וברש"י שם ד"ה אסור להריח בו).

52. השוו: ירושלמי סוכה פ"ג ה"א, שם נלמד שלולב היבש פסול שכן: "לֹא הַמֵּתִים יְהַלְלוּ יָהּ" (תהלים קט"ו יז).

53. כפי שראינו לעיל (הערה 5), הקראים ראו בכך הכנה לבניית הסוכה, כשם שהם ראו בלקיחת הפסח הכנה להקרבת הקורבן. אני מבכרת לראות בפעולת הלקיחה חלק מהתהליך הכולל של הקדשת הקורבן. מכל מקום, גם חז"ל עמדו על ההשוואה בין שתי הלקיחות, ראו לדוגמה ויקרא רבה ל' א, וראו עוד להלן, הערה 55.

54. ראו גם בבלי סוכה ל ע"א, רמב"ם הלכות לולב פ"ח ה"ט-ה"י, שם נקבע שגם שאר הפסולים רלוונטיים בעיקר ביום הראשון, ונראה שהדבר קשור לשלב הקדשת המינים וקנייתם לשם שמיים.

הדמיון לקורבן, מגלה כמה חשובה היא הנתינה של כל אדם ממה שיש לו לה׳.[55] אומנם בארבעת המינים אפשר להעביר בעלות, בניגוד לקורבן, אבל כדי לקיים את המצווה צריך להתאמץ להשיג ולקנות את ארבעת המינים עצמם. ההקרבה לה׳ באה לידי ביטוי במוכנות להשקיע כדי להשיג את ארבעת המינים, בין אם ביציאה אל הטבע לאסוף את המינים השונים ובין אם בהשקעה הכספית כדי לקנות אותם, שני תהליכים שיכולים להתבצע באופן דומה בהקרבת קורבן מן החי. בפעולה הזאת אנו מבינים שקרבה לה׳ נוצרת על ידי הקרבה, בין אם אנו משרתיו ועומדים לפניו כעבדים ובין אם אנו באים לחדש את הקשר שלנו אליו כבנים. וגם בעולם שאין בו קורבן מן החי ומהצומח, הממד של עבודת ה׳ ושל בניית מערכת יחסים עם ה׳ שכרוכים בנתינה לה׳ חי וקיים.[56]

שהחיינו וקיימנו

לפני כמה שנים הלכתי לחג הסיגד של העדה האתיופית. ראיתי את הקייסים, מנהיגי הקהילה, מנופפים מטריות צבעוניות, וזה היה נראה לי מוזר. לאחר כמה רגעים חשבתי לעצמי שזה לא שונה בהרבה מהנפת מיני עלים במהלך חג הסוכות, ואולי אפילו הגיוני יותר, כי למטריות יש שימוש. החוויה הזאת, של מי שמתבוננת מהצד, עוררה אותי לחשוב על מצוות ארבעת המינים.

אפשר להבין מכאן שנטילת הלולב במשך שבעה ימים – גם במקדש – היא המשך של הלקיחה של היום הראשון, הקובעת את האופי של המצווה, גם אם חלקים מתוכה נפגמו בהמשך. עם זאת, מהירושלמי משמע שזה "קורבן מתחדש", הזוקק בכל יום מחדש אמירת הלל (ירושלמי סוכה פ"ה ה"א).

55. הדרשה הראשונה בויקרא רבה ל׳ א (וכן בהמשך בסעיף יג) בקשר לארבעת המינים קושרת בין לקיחת המינים להשקעה כלכלית בה׳, ומזכירה את הפסוק: "...אִם יִתֵּן אִישׁ אֶת כָּל הוֹן בֵּיתוֹ בָּאַהֲבָה בּוֹז יָבוּזוּ לוֹ" (שיר השירים ח׳ ז). ראו גם: י׳ תבורי, מועדי ישראל, עמ׳ 187 ובמקורות שאליהם הוא מציין. לדעת התוספות (חולין פג ע"א ד"ה וכדברי) לא היו שוחטים הרבה בהמות לפני יום טוב ראשון של סוכות (השוו משנה חולין פ"ה מ"ג) בגלל הטרדה בהשגת ארבעת המינים, אך לדעת פרופ׳ תבורי, אפשר שלאנשים לא היו משאבים נדרשים בגלל ההשקעה להשיג את ארבעת המינים.

56. הרב ד"ר י׳ נגן (ארבעת המינים, עמ׳ 24) רואה באופן אחר את ההבחנה בין שני השלבים, ולדעתו בשלב הראשון העיקר הוא החפץ, ובכך יש דמיון להקרבת הקורבן, ואילו בשלב השני החפץ הוא אמצעי לשמחה, ובכך הוא דומה דווקא לשלב אכילת הקורבן.

עבורי מיקום המצווה במסגרת הקורבנות מעניק לה היגיון. נכון שהיא שונה מהקורבנות, ואפילו החלק שבמקדש לא מקביל לגמרי. אבל היא קשורה לעבודת הקורבנות ומרחיבה אותה.

עבור אנשים רבים, הקישור לעולם הקורבנות לא מקרב אלא מרחיק. עבודת המקדש ופולחן רחוקה מהם. דווקא ארבעת המינים יכולים להוות גשר מסוים. הנחה אחת שעומדת מאחורי עבודת הקורבנות, מבחינתי, היא שעבודת ה׳ אינה רק הצהרתית אלא גם מעשית. הדרך להודות לקב״ה היא לא רק דרך קריאה בשם ה׳ אלא גם דרך נתינה מעשית.[57] הודיה לה׳ באה באמצעות הקרבה וקִרבה לה׳, פגיעה בכיס ו״פגיעה״ במקום, בכסף ובכיסופים, במסירות שעל ידי המסירה.

תקופת החגים, לצד היותה תקופה משפחתית ושמחה, היא גם תקופה יקרה מאוד. האוכל של החג, ההשקעה בסוכה, בין אם בכסף, באופן חד פעמי או מתמשך, ובין אם בעבודת הבנייה, ובארבעת המינים בכל שנה מחדש, הם לא רק תוצרים נלווים של המצוות השונות. בעיניי, הם חלק מהגדרת המצווה. מצוות ארבעת המינים במיוחד מאפשרת את המקום של נתינה לה׳, על ידי השקעה כספית בארבעת המינים, ועל ידי הנפת המינים אל על בתנועה שמקדישה אותם לה׳ ומכוונת אותם כלפיו. ה״קורבן״ הזה מהצומח מזכיר את השפע שה׳ מרעיף עלינו בכל יום, עם ניסיון קטן לתת משהו בחזרה.

57. ראו בפרק המבוא.

פרק יא

טיבו של שמיני עצרת

בספרים שלום לך אורחת ונחמד מכל ימים סופרת הילדים רבקה אליצור מקדישה סיפורים לכל אחד מהחגים: חג הפסח וחג השבועות, יום העצמאות וחג הסוכות, אבל לשמיני עצרת אין פרק בפני עצמו. אכן, בכל ספר יש פרק על שמחת תורה, אבל על שמיני עצרת, המועד המקורי שעליו הלבישו את שמחת תורה, אין מה להגיד. מדוע, בעצם? האם התורה לא מכוונת לתוכן מעשי כלשהו לחג הזה? האם אין לתורה מה להגיד על האופי של היום?

נגסה להתחקות אחרי הרמזים בפסוקי התורה, נעיין במשנה ונדרוש בדברי חכמים, כדי למצוא את התוכן והמשמעות של שמיני עצרת.

עיוני מקרא

היום השמיני במסגרת המועדים

היום השמיני (של חג הסוכות) מופיע בפרקי המועדות העוסקים במכלול החגים: ויקרא כ"ג ובמדבר כ"ח-כ"ט. וכך נאמר בפרשת המועדות של ספר ויקרא (פרק כ"ג):

(לג) וַיְדַבֵּר ה' אֶל מֹשֶׁה לֵּאמֹר: (לד) דַּבֵּר אֶל בְּנֵי יִשְׂרָאֵל לֵאמֹר בַּחֲמִשָּׁה עָשָׂר יוֹם לַחֹדֶשׁ הַשְּׁבִיעִי הַזֶּה **חַג הַסֻּכּוֹת שִׁבְעַת יָמִים לַה'**: (לה) בַּיּוֹם הָרִאשׁוֹן מִקְרָא קֹדֶשׁ כָּל מְלֶאכֶת עֲבֹדָה לֹא תַעֲשׂוּ: (לו) שִׁבְעַת יָמִים תַּקְרִיבוּ אִשֶּׁה לַה' **בַּיּוֹם הַשְּׁמִינִי מִקְרָא קֹדֶשׁ יִהְיֶה לָכֶם וְהִקְרַבְתֶּם אִשֶּׁה לַה' עֲצֶרֶת הִוא כָּל מְלֶאכֶת עֲבֹדָה לֹא תַעֲשׂוּ.**

(לז) **אֵלֶּה מוֹעֲדֵי ה'** אֲשֶׁר תִּקְרְאוּ אֹתָם מִקְרָאֵי קֹדֶשׁ לְהַקְרִיב אִשֶּׁה לַה' עֹלָה וּמִנְחָה
זֶבַח וּנְסָכִים דְּבַר יוֹם בְּיוֹמוֹ: (לח) מִלְּבַד שַׁבְּתֹת ה' וּמִלְּבַד מַתְּנוֹתֵיכֶם וּמִלְּבַד כָּל
נִדְרֵיכֶם וּמִלְּבַד כָּל נִדְבֹתֵיכֶם אֲשֶׁר תִּתְּנוּ לַה'.
(לט) אַךְ בַּחֲמִשָּׁה עָשָׂר יוֹם לַחֹדֶשׁ הַשְּׁבִיעִי בְּאָסְפְּכֶם אֶת תְּבוּאַת הָאָרֶץ תָּחֹגּוּ אֶת
חַג ה' שִׁבְעַת יָמִים בַּיּוֹם הָרִאשׁוֹן שַׁבָּתוֹן **וּבַיּוֹם הַשְּׁמִינִי שַׁבָּתוֹן:** (מ) וּלְקַחְתֶּם
לָכֶם בַּיּוֹם הָרִאשׁוֹן פְּרִי עֵץ הָדָר כַּפֹּת תְּמָרִים וַעֲנַף עֵץ עָבֹת וְעַרְבֵי נָחַל וּשְׂמַחְתֶּם
לִפְנֵי ה' אֱלֹהֵיכֶם **שִׁבְעַת יָמִים:** (מא) וְחַגֹּתֶם אֹתוֹ **חַג לַה' שִׁבְעַת יָמִים בַּשָּׁנָה**
חֻקַּת עוֹלָם לְדֹרֹתֵיכֶם בַּחֹדֶשׁ הַשְּׁבִיעִי תָּחֹגּוּ אֹתוֹ: (מב) בַּסֻּכֹּת תֵּשְׁבוּ שִׁבְעַת יָמִים
כָּל הָאֶזְרָח בְּיִשְׂרָאֵל יֵשְׁבוּ בַּסֻּכֹּת: (מג) לְמַעַן יֵדְעוּ דֹרֹתֵיכֶם כִּי בַסֻּכּוֹת הוֹשַׁבְתִּי
אֶת בְּנֵי יִשְׂרָאֵל בְּהוֹצִיאִי אוֹתָם מֵאֶרֶץ מִצְרָיִם אֲנִי ה' אֱלֹהֵיכֶם: (מד) וַיְדַבֵּר מֹשֶׁה
אֶת מֹעֲדֵי ה' אֶל בְּנֵי יִשְׂרָאֵל.

כפי שראינו בפרק ט', לאחר תיאור 'חג הסוכות' (פס' לג-לו) מובאת חתימה לפרק כולו (פס' לז-לח: "אלה מועדי ה'..."), ומיד לאחריה ציווי נוסף על החג, שהפעם מתואר כ'חג ה'" ומכיל את מצוות הסוכה וארבעת המינים. בפרק ט' התייחסנו מעט לשאלה מדוע הציווי על חג הסוכות מופיע פעמיים, מדוע המצווה חוזרת שוב לאחר פסוקי החתימה, והאם יש בכך רמז להיבטים שונים של חג הסוכות. כעת ניתן את דעתנו להופעה הכפולה של היום השמיני. בשתי הפעמים היום השמיני מוזכר עם חג הסוכות, שאורך שבעה ימים. היום השמיני לא מוגדר כ"חג", ורק שבעת הימים הקודמים מוגדרים כ"חג הסוכות" (פס' לד) או כ"חג ה'" (פס' לט).

היום השמיני כיום "עצרת"

בחלק הראשון של הפרשה, היום השמיני מוגדר 'מקרא קודש' שמקריבים בו קורבן. לצד זאת, נוספה לו כותרת ייחודית וחדשה: "עצרת היא", ונקבע שלא עושים ביום הזה כל מלאכת עבודה, בדומה לשאר הימים הטובים בפרק. ממילא, לא ברור מה הייחוד של הכותרת הזאת, שכן הקרבת "אישה לה'" ואיסור מלאכת עבודה משותפים לשאר הימים הטובים בפרק.

התואר עצרת הוא ההגדרה של היום הזה גם בפרשת המועדות בספר במדבר (פרק כ"ט):

(לה) בַּיּוֹם הַשְּׁמִינִי **עֲצֶרֶת תִּהְיֶה לָכֶם** כָּל מְלֶאכֶת עֲבֹדָה לֹא תַעֲשׂוּ: (לו) וְהִקְרַבְתֶּם
עֹלָה אִשֵּׁה רֵיחַ נִיחֹחַ לַה' פַּר אֶחָד אַיִל אֶחָד כְּבָשִׂים בְּנֵי שָׁנָה שִׁבְעָה תְּמִימִם:

(לז) מִנְחָתָם וְנִסְכֵּיהֶם לַפָּר לָאַיִל וְלַכְּבָשִׂים בְּמִסְפָּרָם כַּמִּשְׁפָּט: (לח) וּשְׂעִיר חַטָּאת אֶחָד מִלְּבַד עֹלַת הַתָּמִיד וּמִנְחָתָהּ וְנִסְכָּהּ.

אם כן, תיאור אחד של היום הזה, שהוא גם היום השמיני של שבעת ימי חג הסוכות, אבל לא חלק מהחג, הוא שהוא "עצרת". התיאור הזה מופיע הן בויקרא כ"ג והן בבמדבר כ"ט.

ננסה להבין מה פירוש המילה עצרת.

לאורך התנ"ך יש שתי משמעויות מרכזיות למילה עצרת. משמעות אחת, כפי שעולה מהפסוקים שראינו, נוגעת לעצירה, בעיקר ממלאכה. גם על היום השביעי של פסח נאמר בספר דברים (ט"ז ח): "שֵׁשֶׁת יָמִים תֹּאכַל מַצּוֹת וּבַיּוֹם הַשְּׁבִיעִי **עֲצֶרֶת** לַה' אֱלֹהֶיךָ **לֹא תַעֲשֶׂה מְלָאכָה**".[1]

לצד זאת, ניתן למצוא למילה עצרת משמעות של התכנסות, כגון בפסוק (ירמיהו ט' א): "מִי יִתְּנֵנִי בַמִּדְבָּר מְלוֹן אֹרְחִים וְאֶעֶזְבָה אֶת עַמִּי וְאֵלְכָה מֵאִתָּם כִּי כֻלָּם מְנָאֲפִים **עֲצֶרֶת** בֹּגְדִים". וכן מפרש רש"י: "כנסיות בוגדים".[2] אפשר, כמובן, שהא בהא תליא: כדי לייצר מפגש והתכנסות, צריך לעצור את מה שעושים, את מלאכת היום־יום, ולהתכנס.[3]

מתברר שהתורה מכוונת שביום זה תהיה עצירה או התכנסות, אך לא ברורה מה מטרתה ובמה היא שונה מהימים האחרים שבהם יש איסור מלאכה.[4]

היום השמיני כיום שבתון

בהמשך הפרשה בספר ויקרא (כ"ג לט) היום מוגדר – שוב – כיום השמיני, אך גם, יחד עם היום הראשון, הוא מוכתר כשבתון. כפי שראינו בפרקים הקודמים, בויקרא

1. והשוו ספרי דברים פיסקא קלה: "וביום השביעי עצרת לה' אלוהיך שביעי עצור מכל מלאכה".
2. ראו גם: ישעיהו א' יג (ובתרגום המיוחס ליונתן ומצודת ציון שם, אם כי ראב"ע מפרש מלשון עצירת מלאכה). השוו: שפת אמת במדבר שבועות תרנ"ז.
3. ראו לדוגמה (מלכים ב י' כ): "וַיֹּאמֶר יֵהוּא קַדְּשׁוּ **עֲצָרָה** לַבַּעַל וַיִּקְרָאוּ". נראה שפסוק זה מתייחס לשני המובנים כאחד, וראו בדברי הפרשנים. וכן ביואל א' יד; ב' טו.
4. יום זה מכונה עצרת שוב בנחמיה ח' יח, ובדברי הימים ב ז' ט. ראו פירוש ראב"ע (ויקרא כ"ג לו): "עצרת היא י"א שטעמו קהלה, כטעם 'עצרת בוגדים' (ירמיהו ט' א), והטעם התחברות כל ישראל לשלש רגלים. ולא דברו נכונה, כי הנה כתוב בפסח 'וביום השביעי עצרת' (דברים ט"ז ח), וכתיב 'ופנית בבקר והלכת לאהליך' (שם, ז). והקרוב שהוא כמו 'נעצר לפני ה'' (שמואל א כ"א ח), שיהיה בטל מכל עסקי העולם. ופי' 'עצרת היא כל מלאכת עבודה לא תעשו'. וכן כתוב בעצרת מועד הפסח". וכן פירוש רשב"ם.

כ"ג קראו שבתון לשבת, שחלה ביום השביעי,[5] וכן לחגי תשרי, שחלים בחודש השביעי.[6] מלבד הדמיון שקשור למספר שבע, נראה שהכותרת שבתון נועדה ליצור השוואה נוספת בין היום הזה, וחגי תשרי בכלל, לשבת.

גם לפי פרשת המוספים היום השמיני הוא חלק ממערכת מועדי תשרי. בקורבנות המוספים יש שתי מערכות של קורבנות:[7] מערכת אחת היא של ראש חודש, חג המצות וחג השבועות, והיא קשורה לרגלים.[8] במערכת הזאת מביאים בכל מועד **שני פרים**, איל ושבעה כבשים לעולה ושעיר לחטאת. המערכת השנייה היא של מועדי החודש השביעי: יום תרועה, יום הכיפורים והיום השמיני, ובה מביאים בכל מועד **פר אחד**, איל, ושבעה כבשים. קורבנות חג הסוכות משלבים את קורבנות המוספים של חגי תשרי (פר, איל, ושבעה כבשים) עם קורבנות המוספים של הרגלים (שני פרים, איל ושבעה כבשים), אך באופן ייחודי. בכל אחד מהימים מביאים שני אילים (אחד למועדי תשרי, ואחד לרגלים), וארבעה עשר כבשים (שבעה לכל אחת מן המערכות). מספר קורבנות הפרים הולך ופוחת בכל יום. מכל מקום, למדנו מכאן שחג הסוכות משלב בין שתי המערכות השונות, אבל היום השמיני, עצרת, שייך רק למערכת של חגי תשרי.

יוצא, שמשמעות נוספת ליום השמיני קשורה להיותו חלק ממערך חגי החודש השביעי,[9] שיש להם זיקה לשבת.

אם נסכם את העולה מפסוקי התורה, נראה ששתי שאלות שלובות זו בזו.

5. ויקרא כ"ג ג, אך גם בשמות ט"ז כג; ל"א טו; ל"ה ב.
6. יום זכרון תרועה (פס' כד), יום הכיפורים (פס' לב, וגם ויקרא ט"ז לא, והוא מוגדר כ"שבת שבתון"). הכינוי "שבתון" מופיע גם ביחס לשמיטה (ויקרא כ"ה ד-ה), שחלה בשנה השביעית.
7. ראו לדוגמה ר"י בכור שור על במדבר כ"ח יא.
8. על הקשר בין ראשי חודשים למערכת הרגלים עמדו כמה חכמים. לדוגמה: ראב"ע (על במדבר כ"ח יא), שלדעתו חוגגים את ראש חודש ניסן, וממנו למדו לראשי החודשים האחרים. השוו: א' שמש וכ' ורמן, לגלות נסתרות, עמ' 276, לגבי כת קומראן שחגגה בראש חודש ניסן את ראש השנה. לדעת ר"י בכור שור (שם), במערכת הרגלים יש יותר קורבנות משום שיותר אנשים מגיעים למקדש. לדעתו ולדעת הספורנו (שם), העם היה חוגג באופן עצמאי את ראשי החודשים, והתורה נתנה לכך תוקף. ראו גם לעיל פרק ד'.
9. לדעת פרופ' א' שמש ופרופ' כ' ורמן, לגלות נסתרות עמ' 277-279, אפשר לראות רמז למקום של שמיני עצרת דווקא במארג חגי תשרי על סמך הפסוק ביואל (ב' טו): "תִּקְעוּ **שׁוֹפָר** בְּצִיּוֹן קַדְּשׁוּ **צוֹם** קִרְאוּ **עֲצָרָה**". ביום הראשון לחודש השביעי תוקעים בשופר, ביום העשירי מקדשים צום ובכ"ב בחודש קוראים עצרה. לדעתם: "בשל סמיכותו של החודש השביעי למועד החורף, נראה שהזיכרון נקשר לבקשה על גשמים ועל הצלחה כלכלית. מועדי החודש השביעי נועדו להזכיר לעם את תלותו בא־ל, ולהזכיר לא־ל את תלותו של העם בו, כלשון ספר ויקרא שהזכרנו זה עתה

השאלה הראשונה נוגעת ליחס בין שמיני עצרת לסוכות: האם היום השמיני הוא המשך לשבעת ימי חג הסוכות או שהוא יום עצמאי ואינו חג ולא חלק ממערכת הרגלים, אלא שייך למערכת של מועדי תשרי. השאלה השנייה נוגעת ליחס בין שתי הכותרות "עצרת" ו"שבתון". האם הכותרת "עצרת" מכילה בתוכה התאספות והתכנסות, העשויה להזכיר את העלייה לרגל ההמונית של הרגלים, או שהגדרה זו מתייחסת בעיקר לעצירה ממלאכה, בדומה ל"שבתון". מתוך שתי השאלות הללו תעלה השאלה העיקרית והיא: מה עניינו של היום הזה? נעיין במקורות נוספים וננסה להשיב על שאלות אלו.

עיוני משנה

שמונה ימים או שבעה ימים ויום אחד

גם במשנה נשמר מתח מסוים בין היום השמיני כחלק מהרצף של חג הסוכות ובין היום השמיני כיום שעומד בפני עצמו. כך במשנה בסוכה (פרק ד'):

> [א] לולב וערבה ששה ושבעה, ההלל והשמחה שמונה, סוכה וניסוך המים שבעה, והחליל חמשה וששה...
>
> [ח] **ההלל והשמחה שמונה** כיצד? מלמד שחייב אדם בהלל ובשמחה ובכבוד **יום טוב האחרון של חג** כשאר **כל ימות החג**. סוכה שבעה כיצד? גמר מלאכול לא יתיר סוכתו אבל מוריד את הכלים מן המנחה ולמעלה מפני כבוד **יום טוב האחרון של חג**.

המשנה מפרטת את המצוות והדינים השונים הקשורים לחג הסוכות לפי מספר הימים שכל דין נוהג. המשנה מבחינה בין היום השמיני לימים שלפניו בעניין לולב, שניטל במשך שישה או שבעה ימים; סוכה, שיושבים בה כל שבעה; וניסוך המים, שנעשה בשבעת ימי חג הסוכות.[10] לצד זאת, לעניין הלל ושמחה, היום האחרון הוא כמו הימים שלפניו, ונוצר רצף של שמונה ימים. היום הזה גם נקרא "יום טוב אחרון

'שבתון זכרון תרועה' (ויקרא כ"ג, כד)". אומנם בהמשך הם מדברים על משמעויות נוספות של חגי תשרי.

10. בעניין זה נחלקו ר' יהודה וחכמים אם היה ניסוך המים ביום השמיני, ראו בבלי תענית ב ע"ב – ג ע"א.

של חג". מהתואר הזה ומצירוף הימים יחד במשנה אפשר להבין שהיום השמיני הוא המשך של החג הקודם, גם אם חלק ממצוות החג לא נוהגות בו.

באופן דומה מופיע במשנה בערכין (פרק ב'):

[ג] ...**ובשנים עשר יום בשנה החליל מכה לפני המזבח** בשחיטת פסח ראשון ובשחיטת פסח שני וביום טוב ראשון של פסח וביום טוב של עצרת **ובשמנה ימי החג...**

המשנה בערכין מתארת את הימים בשנה שהחליל מכה לפני המזבח, ובגמרא[11] מבואר שמדובר על ימים שגומרים בהם את ההלל. במשנה זו היום השמיני הוא חלק מימי החג.[12]

התייחסות ליום הזה כעומד בפני עצמו מופיעה בסוף מסכת סוכה (פרק ה'):

[ו] **יום טוב הראשון של חג** היו שם שלשה עשר פרים ואילים שנים ושעיר אחד, נשתיירו שם ארבעה עשר כבשים לשמנה משמרות. **ביום ראשון** ששה מקריבין שנים שנים, והשאר אחד אחד. **בשני** חמשה מקריבין שנים שנים, והשאר אחד אחד... **בשמיני חזרו לפייס כברגלים.** אמרו מי שהקריב פרים היום לא יקריב למחר אלא חוזרין חלילה.

המשנה רואה בשמיני מערכת פיס נפרדת מימי החג וקובעת "חזרו לפייס כברגלים".[13] שמיני עצרת מושווה לרגלים, אבל בלי קביעה מוחלטת שהיום השמיני הוא רגל.

דבר דומה יש גם בחובות החג. המשנה בחגיגה קובעת (פרק א'):

11. בבלי ערכין י ע"א.
12. השוו (בבלי עירובין מ ע"ב): "'תן חלק לשבעה וגם לשמונה' (קהלת י"א ב), רבי אליעזר אומר: שבעה – אלו שבעה ימי בראשית, שמונה – אלו שמונה ימי מילה. רבי יהושע אומר: שבעה אלו שבעה ימי פסח, שמונה – אלו שמונה ימי החג". השוו גם פסיקתא דרב כהנא פיסקא כח, ביום השמיני עצרת: "ד"א מהו תן חלק לש', א"ר לוי תן חלק לשבעת ימי החג. וגם לש', הזהיר הקדוש ברוך הוא אף בקדושת יום השמיני". על הקשר בין ברית מילה ליום השמיני (שמוזכר גם בהמשך הדרשה בפסיקתא דרב כהנא) ראו להלן, הערה 38.
13. החזרה לפייס כרגלים מצביעה על היום הזה כיום שהוא לא חלק מעבודת המקדש היום-יומית, אלא פתוחה לעבודה בפני כל משמרות הכהונה. כיוון שזהו יום חדש (מלאכת שלמה), וגם אין בו מספיק קורבנות לכל הכוהנים (תפארת ישראל), עורכים בו פיס כדי לחלק את העבודה בין כל הכוהנים.

[ו] מי שלא חג ביום טוב הראשון של חג חוגג את **כל הרגל ויום טוב האחרון של חג.**
עבר **הרגל** ולא חג אינו חייב באחריותו. על זה נאמר 'מעוות לא יוכל לתקון וחסרון לא יוכל להמנות' (קהלת א' טו).

החובה להביא קורבן חגיגה היא ביום טוב הראשון של חג הסוכות, ולאחריו אפשר להשלים, ומשמע שההשלמה היא בחג הסוכות, אך המשנה קובעת שמי שלא חג ביום טוב ראשון, יכול להשלים את הקורבנות של חג הסוכות גם ביום טוב האחרון. ואם "עבר הרגל", ונראה שהכוונה לכל שמונת הימים, אי אפשר להשלים את קורבנות החג.
דין דומה נאמר לגבי ארוחות חג הסוכות (סוכה פרק ב'):[14]

[ו] ר' אליעזר אומר ארבע עשרה סעודות חייב אדם לאכול בסוכה, אחת ביום ואחת בלילה. וחכמים אומרים אין לדבר קצבה, חוץ מלילי יום טוב ראשון של חג בלבד.
ועוד אמר רבי אליעזר מי שלא אכל **לילי יום טוב הראשון** ישלים **בלילי יום טוב האחרון**. וחכמים אומרים אין לדבר תשלומין על זה נאמר 'מעוות לא יוכל לתקון וחסרון לא יוכל להמנות' (קהלת א' טו).

מפשט המשנה עולה שלדעת ר' אליעזר אפשר להשלים את אכילת ארוחות חג הסוכות גם במהלך היום השמיני, למרות שכבר לא אוכלים בסוכה.[15] שתי המשניות הללו רואות את היום השמיני כהמשך והשלמה של שבעת ימי החג אך כיום שאין בו אותן חובות של החג.[16]

14. על ההשוואה הזאת עמדנו בפרק ט' על הסוכה.
15. בגמרא (סוכה כז ע"א) נקבע שר' אליעזר חזר בו, שכן לא ניתן להשלים סעודה של חג הסוכות כשאין חובה לשבת בסוכה. ראו לעיל, פרק י, עמ' 222 הערה 37. ראו גם להלן, הערה 41.
16. במקום נוסף ניתן לעמוד על המתח בין שבעת ימי החג ליום השמיני. במשנה במגילה מובאות הקריאות השונות בתורה במועדים השונים (פ"ג מ"ה), ושם לגבי סוכות נאמר: "ובשאר כל ימות החג בקרבנות החג", וזה כולל את היום השמיני. בתוספתא המקבילה ישנה השלמה לדין המשנה (תוספתא מגילה פ"ג ה"ח במהדורת ליברמן), ושם מפורטות הקריאות של כל אחד מימי חג הסוכות ולבסוף נאמר: "בשמיני וביום השמיני". התוספתא מציינת את היום השמיני בפני עצמו, אבל גם מתייחסת לכל אחד מימי החג בפני עצמו, אומנם בניגוד לתיאור הקריאות בשאר ימי החג, את היום השמיני היא מציגה בנפרד, ללא וא"ו החיבור. שוב לא ברור אם היום השמיני הוא חלק מחג הסוכות או חג עצמאי ונפרד. הרב פרופ' ש' ליברמן (תוספתא כפשוטה, מועד ד, עמ'

לסיכום – מתוך המקורות לא ברור אם היום השמיני הוא חלק מחג הסוכות או שהוא עומד בפני עצמו. לצד זאת, קשה להסיק משהו על אופיו של היום, שכן במקורות ראינו רק שזהו יום של "הלל ושמחה", שבו החליל מכה לפני המזבח.[17]

עיוני דרשה

בין שבעת ימי החג ליום השמיני

בתוספתא, במדרשים ובתלמודים נוכל למצוא מעט יותר התייחסויות בנוגע להבנתם את אופיו של היום. גם המקורות הללו עוסקים ביחס בין היום השמיני לשאר הימים של חג הסוכות ובאופי המיוחד של היום.

חז"ל בהחלט עמדו על הדינמיקה של היום הזה, שהוא גם חלק מחג הסוכות (היום השמיני) אבל גם עומד בפני עצמו (שכן חג הסוכות הוא רק שבעה ימים). ראינו לעיל, שהמשנה ציינה שביום השמיני חוזרים לפייס "כברגלים". התוספתא מוסיפה (תוספתא סוכה פ"ד במהדורת ליברמן):

> [יז] ויום טוב האחרון של חג פייס לעצמו, זמן לעצמו, רגל לעצמו, קרבן לעצמו, שיר לעצמו, ברכה לעצמה...[18]
>
> [יח] יכול לא היו טעונין לינה ת"ל 'ביום עשרים ושלשה לחדש השביעי שלח

903-904) מתייחס לכתבי היד השונים ומדגיש שבפסוק לא כתוב "וביום השמיני" כך שיצטרף לימים הקודמים, אלא ככל הנראה "ביום השמיני" (במדבר כ"ט לה) ובכך הוא עומד בפני עצמו. אומנם בויקרא כ"ג (פס' לט) נאמר "וביום השמיני שבתון" ובכך הוא מצטרף לחג. ראו גם הרב ש"י זוין, המועדים בהלכה, עמ' קסא.

17. הרב ש"י זוין (המועדים בהלכה, עמ' קסו-קסז) מביא בשם החזון אי"ש שעניינו של שמיני עצרת הוא דווקא השמחה. יש לציין שיש בכך חידוש גדול, שכן מוטיב השמחה מופיע במועדים רק בפרשות שמתייחסות לשלושת הרגלים.

18. כאן נוסף בתוספתא "שנ' ביום השמיני שלח את העם ויברכו את המלך (מלכים א ח' סו)". מכאן הבין רש"י שהברכה המיוחדת ליום השמיני היא הברכה למלך, כמו שבירכו ישראל ביום השמיני של חג הסוכות כשהתקבצו לחנוכת המקדש בימי שלמה. אומנם תוספות חלקו על רש"י ולדעת רבנו תם, בעקבות הבבלי (סוכה מז ע"א-ע"ב) מדובר על אזכור שונה של היום בתפילה ובברכת המזון. לדעת הרב פרופ' ש' ליברמן (תוספתא כפשוטה, ד, עמ' 903), הפסוק צוטט בגלל המשך הדברים, ולא בא לציין את התוכן של הברכה, שכן משמע מדברים אלו שגם בימי חג הסוכות כל הדרישות הללו קיימות, אלא שבשמיני עצרת יש דרישות מתחדשות המותאמות ליום הזה. לסיכום דעות בנוגע לפרטים השונים ברשימה ראו אצל הרב ש"י זוין, המועדים בהלכה, עמ' קס-קסח.

> את העם וילכו לאהליהם׳ (דברי הימים ב ז׳ י) הא כיצד? נפטרו מבעוד יום השכימו והלכו להם.

התוספתא מגדירה את היום הזה כ״יום טוב האחרון של חג״, אך גם מציינת שלעניין דינים שונים היום הזה עומד ״לעצמו״.

בירושלמי מצאו לכך תימוכין (ירושלמי סוכה פ״ה ה״ז):

> אמר רבי יוחנן ותני כן שמיני רגל בפני עצמו, פייס בפני עצמו, ברכה בפני עצמה, קרבן בפני עצמו.
> רגל דאמר רבי אבין בשם רבי אחא כולהם כתיב: ׳וביום׳ (במדבר כ״ט) וכאן כתיב: ׳ביום׳ (שם, פס׳ לה) ללמדך שהוא רגל בפני עצמו.

רבי אבין בשם ר׳ אחא מבחין בין קורבנות המוספים בשבעת ימי חג הסוכות, שבהם כל יום קשור ליום שלפניו, באמצעות וא״ו החיבור: ״וביום השני... וביום השלישי״ וכן הלאה, ובין היום השמיני שנמצא ברצף של הימים הללו אך עומד בפני עצמו: ״ביום השמיני״, בלי לקשור אותו לימים הקודמים.

בבבלי קשרו את היום השמיני לחג הסוכות כך (בבלי ראש השנה ד ע״ב):

> אימור דאמרינן [זהו שאמרנו] שמיני רגל בפני עצמו – לענין פז״ר קש״ב, אבל לעניין תשלומין – דברי הכל תשלומין דראשון [של ראשון] הוא.

דברי הגמרא שהיום האחרון הוא השלמה לחג הסוכות נסמכים על המשנה שראינו לעיל (חגיגה פ״א מ״ו), שמי שלא חג ביום טוב ראשון יכול לחוג גם ביום טוב אחרון.

הרי שחכמים הגדירו את היום הזה כיום השלמה לחובות של חג הסוכות, אבל גם כיום שעומד בפני עצמו לעניין פז״ר קש״ב: **פיס** עצמאי (כפי שראינו לעיל במשנה); **זמן** – ברכת שהחיינו חדשה; **רגל** – הבחנה של החג כחג עצמאי; **קורבן** – קורבנות מוספים ששונים מקורבנות חג הסוכות, כפי שראינו לעיל; **שיר** – מזמור תהלים שאמרו הלוויים שונה מהרצף שאמרו בחג הסוכות; **ברכה** – ברכה מיוחדת ליום זה.

מבין הרשימה הזאת, ההגדרה של שמיני עצרת כרגל בפני עצמו חשובה ומאתגרת.[19] לכאורה מהגדרה זו משמע שבשמיני עצרת יש לעלות לרגל חיזוק

19. כך הבין ר״י מפריס, ושקביעה זו כוללת חיוב נוסף של קורבן חגיגה וראייה. ראו אצל ר׳ ש׳ ליברמן, תוספתא כפשוטה, ד, עמ׳ 904. וראו להלן הערה 26.

לכך ניתן למצוא בחובת הלינה שהוגדרה בתוספתא, כלומר חובה להישאר ולישון בירושלים באותו לילה.[20] למרות זאת, לדעת רוב הראשונים הקביעה הזו באה לנתק את היום השמיני מהרגל של סוכות, בלי שיוגדר כרגל באופן עצמאי.[21] למרות שפירושים אלו פחות מתאימים ללשון "רגל בפני עצמו", הם מסתברים מהפסוקים, שבהם רק חג הסוכות הוא אחד מן הרגלים, ורק הוא מוזכר בשמות כ"ג, ל"ד ודברים ט"ז, העוסקים ברגלים.[22]

נראה שלהתלבטות הזאת, אם שמיני עצרת הוא "רגל בפני עצמו" או רק מפסיק את ה"רגל" של חג הסוכות, יש השפעה על נוסח התפילות והברכות של היום הזה. לדעת השולחן ערוך[23] אומרים: "יום שמיני **חג** העצרת הזה", ובכך הוא רומז שהיום השמיני הוא יום חג הממשיך חלק מהמהות של חג הסוכות. הכינוי "חג" מופיע בתורה רק ברגלים,[24] וממילא יש כאן רמז למהות של שמיני עצרת כ"רגל" ממש. הרמ"א חולק וקובע: "ואנו נוהגין שאין אומרים חג בשמיני דלא מצינו בשום מקום שנקרא

20. בספרי במדבר פיסקא קנא אמרו: "'ביום השמיני עצרת תהיה לכם', עצרו הכתוב מלצאת, הרי שהביא קדשיו מבית פגי לירושלם שומע אני יאכלם בירושלם וילך וילן בבית פאגי ת"ל 'ביום השמיני עצרת תהיה לכם' (במדבר כ"ט לה) עצרו הכתוב מלצאת, אין עצירה אלא כניסה שנאמר 'אני עצור לא אוכל לבוא בית ה'' (ירמיהו ל"ו ה). 'ויהי דבר ה' אל ירמיהו שנית והוא עודנו עצור בחצר המטרה' (ירמיהו ל"ג א)". אפשר להבין מכאן שיש חובה "להיעצר" בירושלים. ראו בהערות של פרופ' מ' כהנא במהדורתו עמ' 196, הקושר את הדין לחובת לינה שמוזכרת גם בתוספתא. עם זאת, מדברים אלו משמע שרק מי שכבר בירושלים אינו יכול לצאת. אין הכרח להבין שיש חובה ממשית לעלות לרגל, אלא רק חובה על מי שכבר נמצא להישאר ללון. ראו על כך תוספות חגיגה יז ע"א ד"ה דכתיב ופנית.

21. לפי רש"י (ראש השנה ד ע"ב ד"ה פז"ר קש"ב) לא קוראים למועד הזה "סוכות" ולא יושבים בו בסוכה (רש"י סוכה מח ע"א ד"ה רגל בפני עצמו); לדעת רי"ף (סוכה כג ע"א), רבנו חננאל (על סוכה מח ע"א) ורבנו תם (תוספות יומא ג ע"א ד"ה פז"ר קש"ב, ראו השנה ד ע"ב ד"ה פז"ר קש"ב, חגיגה יז ע"א ד"ה פז"ר קש"ב), הוא יום שעומד בפני עצמו במסגרת ביטול אבלות; ולדעת הרמב"ן והריטב"א (על סוכה מז ע"ב – מח ע"א) הוא רגל משלים לסוכות למי שלא היה חייב בפועל בחובות הרגל ביום טוב ראשון של חג (השוו בבלי פסחים צג ע"א בנוגע ליחס שבין פסח ראשון לפסח שני).

22. הרב פרופ' ד' הנשקה, שמחת התנאים, עמ' 191–205, רואה ברשימה זו ביטוי לכך שהתנאים ראו ביום השמיני רגל ממשי וקושר זאת לרשימה דומה למביאי הביכורים. לדעתו, הדבר מבוסס על ההבנה של התנאים את הכינוי 'עצרת' כפי שנראה גם בהמשך.

23. אורח חיים תרס"ח א.

24. שמות י"ב יד; י"ג ו; כ"ג יד-יח; ל"ד כב-כה; ויקרא כ"ג ו, לד-מא; דברים ט"ז י-טז; ל"א י.

חג, אלא אומרים **יום** שמיני עצרת".[25] אפשר לראות במחלוקת זו המשך של הדיון על העצמאות של יום שמיני עצרת לעומת התלות של יום זה בחג הסוכות שלפניו.[26]

תוכנו של היום – עצרת של חג ועצרת של פסח

תוך שניסו להבין את ההגדרה של עצרת, חז"ל עמדו על הדינמיקה שבין היום הזה לשבעת הימים שקדמו לו. הם חיפשו את המאפיין המיוחד של היום השמיני, אך מתוך זיקה או הנגדה לשבעת ימי חג הסוכות.

כך אמרו בגמרא (בבלי סוכה נה ע"ב):

> אמר רבי (אליעזר) [אלעזר] הני שבעים פרים כנגד מי? כנגד שבעים אומות. פר יחידי למה? כנגד אומה יחידה. משל למלך בשר ודם שאמר לעבדיו: עשו לי סעודה גדולה. **ליום אחרון** אמר לאוהבו: עשה לי סעודה קטנה, כדי שאהנה ממך.

ר' אלעזר[27] מפרש את העצרת כיום עצירה נוסף שנועד להשאיר את בני ישראל לסעודה קטנה נוספת עם ה'. לדעתו יש צורך ביום נוסף שיוקדש לקשר האישי בין ישראל לה'. אם חג הסוכות הוא חג אוניברסלי, שמיני עצרת משלים את הממד האינטימי של החג.[28] התפיסה של חג הסוכות כחג בעל מאפיינים אוניברסליים עולה מנבואת הנביא זכריה המנבא שהעמים יבואו לעבוד את ה' בחג הסוכות[29] ומדברי

25. לדעת המהרש"ל והט"ז (או"ח תרס"ח א) יש לומר: "יום שמיני עצרת החג הזה", כך שהעצרת מתייחס ליום השמיני, והחג נשאר תואר של סוכות.
26. ראו בדברי הט"ז (שם) שיקולים נוספים אם שמיני עצרת הוא חלק מחג הסוכות או לא. לדעת הרב פרופ' ד' הנשקה, שמחת הרגל, עמ' 191–230, התנאים ואמוראי בבל ראו ביום זה המשך של חג הסוכות (ראו לעיל הערה 22), בעוד שאמוראי ארץ ישראל ראו ביום זה חג עצמאי. לדעתו, הניתוק של שמיני עצרת מימי חג הסוכות נולד בעקבות הפסקת העלייה לרגל אחרי חורבן הבית. ועם זאת, אפשר לומר שהדעות השונות הן ביטוי למתח שעולה מהפסוקים עצמם.
27. רבו הגרסאות בנוגע לבעל המימרא. בדפוסים המימרה הובאה בשם ר' אליעזר. בחלק מעדי הנוסח (פיזרו, מינכן 95) בעל המימרה הוא ר' אלעזר, ויש להניח שזה הבסיס לגרסת הדפוסים, שם ר' אליעזר הובא בטעות. כת"י אחד מביא את הדברים בשם אביי (מינכן 140). עם זאת, לפי רוב עדי הנוסח (אוקספורד 366, אוקספורד 2677, אנלאו 270, הספרייה הבריטית 400) בעל השמועה הוא ר' לוי.
28. השוו: הרב י' זקס, מועדים לשיחה, עמ' 132–135.
29. זכריה י"ד טז-יט. זהו חלק מההפטרה של היום הראשון של סוכות.

הגמרא ששבעים הפרים המוקרבים בחג הם כנגד האומות הללו.[30] כנגד הימים הללו, מגיע היום השמיני, עצרת, כדי לחדש את האינטימיות של עם ישראל עם הקב"ה. אפשר לדמות זאת למשתאות השונים של אחשוורוש, שבתחילה עשה משתה לכל מלכותו ולאחר מכן עשה משתה קצר יותר, אך אינטימי, לבני עירו.[31] הדבר לא נאמר במפורש, אבל מדברי ר' אלעזר משמע שההתכנסות האינטימית בין ישראל לה' נעשית במקדש.[32]

מדרש נוסף המחזק את הכיוון שעצרת נועדה להמשך עצירה בבית ה' משווה בין היום השמיני לחג השבועות, שהוא בוודאי רגל. ההשוואה הזו קשורה גם לבחירה של חכמים לקרוא לחג השבועות עצרת.[33] כך מובא בפסיקתא דרב כהנא (פיסקא כח):

> א"ר יהושע בן לוי ראויה היתה עצרת של חג להיות רחוקה חמשים יום. מושלו משל למה הדבר דומה, למלך שהיו לו בנות נשואו' במקום קרוב ובנות נשואות במקו' רחוק, אילו שנשואות במקום קרוב אית ביומיא דייזלון וייתון [יכולות ביום אחד ללכת ולבוא], ואלו שהן במקום רחוק לית ביומא דייזלון וייתון [אינן יכולות ללכת ולבוא ביום אחד], אמר המלך אני ואתם נשמח יום אחד.
> כך בפסח על ידי שישראל יוצאין מן החורף לקייץ ואינה טרחות דרכים קשה, לפיכך היא רחוקה ממנו חמשים יום, דאית ביומיא דייזלון וייתון [יכולים ללכת ולבוא ביום אחד], אבל בחג על ידי שישראל נכנסין מן הקייץ לחורף וטרחות דרכים קשה, לפיכך אינה רחוקה ממנו חמשים, דלית ביומיא דאזלון וייתון [אי אפשר שילכו ויבואו ביום אחד]. אמר הקדוש ברוך הוא אני ואתם נשמח יום אחד. לפיכך צריך לומר 'ביום השמיני עצרת תהיה לכם' (במדבר כ"ט לה).

30. התפיסה האוניברסלית של סוכות קשורה גם לתפיסה שבתשרי נברא העולם, ובו היה הגילוי האלוהי הכללי בטבע, לעומת ניסן שבו הגילוי האלוהי בהיסטוריה היה של אלוהי ישראל. ראו לדוגמה: הרב א' בזק, פסח וסוכות, ובמקורות המצוינים שם.
31. אסתר א' ג-ה.
32. ראו: רש"י, ר"י בכור שור, אברבנאל על ויקרא כ"ג לו. כך גם הבין הקראי ר' אליהו בשייצי באדרת אליהו (עמ' 160): "טעם עצרת מטעם ועצר את השמים. והטעם שישראל היו נעצרים בזה היום למקדש חוץ משבעת ימי סכות כי זה המועד אינו מעצם חג הסכות. גם לא יקרא חג. ואע"פ שהיו נעצרים גם ביום שביעי לחג המצות כמוהו. זה נקרא עצרת מפני שהיו עושים עצרת יתרה ממנו מפני שהיה סוף המועדים והיו שמחים וששים בו".
33. הרב פרופ' ד' הנשקה, שמחת הרגל, עמ' 211–219, סבור שהשאלת המילה עצרת לחג השבועות קשורה הן בנטייה של חכמים לקצר את שמות החגים והן בהבנה שמהות היום היא העלייה לרגל. לדעתו, אנשים הגיעו לירושלים לכל אורך הרגל, ובסופו הגיעו כל ישראל.

במדרש זה היום השמיני ("עצרת של חג") וחג השבועות נתפסים כיום נוסף במחיצת הקב"ה. לאחר שחוזרים לבתים, חוזרים אל ה' לביקור נוסף.[34] ימים אלו הם יום נוסף של עצירה לפני החזרה לחיים,[35] אלא שבתחילת החורף מצמידים את היום הזה לחג הסוכות, ובקיץ אפשר להפריד בין הימים.

משני המקורות הללו עולה שהיום השמיני הוא יום שבו עולים לרגל (או שנשארים בירושלים מהעלייה שעלו בחג) כדי להשלים את הממד האינטימי החסר בחג הסוכות.

אומנם הסבר זה קשה לפי התפיסה שאין חובת עלייה לרגל בשמיני עצרת. אפשרות אחת להסביר היא שמדרשים אלו דווקא מחזקים את התפיסה ששמיני עצרת הוא "רגל (ממש) בפני עצמו" ובו חובה ממשית להיראות לפני ה'. לחלופין, אפשר לראות ביום זה יום 'מתנה', שבו מוזמנים להישאר יום נוסף במחיצת ה', אף שלא חייבים בכך.[36] אפשר להציע שממד הבחירה אם להישאר או לא הוא חלק מהותי מהאינטימיות שנבנית.[37]

ההשוואה בין היום השמיני לחג השבועות, בהקשר של עצירה לפני ה', יוצרת פתח להשוואות נוספות. למעשה, לא ברור מה המצווה המעשית של המועדים הללו. אומנם בחג השבועות יש ציווי להקריב את שתי הלחם, לעומת היום השמיני שבו אין

34. השוו לדברי ר' יונה ן' ג'אנח, ספר השורשים, ערך 'עצר', עמ' 381–382: "והעברים אומרים למי שמתמיד לשבת במקום העבודה לעבוד את השם נעצר 'ושם איש מעבדי שאול נעצר לפני י"י'... ומזה נאמר לעמידה בחג עצרת ונקרא לזה היום האחרון של חג בלבד כדי שימנעו החוגגים משוב אל מקומותם בו ושלא יקלו בו מפני שהוא סוף החג ונאמר להם עמדו בחגכם ביום הזה אע"פ שהוא אחרון". וכן בספר היובלים (לב, כז) נאמר שאת חג הסוכות של שבעה ימים חגג אברהם, ואילו יעקב נעצר יום נוסף לזביחת קורבנות נוספים חוץ מקורבנות של שבעת הימים.

35. ניתן להשוות זאת לדברי הגמרא (בבלי סוכה מה ע"ב): "אמר רבי ירמיה משום רבי שמעון בן יוחי, ורבי יוחנן משום רבי שמעון המחוזי משום רבי יוחנן המכותי: כל העושה איסור לחג באכילה ושתיה – מעלה עליו הכתוב כאילו בנה מזבח והקריב עליו קרבן, שנאמר 'אסרו חג בעבתים עד קרנות המזבח' (תהלים קי"ח כז)". רש"י מפרש (בפירושו השני) שמדובר על אכילה ושתייה ביום שלאחר החג.

36. כדי להבין את היום השמיני כיום מתנה שבו מוזמנים להישאר במחיצת ה' יום נוסף, ראוי לתת את הדעת לשאלה עד כמה היה אפשר להגיע למקדש בימים שאינם שלושת הרגלים. מכמה מקורות משמע שהזכות לבקר במקדש מוגבלת בעיקר לרגלים. ראו: מכילתא דר"י פרשת משפטים, מסכתא דכספא פרשה כ; זוהר ויקרא אמור צד ע"א; מלבי"ם שמות ל"ד כב; מגדל דוד, ספר מצות עשין, מצות עשה כ.

37. המערכת הדתית בנויה על מתח מובנה בין המרכיבים בעבודת ה' שהם מחויבים לחלקים הבחיריים, בין החובה לנדבה, בין היראה לאהבה. למעשה, נראה שהדבר נכון בכל מערכת יחסים.

קורבן מיוחד חוץ ממוספי היום. אך בפועל בשני הימים התורה לא מגדירה תוכן חיובי מעשי שיש לעשות על ידי העם. חז"ל הבינו שבחג השבועות חוגגים (גם) את מתן תורה, את כריתת הברית שבין ה' לבין ישראל. בהשוואה לכך ניתן לפרש ולהבין גם את האינטימיות של היום השמיני כיום מיוחד המדגיש את עובדת היות עם ישראל עמו, ובעיקר ילדיו אהוביו, של הקב"ה.[38] עם הזמן, גם ליום שמיני עצרת נוסף ממד של חגיגת התורה,[39] באמצעות הצמדת שמחת תורה ליום הזה. הצמדה זו מבוססת גם על הקשר שבין מעמד ההקהל, שמשחזר את מעמד הר סיני, לחג הסוכות.[40]

מדרשים אחרים הנגידו באופן אחר בין סוכות לשמיני עצרת (מדרש תנחומא פינחס סימן יג):

> 'ביום השמיני עצרת תהיה לכם' (במדבר כ"ט לה) וגו'. ילמדנו רבינו מהו לאכול בחג חוץ לסוכה? כך שנו רבותינו [ר' אליעזר אומר] ארבע עשרה סעודות חייב אדם לאכול בסוכה, אחת ביום ואחת בלילה, וחכמים אומרים אין לדבר קצבה, חוץ מלילי יום טוב הראשון [של חג בלבד], ולמה התירו חכמים[41] להפטר מהסוכה בי"ט האחרון של חג? אלא כל ז' ימי החג היו מתפללין לטללים ובי"ט האחרון היו מתפללין לגשמי' ולכך נפטרין מן הסוכה כדי שיתפללו על הגשמים בלב שלם, ואעפ"כ י"ט האחרון עולה לימות החג למה שכך כתיב: 'עצרת תהיה לכם'.

לפי התנחומא, היום השמיני צופה את החורף, וממילא אפשר להתפלל על הגשמים רק כשיוצאים מהסוכה וחוזרים לבית. כאן יש התייחסות ליום השמיני כיום שמצטרף

38. השפת אמת (דברים לסוכות שנת תרל"ח) משווה את שמיני עצרת לברית המילה שמגיעה ביום השמיני, אחרי שבעת ימי חג הסוכות שמקבילים לשבעת ימי השבוע ול"שבעת ימים יהיה תחת אמו" שנאמר בקורבן. ביום השמיני יש הארה שמעל הטבע, ואז נכרתת ברית בין ה' לישראל. אכן, אפשר להגדיר גם את ברית המילה כברית אינטימית בין ה' לבין ישראל.
39. ראו הרב ש"י זוין, המועדים בהלכה, עמ' קסט-קע.
40. אברבנאל, דברים ל"א, ד"ה וצוה הקהל את העם; ש' נאה, המחזור השבע-שנתי, עמ' 167-187.
41. ניסוח מדהים, הרומז שהיה אפשר לפרש שחובת הסוכה תכלול גם את היום השמיני. פירוש זה עולה מהשאלה, שממנה משמע שמשלימים את סעודות החג לשיטת ר' אליעזר גם בליל יום טוב האחרון, ומסתבר שאמורים להשלים את הסעודה בסוכה עצמה. יש שהסבירו שמדובר על היום השמיני בחו"ל, שהיה טעם לחייב בישיבה בסוכה, ובכל זאת התירו חכמים (לדוגמה ט"ז או"ח תרס"ח א; ספר המנהגים הגהות המנהגים, שמיני עצרת). לפי הסבר זה לא ברור החשש מפני ירידת הגשמים.

לשבעת ימי הישיבה בסוכה, אבל שונה מהם בנקודה הזאת. אם מצוות חג הסוכות של ניסוך המים וארבעת המינים צופות פני גשמים, בשמיני עצרת כבר אפשר לבקש את הגשמים בפה מלא. כך נקבע במשנה תענית (פרק א'):

[א] מאימתי מזכירין גבורת גשמים? רבי אליעזר אומר מיום טוב הראשון של חג, רבי יהושע אומר מיום טוב האחרון של חג.

לפי פירוש זה, העצרת היא התכנסות לצורך בקשת גשמים, כפי שמופיע גם בספרי הנביאים בקשר לבצורות, לדוגמה (יואל א'):

(יא) הֹבִישׁוּ אִכָּרִים הֵילִילוּ כֹּרְמִים עַל חִטָּה וְעַל שְׂעֹרָה כִּי אָבַד קְצִיר שָׂדֶה:
(יב) הַגֶּפֶן הוֹבִישָׁה וְהַתְּאֵנָה אֻמְלָלָה רִמּוֹן גַּם תָּמָר וְתַפּוּחַ כָּל עֲצֵי הַשָּׂדֶה יָבֵשׁוּ
כִּי הֹבִישׁ שָׂשׂוֹן מִן בְּנֵי אָדָם... (יד) קַדְּשׁוּ צוֹם קִרְאוּ **עֲצָרָה** אִסְפוּ זְקֵנִים כֹּל יֹשְׁבֵי
הָאָרֶץ בֵּית ה' אֱלֹהֵיכֶם וְזַעֲקוּ אֶל ה'.

הנביא יואל מתאר כינוס, עצרת, כתגובה למחסור בגשמים ולמכת בצורת, ולכן העצרה כוללת גם ביטויי אבל ותענית. לפי המדרש, גם העצרת בחגי תשרי היא התאספות בבקשה לגשמים. כיוון שטרם התחילה עונת הגשמים, היא עדיין יום של שמחה, על הזכות לבוא בתפילה לה'.[42] עד ימינו, בשמיני עצרת מבקשים על הגשמים.

בסיכומו של דבר – אפשר לראות בדברי חז"ל שני כיוונים מרכזיים למהות היום: לפי הכיוון הראשון זהו יום נוסף לשהייה במחיצת ה' במקדש, ולפי כיוון אחר זהו יום שבו כבר לא יושבים בסוכה וממילא ניתן להקדיש אותו לבקשת גשמים. שני ההסברים הללו מתמקדים ביום השמיני באופן שבו עומדים לפני ה'.

מקראות קודש

שמחת העצרת – שמחת הכניסה הביתה

ברצוני להציג כיוון נוסף להבנת היום השמיני. כפי שראינו, בכל אחד מהמועדים יש "מצוות היום" שהתורה קובעת. חלקן במקדש, כמו קורבן הפסח ושתי הלחם של חג השבועות (לצד קורבנות המוספים), וחלק מחוצה לו, כמו ישיבה בסוכה ואכילת

42. השוו פרק ו'.

מצה, וחלקן משולבות, כמו תקיעת השופר וארבעת המינים, שכל אחת מן המצוות הללו שייכת גם במקדש וגם בגבולין. האם יש "מצוות היום" בשמיני עצרת?

כפי שראינו לעיל, בפסוקי התורה 'מצוות היום' היא ה'עצרת'. בחלק מפירושי חז"ל עצרת היא התאספות במקדש. לצד זאת, הצגנו את האפשרות שעצרת היא שבתון,[43] יום ששייך למועדי תשרי, שמקיימים יחסי גומלין בינם לבין השבת.[44]

בפרק הראשון של הספר הוצגו שני מרכיבים חשובים של מצוות השבת בתורה ובדברי חכמים. המרכיב הראשון הוא המנוחה, שהיא עדות לאמונה בה' כבורא עולם והיא גם זכר ליציאת מצרים וזה כולל גם מרכיב סוציאלי חשוב. המרכיב השני הוא ההתכנסות פנימה, "אל יצא איש ממקומו ביום השבת". השבת נועדה לאפשר לקדושה להיכנס אל הבית פנימה.

כאשר בוחנים את היום השמיני ואת היחס שלו לחג הסוכות, אפשר לומר שעיקרו הוא הכניסה לבית.[45] במשך שבעה ימים העם ישב בסוכות, וביום השמיני חוזרים לבית; חלק מהאנשים יישארו בירושלים ויעברו מהסוכות ברחוב לבתים,[46] וחלק מהאנשים יחזרו לביתם בין אם זה לאחר שעלו לרגל ובין אם שהו בסוכה הקרובה לביתם. רמז לדבר ניתן למצוא בדברי הנביא ירמיהו (ל"ו ה): "וַיְצַוֶּה יִרְמְיָהוּ אֶת בָּרוּךְ לֵאמֹר אֲנִי **עָצוּר** לֹא אוּכַל לָבוֹא בֵּית ה'". אומנם הבתים שלנו אינם הכלא שבתוכו היה נתון הנביא, אבל פעולת העצירה, לצד עצירה ממלאכה, יכולה לסמל גם שהות במקום אחד והתכנסות לתוכו.

אין הכניסה לבית רק הפסקה של קיום המצווה אלא יש בכך גם פעולה

43. לדעת ראב"ע קשה לראות ב'עצרת' התכנסות, שכן ברור שלא חייבים לשהות בירושלים. ראו לעיל הערה 4.

44. על קשר בין שמיני עצרת לשבת עמדו גם רמב"ן ויקרא כ"ג לו; רבנו בחיי, כד הקמח, 'עצרת'. ראו עוד הרב ע"מ מרגלית, הזמנים הראויים, עמ' 154 על הקשר בין שמיני עצרת לשבת במשנת השפת אמת.

45. ראו גם ד' הנשקה, ממחרת השבת, עמ' 17 הערה 21, ובמקורות שיובאו להלן.

46. השוו מלכים א ח' סה-סו: "וַיַּעַשׂ שְׁלֹמֹה בָעֵת הַהִיא אֶת הֶחָג וְכָל יִשְׂרָאֵל עִמּוֹ קָהָל גָּדוֹל מִלְּבוֹא חֲמָת עַד נַחַל מִצְרַיִם לִפְנֵי ה' אֱלֹהֵינוּ שִׁבְעַת יָמִים וְשִׁבְעַת יָמִים אַרְבָּעָה עָשָׂר יוֹם: **בַּיּוֹם הַשְּׁמִינִי שִׁלַּח אֶת הָעָם** וַיְבָרֲכוּ אֶת הַמֶּלֶךְ **וַיֵּלְכוּ לְאָהֳלֵיהֶם** שְׂמֵחִים וְטוֹבֵי לֵב עַל כָּל הַטּוֹבָה אֲשֶׁר עָשָׂה ה' לְדָוִד עַבְדּוֹ וּלְיִשְׂרָאֵל עַמּוֹ". אפשר היה להבין שבפסוקים אלו המלך שולח את האנשים הביתה ביום השמיני, אך אפשר שביום השמיני אנשים נכנסו לאוהלים (במקום לסוכות, ראו בפירוש המלבי"ם). אומנם, במקבילה בדברי הימים ב ז' ט-י כתוב שעשו עצרת ביום השמיני, ורק ביום כ"ג בתשרי (היום התשיעי) המלך שלח את העם לאוהליהם. ייתכן שבעל דברי הימים הבין ששלמה המלך שלח אותם לבתיהם, ומכיוון שאי אפשר לחזור לבית ביום טוב, הוא העתיק את המעשה ליום התשיעי. מכל מקום, החזרה הביתה בפועל הייתה רק בכ"ג.

אקטיבית. במשנה סוכה נאמר שבסוף היום השביעי (פ״ד מ״ח): ״אבל מוריד את הכלים מן המנחה ולמעלה **מפני כבוד יום טוב האחרון של חג**״, כלומר כבר ביום השביעי מתכוננים לשמיני עצרת ומכניסים את הכלים הביתה.

לאחר זיכרון ההליכה במדבר – בין אם בהדגשת השפע וההגנה האלוהיים והקרבה האלוהית שבה משכן שוכן במחנה, ובין אם בהדגשת הקושי של ההליכה במדבר[47] – ביום השמיני נכנסים הביתה וחווים את היציאה מהמדבר והכניסה לארץ. כפי שנראה בהמשך, גם בכך יש הקבלה לחג השבועות, שבו חוגגים את הכניסה לארץ ישראל. אפשר לראות בתנועה הזאת של הכניסה פנימה השלמה לחגיגת החסד האלוהי, לא רק של הליווי בדרכים, אלא גם בזכות להיכנס הביתה.

הרעיון הזה רמוז כבר בתרגום המיוחס ליונתן על הפסוק: ״בַּיּוֹם הַשְּׁמִינִי עֲצֶרֶת תִּהְיֶה לָכֶם כָּל מְלֶאכֶת עֲבֹדָה לֹא תַעֲשׂוּ״ (במדבר כ״ט לה). וכך הוא מתרגם:

בְּיוֹמָא תְמִינָאָה **כְּנִישִׁין** תֶּהֱוֹון בְּחֶדְוָא **מִן מַטִּילְכוֹן לְבָתֵּיכוֹן** כְּנִישַׁת חֶדְוָא וְיוֹמָא טָבָא וְאִירוּעַ קַדִּישׁ תֶּהֱוֵי לְכוֹן כָּל עִיבִידַת פּוּלְחָנָא לָא תַעַבְדוּן.

תרגום כתר יונתן: ביום השמיני עצורים (נאספים) תהיו בשִׂמחה **מִן סוכותיכם לבתיכם** עצרת (אספת) שִׂמחה ויום טוב ומאורע קודש תהיה לכם כל מלאכת עבודה לא תעשׂו.

לפי התרגום, שמחת העצרת באה לידי ביטוי בתנועת האיסוף (כסיום לחג האסיף?) מהסוכות אל הבתים.[48]

וכן גם כותב ומסביר הרמב״ם (מורה הנבוכים ג׳ מג):

אבל **צאתנו מסכות** למועד שני, ר״ל שמיני חג העצרת, **הוא להשלים בו מן השמחות** מה שאי אפשר לעשותו בסכות **אלא בבתים הרחבים ובבנינים**.

הרמב״ם מתייחס לכך ששמחה שלמה של חג הסוכות יכולה להיות רק בבית. גם אם

47. ראו לעיל, פרק ט׳.

48. הרב ש״י זוין (המועדים בהלכה, עמ׳ קסא) רואה לכך רמז בדברי רש״י ששמיני רגל בפני עצמו (דווקא) לעניין שלא יושבים בסוכה, בלי להזכיר את מצוות ארבעת המינים או ניסוך המים. לדעתו, יש בכך רמז שבדיוק בעניין זה נבדל היום השמיני משבעת הימים הקודמים.

לא לכך בדיוק כיוון הרמב"ם, אחרי שלמדנו שהסוכות נועדו לזכור את הקושי של המדבר,[49] השלב הבא הוא להבין שכדי לחגוג בשלמות צריך להיכנס לבית ולצאת מהקושי. גם אם יש שמחה בזיכרון ההגנה האלוהית במדבר, הכניסה לבתים משמחת יותר.

בהמשך לכך, ניתן לומר ששמיני עצרת מהווה תמונת ראי לשבת. גם בשבת ההתרחשות המרכזית של היום נעשית בהתוועדות עם ה' בביתו של האדם פנימה. זהו ה'מועד' שחוגג את הביתיות.

וכך כותב הגר"א (דברי אליהו ויקרא, פרשת אמור) על המערכת של המועדים:[50]

> וי"ל כי גם מאמר 'ששת ימים תעשה מלאכה' מדבר רק מן המועדות **כי המועדים בכלל המה ששה ימים**, בחג הפסח ב' ימים 'ביום הראשון מקרא קודש' וכו' 'ביום השביעי מקרא קודש', שבועות יום אחד, סוכות ב' ימים 'ביום הראשון מקרא קודש', 'ביום השמיני מקרא קודש', ראש השנה יום אחד 'בחודש השביעי באחד לחודש', **א"כ המה ששה ימים, ויש עוד יום אחד יום הכפורים**, אבל אין דינו כאלו ששת הימים כי בכל אלה מותר לעשות מלאכת אוכל נפש לבשל ולאפות ויוה"כ דינו כשבת שגם זה אסור, וז"ש "ששת ימים" אשר בהמועדים תעשה מלאכה, 'וביום השביעי' זה יוה"כ 'שבת שבתון מקרא קודש כל מלאכה לא תעשו' אפילו מלאכת אוכל נפש.

הגר"א שם לב שיש שבעה ימי מועד שבהם נאסרה מלאכה, בדומה לשבעת ימי השבוע. לדעתו המקבילה של יום השבת היא דווקא יום הכיפורים, כיוון שאז נאסרה כל מלאכה, וכיוון ששניהם מכונים 'שבת שבתון'. אפשר להציע באופן אחר, ששישה מועדים מאופיינים במובן מסוים של יציאה מהבית, וההתרחשות המרכזית במועדים אלו היא דווקא במקדש, גם אם אין בכולם חובת עלייה לרגל. לעומת זאת, שמיני עצרת, החג שחותם את מכלול הימים הטובים,[51] השביעי במספר, הוא חג שכלל אין

49. לדעת הרמב"ם, במהלך חג הסוכות מציינים בו זמנית את קשיי ההליכה במדבר, באמצע הסוכות, יחד עם שמחת הכניסה לארץ, באמצעות ארבעת המינים. אני מוסיפה שהכניסה לבתים, שמאפשרת את השמחה השלמה, גם מבטאת את השמחה השלמה של הכניסה לארץ.

50. וכן רד"צ הופמן. השוו: י' תבורי, מועדי ישראל, עמ' 46.

51. השוו: פילון, על החוקים, ב, 211–213, (כרך ג, עמ' 65), שמתייחס לשמיני עצרת כסיום של כל החגים.

לו עשייה במקדש, אלא רק בבית, כמו השבת.[52] בהמשך לכך ניתן להבין את ה'עצרת' כהתכנסות, אך לאו דווקא כהתאספות. הכניסה הביתה, ה'שביתה' מהעשייה בחוץ וחגיגת המפגש החוזר והאינטימי עם ה' בבית, הן המאפיינים של העצרת של היום השמיני.[53] אומנם ביום הזה אין צורך לשבות ממלאכה כזכר לבריאת העולם, ואפשר ליהנות מ'מלאכות הנאה' ולחגוג את השמחה שבכניסה הביתה.

אפשר לפרש זאת כ'עצירה' לפני ה' אבל לאו דווקא בבית ה'. כמו כן, אפשר להבין מדוע כאשר נכנסים אל הבית פנימה אפשר להתפלל על הגשמים, שכן לכאורה כבר שבנו לבתים.[54] באופן הזה, היום השמיני שונה משבעת ימי חג הסוכות אבל משלים אותם.

שהחיינו וקיימנו

כאישה, אני פטורה ממצוות עשה שהזמן גרמן. אני נוטלת לולב ויושבת בסוכה, ומשקיעה בה ורואה בה את ביתי הזמני, אך מרשה לעצמי לחזור לישון במיטה שבבית... כיוון שאני פטורה ממצוות עשה שהזמן גרמן, לצד ההשקעה בסוכה, אני מוודאת שבמשך שבעת הימים, ובמיוחד ביום טוב ראשון של סוכות ובשבת חול המועד, הבית יהיה מסודר וחגיגי.[55] הוא לא מחסן, וכל עוד אינני מצווה לצאת ולגור בסוכה, הוא עדיין הבית שלי.[56]

עם זאת, ישנה התרגשות מיוחדת של 'חזרה לבית' בשמיני עצרת. השמחה לחזור לשולחן החג הערוך מחדש בבית, לשוב ולהתחדש עם השולחן הרגיל המוכר והידוע, כשכל המשפחה חוזרת לאכול יחד ולישון בבית. ההערכה המחודשת לבית השלם ולמשפחה השלמה היא חלק משמעותי מאוד מחוויית החג, מבחינתי. גם אם

52. השומרונים קראו ליום הזה: "שביע מועדיה וקדש קדשיה". ראו: ב' צדקה, אצל י' רפל, מועדי ישראל, עמ' 431.
53. אם נשווה את שבעת ימי חג הסוכות לשבעת ימי המילואים, היום השמיני הוא יום של מפגש מסוג חדש. בניגוד ליום הכיפורים, שבו השכינה מתגלה בתוך המקדש פנימה, דווקא ביום השמיני האש של שכינת ה' יצאה מחוץ למקדש.
54. השוו משנה תענית פ"א מ"ג.
55. על הקשר בין הפטור ממצוות עשה שהזמן גרמן למצוות הבית לעומת מצוות המקדש, ראו בפרק הסיכום של הספר.
56. ראו: שולחן ערוך או"ח רס"ב א (על סידור הבית לשבת), ובאליה רבה הערה ג (שבסוכות אין צורך בכבוד הבית), ובהערת הרב י"י נויבירט בשמירת שבת כהלכתה, כרך ב, עמ' כג, הערה רב: "וקצ"ע דהא בני הבית נמצאים מחוץ לסוכה".

בגלל האופי של שמחת תורה מבלים חלק נכבד מהיום בבית הכנסת, מחוץ לבית, בריקודים הנפרדים אצל הגברים ואצל הנשים, חוויית העוגן הביתי היא עדיין מרכזית מאוד בהוויה של החג הזה. השמחה בתורה מעניקה תוכן נוסף לשאלה איך אנחנו רוצים שהבית ייראה ובמה אנחנו ממלאים אותו.

בעולם הפסיכולוגי של ימינו, ובמיוחד בתחום של 'קשיבות' (mindfulness) נוהגים להבחין בין מצב של doing למצב של being, בין מצב של עשייה למצב של חוויה או הוויה. בעוד שהעשייה מתרכזת בפעלתנות וכוללת מחשבות על העבר, ההווה והעתיד, ה־being מתרכז בחוויות של כאן ועכשיו, ומודעות שלמה להווה. חלק מן הפרשנים מבחינים בין ה־doing של החגים השונים לעצרת, שמתרכזת ב־being. בעצרת אנחנו לא יוצאים החוצה כדי להזכיר לעצמנו את העבר (כמו בפסח, סוכות ושבועות), ולא חרדים על השפעת העבר על העתיד (כמו בראש השנה וביום הכיפורים). ביום הזה עוצרים וחווים את היש הקיים. הבית, המשפחה, הבריאות, היום־יום, הוא יש שקיים. ולפעמים צריך לעצור ולראות אותו, לנשום אותו, לחוות אותו.

פרק יב

התעניות והמענה האלוהי

הזמרת יובל דיין מבקשת "שרק תחייך כל החיים" ו"בית קטן, גינה לילדים". מרחיוחה, הדררים הללו יהפכו אותה למאושרת. אבל שלמה ארצי מבקש דברים יותר בסיסיים: "את הגשם תן רק בעיתו, ובאביב פזר לנו פרחים, ותן שיחזור שוב לביתו, יותר מזה אנחנו לא צריכים". לצד הרצון שהאהוב יחזור מהמלחמה בשלום, רצון שמאז שמיני עצרת תשפ"ד אנו מזדהים איתו עוד יותר, הבקשה הבסיסית היא לגשם בעיתו ולפרחים באביב.

בימינו, אנו מתקשים לבקש גשם ומים.[1] התרגלנו לניצול מיטבי של מי קולחין ולהתפלת מים, ואפילו בשנות בצורת חמורות, מי שאינו חקלאי בקושי מרגיש את המחסור. אבל בתורה ובמשנה, בקשת הגשמים היא חלק מהותי וחשוב מהחיים וממעגל החיים.

בפרק הזה נעסוק בשגרת החורף,[2] שיש לה מקצב משלה והיא באה לידי ביטוי במסכת תענית. מסכת זו מדברת על תעניות שונות, אבל פותחת בשגרה של הזכרת ובקשת גשמים שמתחילה בסוכות ומסתיימת בפסח.[3]

1. ראו לדוגמה בדברי הרב מ' ליכטנשטיין, אין יסוד.
2. לפי התורה, אין בחורף אירועים מיוחדים, אבל ספרי הנביאים, הכתובים וספרות חכמים העניקו לו תוכן דרך חנוכה, פורים וי' בטבת, וגם דרך בקשת הגשמים.
3. פרק זה נכתב בעזרה ובהשראה של תלמידות ממכללת אורות, שאחרי שלמדו אצלי על הכלים הספרותיים של לימוד המשנה עסקו בפרק זה במסכת תענית, שמו לב למבנה, למשחקי המילים ולתבניות ששוזרות אותו.

נפתח בפסוקי התורה שהם הבסיס למשנה. מהמקרא ומהמשנה נלמד על הכרונולוגיה של בקשת גשמים ועל הרעיונות שקשורים לתקשורת בין אדם ואלוהים.

עיוני מקרא

"יערוף כמטר לקחי" – תפקיד הגשם כתקשורת בין אלוהים לאדם
בתורה שבכתב, יש לגשם משמעות פיזית ורוחנית, והתורה מתייחסת לגשם כחלק מהותי מהתקשורת בין ה' לישראל. האופי המיוחד של ארץ ישראל בא לידי ביטוי דרך המים, כפי שמתאר משה רבנו בספר דברים (פרק י"א):

(י) כִּי הָאָרֶץ אֲשֶׁר אַתָּה בָא שָׁמָּה לְרִשְׁתָּהּ לֹא כְאֶרֶץ מִצְרַיִם הִוא אֲשֶׁר יְצָאתֶם מִשָּׁם
אֲשֶׁר תִּזְרַע אֶת זַרְעֲךָ וְהִשְׁקִיתָ בְרַגְלְךָ כְּגַן הַיָּרָק: (יא) וְהָאָרֶץ אֲשֶׁר אַתֶּם עֹבְרִים
שָׁמָּה לְרִשְׁתָּהּ אֶרֶץ הָרִים וּבְקָעֹת **לִמְטַר הַשָּׁמַיִם תִּשְׁתֶּה מָּיִם**: (יב) אֶרֶץ אֲשֶׁר ה'
אֱלֹהֶיךָ דֹּרֵשׁ אֹתָהּ תָּמִיד **עֵינֵי ה' אֱלֹהֶיךָ בָּהּ מֵרֵשִׁית הַשָּׁנָה וְעַד אַחֲרִית שָׁנָה.**
(יג) וְהָיָה אִם שָׁמֹעַ תִּשְׁמְעוּ אֶל מִצְוֹתַי אֲשֶׁר אָנֹכִי מְצַוֶּה אֶתְכֶם הַיּוֹם לְאַהֲבָה אֶת
ה' אֱלֹהֵיכֶם וּלְעָבְדוֹ בְּכָל לְבַבְכֶם וּבְכָל נַפְשְׁכֶם: (יד) **וְנָתַתִּי מְטַר אַרְצְכֶם בְּעִתּוֹ
יוֹרֶה וּמַלְקוֹשׁ** וְאָסַפְתָּ דְגָנֶךָ וְתִירֹשְׁךָ וְיִצְהָרֶךָ: (טו) וְנָתַתִּי עֵשֶׂב בְּשָׂדְךָ לִבְהֶמְתֶּךָ
וְאָכַלְתָּ וְשָׂבָעְתָּ: (טז) הִשָּׁמְרוּ לָכֶם פֶּן יִפְתֶּה לְבַבְכֶם וְסַרְתֶּם וַעֲבַדְתֶּם אֱלֹהִים
אֲחֵרִים וְהִשְׁתַּחֲוִיתֶם לָהֶם: (יז) וְחָרָה אַף ה' בָּכֶם וְעָצַר אֶת הַשָּׁמַיִם וְלֹא יִהְיֶה מָטָר
וְהָאֲדָמָה לֹא תִתֵּן אֶת יְבוּלָהּ וַאֲבַדְתֶּם מְהֵרָה מֵעַל הָאָרֶץ הַטֹּבָה אֲשֶׁר ה' נֹתֵן לָכֶם.

פסוקים אלו מדגישים את הייחודיות של ארץ ישראל כמקום שיכול לבטא את הקשר בין ה' לישראל. כיוון שהארץ תלויה בגשמים, עיני ה' בארץ באופן תמידי – לבחון אם יושביה זכאים,[4] ולגמול להם באמצעות הגשמים. בתקופת הגשמים, ירידת הגשם או מניעתו הן הכלים שיש בידי שמיים לבטא אם העם ראוי לחסד ה' אם לאו.

גם שלמה המלך בתפילתו מבטא את הידיעה כי ירידת הגשמים תלויה בקיום מצוות של העם (מלכים א ח'):

4. ראו על כך עוד בפרק ו'. הרב ש' גורן (מועדי ישראל, עמ' צט-קב) עומד על הייחוד של המערכת המטאורולוגית בכך שהיא בלתי ניתנת לניבוי, ואין בה כללים ברורים וידועים מראש, והיא "תלויה בשמיים".

(לה) **בְּהֵעָצֵר שָׁמַיִם וְלֹא יִהְיֶה מָטָר כִּי יֶחֶטְאוּ לָךְ** וְהִתְפַּלְלוּ אֶל הַמָּקוֹם הַזֶּה וְהוֹדוּ אֶת שְׁמֶךָ וּמֵחַטָּאתָם יְשׁוּבוּן כִּי תַעֲנֵם: (לו) וְאַתָּה תִּשְׁמַע הַשָּׁמַיִם וְסָלַחְתָּ לְחַטַּאת עֲבָדֶיךָ וְעַמְּךָ יִשְׂרָאֵל כִּי תוֹרֵם אֶת הַדֶּרֶךְ הַטּוֹבָה אֲשֶׁר יֵלְכוּ בָהּ **וְנָתַתָּה מָטָר עַל אַרְצְךָ** אֲשֶׁר נָתַתָּה לְעַמְּךָ לְנַחֲלָה.

בפועל, האיום שלא להוריד מטר על הארץ בעקבות החטאים מתקיים בימי המלך אחאב, שהכניס לממלכת ישראל את העבודה הזרה באופן רשמי. בעקבות חטאי המלך והעם, אליהו מכריז (מלכים א י"ז):

(א) וַיֹּאמֶר אֵלִיָּהוּ הַתִּשְׁבִּי מִתֹּשָׁבֵי גִלְעָד אֶל אַחְאָב חַי ה' אֱלֹהֵי יִשְׂרָאֵל אֲשֶׁר עָמַדְתִּי לְפָנָיו **אִם יִהְיֶה הַשָּׁנִים הָאֵלֶּה טַל וּמָטָר** כִּי אִם לְפִי דְבָרִי.

בימי אליהו, הגשם נמנע מהעם בעקבות מעשיהם הרעים. גם בדברי נביאים נוספים מבואר שמניעת הגשם היא ביטוי לביקורת אלוהית על התנהגות לא טובה של אנשים.[5]

בהמשך לכך נראה שישעיהו הנביא משווה בין הגשם לדיבור האלוהי (ישעיהו נ"ה):

(י) **כִּי כַּאֲשֶׁר יֵרֵד הַגֶּשֶׁם וְהַשֶּׁלֶג מִן הַשָּׁמַיִם** וְשָׁמָּה לֹא יָשׁוּב כִּי אִם הִרְוָה אֶת הָאָרֶץ וְהוֹלִידָהּ וְהִצְמִיחָהּ וְנָתַן זֶרַע לַזֹּרֵעַ וְלֶחֶם לָאֹכֵל: (יא) **כֵּן יִהְיֶה דְבָרִי אֲשֶׁר יֵצֵא מִפִּי** לֹא יָשׁוּב אֵלַי רֵיקָם כִּי אִם עָשָׂה אֶת אֲשֶׁר חָפַצְתִּי וְהִצְלִיחַ אֲשֶׁר שְׁלַחְתִּיו.

לפי ישעיהו, הדיבור האלוהי משול לגשם היורד מן השמים. זו תמונת ראי של המקורות בשאר התנ"ך שבהם רואים כי ירידת הגשם מן השמיים היא צורת התבטאות אלוהית, ומניעת הגשם יכולה להתפרש כ'שתיקה רועמת' של אלוהים.

צורות נוספות של תקשורת דרך הגשם

אנחנו רגילים לראות בגשם מדד רוחני שקשור לחורף. הפסוק "תָּמִיד עֵינֵי ה' אֱלֹהֶיךָ בָּהּ מֵרֵשִׁית הַשָּׁנָה וְעַד אַחֲרִית שָׁנָה" (דברים י"א יב) מתורגם אצלנו בראש – גם אם באופן לא מודע – כעוסק בתקופת הגשמים. אך התנ"ך מלמד שהגשם מהווה תקשורת בין עם ישראל לה' ביותר מאופן אחד.

5. לדוגמה: ירמיהו י"ד א-י; יואל א'-ב', ועוד.

בספר שמואל מסופר שהעם ביקש מלך וה׳ ושמואל לא רוו נחת מהבקשה. ושמואל אומר לעם (שמואל א י״ב):

(טז) גַּם עַתָּה הִתְיַצְּבוּ וּרְאוּ אֶת הַדָּבָר הַגָּדוֹל הַזֶּה אֲשֶׁר ה׳ עֹשֶׂה לְעֵינֵיכֶם:
(יז) **הֲלוֹא קְצִיר חִטִּים הַיּוֹם אֶקְרָא אֶל ה׳ וְיִתֵּן קֹלוֹת וּמָטָר וּדְעוּ וּרְאוּ כִּי רָעַתְכֶם רַבָּה** אֲשֶׁר עֲשִׂיתֶם בְּעֵינֵי ה׳ לִשְׁאוֹל לָכֶם מֶלֶךְ: (יח) וַיִּקְרָא שְׁמוּאֵל אֶל ה׳ וַיִּתֵּן ה׳ קֹלֹת וּמָטָר בַּיּוֹם הַהוּא וַיִּירָא כָל הָעָם מְאֹד אֶת ה׳ וְאֶת שְׁמוּאֵל.

כדי להוכיח שה׳ כועס על העם, ה׳ מוריד גשם בתקופת הקציר. זהו גשם שלא יצמיח כלום, ויכול רק לחסל את התבואה ולגרום לרעב.

רעיון זה מופיע במקומות נוספים בתנ״ך. כך אומר הנביא ירמיהו (פרק ה׳):

(כא) שִׁמְעוּ נָא זֹאת עַם סָכָל וְאֵין לֵב עֵינַיִם לָהֶם וְלֹא יִרְאוּ אָזְנַיִם לָהֶם וְלֹא יִשְׁמָעוּ: (כב) הַאוֹתִי לֹא תִירָאוּ נְאֻם ה׳ אִם מִפָּנַי לֹא תָחִילוּ אֲשֶׁר שַׂמְתִּי חוֹל גְּבוּל לַיָּם חָק עוֹלָם וְלֹא יַעַבְרֶנְהוּ וַיִּתְגָּעֲשׁוּ וְלֹא יוּכָלוּ וְהָמוּ גַלָּיו וְלֹא יַעַבְרֻנְהוּ:
(כג) וְלָעָם הַזֶּה הָיָה לֵב סוֹרֵר וּמוֹרֶה סָרוּ וַיֵּלֵכוּ: (כד) וְלֹא אָמְרוּ בִלְבָבָם נִירָא נָא אֶת ה׳ אֱלֹהֵינוּ **הַנֹּתֵן גֶּשֶׁם יֹרֶה וּמַלְקוֹשׁ בְּעִתּוֹ שְׁבֻעוֹת חֻקּוֹת קָצִיר יִשְׁמָר לָנוּ:**
(כה) עֲוֹנוֹתֵיכֶם הִטּוּ אֵלֶּה וְחַטֹּאותֵיכֶם מָנְעוּ הַטּוֹב מִכֶּם.

הנביא ירמיהו מתייחס לכפיות הטובה של העם בכל הנוגע לשפע שה׳ מרעיף על עמו. כמו בן סורר ומורה, שבגידתו בהוריו באה לידי ביטוי באוכל, בזלילה ובסביאה,[6] כך העם בעל ״לב סורר ומורה״ כופר בטובת ה׳, בדברים הקשורים לאוכל. הכפירה שלהם באה לידי ביטוי בחוסר הכרת ההשגחה האלוהית שיהיה להם מה לאכול. השגחה זו באה לידי ביטוי בשני פנים: א. ״הנותן גשם יורה ומלקוש בעתו״ – נתינת הגשם, כשהדגש הוא בזמן הנתינה; ב. ״שבועות חוקות קציר ישמר לנו״ – ה׳ שומר על השבועות הללו של הקציר.

רד״ק (על ירמיהו ה׳ כד) מסביר שכך ה׳ שומר על הקציר:[7]

6. דברים כ״א יח-כ.
7. ראו גם להלן פרק י״ט ובמדרשי חז״ל המצוינים שם, וכן ראו לעיל פרק ו׳ אודות התפקיד של הנפת העומר ושתי הלחם.

שבועות חקות קציר ישמור לנו – אותם שבועות מחקות קציר ישמור לנו **שלא ירד מטר בימי הקציר** שלא יפסיד הקציר וזהו חק הקציר ומשפטו וגם שתהיה רוח טובה נושבת בימי הקציר לזרות ולהבר הוא חק הקציר ומשפטו.

רד"ק מסביר שה' מוודא שימי הקציר יישמרו מגשם, שכן הגשם יכול לקלקל את התבואות. למרות שהתורה מדגישה את חשיבות נתינת הגשם בעיתו, שכן "לִמְטַר הַשָּׁמַיִם תִּשְׁתֶּה מָּיִם" (דברים י"א יא), הנביאים מבהירים שהקשר עם ה' ממשיך כל השנה, דרך מזג האוויר בכללותו.[8]
דברי ירמיהו מזכירים את דברי ה' בתום המבול (בראשית ח'):

(כא) וַיָּרַח ה' אֶת רֵיחַ הַנִּיחֹחַ וַיֹּאמֶר ה' אֶל לִבּוֹ לֹא אֹסִף לְקַלֵּל עוֹד אֶת הָאֲדָמָה בַּעֲבוּר הָאָדָם כִּי יֵצֶר לֵב הָאָדָם רַע מִנְּעֻרָיו וְלֹא אֹסִף עוֹד לְהַכּוֹת אֶת כָּל חַי כַּאֲשֶׁר עָשִׂיתִי: (כב) **עֹד כָּל יְמֵי הָאָרֶץ זֶרַע וְקָצִיר וְקֹר וָחֹם וְקַיִץ וָחֹרֶף** וְיוֹם וָלַיְלָה **לֹא יִשְׁבֹּתוּ.**

לאחר המבול, ובעקבות קורבנותיו של נח, ה' מבטיח לשמור על עונות השנה החקלאיות ולא לפגוע בהן שוב. למעשה, המבול היה האירוע הראשון שבו ה' השתמש בגשם כעונש, ודווקא על ידי ירידת הגשם ולא על ידי מניעתו.[9] זו הסיבה שהנביא ירמיהו מציין כחלק מחסד ה' הן את ירידת הגשם כשהשדות זקוקים לו והן את ההימנעות מהורדת גשם כאשר הדבר יפגע בשדות.

8. כך מסביר הרמב"ן את ההיבט החקלאי של שלושת הרגלים (על שמות כ"ג טז): "והנה כלם על שם מעשיו מן השדה לתת בהם הודאה לאלוהים, שהוא שומר חקות שמים ומוציא לחם מן הארץ להשביע נפש שוקקה ונפש רעבה מלא טוב". נראה שהמילים "חוקות שמים" רומזות לפסוק זה, שמתייחס לשמירת עונות השנה כדי שהתוצרת החקלאית תצמח כראוי.
9. בסיפור הבריאה נאמר (בראשית ב' ה): "וְכֹל שִׂיחַ הַשָּׂדֶה טֶרֶם יִהְיֶה בָאָרֶץ וְכָל עֵשֶׂב הַשָּׂדֶה טֶרֶם יִצְמָח כִּי לֹא הִמְטִיר ה' אֱלֹהִים עַל הָאָרֶץ וְאָדָם אַיִן לַעֲבֹד אֶת הָאֲדָמָה". למרות הנהר שיוצא מעדן כדי להשקות את הגן, על מנת שהאדמה תוכל להצמיח ה' יצטרך להוריד את הגשם, והאדם יצטרך לעבוד את האדמה. אפשר ללמוד מכאן שגם לה' וגם לאדם יש תפקיד בטיפוח צמח השדה. מכל מקום, מכאן לא משמע שה' מונע את הגשם כדי לחנך או להעניש את בני האדם.

עיוני משנה

מסכת תענית פרק א׳ – מבנה כרונולוגי-מעגלי ומבנה הדרגתי

פסוקי המקרא לימדו שתי תובנות: האחת היא שירידת הגשם או מניעתו בתקופת החורף משקפת את שביעות רצונו של ה׳ ממעשי העם; והשנייה שגשם שיורד שלא בעיתו מבטא חוסר נחת של ה׳ ממעשי עמו או ברואיו. במשנה התובנות הללו משולבות במבנה של המשנה ובמארג הלשוני שלה.

הפרק הראשון של מסכת תענית מסודר לפי שני עקרונות מנחים: הראשון כרונולוגי, והשני הדרגתי. וכך נאמר במשנה (תענית פרק א׳):

[א] מאימתי **מזכירין** גבורת גשמים?

רבי אליעזר אומר מיום טוב **הראשון** של חג, רבי יהושע אומר מיום טוב **האחרון** של חג.

אמר לו רבי יהושע: הואיל ואין הגשמים אלא סימן קללה בחג למה **מזכיר**?

אמר לו רבי אליעזר: אף אני לא אמרתי **לשאול** אלא **להזכיר** משיב הרוח ומוריד הגשם בעונתו.

אמר לו: אם כן לעולם יהא **מזכיר**.

במשנה הראשונה נאמרו שני מושגים: הזכרת גשמים ושאלת גשמים. ר׳ אליעזר ור׳ יהושע מסכימים שמתחילים להזכיר גשם סביב חג הסוכות, אבל הם נחלקו אם בתחילת החג או בסופו.

המשנה ממשיכה:

[ב] אין **שואלין** את הגשמים אלא סמוך לגשמים.

רבי יהודה אומר: העובר לפני התיבה ביום טוב **האחרון** של חג, **האחרון מזכיר הראשון** **אינו** מזכיר.

ביום טוב **הראשון** של פסח, **הראשון מזכיר האחרון** אינו **מזכיר**.

משנה ב׳ פותחת בקביעה "אין שואלין את הגשמים אלא סמוך לגשמים", וזה המעבר

מהזכרת הגשמים לשאלת הגשמים,[10] ושוב חוזרת המשנה לדון בזמן הזכרת הגשמים עם שיטת ר' יהודה.

משנה ב בהמשכה ומשנה ג עוסקות בשאלת הגשמים:

עד אימתי **שואלין** את הגשמים?

רבי יהודה אומר: עד שיעבור הפסח;

רבי מאיר אומר: עד שיצא ניסן שנאמר 'ויורד לכם גשם מורה ומלקוש **בראשון**' (יואל ב' כג).

[ג] בשלשה במרחשון **שואלין** את הגשמים.

רבן גמליאל אומר בשבעה בו, חמשה עשר יום אחר החג כדי שיגיע **אחרון** שבישראל לנהר פרת.

סוף משנה ב דן בהפסקת שאלת הגשמים, ומשנה ג בתחילת שאלת הגשמים. לכאורה הסדר היה צריך להיות הפוך. למעשה ניתן לזהות במשניות אלו מעין מבנה כיאסטי:

ממתי מזכירין	(מזכירין לפני ששואלים ושואלים רק סמוך לגשמים)
עד מתי מזכירים	(בתוך דברי ר' יהודה)
עד מתי שואלין	(עד סוף הפסח או עד סוף ניסן)
ממתי שואלים	(תאריכים בחשון, תלות בעולי הרגלים)

המבנה הכיאסטי המתאר את הכרונולוגיה של הזכרת ושאלת גשמים הוא גם סוג של מבנה מעגלי: ההתחלה מתחברת לסוף והסוף מתחבר שוב להתחלה. המבנה המעגלי מתעצם לאור משחק המילים והשימוש המגוון במילים **אחרון וראשון**;[11] לפעמים הן מתייחסות **ליום טוב** ראשון או אחרון, של חג או של פסח; לפעמים הן מתייחסות לעוברים לפני התיבה, כלומר **בעלי התפילה** – הראשון

10. אפשר שההתייחסות של המשנה לכך ששואלים גשמים רק סמוך לגשמים היא השלמה למשנה א, שבה ר' אליעזר ור' יהושע נחלקו מתי מתחילים להזכיר, וכאן המשנה מציינת את מה שמוסכם, ששאלת גשמים היא דווקא סמוך לגשמים. מכל מקום, נוצרה כאן מסגרת – התחלת בקשת גשמים שמובילה לסוף בקשת גשמים.

11. הרב ד"ר א' וולפיש עוסק בתיאור כלים ספרותיים רבים שבהם השתמש עורך המשנה. אחד מהם הוא משחקי מילים. ראו לדוגמה: א' וולפיש, משחקי לשון.

בשחרית, והאחרון במוסף; **לחודשים**, והראשון נחשב זמן של גשמים; **ולאנשים**, שכן ממתינים "עד שיגיע אחרון שבישראל". המשנה נעה במעגלים מהראשון לאחרון וחוזר חלילה, ויש תנועה מתמדת.

המעגליות של המשניות הללו משתלבת בנושא הכללי של חטיבה זאת, שהיא בקשת גשמים בשגרה רגילה. החטיבה הזאת משרטטת את הגבולות של בקשת הגשמים **מהחג** ועד **ניסן** מיום טוב הראשון של חג או האחרון ועד שיעבור הפסח או עד שיצא ניסן. המשנה קובעת שהגשם בסוכות אינו רצוי, והוא "סימן קללה". אומנם יש עדיין ברכה בגשם ב"ראשון", כלומר בחודש הראשון, אבל לאחריו כבר לא, וממילא מפסיקים לבקש אותו.

לצד מסגרת הזמנים, המשנה מציגה **הדרגה**. כפי שראינו, את הגשמים תחילה מזכירים, ואחר כך שואלים. אמירת "משיב הרוח ומוריד הגשם" מזכירה לה' את האופן שבו אנחנו רואים אותו, ונראית כסוג של ריכוך וריצוי לקראת שאלת הגשמים, בבחינת שבח שקודם לבקשה. הן ר' אליעזר והן ר' יהושע סבורים שצריך להתחיל להזכיר לפני שמתחילים לבקש, ונחלקו רק אם המטרה של הבקשה היא שה' ישמע את התפילה ויוריד גשם מיד או שמא זהו רמז שמטרתו להתחיל תהליך שרק בסופו ירד גשם. לדעת ר' אליעזר, גם אם הגשם עדיין לא רצוי, צריך להתחיל להזכיר עוד קודם שרוצים גשם, ולדעת ר' יהושע אין להזכיר אם כרגע הגשם אינו רצוי.

אבל ההזכרה היא רק השלב הראשון, והשלב השני הוא שלב הבקשה. את הגשמים שואלים רק כשבאמת רוצים אותו ומוכנים לקראתו. אנחנו מוכנים לגשם שירד אחרי חג הסוכות, אבל מחכים עם הבקשה הקונקרטית עד שעולי הרגלים יחזרו לביתם בחוץ לארץ, למקום שבו לא צריך כל כך לבקש גשם, כי שם נמצא נהר פרת. מדברי ר' יהודה משמע שגם עוצרים את הבקשה בהדרגה: מפסיקים להזכיר לפני שמפסיקים לבקש. בפועל, אנחנו מפסיקים בבת אחת את ההזכרה ואת הבקשה בתחילת חג הפסח.

התגובות השונות לאי־ירידת גשמים

ההתקדמות הכרונולוגית לצד הפנייה ההדרגתית אל ה' מנחות אותנו גם בחלק השני של הפרק במשנה, שכבר אינו עוסק בשגרה הרגילה, אלא במצבים שבהם הבקשה לא נענתה.

[ד] **הגיע** שבעה עשר במרחשון **ולא ירדו גשמים**, התחילו היחידים **מתענין** שלש **תעניות**

אוכלין ושותין משחשיכה,[12] ומותרין במלאכה וברחיצה ובסיכה ובנעילת הסנדל ובתשמיש המטה.
[ה] **הגיע** ראש חדש כסליו **ולא ירדו גשמים,** בית דין גוזרין שלש **תעניות** על הצבור
אוכלין ושותין משחשיכה, ומותרין במלאכה וברחיצה ובסיכה ובנעילת הסנדל ובתשמיש המטה.

המשנה מתארת מה עושים כשהגשמים אינם יורדים. בתחילה היא מתארת נקודות זמן: י״ז במרחשון וג׳ בכסלו, כתחנות שמעוררות לפעולה. בי״ז במרחשון היחידים מתחילים להתענות, ובג׳ בכסלו, אם עדיין לא ירדו גשמים, בית הדין גוזרים תעניות, קלות יחסית, על כל הציבור. נשים לב לתבנית שיש במשנה: ״הגיע [תאריך מסוים] ולא ירדו גשמים״. זהו תיאור טכני המוסר מידע עובדתי יבש (תרתי משמע).
הפרק ממשיך:

[ו] **עברו אלו** ולא **נענו**, בית דין גוזרין שלש **תעניות** אחרות על הצבור
אוכלין ושותין מבעוד יום,[13] ואסורין במלאכה וברחיצה ובסיכה ובנעילת הסנדל ובתשמיש המטה
ונועלין את המרחצאות
עברו אלו ולא נענו בית דין גוזרין עליהם עוד שבע, שהן שלש עשרה **תעניות** על הצבור
הרי אלו יתרות על הראשונות שבאלו מתריעין ונועלין את החנויות
בשני מטין עם חשיכה ובחמישי מותרין מפני כבוד השבת.
[ז] **עברו אלו ולא נענו** ממעטין במשא ומתן, בבנין ובנטיעה, באירוסין ובנשואין, ובשאילות שלום בין אדם לחברו כבני אדם הנזופין למקום.
היחידים חוזרים **ומתענים** עד שיצא ניסן.
יצא ניסן **ולא ירדו גשמים** סימן קללה שנאמר ׳הלא קציר חטים היום׳ (שמ״א י״ב יז) וגומר.

במשניות אלו מופיע שלוש פעמים הביטוי: ״עברו אלו ולא נענו״. לתאריך כבר אין

12. כלומר מותר להמשיך לאכול גם בליל התענית, והתענית מתחילה מהבוקר.
13. במקרה הזה התענית מתחילה מהלילה.

משמעות, וכבר לא מתייחסים למזג האוויר, אלא מתייחסים למשמעות הרוחנית: "עברו אלו", כלומר התעניות, "ולא נענו". **התענית** נועדה להביא **מענה.** הבעיה עמוקה יותר. לשון המשנה "עברו אלו ולא נענו" מדגישה שהגשם אינו רק צורך גשמי, אלא גם מענה רוחני בין העם לאלוהיו. לא רק ש"לא ירדו גשמים", אלא העם גם "לא נענו". חיסרון הגשם מעיד על חסרון המענה האלוהי, למרות התעניות. הקושי הפיזי מתורגם לקושי רוחני. השיא יהיה אם לא יגיע גשם עד ניסן, ואז על הציבור להתנהג "כבני אדם הנזופין למקום", מתוך הנחה שזו אכן המציאות. עם עליית המדרגה של התגובה האנושית, לחוסר התגובה האלוהית יש משמעות עמוקה יותר.

ברכה במסגרת של קללה

נשים לב שכמו החלק הראשון של הפרק במשנה, גם בחלק השני של הפרק מסגרת הזמן מסתיימת בסוף ניסן. בחלק הקודם ראינו שעד סוף ניסן הגשם נחשב לברכה, שכן לדעת ר' מאיר ממשיכים לבקש את הגשם עד שיצא ניסן. כעת המשנה קובעת שאם "יצא ניסן ולא ירדו גשמים סימן קללה". במבט ראשון נראה שהקללה היא שעד ניסן טרם ירדו גשמים. עם זאת, הפסוק מספר שמואל: "הלא קציר חטים היום", שעוסק בירידת הגשם בעת הקציר, מלמד שהמשנה לא מתייחסת רק לגשמים שלא ירדו, אלא גם לגשמים שירדו מאייר ואילך.[14]

הגדרת הגשמים שיורדים אחרי ניסן כקללה יוצרת מסגרת ספרותית לפרק במשנה, שכן בתחילת הפרק מצוין שגשם בחג הסוכות הוא "סימן קללה".[15] במשנה במסכת סוכה מוסבר מדוע גשם בחג הוא סימן קללה (פרק ב'):[16]

> [ט] ירדו גשמים, מאימתי מותר לפנות? משתסרח המקפה.
> משלו משל למה הדבר דומה לעבד שבא למזוג כוס לרבו ושפך לו קיתון על פניו.

14. משום מה, בעקבות דברי הרב פנחס מקוריץ, מתלמידי הבעש"ט, בספר נופת צופים סימן פה, התקבעה אמונה שגשמים באייר הם גשמי ברכה. אפשר שזה קשור לדברי החתם סופר על הגמרא בשבת קמז ע"ב, שהמשקאות שבין פסח לעצרת מועילים, ולדעתו זה קשור לכך שראשי תיבות של אייר הם "אנכי יי רופאך". אפשר שהבינו שהמשקאות "שקיינא" הם גשמים. מכל מקום, דבריו סותרים את דברי המשנה. ואפשר שדברים אלו יכולים להתקבל רק בחברה שכבר אינה חקלאית או באירופה, שם הגשמים נצרכים עד שבועות. ראו לדוגמה שו"ת הרא"ש ד' י.
15. לכלי ספרותי זה קוראים 'חתימה מעין פתיחה'. ראו אצל הרב א' וולפיש, שיקולים ספרותיים.
16. לדעת ספראי, משנה תענית, עמ' 29, הגשם המוקדם מזיק לחקלאות, וזאת הסיבה שהם "סימן קללה בחג". עם זאת, נראה שהשיוך לסוכות דווקא, ולא "לפני סוכות", מתייחס למשמעות הרוחנית של גשם בסוכות.

ירידת גשמים בחג היא סימן לחוסר שביעות רצון אלוהית, שה' מגרש אותנו מהסוכה שישבנו בה כדי לשרת אותו. אזכור הקללה בגשם בחג בתחילת הפרק, יחד עם הקללה שבירידת הגשם לאחר צאת ניסן, נותן לפרק מסגרת של ברכה וקללה, תוך הדגשת הקללה האפשרית. הפרק מלמד שירידת גשמים בחג הסוכות וכן לאחר ניסן הם חלק מהתקשורת בינינו לבין ה'.

מסגרת הפרק מלמדת על התפקיד הנוסף של הגשם שראינו בתנ"ך. לצד מצב הגשם בתקופה שבין תשרי לניסן, כביטוי למצב הרוחני של העם, מופיע הגשם בתקופה שבין ניסן לתשרי כאמצעי לקללה בתקופה שאמורה להיות יבשה. התיאור של עיני ה' בארץ לא מתייחס רק לחודשים תשרי עד ניסן, אלא לשנה כולה. התקשורת האלוהית היא מעגלית, "מרשית השנה ועד אחרית שנה", כאשר האמצעי הוא הגשם, ירידתו בזמנו או שלא בזמנו.

"וישאבו מים וישפכו לפני ה'" – המים כמתנה מהאדם לאלוהים

עד כה ראינו בגשם, ובמזג האוויר בכלל, צורת תקשורת בין ה' לישראל, שמתרחשת בעיקר במרחב הציבורי, זה שמחוץ למקדש. בפרק הבא במשנה נראה רמזים לשימוש במים כתקשורת בין האדם לאלוהים במסגרת הפולחן. בפרק ב' של מסכת תענית, המשנה מתארת את הברכות שמוסיפים לתפילה בזמן תענית, וכך נאמר שם:

> [ד] על הרביעית הוא אומר מי שענה את שמואל במצפה הוא יענה אתכם וישמע בקול צעקתכם היום הזה, ברוך אתה ה' שומע צעקה. על החמישית הוא אומר מי שענה את אליהו בהר הכרמל הוא יענה אתכם וישמע בקול צעקתכם היום הזה, ברוך אתה ה' שומע תפלה.

המשנה מתייחסת לשני מקרים שבהם ה' נענה לנביאים: שמואל במצפה ואליהו בהר הכרמל. בשניהם מתוארת פנייה דומה לה'. כששמואל מעודד את העם לחזור בתשובה לאחר המלחמה שבה הפלשתים הביסו את ישראל, שבו את ארון האלוהים והחריבו את שילה,[17] נאמר (שמואל א ז'):

17. חורבן שילה לא מפורש בפסוקים, אבל מתברר מההקשר ומהתיאור של ירמיהו (ז' יב–יד) שנים רבות מאוחר יותר.

(ג) וַיֹּאמֶר שְׁמוּאֵל אֶל כָּל בֵּית יִשְׂרָאֵל לֵאמֹר אִם בְּכָל לְבַבְכֶם אַתֶּם שָׁבִים אֶל ה׳ הָסִירוּ אֶת אֱלֹהֵי הַנֵּכָר מִתּוֹכְכֶם וְהָעַשְׁתָּרוֹת וְהָכִינוּ לְבַבְכֶם אֶל ה׳ וְעִבְדֻהוּ לְבַדּוֹ וְיַצֵּל אֶתְכֶם מִיַּד פְּלִשְׁתִּים: (ד) וַיָּסִירוּ בְּנֵי יִשְׂרָאֵל אֶת הַבְּעָלִים וְאֶת הָעַשְׁתָּרֹת וַיַּעַבְדוּ אֶת ה׳ לְבַדּוֹ: (ה) וַיֹּאמֶר שְׁמוּאֵל קִבְצוּ אֶת כָּל יִשְׂרָאֵל **הַמִּצְפָּתָה** וְאֶתְפַּלֵּל בַּעַדְכֶם אֶל ה׳: (ו) וַיִּקָּבְצוּ הַמִּצְפָּתָה **וַיִּשְׁאֲבוּ מַיִם וַיִּשְׁפְּכוּ לִפְנֵי ה׳** וַיָּצוּמוּ בַּיּוֹם הַהוּא וַיֹּאמְרוּ שָׁם חָטָאנוּ לַה׳ וַיִּשְׁפֹּט שְׁמוּאֵל אֶת בְּנֵי יִשְׂרָאֵל בַּמִּצְפָּה.

מהפסוקים עצמם לא ברור באיזה יום בשנה קרה האירוע הזה. אבל שמואל מעודד את העם לחזור בתשובה, וכחלק מכך שואבים מים ושופכים אותם לפני ה׳. ייתכן שהיה זה בסוף הקיץ, שבהם המים אוזלים ונתינתם לה׳ מבטאת מסירות נפש. כך עולה מההשוואה לסיפור שפיכת המים בסיפור של אליהו בהר הכרמל (מלכים א י״ח):

(לד) וַיֹּאמֶר מִלְאוּ אַרְבָּעָה כַדִּים מַיִם וְיִצְקוּ עַל הָעֹלָה וְעַל הָעֵצִים וַיֹּאמֶר שְׁנוּ וַיִּשְׁנוּ וַיֹּאמֶר שַׁלֵּשׁוּ וַיְשַׁלֵּשׁוּ: (לה) וַיֵּלְכוּ הַמַּיִם סָבִיב לַמִּזְבֵּחַ וְגַם אֶת הַתְּעָלָה מִלֵּא מָיִם.

במעמד הר הכרמל, מילוי התעלה מסביב למזבח מים נועד גם כדי להדגיש את נס ירידת האש מן השמים. עם זאת, הקדשת המים במצב ההוא הייתה הקרבה גדולה ולוותה בביטוי של אמונה, שהמים עוד יחזרו והבצורת תיפסק. על רקע שפיכת המים של שמואל ושל אליהו ניתן להבין את המסורת על ניסוך המים בחג הסוכות כביטוי לנתינת סוף המים שבנחלים מתוך אמונה בברכת הגשמים הממשמשת ובאה.[18]

אם כן, לעיל ראינו שהמים מבטאים צורת תקשורת בין ה׳ לאדם – דרך נתינת הגשמים, מניעתם או הבאתם שלא בעונתם – צורת תקשורת שמתקיימת בעיקר מחוץ למקדש, שכן אין צורך ממשי בגשם במקדש.[19] כאן ראינו את תמונת הראי, שבה המים מהווים גם צורת תקשורת בין העם לה׳, בהקשר הפולחני – אצל שמואל ואליהו בבמות, ובהמשך בניסוך המים במקדש.[20]

18. ראו הרבנית ד״ר ב״י לוי (ושלח את הגשם, עמ׳ 163–175), היא מציינת, בין היתר על סמך דברי הפיוט ״למען תמים בדורותיו״ שבהושענות האשכנזיות, לאחת הדעות לגבי המקור של ניסוך המים כ״מנהג נביאים״, ושנראה שמדובר על שמואל הנביא.
19. אומנם גם הכוהן הגדול במקדש מתפלל על הגשם ומבקש שתפילת עוברי דרכים להפסיק את הגשם לא תתקבל (בבלי יומא נג ע״ב).
20. גם השאלה היכן מתקיימים טקסי התעניות המתוארים במשניות שבמסכת תענית נעה על הציר

עיוני דרשה

"שפכי כמים לבך" – המים כסמל לתקשורת בין אדם לאלוהים

ראינו כיצד הגשם מהווה ביטוי לקשר הרוחני בין העם והארץ לקב"ה. במקורות נוספים הגשם הפך למטפורה הקרובה למציאות של תקשורת אלוהית, בין אם בדברי הנביא ישעיהו שראינו לעיל ובין אם בפתיחה של משה לשירת האזינו (דברים ל"ב):

(א) הַאֲזִינוּ הַשָּׁמַיִם וַאֲדַבֵּרָה וְתִשְׁמַע הָאָרֶץ אִמְרֵי פִי: (ב) **יַעֲרֹף כַּמָּטָר לִקְחִי תִּזַּל כַּטַּל אִמְרָתִי** כִּשְׂעִירִם עֲלֵי דֶשֶׁא וְכִרְבִיבִים עֲלֵי עֵשֶׂב.

באופן דומה הבינו חז"ל גם את שפיכת המים של הנביא שמואל (ירושלמי תענית פ"ב ה"ז):

> כתיב 'ויקבצו המצפתה וישאבו מים וישפכו לפני יי'' (שמואל א ז' ו) וכי מים שפכו? אלא מלמד ששפכו את לבם כמים. 'ויאמר שמואל חטאנו ליי''.[21] אמר רבי שמואל בר רב יצחק לבש שמואל חלוקן של כל ישראל אמר לפניו רבון העולמים כלום את דן את האדם אלא על שהוא אומר לפניך לא חטאתי 'הנני נשפט אותך על אומרך לא חטאתי' (ירמיהו ב' לה) ואילו אומרים לפניך 'חטאנו'.

לפי הירושלמי, המים שנשפכו היו מים מטפוריים, מים שנובעים מהלב ומבטאים חרטה עמוקה והודאה בחטא. אפשר שהמדרש מדגיש ששפיכת המים היא ביטוי לדבר פנימי ועמוק יותר, כשם שירידת הגשם, הן בחודשי החורף והן בחודשי הקיץ, היא ביטוי למסר עמוק יותר.[22]

שבין בית המקדש לגבולין. ראו סיכום אצל ספראי, משנה תענית, עמ' 3‒8.

21. הפסוק כפי שמופיע לפנינו בספר שמואל הוא "ויאמרו שם חטאנו לה'".

22. גם מדרש שוחר טוב (תהלים סוף מזמור קיט) ותרגום יונתן, פירשו את הכתובים באופן מושאל, בבחינת (איכה ב' יט): "שִׁפְכִי כַמַּיִם לִבֵּךְ נֹכַח פְּנֵי ה'" (וכן אברבנאל, אלשיך ומצודת דוד). אחרים ראו בכך מעשה פולחני, כגון הרב י' קיל (דעת מקרא שמואל, עמ' סב), מתוך השוואה לשמואל ב כ"ג טז, כשדוד מנסך לה' את המים שהביאו לו מבור בית לחם (גם שם מתוארת מסירות נפש מסוימת). וכן דעת הרב י' אריאל (עוז מלך, עמ' 32). פרשנים אחרים אומנם רואים בשפיכת המים מעשה ממשי, אך מפרשים אותו באופן סמלי. לדעת רש"י שפיכת המים מבטאת את הכנעת העם, לדעת רד"ק מדובר על סמל לכפרה ולדעת ר"י כספי זה סמל לרחיצת החטאים.

מקראות קודש

כשהמשוואה לא עובדת

התורה בפרשת 'והיה אם שמוע' מציגה משוואה ברורה למדי: שמיעה לקול ה' ועבודת ה' בכל הלב תוביל ל"מטר ארצכם בעתו", ואז הגשם ירד בעיתו (יורה), ועונת הגשמים תסתיים בזמן (מלקוש). לחלופין, אם יפתה לב העם והוא יעבוד אלהים אחרים, "לא יהיה מטר והארץ לא תתן את יבולה". ברם, יש מנעד גדול למדי בין שמיעה לקול ה' ועבודתו בכל לב לבין התפתות אחר עבודה זרה, וממילא המשוואה פחות ברורה ומורכבת יותר.

מה עוד שיש עדויות שלא תמיד כך זה עובד.

כפי שראינו לעיל, התנ"ך מספר שאליהו הנביא נשבע בשם ה' (מלכים א י"ז א): "חַי ה' אֱלֹהֵי יִשְׂרָאֵל אֲשֶׁר עָמַדְתִּי לְפָנָיו אִם יִהְיֶה הַשָּׁנִים הָאֵלֶּה טַל וּמָטָר כִּי אִם לְפִי דְבָרִי". נחלקו הפרשנים אם אליהו יוזם מעצמו את עצירת הגשמים או שהוא בא בשליחות ה'.[23] בין כך ובין כך, עצירת הגשמים ככל הנראה לא באה בתחילת מלכות אחאב או מיד כשהכניס את העבודה הזרה לתוך הממלכה. הגשם חזר לרדת[24] בעקבות הכרזת העם ש"ה' הוא האלוהים", אך המשיך לרדת למרות שהממלכה לא נוקתה מחטאי העבודה הזרה, והם המשיכו, לכל הפחות באופן חלקי, עד לביעורם בימי המלך יהוא.[25] גם בימי מלכים רשעים נוספים, כגון אחז ומנשה מממלכת יהודה, אין זכר לבצורת כזו.

גם בתקופת המשנה ניתן לראות שהמשוואה לא עובדת. בפרק ג' של מסכת תענית מובא שחוני המעגל מצליח להוריד גשמים כביכול כנגד דעת עליון:[26]

[ח] על כל צרה שלא תבא על הצבור מתריעין עליהן חוץ מרוב גשמים.

23. אני מבכרת את העמדה שהוא בא בשליחות ה'. כתבתי על כך לאחרונה: ע' שטרנברג, ובדברך עשיתי.

24. הגשמים חזרו לרדת לאחר המעמד בהר הכרמל, למרות המשך שלטונה של איזבל ורדיפת נביאי ה'. אומנם, הרעב שב בימי אלישע.

25. שירת האזינו (דברים ל"ב) ממחישה את הנקודה הזאת בצורה ברורה: החטאים מובילים לענישה, אבל העונש ייפסק מסיבות שלא קשורות אלינו אלא לשיקולים של הקב"ה וליחסו אל העמים.

26. כבר הברייתא (בבלי תענית כג ע"א) יוצרת השוואה בין חוני המעגל לאליהו הנביא. נראה שהשוואה היא ניגודית: אליהו עוצר את הגשם, ואילו חוני מוריד את הגשם. אצל אליהו מצב הגשם תואם את מצב העם, ואצל חוני כנראה שלא.

מעשה שאמרו לו לחוני המעגל התפלל שירדו גשמים. אמר להם: צאו והכניסו תנורי פסחים בשביל שלא ימוקו. התפלל ולא ירדו גשמים. מה עשה? עג עוגה ועמד בתוכה, ואמר לפניו: רבונו של עולם בניך שמו פניהם עלי שאני כבן בית, לפניך נשבע אני בשמך הגדול שאיני זז מכאן עד שתרחם על בניך. התחילו גשמים מנטפין. אמר: לא כך שאלתי אלא גשמי בורות, שיחין ומערות. התחילו לירד בזעף. אמר: לא כך שאלתי, אלא גשמי רצון, ברכה ונדבה. ירדו כתיקנן, עד שיצאו ישראל מירושלם להר הבית מפני הגשמים. באו ואמרו לו: כשם שהתפללת עליהם שירדו כך התפלל שילכו להן. אמר להן: צאו וראו אם נמחת אבן הטועים.

שלח לו שמעון בן שטח אלמלא חוני אתה גוזרני עליך נידוי, אבל מה אעשה לך שאתה מתחטא לפני המקום ועושה לך רצונך כבן שהוא מתחטא על אביו ועושה לו רצונו, ועליך הכתוב אומר: 'ישמח אביך ואמך ותגל יולדתך' (משלי כ"ג כה).

לאחר שחוני מצליח להוריד גשם, שמעון בן שטח נוזף בחוני בלי ממש לנזוף בו. למה שמעון בן שטח מתנגד? הרי סוף סוף העם היה צריך את הגשם הזה?

נראה ששמעון בן שטח קובל על שבירת המשוואה. כשהגשם לא יורד זה מעיד כאלף עדים על בעיה רוחנית שיש בעם. אומנם העם במצב פיזי קשה מאוד. מהזכרת תנורי הפסחים בסיפור ניתן להבין בבירור שכבר הגיעו לניסן ועדיין לא ירדו גשמים.[27] הגשם נצרך כאוויר לנשימה ואין זמן לתהליכי עומק, שאולי כבר ניסו לעשות ולא הצליחו. ובכל זאת, שמעון בן שטח קובע שהמסלול העוקף הוא מסוכן: ירידת גשמים כאשר העם לא ראוי להם מסוכנת מבחינה חינוכית, גם אם היא נצרכת ביותר מבחינה פיזית.[28] שמעון בן שטח מעדיף את הדרך הארוכה שהיא קצרה, בה מקשיבים למציאות ומתקנים את דרכינו לאורה, על פני הדרך הקצרה שהיא ארוכה, שבה פותרים את הבעיות בטווח הקצר אבל לא מטפלים בבעיות העומק.

המשנה מכירה במקומם של היחידים במסגרת בקשת הגשמים. הם מתחילים לצום לפני שאר העם וממשיכים לצום גם אחרי שהסתיימו התעניות של העם. הדגם

27. בברייתא בתענית (הערה קודמת) הוזכר ש"יצא רוב אדר". בסכוליון למגילת תענית מוזכר התאריך כ' אייר.

28. הרב ד"ר ב' לאו (חכמים א, עמ' 62–63) רואה את סיפור חוני המעגל ודומיו על רקע חוסר הקשר הבהיר והברור שבין מעשה האדם לתגובה האלוהית: "ההיכרות עם חוני המעגל ופעולותיו מכניסה אותנו לעולם הכמיהה הדתית שבה אדם עומד בתפילה ובודק עד כמה בכוחו להשפיע על בוראו".

שמציגה המשנה ומייצג שמעון בן שטח הוא דגם שבו היחידים לא פותרים באופן מלאכותי את בעיות החברה אלא מצטרפים לחברה כדי לתקן אותה.[29]

לצד זאת, בספרות התלמודית אנו רואים שלא תמיד המשוואה היא חד משמעית, ולעיתים איננו יודעים מדוע נמנע הגשם. אומנם מי שייסורים באים עליו עליו לפשפש במעשיו,[30] אבל לעיתים ייתכן שאלו ייסורים של אהבה,[31] ולעיתים הקשיים אינם עונשים אלא ניסיונות.[32] ממילא, גם הפנייה לאנשי חן וחסד שינסו לבקוע רחמי שמיים מתקבלת ביתר הבנה.[33]

נראה שיש כאן קשר להבחנה בין בנים לעבדים שעמדנו עליה בפרק ה׳. בעולם של עבדים הכול אמור להיות ברור. אמור להיות ברור שחטא גורר עונש, ודרך התיקון גם אמורה להיות ברורה. בעולם של בנים, הקב״ה כביכול מעורב רגשית, לטוב ולמוטב. הוא יכול לתת לבנו את בקשתו, גם אם לא מגיע לו, להאריך אפו ולהימנע מענישה לאורך זמן, אך גם להעניש בחומרה רבה בגלל הגדשת הסאה. הבן המפונק יכול לטרוף את הקופה ולבטל את העונש רק בגלל שהוא מפונק. ועדיין, החכם, נציג התפיסה שאנחנו עבדיו של מקום, יעקם את האף על ההתנהגות הזאת וינסה להחזיר אותנו לעולם מסודר, של חטא ועונשו, של תשובה ושל תיקון.

שהחיינו וקיימנו

לפני כמה שנים הייתה שנה ברוכה וגשומה. באותם ימים שידרו בתוכנית הרדיו

29. הרב ד״ר ב׳ לאו (חכמים א, עמ׳ 66–67) עומד על הקלקול שנוצר מהתחושה שאפשר לקצר הליכים. בספר יוספוס מתואר שהרגו את חוני אחרי שלא היה מוכן ׳לעבוד׳ בשירות הניסים הפרטי של אנשים שונים. גם סיפור ההמשך על חוני בבבלי (תענית כג ע״א) תומך בנקודה זו: חוני לא מבין מדוע לנטוע חרובים לדורות הבאים, והוא מוכר כמי שפותר קושיות שעולות בבית המדרש באופן מיידי. באופן מיידי גם נענות בקשותיו לישון שבעים שנה וכן בקשתו למות. חוני מסמל את ה׳כאן ועכשיו׳, אבל יש פגם בחוסר יכולת לבנות מהלכים ארוכי שנים, להתמודד עם קשיים ולגדול מתוכם.

30. בבלי ברכות ה ע״א, עירובין יג ע״ב.

31. בבלי ברכות ה ע״א.

32. ראו בספר יהודית פרק ח׳, כשיהודית משוכנעת שהבצורת בימי המלך עוזיה היא לא עונש משמיים אלא דווקא ניסיון.

33. ד״ר מ׳ שושן (סיפור חוני, עמ׳ 3–4) רואה במבנה של המשנה שמתייחס לסיפור חוני הן כמעשה לחיקוי (׳אקסמפלום׳) והן כמקרה שנועד ליצור מסר מורכב: ״עירוב ייחודי זה נועד להעניק לחוני זהות כפולה בסיפור: גם כדמות לחיקוי אשר מכוננת תקדים הלכתי וגם כמושא לביקורת הלכתית, אשר התנהגותו והליכותיו הן נושא לתוכחה חמורה מצד גדול הדור בזמנו״.

המילה האחרונה בגלי צה"ל אברי גלעד וג'קי לוי. בזיכרוני נצרב משפט עוצמתי של אברי גלעד: "שנים הסבירו לנו מה אנחנו עושים לא בסדר כי יש בצורת אחר בצורת. השנה יש הרבה גשם, אני רוצה שיבואו ויגידו מה עשינו בסדר!". מצד אחד, זהו משפט נפלא בעיניי. התורה, המשנה וספרות חכמים לאורך הדורות מלמדות שוב ושוב שיש משוואה, שיש קשר בין שמיים לארץ, שיש מדד גשמי (תרתי משמע) לרוחניות שלנו.

בעולם של התפלת גשמים, אנחנו חווים פחות את אותה מצוקה שחוו העם בימי חוני המעגל. אנחנו פחות מפשפשים במעשינו כאשר הגשמים בוששים לבוא. אנחנו משתמשים באותם כלים שה' נתן לנו, החכמה האנושית והטכנולוגיה, כדי לפתור את הבעיות המעשיות.[34]

ועדיין ראוי לתת את הדעת שגם אם מניעת הגשמים לא מייצרת מצוקה קיומית, ראוי שהיא תמשיך לייצר מצוקה רוחנית וקריאה לתשובה. בתקופת השופטים, כאשר ה' שלח אויב לפגוע בנו, היה ברור שזו תוצאה של חטאינו ושעלינו לחזור בתשובה.[35] בתקופתו של שמואל, העם כבר לא רוצה להיות נתון באופן הדוק כל כך להשגחה האלוהית, ורוצה מלך שיעמיד צבא וייתן מענה ביטחוני ותחושת ביטחון גם מול אויבים הקמים עלינו.[36] ואכן, למרות שתחושת חוסר הביטחון והאין אונים יורדת בתקופת המלכים, עדיין מלכים זרים באים לפגוע בישראל כחלק משבט זעמו של ה'. היכולת הפיזית להתמודד עם השבט הזה לא צריכה לגרור בהכרח שנפסיק להסתכל על המציאות בחיפוש תמידי אחרי המסר האלוהי. היכולת לראות בחסרון הגשם ביקורת אלוהית ובירידת הגשם חיבוק אלוהי, מעניקה עומק רוחני לחיים שלנו, וגם קשר מתמיד עם הקב"ה.

החיים, כמובן, מורכבים יותר. חכמים נותנים בידינו את הכלים להתמודד עם אי־ירידת הגשמים, שהם הכלים הסטנדרטים. אבל הסיפורים – בתורה ובספרות

34. הרמב"ם, ביחס לרפואה, קבע שאם לא משתמשים באמצעים שעומדים לרשותנו, אנחנו בחזקת כסילים (בפירוש לפסחים פ"ד מ"י). אומנם היו שחלקו עליו ותיארו את ההליכה לרופאים כסוג של כפירה, והישענות על דרך הטבע במקום לסמוך על הקב"ה. ראו לדוגמה בבלי ברכות ס ע"א ובפירוש רש"י שם ד"ה שאין דרכם; פירוש ר"ע מברטנורא פסחים פ"ד מ"ט; רמב"ן ויקרא כ"ו יא.

35. כמעט שלא רואים חזרה בתשובה בתקופת השופטים. רק בעקבות מצוקה הולכת וגוברת, שמגיעה לשיאה כאשר עמון תוקפים ממזרח והפלשתים ממערב עם ישראל עושה תשובה (שופטים י' טו–טז).

36. ראו במאמרי: ע' שטרנברג, מלך במשפט.

חז"ל – מלמדים שלפעמים לא נהיה ראויים לגשם ובכל זאת הוא ירד. ולפעמים נגדיש את הסאה ואז הגשם ייעלם. המשנה מתייחסת לגשמים בסוכות כסימן קללה, כי אז אנחנו רוצים לקיים מצווה וה' מגרש אותנו מביתו. אפילו בעת קיום מצוות ממש, אנחנו עלולים לגלות שמעשינו אינם רצויים בפני ה'. למרות חוסר הוודאות, והעובדה שאין משוואות ברורות בעבודת ה' ובשכר ועונש, חכמים הנחו אותנו לחזור בתשובה כשיש צרה, לפשפש במעשינו, להתענות ולהתפלל ולהגיב באופן רוחני לצרה ממשית.

בפועל נצטרך לאחוז בזה, וגם מזה לא להניח את ידינו: לפעול לפתור את הבעיות שלנו, בין בהתפלה ובין בתפילה, לצד חתירה לראות את יד ה' בעולם ואת הגשם ומניעתו כאמירה אלוהית. להגיב לאי ירידת הגשם מתוך רצון לפעול פעולות עומק של תשובה ותיקון, לצד ענווה שלא תמיד אנחנו מבינים חשבונות גשמים וחשבונות שמיים.

פרק יג

'נר מקדש' או 'נר איש וביתו'

בדיחה ידועה אומרת שאפשר לתאר את חגי ישראל כך: "הם ניסו להרוג אותנו, אנחנו ניצחנו, בואו נאכל". אבל כשבוחנים את החגים, מגלים שהכלל הזה נכון בעיקר בחגים שתיקנו חכמים. בפסח – המצרים לא לגמרי ניסו להרוג אותנו, אלא בעיקר לשעבד,[1] ולא ניצחנו אותם במובן הרגיל של המילה, אלא רק יצאנו לחירות. בסוכות איש לא ניסה להרוג אותנו, ואנחנו זוכרים בו את ההליכה במדבר.[2] גם בשבועות איש לא ניסה להרוג אותנו.

אז איפה הבדיחה הזו נכונה? בפורים ובחנוכה, ומאוחר יותר ביום העצמאות וביום ירושלים. שם, אכן ניסו להרוג אותנו (או לפגוע בנו), נלחמנו נגדם וניצחנו, ואנחנו חוגגים (גם) באמצעות אוכל.[3] כאן גם הצד השני של המטבע נכון: במקרים שהם הצליחו וניצחו אותנו, אנחנו לא אוכלים, וכך נולדה מערכת הצומות, שבה נדון בפרק הבא.

1. הפרשנים נחלקו עד כמה הגזרה על הריגת הבנים הייתה רחבה. ראו לדוגמה: רש"י שמות א' כב; רמב"ן שמות א' י.
2. ראו לעיל, פרק י'.
3. כפי שנראה להלן, איננו חוגגים (רק) את נס הניצחון, והחגיגה מציינת הישגים נוספים. הניצחון במלחמה הוא מרכיב חשוב של החג, ונראה עד כמה הוא ההיבט הבולט. לדעת השפת אמת (חנוכה תרמ"ד), חוגגים את נס הניצחון, ונס פך השמן עוזר לזכור שהניצחון היה משמיים. ראו גם בהערה הבאה.

אם כן, חנוכה ופורים לא מציינים מאורעות גדולים של בניית האומה, אלא התמודדות עם צרות גדולות לאורך הדרך.[4] צד דומה בין חנוכה לבין פורים הוא הבחירה לציין את ההצלות הללו דרך 'פרסומי ניסא'.[5] אנחנו מתרכזים בנס ומנסים לפרסם אותו.

בפרק זה נדון מה חוגגים בחנוכה ומה עומד במוקד היום. חנוכה אינה מוזכרת בתנ"ך,[6] וגם במשנה הופעותיה דלות למדי. מכיוון שכך, על השאלות הללו ננסה לענות בעיקר באמצעות ספרי מקבים והתלמוד הבבלי.

עיוני מקרא (תחליף)

חנוכת המקדש, המזבח והמנורה בסיפור חנוכה

כמה מקורות מצויים בידינו מימי הבית השני, בתקופה שקדמה לספרות חז"ל, ועוסקים בימים אלו. אחד המשמעותיים שבהם הוא מגילת תענית, שמתעדת ימים טובים של הפרושים, שקדמו לחז"ל. מגילה זו מציינת ימים טובים למחצה שיש בהם איסור להתענות, ובחלקם גם להספיד, לזכר מאורעות משמחים מתקופה זו.[7] משלל התאריכים שבמגילה זו נשתמרו רק פורים וחנוכה. על חנוכה כתוב שם:[8]

> בעשרין וחמשה ביה חנכתא תמניא יומין דילא למספד בהון.

תרגום: בעשרים וחמישה בו (בכסלו) החנוכה, שמונה ימים שלא להספיד בהם.

הביטוי לחגיגיות ימי החנוכה במגילת תענית נסוב סביב אוכל ושמחה. אומנם לא נקבע שיש לחגוג באוכל, אבל כן נקבע בצורה עדינה יותר שלא מתענים ולא מספידים בימים אלו. על המגילה נוסף פירוש הנקרא סכוליון, שהוא מעין תלמוד

4. לדעת הרמב"ם, חגיגת ימי חנוכה היא לא רק על הניצחון במלחמה אלא גם על שלטון יהודי לאורך זמן, מה שלא היה עד כה בשיבת ציון (רמב"ם הלכות מגילה וחנוכה פ"ג ה"א). אפשר לראות בכך אירוע בסדר גודל לאומי, והשלמה לתהליך הגאולה שעליו התנבאו הנביאים. ראו הרב י' שביב, חנוכה, עמ' 97-98.
5. בבלי ברכות יד ע"א; שבת כג ע"ב – כד ע"א; מגילה ג ע"ב. ראו גם פסחים קיב ע"א.
6. אמנם ראו מאמרו של הרב י' בן נון, יום ייסוד.
7. ראו ו' נעם, מגילת תענית, עמ' 11.
8. מהדורת ו' נעם, עמ' 103.

על המגילה, המכיל מקורות מתקופות שונות. בגרסאות השונות של הסכוליון[9] חוזר ההסבר ששמונת הימים קשורים לימים שנדרשו לצורך תיקון ושיפוץ המקדש או בנייה מחודשת של המנורה. וכך השם "חנכתא" שבמגילת תענית מבטא את חנוכת המקדש או חנוכת המזבח, ומתחבר בלשונו לחנוכה שמופיעה במקרא אצל המקדש שבנה שלמה.[10]

גם בספרי המקבים מתקופת בית שני יש עיסוק רב בהיבט המקדשי של ימי החנוכה. כך מתואר בספר מקבים א' (פרק ד', עמ' 164-165):[11]

> [52] וישכימו **בבוקר החמישה ועשרים בחודש התשיעי**, הוא חודש כסלו, בשנה השמונה וארבעים ומאה.[12] [53] ויעלו קורבן כחוק **על גבי מזבח העולה החדש אשר עשו**. [54] **בזמן וביום אשר בו חיללו אותו הגויים**, ב[יום] ההוא נחנך בשירים ובקתרוסים, בכינורות ובמצלתים. [55] ויפלו כל העם על פניהם, וישתחו, ויודו לשמים, אשר הצליחו בידם. [56] **ויעשו את חנוכת המזבח ימים שמונה**, ויעלו עולות בשמחה ויזבחו [ז]בחים שלמים ותודה. [57] ויקשטו את חזית המקדש בעטרות זהב ובמשבצות, ויחרשו את השערים ואת הלשכות ויתקינו להם דלתות. [58] ותהי שמחה גדולה מאוד בעם, ותסור חרפת הגויים. [59] **ויקבעו** יהודה ואחיו וכל עדת ישראל, **כי יוחגו ימי חנוכת המזבח בזמניהם, מדי שנה בשנה, ימים שמונה**, מן החמישה ועשרים בחודש כסלו, **בשמחה ובששון**.

לפי המתואר בספר מקבים א', תאריך חנוכת המקדש נקבע לפי תאריך חילול המקדש – בכ"ה בכסלו. חנוכת המקדש, וליתר דיוק חנוכת המזבח, נעשתה באמצעות

9. ו' נעם, מגילת תענית, עמ' 103-107, ודיון בעמ' 265-276. ודיון בסכוליון ובגרסאותיו שם, עמ' 11-12, 22-27.
10. מלכים א ח' סג; דברי הימים ב ז' ה. ההשוואה לחנוכת המשכן של משה וחנוכת המקדש של שלמה עולה בדברי הסכוליון למגילת תענית, ראו: פרופ' ו' נעם, מגילת תענית, עמ' 104-105, ובדיון שם עמ' 269-270, שם היא מפנה גם למקבים ב', ט-י, יב: "וכן עשה גם שלמה את שמונת הימים", וגם למדרש בראשית רבה ל"ה, טז במהדורת תיאודור־אלבק, שמציין שבחנוכת המקדש של שלמה הדליקו נרות. החנוכות של משה ושלמה נמשכו רק שבעה ימים, ולכן בחלק מהגרסאות ההסבר לשמונה ימים קשור לזמן שנדרש לתיקון המזבח והכלים, אפשר שבדומה לחנוכת המשכן.
11. המקורות ממקבים א' לקוחים ממהדורת א' רפפורט.
12. מדובר, ככל הנראה, על שנת 164 לפנה"ס.

שירים וכלי נגינה, בהקרבת קורבנות, בקישוט חזית המקדש ובתיקונו. לצד זאת הם קבעו לחגוג שמונה ימי חנוכה "מדי שנה בשנה... בשמחה ובששון".[13]

באיגרות בתחילת ספר מקבים א' מופיע (איגרת א', ט, עמ' 77):[14]

> ועתה (כתבנו אליכם) כדי שתחגגו את **ימי חג הסוכות של חודש כסלו** ושל שנת 148.

לפי המתואר כאן, חג החנוכה נחגג במתכונת של ימי חג הסוכות, וכך נכתב באיגרת לאנשי מצרים שיחגגו גם הם.[15] באיגרת השנייה שמופיעה שם, הניסוח מורחב יותר (מקבים ב', איגרת ב', יח-יט, עמ' 82-83):

> מאחר שאנחנו עומדים **לחגוג בעשרים וחמישה בכסלו את טיהור המקדש**, חשבנו שמן ההכרח להבהיר (זאת) לכם – כדי **שגם אתם תחגגוהו כימי (חג) הסוכות והאש בזמן שנחמיה**, לאחר שבנה את המקדש ואת המזבח, הביא קרבנות.[16]

במקורות אלו, להקשר המקדשי של חנוכת המזבח[17] וטיהור המקדש נוספה זיקה לחג

13. בהמשך נראה את ההסבר המוכר של נס פך השמן. לקושיות על פירוש זה ראו לדוגמה: הרב ש"י זוין, המועדים בהלכה, עמ' ר-רא.
14. המקורות של מקבים ב' מבוססים על מהדורת ד' שוורץ.
15. לפי פרופ' ד' שוורץ, מקבים ב', עמ' 72 זוהי איגרת שבה מביעים יהודי ירושלים וארץ יהודה את הזדהותם עם יהודי מצרים ומזמינים אותם לחגוג את חג הסוכות.
16. חג האש של זמן נחמיה מתואר כחג בעקבות מציאת האש האלוהית, בדמות מים סמיכים, שבאמצעותה הצליחו להדליק את האש השמיימית ולהוכיח את צדקת המקדש לפרסים ולאחרים. אפשר לראות בחנוכה חידוש של אותו חג האש (שנטען שהיה באותו תאריך). פרופ' ד' שוורץ (מקבים ב', עמ' 83) מסביר שיש כאן מעבר בין חגיגת החג מתוך דגש על סוכות להדגשת מוטיב האור שבחג. אפשר שיש כאן גם חוליה מקשרת לחגיגת חנוכת המקדש, שבבית ראשון נעשה בחג הסוכות, ובבית שני נעשה בידי נחמיה בתאריך של חנוכה (לפי המקור כאן). בשתי החנוכות הללו התגלתה האש האלוהית (דברי הימים ב ז' א). לפי המדרש, גם בניית המשכן הסתיימה בכ"ה בכסלו, וחיכו עד א' בניסן לחנוך אותו (במדבר רבה י"ג, ב; ילקוט שמעוני מלכים א קפד); גם חנוכת ההיכל בימי חגי הנביא קשורה לתאריך זה (חגי ב' יח, וראו מור וקציעה תר"ע).
17. ראו גם: אור זרוע ח"ב סימן שכא; מהרש"א (חידושי אגדות) על שבת כא ע"ב.

הסוכות. משך הזמן של שמונה ימים הוא כנגד חג הסוכות כולל שמיני עצרת. אפשר שהדבר קשור לכך שגם המלך שלמה בחר לחגוג את חנוכת המקדש בחג הסוכות.

הקשר לחג הסוכות מתחזק בהמשך הספר (מקבים ב', פרק י' ה-ח, עמ' 208):

> וקרה שביום אשר בו חולל המקדש בידי הגויים, ביום ההוא היה גם טיהור ההיכל, ביום עשרים וחמישה בחודש ההוא, הוא כסלו. **ובשמחה** הם חגגו שמונה ימים **באורח של (חג) הסוכות**, בזכרם **שלפני זמן קצר הם עשו את חג הסוכות כשהם רועים במערות כדרך החיות**. לכן, **בהחזיקם מטות וענפים רעננים וגם (כפות) תמרים**, הם העלו **מזמורים**[18] למי שהצליח את דרכם לטיהור מקומו. והם קבעו, בצו משותף ובהחלטה לכל עם היהודים, **לחגוג את הימים האלה שנה בשנה**.

לפי התיאור של מקבים ב', חג החנוכה של שמונה ימים הוא מעין מועד ב' של חג הסוכות שלא הצליחו לחגוג באותה שנה. היות החג הזה חגיגה מחודשת של סוכות השפיעה גם על אופי החגיגה של "מטות וענפים רעננים וגם כפות תמרים", כלומר בקיום חוזר של מצוות ארבעת המינים.

לסיכום לפי כמה מקורות משמע שהמקדש חולל בכ"ה בכסלו, ובמהלך התקופה הזו נמנעה מהיהודים האפשרות לחגוג במקדש. כאשר טיהרו את המקדש בכ"ה בכסלו סגרו את המעגל של הפסקת העבודות, ונוצרה הזדמנות לחנוך מחדש את המזבח ולהשלים את חגיגת חג הסוכות שנמנעה באותה שנה, ובעיקר בהיבט המקדשי – שמחה לפני ה' עם ארבעת המינים. כפי שנראה בהמשך, החגיגה לדורות לבשה אופי אחר, וננסה להבין איזה אופי שיוו לחגיגה זו.

עיוני משנה

המשנה שכמעט התעלמה מ'ימי שמונה'

באופן מפתיע, אין מסכת חנוכה במשנה או אפילו חטיבה שעוסקת בהלכות חנוכה. חנוכה מוזכרת לאורך המשנה במקומות מועטים ולעיתים מפתיעים. במסכת ראש השנה (פ"א מ"ג) חנוכה מוזכרת כסיבה לכך שהשלוחים יוצאים להודיע על היום שבו קידשו את חודש כסלו; במסכת תענית (פ"ב מ"י) הוזכרה חנוכה כיום שלא מתענים

18. על הקשר בין ארבעת המינים להלל ראו גם בפרק י'.

בו, ובמסכת מועד קטן (פ"ג מ"ט) כיום שלא מקוננים בו בקבורת המת; במסכת מגילה (פ"ג מ"ד-מ"ו) חנוכה מוזכרת ברשימה של מועדים שבהם קוראים קריאות מיוחדות, ושם נאמר שבחנוכה קוראים בקורבנות הנשיאים בחנוכת המשכן (במדבר ז'); במשנת ביכורים (פ"א מ"ו) חנוכה זה הזמן האחרון שאפשר להביא בו ביכורים.[19]

במסכת בבא קמא מובאת הלכה הקשורה לנר חנוכה (פרק ו'):

> [ו] גץ שיצא מתחת הפטיש והזיק חייב, גמל שהיה טעון פשתן ועבר ברשות הרבים ונכנס פשתנו לתוך החנות ודלקו בנרו של חנוני והדליק את הבירה בעל הגמל חייב. הניח חנוני נרו מבחוץ החנוני חייב, רבי יהודה אומר **בנר חנוכה פטור**.

בדרך כלל, מי שהניח נר בחוץ יהיה אחראי לשריפה שעלולה להתפשט בגינו, אך בחנוכה ר' יהודה פוטר את מי שהעמיד נר מחוץ לביתו. ר' יהודה לא קובע בהכרח שחייבים להדליק נר חנוכה בחוץ, אלא שהאנשים שעוברים ברחוב אמורים לצפות לנרות מחוץ לבתים בחנוכה.

בסיכומו של דבר, מהמשנה ניתן ללמוד שמציינים את היום הזה באיסור תענית והספד, יש בו קריאה מיוחדת, הקשורה לחנוכת הנשיאים, ומותר להניח נר מחוץ לבית.[20] יש כאן רמזים לנוכחות של הקשר מקדשי, סביב הקריאה בתורה של קורבנות הנשיאים, אך ננסה להבין עד כמה ההקשר הזה דומיננטי.

עיוני דרשה

סיפור הנס כסיפור של מקדש

הגמרא במסכת שבת מסבירה מדוע מציינים את ימי החנוכה (בבלי שבת כא ע"ב):

> מאי [מה היא] חנוכה? דתנו רבנן: בכ"ה בכסליו יומי דחנוכה תמניא אינון [שמונה הם], דלא למספד בהון [שלא להספיד בהם] ודלא להתענות בהון [ושלא

19. משנה זו מציינת את חנוכה בהקשר חקלאי. למדרש שקושר בין חנוכה לתקופת שיא החורף, שאז מרגישים צורך להאיר את העולם או להודות לה' על כך שהימים מפסיקים להתקצר, ראו: בבלי עבודה זרה ח ע"א; הרב י' בן נון, יום ייסוד, עמ' 87–97; הרב י' שביב, חנוכה, עמ' 99.
20. לא נדון כאן מדוע המשנה לא עוסקת בחנוכה.

להתענות בהם]. שכשנכנסו יוונים **להיכל** טמאו כל השמנים שבהיכל, וכשגברה מלכות בית חשמונאי ונצחום, בדקו ולא מצאו אלא **פך אחד של שמן** שהיה מונח בחותמו של **כהן גדול**, ולא היה בו אלא להדליק יום אחד, **נעשה בו נס והדליקו ממנו שמונה ימים. לשנה אחרת קבעום ועשאום ימים טובים בהלל והודאה.**

הגמרא מצטטת ממגילת תענית, מסבירה את הדברים על רקע טומאת המקדש, טיהורו והדלקת המנורה ומוסיפה את נס פך השמן. מעניין לציין כי במועדים של התורה, מציינים אירועים לאומיים היסטוריים, בין היתר, במקדש, לעומת זאת, בחנוכה את האירוע שהיה במקדש אנו מציינים באופן של זיכרון היסטורי.

לפי זה, החגיגה נעשית בעיקר באמצעות 'ימים טובים' ו'הלל והודאה'. עם זאת, כפי שראינו במשנה, בימים אלו גם מדליקים נר. וכך מובא בסוגיית הגמרא (שם כא ע"ב):

תנו רבנן: מצות חנוכה **נר** איש וביתו. והמהדרין – **נר** לכל אחד ואחד.
והמהדרין מן המהדרין, בית שמאי אומרים: יום ראשון מדליק שמנה, מכאן ואילך פוחת והולך;
ובית הלל אומרים: יום ראשון מדליק אחת, מכאן ואילך מוסיף והולך.

הברייתא מתארת את חובת הדלקת נר בחנוכה ומתארת שלוש רמות של קיום המצווה: הרמה הבסיסית היא נר אחד וברמות מתקדמות יותר כמה נרות. הגמרא מביאה שני הסברים למחלוקת בין בית שמאי לבית הלל אם להוסיף נרות או להפחית נרות (שם):

אמר עולא: פליגי בה תרי אמוראי במערבא [נחלקו לגביה שני אמוראים בארץ ישראל],
רבי יוסי בר אבין ורבי יוסי בר זבידא,
חד אמר: טעמא דבית שמאי – כנגד ימים הנכנסין, וטעמא דבית הלל – כנגד ימים היוצאין.
וחד אמר: טעמא דבית שמאי – **כנגד פרי החג**, וטעמא דבית הלל – **דמעלין בקדש ואין מורידין.**
אמר רבה בר בר חנה אמר רבי יוחנן: שני זקנים היו בצידן, אחד עשה כבית שמאי ואחד עשה כדברי בית הלל,

> זה נותן טעם לדבריו – כנגד פרי החג, וזה נותן טעם לדבריו – דמעלין בקדש ואין מורידין.

עולא מביא מחלוקת אמוראים בהסבר המחלוקת בין בית הלל ובית שמאי. לפי אמורא אחד, המחלוקת קשורה לאופן ציון הימים: כנגד הימים הנכנסים או כנגד הימים היוצאים. לפי האמורא האחר, המחלוקת בין בית הלל לבית שמאי קשורה לתקדימים שמהם למדו בית הלל ובית שמאי. בית הלל למדו מהעיקרון מעלין בקודש ואין מורידין, ובית שמאי למדו מפרי חג הסוכות.[21] פרי החג הם קורבנות המוספים של חג הסוכות, וסדר ההקרבה הוא שביום הראשון מקריבים שלושה עשר פרים ובכל יום מקריבים פר אחד פחות מהיום הקודם. גם בהסבר זה אנו מוצאים את הקשר בין חנוכה לסוכות.[22] העיקרון 'מעלין בקודש' הוא עיקרון מוסכם בספרות חז"ל והוא נלמד במסכת מנחות (צט ע"א) מהשימוש במחתות של עדת קרח לצורך המקדש, והסיבה לכך היא שמשום שהן כבר התקדשו,[23] הן הפכו מכלי שרת לכלי מקדש. יוצא אפוא שאחת התובנות שהוצמדה למחלוקת בית הלל ובית שמאי היא שפרטי הדין של נר חנוכה צריכים לינוק מהתחום ההלכתי של המקדש.

רבה בר בר חנה בשם ר' יוחנן מביא סיפור תומך על שני גרדיים (אורגים) שנהגו כבית הלל וכבית שמאי, וההסברים שלהם היו ההסברים שקשורים למקדש ולא ההסברים שקשורים למספר הימים. בכך הם מחזקים את התפיסה שנרות חנוכה יונקים מהעולם של המקדש.

את התפיסה הזו, שנרות החנוכה הם המשך לנרות המקדש, ניתן לזהות בסוגיות נוספות העוסקות בעיצוב המצווה ובהגדרתה.

הנרות הללו קודש הם? על קדושה ועל כבוד בנר חנוכה

בימינו אנו שרים אחרי הדלקת הנרות "הנרות הללו קודש הם ואין לנו רשות להשתמש בהם", אבל הנחה זו כלל לא הייתה ברורה בימי חז"ל.[24] להפך, שאלה זו נתונה במחלוקת בגמרא, ונראה שלרוב הדעות אין קדושה בנר חנוכה. אומנם לחלק

21. במדרש (בבלי סוכה נה ע"ב) נרמז שפרי החג הולכים ופוחתים כיוון שהם מסמלים את אומות העולם. בכך יש הסבר מדוע במקרה הזה לא חל הכלל 'מעלין בקודש'.
22. על הקשר בין היום השמיני לשבעת ימי החג עמדנו בפרק י"א.
23. הגמרא שם קושרת את הדין גם לכך שאחסנו את שברי הלוחות בארון עם הלוחות השלמים. נראה שפרט זה מבסס את החלק השני של המשוואה 'ואין מורידין'.
24. נוסח זה לקוח ממסכת סופרים, שנכתבה בתקופת הגאונים, אך התקבל בעם ישראל בעקבות

מן הדעות יש לנהוג בנרות אלו בכבוד, שכן הם חלק מקיום מצווה, אבל לא ברור שיש בהם קדושה.[25]

בגמרא דנו אם אפשר להדליק מנר חנוכה אחד לשני (בבלי שבת כב ע"א-ע"ב), לדעת רב אין להדליק מנר לנר ולדעת שמואל מותר. אמוראים אחרים נחלקו אם לפי רב האיסור הוא משום שהדלקה מנר לנר מבזה את הנר שמדליקים ממנו, דבר שמתעצם כשמשתמשים בקיסם, חתיכת עץ, כדי להעביר את האש, או שמא ההדלקה מנר לנר מכחישה או מחלישה את האור (או השמן) של הנר הדולק. הגמרא מביאה מקור שמקשה על האיסור להדליק מנר לנר:

> מתיב רב ששת: 'מחוץ לפרוכת העדת יערך' (ויקרא כ"ד ג), וכי לאורה הוא צריך? והלא כל ארבעים שנה שהלכו בני ישראל במדבר לא הלכו אלא לאורו; אלא עדות היא לבאי עולם שהשכינה שורה בישראל.
>
> מאי עדות?
>
> אמר רב: זו נר מערבי, שנותן בה שמן כמדת חברותיה, וממנה היה מדליק ובה היה מסיים.
>
> והא הכא, כיון דקביעי נרות לא סגיא דלא משקיל ואדלוקי, קשיא בין למאן דאמר משום בזוי מצוה, ובין למאן דאמר משום אכחושי מצוה! [והרי כאן, כיוון שהנרות קבועים אי אפשר שלא יהיה (נוטל בקיסם) ומדליק. זה קשה בין למי שאמר שרב אסר משום ביזוי מצווה ובין למי שאמר שרב אסר בגלל הכחשת מצווה!]
>
> תרגמא [הסביר] רב פפא בפתילות ארוכות.
>
> סוף סוף, למאן דאמר משום אכחושי מצוה קשיא [למי שאמר שרב אסר בגלל החלשת המצווה קשה]! קשיא [אכן נשאר קושי].

רב ששת מקשה על הדיון בנוגע להדלקה מנר לנר בנרות חנוכה ממקור שעוסק דווקא במנורת המקדש. במנורת המקדש היו מדליקים מנר לנר, מן הנר המערבי לשאר הנרות. רב ששת מניח שההדלקה נעשתה באמצעות קיסם, וממילא לא ברור כיצד

מהר"ם מרוטנברג שכלל את הנוסח בסדר הדלקת הנרות. ראו אצל הרב ד' גולדשמידט, מחקרי תפילה, עמ' 399–402; ח' מאק, הנרות הללו; להלן, הערה 27.

25. ראו דיון בבבלי שבת כב ע"א אם מותר למנות מעות מול נרות חנוכה. במקבילה בירושלמי משמע שמדובר דווקא בשבת (ירושלמי שבת פ"ב ה"א). אפשר לתהות אם זה רמז מקדים למנהג של דמי חנוכה.

ניתן לומר שיש בעיה בהדלקה מנר לנר. רב פפא עונה על כך שהשתמשו בפתילות ארוכות, ולא בקיסם, ובכך פתרו, לכל הפחות, את הבעיה של ביזוי מצווה.

המקור שרב ששת מזכיר חשוב לדיון על אופן הדלקת הנרות, אבל הוא גם מניח קשר בין הדלקת נרות המקדש להדלקת נרות חנוכה. רב ששת מזכיר את הנס התמידי שהיה בנרות המקדש: בנר המערבי, שאותו היו מדליקים תחילה, הייתה אותה כמות שמן כמו בשאר הנרות, והנס היה שהוא דלק יותר זמן משאר הנרות. למעשה, נס פך השמן של חנוכה מגולם בנס של הנר המערבי במקדש וגם מזכיר אותו. הברייתא קובעת שהנס הזה הוא עדות לעולם ששכינה שורה בישראל.

אם כן, יש מצווה להדליק את המנורה ולצד זאת הנרות הדולקים מעידים על השכינה בישראל באמצעות הנס היום־יומי שבשמן הדולק. גם בנרות חנוכה מופיעים שני המוטיבים הללו: מצווה להדליק נרות ומטרת הנרות להעיד על הנס שנעשה בשמן. נס פך השמן הוא המשך של נס השמן של המנורה, והדלקת נרות החנוכה יכולה להוות המשך להדלקת נרות המנורה.

אכן, הרמב״ן רואה בנרות החנוכה המשך של הדלקת המקדש בעולם שאין בו מקדש. וכך הוא מסביר את המדרש על חלישות הדעת של אהרן הכוהן בעקבות קורבנות הנשיאים (רמב״ן במדבר ח׳ ב):

> והנה דבר ידוע שכשאין בית המקדש קיים והקרבנות בטלין מפני חורבנו אף הנרות בטלות, אבל לא רמזו אלא לנרות חנכת חשמונאי שהיא נוהגת אף לאחר חורבן בגלותנו. וכן ברכת כהנים הסמוכה לחנכת הנשיאים נוהגת לעולם, דרשו סמוכין לחנכת הנשיאים מלפניה ומלאחריה בכבודו של אהרן שלא נמנה עמהם.[26]

כפי שראינו, גם קריאת התורה קושרת את ימי החנוכה לחנוכת המשכן של הנשיאים, ומספר הנרות קשור למושגים מקדשיים. מכאן גם ניתן להבין את הדעות שראו קדושה גם בנרות החנוכה.[27]

26. בהמשך לכך ניתן להבין את דעות הראשונים שקבעו שיש להדליק נר חנוכה גם בבית הכנסת ולהניחו בדרום, כזכר למנורת המקדש (לדוגמה כלבו סימן מד; תרומת הדשן סימן קד בשם הסמ״ק).

27. ראו ר״ן על הרי״ף (שבת ט ע״א בדפי הרי״ף): ״דכיון שעל ידי נס שנעשה במנורה תקנוה עשאוה כמנורה שאין משתמשין בה כלל״. לדעת הרב פרופ׳ ד׳ שפרבר (מנהגי ישראל, ה, עמ׳ כד-כט) חידוש הנוסח ״הנרות הללו״ נולד מתוך ויכוח בין חכמי פרובנס לראשונים האחרים אם מותר

הדלקה או הנחה – שאלת המוקד של הדלקת נרות חנוכה
לאחר שרצו ללמוד מהמנורה אם מותר להדליק מנר לנר, כשבמנורה בפועל הדליקו מנר לנר, הגמרא שואלת:

מאי הוי עלה?
אמר רב הונא בריה דרב יהושע: חזינא אי הדלקה עושה מצוה – מדליקין מנר לנר, ואי הנחה עושה מצוה – אין מדליקין מנר לנר.

תרגום: מה יהא עליה (מה המסקנה)?
אמר רב הונא בנו של רב יהושע: נראה אם הדלקה עושה מצווה – מדליקין מנר לנר, ואם הנחה עושה מצווה – אין מדליקין מנר לנר.

רב הונא בנו של רב יהושע קושר בין השאלה אם אפשר להדליק מנר לנר לשאלה אודות אם העיקר של מצוות חנוכה היא בהדלקת הנרות או בהנחת הנרות. אפשר לנסח את דבריו כך: אם המוקד הוא בעצם ההדלקה, ברגע הדלקת הנרות עושים מצווה, וממילא אפשר להשתמש בנרות דולקים, שכבר עשו בהם את המצווה, לצורך קיום של הדלקה אחרת. לעומת זאת, אם המוקד הוא הנחת הנרות, או היותם דולקים, ההדלקה היא רק מכשיר מצווה ולא המצווה בעצמה. ממילא, יהיה מעין ביזיון להשתמש בנר דולק, שכרגע מהווה ׳קיום של מצווה׳, כדי להדליק נר חדש, שהרי ההדלקה עצמה היא רק הכשר מצווה ולא המצווה עצמה.

כאמור, בנרות המקדש היו שני מוקדים: מצד אחד ברור שהדליקו מנר לנר, ומתברר ששם ׳הדלקה עושה מצווה׳;[28] מצד שני, הברייתא הדגישה את היות הנרות הללו עדות לבאי עולם. לא רק מעשה ההדלקה חשוב אלא גם מה שהנרות מסמלים כלפי חוץ, והעובדה שהם ממשיכים לדלוק. ממילא, אם אחד הנרות כבה יש חובה להדליקו מחדש.[29] אפשר ששאלת הגמרא על נרות חנוכה מעידה על ניתוק מסוים מנרות המקדש.

להשתמש בנרות המנורה. בעוד חכמי אשכנז אימצו את הרעיון שהנרות הם קדושים בקדושה הדומה למנורה, ולכן גם מדליקים נרות חנוכה בבית הכנסת, היו חכמים שסברו שמותר להשתמש, לכל הפחות תשמיש של קדושה לאור המנורה. כדי להוציא מליבם, שילבו את הנוסח הקדום הזה בסדר הדלקת הנרות. ראו במקורות המצוינים שם.

28. ראו שמות ל׳ ז–ח; במדבר ח׳ ב למצוות הדלקת הנרות במקדש.
29. ראו: ויקרא כ״ד ב–ג; משנה תמיד פ״ו מ״א; רמב״ם הלכות תמידין ומוספין פ״ג הי״ג.

נראה שהשאלה אם הדלקה עושה מצווה או הנחה עושה מצוות קשורה לסוגיה אחרת שעלתה קודם בסוגיה במסכת שבת, בעניין אילו שמנים ופתילות כשרים להדלקת נר חנוכה. כשהגמרא דנה בשאלת השמנים והפתילות היא קשרה זאת לשני דיונים: האחד, אם מותר להשתמש בנרות הללו, דיון שהזכרנו לעיל; והשני, אם "כבתה זקוק לה או אינו זקוק לה". השאלה הנידונה היא אם די בהדלקה של הנר, ומה שיקרה אחר כך לא חשוב, ואם הנר יכבה אין צורך להדליק אותו שוב, או שמא עלינו לוודא שהנר ימשיך לדלוק, ואם כבתה "זקוק לה", כלומר האדם נזקק להדליק שוב את הנר כדי לקיים את המצווה.[30]

למעשה, נראה ששתי השאלות קשורות זו לזו, ואפשר לנסח זאת כך: אם המוקד של הדלקת הנרות הוא האדם המדליק, הרי ש"הדלקה עושה מצווה" ו"כבתה אין זקוק לה".[31] אך אם המוקד של נרות חנוכה הוא עבור האחרים הרואים, בבחינת "עדות לבאי עולם", הרי ש"הנחה עושה מצווה" ו"כבתה זקוק לה". אם המוקד הוא האדם המדליק, ממילא עיקר המצווה הוא המוכנות של האדם להכיר בנס, לציין אותו ואף לפרסם אותו. אומנם, הוא גם רוצה לספר את סיפור הנס לאחרים, אבל המוקד הוא הרגע שבו הוא 'סיפר' את הסיפור וגם 'ראה' והפנים אותו. לחלופין, אם המוקד הוא הפצת הבשורה הלאה, הפרסום בפועל הוא החשוב. לפי האפשרות הזו, החלק העיקרי של הדלקת הנרות הוא הסיפור שמסופר באמצעות הנחת הנרות לעין כול, והאדם המדליק רק מכשיר לנרות שיוצגו החוצה.

כאמור, בכל הנוגע לנרות המקדש שני ההיבטים הללו קיימים: הן מצוות הדלקת הנר והן ההיבט הציבורי של הנרות שממשיכים לדלוק. עם זאת בנרות חנוכה הגמרא הכריעה שהמצווה היא דווקא ההדלקה, המוקד הוא באדם המדליק, והנחלת הסיפור הלאה משנית בחשיבותה. ההתמקדות במעשה של האדם עצמו עשויה להצביע על ניואנסים אחרים בתפיסת המצווה של נר חנוכה.

30. בבלי שבת כא ע"א. גם לתפיסה ש"כבתה אין זקוק לה" צריך מראש להניח די שמן כדי שהנרות יוכלו לדלוק "עד שתכלה רגל מן השוק" אף שאין חובה להקפיד על שמנים ופתילות איכותיים. אפשר שהסיבה היא שבשמנים ופתילות שאיכותם פחותה הנר יכול לדלוק, גם אם הדבר לא מובטח, אבל בכמות השמן, אם לא שמים די שמן, הנר בוודאי לא ידלוק לאורך זמן.

31. ראו: שו"ת הרשב"א חלק א' סימן תקלט; שולחן ערוך או"ח תרע"ג ב. אך ראו בט"ז שם ס"ק ח. לניתוח ודיון ראו גם: הרב ש"י זוין, המועדים בהלכה, עמ' ריא-ריג; הרב מ' פרומר, כבתה אין זקוק לה. הרב ב' הולצמן (כבתה אין זקוק לה, עמ' 27-33) סבור שהקביעה "כבתה זקוק לה" היא לא הבסיס לדברי האמוראים אלא הפועל היוצא מהם.

נר איש וביתו – מבית המקדש לבית הפרטי

עד כה הארנו את ההיבטים של מצוות נרות חנוכה בהקשר המקדשי: מקור הנס במקדש עצמו סביב הדלקת המנורה; מספר הנרות שמדליקים בכל יום, בין אם זה נלמד מפרי החג ובין אם מהעיקרון ׳מעלין בקודש׳; והניסיון ללמוד על אופי המצווה מאופן קיום מצוות הדלקת הנרות של המנורה וההשפעה שלה על העולם.

תוך כדי הדיון שמנו לב שרוב הנקודות הללו לא מוסכמות. מצאנו הסברים אחרים למספר הנרות (כנגד הימים הנכנסים או היוצאים); ראינו שאין הסכמה אם יש קדושה בנרות; והצענו שההכרעה ש׳הדלקה עושה מצווה׳ ממוקדת יותר באדם המדליק מאשר באחרים שרואים את הנרות. ממילא, אפשר לראות את מצוות נר חנוכה באופן מעט אחר, שבו המקדש אינו בהכרח במרכזו.

הדיון העיקרי בסיפור חנוכה, בהלכות חנוכה וברעיונות השונים בבסיסם מופיע דווקא בשבת, בהקשר של נרות שבת (בבלי שבת כא ע״א – כד ע״א),[32] ולא למשל באחד המקומות שחנוכה מוזכרת במשנה, שהוזכרו לעיל.

בהמשך לכך, ההגדרה הבסיסית של המצווה, שכבר הוזכרה לעיל, היא (בבלי שבת כא ע״ב):

> תנו רבנן: מצות חנוכה **נר איש וביתו**. והמהדרין – נר לכל אחד ואחד. והמהדרין מן המהדרין, בית שמאי אומרים: יום ראשון מדליק שמנה, מכאן ואילך פוחת והולך;
> ובית הלל אומרים: יום ראשון מדליק אחת, מכאן ואילך מוסיף והולך.

לפי הברייתא, הבסיס של מצוות נר חנוכה זה ״נר איש וביתו״. בדרך כלל מצוות הן אישיות, ולא ביתיות. הגדרת נר חנוכה כמצווה של בית[33] מחזקת את הקשר בין נר

32. בירושלמי יש מעט מאוד התייחסות לחנוכה, ויש המסבירים זאת על רקע ההבנה שהירושלמי ערוך בצורה שצמודה יותר למשניות, בניגוד לעריכת הבבלי, שמצליחה לכלול נושאים רבים יותר באופן אסוציאטיבי. ראו: דברי ר׳ ש׳ פישר, בתוך: ב׳ נאור, אמונתך עיתיך, עמ׳ סה.

33. היה ניתן להבין ׳בית׳ כאן בקשר לאשתו של אדם, שכן ״ביתו זו אשתו״ (ראו לדוגמה משנה יומא פ״א מ״א). המשך הברייתא שמנגיד בין ״נר איש וביתו״ ל״נר לכל אחד ואחד״ מבסס את ההבנה שמדובר על נר לבית כולו ולא רק בהקשר הזוגי.

חנוכה לנרות שבת, שאף הם נרות של בית.[34] חז"ל קבעו שיש להדליק נרות שבת "משום שלום בית",[35] וכבר ראינו את הקשר בין השבת לבית בפרקים הקודמים.

חיזוק נוסף לקשר שבין נר שבת לבית אפשר לראות בדיון על המיקום של נר חנוכה (שם):

> תנו רבנן: נר חנוכה מצוה להניחה על **פתח ביתו מבחוץ.**
> אם היה דר בעלייה – מניחה בחלון הסמוכה לרשות הרבים.
> ובשעת הסכנה – מניחה על שלחנו, ודיו.

לפי הברייתא, המיקום של הנר הוא על פתח הבית.[36] אומנם הוא ממוקם "מבחוץ", אבל הוא משויך לבית. לפי בעלי התוספות, אם יש לבית חצר, יש להדליק בפתח החצר כלפי רשות הרבים, כמו שההדלקה בעלייה (קומה עליונה) תהיה בחלון שסמוך לרשות הרבים. בניגוד לשיטתם, לדעת רש"י יש עדיפות שהנר יהיה בפתח הבית, גם אם יראו אותו רק אנשי החצר. לפי רש"י, המוקד הוא הבית המדליק, ואכן, בשעת הסכנה הנר מאיר רק לדיירי הבית. גם השיטה של המהדרין, "נר לכל אחד ואחד", נותנת משמעות לבית, אבל מנכיחה כל אחד מבני הבית באופן אישי.

הקשר בין הנר לבית מתברר גם מדין נוסף (בבלי שבת כב ע"א):

> אמר רבה: נר חנוכה מצוה להניחה **בטפח הסמוכה לפתח.**
> והיכא מנח ליה [והיכן מניח אותה]? רב אחא בריה דרבא אמר: מימין, רב שמואל מדפתי אמר: משמאל.
> והילכתא [והלכה] – משמאל, כדי שתהא **נר חנוכה משמאל ומזוזה מימין.**

לאחר הקביעה שאת הנר מדליקים בפתח, רבה מדגיש את הקשר בין השניים,[37] כך שהמצווה היא להניח בטפח הסמוכה לפתח. הובאה מחלוקת אם להניח מצד ימין או מצד שמאל, והכרעת הגמרא היא שנר חנוכה משמאל ומזוזה מימין. הפרשנות

34. דעת הפני יהושע (שם) היא הפוכה, שמפני שהנרות פונים לרשות הרבים, הם באים מהבית אך לא אל הבית. על כל פנים הוא נשאר בצריך עיון. נראה שמהעובדה שצריך להדליק את הנר בבית משמע שהעיקר הוא הבית ולא רשות הרבים.
35. בבלי שבת כג ע"ב, כה ע"ב.
36. לעיל ראינו שלפי המשנה, גם החנווני מניח את הנר על פתח החנות מבחוץ.
37. רש"י: "שאם ירחיקנו להלן מן הפתח – אינו ניכר שבעל הבית הניחו שם".

המוכרת לקביעה זו היא כדי שאדם יהיה מסובב במצוות.[38] לצד זאת, אפשר להציע שיש בכך ממד של הקבלה בין המזוזה לנר חנוכה, ששניהם "מצוות של בית" שמצהירות דבר על הפתח – הן כלפי פנים והן כלפי חוץ.[39]

המשך הברייתא קובע שהמהדרין מן המהדרין מדליקים כל יום נר נוסף או נר פחות. ההסבר האמוראי שלא נגע לעולם הקדושה הסביר שהנרות הם כנגד ימי החנוכה. לצד הנר כנר של בית, הנר גם מספר סיפור מסוים שיש בו התקדמות, אבל אינו קשור בהכרח למקדש.

אם כן, לצד האפשרות לראות בנר חנוכה זכר למנורת המקדש, שדיניו ומהותו יונקים מעולם המקדש, ניתן לזהות קול נוסף במקורות.[40] הקול הזה מנתק את נר החנוכה מנר המקדש ורואה בו 'נר של בית' בדומה לנרות שבת. המוקד הוא האדם או הבית המדליק, הנר עומד על פתח הבית כהצהרה של הבית, שלעיתים גם מצהיר על מספר בני הבית ומספר סיפור.

סיכום – בתודעה שלנו, סיפור החנוכה קשור באופן מובהק למקדש, גם אם לא חוגגים אותו במקדש עצמו. ועם זאת, מספר מקורות מנתקים את הדלקת הנר מהקשר מקדשי, ודווקא רואים אותו בהקשר ביתי. המצווה הזאת נקשרת לעולם של מצוות של בית. גם כשלבני הבית יש מקום במצווה, ויש נר לכל אחד, היא עדיין מצווה על הבית. היא נקשרת למצוות המזוזה, והמיקום של הנר הוא בפתח הבית.

38. לדוגמה: חיי אדם חלק ב-ג (הלכות שבת ומועדים) כלל קנד סעיף יג; משנה ברורה תרע"א ס"ק לג. אפשר שהדברים מבוססים על שאילתות דרב אחאי גאון, שאילתא כו, שמוסיף שהמדליק עומד עם ציצית ביניהם, מה שרומז למנחות מג ע"ב (ראו: הרב י' אשחר, נר חנוכה משמאל, עמ' 333-335).

39. לדעת השם משמואל (בראשית, מקץ תרע"ד, עמ' קמד-קמה), יש משמעות שהמזוזה היא לימין הנכנס ונר חנוכה לימין היוצא, כך שהמזוזה היא לשמירה של הבית פנימה ונר חנוכה פונה החוצה. לדעת האמרי אמת (בראשית חנוכה ליל ב'), גם נר חנוכה שומר מפני החוכמות החיצוניות. ראו גם: הרב י' אשחר, נר חנוכה משמאל. אפשר שבשילוב שבין נר חנוכה משמאל ומזוזה מימין נוצר מכלול שמזכיר את הדם שהיה לאות על פתחי הבתים בקורבן הפסח. בעניין אם הדם פנה כלפי פנים או כלפי חוץ, ראו: מכילתא דר"י בא, מסכתא דפסחא פרשה ו.

40. לדעת הרב י' שביב (חנוכה, עמ' 95), החשמונאים בתחילה רצו לחגוג את חג החנוכה במקדש, עם היבטים השאולים מחג הסוכות, כפי שראינו לעיל. הבחירה לחגוג "לשנה אחרת" באמצעות הדלקת הנר הייתה בחירה להוציא את החגיגות מהמקדש אל הבתים.

מקראות קודש

"ובשעת הסכנה" – סכנה למקדש וסכנה לבית

סיפור טיהור המקדש אינו הסיפור היחיד. ספרי המקבים מציגים גם את הצרה שהתחילה בהשכחת התורה והמצוות. העברה על המצוות היא הסיבה שיצאו למלחמה וגם על הרקע הזה יש להבין את נס ההצלה. וכך מתואר בספר מקבים א׳ (פרק א׳, עמ׳ 112–121):

> [41] ויכתוב המלך לכל ממלכתו להיות כולם לעם אחד; [42] **ולעזוב איש איש את חוקיו**, ויאותו כל העמים לעשות כדבר המלך. [43] וירצו רבים מישראל בעבודתו **ויקריבו לפסילים ויחללו את השבת.** [44] וישלח המלך ספרים ביד מלאכים אל ירושלים ואל ערי יהודה ללכת אחרי חוקים זרים לארץ. [45] **ולהשבית עולות וזבח ונסך מן המקדש ולחלל שבתות וחגים.** [46] ולטמא מקדש וקדושים. [47] **לבנות במות,** והיכלות ופסילים ולזבוח חזירים ובהמות טמאות. [48] **ולהניח את בניהם ערלים ולשקץ את נפשם** ככל טומאה ותועבה. [49] **כדי שישכחו את התורה וימירו את כל החוקים.** [50] וכל אשר לא יעשה כדבר המלך יומת... [60] **וימיתו את הנשים אשר מלו את בניהן, לפי הפקודה.** [61] ויתלו את העוללים מצוואר אמותיהם, ואת **ביתן** ואת אשר מלו אותם. [62] ורבים בישראל התאמצו והתחזקו לבלתי אכול טמא. [63] ויבחרו למות, פן יטמאו כמאכלים ויחללו ברית קודש, וימותו.

בתיאור הגזרות ניתן לעמוד על השילוב בין הסכנה לעבודת המקדש לסכנה לעבודת ה׳ בכל אתר ואתר. ביטול ברית המילה ("להניח את בניהם ערלים") והאיסור על קיום מצוות, שבא לידי ביטוי באופן ראשוני ביותר בחילול שבת ובעבודה זרה בכל מקום, היו חלק משמעותי מגזרות אנטיוכוס. היוונים טימאו את המקדש ובנו במות בפתחי הבתים. לצד קריעת ספרי תורה, קרעו את התינוקות הנימולים מאימותיהן. הרגו את כורתי הברית יחד עם המחזיקים בספר הברית.

אם כן, לסיפור חנוכה יש גם רקע במדינה, שלא קשור רק לטומאת המקדש ולחילולו, אלא לגזרות השמד ונטילת העצמאות הרוחנית מיושבי המדינה, ומתוך הבית של כל אחד ואחת.

גם בתפילת על הניסים אנחנו מזכירים סיפור רחב יותר. וזה הנוסח הקדום מסדר רב עמרם גאון (סדר חנוכה, עמ׳ צז-צח):

ובחנוכה מתפלל שמונה עשרה ובהודאה מזכיר,
על הניסים ועל הגבורות ועל התשועות ועל המלחמות ועל הפדות ועל הפורקן שעשית לאבותינו בימים ההם בזמן הזה, בימי מתתיה בן יוחנן כהן גדול חשמונאי ובניו כשעמדה עליהם מלכות יון הרשעה על עמך ישראל, **לשכחם מתורתך ולהעבירם מחקי רצונך**. ואתה ברחמיך הרבים עמדת להם בעת צרתם, רבת את ריבם, ודנת את דינם, ונקמת את נקמתם, ומסרת גבורים ביד חלשים, ורבים ביד מעטים, ורשעים ביד צדיקים, וזדים ביד עוסקי תורתך. לך עשית שם גדול וקדוש בעולמך. ולעמך ישראל עשית תשועה גדולה ופורקן כהיום הזה. ואחר כן באו בניך לדביר ביתך, ופינו את היכלך **וטהרו את מקדשך והדליקו נרות בחצרות קדשך**. וקבעו שמונה ימים בהלל ובהודאה לשמך. כשם שעשית עמהם נס, כן עשה עמנו ה' אלוהינו נסים ונפלאות בעת הזאת, ונודה לשמך הגדול סלה.

נוסח על הניסים משתנה מעט מקהילה לקהילה.[41] לפי על הניסים, בעוד ההצלה מתרכזת בניצחון במלחמה ובטיהור המקדש, הצרה התחילה מהשכחת התורה והרצון של היוונים להעביר את היהודים מחוקי רצונך, וההצלה קשורה לקידוש שם ה' ולתשועה גדולה לעם כולו. בתלמוד הירושלמי מופיע שלצד האיסור לקיים את המצוות, היוונים הוסיפו עוד גזרות שקשורות לחירות הפרט (ירושלמי כתובות פ"א ה"ה):[42]

בראשונה גזרו **שמד** ביהודה שכן מסורת להם מאבותם שיהודה הרג את עשו, דכתיב 'ידך בעורף אויביך' (בראשית מ"ט ח) והיו הולכין ומשעבדין בהן **ואונסין את בנותיהן** וגזרו **שיהא איסטרטיוס בועל תחילה.**

במסורת חז"ל ניתן למצוא גם את חילול הבתים המטפוריים באמצעות אונס הבנות ובמיוחד בעילת ההגמון בליל הכלולות. במדרש לחנוכה מסופר שבת כוהן גדול סירבה למעשה הזה, וכך למעשה הציתה את המרד.[43] בין אם המדרש מתאר את

41. בנוסח של רב עמרם גאון מופיעה בסוף תיאור הנס בקשה לחידוש ניסים ובחלק מהעדות אומרים אותה גם היום.
42. השוו בבלי כתובות ג ע"ב.
43. מדרש לחנוכה, בית המדרש חדר א' צד קל"ב מכ"י לפסיא, מובא בי"ד אייזנשטיין, אוצר המדרשים, עמוד קפה. והשוו לדברי רש"י על שבת כג ע"א ד"ה היו באותו הנס. בהמשך לכך, כשר' יהושע

ההיסטוריה במדויק ובין אם לאו, ניתן לראות כאן הד להבנה שהצרות שהתחילו את מרד החשמונאים לא נגעו רק למקדש ולקודשיו, אלא לקיום המצוות ולקדושה שאמורה לשרור ישראל.

נותר לנו לדון איזה מבין שני המרכיבים השפיע יותר על האופן שבו מציינים את חנוכה. נס החנוכה אירע כשבית המקדש היה קיים, אך חכמים בחרו שלא להוסיף מצוות לעולם המקדש.[44]

נראה שהלכות חנוכה מבטאות את שני המרכיבים. לדורות התקבל ש"הנרות הללו קודש הם", זכר לנס המנורה במקדש. אך בסופו של דבר המוקד של הדלקת הנר עדיין יהיה בבית.[45] זו מצווה "של הבית" המתקיימת בפתח הבית.

וכך רואה זאת הרב א"י ולדנברג (ציץ אליעזר י"ב לג):

> היונים בימי החשמונאים הבינו זאת כי הצביון המשפחתי המיוחד של עם ישראל הוא סוד קיומו ולכן הטילו את כובד משקלם לבטלו, וכפי שמסופר במדרש חנוכה (הובא בילקוט ספורים) בין הגזירות החמורות שגזרו עלינו גזרו גם על ביטול הייחוד המשפחתי, וכלשון המדרש עמדו וגזרו, וכל בן ישראל שעושה לו בריח או מסגר לפתחו ידקר בחרב.
>
> אבל עמנו הבין גם הוא שכמוה של גזירה זאת כהמתת נשמת האומה, ועמדו ולחמו... וכשגברו עליהם ונצחום קבעו לזכר זה שבכל בית יהודי ידליקו נר חנוכה איש וביתו לסמל בזה החזרת העטרה ליושנה של האיחוי והאיחוד התא המשפחתי הישראלי... וכך כותב הח"ס [החתם סופר] בדרשותיו לחנוכה (משנת תקס"ד) דרמז מצות חנוכה איש וביתו, ר"ל, מצות החנוך שבנפשו יודבק ע"י נר שבין איש וביתו זו אשתו, שע"י קדושתו עמה יודבק לאור נר אלקים חנוכו וכל התנהגותו.

בן לוי קבע שנשים חייבות בנר חנוכה שכן "אף הן היו באותו הנס" (בבלי שבת כג ע"א) חלקו הראשונים אם היו טפלות לסיפור חנוכה, אולי משום שהמוקד היה בעיקר במקדש, או שהן חלק אקטיבי מההצלה של החזרת הכבוד האישי והמשפחתי של קיום תורה ומצוות ושמירה על הבית היהודי.

44. על האפשרות להוסיף על התורה נעמוד בפרק הבא שעוסק בתעניות.

45. בכך ניתן גם להסביר מדוע החג שרד גם אחרי חורבן המקדש, ולאחר ביטול הישגים הלאומיים והמקדשיים.

מדברים אלו עולה שהקשר בין נרות החנוכה לבית מקשר את חנוכה לחנוכה מחדש של הבית היהודי ולאפשרות להמשיך ולחנך את בני הבית ברוח תורת משה.[46]

לסיכום, מהמקורות השונים של סיפור חנוכה ניתן לעמוד על הסכנה הכפולה שהייתה במלכות היוונים: הסכנה למקדש ולעבודת הפולחן, והסכנה לחיי הרוח וההלכה. החגיגה אומנם צוינה ברגע טיהור המקדש וכהשלמה לחג הסוכות, אך ביטאה גם את ההצלה הרוחנית של העם. הבחירה לקרוא את פרשת חנוכת הנשיאים ולא את פסוקי חנוכת המשכן מחברת בין חנוכת המשכן לשכינה שתשרה ותשפיע במחנה.

שהחיינו וקיימנו

מבוגרים רבים זוכרים בערגה את ימי חלדם, כאשר תנועות הנוער משכו את תשומת הלב. לצד הרצון להשתייך, גם הרעיון של עשייה והגשמה היה משמעותי ביותר. ההדרכה בתנועה, ההשקעה בחניכים ובחינוך אחרים נזכרים כקסומים וכממלאים את הימים ואת החיים. גם היום, בני נוער רבים ממשיכים לחוות תחושת שליחות גדולה בהדרכה בתנועות הנוער, וברוך ה' ישנם גם גרעיני משימה שנועדו לעשות חסד ולתרום לקהילה. בעבר זרם מרכזי בחינוך הדתי כיוון לבחור בחינוך כמקצוע לחיים, שהוא אומנם נוח, אבל גם מקצוע עם שליחות.

כשגדלים מגלים שלצד השליחות והפנייה לעוד ועוד קהלים, נוספים גם בית ומשפחה. רבים שהתחנכו על ברכי העשייה גדלים להיות אנשים שרוצים לחיות חיים של שליחות, בין אם במקצוע שבחרו ובין אם במגוון התנדבויות: מיזמי חסד לאנשים נזקקים, גבאות או שותפות בוועד הקהילה לטובת הפקת אירועים קהילתיים, הכנת ארוחות ליולדות ולאנשים שעוברים משברים, ליווי כלכלי ואישי לאנשים שיש להם קשיים, ארגון שיעורי תורה במקומות מגוונים. אבל לצד הבחירה בעשייה משמעותית בחוץ, לפעמים מגלים שיש מתח בין הרצון לתרום, לתת ולהשפיע, להשקעה בבית, בחינוך הילדים ובטיפוחם. לא תמיד אנשים יודעים כיצד לשמר את האיזונים הנכונים בין הפנים החוצה לפנייה פנימה. לעיתים החוויה שלנו היא שבבית נחים, והפעילות מחוץ לבית היא פעילות של קודש.

חג החנוכה קורא לנו להנכיח את מקום המפגש בין הפנים לחוץ. להבין שההצהרה של הבית היא מה שמאפשר להאיר כלפי חוץ. להבין ולראות שמסירות

46. ניזכר שהשורש חנ"ך בתנ"ך לא מופיע רק בהקשר למקדש, אלא גם בקשר לחניכת ביתו הפרטי של האדם (דברים כ' ה) וחינוך הבנים (משלי כ"ב ו).

הנפש האישית והמשפחתית על קיום מצוות היא דבר שיש לו הדים רבים כלפי חוץ. החנוכייה מצטרפת למזוזה הן כמנכיחות את האמונה והן כשומרות על הזהות. התרומה וההסתכלות החוצה, לפעמים גם מביאה השפעה, שהיא לא תמיד ברוכה, כלפי פנים. בחג החנוכה אנחנו מייצרים את העוגן הזה, של הזהות, של האמונה, של הבית, כדי לבנות אותו בפני עצמו, ולהאיר מתוכו החוצה.

אומנם לא תמיד אנחנו רואים כיצד וכמה אנחנו מצליחים להשפיע. את נרות החנוכה בבית שלנו אנחנו מפצלים בין חלונות הקומה השנייה לפתח החצר. למרות ש"הדלקה עושה מצווה", ואנו מתרכזים בהדלקת הנרות, ושרים ורוקדים סביבם, אחרי ההדלקה אנחנו כמעט שלא חווים אותם, כי הם מאירים כלפי חוץ ואנחנו נמצאים בפנים. זו תחושה מוזרה, שאנחנו כמעט לא חווים את המצווה המרכזית של החג. התחושה היא שאנחנו מקיימים את המצווה יותר עבור אחרים מאשר עבורנו. במקדש, המצב היה הפוך – הנרות שדלקו במקדש היו עדות לכל העולם שהשכינה שורה בישראל, למרות שרק הכוהנים ראו אותם.

יש בכך משל לדברים רבים בחיים שלנו, ובמיוחד בתחום החינוך. אנחנו עושים את שלנו, לפעמים באופן נקודתי ממש, ולא יודעים, ובעיקר לא חווים, כיצד הדברים יתגלגלו. את ה'שגר ושכח' של חנוכה (כפי שאני חווה אותו, כי אני לא רואה את ההשפעה של הנרות על אחרים) אני פוגשת לא מעט בחיים, וזה אולי אחד הלקחים החשובים: להדליק את האור, להפנים את לקחו, וגם לקוות שהוא ימשיך ויעשה את שלו, ולהשלים עם העובדה שאין לנו דרך לדעת כמה האור הזה מאיר.

פרק יד

"קרא עלי מועד" – בין מקדש למדינה בתעניות

ישנם לא מעט אירועים לאורך השנה שבהם אנו עשויים לחוש מתח מסוים כשמציינים אותם. כשחגגתי פעם ליל הסדר בחוץ לארץ, הרגשתי פער בין ההודיה על הגאולה לבחירה לצאת לחו"ל. עם זאת, באותה פעם היה לי קל יותר לכוון במילים "השתא הכא, לשנה הבאה בארץ ישראל". קשה לדמיין את המעמד של דורות של יהודים שחיו בקשיי הגלות שעברו על עם ישראל וחגגו את חג החירות. הפער בין המשמעות של החג לאופן שבו אנחנו חווים אותו, או ההקשר שאנחנו חוגגים בתוכו, יכול להיות קשור גם להיבטים החקלאיים של החגים, שמשמעותם והקשרם רחוקים מעולמם של עירוניים. אצל לא מעט אנשים, חוויית חג האסיף מתרחשת דווקא בספירות המלאי וסיכום ההכנסות בחודש דצמבר, או בשורה הנוספת בחשבון הבנק בתחילת כל חודש, אם בכלל. אבל נדמה שאין מתח גדול כמו החוויה לצום על חורבן ירושלים בימים שבהם יש לנו מדינה עצמאית והעיר ירושלים פורחת ומשגשגת.

לפער הזה אפשר להוסיף שאלה כללית יותר: מדוע צריך צומות רבים כל כך כנגד כל האירועים שליוו את החורבן: המצור על ירושלים, הבקעת החומות, חורבן המקדש ורצח גדליה? מה מבין הצומות הללו שייך דווקא למקדש, וכמה מהם נוגעים למדינה, תרתי משמע? ואם הם שייכים למדינה, מדוע עדיין צריך לציין אותם? בפרק הזה ננסה לתהות על קנקנם של התאריכים השונים, על משמעותם בעבר ועל משמעותם בימינו.

עיוני מקרא

מקור הצומות – שאלה אחת ושתי תשובות, צום אחד או ארבעה צומות
את ריבוי תאריכי הצומות לומדים מספר זכריה. הנביא זכריה חי בתקופת שיבת ציון. שיבת ציון לא הייתה אירוע חד פעמי אלא אירעה בגלים, ובכל גל עלתה לארץ ישראל קבוצה נוספת מבבל, ואולי גם מגלויות נוספות.[1] מסיבות שונות, היה פער בין תחילת שיבת ציון, שהתחילה בהצהרת כורש, לבניית המקדש בפועל, שמונה עשרה שנים לאחר מכן.[2] בתקופת המלך דריוש, הנביאים חגי וזכריה מעודדים את העם להתחיל את הבנייה (מחדש) של המקדש, והוא אכן התחיל להיבנות בשנת שתיים למלך דריוש. הבנייה ארכה ארבע שנים, עד השנה השישית לדריוש.[3]

הנביא זכריה מתאר כיצד בשנה הרביעית לדריוש, כלומר באמצע הבנייה של המקדש, הוא נשאל (פרק ז'):

(א) וַיְהִי בִּשְׁנַת אַרְבַּע לְדָרְיָוֶשׁ הַמֶּלֶךְ הָיָה דְבַר ה' אֶל זְכַרְיָה בְּאַרְבָּעָה לַחֹדֶשׁ הַתְּשִׁעִי בְּכִסְלֵו: (ב) וַיִּשְׁלַח בֵּית אֵל שַׂר אֶצֶר וְרֶגֶם מֶלֶךְ וַאֲנָשָׁיו לְחַלּוֹת אֶת פְּנֵי ה': (ג) לֵאמֹר אֶל הַכֹּהֲנִים אֲשֶׁר לְבֵית ה' צְבָאוֹת וְאֶל הַנְּבִיאִים לֵאמֹר **הַאֶבְכֶּה בַּחֹדֶשׁ הַחֲמִשִׁי הִנָּזֵר** כַּאֲשֶׁר עָשִׂיתִי זֶה כַּמֶּה שָׁנִים.

מהפסוקים עצמם לא ברורה זהות חברי המשלחת.[4] פרשנים רבים סבורים שהשואלים הגיעו מבבל לארץ ישראל כדי לשאול אם עליהם להמשיך לצום בחודש החמישי.[5]

1. ראו: מ' זר־כבוד, עזרא ונחמיה, עמ' כא (בפירוש לעזרא ב' סד).
2. בין הסיבות לעיכובים ניתן למנות את הרצון של העם להשיג חומרים איכותיים, כמו בבניית בית ראשון, מה שדרש ייבוא מרחוק (עזרא ג' ז, והשוו: מלכים א ה' יט-כד, וראו מ' זר־כבוד, עזרא ונחמיה, עמ' כד), הצקות של צרי יהודה ובנימין והשהיית הבנייה בעקבות כך בידי מלכי פרס (עזרא ד'-ה').
3. חגי פרק א'; עזרא ה' א-ב; ו' יד-טו.
4. הפיסוק של הפסוק לא ברור וכולל כמה אפשרויות: בית אל שלח את שר אצר ורגם מלך ואנשיו; או מישהו שלח את בית אל שר אצר (שם אחד ארוך) ואת רגם מלך ואנשיו; או מישהו שלח את שר אצר ורגם מלך ואנשיו לבית אל (לחלות את פני ה') או (מ)בית אל.
5. לדוגמה: רש"י, ראב"ע, רד"ק, מ' זר־כבוד, זכריה, עמ' כה, ועוד. לעומת זאת, הבית יוסף (או"ח תק"נ) כותב: "ויש לומר שמקרא זה הוא תשובה למה ששאלו עולי בית שני" (וכן בב"ח שם). ד"ר מ' קוכמן (זכריה, עמ' 218) מציע ש"בית אל" זה המקום שממנו נשלחה המשלחת. לשאלה זו כמה השלכות: א. אם מדובר על שאלה תמימה של תושבי הארץ או שיש טעם לפגם בשאלה שנשלחת מהאנשים שבחרו להישאר בבבל, ואפשר לזהות עוקצנות בתשובת הנביא (ראו מצודת

זכריה הנביא עונה (שם):

(ד) וַיְהִי דְּבַר ה' צְבָאוֹת אֵלַי לֵאמֹר: (ה) אֱמֹר אֶל כָּל עַם הָאָרֶץ וְאֶל הַכֹּהֲנִים לֵאמֹר כִּי צַמְתֶּם וְסָפוֹד **בַּחֲמִישִׁי וּבַשְּׁבִיעִי** וְזֶה שִׁבְעִים שָׁנָה הֲצוֹם צַמְתֻּנִי אָנִי: (ו) וְכִי תֹאכְלוּ וְכִי תִשְׁתּוּ הֲלוֹא אַתֶּם הָאֹכְלִים וְאַתֶּם הַשֹּׁתִים: (ז) הֲלוֹא אֶת הַדְּבָרִים אֲשֶׁר קָרָא ה' בְּיַד הַנְּבִיאִים הָרִאשֹׁנִים בִּהְיוֹת יְרוּשָׁלַם יֹשֶׁבֶת וּשְׁלֵוָה וְעָרֶיהָ סְבִיבֹתֶיהָ וְהַנֶּגֶב וְהַשְּׁפֵלָה יֹשֵׁב.[6]

מתגובתו של הנביא זכריה עולה שהתשובה לשאלת המשלחת היא שהאנשים הם שבוחרים אם לצום ואם לאכול. לא רק שאין זה מעניינו של ה', מדברי זכריה אפילו משמע שהעם לא מגיב נכון לחורבן. כך עולה גם מנבואת ההמשך בפרק הבא (פרק ח'):

(ח) וַיְהִי דְּבַר ה' אֶל זְכַרְיָה לֵאמֹר: (ט) כֹּה אָמַר ה' צְבָאוֹת לֵאמֹר **מִשְׁפַּט אֱמֶת שְׁפֹטוּ וְחֶסֶד וְרַחֲמִים עֲשׂוּ אִישׁ אֶת אָחִיו:** (י) וְאַלְמָנָה וְיָתוֹם גֵּר וְעָנִי אַל תַּעֲשֹׁקוּ וְרָעַת אִישׁ אָחִיו אַל תַּחְשְׁבוּ בִּלְבַבְכֶם: (יא) **וַיְמָאֲנוּ לְהַקְשִׁיב** וַיִּתְּנוּ כָתֵף סֹרָרֶת וְאָזְנֵיהֶם הִכְבִּידוּ מִשְּׁמוֹעַ...

הנביא משיב שה' ביקש מהעם לשפוט משפט אמת ולעשות חסד ורחמים.[7] מדבריו עולה נימה של ביקורת כלפי העם, שבחר לצום במקום לקיים את דבר ה'. נשים לב שזכריה מוסיף על הצום והמספד "בחודש החמישי", גם תאריך נוסף: "בחמישי ובשביעי".

בהמשך זכריה מתייחס אחרת לצומות (פרק ח'):

(יח) וַיְהִי דְּבַר ה' צְבָאוֹת אֵלַי לֵאמֹר: (יט) כֹּה אָמַר ה' צְבָאוֹת צוֹם הָרְבִיעִי וְצוֹם

דוד על זכריה ז' ה; ח' ט, יג); ב. לדעת הרב ח' קרלינסקי, ארבעה צומות, עמ' 185, התשובה לשאלה מניין באו השואלים יכולה להעיד על מנהגי הצומות. אם היא נשלחה מבבל, אי אפשר להסיק ששבי ציון צמו באותם ימים.

6. הנבואה מסתיימת, או נקטעת כאן, אבל הרעיון ברור שלנביאים הראשונים היו מסרים אחרים והם לא ביקשו לצום.

7. השוו לבחירה באברהם בהקשר של עשיית צדקה ומשפט (בראשית י"ח יט).

> הַחֲמִישִׁי וְצוֹם הַשְּׁבִיעִי וְצוֹם הָעֲשִׂירִי יִהְיֶה לְבֵית יְהוּדָה לְשָׂשׂוֹן וּלְשִׂמְחָה וּלְמֹעֲדִים טוֹבִים וְהָאֱמֶת וְהַשָּׁלוֹם אֱהָבוּ.

בדבריו יש שני חידושים: הראשון, הנביא מאשר את הבחירה לצום, בעובדה שהוא מבטיח שימים אלו יהפכו לששון ושמחה ולמועדים טובים; החידוש השני הוא תוספת שני תאריכים, ובסך הכול ארבעה צומות: "צום הרביעי וצום החמישי וצום השביעי וצום העשירי".

אם כן, העם שאל על צום אחד, בתגובה הראשונה של הנביא הוא מתייחס לשני ימי צום ובהבטחת הנחמה לארבעה. מה משמעותם של התאריכים השונים?

כיוון שהעם שואלים על ימי בכי והינזרות כאשר הם עסוקים בבניית המקדש, נכון לחפש את התאריכים הללו בהקשר לחורבן. בתיאורי החורבן נאמר (מלכים ב כ"ה):

> (א) וַיְהִי בִשְׁנַת הַתְּשִׁיעִית לְמָלְכוֹ **בַּחֹדֶשׁ הָעֲשִׂירִי בֶּעָשׂוֹר לַחֹדֶשׁ** בָּא נְבֻכַדְנֶאצַּר מֶלֶךְ בָּבֶל הוּא וְכָל חֵילוֹ עַל יְרוּשָׁלַם וַיִּחַן עָלֶיהָ וַיִּבְנוּ עָלֶיהָ דָּיֵק סָבִיב: (ב) וַתָּבֹא הָעִיר בַּמָּצוֹר עַד עַשְׁתֵּי עֶשְׂרֵה שָׁנָה לַמֶּלֶךְ צִדְקִיָּהוּ: (ג) **בְּתִשְׁעָה לַחֹדֶשׁ** וַיֶּחֱזַק הָרָעָב בָּעִיר וְלֹא הָיָה לֶחֶם לְעַם הָאָרֶץ: (ד) וַתִּבָּקַע הָעִיר... (ח) **וּבַחֹדֶשׁ הַחֲמִישִׁי בְּשִׁבְעָה לַחֹדֶשׁ** הִיא שְׁנַת תְּשַׁע עֶשְׂרֵה שָׁנָה לַמֶּלֶךְ נְבֻכַדְנֶאצַּר מֶלֶךְ בָּבֶל בָּא נְבוּזַרְאֲדָן רַב טַבָּחִים עֶבֶד מֶלֶךְ בָּבֶל יְרוּשָׁלָם: (ט) וַיִּשְׂרֹף אֶת בֵּית ה' וְאֶת בֵּית הַמֶּלֶךְ וְאֵת כָּל בָּתֵּי יְרוּשָׁלַם וְאֶת כָּל בֵּית גָּדוֹל שָׂרַף בָּאֵשׁ.

תיאור החרבת ירושלים והמקדש מתחיל מהמצור בעשירי לחודש העשירי (י' בטבת). התאריך הזה משמעותי כל כך בתהליך החורבן, שה' מציין אותו בפני הנביא יחזקאל (כ"ד א-ב): "וַיְהִי דְבַר ה' אֵלַי בַּשָּׁנָה הַתְּשִׁיעִית בַּחֹדֶשׁ הָעֲשִׂירִי בֶּעָשׂוֹר לַחֹדֶשׁ לֵאמֹר: בֶּן אָדָם כתוב כְּתָב לְךָ אֶת שֵׁם הַיּוֹם אֶת עֶצֶם הַיּוֹם הַזֶּה סָמַךְ מֶלֶךְ בָּבֶל אֶל יְרוּשָׁלַם בְּעֶצֶם הַיּוֹם הַזֶּה". החורבן ממשיך בהבקעת העיר בתשעה לחודש. בספר מלכים לא כתוב באיזה חודש זה אירע, ובספר ירמיהו (ל"ט ב; נ"ב ו) מבואר שהיה זה בחודש הרביעי, כלומר תמוז (ט' בתמוז). הפסוקים מתארים ששריפת המקדש אירעה "בחודש החמישי בשבעה לחודש", כלומר בז' באב. בירמיהו (נ"ב יב) מתואר ששריפת המקדש הייתה בי' אב, ומסתבר לומר שהיא קרתה בשלבים, בין התאריכים הללו.[8]

8. כך הסבירו זאת בסדר עולם רבה כ"ז. לדעות השונות לגבי תאריך צום החודש החמישי (ושאר

בהמשך נראה דעה שהצום של טבת הוא על הגעת בשורת החורבן ליהודי בבל, כפי שמופיע בדברי הנביא יחזקאל (ל"ג כא): "וַיְהִי בִּשְׁתֵּי עֶשְׂרֵה שָׁנָה **בָּעֲשִׂרִי בַּחֲמִשָּׁה לַחֹדֶשׁ** לְגָלוּתֵנוּ בָּא אֵלַי הַפָּלִיט מִירוּשָׁלַ‍ִם לֵאמֹר הֻכְּתָה הָעִיר". לפי דעה זו, הצום בטבת לא מסמל את התחלת אירועי החורבן אלא את סופם.

ברצף הפסוקים המתארים את החורבן, אין תאריך משמעותי "בחודש השביעי". אם מחפשים אירוע טראומתי בחודש זה, ניתן למצוא אותו ברצח גדליה, המתואר בהמשך הפרק (פרק כ"ה):[9]

(כב) וְהָעָם הַנִּשְׁאָר בְּאֶרֶץ יְהוּדָה אֲשֶׁר הִשְׁאִיר נְבוּכַדְנֶאצַּר מֶלֶךְ בָּבֶל וַיַּפְקֵד עֲלֵיהֶם אֶת גְּדַלְיָהוּ בֶּן אֲחִיקָם בֶּן שָׁפָן... (כה) **וַיְהִי בַּחֹדֶשׁ הַשְּׁבִיעִי** בָּא יִשְׁמָעֵאל בֶּן נְתַנְיָה בֶּן אֱלִישָׁמָע מִזֶּרַע הַמְּלוּכָה וַעֲשָׂרָה אֲנָשִׁים אִתּוֹ **וַיַּכּוּ אֶת גְּדַלְיָהוּ** וַיָּמֹת וְאֶת הַיְּהוּדִים וְאֶת הַכַּשְׂדִּים אֲשֶׁר הָיוּ אִתּוֹ בַּמִּצְפָּה: (כו) וַיָּקֻמוּ כָל הָעָם מִקָּטֹן וְעַד גָּדוֹל וְשָׂרֵי הַחֲיָלִים וַיָּבֹאוּ מִצְרָיִם כִּי יָרְאוּ מִפְּנֵי כַשְׂדִּים.

אפשר לראות ברצח גדליה אסון לאומי בגלל מות גדליה[10] או בגלל סיום השלטון העצמי (גם אם חלקי) בארץ ישראל.[11] אפשר שהאסון הוא שעם מותו של גדליה נסתם הגולל על היציאה לגולה, והגלות של שארית העם הופכת להיות עובדה מוגמרת.[12]

אם כן, ניתן לזהות בדו־שיח בין המשלחת השואלת לנביא זכריה עדות לארבעה ימי צום: בטבת (על תחילת המצור או על בשורת החורבן), בתמוז (על הבקעת חומות העיר), באב (על חורבן הבית) ובתשרי (על מות גדליה). עתה ננסה לברר מה היחס בין הצומות, מדוע המשלחת שאלה דווקא על צום אחד, זכריה ענה בתחילה על שניים, ולבסוף ניבא על ארבעה.

השאלה ההלכתית של המשלחת "לכוהנים ולנביאים" בוודאי מבליעה שאלה משמעותית הרבה יותר: האם אנחנו בתהליך של גאולה? אם צום החמישי הוא צום על החורבן, אנו רוצים לדעת אם החורבן הסתיים והגענו לגאולה. השאלה מתחזקת

תאריכי הצומות) הן בעקבות חורבן בית ראשון והן בעקבות חורבן בית שני, ראו לדוגמה: הרב י' זולדן, מועדי ישראל, עמ' 554–572; הרב נ' גוטל, שלמי שמחה, עמ' 475–487, 511–512.

9. סיפור זה מובא באריכות גם בספר ירמיהו מ'–מ"א.

10. כך עולה מתוך מקורות חז"ל שמתייחסים ל"מותם של צדיקים", כפי שנראה בהמשך.

11. לדוגמה י' תבורי, מועדי ישראל, עמ' 397; מ' זר־כבוד, זכריה, עמ' כז; הרבנית ד"ר ט' גנזל, צום החמישי, עמ' 9.

12. פירוש זה רמוז במקורות שבהערה הקודמת.

אם נניח שהשואלים היו יושבי בבל, שככל הנראה היו סקפטיים לגבי התגשמות דברי הנביאים על אודות הגאולה, ולכן נשארו בחו"ל.[13]

מתוך כך, הפרשנים נחלקו מדוע המשלחת שאלה דווקא על צום החמישי. לדעת מצודת דוד, השואלים בחרו את הצום המשמעותי והמייצג, ותשובה לגבי צום החמישי תענה על שאר הצומות.[14] לפי פירושו, הצומות כולם היו לזכר חורבן הבית, ואם זכריה יענה שבניית הבית מבטלת את צום החמישי, הם יסיקו שגם הצומות האחרים יתבטלו.

לעומת זאת, לדעת המלבי"ם,[15] לשואלים היה ברור שצום השביעי התבטל עם החזרת האפשרות לשיבת ציון. בהצהרת כורש שהתירה ליהודים לחזור לביתם בציון, תחת הנהגה מזרע בית דוד,[16] גזירת הגלות הסתיימה ואיתה הצורך לצום על מות גדליה.[17] המלבי"ם לא כורך את כל הצומות יחד עם הצום על חורבן הבית. בעוד בעל המצודות רואה את כל הצומות כחבילה אחת, המלבי"ם רואה כל צום בפני עצמו, וייתכן שיראה כך גם את שאר הצומות, גם אם בדבריו הוא מחריג רק את צום גדליה.[18]

צומות שונים – אירועים שונים?

בהמשך לפתח שפתח המלבי"ם, אפשר להציע פירוש שונה מעט מדוע אנשי המשלחת שאלו על תאריך אחד (בחודש החמישי) וזכריה כרך איתו תאריך נוסף (בחודש

13. הפרשנים מתייחסים לסיבות לחשדנות הזאת (ראו בפירושי מצודת דוד, ר"י אברבנאל ומלבי"ם על פסוקים אלו). אומנם חלק מהסיבות הללו שייך רק אחרי הצהרת כורש, וממילא מתברר שהסקפטיות קדמה לסיבות השונות ולא להפך.
14. כך מצודת דוד זכריה ז' ג. השוו: הרב ח' קרלינסקי, ארבעה צומות, עמ' 184–185.
15. מלבי"ם זכריה ז' ב: "...כי על צום השביעי על הריגת גדליה לא נסתפקו כלל... כיון ששבו קצת כמספר שהיה עם גדליה אין מקום לצום הזה, אולם על הג' צומות שהיה בעבור חורבן העיר והבית עליהם שאלו... שאם יאמר שא"צ להתענות בחמישי כ"ש ברביעי ועשירי".
16. ראו דברי הימים א ג' י–יט לייחוס של ששבצר וזרובבל, המוזכרים בעזרא א'–ו'. אומנם בהמשך דמויות אלו נעלמות.
17. בעקבות מות גדליה הגולים ירדו למצרים. הבחירה לצום ביום זה בבבל היא של הגולים שהגיעו לשם עוד קודם והבינו את המשמעות של מות גדליה גם עבורם. ממילא האפשרות לחזור לארץ, גם אם לא מומשה בידי הגולים עצמם, גרמה לביטול הצום.
18. המלבי"ם כרך יחד את שאר הצומות (על "חורבן העיר והבית"), אבל הבדיל את צום גדליה. דברים דומים ניתן למצוא בדברי הב"ח והט"ז (או"ח תקמ"ט), ולדעתם השואלים הבחינו בין הצומות וזכריה כרך אותם יחד.

השביעי), אבל לא את כל הצומות.[19] אפשר להציע שהשואלים חשבו בדומה לבעל מצודת דוד, שהצומות הם מכלול אחד ותשובה של הנביא על צום החמישי תענה גם לשאר הצומות. לעומתם, זכריה ענה מתוך נקודת מבטו של המלבי"ם, שיש הבחנה בין הצומות השונים. בתחילה הוא התייחס לצום החמישי ולצום השביעי, שכן המציאות השתנתה רק בנוגע לסיבות שבגינן התקינו את הצומות האלה, אבל בהמשך הוא התייחס גם לשאר הצומות.[20]

אפשר לומר שהפורענות הגיעה בכמה חזיתות, והחזית העיקרית – אבל לא היחידה – הייתה החזית של המקדש.

החזית הראשונה הייתה כיבוש הארץ בידי בבל **ואובדן העצמאות** של ממלכת יהודה. הסמל לכך היה הגעת **המצור** עד שערי ירושלים. מלך בבל שמגיע ומאיים על ירושלים מבטא פגיעה במעמדו של עם ישראל ושל אלוהי ישראל במרחב. כך ראינו במצור של סנחריב על ירושלים, כשהבוז והזלזול עלו בדברי רבשקה לשליחיו של חזקיה,[21] והם הדהדו בדברי המדרש כאשר הרומיים החריבו את בית המקדש השני וראו בכך הוכחה לחדלות האישים, כביכול, של אלוהי ישראל.[22] בהבטחת הברכה בספר דברים נאמר (כ"ח י): "וְרָאוּ כָּל עַמֵּי הָאָרֶץ כִּי שֵׁם ה' נִקְרָא עָלֶיךָ וְיָרְאוּ מִמֶּךָּ". אך בשלב זה שם ה' נעלם, והעמים כבר לא יראים לא מה' ולא מפגיעה בעמו.

החזית השנייה הייתה **הבקעת** חומות העיר. פריצת החומות מסמלת את **אובדן הביטחון האישי**. בתקופת המצור תושבי ירושלים יכלו לסמוך על ההגנה של חומות העיר, אך עם פריצת העיר ההגנה הזאת נעלמה, והם הושלכו לגורלם הרע והאכזר.

החזית השלישית היא **חורבן הבית**, המסמל את **הסתלקות השכינה** מישראל. שם ה' כביטוי לנוכחות ה' בקרב עמו נעלם בחורבן המקום שה' בחר לשכן שמו שם.

החזית האחרונה היא מות **גדליה**, שכפי שצוין לעיל, הוא החותם של האפשרות להתיישב תחת שלטון חלקי בארץ וסתימת הגולל על **גזרת הגלות**.

19. לדעת רד"ק (על זכריה ז' ה) צום השביעי היה מעין חורבן שני, אחרי חורבן הבית, ולכן הזכיר אותו יחד עם צום החמישי.
20. בניגוד לדברים אלו, לדעת הרבנית ד"ר ט' גנזל, (צום השביעי, עמ' 62-63), הנביא כרך את צום גדליה עם צום חמישי שנולד באופן ישיר מההתנהגות העם. לדעתה, הצום קשור הן לפגיעה 'איש באחיו' ברמה המילולית, ואזכור הצום נועד להפנות את המבט לאחריות העם למצב הגאולה (דברים בעל פה בימי העיון בתנ"ך במכללת הרצוג).
21. לדוגמה: (מלכים ב י"ח לה): "מִי בְּכָל אֱלֹהֵי הָאֲרָצוֹת אֲשֶׁר הִצִּילוּ אֶת אַרְצָם מִיָּדִי כִּי יַצִּיל ה' אֶת יְרוּשָׁלַ͏ִם מִיָּדִי".
22. ראו לדוגמה: ספרי דברים פיסקא שכח; בבלי גיטין נו ע"ב, ועוד. והשוו איכה ב' טו-טז.

בנקודת הזמן שבה הגיעה השאלה לנביא זכריה המציאות התחילה להשתנות. ההיתר לחזור מהגלות נכרך עם בניית המקדש, ואולי אפילו נבע ממנו,[23] ובנייה זו היא אחד הדברים הראשונים שנעשו בתקופה זו, גם אם באיחור מסוים. אך למרות שהמקדש הולך ונבנה, הביטחון האישי היה חסר, לא היו חומות לשערי ירושלים והיו הצקות חוזרות ונשנות. גם ברמה הלאומית, העם נשאר תחת שלטון הפרסים, והיה נתון לגחמות השונות שלהם ושל השליטים המקומיים.[24] הביטחון האישי והלאומי המעורער הציבו סימן שאלה על המפעל כולו, וכך מתאר הנביא (ח' י): "כִּי לִפְנֵי הַיָּמִים הָהֵם שְׂכַר הָאָדָם לֹא נִהְיָה וּשְׂכַר הַבְּהֵמָה אֵינֶנָּה וְלַיּוֹצֵא וְלַבָּא אֵין שָׁלוֹם מִן הַצָּר וַאֲשַׁלַּח אֶת כָּל הָאָדָם אִישׁ בְּרֵעֵהוּ". אנשים לא יודעים אם יהיה להם מה לאכול ואין להם ביטחון אישי.

מתוך כך, אפשר להבין שזכריה הנביא אכן מחלק בין ההיבטים השונים של החורבן. הצום החמישי והצום השביעי כרוכים יחד, שכן התיקון שלהם כבר נראה בעין. ה' כבר קינא לציון וכבר שב לציון, כפי שזכריה מציין בנבואה הארוכה שבאה בעקבות השאלה, תוך שימוש בלשון עבר (פרק ח'):

> (ב) כֹּה אָמַר ה' צְבָאוֹת **קִנֵּאתִי לְצִיּוֹן** קִנְאָה גְדוֹלָה וְחֵמָה גְדוֹלָה קִנֵּאתִי לָהּ: (ג) כֹּה אָמַר ה' **שַׁבְתִּי אֶל צִיּוֹן וְשָׁכַנְתִּי בְּתוֹךְ יְרוּשָׁלָ‍ִם** וְנִקְרְאָה יְרוּשָׁלַ‍ִם עִיר הָאֱמֶת וְהַר ה' צְבָאוֹת הַר הַקֹּדֶשׁ.

אומנם לגבי מעמדה של ירושלים ואיך היא תיקרא הנביא עובר ללשון עתיד, "ונקראה ירושלים עיר האמת...".[25] וכן הוא ממשיך:

> (ד) כֹּה אָמַר ה' צְבָאוֹת עֹד יֵשְׁבוּ זְקֵנִים וּזְקֵנוֹת בִּרְחֹבוֹת יְרוּשָׁלָ‍ִם וְאִישׁ מִשְׁעַנְתּוֹ בְּיָדוֹ מֵרֹב יָמִים: (ה) וּרְחֹבוֹת הָעִיר יִמָּלְאוּ יְלָדִים וִילָדוֹת מְשַׂחֲקִים בִּרְחֹבֹתֶיהָ:

23. אם נראה את הצהרת כורש (עזרא א' א-ג) על רקע הגליל של כורש שמוצג במוזיאון הבריטי ומתייחס בעיקר לחופש דת, וכן על רקע הנוסח המלא יותר בעזרא ו' ג-יב, המוקד של ההצהרה הוא בניית המקדש לאלוהי ישראל בירושלים.
24. ראו: עזרא ד'-ה'; נחמיה א'-ו'.
25. אפשר להתלבט אם עם השיבה לציון ה' ממש שוכן בירושלים או שגם לעניין השכינה מדובר בלשון עתיד.

(ו) כֹּה אָמַר ה' צְבָאוֹת כִּי יִפָּלֵא בְּעֵינֵי שְׁאֵרִית הָעָם הַזֶּה בַּיָּמִים הָהֵם גַּם בְּעֵינַי יִפָּלֵא נְאֻם ה' צְבָאוֹת.[26]

לגבי הביטחון האישי, ה' מתייחס אל העתיד, שבו אנשים ירגישו ביטחון בירושלים וישבו ברחובותיה. גם בנוגע להכרת העמים בגדלות ה' והרצון להיות חלק מהמהלך זכריה נוקט בלשון עתיד. בהמשך הוא אומר שהצומות יהפכו לימי שמחה בעקבות התיקון שיעשה העם בכל הקשור לצדקה ומשפט, ומוסיף עליהם:

(כ) כֹּה אָמַר ה' צְבָאוֹת **עֹד אֲשֶׁר יָבֹאוּ עַמִּים וְיֹשְׁבֵי עָרִים רַבּוֹת:** (כא) וְהָלְכוּ יֹשְׁבֵי אַחַת אֶל אַחַת לֵאמֹר נֵלְכָה הָלוֹךְ לְחַלּוֹת אֶת פְּנֵי ה' וּלְבַקֵּשׁ אֶת ה' צְבָאוֹת אֵלְכָה גַּם אָנִי: (כב) וּבָאוּ עַמִּים רַבִּים וְגוֹיִם עֲצוּמִים לְבַקֵּשׁ אֶת ה' צְבָאוֹת בִּירוּשָׁלָם וּלְחַלּוֹת אֶת פְּנֵי ה': (כג) כֹּה אָמַר ה' צְבָאוֹת בַּיָּמִים הָהֵמָּה אֲשֶׁר יַחֲזִיקוּ עֲשָׂרָה אֲנָשִׁים מִכֹּל לְשֹׁנוֹת הַגּוֹיִם וְהֶחֱזִיקוּ בִּכְנַף אִישׁ יְהוּדִי **לֵאמֹר נֵלְכָה עִמָּכֶם כִּי שָׁמַעְנוּ אֱלֹהִים עִמָּכֶם.**

זכריה הנביא כורך את הפיכת ימי הצום **כולם** במציאות עתידית שלמה. המציאות הזאת תשלים את ההיבטים שכבר התחילו. ה' כבר עכשיו שב לציון, אבל רק בעתיד ירושלים תיקרא עיר האמת. גזירת הגלות הסתיימה, אבל ה' יושיע גם את שארית העם. העם חוזר לציון, אבל בעתיד תצטרף ההכרה של העמים שמסביב.

עתה אפשר להבין מדוע מצד אחד זכריה מתייחס לצום החמישי וצום השביעי בפני עצמם, ומצד שני מדוע הם כרוכים יחד עם הבטחה שהימים יהפכו למועדים טובים. לצד שני המרכיבים שכבר התחילו להשתנות (הגלות והמקדש), יש עוד היבטים של החורבן שטרם תוקנו. ההיבטים השלמים של הגאולה – שיתקנו גם את שאירע במצור על ירושלים ובהבקעת העיר – יהיו דווקא בעתיד. לצד זקנים וזקנות שישבו **לבטח** ברחובות ירושלים, כשה' יהיה **חומת** אש סביב לה,[27] גם יגיעו **העמים** ויכירו בכך ש"אלוהים עמכם". בשלב זה, גם הימים שצמו בהם בעבר יהפכו כולם לששון ולשמחה. הנביא זכריה מדגיש שההיפוך הזה תלוי באופן מובהק בתיקון שיעשה העם, "והאמת והשלום אהבו".

26. העם מתפלא על האפשרות של שינוי משמעותי כל כך במציאות, וכנגדם ה' מתפלא על האפשרות של העם לתקן את דרכיו (הרבנית ד"ר ט' ד"ר גנזל, דברים בעל פה בימי העיון בתנ"ך).
27. זכריה ב' ח-ט.

לסיכום, אנו למדים שהעם צם כמה צומות בעקבות אירועים שקשורים לחורבן הבית. בעקבות תחילת בניית הבית שאלו על צום תשעה באב. אפשר שהשואלים ראו בצום הזה מייצג של מכלול הצומות. ברם, זכריה מבחין בין הצומות השונים ורומז שתיקון מסוים נעשה כבר לחורבן הבית ולגזרת הגלות, אבל הבעיות שנולדו מתוך המצור על ירושלים והבקעת החומות טרם תוקנו. הנביא קובע שהבחירה אם לצום או לא תלויה בהחלטה של העם, מתוך הערכה לתיקון שכבר נעשה, אבל הוא מוסיף שלעתיד הימים כולם יהפכו למועדים טובים. בכך הנביא מאיר את הזמן שלו כתקופת ביניים שבין המציאות השבורה לתיקון השלם.

עיוני משנה

צומות מתחדשים ומשמעויות מתחדשות

מתוך ארבעת הצומות שמזכיר הנביא זכריה, במשנה מוזכרים רק שניים. במשנה במסכת ראש השנה נאמר (פרק א׳):

> [ג] על ששה חדשים השלוחין יוצאין: על ניסן מפני הפסח, **על אב מפני התענית**, על אלול מפני ראש השנה, על תשרי מפני תקנת המועדות, על כסלו מפני חנוכה, ועל אדר מפני הפורים. **וכשהיה בית המקדש קיים יוצאין אף**[28] על אייר מפני פסח קטן.

המשנה קובעת שהשליחים יוצאים בחודשים שיש בהם מועדים שונים. בסופה המשנה מוסיפה שכשבית המקדש היה קיים השליחים יצאו גם על אייר בגלל פסח שני. מהמשנה מתברר שהן בזמן שהמקדש היה קיים והן לאחריו השליחים לא יצאו על טבת ותמוז. על אלול ותשרי יצאו בגלל ראש השנה ומועדי תשרי, ולכן אין ראיה ברורה ביחס לצום גדליה.

נוסף לכך, המשנה מזכירה שהשליחים יוצאים על תשעה באב, אבל לא ברור אם מדובר על תקופת הבית, שאז יצאו **אף** על אייר בגלל פסח שני, או שמדובר על

28. בכת״י קאופמן המילה ״אף״ חסרה, ונוספה לאחר מכן. לדיון בגרסאות השונות של המשנה והשפעתן על פירושי הראשונים והאחרונים על השאלה אם הרישא של המשנה עוסקת בזמן שהמקדש היה קיים, ראו לדוגמה: הרב נ׳ גוטל, שלמי שמחה, עמ׳ 500–502.

התקופה שלאחר חורבן הבית, שאז יצאו במקום אייר. מכל מקום, במשנה, מתברר שהתענית של אב היא משמעותית, ואולי אף היחידה.

משנה נוספת מתייחסת לשני צומות (תענית פרק ד'):

[ו] **חמשה דברים אירעו את אבותינו בשבעה עשר בתמוז וחמשה בתשעה באב.** בשבעה עשר בתמוז נשתברו הלוחות ובטל התמיד והובקעה העיר ושרף אפוסטמוס את התורה והעמיד צלם בהיכל. בתשעה באב נגזר על אבותינו שלא יכנסו לארץ וחרב הבית בראשונה ובשניה ונלכדה ביתר ונחרשה העיר **משנכנס אב ממעטין בשמחה.**

המשנה כורכת אירועים מחודש תמוז ומחודש אב, ומציינת תאריכים מדויקים: י"ז בתמוז ותשעה באב. לא נאמר במפורש שמדובר על תאריכי צומות, אך ניתן לשער מההקשר שלכך הכוונה. המשנה כורכת את האירועים שהיו בתאריכים אלה מיציאת מצרים ועד חורבן הבית הראשון והשני.[29] אפשר ששני התאריכים הללו קשורים לצומות שעליהם דיבר הנביא זכריה, אך שני אלו הובלטו על פני התאריכים האחרים, בגלל המשמעות המתחדשת בעקבות חורבן הבית השני. ההבחנה בין הצומות השונים מאפשרת לחדש חלק מהצומות בעקבות חורבן הבית השני, גם אם לא בהכרח את כולם. גם במשנה זו מובלטת חשיבותו של חודש אב, שכן משנכנס אב ממעטין בשמחה.

עיוני דרשה

ערכם של הצומות וטיבם

בדברי הנביא זכריה מצאנו הדים לרעיון שכלל הצומות באים על חורבן הבית, לצד הרעיון שכל צום עשוי לעמוד בפני עצמו ולהיות תלוי במציאות משתנה. במשנה ראינו המשך מסוים של הרעיון הזה, בהבלטת תענית תשעה באב במסכת ראש השנה ושל הצמד תשעה באב וי"ז בתמוז במסכת תענית.

נעיין עתה בברייתות ובגמרא. הגמרא במסכת ראש השנה עוסקת בשאלה זו בדיון על המשנה שהשליחים יוצאים "על אב מפני התענית". הגמרא תעסוק בשאלה

29. יש מחלוקת בין הפרשנים בנוגע לתאריכים השונים, אם אירעו בבית ראשון או בבית שני. מכל מקום, חלק מהתאריכים חוזרים לתקופת המדבר. לדיון באירועים השונים, ראו לדוגמה: הרב נ' טוקר, ארבעת הצומות.

מדוע יוצאים רק על חודש אב ולא על החודשים האחרים. נפתח בברייתא שעוסקת בתאריכים השונים (בבלי ראש השנה יח ע"ב):

תניא, אמר רבי שמעון: ארבעה דברים היה רבי עקיבא דורש, ואני אין דורש כמותו. 'צום הרביעי' – **זה תשעה בתמוז שבו הובקעה העיר**, שנאמר (ירמיהו נ"ב ו) '[בחודש הרביעי] בתשעה לחדש ויחזק הרעב בעיר ולא היה לחם לעם הארץ ותבקע העיר'. ואמאי קרי ליה [ומדוע קורא לו] רביעי? רביעי לחדשים. 'צום החמישי' – זה תשעה באב, **שבו נשרף בית אלוהינו**. ואמאי קרי ליה חמישי? חמישי לחדשים. 'צום השביעי'? זה שלשה בתשרי, שבו נהרג גדליה בן אחיקם. ומי הרגו? ישמעאל בן נתניה הרגו, **ללמדך ששקולה מיתתן של צדיקים כשריפת בית אלוהינו**. ואמאי קרי ליה שביעי? שביעי לחדשים. 'צום העשירי' – זה עשרה בטבת, **שבו סמך מלך בבל על ירושלים**, שנאמר (יחזקאל כ"ד א-ב) 'ויהי דבר ה' אלי בשנה התשיעית בחדש העשירי בעשור לחדש לאמר. בן אדם כתב לך את שם היום את עצם היום הזה סמך מלך בבל אל ירושלים'. ואמאי קרי ליה עשירי? עשירי לחדשים. והלא היה ראוי זה לכתוב ראשון. ולמה נכתב כאן? **כדי להסדיר חדשים כתיקנן.**
ואני איני אומר כן, אלא: 'צום העשירי' – **זה חמשה בטבת שבו באת שמועה לגולה שהוכתה העיר**, שנאמר (יחזקאל ל"ג כא) 'ויהי בשתי עשרה שנה בעשרי בחמשה לחדש לגלותנו בא אלי הפליט מירושלם לאמר הכתה העיר', **ועשו יום שמועה כיום שריפה**. ונראין דברי מדבריו, שאני אומר על ראשון ראשון ועל אחרון אחרון, והוא אומר על ראשון אחרון, ועל אחרון ראשון. **אלא שהוא מונה לסדר חדשים, ואני מונה לסדר פורעניות.**

בברייתא הובאו שתי דעות לגבי הצומות. דעת ר' עקיבא היא שהצומות הם כפי שהצענו לעיל: צום הרביעי – ט' בתמוז, הבקעת העיר; צום החמישי – ט' באב, שריפת המקדש; צום השביעי – ג' בתשרי, רצח גדליה; צום העשירי – י' בטבת, תחילת המצור. אלו הצומות המוכרים לנו, למעט הצום של תמוז, שאותו אנו מציינים בי"ז בתמוז. למרות שהתאריך שמוזכר בתנ"ך להבקעת המצור הוא ט' בתמוז, אנחנו ככל הנראה מציינים את הבקעת המצור בימי הבית השני, שאירעה בי"ז בתמוז, כפי שראינו במשנה לעיל. ואכן, במקבילות השונות[30] התאריך שמציין ר' עקיבא

30. במקבילה בתוספתא (סוטה פ"ו ה"י-הי"א במהדורת ליברמן), בספרי דברים (פיסקא לא), בירושלמי

הוא שבעה עשר בתמוז. כיוון שהתאריכים בתנ"ך עמומים, "צום הרביעי" היה יכול להיות ט' בתמוז בעקבות חורבן הבית הראשון, ובכל זאת להיטען במשמעות מחודשת בעקבות חורבן הבית השני. כך הוא נשאר המשך של אותו "צום הרביעי" שעליו דיבר הנביא זכריה.[31]

לדעת ר' שמעון, "צום העשירי" לא מתייחס לתחילת המצור על ירושלים, אלא ליום שבו הגיעה השמועה על החורבן לגולה, בה' בטבת, כפי שראינו לעיל.[32] היתרון של דעה זו, לדעתו, הוא שהפסוק בזכריה שמציין את "צום הרביעי וצום החמישי וצום השביעי וצום העשירי" הוא לפי הרצף הכרונולוגי של האירועים.

דע מאין באת – ר' שמעון מסביר בבבלי שר' עקיבא מסדר את התעניות לפי סדר החודשים, ואילו הוא מסדר אותן לפי סדר הפורעניות.[33] יש כאן רמז שלשיטת ר' עקיבא אין תחושה אמיתית של רצף בין אירועי הזיכרון, אלא זהו אוסף של אירועים. ייתכן שר' שמעון ור' עקיבא נחלקו במחלוקת המצודת דוד והמלבי"ם. לפי ר' שמעון הפסוק מתאר תהליך הדרגתי, ולר' עקיבא אירועים שונים על פני לוח השנה.[34]

אפשר לומר, שאם יש תהליך הדרגתי, חורבן המקדש הוא אירוע מרכזי ששאר האירועים מובילים אליו או נגזרים מתוכו. פריצת המצור היא החלק הראשון של חורבן המקדש. מות גדליה מוסבר כך: "ללמדך ששקולה מיתתן של צדיקים כשריפת בית אלוהינו", כלומר הצום עליו הוא חלק מהצום על החורבן. ניסוח זה לקוח מדברי ר' עקיבא, אבל אפשר שהוא ההסבר שר' שמעון נותן לדבריו. גם את השלב האחרון של החורבן, השמועה שמגיעה לבבל, ר' שמעון מגדיר כך: "ועשו יום שמועה כיום שריפה". יוצא שלדעת ר' שמעון, כל הצומות הם למעשה על שריפת המקדש. ממילא, אפשר להבין מדוע יש לצום אותם כמכלול שתלוי בבניין הבית או בחורבנו.

(תענית פ"ד ה"ה) ובחלק מכתבי היד של הבבלי, התאריך הוא י"ז בתמוז שבו הובקעה העיר בבית שני. בספרי ניכר ניסיון להתאים את התאריכים לאירועי חורבן הבית השני, והברייתא בגמרא מתאימה יותר לתאריכים של הבית הראשון. לגבי התאריך המדויק של הבקעת העיר בבית הראשון, ראו דיון אצל הרב י' זולדן, מועדי ישראל, עמ' 556-562.

31. ראו: תשב"ץ, ח"ב, סימן רעא; מנחת חינוך, סוף מצווה שא.

32. ציון יום שמועה כיום אבל בפני עצמו מופיע גם בהקשרים הלכתיים, שבהם אדם שלא ישב שבעה על מות קרובו, יושב ביום ששמע על המוות. ראו לדוגמה: בבלי עירובין מו ע"א; מועד קטן כ ע"א; שולחן ערוך יו"ד ת"ב א.

33. בגרסת הספרי המחלוקת היא אם מציינים את המעשה (המצור) או את השמועה, ואפשר שהדבר קשור לשאלה אם מתייחסים לחוויה של תושבי יהודה או של יושבי בבל.

34. זכריה הנביא, שלא הזכיר תאריכים מדויקים, לא יכול להכריע בסוגיה זו, ואולי גם הוא דגל בשיטה ש"ואת האמת והשלום אהבו".

לצד זאת, ייתכן שר׳ שמעון מזהה שלשיטת ר׳ עקיבא אין זה ציר אחד של חורבן אלא כמה צירים של חורבן שאנו מציינים, גם אם דרגתם שונה זו מזו, וכפי שעולה מהעיון בפסוקים. אומנם, אפשר שר׳ עקיבא סבור שגם אותם יש לצום מחדש בעקבות חורבן הבית השני, כשלצום על תחילת המצור יש משנה תוקף, גם אם צמים בחודש שהחל בו המצור בבית ראשון,[35] וצום גדליה הופך להיות צום נוסף על החורבן, וצמים על מיתת צדיקים ולא על גזרת הגולה.

ולאן אתה הולך – ננסה להסביר מה היתרון בכל אחת מהשיטות. הבחירה לראות בכל אחד מן הצומות ציון של אירוע אחר – אובדן עצמאות, אובדן ביטחון אישי, אובדן המקדש ואובדן אפשרות הישיבה בארץ – מאפשרת להעניק תוכן עצמאי ושונה לכל אחד מהצומות. עם זאת, חלק מהתוכן הולך לאיבוד במשך הדורות. בעקבות חורבן בית שני, לכאורה אין צורך להמשיך ולציין את צום גדליה, שכן היהודים יכלו להמשיך לגור בארץ ישראל. אדרבה, אפשר לראות במעשיו של ריב״ז תיקון לרצח גדליה, שכן ריב״ז ייצר אפשרות להמשך קיום יהודי בארץ ישראל גם ללא מקדש. כך גם לכאורה אין סיבה לציין את עשרה בטבת, אם התאריך מסמל נקודת זמן משמעותית באובדן העצמאות בבית הראשון דווקא.

ברם, אם נראה בתאריכים הללו סמל לשלבים בחורבן הבית באופן כללי, כשמציינים את הבקעת העיר (בבית השני) ואת חורבן הבית, ואת מות הצדיקים ששקולים כנגד חורבן הבית, ואת בשורות החורבן, ממילא מגדירים את כל הצומות הללו כצומות שקשורים לחורבן הבית דווקא. גם כשהמציאות תשתנה, כל עוד הבית לא נבנה, וגם אחרי שהוא נחרב שוב, יש משמעות לצומות כמכלול אחד.[36]

מקראות קודש

בין קבלת העם, קבלת הנביאים ותקנת חכמים

בסוגיה בראש השנה יש הגדרה הלכתית לא שגרתית ביחס לצומות. בנוגע לתקופה

35. לדעת הרב י׳ שחר, חורבן הבית, עמ׳ 165-145, ר׳ עקיבא הוא שחידש את הצומות בכלל באמצעות הענקת משמעות מחודשת לתאריכים שעליהם דיבר הנביא זכריה. גם הענקת משמעות מחודשת, בעקבות אירועים חדשים שקשורים לחורבן הבית השני היא חלק מהתפיסה של צומות שאינם רק על אירוע אחד.

36. למעשה, כך הסבירו הט״ז והב״ח (לעיל, הערה 18) את הכללת צום גדליה בתגובה הראשונה של זכריה הנביא. הם הבינו שהעם לא שאל על הצום הזה, כי הוא לא נחשב בעיניהם, וזכריה ענה שהצום הזה הוא חלק מהצום על החורבן.

שאין שמד ואין שלום, רב פפא קובע ש"רצו מתענין, רצו אין מתענין". היה ניתן לומר שהצומות הם רשות (כמו תפילת ערבית, לדוגמה[37]), אבל נראה שהתלות של הצומות ברצון היא דבר מהותי יותר.

במקור הדיון, בספר זכריה, הנביא הגדיר את הצומות כדבר שלא קשור אל הקב"ה (פרק ז'):

(ד) וַיְהִי דְּבַר ה' צְבָאוֹת אֵלַי לֵאמֹר: (ה) אֱמֹר אֶל כָּל עַם הָאָרֶץ וְאֶל הַכֹּהֲנִים לֵאמֹר כִּי צַמְתֶּם וְסָפוֹד בַּחֲמִישִׁי וּבַשְּׁבִיעִי וְזֶה שִׁבְעִים שָׁנָה הֲצוֹם צַמְתֻּנִי אָנִי: (ו) וְכִי תֹאכְלוּ וְכִי תִשְׁתּוּ **הֲלוֹא אַתֶּם הָאֹכְלִים וְאַתֶּם הַשֹּׁתִים**.

כפי שראינו, מצד אחד יש התנערות של הנביא ממנהג הצומות, ומצד שני הנביא מבטיח שהימים הללו יהפכו לששון ולשמחה, ומשמע שה' מרוצה מהצומות. לכן נראה לומר שזכריה אומר: הצומות האלו הם שלכם. הם נולדו עקב החלטה שלכם, ולכן מן הראוי שאתם תחליטו על גורלם. הם נולדו מהחוויות שלכם, ולכן מן הראוי שהחוויות שלכם יכריעו לגביהם.[38] כשהתורה מצווה מה לעשות, ראוי לבקש מהכוהנים שיפרשו את התורה, ואת הנביאים שיפרשו את המציאות. אבל כשהתגובה למציאות באה מהעם, הם יחליטו אם היא תמשיך במקרה שהמציאות משתנה.

עם זאת, ניתן לזהות כאן דינמיקה מעניינת. ה' בחר מועדים שבהם הוא העניש את עם ישראל (איכה א' טו): "קָרָא עָלַי **מוֹעֵד** לִשְׁבֹּר בַּחוּרָי".[39] העם בוחר לזכור באותם מועדים את העונש ולהתאבל על מה שנחסר.[40] בעקבות זאת, ה' מבטיח שהוא יהפוך את אותם הימים עצמם "למועדים טובים". הבטחת ה' לימים טובים מעודדת את היוזמה לצום, ואפילו נותנת לה גושפנקא, אבל לא מגדירה את הימים כימי צום. כלומר, העם קבע עכשיו ויקבע על כך בעתיד "רצו מתענין, לא רצו אין מתענין".[41]

37. בבלי ברכות כז ע"ב; רמב"ם הלכות תפילה פ"ג ה"ו; טור או"ח רל"ה, ועוד.
38. כך כותב אבן עזרא (על זכריה ז' ג): "והנה הכהנים לא ידעו להשיב כי אין זה הצום כתוב בתורה רק הם קבלו עליהם בראותם חרבן בית ראשון והנה הנביא התנבא והשיב בסוף הפרשה". וכן בהמשך (על ח' יח).
39. בעקבות ההגדרה של יום חורבן המקדש כיום מועד, נפסק בשולחן ערוך (או"ח תקנ"ט ד) שלא אומרים בו תחנון.
40. הרמב"ם רואה בצומות הללו גם צד של תשובה. ראו: רמב"ם הלכות תעניות פ"ה ה"א.
41. לימים, הדיון בגמרא נתן לכך תוקף מחייב בבחינת תקנת חכמים. ראו לדוגמה מנחת חינוך, מצוה שא; הרב י' זולדן, מועדי ישראל, עמ' 555 הערה 3; אומנם יש הרואים גם בצומות המקוריים תקנת הנביאים. עיינו: הרב נ' טוקר, ארבעת הצומות, עמ' 59.

לדברי זכריה יש משמעות מרחיקת לכת בנוגע להתפתחות התורה שבעל פה. את המשמעות הזאת ניתן למצוא בדברי ראב"ע על מגילת אסתר. בסוף המגילה נאמר (אסתר ט'):

(כט) וַתִּכְתֹּב אֶסְתֵּר הַמַּלְכָּה בַת אֲבִיחַיִל וּמָרְדֳּכַי הַיְּהוּדִי אֶת כָּל תֹּקֶף לְקַיֵּם אֵת אִגֶּרֶת הַפֻּרִים הַזֹּאת הַשֵּׁנִית: (ל) וַיִּשְׁלַח סְפָרִים אֶל כָּל הַיְּהוּדִים אֶל שֶׁבַע וְעֶשְׂרִים וּמֵאָה מְדִינָה מַלְכוּת אֲחַשְׁוֵרוֹשׁ דִּבְרֵי שָׁלוֹם וֶאֱמֶת: (לא) לְקַיֵּם אֶת יְמֵי הַפֻּרִים הָאֵלֶּה בִּזְמַנֵּיהֶם כַּאֲשֶׁר קִיַּם עֲלֵיהֶם מָרְדֳּכַי הַיְּהוּדִי וְאֶסְתֵּר הַמַּלְכָּה **וְכַאֲשֶׁר קִיְּמוּ עַל נַפְשָׁם וְעַל זַרְעָם דִּבְרֵי הַצֹּמוֹת וְזַעֲקָתָם.**

חלק מהפרשנים מבינים שאת ימי הפורים תיקנו לדורות, כשם שמרדכי ואסתר תיקנו לצום שלושה ימים באותה תקופה,[42] או שלדורות תיקנו את פורים עם צום תענית אסתר.[43] אבל ראב"ע מפרש אחרת (שם):[44]

וטעם דברי הצומות על הנזכרים בספר זכריה שהן בתמוז ואב ותשרי וטבת והטעם **כי קיימו היהודים על נפשם לשמוח בימי הפורים כאשר קיימו על נפשם ועל זרעם להתענות בימי אבלם** כאשר הובקעה העיר ונשרף הבית כי הנביא לא ציום שיתענו כאשר אפרש במקומו ואנחנו חייבים שלא נשיג גבול ראשונים.

ר' אברהם אבן עזרא רואה בצומות החורבן (של המקדש והמדינה) את התקדים לקביעת חג הפורים.[45]

אפשר לומר שכאשר תכפו אירועי החורבן, באופן טבעי ואינטואיטיבי העם הרגיש צורך להגיב, לתת ביטוי מעשי לתחושות, לרגשות ולאירועי השעה. כפי שמסופר שקרה גם בעקבות חורבן הבית השני (תוספתא סוטה פט"ו במהדורת ליברמן):[46]

42. פירוש אדרת אליהו לגר"א על אתר.
43. ראב"ע דוחה את ההסבר הזה בשני הפירושים בדבריו על אסתר ט' ל. ראו גם בפירוש ר' יוסף אבן יחיא על אתר.
44. וכן פירשו רלב"ג ומלבי"ם. השוו: י' תבורי, מועדי ישראל, עמ' 398.
45. אפשר שהוא מצא לכך תקדים כבר בפסוקי התורה. ראו פירושו לבמדבר י' י.
46. המובאת גם בבבלי בבא בתרא ס ע"ב.

[יא] **משחרב הבית האחרון** רבו פרושין בישראל שלא היו אוכלין בשר ולא שותין יין. ניטפל להן ר' יהושע אמ' להן בניי מפני מה אין אתם אוכלין בשר? אמרו לו נאכל בשר שבכל יום היה תמיד קרב לגבי מזבח ועכשיו בטל?...
[יב] אמ' להם בניי להתאבל יותר מדיי אי איפשר ושלא להתאבל אי איפשר, אלא כך אמרו חכמים סד אדם את ביתו בסיד ומשייר דבר מועט זכר לירושלם...
[טו] וכל המתאבלים עליה בעולם הזה שמחים עמה לעולם הבא שנ' 'שמחו את ירושלם וגילו בה כל אוהביה' (ישעיהו ס"ו י) וגו'.

התוספתא מתארת כיצד ר' יהושע מנסה לשים את התגובה האינטואיטיבית של הפרושים במסגרת אפשרית. ככל הנראה תגובות מהסוג הזה היו גם בזמן חורבן הבית הראשון, ולדורות נשארו כמה צומות.

למרות החשש שתגובות אלו הן תוספת על התורה[47] ויצירת "דת חדשה", התשובה של הנביא זכריה, וההבטחה שהמתענים על ירושלים יזכו לראות בשמחתה והאבל ייהפך לששון, נותנות מקום של כבוד, הערכה ותוקף לתגובת העם. התנהגות העם מקבלת תוקף מ'דברי הקבלה' של הנביא.

לדורות חכמים בגמרא דנו מה סמכות חכמים לחדש הלכות, במיוחד בכל הנוגע לחג החנוכה (בבלי שבת כג ע"א):

מאי מברך? מברך אשר קדשנו במצותיו וצונו להדליק נר של חנוכה.
והיכן צונו? רב אויא אמר: מ'לא תסור' (דברים י"ז יא).
רב נחמיה אמר: 'שאל אביך ויגדך זקניך ויאמרו לך' (דברים ל"ב ז).

לרב אויא סמכות החכמים קשורה לציווי לשמוע להכרעות בית הדין הגדול,[48] ואילו רב נחמיה סבור שכוחה הוא מסמכות הזקנים, אלו שהעם הולכים אליהם כדי לזכור ימות עולם ולהבין את שנות דור ודור (דברים ל"ב ז). הזקנים ינחילו לדורות הבאים את המסקנות, התגובות והתובנות לאירועי השעה. הפסוק בתורה "שאל אביך ויגדך" נותן לסמכות הזאת תוקף, כשם שהנביא זכריה נתן תוקף לבחירת העם לצום.

המקור לסמכות העם לעצב באופן מעשי את תחושות הנפש היא גם הסמכות

47. דברים ד' ב; י"ג א.
48. לשאלה כיצד סמכות בית הדין הגדול שבירושלים מועילה כדי לתקן תקנות גם כשאין מקדש ואין סנהדרין, ראו לדוגמה: דרשות הר"ן, הדרוש השנים עשר.

לחדש בדורות הבאים ימי ששון ושמחה על הצלה משמד רוחני בחנוכה ומכיליון בפורים. הסמכות לקבל על עצמנו את צומות החורבן מאפשרת לקבל על עצמנו לחגוג את ייסוד המדינה ביום העצמאות[49] ואת חיזוק תחושת הביטחון, במיוחד בעיר ה׳ ביום ירושלים.[50]

אומנם, בימינו היה אפשר לבטל חלק מהצומות, ואפילו להפוך אותם לימי מועד, אבל נראה שרבנים רבים בדורנו בחרו שנאחז בזה וגם מזה לא נניח ידינו. בדורנו אנו עדיין צמים ואבלים על חורבן הבית,[51] ולצידם חוגגים ימים טובים שבמהותם הם תיקון של האסונות הממוקדים שבבסיס הצומות.[52]

טיב הצום והבחירה לצום

שתי התפיסות יבואו לידי ביטוי בהבנת תחילת הסוגיה במסכת ראש השנה. נזכיר שבמשנה נאמר שהשליחים יוצאים על חודש אב, אבל לא על חודשים אחרים שיש בהם צומות, פרט לתשרי, שבו יוצאים מסיבות אחרות. על כך שואלת הגמרא (ראש השנה יח ע״א-ע״ב):

49. לדעת הרמב״ם, ימי החנוכה הם מעין יום העצמאות של תקופת החשמונאים, ולפיכך מתברר שגם בבית שני חידשו יום עצמאות. הרב פרופ׳ נ׳ גוטל הבין מדברי הנצי״ב (מרומי שדה ראש השנה יח ע״א) והשפת אמת (חידושים לראש השנה יח ע״א), שגם לדעת הרמב״ם שבימי המקדש צמו את צומות החורבן, הם פסקו מלצום בתקופת החשמונאים. ראו שלמי שמחה, עמ׳ 496 ובהערות שם.
50. לתולדות קביעת יום ירושלים ראו: הרב ש׳ כ״ץ, הרבנות הראשית. ניתן לראות מתח בין חשיבותה של ירושלים דווקא עם עצם ההצלה מהמלחמה.
51. הרבנות הראשית של ימינו העניקה לעשרה בטבת משמעות נוספת בדמות יום הקדיש הכללי.
52. רמז לרעיון דומה ניתן לראות בימי בית שני. כמה חוקרים מצאו במגילת תענית או בסכוליון עדות לכך שבימי הבית השני תיקנו חגים דווקא בט׳ באב (תקנה מקורית של חג קורבן העצים) וג׳ בתשרי (לזכר ביטול אזכרת שם ה׳ בשטר). לדעת הרבנית ד״ר ד״ר ט׳ גנזל, צום השביעי, זו עדות למחלוקת אם היו צריכים להמשיך לצום או להפוך את הימים הללו למועדים טובים שבהם יש איסור לצום ולהספיד. נשים לב שדווקא שני התאריכים שבהם המציאות השתנתה הפכו לימים האסורים בהספד ובתענית. כמו כן, נראה שלא הפכו את הימים האלה לימים טובים מעצם הגאולה, אלא הפכו אותם ליום טוב מסיבות אחרות על ידי אירועים אחרים שלא קשורים לגאולה.
אומנם גם לשיטה שימים אלו הפכו לימים טובים, ואף של סעודה, ניתן למצוא סמך לכך שסעדו סעודת יום טוב תוך כדי קריאת הקינות על חורבן הבית הראשון. ראו: איכה רבה פתיחתות י״ז; מגן אברהם או״ח תקנ״ב ס״ק יב; הערות מהרר״ץ שפיץ על שולחן ערוך או״ח תקנ״ב; ערוך השולחן או״ח תקנ״ב; שו״ת אפרקסתא דעניא, חלק א סימן מז. בימינו הפכו ימים אחרים למועדים טובים, לצד השארת ימי הצום והבכי על כנם.

וליפקו נמי [ושיצאו גם על] אתמוז וטבת?
דאמר רב חנא בר ביזנא אמר רב שמעון חסידא: מאי דכתיב (זכריה ח' יט) 'כה אמר ה' צ־באות צום הרביעי וצום החמישי וצום השביעי וצום העשירי יהיה לבית יהודה לששון ולשמחה'. קרי להו [קורא להם] צום, וקרי להו [וקורא להם] ששון ושמחה, בזמן שיש שלום – יהיו לששון ולשמחה, אין שלום – צום.

שאלת הגמרא – מדוע השליחים לא יוצאים על חודשי תמוז וטבת – מבוססת על דברי רב חנא בר ביזנא בשם רב שמעון חסידא, המסתמך על ההבטחה של הנביא זכריה שהימים הללו יהיו לששון ולשמחה. לדעתו הפסוק כורך את ארבעת הצומות יחד וגם מציג מצב בינארי: או צום או ששון ושמחה. ממילא, בכל רגע נתון אמורים להתייחס באותה דרך לארבעת התאריכים: או צומות או ימים טובים.
הגמרא מביאה את ההסבר של רב פפא:

אמר רב פפא: הכי קאמר [כך אומר (כך צריך לומר/להבין)]: בזמן שיש שלום – יהיו לששון ולשמחה,
יש שמד – צום,
אין שמד ואין שלום, רצו – מתענין, רצו – אין מתענין.
אי הכי, [אם כך] תשעה באב נמי [גם]!
אמר רב פפא: שאני [שונה] תשעה באב, הואיל והוכפלו בו צרות.
דאמר מר: בתשעה באב חרב הבית בראשונה ובשניה, ונלכדה ביתר, ונחרשה העיר.

לדעת רב פפא לא מדובר על מצב בינארי – יש שלום או אין שלום, אלא ברצף. במקרה של שלום הימים יהיו לששון ולשמחה, אבל רק במקרה של שמד יש חיוב לצום. במקרה ביניים, שבו אין שלום ואין שמד, הדבר נתון לרצון העם. בתשעה באב הוכפלו צרות, ולכן צמים בכל מקרה, ובכך מבוצר מעמדו, אבל שאר הצומות – המכונים אצלנו 'קטנים' – תלויים ברצון העם, ולכן לא טורחים לשלוח שליחים עליהם.

אפשר לנסח את דבריו של רב פפא כך: רב חנא בר ביזנא בשם רב שמעון חסידא התייחס רק לתגובה השנייה של זכריה, שמתייחס ל"צום" מחד ול"ששון ולשמחה" מאידך. אבל רב פפא מביא בחשבון גם את התגובה הראשונה של זכריה, ולפיה השאלה אם לצום בשלב הזה בהיסטוריה תלויה בהחלטת העם. במציאות

הזאת, ה׳ לא קובע לעם כיצד לנהוג. נזכיר שבשלב הזה הבית עוד לא היה גמור, אבל האפשרות לשוב לציון הייתה קיימת. בתגובה השנייה של הנביא הוא קובע שבמציאות עתידית (אוטופית?), הימים יהפכו לימי ששון ושמחה. צירוף הנבואות הללו יחד מצביע על כך שעצם הבחירה לצום מראש הייתה של העם. העם בוחר אם להפסיק לצום כשהמצב משתפר. אבל במציאות מסוימת, אחרת מזו של עכשיו, הימים הללו יהפכו לימים טובים.

רבותינו הראשונים נחלקו אם גם בימי הבית השני, שבהם הגאולה לא הושלמה וטרם הגיעו ימות המשיח, ההחלטה לצום הייתה נתונה לעם, והם בחרו לצום את תשעה באב אך לא את שאר הצומות,[53] או שמא ימי הבית השני הוגדרו כ״שלום״ והימים הללו היו ״מועדים טובים״.[54] בעניין זה נחלקו גם החוקרים, מתוך עיון בעדויות שעולות מהמקורות ההלכתיים וההיסטוריים.[55] כמו כן, הראשונים נחלקו אם ההגדרה של ״מועדים טובים״ היא ביטול הצום והבכי, ולכן בימים אלו – כמו ימים נוספים של מגילת תענית – יש איסור תענית ומספד,[56] או שמא מדובר על ההפך הגמור, וימים אלו אמורים להפוך, או אפילו נהפכו באמת, ל״ימי משתה ושמחה״. אני נוטה לומר שהא בהא תליא, ומי שקבע שבימי בית שני הימים הללו היו מועדים טובים, ראה במועדים הללו משהו יחסית מינורי; ומי שקבע שהימים יהפכו למשתה ושמחה, לא חשב שזה קרה בבית שני. עם זאת, ניתן לראות שיש שסבורים שכבר בבית שני חגגו וסעדו בתשעה באב.[57]

53. כך פירש הרמב״ם על המשנה, והשוו: ר׳ יצחק פאלאג׳י, יפה ללב חלק ה׳ סימן תקמט. הרב פרופ׳ נ׳ גוטל, שלמי שמחה, עמ׳ 488 מתייחס לאפשרות שהאבל הוא על חורבן הבית הראשון ומעלתו הגבוהה, ומכאן שגם בבניית הבית השני האבלות נמשכה.

54. לדעת רוב הראשונים ״שלום״ מקביל לבניית המקדש, ובכך המקדש מסמן את חזות הכול. כך דעת ר״ח וריטב״א על אתר; תוספות על תענית יב ע״א ד״ה התם; רמב״ן תורת האדם שער אבלות ישנה; טור או״ח תק״נ לפי פירוש הבית יוסף שם, ועוד. רש״י על סוגיה זו מפרש (ד״ה שיש שלום): ״שאין יד הגויים תקיפה על ישראל״ (והשוו מאירי ורשב״א על אתר), אבל בהמשך הסוגיה הוא מפרש שהצומות תלויים בבניין המקדש (שם ד״ה דתלינהו בבנין). אפשר שלדעתו גם אם הצומות הם עסקת חבילה, היא מוגדרת על ידי קיום המדינה, ולאו דווקא סביב בניין המקדש. לחלופין, אפשר שרש״י לא העלה בדעתו שיהיה שלום מדיני ובית המקדש לא ייבנה. לדיון נרחב ראו: הרב י׳ גרשוני, קול צופיך, עמ׳ רכא-רכה; הרב נ׳ גוטל, שלמי שמחה, עמ׳ 488-512. ראו גם: י׳ תבורי, מועדי ישראל, עמ׳ 398.

55. ראו: י׳ תבורי, מועדי ישראל, עמ׳ 379–402; הרבנית ד״ר ט׳ גנזל, צום החמישי; הרב ד׳ גולינקין, האם חייבים לצום.

56. איסור התענית והמספד הם כנגד מנהג הצום והבכי. ראו: שו״ת הרדב״ז ח״ב סימן תרעב.

57. ראו טורי אבן על ראש השנה יח ע״א. ראו עוד לעיל הערה 52.

מהסוגיה עולה שהעיסוק במכלול הצומות מאפשר לראות את כל הצומות כחבילה אחת הקשורה ל״שלום״, שאותו אפשר לפרש כשלום מדיני, כבניין המקדש או כגאולה שלמה. כיוון שכך, גם בימינו, פוסקים רבים קבעו שיש להמשיך לצום את הצומות הללו, כחלק מבחירת העם בעבר, עד שייבנה המקדש.[58] הבחירה להמשיך לצום מכילה בתוכה גם בחירה לראות בצומות הללו כולם בכי על חורבן המקדש דווקא.[59]

עם זאת, כבר בסוגיה עצמה ראינו שלצום תשעה באב יש משנה תוקף גם בתקופה שהצומות היו תלויים בבחירת העם, ודווקא עליו יצאו השליחים. בהמשך לכך, גם בימינו נשמעו קולות שקוראים להמשיך לצום בתשעה באב על חורבן המקדש, אבל לבטל את הצומות האחרים על חורבן המדינה, כלומר לבחור שלא לצום אותם, שכן הסיבות לקיומם – גזרת הגלות, אובדן העצמאות ואובדן הביטחון – כבר לא קיימות.[60]

שהחיינו וקיימנו

סדר שיבת ציון של דורנו הפוך למה שהיה בשיבת ציון בימי הבית השני. בחורבן הבית הראשון קודם ניטלה העצמאות, אחר כך הביטחון ולבסוף חרב הבית והושלמה גזרת הגלות. בשיבת ציון בימי בית שני קודם הותר ליהודים לחזור מהגלות ולבנות את הבית, אבל ההיבטים האזרחיים והלאומיים חזרו, וגם זה לתקופה מסוימת, רק שנים רבות מאוחר יותר. אפשר לומר שההתלבטות שעלתה בימיהם אם להמשיך לצום או לא הייתה קשורה להתלבטות אחרת והיא אם בניין הבית הוא חזות הכול או שבית מקדש ללא בית לאומי הוא כגאולה חלקית, במקרה הטוב. בימינו התהליך הפוך. שיבת ציון החלה בבניית מדינה ובבניית הביטחון, והחיסרון הבולט הוא דווקא המקדש. וכאן עלינו לשאול מה המשמעות של גאולה כזו, שבה הלב חסר.

58. ראו שו״ת התשב״ץ, ח״ב סימן רעא.
59. שו״ת הרדב״ז (לעיל הערה 56) מציין שלדעת זכריה היה ראוי שיצומו, אבל רק למי שיצום הימים יתהפכו לו לימי ששון. ראו גם אגרות הראיה ד, איגרת קמט, עמ׳ קפט-קצ, תוך התייחסות למינוי נציב יהודי בארץ. מדבריהם עולה שכדי לזכות בשמחה, צריכים להיות מוכנים להתאבל עליה (ראו בבלי תענית ל ע״ב), ולכן בוחרים שלא לבטל את הצומות הללו, גם אם מפחיתים מעצמתם. וראו: הרב ח׳ קרלינסקי, ארבעה צומות; הרב י׳ זולדן, גאולת הארץ.
60. ראו לדוגמה אצל: הרב ב׳ לאו, ביטול הצומות.

הלבטים הללו מלווים אותנו פעמים רבות במהלך השנה: הם עולים מכיוון אחד כשאנו שואלים אם להמשיך לצום את הצומות הקטנים, ומכיוון אחר אם עלינו לחגוג את ימי התשועה (יום העצמאות ויום ירושלים) כשהגאולה טרם הושלמה.

את המתח הזה אנו מנציחים על ידי שאנו צמים בצומות אך גם חוגגים בימי השׂשׂון והשמחה שקבענו לעצמנו. את הפיכת ימי הצום עצמם לימי מועד ושמחה אנחנו משאירים בידיו של הקב"ה. במקום לקבוע מצב ביניים שבו יתבטלו הצומות, אך לא יהיו במקומם ימי ששון ושמחה, אנחנו רוקדים על שתי החתונות: מתאבלים בצומות וחוגגים ביום העצמאות וביום ירושלים.

בכל שנה לקראת יום ירושלים תוהים מדוע חוגגים גם את יום ירושלים וגם את יום העצמאות (נוסף לחגי הגאולה זכר ליציאת מצרים), ועל כך אפשר להשיב ולומר שאם תיקנו ארבעה צומות כנגד השלבים השונים של החורבן, אפשר גם לתקן ימים טובים כנגד השלבים השונים של הגאולה.[61]

61. אפשר שיש בכך מקבילה למגילת תענית של הבית השני, שם הוסיפו אירועים רבים שצוינו בתקופה של גאולה חלקית.

פרק טו

ט"ו בשבט – מתנות המדינה ומתנות המקדש

חיינו מוקפים בתשלומי מיסים שונים, חלקם ישירים, כמו מס בריאות ומס הכנסה, וחלקם עקיפים, כמו מס ערך מוסף. לא תמיד ברור לכל אחד ואחת מדוע אנו נדרשים לשלם מיסים כה רבים ומגוונים. את השאלה הזו עלינו לשאול גם בהקשר של "מיסי" התורה: מדוע יש חובות שונות של נתינה כמו תרומות ומעשרות?[1]

כיוון שט"ו בשבט הוא ראש השנה לאילנות, וקביעה זו משפיעה לעניין תרומות ומעשרות, פרק זה יוקדש לבירור היחס בין המתנות השונות שאדם מישראל צריך לתת מהתוצרת החקלאית שלו. אומנם ט"ו בשבט הוא ראשית השנה רק לפירות האילן, וראשי השנים של יבולים אחרים הם בנקודות אחרות בזמן: שנת הירקות נפתחת בא' בתשרי, ושל הבהמות בא' אלול. לכל סוג גידול יש ראש השנה אחר. בפועל, בכל אחד מהגידולים השונים יש מתנות שונות שיש צורך להביא: ביכורים או בכורות, תרומות ומעשרות.

נעסוק בסוגי המתנות השונים שאדם מישראל נדרש להפריש מהיבול שלו, וננסה לעמוד על הייחודיות של כל מתנה. כיוון שהספר עוסק במתח בין הבית למקדש, נראה שהמתנות נמצאות גם בתוצרת החקלאית וגם בבני אדם המקודשים למקום.

1. חובת הפרשת תרומות ומעשרות היא חובה דתית ראשונה במעלה אך המחיר שלה גבוה מאוד. על המתח בין ההיבטים הללו בספרות הבית השני ולאחר החורבן, ראו לדוגמה: ז' ספראי ומ' ורנהורסט, הפרשת תרומות; א' אופנהיימר, הפרשת המעשר. ראו גם בהמשך, הערה 35.

עיוני מקרא

"ביכורי כל אשר בארצם"

התורה מצווה על שלוש מתנות לה' או לשליחיו. המתנה הראשונה היא התוצר הראשון של הפירות[2] או של בהמות כשרות, והוא מוקדש לה'. לגבי הפירות נאמר (שמות כ"ג):[3]

(יט) **רֵאשִׁית בִּכּוּרֵי אַדְמָתְךָ תָּבִיא** בֵּית ה' אֱלֹהֶיךָ לֹא תְבַשֵּׁל גְּדִי בַּחֲלֵב אִמּוֹ.

תיאור מפורט של הבאת הביכורים למקדש מופיע בפרשת כי תבוא, בפרשת מקרא ביכורים (דברים כ"ו).

ציווי על ראשית בעלי החיים מצאנו בכמה מקומות החל מסיפור יציאת מצרים (שמות י"ג):

(א) וַיְדַבֵּר ה' אֶל מֹשֶׁה לֵּאמֹר: (ב) **קַדֶּשׁ לִי כָל בְּכוֹר** פֶּטֶר כָּל רֶחֶם בִּבְנֵי יִשְׂרָאֵל בָּאָדָם וּבַבְּהֵמָה לִי הוּא... (יב) וְהַעֲבַרְתָּ כָל פֶּטֶר רֶחֶם לַה' וְכָל פֶּטֶר שֶׁגֶר בְּהֵמָה אֲשֶׁר יִהְיֶה לְךָ הַזְּכָרִים לַה': (יג) וְכָל פֶּטֶר חֲמֹר תִּפְדֶּה בְשֶׂה וְאִם לֹא תִפְדֶּה וַעֲרַפְתּוֹ וְכֹל בְּכוֹר אָדָם בְּבָנֶיךָ תִּפְדֶּה.

התורה חוזרת על הציווי להביא לה' את בכור הבהמה במקומות נוספים.[4] בספר במדבר נאמר מה עושים בפועל עם ביכורי הפירות ובכורות הבהמות (במדבר י"ח):

(ח) וַיְדַבֵּר ה' אֶל אַהֲרֹן וַאֲנִי הִנֵּה נָתַתִּי לְךָ אֶת מִשְׁמֶרֶת תְּרוּמֹתָי לְכָל קָדְשֵׁי בְנֵי יִשְׂרָאֵל לְךָ נְתַתִּים לְמָשְׁחָה וּלְבָנֶיךָ לְחָק עוֹלָם... (יג) **בִּכּוּרֵי כָּל אֲשֶׁר בְּאַרְצָם אֲשֶׁר יָבִיאוּ לַה' לְךָ יִהְיֶה** כָּל טָהוֹר בְּבֵיתְךָ יֹאכֲלֶנּוּ... (טו) **כָּל פֶּטֶר רֶחֶם לְכָל בָּשָׂר אֲשֶׁר יַקְרִיבוּ לַה' בָּאָדָם וּבַבְּהֵמָה יִהְיֶה לָּךְ אַךְ פָּדֹה תִפְדֶּה אֵת בְּכוֹר הָאָדָם וְאֵת בְּכוֹר הַבְּהֵמָה הַטְּמֵאָה תִּפְדֶּה:** (טז) וּפְדוּיָו מִבֶּן חֹדֶשׁ תִּפְדֶּה בְּעֶרְכְּךָ כֶּסֶף

2. לפי ההלכה (לדוגמה משנה ביכורים פ"א מ"ג) מדובר דווקא על פירות שבעת המינים. ראו עוד להלן הערה 10.
3. ושוב בשמות ל"ד כו.
4. שמות כ"ב כח-כט; שמות ל"ד יט-כ; ויקרא כ"ז כו; במדבר ג' יב-יג, מה-נא; דברים ט"ו יט-כג. ראו גם נחמיה י' לז.

חֲמֵשֶׁת שְׁקָלִים בְּשֶׁקֶל הַקֹּדֶשׁ עֶשְׂרִים גֵּרָה הוּא: (יז) אַךְ **בְּכוֹר שׁוֹר אוֹ בְכוֹר כֶּשֶׂב אוֹ בְכוֹר עֵז לֹא** תִפְדֶּה **קֹדֶשׁ הֵם אֶת דָּמָם תִּזְרֹק עַל הַמִּזְבֵּחַ** וְאֶת חֶלְבָּם תַּקְטִיר אִשֶּׁה לְרֵיחַ נִיחֹחַ לַה': (יח) **וּבְשָׂרָם יִהְיֶה לָּךְ** כַּחֲזֵה הַתְּנוּפָה וּכְשׁוֹק הַיָּמִין לְךָ יִהְיֶה.

את בכורות הצאן והבקר מקריבים לה'. ואם יש מום בבהמה, אי אפשר להקריב אותה ונותנים אותה לכוהן, כמו שאר הביכורים שניתנים לכוהנים.[5] את בכורות האדם פודים, ולכך נתייחס בהמשך.

"הנה נתתי כל מעשר"

סוג המתנות השני הוא המעשר. התורה מתייחסת למעשרות בכמה מקומות, וחז"ל והפרשנים ניסו ליישב בין המקומות השונים על ידי הבחנה בין כמה סוגי מעשר. הציווי הראשון על הפרשת מעשרות מופיע בסוף ספר ויקרא, בפרק שמדבר על דברים שונים שמקדישים לה' וכיצד מוציאים את קדושתם והופכים אותם לחולין (פרק כ"ז):

(ל) **וְכָל מַעְשַׂר הָאָרֶץ** מִזֶּרַע הָאָרֶץ מִפְּרִי הָעֵץ **לַה' הוּא** קֹדֶשׁ לַה': (לא) **וְאִם גָּאֹל יִגְאַל** אִישׁ מִמַּעַשְׂרוֹ חֲמִשִׁיתוֹ יֹסֵף עָלָיו: (לב) **וְכָל מַעְשַׂר בָּקָר וָצֹאן** כֹּל אֲשֶׁר יַעֲבֹר תַּחַת הַשָּׁבֶט הָעֲשִׂירִי יִהְיֶה **קֹּדֶשׁ לַה'**: (לג) לֹא יְבַקֵּר בֵּין טוֹב לָרַע וְלֹא יְמִירֶנּוּ וְאִם הָמֵר יְמִירֶנּוּ וְהָיָה הוּא וּתְמוּרָתוֹ יִהְיֶה קֹּדֶשׁ **לֹא יִגָּאֵל**.

לפי פסוקים אלו, המעשר של זרע הארץ ופרי העץ והמעשר של הבהמות קדושים. את הבהמות אי אפשר לגאול (ככל הנראה כי מקריבים אותן), אבל את הפירות אפשר לפדות ויש להוסיף חמישית על הפדיון.

המעשר מופיע שוב בספר במדבר (פרק י"ח):

(כא) **וְלִבְנֵי לֵוִי הִנֵּה נָתַתִּי כָּל מַעֲשֵׂר בְּיִשְׂרָאֵל** לְנַחֲלָה **חֵלֶף עֲבֹדָתָם** אֲשֶׁר הֵם עֹבְדִים אֶת עֲבֹדַת אֹהֶל מוֹעֵד: (כב) וְלֹא יִקְרְבוּ עוֹד בְּנֵי יִשְׂרָאֵל אֶל אֹהֶל מוֹעֵד לָשֵׂאת חֵטְא לָמוּת: (כג) וְעָבַד הַלֵּוִי הוּא אֶת עֲבֹדַת אֹהֶל מוֹעֵד וְהֵם יִשְׂאוּ עֲוֹנָם

5. מן הפסוקים בדברים ט"ו יט-כג, משמע שהבעלים אוכלים את הבכורות (כמו במעשר בהמה, ראו משנה זבחים פ"ה מ"ח), אך חז"ל הכריעו כפי שעולה מספר במדבר, וכפי שמפורש בנחמיה י' לז, שאת הבכורות נותנים לכוהנים. על היחס בין הפסוקים בבמדבר לפסוקים בדברים והפתרונות השונים בדברי חז"ל ובהלכה הכיתתית, ראו לדוגמה: א' שמש, דיני הבכורות, עמ' 143-146.

חֻקַּת עוֹלָם לְדֹרֹתֵיכֶם וּבְתוֹךְ בְּנֵי יִשְׂרָאֵל לֹא יִנְחֲלוּ נַחֲלָה: (כד) **כִּי אֶת מַעְשַׂר בְּנֵי יִשְׂרָאֵל אֲשֶׁר יָרִימוּ לַה׳ תְּרוּמָה נָתַתִּי לַלְוִיִּם לְנַחֲלָה** עַל כֵּן אָמַרְתִּי לָהֶם בְּתוֹךְ בְּנֵי יִשְׂרָאֵל לֹא יִנְחֲלוּ נַחֲלָה.

התורה קובעת שאת המעשר שבני ישראל מרימים לה׳ נותנים בפועל ללוויים בתמורה לעבודת המקדש, שמטרתה בין השאר הגנה על בני ישראל מפני קרבה אסורה לקודש. בפסוקים בהמשך נאמר שהלוויים מרימים מעשר מן המעשר לטובת הכוהנים.

המעשר מופיע שוב בספר דברים (פרק י״ד):

(כב) **עַשֵּׂר תְּעַשֵּׂר אֵת כָּל תְּבוּאַת זַרְעֶךָ הַיֹּצֵא הַשָּׂדֶה שָׁנָה שָׁנָה:** (כג) **וְאָכַלְתָּ לִפְנֵי ה׳** אֱלֹהֶיךָ בַּמָּקוֹם אֲשֶׁר יִבְחַר לְשַׁכֵּן שְׁמוֹ שָׁם מַעְשַׂר דְּגָנְךָ תִּירֹשְׁךָ וְיִצְהָרֶךָ וּבְכֹרֹת בְּקָרְךָ וְצֹאנֶךָ לְמַעַן תִּלְמַד לְיִרְאָה אֶת ה׳ אֱלֹהֶיךָ כָּל הַיָּמִים: (כד) וְכִי יִרְבֶּה מִמְּךָ הַדֶּרֶךְ כִּי לֹא תוּכַל שְׂאֵתוֹ כִּי יִרְחַק מִמְּךָ הַמָּקוֹם אֲשֶׁר יִבְחַר ה׳ אֱלֹהֶיךָ לָשׂוּם שְׁמוֹ שָׁם כִּי יְבָרֶכְךָ ה׳ אֱלֹהֶיךָ: (כה) **וְנָתַתָּה בַּכָּסֶף** וְצַרְתָּ הַכֶּסֶף בְּיָדְךָ וְהָלַכְתָּ אֶל הַמָּקוֹם אֲשֶׁר יִבְחַר ה׳ אֱלֹהֶיךָ בּוֹ: (כו) וְנָתַתָּה הַכֶּסֶף בְּכֹל אֲשֶׁר תְּאַוֶּה נַפְשְׁךָ בַּבָּקָר וּבַצֹּאן וּבַיַּיִן וּבַשֵּׁכָר וּבְכֹל אֲשֶׁר תִּשְׁאָלְךָ נַפְשֶׁךָ וְאָכַלְתָּ שָּׁם לִפְנֵי ה׳ אֱלֹהֶיךָ וְשָׂמַחְתָּ אַתָּה וּבֵיתֶךָ: (כז) וְהַלֵּוִי אֲשֶׁר בִּשְׁעָרֶיךָ לֹא תַעַזְבֶנּוּ כִּי אֵין לוֹ חֵלֶק וְנַחֲלָה עִמָּךְ.

(כח) **מִקְצֵה שָׁלֹשׁ שָׁנִים תּוֹצִיא אֶת כָּל מַעְשַׂר** תְּבוּאָתְךָ בַּשָּׁנָה הַהִוא וְהִנַּחְתָּ בִּשְׁעָרֶיךָ: (כט) וּבָא הַלֵּוִי כִּי אֵין לוֹ חֵלֶק וְנַחֲלָה עִמָּךְ **וְהַגֵּר וְהַיָּתוֹם וְהָאַלְמָנָה** אֲשֶׁר בִּשְׁעָרֶיךָ וְאָכְלוּ וְשָׂבֵעוּ לְמַעַן יְבָרֶכְךָ ה׳ אֱלֹהֶיךָ בְּכָל מַעֲשֵׂה יָדְךָ אֲשֶׁר תַּעֲשֶׂה.

התורה מציינת שני דברים שונים שעושים עם המעשר: את הראשון שמופיע בפסוקים אלו אוכלים לפני ה׳, ואם הדרך רחוקה אפשר להמיר אותו בכסף.[6] מכאן דרשו חכמים שזה המעשר שהוזכר בסוף ספר ויקרא,[7] שם תואר גם הפדיון (״גאולה״) של המעשר בכסף, ומקובל לכנותו מעשר שני, שכן המעשר הראשון שהוזכר קודם

6. פרופ׳ מ׳ וינפלד, המעשר במקרא, עמ׳ 131-128, עומד על הייחוד של אכילת המעשר על ידי הבעלים, בניגוד לשאר המעשרות במזרח הקדום, שניתנו למקדש או למלך.
7. על היחס בין פרשות המעשר השונות, והפירוש של חז״ל לעומת הפירוש בקומראן, ראו לדוגמה: ד׳ הנשקה, פרשיות מעשר; א׳ שמש, לגלות נסתרות, עמ׳ 205-189.

ניתן ללוויים.[8] את המעשר הנוסף שמוזכר בפסוקים אלו בספר דברים, שניתן מקצה שלוש שנים, מניחים בשערים בעבור הלוי, הגר, היתום והאלמנה, והוא מכונה בפי חז"ל מעשר עני. גם את המעשר שנאכל במקום אשר יבחר ה׳ אפשר וראוי לחלוק עם הלוי, "כי אין לו חלק ונחלה עמך", אבל העיקר הוא אכילת הבעלים לפני ה׳. זאת לעומת המעשר של השנה השלישית, שנאכל בשערים לעניים. לקראת סוף ספר דברים מובא הטקס של וידוי מעשרות, ובו אדם מתוודה על הפרשת המעשרות כדין.

"הנה נתתי לך את משמרת תרומותי"

לצד שתי המתנות האלו, הפרי הראשון ומעשר מהיבול, יש מתנה שלישית שנגדיר אותה תרומה. היא מופיעה בעיקר בבמדבר י"ח, אם כי היא מעורבת במתנות האחרות:

> (ח) וַיְדַבֵּר ה׳ אֶל אַהֲרֹן וַאֲנִי הִנֵּה נָתַתִּי לְךָ אֶת מִשְׁמֶרֶת **תְּרוּמֹתָי** לְכָל קָדְשֵׁי בְנֵי יִשְׂרָאֵל לְךָ נְתַתִּים לְמָשְׁחָה וּלְבָנֶיךָ לְחָק עוֹלָם: (ט) זֶה יִהְיֶה לְךָ **מִקֹּדֶשׁ הַקֳּדָשִׁים מִן הָאֵשׁ** כָּל קָרְבָּנָם לְכָל מִנְחָתָם וּלְכָל חַטָּאתָם וּלְכָל אֲשָׁמָם אֲשֶׁר יָשִׁיבוּ לִי קֹדֶשׁ קָדָשִׁים לְךָ הוּא וּלְבָנֶיךָ: (י) בְּקֹדֶשׁ הַקֳּדָשִׁים תֹּאכְלֶנּוּ כָּל זָכָר יֹאכַל אֹתוֹ קֹדֶשׁ יִהְיֶה לָּךְ: (יא) וְזֶה לְּךָ **תְּרוּמַת מַתָּנָם** לְכָל תְּנוּפֹת בְּנֵי יִשְׂרָאֵל לְךָ נְתַתִּים וּלְבָנֶיךָ וְלִבְנֹתֶיךָ אִתְּךָ לְחָק עוֹלָם כָּל טָהוֹר בְּבֵיתְךָ יֹאכַל אֹתוֹ: (יב) **כֹּל חֵלֶב יִצְהָר וְכָל חֵלֶב תִּירוֹשׁ וְדָגָן רֵאשִׁיתָם אֲשֶׁר יִתְּנוּ לַה׳ לְךָ נְתַתִּים**... (יד) כָּל חֵרֶם בְּיִשְׂרָאֵל לְךָ יִהְיֶה... (יט) **כֹּל תְּרוּמֹת הַקֳּדָשִׁים אֲשֶׁר יָרִימוּ** בְנֵי יִשְׂרָאֵל לַה׳ **נָתַתִּי לְךָ וּלְבָנֶיךָ וְלִבְנֹתֶיךָ אִתְּךָ** לְחָק עוֹלָם בְּרִית מֶלַח עוֹלָם הִוא לִפְנֵי ה׳ לְךָ וּלְזַרְעֲךָ אִתָּךְ.

ה׳ מבטיח לאהרן ולבניו את משמרת תרומות בני ישראל. התרומות הללו כוללות חלקים מהקורבנות שמגיעים לכוהנים, חרמות שאנשים מקדישים, ואת "כל חלב יצהר, חלב תירוש ודגן, ראשיתם אשר יתנו לה׳". בפסוקים שדילגתי מוזכרים גם הביכורים והבכורה, אך נראה שה"ראשית" שעליה מדובר כאן היא משהו נוסף, אחר. התורה מתייחסת לחלב של הדגן (גרגירי התבואה לאחר שחולצו מקליפותיהם ונאספו), תירוש (יין) ויצהר (שמן). כיוון שמדובר על תוצרת חקלאית, ברור שה"חלב", שפירושו

8. כך הבינו חז"ל גם את דין מעשר בהמה. ראו: ד׳ הנשקה, פרשיות מעשר; א׳ שמש, דיני הבכורות, עמ׳ 155–159.

השומן המובחר של בעלי חיים, הוא לשון מושאלת וכוונתו המבחר של היבול.[9] כך הוא כנראה גם המובן של "ראשיתם", כלומר החלק המובחר שבהם.[10] גם בקורבנות הכוהנים מקבלים חלקים מובחרים[11] וכן את החרמות שאנשים בוחרים להקדיש.

אם כן, יש שלושה סוגי מתנות: א. **ביכורים** – הדבר הראשון, בדרך כלל הגולמי, של היבול או של בעלי החיים. אלו ניתנים לה' (בבעלי חיים תמימים) או לכוהנים; ב. **מעשרות** – אחוזים מהיבול או הוולדות שניתנים לה' (במקרה של ולדות), או ללוויים (מעשר ראשון מהיבול), או נאכלים בירושלים (מעשר שני) או ניתנים לעניים (מעשר עני); ג. **תרומה** – חלק מובחר מתוך היבול שניתן לכוהנים.

יוצא שאדם מישראל, בין אם הוא מגדל תוצרת חקלאית ובין אם הוא מגדל בעלי חיים, נדרש לתת לא מעט מהכנסותיו ובאופנים מגוונים. מדוע יש אפיקי נתינה שונים?

המתנות בסיפורים – עמידות שונות מול אלוהים

כדי להבין את המתנות השונות, נתחקה אחר המקומות שבהם הנתינה באה כהחלטה אנושית, וננסה להבין את המשמעות שלה. נחפש בתנ"ך סיפורים שבהם אנשים נותנים מתנות הקשורות לבכורה, מעשר או תרומה.

נפנה תחילה לסיפור קין והבל (בראשית ד'):

(א) וְהָאָדָם יָדַע אֶת חַוָּה אִשְׁתּוֹ וַתַּהַר וַתֵּלֶד אֶת קַיִן וַתֹּאמֶר קָנִיתִי אִישׁ אֶת ה':
(ב) וַתֹּסֶף לָלֶדֶת אֶת אָחִיו אֶת הָבֶל וַיְהִי הֶבֶל רֹעֵה צֹאן וְקַיִן הָיָה עֹבֵד אֲדָמָה:
(ג) וַיְהִי מִקֵּץ יָמִים וַיָּבֵא קַיִן **מִפְּרִי הָאֲדָמָה מִנְחָה לַה'**: (ד) וְהֶבֶל הֵבִיא גַם הוּא

9. כך פירשו הפרשנים את המונח חלב כאן: אונקלוס: "כל **טוב** משח וכל **טוב** חמר ועבור"; אבן עזרא: "חלב יצהר – הנכבד והמוטב". וראו גם רמב"ן לויקרא ג', ט.

10. פירוש המילה 'ראשית' במקרא אינו רק הדבר הראשון אלא גם הדבר המובחר. לדוגמה (דברים ל"ג כא): "וַיַּרְא **רֵאשִׁית** לוֹ" (ראו בפירושו של י"ה טיגאי, דברים, עמ' 331, הערה 154, שמפנה גם לשמואל א ט"ו כא: "וַיִּקַּח הָעָם מֵהַשָּׁלָל צֹאן וּבָקָר **רֵאשִׁית** הַחֵרֶם"). קיימים אפוא שני מונחים המבטאים את הטוב ואת המובחר: חלב וראשית. מכאן אפשר להציע שחכמים הבינו את הפסוק "ראשית ביכורי אדמתך" כציווי להביא את הראשית, כלומר את המובחר, של הביכורים, וממילא רק מפירות שבעת המינים. ראו לעיל הערה 2.

11. ייתכן שבתרומה נכללים גם חלקי בהמה שאינם מוקרבים, היינו הזרוע, הלחיים והקיבה המוזכרים בדברים י"ח ג. הם אינם מוגדרים שם כתרומה, אך הם מוזכרים יחד עם "רֵאשִׁית דְּגָנְךָ תִּירֹשְׁךָ וְיִצְהָרֶךָ וְרֵאשִׁית גֵּז צֹאנְךָ תִּתֶּן לוֹ" (שם, ד). ראשית זו אינה נתינת הדבר הראשון, אלא נתינת הדבר המובחר.

מִבְּכֹרוֹת צֹאנוֹ וּמֵחֶלְבֵהֶן וַיִּשַׁע ה' אֶל הֶבֶל וְאֶל מִנְחָתוֹ: (ה) וְאֶל קַיִן וְאֶל מִנְחָתוֹ לֹא שָׁעָה וַיִּחַר לְקַיִן מְאֹד וַיִּפְּלוּ פָּנָיו.

קין והבל רוצים להודות לה' על חלקם: קין על פרי האדמה והבל על צאנו. הבל מביא "מבכורות צאנו ומחלבהן", כלומר את הכבשים והעיזים הראשונים שנולדו בעדרו. הוא גם מביא מחלבהן, ולא ברור אם זה חלק מתהליך הקרבת הקורבן,[12] שכן לכאורה היה צריך להקריב את כל הבשר. וייתכן שהכוונה שהביא גם מבכורות הצאן וגם מהצאן המובחר.[13]

קין לעומתו מביא "מפרי האדמה", לא את המובחר ואת הראשון דווקא, אלא חלק.[14] עם זאת, בשל התבניות של בכור, מעשר ותרומה שראינו לעיל, מפתה לומר שקין הביא אחוז מסוים מהפירות שלו לה', כלומר מעשרות. אם כן, אפשר לראות שהדגמים הללו, לכל הפחות נתינת הראשון והראשית (המובחר), קיימים עוד מימי קדם.

המעשר מופיע בפירוש אצל יעקב.[15] לאחר החלום בבית אל, יעקב מקים מצבה ואומר (בראשית כ"ח):

(כ) וַיִּדַּר יַעֲקֹב נֶדֶר לֵאמֹר אִם יִהְיֶה אֱלֹהִים עִמָּדִי וּשְׁמָרַנִי בַּדֶּרֶךְ הַזֶּה אֲשֶׁר אָנֹכִי הוֹלֵךְ וְנָתַן לִי לֶחֶם לֶאֱכֹל וּבֶגֶד לִלְבֹּשׁ: (כא) וְשַׁבְתִּי בְשָׁלוֹם אֶל בֵּית אָבִי וְהָיָה ה' לִי לֵאלֹהִים: (כב) וְהָאֶבֶן הַזֹּאת אֲשֶׁר שַׂמְתִּי מַצֵּבָה יִהְיֶה בֵּית אֱלֹהִים **וְכֹל אֲשֶׁר תִּתֶּן לִי עַשֵּׂר אֲעַשְּׂרֶנּוּ לָךְ.**

יעקב נודר נדר ומבטיח לה' מעשר מכל מה שה' ייתן לו. נשים לב שיעקב לא נותן מעשר בזמן הנדר אלא מבטיח לתת אותו אם וכאשר ה' יעשה את חלקו. מהסיפור

12. כך משמע מפירוש שד"ל, וכן אחת הדעות בבבלי זבחים קטז ע"א, ראו בהערה הבאה.
13. רד"ק ורד"צ הופמן על אתר מפנים לשתי הדעות בבבלי זבחים קטז ע"א, שם לדעה אחת הבל הקריב את הבכורות, ולדעה השנייה הוא הוסיף גם בעלי חיים שמנים.
14. ראב"ע הסיק שלא הביא ביכורים, אך לא ציין מה כן הביא. רש"י (בעקבות המדרש) הנגיד בין ה"חלב" של קורבן הבל לקורבן קין והסיק שקין הביא מהחלק הגרוע בתבואה (וכן פירש מלבי"ם).
15. המעשר מופיע עוד קודם, לאחר שאברהם היכה את ארבעת המלכים (בראשית י"ד יח-כ). סיפור זה עמום ולא ברור אם מלכיצדק נתן לאברהם מעשר או אברהם למלכיצדק, ולכן נעסוק בסיפורים ברורים יותר. נראה שהמסקנות להלן יהלמו גם את הסיפור הזה. על עתיקות מוסד המעשר במזרח הקדום, ראו גם: מ' וינפלד, המעשר במקרא, ובעקבותיו י' מילגרום, במדבר, עמ' 432-434.

הזה עולה ניחוח ברור שמעשר קשור למערכת של 'קח ותן', מערכת עסקית ומעין שותפות. אם ה' יעשה את שלו, יעקב יעשה את שלו. כך גם מצאנו בסיפור יוסף. לאחר שאדמות מצרים עברו לרשות פרעה, יוסף הפקיד את האדמות מחדש ביד המצרים ויצר איתם שותפות עסקית: השלטון נותן את האדמה ואת הזרע,[16] המצרים ישקיעו את העבודה, וחלק מן הרווחים (במקרה הזה – חמישית)[17] יחזור לשלטון. בהמשך מצאנו מעשרות שהמלך גובה מהעם לצורך תחזוק הצבא ומערכות השלטון, שם העם נותן את המעשרות והמלך מנהל את המדינה (שמואל א ח' טו).[18]

במה המעשר שונה ממתנת הראשית? ניתן לומר שבביכורים ובבכורות נותנים את הדבר הראשון לה', ואף שהמתנה אינה רבה הסמליות בה גדולה. נתינה של הדבר הראשון לה', פירושה להכיר שהכול מאת ה': "כִּי מִמְּךָ הַכֹּל וּמִיָּדְךָ נָתַנּוּ לָךְ" (דברי הימים א כ"ט יד). כל מה שנקבל בהמשך הוא גם מאת ה', אבל ה' לא צריך את הכול, ולכן נותנים לו את הראשון והסמלי. לעומת זאת, המעשרות מבטאים סוג של שותפות בין האדם לה'. ה' נותן את חלקו, ואז האדם מפריש לו חזרה משלו. מסיפור יעקב ניתן לשאוב את הממד העסקי, אבל נראה שלאורך התורה, נתינת המעשרות מדגישה גם את ממד השותפות. ה' נותן את האדמה (ארץ ישראל), את המים ואת מזג האוויר, אבל החקלאי השכים בבוקר, עבד בשדה ועמל על מלאכתו, ולכן, בסוף מלאכת האיסוף, לאחר ספירת המלאי, מחלקים את הרווחים בין השותפים.[19] ייתכן שאם היו בודקים היטב היו מחלקים את הרווחים אחרת מבחינת האחוזים, אבל העיקרון הוא שהמעשרות מבטאים חלוקת רווחים.[20]

16. בראשית מ"ז כג-כד.
17. בצירוף מעשר ראשון ומעשר שני, גם האדם מישראל נותן כחמישית מהיבול שלו לה'. בכל המעשרות, האדם מפריש עשירית, וה' מחליט מי יאכל אותה, והמסר החינוכי שונה. אומנם הן במעשר ללוי הן במעשר הנאכל בירושלים מביעים את השותפות עם ה'. מעשר אחד ניתן לא־ל, והוא נותנו למשרתיו כשכר על עבודתם במקדש (במדבר י"ח כא), ואת השני אוכלים לפני הא־ל (דברים י"ד כב-כו), כאילו 'משולחן גבוה' ומתוך שותפות במקום האכילה.
18. חוקרי המקרא והמזרח הקדום מצאו שהמעשר מצוי ומבוסס בנוהגי עמי קדם. פרופ' מ' וינפלד, המעשר במקרא, מצביע על כך שרעיון המעשר מקורו במיסים שהיו נותנים למלכים, וכך גם במשפט המלך בשמואל א ח. גם אם הדברים נאמרו דרך איום (ראו מחלוקת כבר אצל חז"ל, לדוגמה: תוספתא סנהדרין פ"ד ה"ה במהדורת צוקרמאנדל), יש בהם מן האמת בכל הנוגע לתפעול הממלכה.
19. וכן אמרו חז"ל לגבי המעשר: "עשר תעשר – עשר בשביל שתתעשר, עשר כדי שלא תתחסר" (תנחומא ראה יח, השוו: בבלי שבת קיט ע"א; משנה סוטה פ"ט מי"ג). זו מצווה שמתן שכרה בצדה, כיוון שכל מהותה הוא שכל צד נותן משלו ל'עסק המשותף'.
20. השוו פסיקתא דרב כהנא, פיסקא י: "תני בשם ר' נחמיה בנוהג שבעולם אדם יש לו שדה והוא

באמצעות התובנה הזאת נחזור ונפרש את סיפור קין והבל. הבל, כפי שראינו, נתן את בכורות צאנו, את הפירות הראשונים של מקנהו. כפי שראינו, נתינת הראשית מבטאת את אפסות האדם ושה' הוא בורא פרי העץ ופרי האדמה, ושהכול נהיה בדברו. שמו של הבל מסמל בדיוק את המסר הזה. האדם הוא הבל, והכול מאת ה'. אך טבעי הוא שהבל יביא את בכורות צאנו לה'.

לצד זאת, נוכל להבין מדוע קין הביא דווקא מעשרות. קין לא מבטא את אפסות האדם אלא את ההפך. חוה קראה לבנה קין כי "קָנִיתִי אִישׁ אֶת ה'" (בראשית ד' א), כלומר יצרתי איש עם ה'.[21] חוה מבטאת בשמו של קין את השותפות שבינה (ובין האיש) לבין ה'. וכך קין גדל בתחושה של שותפות בין האדם לה', ולכן הוא מביא לה' אחוזים מפירותיו.

תמיד הטרידה אותי השאלה מדוע משבחים את הבל על פני קין והרי הבל למד מקין את רעיון הנתינה לה'? היה ראוי שקין יקבל הכרה על עצם רעיון הנתינה. נראה לי שהתשובה לשאלה זו היא שכלל לא ברור שקין חשב על כך בעצמו. מבנה הפסוקים והיכרות עם שיטת הדקדוק של העברית המקראית רומזים למשהו אחר. בפסוקים נאמר:

(ג) וַיְהִי **מִקֵּץ יָמִים וַיָּבֵא** קַיִן מִפְּרִי הָאֲדָמָה מִנְחָה לַה'.
(ד) וְהֶבֶל **הֵבִיא גַם הוּא** מִבְּכֹרוֹת צֹאנוֹ וּמֵחֶלְבֵהֶן וַיִּשַׁע ה' אֶל הֶבֶל וְאֶל מִנְחָתוֹ.

אצל קין השימוש הוא בצורת הפועל הרגילה בתנ"ך לזמן עבר "וַיָּבֵא",[22] אבל אצל הבל השימוש הוא בעבר הרגיל, זה שמשמש את העברית בת זמננו, "הביא". ההבדל בין הצורות הללו בתנ"ך הוא הבדל בין תיאור של הסיפור כפי שהוא מתהווה ובין התייחסות למשהו שקרה בעבר של העבר, מה שמכונה באנגלית past perfect.[23] אם

נותנה למחצה ולשליש ולרביע, אבל הקדוש ברוך הוא אינו כן, הק' משיב רוחות ומעלה עננים ומוריד גשמים ומפריח טללים ומגדל צמחים ומדשן פירות, ולא אמר לנו להפריש אלא אחד מעשרה. לפיכך משה מזהיר את ישר' ואו' להם 'עשר תעשר' (דברים י"ד כב)".

21. קניין במשמעות יצירה מופיע בפסוק (בראשית י"ד יט): "וַיְבָרְכֵהוּ וַיֹּאמַר בָּרוּךְ אַבְרָם לְאֵל עֶלְיוֹן קֹנֵה שָׁמַיִם וָאָרֶץ". כך בפירוש רש"ר הירש לבראשית ד' א. השוו לדברי רש"י שם: "את ה' – כמו עם ה', כשברא אותי ואת אישי הוא לבדו בראנו, אבל בזה שותפים אנו עמו".

22. בלשון העם, צורה זו מוכרת כפועל עם ו' ההיפוך. במחקר הלשון של העברית המקראית היא נקראת צורת "ויקטול".

23. ראו לדוגמה רש"י על בראשית ד' א: "והאדם ידע – כבר קודם הענין של מעלה...".

כן, נראה שקין הביא "מקץ ימים", בסוף תקופה מסוימת, מפרי האדמה מנחה לה'. אבל הבל הביא עוד קודם לכן[24] מבכורות צאנו ומחלביהן.[25]

אפשר שהמבנה הספרותי הזה, המשרת את התוכן, נועד להדגיש את מעשהו של קין, ולטשטש את מה שעשה הבל, בבחינת "גם הוא". הבל לא רואה בעצמו דבר חשוב, ולכן הוא מביא את בכורות הצאן וחלביהן ומבטא בכך שהכול מאת ה'. הוא לא מחכה לראות כמה תוצרים יהיו לו בסך הכול, אלא 'פותח את העונה' בהודיה לה'. קין, שרואה בעצמו דמות חשובה במסגרת התוצרת החקלאית, מוצב בקדמת הסיפור ומביא את התוצרים רק בסוף, "מקץ ימים".[26] אחרי שכבר נספר היבול, מחלקים אותו לפי אחוזים.[27]

ואכן, "וַיִּשַׁע ה' אֶל הֶבֶל וְאֶל מִנְחָתוֹ. וְאֶל קַיִן וְאֶל מִנְחָתוֹ לֹא שָׁעָה...". המתנה של הבל הייתה רצויה בפני ה'. קין, שציפה שכאשר הוא יביא את מנחתו היא תתקבל כמו מנחתו של הבל, התאכזב לגלות שאל קין ואל מנחתו ה' לא שעה.[28]

לכאורה יש כאן משהו לא הוגן. סוף סוף גם המעשרות וגם הביכורים הם מתנות מקובלות. התורה מכירה בשניהם ובהמשך ציוותה על שניהם. אם כן מדוע ה' שעה למנחת הבל ואל מנחת קין לא שעה?

נראה שיש בשתי המתנות הללו סתירה מובנית. הביכורים מבטאים שהכול מאת ה' ושהאדם בטל כלפיו, כהבל דמה. ואילו המעשרות מניחים שותפות בין האדם לה' שבה האדם וה' נותנים את חלקם ובסוף מתחלקים בתוצרת: "קניתי... את ה'". אלו שתי תנועות סותרות בנפש, אם האדם בטל לה' או שותף לו.[29]

נראה שהתורה רוצה שהאדם אכן יחוש את שתי התנועות הללו: גם יתבטל לה'

24. השוו לפירוש רד"ק בראשית ד' ד: "והבל הביא גם הוא – לפני קין או לאחריו, ואם היה לפני, לשון גם הוא על הספור לא על המעש"".
25. על מצוות הביכורים כמייצגת את ראשית העיסוק בתבואה, לעומת המעשר שמייצג את סופה, ראו: הרב י' שביב, מקרא ביכורים, עמ' 40-41. באופן דומה פירש המלבי"ם (בעקבות חזקוני ורד"ק): "קין לא הכיר שה' הוא ראשית הסבות ואחריתם עד שכל התולדה תתיחס לו לבדו, וחשב כי הוא רק העוזר והגומר בהויה עם הטבע, לכן הביא המנחה מקץ ימים, והבל השכיל זאת, ולכן הביא מבכורות צאן, להורות שהוא ראשית כל הסבות והכל מתיחס אליו".
26. לפי פירוש רד"ק וראב"ע מדובר על סוף השנה החקלאית. מכל מקום, מדובר על סוף תקופה ולא על תחילתה כמו בביכורים.
27. השוו לפירוש מלבי"ם על אתר.
28. כאן לשון עבר רגיל באה בגלל מילת השלילה.
29. על השניות של האדם כ'אוכל משולחן גבוה' וכמי שהושלט על העולם באמצעות צלם אלוהים שבו, ראו הרב מ' ברויאר, פרקי מועדות, כרך א, ירושלים תשנ"ג (מהדורה שלישית), עמ' 25–32.

וגם יחוש שהוא שותף שלו. ברם, יש סדר לדברים. בתחילת הדרך האדם צריך לבטא את הביטול. את הפרי הראשון – פרי העץ או פרי בטן הבהמה – יש לתת לה' (או לנציגיו) ולבטא בכך את הביטול. רק אחרי שהאדם מבטא ש"ממך הכל ומידך נתנו לך" הוא יכול לעבור לשלב שבו הוא מרגיש שותפות עם ה'. משל לילדים שצריכים קודם להרגיש שכל חייהם, הווייתם וצורכיהם מגיעים מהוריהם, ואחר כך יוכלו להתפתח לכדי אמירה והבנה שגם להם יש מה לתרום לעולם, כששתי התחושות הללו נכונות בו זמנית, אבל האחת צריכה להקדים את חברתה.

ממילא, אם קין היה מביא "גם הוא" מפרי האדמה, אחרי הבאת הראשית, נראה לי שמנחתו הייתה מתקבלת. בחירה במסלול של מעשרות בלי המסלול של נתינת הראשית משאירה את מערכת היחסים מול הקב"ה כמערכת עסקית בלבד.

בין מקרא ביכורים לווידוי מעשרות

פרטי הדינים של המתנות השונות משקפים את ההבנה שהביכורים מבטאים את אפסות האדם מול ה' נותן הכול, והמעשר מבטא שותפות עם אלוהים. את הביכורים בדרך כלל 'מביאים' לה' או לנציגיו.[30] ההבנה היא שפירות אלו שייכים לה', ורק צריך 'להביא' – פיזית, גיאוגרפית – את הפירות למקום הנכון.[31] לעומת זאת, את המעשרות 'נותנים'. היבול שייך (כרגע) לחקלאי, והוא נותן מתוכו חלק לה'.[32]

30. "וְהֶבֶל **הֵבִיא** גַם הוּא מִבְּכֹרוֹת צֹאנוֹ וּמֵחֶלְבֵהֶן" (בראשית ד' ד) [אומנם גם אצל קין נמצאת לשון הבאה, אך נדמה לי שיש כאן נקיטת לשון הרישא על שם הסיפא]; "בִּכּוּרֵי כָּל אֲשֶׁר בְּאַרְצָם אֲשֶׁר **יָבִיאוּ** לַה' לְךָ יִהְיֶה" (במדבר י"ח יג), וכן "וְלָקַחְתָּ מֵרֵאשִׁית כָּל פְּרִי הָאֲדָמָה אֲשֶׁר **תָּבִיא** מֵאַרְצְךָ אֲשֶׁר ה' אֱלֹהֶיךָ נֹתֵן לָךְ" (דברים כ"ו ב).
לשון נוספת הקשורה לראשית ובעיקר לבכורות היא השורש קד"ש (שמות י"ג ב; דברים ט"ו יט). השורש מופיע גם בויקרא כ"ז כו, שם נאמר שאי אפשר להקדיש את הבכור. ניתן להבין מכאן שהבכור קדוש ממילא, או שמצוות הקדשתו היא חובה על האדם ולא רשות. אדם אינו יכול להקדיש דבר כנדבה כאשר מוטל עליו להקדיש את אותו הדבר כחובה (ראו רש"י, רשב"ם ורמב"ן). מכל מקום, משמע שהקדושה היא מובנית, וזו סיבה לשימוש בפועל 'להביא'.
31. גם בנוגע לתוצרת הארץ נראה שמעשה האדם נדרש רק כדי לברר איזה פרי הוא הראשית ולא כדי להקדיש את הראשית בפועל. קשירת הגמי על הביכורים היא דוגמה לכך, והיא מזכירה את קשירת חוט השני על ידו של זרח (בראשית ל"ח כח), שתכליתה גילוי וסימון זהותו של הראשון (ראו משנה ביכורים פ"ג מ"א).
32. הלשונות המיוחדות למעשר הן לקיחה ונתינה. התהליך המתואר הוא תהליך משולש: א. בני ישראל נותנים את המעשר (לדוגמה דברים כ"ו יב-יג); ב. ה' לוקח את המעשר ונותן אותו ללוויים (במדבר י"ח כא, כד); ג. בפועל הלוויים לוקחים את המעשר מבני ישראל (במדבר י"ח כו, כח). שורש זה מופיע כבר אצל מלכיצדק: "וַיִּתֶּן לוֹ מַעֲשֵׂר מִכֹּל" (בראשית י"ד כ). כמו כן,

במעשרות לא בוחרים את הפירות הטובים במיוחד אלא מפרישים אחוזים מתוך היבול הכולל, לאחר 'גמר מלאכה'.

ההבחנה הברורה בין ביכורים למעשר עולה ממה שאומרים עם נתינת המתנות הללו, כמבואר בספר דברים. כאשר אדם מביא מהביכורים שלו למקדש הוא אומר (דברים כ"ו):

(ה) וְעָנִיתָ וְאָמַרְתָּ לִפְנֵי ה' אֱלֹהֶיךָ אֲרַמִּי אֹבֵד אָבִי וַיֵּרֶד מִצְרַיְמָה וַיָּגָר שָׁם בִּמְתֵי מְעָט וַיְהִי שָׁם לְגוֹי גָּדוֹל עָצוּם וָרָב: (ו) וַיָּרֵעוּ אֹתָנוּ הַמִּצְרִים וַיְעַנּוּנוּ וַיִּתְּנוּ עָלֵינוּ עֲבֹדָה קָשָׁה: (ז) וַנִּצְעַק אֶל ה' אֱלֹהֵי אֲבֹתֵינוּ וַיִּשְׁמַע ה' אֶת קֹלֵנוּ וַיַּרְא אֶת עָנְיֵנוּ וְאֶת עֲמָלֵנוּ וְאֶת לַחֲצֵנוּ: (ח) וַיּוֹצִאֵנוּ ה' מִמִּצְרַיִם בְּיָד חֲזָקָה וּבִזְרֹעַ נְטוּיָה וּבְמֹרָא גָּדֹל וּבְאֹתוֹת וּבְמֹפְתִים: (ט) וַיְבִאֵנוּ אֶל הַמָּקוֹם הַזֶּה וַיִּתֶּן לָנוּ אֶת הָאָרֶץ הַזֹּאת אֶרֶץ זָבַת חָלָב וּדְבָשׁ: (י) וְעַתָּה הִנֵּה **הֵבֵאתִי אֶת רֵאשִׁית** פְּרִי הָאֲדָמָה **אֲשֶׁר נָתַתָּה לִּי ה'** וְהִנַּחְתּוֹ לִפְנֵי ה' אֱלֹהֶיךָ וְהִשְׁתַּחֲוִיתָ לִפְנֵי ה' אֱלֹהֶיךָ: (יא) וְשָׂמַחְתָּ בְכָל הַטּוֹב אֲשֶׁר נָתַן לְךָ ה' אֱלֹהֶיךָ וּלְבֵיתֶךָ אַתָּה וְהַלֵּוִי וְהַגֵּר אֲשֶׁר בְּקִרְבֶּךָ.

כשאדם מישראל מביא את הביכורים הוא מוסיף נוסח שעיקרו אמירה תודה. הוא מודה לא רק על פירות ההווה ועל האדמה שהוענקה לבני ישראל,[33] אלא על כל ההיסטוריה שמובילה לנקודה זאת ושאותה הוביל ה'.[34]

בפרשה הבאה, בווידוי מעשר, הטקסט שונה במהותו (שם):

(יב) כִּי תְכַלֶּה **לַעְשֵׂר אֶת כָּל מַעְשַׂר תְּבוּאָתְךָ** בַּשָּׁנָה הַשְּׁלִישִׁת שְׁנַת הַמַּעֲשֵׂר וְנָתַתָּה לַלֵּוִי לַגֵּר לַיָּתוֹם וְלָאַלְמָנָה וְאָכְלוּ בִשְׁעָרֶיךָ וְשָׂבֵעוּ: (יג) וְאָמַרְתָּ לִפְנֵי ה' אֱלֹהֶיךָ בִּעַרְתִּי הַקֹּדֶשׁ מִן הַבַּיִת וְגַם נְתַתִּיו לַלֵּוִי וְלַגֵּר לַיָּתוֹם וְלָאַלְמָנָה **כְּכָל מִצְוָתְךָ**

בשל ההדדיות, הדבר מופיע גם בחלקו של ה' בנדרו של יעקב: "וְכֹל אֲשֶׁר תִּתֶּן לִי עַשֵּׂר אֲעַשְּׂרֶנּוּ לָךְ..." (שם כ"ח כב).

33. מדברי החקלאי לא ברור אם הוא מודה על "פרי האדמה אשר נתת לי ה'" או על "האדמה אשר נתת לי ה'", ואפשר שזו דו משמעות מכוונת.

34. כך, לדוגמה: הרב פרופ' י' בלידשטיין, הבאת ביכורים, עמ' 79: "נושא ההודיה הוא מתן הארץ לעם על ידי אלוהיו, על כל המטען הלאומי והנפשי הגלום בכך". הקשר להודיה על הארץ בא לידי ביטוי בקביעה של חז"ל שביכורים מביאים דווקא משבעת המינים שנשתבחה בהם ארץ ישראל, מה הגבולות שמהם מביאים את הביכורים, הצורך בבעלות על הקרקע, נוסח מקרא ביכורים, העובדה שנתינת הביכורים לא קשורה להיתר לאכול משאר הפירות, הפרשת הפרי בעודו מחובר ויונק מהקרקע (שם, עמ' 81–87). השוו גם: הרב א' סמט, הבאת ביכורים.

אֲשֶׁר צִוִּיתָנִי לֹא עָבַרְתִּי מִמִּצְוֹתֶיךָ וְלֹא שָׁכָחְתִּי: (יד) לֹא אָכַלְתִּי בְאֹנִי מִמֶּנּוּ וְלֹא בִעַרְתִּי מִמֶּנּוּ בְּטָמֵא וְלֹא נָתַתִּי מִמֶּנּוּ לְמֵת **שָׁמַעְתִּי בְּקוֹל ה' אֱלֹהָי עָשִׂיתִי כְּכֹל אֲשֶׁר צִוִּיתָנִי**: (טו) **הַשְׁקִיפָה מִמְּעוֹן קָדְשְׁךָ** מִן הַשָּׁמַיִם וּבָרֵךְ אֶת עַמְּךָ אֶת יִשְׂרָאֵל וְאֵת הָאֲדָמָה אֲשֶׁר נָתַתָּה לָנוּ כַּאֲשֶׁר נִשְׁבַּעְתָּ לַאֲבֹתֵינוּ אֶרֶץ זָבַת חָלָב וּדְבָשׁ.

עם נתינת המעשרות האדם צריך לתת דין וחשבון שבו יצהיר שעשה את כל מה שהיה צריך לעשות. בעקבות זאת הוא גם יכול לבוא בדרישות לה': "עשיתי ככל אשר צויתני", ולכן "השקיפה ממעון קדשך... וברך...". נשמעת כאן השפה העסקית, והמעשרות מבטאים מערכת של ציפיות הדדיות וקשר מעין חוזי של אדם לאלוהיו.[35]

התרומה של התרומה

ננסה לראות היכן ממוקמת התרומה במערך הזה. ראינו שהתורה קושרת בין התרומה לביכורים, בין אם כשהבל מביא מבכורות צאנו ומחלביהן ובין כשהתורה מכלילה את מתנות הביכורים ברשימת "משמרת תרומותי" שמוענקת לכוהנים. אבל התרומה לא זהה לביכורים. גם היא ניתנת מדגן, תירוש ויצהר, כלומר מהתוצרת החקלאית (כמו המעשר) ולא מהגידול הגולמי (כמו הביכורים). ראינו שבתרומה נותנים את החֵלֶב, את הראשית, את המובחר. אפשר לומר שאם הביכורים מבטאים ביטול והכרת טוב שלמה והמעשרות את השותפות, התרומה מבטאת את אהבת ה', נתינה של הטוב לה' כי הוא הטוב. בתרומה האדם בוחר מהיבול את מה שנראה לו כמובחר ומקדיש אותו לה'.[36] זו נתינה שקשורה לאהבה ורצון לתת.[37]

35. השפה העסקית באה לידי ביטוי בלשון התורה, שקובעת שהמעשר ניתן ללוויים "חלף עבודתם" (במדבר י"ח כא). המעשר הוא בתמורה לעבודת הלוויים במקדש. בהמשך לכך, ניתן לראות שבעקבות חורבן הבית השני שאלו אם יש עדיין חובה לתת ללוויים את המעשרות, שכן הם כבר לא עבדו במקדש. לדיון ומקורות ראו: א' אופנהיימר, הפרשת מעשר.

36. השוו: רמב"ם, מורה הנבוכים ג' לט; רמב"ן דברים י"ח, ג; ספר החינוך מצווה תקז.

37. הביטוי הבולט של תרומה הוא פעלים מן השורש רו"מ: ירימו, והרמתם, והרמת וכו' (במדבר י"ח). גם כאן מתרחש תהליך כפול: בני ישראל מרימים (ונותנים) לה', וה' נותן לכוהנים, "לך נתתים", "נתתי לך". מעבר ללשונות הרמה ונתינה, ניתן למצוא גם לשונות של קדושה (במדבר י"ח ח–ט, כט). אומנם הכוהנים מקבלים את החלב, אבל חלב הקורבנות הולך לה' בלבד, כמו במנחת הבל.

עיוני דרשה

מתנות הראשית והמעשר מקרב עם ישראל עצמו

במדרשי חז"ל קיים קשר בין ההקדשה והנתינה מהתוצרת החקלאית ובין ההקדשה של אנשים מסוימים בעם. הרעיון הזה נמצא כבר בתורה, הקושרת בין הקדשת בכורות הבהמה להקדשת בכורות האדם (שמות י"ג):

(ב) קַדֶּשׁ לִי כָל בְּכוֹר פֶּטֶר כָּל רֶחֶם בִּבְנֵי יִשְׂרָאֵל **בָּאָדָם וּבַבְּהֵמָה** לִי הוּא... וְכֹל בְּכוֹר אָדָם בְּבָנֶיךָ תִּפְדֶּה.

בכורות ישראל ניצלו במכת בכורות, ועם ישראל כולו, שהוא "בני בכורי ישראל" (שמות ד' כב), ניצל משעבוד מצרים. מתוך הכרת הטוב, וכהבנה שהקיום שלנו כולו מאת ה', התורה דורשת שנקדיש[38] את בכורות בנינו.[39] בהמשך הבכורות הוחלפו בלוויים (במדבר ג'):

(ה) וַיְדַבֵּר ה' אֶל מֹשֶׁה לֵּאמֹר: (ו) הַקְרֵב אֶת **מַטֵּה לֵוִי** וְהַעֲמַדְתָּ אֹתוֹ לִפְנֵי אַהֲרֹן הַכֹּהֵן וְשֵׁרְתוּ אֹתוֹ: (ז) וְשָׁמְרוּ אֶת מִשְׁמַרְתּוֹ וְאֶת מִשְׁמֶרֶת כָּל הָעֵדָה לִפְנֵי אֹהֶל מוֹעֵד לַעֲבֹד אֶת עֲבֹדַת הַמִּשְׁכָּן: (ח) וְשָׁמְרוּ אֶת כָּל כְּלֵי אֹהֶל מוֹעֵד וְאֶת מִשְׁמֶרֶת בְּנֵי יִשְׂרָאֵל לַעֲבֹד אֶת עֲבֹדַת הַמִּשְׁכָּן: (ט) **וְנָתַתָּה** אֶת הַלְוִיִּם לְאַהֲרֹן וּלְבָנָיו **נְתוּנִם נְתוּנִם** הֵמָּה לוֹ מֵאֵת בְּנֵי יִשְׂרָאֵל: (י) וְאֶת אַהֲרֹן וְאֶת בָּנָיו תִּפְקֹד וְשָׁמְרוּ אֶת כְּהֻנָּתָם וְהַזָּר הַקָּרֵב יוּמָת.
(יא) וַיְדַבֵּר ה' אֶל מֹשֶׁה לֵּאמֹר: (יב) וַאֲנִי הִנֵּה **לָקַחְתִּי** אֶת הַלְוִיִּם מִתּוֹךְ בְּנֵי יִשְׂרָאֵל תַּחַת כָּל בְּכוֹר פֶּטֶר רֶחֶם מִבְּנֵי יִשְׂרָאֵל וְהָיוּ לִי הַלְוִיִּם: (יג) **כִּי לִי** כָּל בְּכוֹר בְּיוֹם הַכֹּתִי כָל בְּכוֹר בְּאֶרֶץ מִצְרַיִם **הִקְדַּשְׁתִּי** לִי כָל בְּכוֹר בְּיִשְׂרָאֵל מֵאָדָם עַד בְּהֵמָה לִי יִהְיוּ אֲנִי ה'.

אומנם ה' הקדיש לו את הבכורות ביציאת מצרים, אבל חלף הבכורות הוא לקח את הלוויים ונתן אותם לכוהנים. מדרשי חז"ל ופרשנים רבים סבורים שהבכורות היו

38. על השאלה אם הבכורות קדושים או שמקדישים אותם, ראו לעיל הערה 30.
39. על ההקבלה בין בכורות מצרים לעם ישראל שהוא כולו בגדר בכור ראו: ו' פרוף, שמות, עמ' 456 והלאה.

אמורים לעבוד במקדש ("עבודה בבכורות"),[40] אך בעקבות חטא העגל הם נדחו מהתפקיד. לא ברור אם זה בגלל שהם חטאו עם שאר העם, או שבגלל התפקיד שלהם הם עמדו בחזית עבודת העגל.[41] בשל התפקיד של הלוויים בחטא העגל, כשנענו לקריאה "מי לה' אלי" (שמות ל"ב כו), הם נבחרו להחליף את הבכורים.[42]

לצד הפרשנים הללו, יש מדרשים שקובעים שגם הבחירה בלוויים קדמה לחטא העגל.[43] במדרש רבה נעצו את הבחירה בלוויים עוד בימי יעקב אבינו, וראו אותם כמעשר שהופרש מבני יעקב (בראשית רבה ע', כב במהדורת תיאודור־אלבק):[44]

> ר' יהושע דסיכנין בשם ר' לוי כותי אחד שאל את ר' מאיר אמר לו: אין אתם אומרים יעקב אמיתי היה?
> אמר לו הן [כן].
> אמר לו לא כך אמר 'וכל אשר תתן לי עשר אעשרנו לך' (בראשית כ"ח כב)?
> הן, והפריש שבט לוי [אחד מעשרה].
> ולמה לא הפריש משני שבטים?
> אמר לו וכי שנים עשר שבטים היו והלא י"ד היו שנ' 'אפרים ומנשה כראובן ושמעון יהיו לי' (בראשית מ"ח ה).
> אמר ליה כל דכן [כל שכן], אוספת מים אוסיף קמח!
> אמר לו אין את מודה לי שהן ד' אימהות?
> אמר לו הן [כן].

40. משנה זבחים פי"ד מ"ד ובמקבילות. רעיון הקדשת הבכור מוכר מן המזרח הקדום, שם הבן הבכור היה מזכה את אבותיו דרך הפולחן, ראו לדוגמה: י' מילגרום, במדבר, עמ' 17–18; ו' פרופ, שמות, עמ' 456.
41. דברי הפרשנים סובלים את שני הפירושים בדרך כלל. אך במדרש במדבר רבה (ד' ח) משמע שהבכורות חטאו באופן מיוחד.
42. ראו רש"י שמות ל"ב כט. וראו במדרש במדבר רבה בהערה הקודמת.
43. לגבי השאלה אם הבחירה בשבט לוי (כולל תפקיד הלווייה או הכהונה) הייתה בחירה סגולית או בעקבות מעשים, ראו הרב מ' סבתו, הכוהנים הלוויים.
44. השוו פרקי דרבי אליעזר פרק ל"ז. מקור קדום בהרבה לבראשית רבה ולשאר המדרשים נמצא בספר היובלים ל"ב, המתאר את יעקב מקיים את נדרו: "וישכם יעקב בבקר בארבעה עשר לחדש ההוא ויעשר מכל אשר בא עמו מאדם ועד בהמה ומן הזהב עד כל הכלים והבגדים ויעשר מכל. ויהי בימים ההם ותהר רחל את בנימין בנה ויספר יעקב את בניו ממנו ומעלה ויפל לוי בגורל ה' וילבישהו אביו בגדי כהונה... ויכהן לוי בבית אל מעשרת אחיו". פתרון דומה, של התחלת הספירה מהסוף, בבחינת 'נכנס אחרון יוצא ראשון', מופיע בתנחומא קרח (ורשא) יב ד"ה מנצפ"ך.

אמר לו צא מהן ד' בכורות לד' אימהות, הבכור קודש ואין קודש מוציא קודש. אמר לו אשרי אומתך מה בתוכה [שאתה בתוכה].

המדרש הזה מכיר לצד הפרשת הבכורות גם את הפרשת שבט לוי כמעשר. את הבכורות יעקב הפריש בלי קשר להבטחה שלו ולנדר בבית אל, אבל את שבט לוי הוא הפריש כחלק מההסכם, כמעשר.

דע מאין באת – המדרש הזה מציב את קדושת שבט לוי כמקבילה לקדושת הבכורות. כשם שהתורה מצווה להקדיש את הבן הבכור, כך יש להקדיש מעשר מישראל. ואכן, כאשר מתבוננים בפסוקים העוסקים בנתינת הלוויים, אפשר לעמוד על הקשרים הלשוניים לנתינת המעשר:

מתנות – מעשר	**משרתי ה' – לוויים**
וַיִּתֶּן לוֹ מַעֲשֵׂר מִכֹּל. (בראשית י"ד כ)	**וְנָתַתָּה** אֶת הַלְוִיִּם לְאַהֲרֹן וּלְבָנָיו **נְתוּנִם נְתוּנִם** הֵמָּה לוֹ **מֵאֵת בְּנֵי יִשְׂרָאֵל**...
כִּי **תִקְחוּ** מֵאֵת בְּנֵי יִשְׂרָאֵל אֶת הַמַּעֲשֵׂר	וַאֲנִי הִנֵּה **לָקַחְתִּי** אֶת הַלְוִיִּם מִתּוֹךְ בְּנֵי יִשְׂרָאֵל תַּחַת כָּל בְּכוֹר פֶּטֶר רֶחֶם מִבְּנֵי יִשְׂרָאֵל וְהָיוּ לִי הַלְוִיִּם. (במדבר ג' ט, יב)
אֲשֶׁר **נָתַתִּי** לָכֶם מֵאִתָּם בְּנַחֲלַתְכֶם	כִּי **נְתֻנִים נְתֻנִים** הֵמָּה לִי **מִתּוֹךְ בְּנֵי יִשְׂרָאֵל** תַּחַת פִּטְרַת כָּל רֶחֶם בְּכוֹר כֹּל מִבְּנֵי יִשְׂרָאֵל **לָקַחְתִּי** אֹתָם לִי.
וַהֲרֵמֹתֶם מִמֶּנּוּ תְּרוּמַת ה' מַעֲשֵׂר מִן הַמַּעֲשֵׂר...	**וָאֶקַּח** אֶת הַלְוִיִּם תַּחַת כָּל בְּכוֹר בִּבְנֵי יִשְׂרָאֵל.
כֵּן תָּרִימוּ גַם אַתֶּם תְּרוּמַת ה' מִכֹּל מַעְשְׂרֹתֵיכֶם **אֲשֶׁר תִּקְחוּ מֵאֵת בְּנֵי יִשְׂרָאֵל** וּנְתַתֶּם מִמֶּנּוּ אֶת תְּרוּמַת ה' לְאַהֲרֹן הַכֹּהֵן.	**וָאֶתְּנָה** אֶת הַלְוִיִּם נְתֻנִים לְאַהֲרֹן וּלְבָנָיו מִתּוֹךְ בְּנֵי יִשְׂרָאֵל לַעֲבֹד אֶת עֲבֹדַת בְּנֵי יִשְׂרָאֵל בְּאֹהֶל מוֹעֵד וּלְכַפֵּר עַל בְּנֵי יִשְׂרָאֵל וְלֹא יִהְיֶה בִּבְנֵי יִשְׂרָאֵל נֶגֶף בְּגֶשֶׁת בְּנֵי יִשְׂרָאֵל אֶל הַקֹּדֶשׁ. (שם ח' טז-יט)
מִכֹּל **מַתְּנֹתֵיכֶם** תָּרִימוּ אֵת כָּל תְּרוּמַת ה'. (במדבר י"ח כו-כט).	וַאֲנִי הִנֵּה **לָקַחְתִּי** אֶת אֲחֵיכֶם הַלְוִיִּם מִתּוֹךְ בְּנֵי יִשְׂרָאֵל לָכֶם **מַתָּנָה נְתֻנִים** לַה'. (שם י"ח ו)

פעלי הנתינה (מאת ישראל), הלקיחה (בידי ה' או נציגיו) ושוב נתינה (לנציגי ה') שווים הן במעשר והן בהקדשת הלוויים. המדרש מזהה את ההקבלה הזאת כבר אצל יעקב אבינו, שהבטיח לעשר את כל אשר יקבל מה'. את חשיבות הבכורה ליעקב התורה מראה במקום אחר.[45] אם כן, כשם שיעקב מבין שהוא צריך 'להקדיש' באופן מסוים את הבכורות שלו ("פטר רחם"), כך הוא מבין שהוא צריך – מכוח הנדר – להקדיש 'מעשר' מהבנים שלו.[46]

במעבר מיעקב אבינו אל הקדשת קבוצות בעם ישראל אפשר לשים לב שכבר בציווי על הקדשת הבכורות בשמות י"ג, תוך כדי יציאת מצרים, נאמר שיש לפדות את הבכורות. הבכורות מוקדשים ונפדים, ובהמשך הלוויים נבחרו במקום הבכורות. נראה ששתי צורות הנתינה הללו אף שהן מקבילות מצד אחד, בפועל הן לא יכולות לדור בכפיפה אחת.

יש פרשנים שקובעים שהציווי על פדיון הבכורות הוא על שם העתיד[47] או שללא הפדיון בכורות אדם היו צריכים לעלות לקורבן, או להפוך להיות שייכים לה' (ולא למשפחת המוצא שלהם), ומוקדשים לעבודת ה' מוחלטת.[48] לצד זאת, אפשר להציע שהבכורות מעולם לא היו אמורים לעבוד במשכן. הכרת הטוב לה' על היציאה ממצרים, ועל החיים עצמם, דורשת לתת לה' את הבן הבכור, אבל באותה נשימה ה' אומר שהוא לא חפץ בבכורות עצמם ואפשר לפדות אותם. מתנת הבכורות נדחית ולכן הבכורות נפדים, והמעשר הוא זה שנבחר.[49]

45. בראשית כ"ה לא-לד.
46. ייתכן שיש כאן מגמה דומה ביחס למעשר וביחס לבכורה – גם רעיון העבודה בבכורות וגם רעיון בחירת שבט לוי כמעשר הועתק לשלב קדום בהרבה בהיסטוריה. אולי זו דרכם של המדרשים, להעביר את ההכרעות ההיסטוריות החשובות לתקופת האבות.
47. ראו רשב"ם וחזקוני על שמות י"ג יג, ובהצעה שדוחה הואיל משה שם.
48. השוו פירושי הנצי"ב, הואיל משה ורש"ר הירש על שמות י"ג יג.
49. במדרש נוסף הבחירה בשבט לוי הייתה קדומה, כמו קדושת הבכורות. השוו: שמות רבה ה' טז: "לכו לסבלתיכם אמר ריב"ל: שבטו של לוי פנוי היה מעבודת פרך". עוד מדרש מייחס את החלוקה בין לוויה לכהונה בתוך שבט לוי כבר בפגישה של משה ואהרן: "דבר אחר: וישק לו. נטל כהונה ונטל לויה. זה נוטל כהונה ונותן לויה וזה נותן כהונה ונוטל לויה" (שמות רבה ה' י; רמב"ם הלכות עבודה זרה פ"א ה"ג). אומנם בפשטי המקראות אפשר שה' דחה את רעיון הבכורה וביכר את המעשר, אך רק בעקבות חטא העגל התברר איזה מעשר נבחר.

מקראות קודש

עבודת ה' במקדש – ביטול כלפי ה' או שותפות עמו

ולאן אתה הולך – אם הבכורות הם חלק ממתנות הראשית של הבכורה, והלוי הוא מעשר, ואם נניח שהציווי על פדיון הבכורות עוד בעת הקדשתם מעיד שה' לא באמת רצה שיעבדו במקדש, מדוע הוחלפו הבכורות בלוויים?

ברצוני להציע שאת אותן תנועות נפש שהתורה מבקשת מהאדם בישראל שמגדל יבול בשדהו או בהמות בעדרו היא מבקשת גם מהחברה הישראלית כולה. כשם שאדם נותן מהתוצר החקלאי שלו, כך העם מקדיש אנשים מתוכו ונותן אותם לה'. כשם שבתוצרת החקלאית אנו מקדישים את הביכורים, כך התורה דורשת מאיתנו לתת את בכורות בנינו. וכשם שמצאנו את החובה להפריש מעשר, כך יש 'מעשר' שניתן מתוך בני ישראל.

כפי שראינו לעיל, המתנות השונות מהיבול ומבעלי החיים מבטאות תנועות שונות בנפש המבטאות סוגים שונים של קשר שבינינו לקב"ה. נראה שאף כלפי המקדש אפשר להתייחס בשני אופנים שונים: ניתן להניח את רעיון הראשית – הכול של ה'. ה' משרה את השכינה, הוא הפָּעיל, הוא היוזם, הכול בחסד עליון. כדי להביע רעיון זה, שאף קיומנו ואף השראת השכינה – הכול בחסד עליון, היה מתאים להקדיש את הבכורות לעבודת המקדש. ראוי היה שהבכורות יוקרבו, או לפחות יועברו ויימסרו לשירות הכוהנים.

גם אילו עבדו הבכורות במקדש, לא לכל משפחה הייתה שם נציגות, שהרי בכחצי מהלידות נולדת בת ובמשפחות נוספות הבן הבכור אינו פטר רחם. מכל מקום, תודעתית היה מקום לחשוב שנתינת הבכורות נותנת ייצוג לעם כולו במקדש. אבל מבחינה רעיונית הדבר לא היה כן – בנים אלו כלל לא היו שייכים למשפחות ה'מקדישות'. הבכורות היו מובאים למקדש מכורח קדושתם, ולא היו מייצגים את המשפחות, כי הם כלל לא היו שייכים למשפחות אלו.

הדרך השנייה שבה אפשר להתייחס למקדש היא דרך של שותפות – האדם נותן מעצמו: הוא עובד, משקיע, מטפח ומקריב, ונוסף לכך ה' משתתף ומשרה את שכינתו, שכן השראת השכינה היא תוצאה של שותפות. אין הדברים מתרחשים רק בזירה האלוהית המנותקת, אלא האדם שותף לתהליך. הבחירה בלוויים, בבחינת מעשר, מבטאת את הבחירה בתודעה הזאת דווקא.[50]

50. לכאורה, בפועל הדברים מתרחשים אחרת – העם לא חש שיתוף, כיוון שחלק מסוים וקבוע בעם

לכאורה ההכרה העליונה יותר היא שהכול של הקב״ה, ועבודת ה׳ המבטאת הכרה זו גם היא עליונה יותר. ואכן מתחילה, כפי שעולה מספר במדבר, היה ראוי שהבכורות יעבדו במשכן. במכת בכורות ה׳ פעל לבדו ובכך ׳זכה׳ בבכורות וציווה להקדישם. אך כבר אז הופיעה הדרישה לפדות את הבכורות. בסופו של דבר, אף אם מבחינת האדם היה מקום להעדיף את רעיון הכרת הטוב המלאה, הכרוכה בביטול המוחלט של האדם כלפי ה׳, רצונו של ה׳ הוא שבמשכן תהיה שותפות. ה׳ רוצה שיעבדו במשכן אנשים שבאים ״מתוך בני ישראל״, משרתים שבני ישראל ׳נותנים׳, ולא ׳מביאים׳ – ודבר זה מובע במעשר. הבחירה בתודעת שירות של שותפות על פני תודעת שירות של ביטול עשויה להיות קשורה גם לבחירה בעבודת ה׳ של בנים על פני עבודת ה׳ של עבדים.

התרומה של התרומה – ומעמד הכהונה

על אף המתח בין מעשר לראשית, ראינו שתרומה ניצבת כרעיון נפרד ומובדל. נתינת חטוב לקב״ה, בין אם הטוב הוא אובייקטיבי, בין אם הוא מוגדר בידי האדם ובין אם הוא מוגדר בידי הקב״ה, אינה עומדת בסתירה לרעיון השותפות או לרעיון כי הכול מאת ה׳. רעיון זה מביע את האהבה לקב״ה ואת ההכרה שאת הטוב ביותר ראוי לתת לו. בעקבות זאת ניתן להבין את מעמד הכהונה, שמקביל להרמת התרומה, שראינו ששייכת קודם כול לעולם הקורבנות. הכוהנים מוקדשים לה׳ ומוקרבים אליו. הם מוקדשים כמו הקורבנות, ותקופת ההקדשה שלהם ארכה שבעה ימים וביום השמיני הם הוקדשו לה׳. הם נמשחו בשמן המשחה כמו כלי הקודש. למעשה, ניתן לראות בבני אהרן הכוהנים קבוצה נבדלת ממעמד הלווייה, שאינה יונקת את כוחה ואת סגולתה ממעמד זה.[51] ייתכן גם לומר שהקשר המשפחתי בין הכוהנים והלוויים פירושו שהכוהנים הם ה׳מעשר מן המעשר׳, שבתורה מוגדר גם הוא כ׳תרומה׳.

אם כך הם פני הדברים, נבין שמעמד הכהונה אינו תלוי בשאלה איזו עבודה עדיפה במשכן, אלא הוא מנותק ממנה. הכוהנים נבחרו לשרת במשכן בהיותם הטובים ביותר מתוך עם ישראל, או לכל הפחות בעלי סגולה לעניין זה. אהרן ובניו הם ה׳חלב׳ של עם ישראל. בהמשך לרעיון זה, ישנן הגבלות על הכוהנים שישרתו מביניהם

עובד במקדש, גם אם מבחינה רעיונית הוא מייצג מעשר ״מתוך בני ישראל״. אפשר שזו הסיבה שהלוויים מפוזרים בכל הארץ, נפוצים בתוך נחלות ישראל ואחראים על חינוכם של ישראל (דברים ל״ג י). כך הם מוודאים שתהיה שותפות של העם בעבודת הקודש.

51. זו דעה אחת מתוך המחלוקת על היחס בין הכוהנים, הלוויים והבכורות. ראו דיון אצל הרב מ׳ סבתו, הכוהנים הלוויים.

המובחרים ביותר – אלו שאינם בעלי מומים.[52] הקבוצה הנבחרת והמובחרת בעם היא זו ששייכת לה׳ באופן טבעי ומשרתת אותו. לעומת זאת, טיב הקבוצה המייצגת את העם במקדש תלויה, כפי שראינו, בטיב עבודת ה׳ הרצויה: שותפות או ביטול עצמי.

שהחיינו וקיימנו

מאמר ידוע של ר׳ שמחה בונים מפשיסחא אומר שאדם צריך להסתובב כשבכיסו שני פתקים, באחד כתוב "בשבילי נברא העולם" ובשני "אנכי עפר ואפר". חלק מאתגרי היום־יום שלנו כאנשים, כהורים וכאנשי חינוך עוסק במתח שבין כוחי ועוצם ידי ובין ה׳ הנותן לנו כוח לעשות חיל.[53] בלי קורטוב של גאווה ותחושה של חשיבות הערך העצמי, האדם אינו יכול לגדול ולהתפתח, וגם לא לתרום לעולם. אבל בלי ענווה גדולה, התרומה של האדם בעולם תופסת נפח לא בריא וגם לא נכון. איך חיים בעולם שיש בו מתח כזה?

האם אני אמורה להרגיש טוב עם עצמי כשאני חווה הצלחות, או לתלות את הכול בקב"ה? האם אני אמורה להגיד לעצמי: הכול מאת ה׳ – הגנים הטובים מאת ה׳; נסיבות החיים הטובות מאת ה׳; ההורים שה׳ בחר לתת לי הם מאת ה׳. או שאני יכולה להגיד: נכון, הכול מאת ה׳, אבל אני בחרתי מה לעשות עם הנתונים האלה. אני ישבתי והשקעתי. אני טיפחתי וריביתי. גם לי יש חלק בהצלחה הזאת.

התורה נותנת לנו כלים להתמודד עם ההתלבטות הזאת ואומרת: גם וגם. אנחנו גם הבל אבל גם קין. כְּשֶׁלְּחַוָּה נולד בן נוסף, היא קוראת לו שֵׁת, "כִּי שָׁת לִי אֱלֹהִים זֶרַע אַחֵר תַּחַת הֶבֶל כִּי הֲרָגוֹ קָיִן" (בראשית ד׳ כה). שם זה מתייחס לנתינה – נתינה מאת ה׳, כמו הבל שהיה כולו מאת ה׳. כשחווה מתחילה מחדש, היא מבינה שאת הילד שלה היא מקבלת מאת ה׳. אומנם הילד הזה הוא ׳זרע׳ שמתוכו גם יכולים לצמוח ולהתפתח דברים חדשים.[54] ומתוך הנתינה האלוהית, יחד עם התפתחות האדם, תוכל להתחיל האנושות.

52. כשם שבהמות בעלות מומים לא ראויות למתנה למנהיג (ראו מלאכי א׳ ח), ולהבדיל כמתנה לה׳ (ויקרא כ"ב יח-כה), כך גם הכוהנים לא יכולים להיות קרובים או ׳מוקרבים׳ לה׳ אם הם בעלי מומים (ויקרא כ"א טז-כד).

53. על פי דברים ח׳ יז-יח.

54. וראו בדברי הנצי"ב שקושר זאת גם לקשר בין שת לתשתית.

פרק טז

בית המלך, בית המקדש ובית הכנסת

בכמה מקומות בגמרא נאמר ש"חכמים עשו חיזוק לדבריהם יותר משל דברי תורה".[1] קביעה זו עומדת לנגד עיניי כשאני רואה כיצד במערכת החינוך אין כמעט זמן להקדיש לראש השנה (אם כי הדבר תלוי מתי יוצא אחד בספטמבר); ליום כיפור ולסוכות יש עוד פחות; וגם הכנות לפסח נדחקות לתקופה הקצרה שבין פורים ליציאה לחופשת פסח; אבל דווקא לחגי דרבנן, חנוכה ופורים, יש זמן רב להכנה, לימוד והעמקה.

בזכות הזמן הרב שמוקדש לכך במערכת החינוך, בזכות העלילה המעניינת ובזכות חובת קריאת המגילה גם לנשים, נדמה שסיפור המגילה מוכר בציבור יותר מרוב סיפורי התנ"ך, ואפילו מחלק מסיפורי התורה. כיוון שכך, כל בר בי רב דחד יומא יודע ששם ה' לא נמצא במגילה, וצריך להבין למה. תהייה זו מצטרפת לשאלות נוספות על החג הזה, שנולד בגלות ונחגג בצורה שמזכירה את העמים שסביבנו: המשתאות הפרסיים בעבר וקרנבלי התחפושות בהווה.

בפרק זה נראה כיצד חכמים עיצבו את חג הפורים מבחינה תוכנית ומבחינה ספרותית, הן במגילה והן במשנה, ומהם המסרים שעולים לא רק מהתוכן אלא גם מהצורה.

1. בבלי עירובין עז ע"א; פה ע"ב; יבמות לו ע"ב; כתובות נו ע"א; פג ע"ב; פד ע"א, ועוד.

עיוני מקרא

איפה ה׳ במגילה?

כמה תשובות ניתנו לשאלה מדוע שם ה׳ לא מוזכר במגילה. רבים עונים על השאלה הזאת מתוך האופי של המגילה כמגילה גלותית. כיוון אחד מתייחס להקשר התרבותי של המגילה. יש הסבורים שהמגילה באה לשקף עולם תרבותי חילוני ונהנתני, שהאלוהות נעדרת ממנו,[2] ואחרים סבורים שהיה חשש שהמגילה תתורגם ואז יוציאו שם שמיים לחולין או אפילו יהפכו אותו לעבודה זרה, ולכן הסתירו אותו.[3] לפי כיוון אחר יש לכך הסבר רוחני: המגילה מתרחשת במציאות של הסתר פנים, וזה בא לידי ביטוי בהסתרת שם ה׳.[4] אפשר גם לשלב בין הרעיונות ולהציע שהסתרת שם ה׳ במגילה שבה יש תרבות חילונית נהנתנית רומזת שגם כשהסיבתיות הכפולה[5] אינה מפורשת, כי המבט האלוהי כביכול ׳נעדר׳, היא עדיין קיימת.[6] לפי דעה זו, שם ה׳ מוסתר, אבל ה׳ נוכח על ידי רמזים שונים, כגון האמונה המבוטאת בפי מרדכי שההצלה בוא תבוא והניסוח שהיא תבוא ״ממקום אחר״, כלומר מאת ה׳.[7] הסתרת שם ה׳ היא אמצעי ספרותי שנועד להעמיד בפני הקוראים את הפער בין המציאות

2. א׳ ברלין, אסתר, עמ׳ 3–5.
3. ראב״ע בהקדמה לאסתר; ר׳ יצחק עראמה, עקדת יצחק, הקדמה למגילת אסתר.
4. בבלי חולין קלט ע״ב, ורש״י וחידושי אגדות למהר״ל על אתר. הרמ״מ שניאורסון, ליקוטי שיחות, כרך ו, עמ׳ 189, רואה במגילה משהו גבוה יותר, אולי לא של הסתרת פנים, אבל של ריחוק ודרגה גבוהה.
5. המושג סיבתיות כפולה מתייחס לשני רבדים של מאורעות שדרים בכפיפה אחת: הרובד האנושי שבו דברים קורים בעקבות מעשי בני האדם, והרובד האלוהי לפיו המאורעות מוכתבים משמיים. דוגמה קלאסית לסיפור שיש לו סיבתיות כפולה היא פיצול הממלכה בימי רחבעם. ראו: מלכים א י״א–י״ב, ומקורות בהערה הבאה.
6. י׳ קויפמן, תולדות, ח׳, עמ׳ 445–447; הרב י׳ בן נון, מגילת ההפך; הרב מ׳ ברויאר, נס פורים, עמ׳ 55.
7. פירוש זה מוזכר בדברי ראב״ע בהקדמה לאסתר. הוא דוחה את הפירוש, שכן אין זו המשמעות של מקום בלשון מקרא. כנגד דבריו נדגיש שמגילת אסתר משלבת בתוכה לצד לשון מקרא גם לשון חכמים (ראו לדוגמה: א׳ הורביץ, בין לשון ללשון, עמ׳ 40–43; א׳ נתנאל, לשון בתחפושת), ובלשון חז״ל המקום מתייחס לה׳ (לדוגמה במשנה ברכות פ״ה מ״א; יומא פ״ח מ״ט). לדעת מ׳ מרגליות (ממקום אחר) הכוונה למקום מושבו של ה׳ בשמיים (השוו: ד׳ אלגביש, הנהגת ה׳), ויש כאן שימוש מכוון בדו־משמעות בלשון המקרא, אך לדעתי דו־המשמעות הוא בלשון חז״ל.

הגלויה לסמויה.[8] נפתח את הרעיון שאכן יש במגילה ובאירועי פורים מסר כפול: יש משהו שמתחבא, אבל הוא מתחבא בצורה קומית ורצינית בו זמנית.

החל ממדרשי חז״ל ועד פרשנים בני זמנינו עמדו על הקשרים הלשוניים, הרעיוניים והתמטיים בין חלקים שונים בתנ״ך למגילת אסתר. הקשר המוכר ביותר הוא בין סיפור המגילה לסיפור יוסף: דמות יפת תואר ויפת מראה של יהודי או יהודיה שעולה לגדולה בארמון מלך זר ומביאה רווח והצלה לעם.[9] אבל סיפור יוסף הוא לא הסיפור היחיד שעומד ברקע סיפור המגילה. בין האסוציאציות המקראיות שנמצאות במגילה ניתן למצוא את סיפורי שרה ורבקה בבית פרעה ואבימלך, שושלת רחל ובנימין, מלחמת שאול בעמלקים, הנשים החכמות אצל דוד, סיפורי שלמה, סיפורי ספר דניאל[10] ורבים נוספים.[11] נראה שאין טקסט שכל כך רווי ברמזים אינטרטקסטואליים (רמיזה או זיקה לטקסטים אחרים) כמו סיפור המגילה.

בכל מקרה של רמזים מהסוג הזה עולה מיד השאלה – מה מטרת הקשרים הללו? למה הם משמשים? האם מטרתם לעמוד על הדמיון בין הסיפורים או דווקא כדי להדגיש את השוני ביניהם?[12] גם כאשר הנתונים מוסכמים, הפרשנות של הנתונים ומשמעותם נתונה במחלוקת. כך אפשר להתלבט אם ההשוואה בין יציאת מצרים בידי משה לכניסה לארץ בידי יהושע נועדה להשוות בין שני המנהיגים הללו או דווקא להבליט את כוחו ודרגתו של משה על פני אלו של יהושע.

לצד הרמיזות מסיפור אחד למשנהו העשויים לייצר השוואה או הנגדה, נראה שיש שימוש נוסף ברמיזות, ואפשר לקרוא לשימוש הזה ׳גרירת משמעות׳. במקרה

8. י׳ גרוסמן, מגילת סתרים, עמ׳ 1–8 ולאורך הספר.
9. בהמשך למדרשי חז״ל, לדוגמה אסתר רבה ז, ז, עמדו על כך רבים וביניהם: מ׳ גן, מגילת אסתר; עולם התנ״ך, אסתר, עמ׳ 222; ר׳ וייס, משוט במקרא, עמ׳ 126–128; ש״ד גויטיין, עיונים במקרא, עמ׳ 61; ג״ח כהן, אסתר, עמ׳ 12–13; ד׳ הנשקה, מגילת אסתר, עמ׳ 95, ועוד.
10. לדוגמה: י׳ זקוביץ, בארץ המראות, עמ׳ 65–67; י׳ רוזנסון, רוח הקודש, עמ׳ 228–236 (נשים אצל מלכים זרים); י׳ גרוסמן, בין משתה לצום, עמ׳ 83–84 (שושלת רחל ובנימין); ג״ח כהן, אסתר, עמ׳ 14 (מלחמת שאול בעמלקים); הרב א׳ בזק, וכאשר אבדתי, עמ׳ 33–46 (הנשים החכמות אצל דוד); ע׳ פריש, מגילת אסתר (סיפורי שלמה); ג״ח כהן, אסתר, עמ׳ 14–16 (סיפורי דניאל). הקשרים בין הסיפורים קיימים בין אם ספר דניאל קדם למגילה והמגילה רומזת אליו, ובין אם הם משקפים ספרות של תקופה דומה.
11. לדוגמה: הקבלה בין המגילה ליום הכיפורים (ג״ח כהן, אסתר, עמ׳ 16 הערה 25; הרב י׳ בן נון, מגילת ההפך, עמ׳ 53–54; י׳ גרוסמן, בין משתה לצום, עמ׳ 86–91).
12. ראו לדוגמה בדברי המבוא של פרופ׳ י׳ זקוביץ, ארץ המראות, עמ׳ 11–15. מכל מקום, כך כותב הרב א׳ בזק (וכאשר אבדתי, עמ׳ 46): ״ביד אמן משתמש כותב המגילה בסיפורים מקבילים במקרא, ועל ידם מצליח הוא להוסיף נופך נפלא לסיפור המגילה המרתק״.

כזה, אין השוואה של סיפורים, אבל יש שאילה של מוטיבים, רעיונות או התעוררות אסוציאטיבית באמצעות הציטוטים והרמיזות. כך שכאשר משורר בן ימינו מצטט פסוק או אפילו מעט מילים משיר השירים, הוא מביא איתו מטען שלם של משמעויות שקשורות לאהבה מחד גיסא ולקדושה מאידך גיסא.

אֲרָמֵזִים, הומור ואינטימיות

מה המשמעות של הארמזים – הרמיזות הללו – בין המגילה לספרי התנ"ך האחרים?

אפשר לראות שכותבי המגילה השתעשעו לא מעט ברמיזות הללו. לעיתים הן קומיות ואולי אפילו ציניות.[13] כך הפסוק באסתר מתאר את תהליך התבשמות המועמדות ב'תחרות מלכת היופי' (אסתר ב'):

(יב) וּבְהַגִּיעַ תֹּר נַעֲרָה וְנַעֲרָה לָבוֹא אֶל הַמֶּלֶךְ אֲחַשְׁוֵרוֹשׁ מִקֵּץ הֱיוֹת לָהּ כְּדָת הַנָּשִׁים שְׁנֵים עָשָׂר חֹדֶשׁ **כִּי כֵּן יִמְלְאוּ יְמֵי מְרוּקֵיהֶן** שִׁשָּׁה חֳדָשִׁים בְּשֶׁמֶן הַמֹּר וְשִׁשָּׁה חֳדָשִׁים בַּבְּשָׂמִים וּבְתַמְרוּקֵי הַנָּשִׁים.

פסוק זה מזכיר פסוק בספר בראשית (פרק נ'):

(ב) וַיְצַו יוֹסֵף אֶת עֲבָדָיו אֶת הָרֹפְאִים לַחֲנֹט אֶת אָבִיו וַיַּחַנְטוּ הָרֹפְאִים אֶת יִשְׂרָאֵל:
(ג) וַיִּמְלְאוּ לוֹ אַרְבָּעִים יוֹם **כִּי כֵּן יִמְלְאוּ יְמֵי הַחֲנֻטִים** וַיִּבְכּוּ אֹתוֹ מִצְרַיִם שִׁבְעִים יוֹם.

בהשוואה בין בישום הנשים לחניטת יעקב אבינו במותו יש ניחוח לעגני כלפי התהליך כולו. באופן דומה, כך מתואר איסוף המועמדות (אסתר ב'):

(ג) **וְיַפְקֵד הַמֶּלֶךְ פְּקִידִים** בְּכָל מְדִינוֹת מַלְכוּתוֹ **וְיִקְבְּצוּ אֶת כָּל** נַעֲרָה בְתוּלָה טוֹבַת מַרְאֶה אֶל שׁוּשַׁן הַבִּירָה אֶל בֵּית הַנָּשִׁים אֶל יַד הֵגֶא סְרִיס הַמֶּלֶךְ שֹׁמֵר הַנָּשִׁים וְנָתוֹן תַּמְרוּקֵיהֶן.

13. ראו עוד: ד' הנשקה, מגילת אסתר, עמ' 93-94, 98-99.

הבקיאים בלשון התורה יזהו שימוש חוזר בתבנית שקיימת אף היא בסיפור יוסף (בראשית מ"א):

(לד) יַעֲשֶׂה פַרְעֹה **וְיַפְקֵד פְּקִדִים** עַל הָאָרֶץ וְחִמֵּשׁ אֶת אֶרֶץ מִצְרַיִם בְּשֶׁבַע שְׁנֵי הַשָּׂבָע: (לה) **וְיִקְבְּצוּ אֶת כָּל** אֹכֶל הַשָּׁנִים הַטֹּבוֹת הַבָּאֹת הָאֵלֶּה וְיִצְבְּרוּ בָר תַּחַת יַד פַּרְעֹה אֹכֶל בֶּעָרִים וְשָׁמָרוּ.

כאשר קוראי המגילה שומעים את הפסוק שמתאר את איסוף הנערות, וברקע עולים להם בזיכרון פסוקי התנ"ך, הם עשויים לחייך בסתר ולהרהר במסר הדק, שיש במגילה החפצת נשים, שנאספות כמו בר, לצד חניטתן כגוויות.

יש להניח שחלק מהקוראים כבר הכירו את ההשוואה הזאת, בין אם הם שמו לב אליה בעצמם, שמעו אותה בשיעור או קראו על כך במאמר. אחרים פתאום ישימו לב להשוואה, אבל לא היו מזהים אותה בעצמם. די ברור שהמהלך הזה מבוסס על ידיעות ברמה גבוהה של תנ"ך, הן כדי לשתול את הבדיחות הפנימיות והן כדי להבין אותן. יש כאן קריצה והומור (ואפילו קצת שחור), אבל רק בין מביני עניין.

כמה פסיכולוגים עמדו על העובדה שהומור זה דבר אינטימי: הוא מבוסס על קודים פנימיים. בדיחות פנימיות מעידות על קשר רגשי בין אנשים ועולם המושגים המשותף להם. הומור יכול להיות גם כלי 'אגרסיבי' כשהוא מופנה כלפי חוץ, כלפי מי שלא מבין ומכיר את הקודים המשותפים, אבל הוא גם יוצר משהו מחבר כלפי פנים. הבדיחות ששתולות במגילה הן בדיחות פנימיות, שמניחות קשר אינטימי בין כותבי המגילה לקהל, שמבוסס על היכרות גבוהה של התנ"ך.

למעשה, יש במגילה עדות בעלת עוצמה רבה לרמת הידע של העם ומנהיגיו. רבים מזהים אצל מרדכי, אסתר והיהודים בכלל ניצנים של התבוללות. טענות אלו מבוססות על שמות הגיבורים במגילה, מרדכי על שם האל מרדוך ואסתר על שם האלה אשתר או עשתורת;[14] על ההשתתפות במשתאות של אחשורוש ועוד.[15] ברם, רמת ידיעת התנ"ך שבאה לידי ביטוי הן בכתיבת המגילה והן בהנחה שיש בה רמיזות לקוראים היא גבוהה ומעידה שהעם היה מלומד ויודע ספר.[16] אפשר לראות זאת במבט

14. ראו בבלי מגילה יג ע"א.
15. ראו לדוגמה: הרב י' בן נון, מגילת ההפך, עמ' 51. נדגיש שלמרות תחושת ההתבוללות שעולה בקריאת המגילה, המן מעיד (אסתר ג' ח): "וְדָתֵיהֶם שֹׁנוֹת מִכָּל עָם". אומנם אפשר שיש כאן טענה שקרית בשירות האנטישמיות. ראו דיון אצל ש' אברמסקי, אנטישמיות.
16. השוו: א' נתנאל, לשון בתחפושת, עמ' 185–186. ישנה מחלוקת בין חז"ל והפרשנים מי כתב את

אופטימי מאוד. ייתכן לומר שיותר ממה שה׳ מסתתר – אבל נוכח – במגילה, כתבי הקודש והאמונה מסתתרים – אבל נוכחים – בקרב היהודים.

הרמיזות שראינו, לצד רמיזות נוספות שאת חלקן נראה בהמשך, מלמדות על תקשורת סמויה בין הכותבים לקוראים, שבה הכותבים שותלים במגילה משמעויות שרק הקוראים, המעורים באותו עולם תרבותי, רוחני ובעיקר טקסטואלי, יבינו. הכותבים ייצרו שפת סתרים שבה הם מעבירים את המסרים העמוקים של הסיפור, באופן שרק קהל מאוד מסוים יבין אותו. אדם פרסי, המעורה בתרבות הפרסית, או בבלי או אשורי, יקרא במגילה סיפור עלילתי משעשע, מותח ורב תהפוכות, שבסופו העם שניצל חוגג. אבל יהודי, יודע ספר, יקרא במגילה סיפור רווי במסרי עומק חבויים, שלצד לעג סמוי על החברה שסביבם גם רומז לטיב הסיפור ולרקע הרוחני שלו.

הסיפור שלא סופר – קודים פנימיים רבי משמעות

ננסה לצעוד בעקבות הרמזים הללו כדי לזהות מסרים דתיים חבויים. נתחיל מהדברים הפשוטים יחסית – התגובות לידיעות על גזרות המן ואחשורוש. המגילה מתארת את התגובה של מרדכי (אסתר ד׳):

> (א) וּמָרְדֳּכַי יָדַע אֶת כָּל אֲשֶׁר נַעֲשָׂה וַיִּקְרַע מָרְדֳּכַי אֶת בְּגָדָיו **וַיִּלְבַּשׁ שַׂק** **וָאֵפֶר** וַיֵּצֵא בְּתוֹךְ הָעִיר וַיִּזְעַק זְעָקָה גְדֹלָה וּמָרָה... (ג) וּבְכָל מְדִינָה וּמְדִינָה מְקוֹם אֲשֶׁר דְּבַר הַמֶּלֶךְ וְדָתוֹ מַגִּיעַ **אֵבֶל** גָּדוֹל **לַיְּהוּדִים וְצוֹם וּבְכִי וּמִסְפֵּד שַׂק וָאֵפֶר** יֻצַּע לָרַבִּים.

מרדכי מגיב לידיעה על מה שנעשה בלבישת שק. במקומות נוספים במקרא לבישת

המגילה: מרדכי או אסתר (כפי שמשמע מדברי רש״י על אסתר ט׳ כ והתרגום לאסתר ט׳ לב) או אנשי כנסת הגדולה (כדברי הברייתא בבבלי בבא בתרא טו ע״א). אומנם לדעת רש״י (בבא בתרא טו ע״ב ד״ה אנשי כנסת הגדולה), מרדכי גם היה מאנשי הכנסת הגדולה. כמו כן, נראה מהדיון במגילה ז ע״א על ההוכחות שהמגילה נאמרה ברוח הקודש, כי ההנחה היא שהמגילה נכתבה בימי מרדכי ואסתר. כך גם עולה משילוב המילים הפרסיות בהתאם לתקופה זו, כיאה לאנשים שנולדו וחיו בפרס. על העוגן של המגילה במציאות הפרסית ראו ת״ע גינדין, מגילת אסתר. לכן, נראה שגם דעת חז״ל, שהמגילה נכתבה בידי אנשי הכנסת הגדולה, מתאימה להנחה שהיא נכתבה בידי מרדכי או אסתר או בימיהם, אלא שהיא קיבלה תוקף קאנוני. לדיון נוסף בזהות מחבר המגילה ראו: הרב ש׳ גורן, מועדי ישראל, עמ׳ קפה-קצ; א׳ נתנאל, לשון בתחפושת, עמ׳ 173-175.

השק היא מעשה של אבל,[17] אבל פעמים רבות לבישת השק היא חלק מתהליך של תשובה ופנייה לה׳. כמו לדוגמה בספר יונה (פרק ג׳):

(ח) **וְיִתְכַּסּוּ שַׂקִּים** הָאָדָם וְהַבְּהֵמָה וְיִקְרְאוּ אֶל אֱלֹהִים בְּחָזְקָה **וְיָשֻׁבוּ** אִישׁ מִדַּרְכּוֹ הָרָעָה וּמִן הֶחָמָס אֲשֶׁר בְּכַפֵּיהֶם.

לצד התגובה הספונטנית של שק, בכי ומספד, מופיע הצום. לאחר מכן, אסתר מבקשת שהעם יצום לקראת כניסתה לאחשורוש לבקש על עמה (ד׳ טז). צומות אלו מובָנים על רקע צומות אחרים בתנ״ך שקשורים לקריאה לה׳, כפי שמופיע ביואל (פרק ב׳):

(יב) וְגַם עַתָּה נְאֻם ה׳ **שֻׁבוּ** עָדַי בְּכָל לְבַבְכֶם **וּבְצוֹם וּבִבְכִי וּבְמִסְפֵּד**: (יג) וְקִרְעוּ לְבַבְכֶם וְאַל בִּגְדֵיכֶם וְשׁוּבוּ אֶל ה׳ אֱלֹהֵיכֶם כִּי חַנּוּן וְרַחוּם הוּא אֶרֶךְ אַפַּיִם וְרַב חֶסֶד וְנִחָם עַל הָרָעָה.

וכך אצל דניאל, בן תקופה קרובה, מופיע השילוב של הדברים (פרק ט׳):

(ג) וָאֶתְּנָה אֶת פָּנַי אֶל אֲדֹנָי הָאֱלֹהִים **לְבַקֵּשׁ תְּפִלָּה** וְתַחֲנוּנִים **בְּצוֹם וְשַׂק וָאֵפֶר**.

וכן בספר נחמיה, גם הוא מתקופה קרובה (פרק ט׳):

(א) וּבְיוֹם עֶשְׂרִים וְאַרְבָּעָה לַחֹדֶשׁ הַזֶּה נֶאֶסְפוּ בְנֵי יִשְׂרָאֵל **בְּצוֹם וּבְשַׂקִּים** וַאֲדָמָה עֲלֵיהֶם: (ב) וַיִּבָּדְלוּ זֶרַע יִשְׂרָאֵל מִכֹּל בְּנֵי נֵכָר וַיַּעַמְדוּ **וַיִּתְוַדּוּ** עַל חַטֹּאתֵיהֶם וַעֲוֹנוֹת אֲבֹתֵיהֶם.

למרות שאפשר לראות בקריעת הבגדים ולבישת השק אבל בלבד, נראה שיש כאן רמיזות, בוודאי בצירופי מילים כמו ״צום ובכי ומספד״ שמפנות את הקוראים לספרים נוספים בתנ״ך, שבאמצעותם מתקבלת התמונה המלאה ומלוא המשמעות הרוחנית של השקים והצום.[18]

17. לדוגמה: בראשית ל״ז לד; שמואל ב ג׳ לא.
18. על הצום ולבישת השק כחלק מפנייה לה׳, ראו: ד״א למברט, צום. אומנם לדעתו אין בכך ממד של

גם את התגובה להצלה ניתן להבין באופן עמוק יותר כאשר משווים בין פסוקי המגילה לפסוקים נוספים בתנ"ך. המגילה מתארת את התגובה של היהודים (פרק ט'):

(יט) עַל כֵּן הַיְּהוּדִים הַפְּרָזִים הַיֹּשְׁבִים בְּעָרֵי הַפְּרָזוֹת עֹשִׂים אֵת יוֹם אַרְבָּעָה עָשָׂר לְחֹדֶשׁ אֲדָר **שִׂמְחָה וּמִשְׁתֶּה וְיוֹם טוֹב וּמִשְׁלוֹחַ מָנוֹת אִישׁ לְרֵעֵהוּ.**

הציניקנים יראו באירועים חגיגות חילוניות, הכוללות שמחה ומשתה, בדומה למשתאות של אחשורוש בתחילת המגילה, ולמעשה דבר לא השתנה מתחילת המגילה לסופה, והמשתה עומד בראש שמחתנו. טובי העין, לעומת זאת, ישימו לב שיש כאן שמחה, שלא מוזכרת במשתאות אחשורוש, ובעיקר שותפות חברתית של "משלוח מנות איש לרעהו",[19] שאליה מצטרפת בהמשך הצדקה, "ומתנות לאביונים".[20] אך חדי האוזן ישמעו כאן רמז לספר נחמיה, שגם אם הוא מאוחר בזמן למגילת אסתר, מציג עולם רוחני ותרבותי דומה, ושם חוגגים את ראש השנה כך (פרק ט'):

(י) וַיֹּאמֶר לָהֶם לְכוּ אִכְלוּ מַשְׁמַנִּים וּשְׁתוּ מַמְתַקִּים **וְשִׁלְחוּ מָנוֹת** לְאֵין נָכוֹן לוֹ **כִּי קָדוֹשׁ הַיּוֹם לַאֲדֹנֵינוּ** וְאַל תֵּעָצֵבוּ **כִּי חֶדְוַת ה' הִיא מָעֻזְּכֶם.**

השמחה, שבאה לידי ביטוי באכילה, אך גם במשלוח מנות למי שאין לו, היא חלק מ"חדוות ה'" ושמחת חג קדושה. שילוב משלוחי המנות בתיאור השמחה של סיפור המגילה הוא לא רק בעל ערך הלכתי, הדורש מאיתנו את חגיגת משלוחי המנות, אלא בעל ערך רוחני, של הבנה שזה יום שמוקדש לה', שבו השמחה מחברת בין החלקים השונים של החברה.[21]

מה אסתר מסתירה – המאבק הסמוי שמתגלה במגילה

אחרי שראינו את המשמעות שמסתתרת מאחרי התגובות של העם – הן לגזרות

תשובה, ומהמקורות המצוינים כאן דווקא נראה שכן. על המשמעות העמוקה של הצום כאנטיתזה למשתאות ההוללות במגילה, ראו: י' גרוסמן, בין משתה לצום, עמ' 80-81.

19. השוו לאופן שבו יש לשמוח בחגים (דברים ט"ז יא): "וְשָׂמַחְתָּ לִפְנֵי ה' אֱלֹהֶיךָ אַתָּה וּבִנְךָ וּבִתֶּךָ **וְעַבְדְּךָ וַאֲמָתֶךָ וְהַלֵּוִי אֲשֶׁר בִּשְׁעָרֶיךָ וְהַגֵּר וְהַיָּתוֹם וְהָאַלְמָנָה** אֲשֶׁר בְּקִרְבֶּךָ בַּמָּקוֹם אֲשֶׁר יִבְחַר ה' אֱלֹהֶיךָ לְשַׁכֵּן שְׁמוֹ שָׁם" (ודברים דומים שם פס' יד).
20. לדוגמה: אסתר רבה ג' יג; י' גרוסמן, בין משתה לצום, עמ' 75-76.
21. השוו: הרב א' וולפיש, דברי שלום, עמ' 127-130.

הפורענות והן להצלה – ניתן להשתמש בטכניקת הרמיזה המשמעותית כדי לעמוד על הסיבות לגזרות הללו.

כידוע, סיפור הצרה התחיל עם סירובו של מרדכי לכרוע ולהשתחוות. המפרשים התלבטו מה היו המניעים של מרדכי שלא להשתחוות. לכאורה, לאורך כל התנ"ך מצאנו אנשים שמשתחווים לאנשים אחרים, בוודאי לבעלי סמכות. למשל נתן הנביא משתחווה לדוד המלך (מלכים א א׳ כג): "וַיַּגִּידוּ לַמֶּלֶךְ לֵאמֹר הִנֵּה נָתָן הַנָּבִיא וַיָּבֹא לִפְנֵי הַמֶּלֶךְ **וַיִּשְׁתַּחוּ לַמֶּלֶךְ** עַל אַפָּיו אָרְצָה". אם כן, קשה לומר שיש בעיה דתית בהשתחוויה לפני בשר ודם.[22]

ובכל זאת, הרמזים השתולים במגילה מצביעים שיש דברים בגו. אומנם ראינו השתחוויות לאנשי סמכות לאורך התנ"ך, אבל לכריעה יש ניחוח והקשר אחר. בדרך כלל הכריעה שאינה נפילה (או רביצה של בעלי חיים) קשורה לכפיפות בפני אלוהים או בפני אלוהים אחרים. אצל שלמה נאמר (מלכים א ח׳ נד): "קָם מִלִּפְנֵי מִזְבַּח ה׳ **מִכְּרֹעַ** עַל בִּרְכָּיו וְכַפָּיו פְּרֻשׂוֹת הַשָּׁמָיִם"; ה׳ מסביר לאליהו (שם י"ט יח): "וְהִשְׁאַרְתִּי בְיִשְׂרָאֵל שִׁבְעַת אֲלָפִים כָּל הַבִּרְכַּיִם אֲשֶׁר לֹא **כָרְעוּ** לַבַּעַל וְכָל הַפֶּה אֲשֶׁר לֹא נָשַׁק לוֹ"; ומשורר תהלים מצרף יחד את הכריעה עם ההשתחוויה (תהלים צ"ה ו): "בֹּאוּ **נִשְׁתַּחֲוֶה וְנִכְרָעָה** נִבְרְכָה לִפְנֵי ה׳ עֹשֵׂנוּ".[23]

בקריאה ראשונה של העימות בין מרדכי להמן עשויה להצטייר תמונה של מאבקי כוחות בין־אישיים (ה"אגו" מול ה"אגגי"), או אפילו לאומיים,[24] אבל קריאה מעמיקה, הנשענת על רמזים לפסוקי מקרא אחרים, מציירת תמונה אחרת שבה מרדכי לא מוכן להכיר בהמן כדמות אלוהית.[25]

22. כפי שמציין הרב פרופ׳ ד׳ הנשקה (מגילת אסתר, עמ׳ 95), בהמשך המגילה, אסתר עצמה נפלה לפני רגליו של המלך (אסתר ח׳ ג).

23. ראו: ע׳ חכם, אסתר, עמ׳ כב–כג, הערה 2. הצירוף של כריעה והשתחוויה נמצא שבע פעמים בתנ"ך, מתוכן שלוש במגילת אסתר. השאר הן: תהלים כ"ב ל; צ"ה ו; דברי הימים ב ז׳ ג; כ"ט כט, וכולן ביחס לה׳.

24. לדוגמה: הרב מ׳ סבתו, משגיא לגוים. לסיכום השיטות השונות, ראו: הרב י׳ מדן, ומרדכי לא יכרע, ודיון מקביל אצל הרב א׳ שמאע, לא הגידה, בנוגע לשתיקתה של אסתר. נדמה לי שהערכת מעשיו של מרדכי תלויה, בין השאר, בשאלה מי כתב את המגילה. אם אכן מרדכי ואסתר כתבו את המגילה (ראו לעיל, הערה 16), קשה להניח שהם היו מתבוללים. הן לאור התפיסה הביקורתית הקשה בהבנה זו, והן מתוך הבקיאות הגדולה בכתבי הקודש שמתגלה במגילה (השוו א׳ נתנאל, לשון בתחפושת, עמ׳ 186). אומנם האפשרות שאנשי הכנסת הגדולה כתבו את המגילה מתוך פרספקטיבה ארוכת שנים מאפשרת יותר ביקורת על מרדכי ואסתר. מכל מקום, הבחירה לשבץ את הארמזים מעידה על ההבנה שמעשיו של מרדכי היו דתיים.

25. ראו: אסתר רבה ז׳ ה. ההשוואה לסיפורי חנניה, מישאל, עזריה ודניאל בוודאי תורמת להבנה

ההבנה שהמן רואה את עצמו כדמות דתית־אלילית עולה גם מתיאור הגורלות שאותם הוא מפיל. המגילה מתארת את הפלת הגורלות כך (אסתר ג׳):

(ז) בַּחֹדֶשׁ הָרִאשׁוֹן הוּא חֹדֶשׁ נִיסָן בִּשְׁנַת שְׁתֵּים עֶשְׂרֵה לַמֶּלֶךְ אֲחַשְׁוֵרוֹשׁ הִפִּיל פּוּר הוּא **הַגּוֹרָל לִפְנֵי הָמָן** מִיּוֹם לְיוֹם וּמֵחֹדֶשׁ לְחֹדֶשׁ שְׁנֵים עָשָׂר הוּא חֹדֶשׁ אֲדָר.

המן לא הפיל את הגורל, אלא הגורל הופל (כנראה בידי כוהני דת) לפני המן. אם נעיין במקומות נוספים בתנ״ך המתארים הפלת גורלות נראה שההשוואה והמסר בולטים לעין (יהושע י״ח):

(י) וַיַּשְׁלֵךְ לָהֶם יְהוֹשֻׁעַ **גּוֹרָל** בְּשִׁלֹה **לִפְנֵי ה׳** וַיְחַלֶּק שָׁם יְהוֹשֻׁעַ אֶת הָאָרֶץ לִבְנֵי יִשְׂרָאֵל כְּמַחְלְקֹתָם.

יהושע מפיל גורלות, אבל הם לפני ה׳. דבר דומה ניתן למצוא גם בגורלות של שני השעירים (ויקרא ט״ז):

(ז) וְלָקַח אֶת שְׁנֵי הַשְּׂעִירִם וְהֶעֱמִיד אֹתָם **לִפְנֵי ה׳** פֶּתַח אֹהֶל מוֹעֵד: (ח) וְנָתַן אַהֲרֹן עַל שְׁנֵי הַשְּׂעִירִם **גֹּרָלוֹת** גּוֹרָל אֶחָד לַה׳ וְגוֹרָל אֶחָד לַעֲזָאזֵל.

הפלת הגורלות אינה רק אמצעי לקביעת תאריך להיפרע מעם מרדכי, ואופן הפלת הגורלות מלמד על התפיסה העצמית של המן, ועוזר להבין מדוע מרדכי ראה בו גורם אלילי, שאין לכרוע ולהשתחוות לו. יש כאן העמדה ברמיזה של זה מול זה.[26]

רמיזה אחרונה המחזקת את ההבנה הזאת של מעשיו של מרדכי מבוססת, שוב, על דמיון לשוני לסיפור יוסף. המגילה מתארת כיצד מרדכי נחקר על שלא כרע ולא השתחווה (אסתר ג׳):

הזאת של הסיפור. השוו: בבלי מגילה יג ע״א. ראו לדוגמה: הרב א׳ וולפיש, דברי שלום, עמ׳ 117–118; הרב י׳ מדן, ומרדכי לא יכרע, עמ׳ 155–163.

26. יש שראו בהמן כוהן דת (לדוגמה עולם התנ״ך, אסתר, עמ׳ 89–90) או מייצג ועובד האל הזר (לדוגמה מ׳ מרגליות, המאבק הסמוי, עמ׳ 296–300). אחרים רואים בו הגורם האלילי עצמו (כגון י׳ קויפמן, תולדות, ח, עמ׳ 446; י׳ גרוסמן, בין משתה לצום, עמ׳ 81–91). הפלת הפור ״לפני המן״ מטה את הכף לאפשרות השנייה.

(ג) וַיֹּאמְרוּ עַבְדֵי הַמֶּלֶךְ אֲשֶׁר בְּשַׁעַר הַמֶּלֶךְ לְמָרְדֳּכָי מַדּוּעַ אַתָּה עוֹבֵר אֵת מִצְוַת הַמֶּלֶךְ: (ד) וַיְהִי **כְּאָמְרָם אֵלָיו יוֹם וָיוֹם וְלֹא שָׁמַע אֲלֵיהֶם** וַיַּגִּידוּ לְהָמָן לִרְאוֹת הֲיַעַמְדוּ דִּבְרֵי מָרְדֳּכַי כִּי הִגִּיד לָהֶם **אֲשֶׁר הוּא יְהוּדִי**.

יש שיראו בדברי מרדכי ש"הוא יהודי" רמז לגאווה לאומית, מול המן "האגגי". אבל לתבנית שבה בחרו לצקת את השיחה הזאת לתוכה יש משמעות רבה יותר. היא רומזת לשיחה בין אשת פוטיפר ליוסף (בראשית ל"ט):

(ט) אֵינֶנּוּ גָדוֹל בַּבַּיִת הַזֶּה מִמֶּנִּי וְלֹא חָשַׂךְ מִמֶּנִּי מְאוּמָה כִּי אִם אוֹתָךְ בַּאֲשֶׁר אַתְּ אִשְׁתּוֹ וְאֵיךְ אֶעֱשֶׂה הָרָעָה הַגְּדֹלָה הַזֹּאת **וְחָטָאתִי לֵאלֹהִים**: (י) וַיְהִי **כְּדַבְּרָהּ אֶל** יוֹסֵף **יוֹם יוֹם וְלֹא שָׁמַע אֵלֶיהָ** לִשְׁכַּב אֶצְלָהּ לִהְיוֹת עִמָּהּ.

יוסף מסרב להפצרותיה של אשת פוטיפר, ומנמק זאת בבירור כחטא לה'. השוואת הפצרות עבדי המלך להפצרותיה של אשת פוטיפר גוררת איתה גם את המשמעות של הסירוב. "כי הוא יהודי" הוא תחליף ורמיזה ל"וחטאתי לאלוהים".

ההבנה כי התגובות למאורעות היום הן דתיות, וכן שהמאבק שמתואר במגילה הוא מאבק דתי, קוראת לנו לראות גם את ההצלה כבעלת ערך דתי, ולא רק פיזי. כך ניתן לראות את ההבנה הדתית מחלחלת אל מהנדסי ההשמדה ההמונית – המן וזרש (אסתר ו'):

(יג) וַיְסַפֵּר הָמָן לְזֶרֶשׁ אִשְׁתּוֹ וּלְכָל **אֹהֲבָיו** אֵת כָּל אֲשֶׁר קָרָהוּ וַיֹּאמְרוּ לוֹ **חֲכָמָיו** וְזֶרֶשׁ אִשְׁתּוֹ אִם מִזֶּרַע הַיְּהוּדִים מָרְדֳּכַי אֲשֶׁר הַחִלּוֹתָ לִנְפֹּל לְפָנָיו לֹא תוּכַל לוֹ כִּי נָפוֹל תִּפּוֹל לְפָנָיו.

זרש והאוהבים, שהופכים להיות ה"חכמים", אומרים להמן שלמעשה הסוס היה ערך משמעותי מעבר ל'הפסד הנקודתי' למרדכי,[27] והוא התחיל תהליך. החכמים הללו, הם לא סתם חכמים בדיעבד, ויש לראות בהם אנשי מאגיה וכישוף, כפי שעולה מאזכור

27. נשים לב שהביטוי "ככה יעשה לאיש" בפסוק (אסתר ו' ט, יא): "כָּכָה יֵעָשֶׂה לָאִישׁ אֲשֶׁר הַמֶּלֶךְ חָפֵץ בִּיקָרוֹ" דומה מאוד לנאמר בטקס החליצה (דברים כ"ה ט): "כָּכָה יֵעָשֶׂה לָאִישׁ אֲשֶׁר לֹא יִבְנֶה אֶת בֵּית אָחִיו". אפשר שיש בכך רמז, שלמרות המעמד המכובד למרדכי, בטקס זה יש ממד של השפלה, כמו בחליצה, להמן. השוו: ד' הנשקה, מגילת אסתר, עמ' 104.

החכמים בתחילת המגילה (א׳ יג): "וַיֹּאמֶר הַמֶּלֶךְ **לַחֲכָמִים יֹדְעֵי הָעִתִּים** כִּי כֵן דְּבַר הַמֶּלֶךְ לִפְנֵי כָּל יֹדְעֵי דָּת וָדִין".[28]

חלק מההישג של סיפור המגילה הוא לא רק הצלת היהודים מכליה אלא גם ההכרה של המן, זרש והחכמים שיש כוחות גדולים המסבבים את הסיפור.[29] נראה שהתובנה הזו מחלחלת גם למעגלים נוספים, וכפי שמתארת המגילה את תוצאות מאמציה של אסתר (פרק ח׳):

(יז) וּבְכָל מְדִינָה וּמְדִינָה וּבְכָל עִיר וָעִיר מְקוֹם אֲשֶׁר דְּבַר הַמֶּלֶךְ וְדָתוֹ מַגִּיעַ שִׂמְחָה וְשָׂשׂוֹן לַיְּהוּדִים מִשְׁתֶּה וְיוֹם טוֹב וְרַבִּים מֵעַמֵּי הָאָרֶץ מִתְיַהֲדִים **כִּי נָפַל פַּחַד הַיְּהוּדִים עֲלֵיהֶם.**

אפשר לראות בפסוק זה מהפך במעמד היהודים, ואף ניצנים של אנטישמיות, שאם היהודים עולים ממילא הם יפגעו בכל מי שלא יהודי. ובכל זאת, בין השורות מבצבצת הבנה אחרת, שפחד היהודים הוא רמז לפחד אחר, שמופיע בפסוק הנרמז (שמות ט״ו):[30]

(טז) **תִּפֹּל עֲלֵיהֶם** אֵימָתָה **וָפַחַד** בִּגְדֹל זְרוֹעֲךָ יִדְּמוּ כָּאָבֶן עַד יַעֲבֹר עַמְּךָ ה׳ עַד יַעֲבֹר עַם זוּ קָנִיתָ.

נפילת הפחד "עליהם" היא תוצר של מהלך אלוהי, ומי שרואה את המציאות ומבין את ההקשרים הרחבים והרמיזות הדקות ידע לעמוד עליו.[31]

בהמשך נאמר שאת חגיגות הפורים (ט׳ כז): "קִיְּמוּ וְקִבְּלוּ הַיְּהוּדִים עֲלֵיהֶם וְעַל זַרְעָם וְעַל **כָּל הַנִּלְוִים עֲלֵיהֶם**". כמו הערב רב שעלה עם ישראל ממצרים,[32] כך

28. ידיעת העיתים היא אסטרולוגיה. כך דעת ראב״ע שם. ראו לעיל, הערה 26. וכן נ׳ ארדט, על חילוניותה, עמ׳ 229; הרב י׳ אריאל, מור והדס, עמ׳ 395; ע׳ חכם, אסתר, על ו׳ יג.
29. השוו: הרב א׳ וולפיש, דברי שלום, עמ׳ 120.
30. קשרים נוספים בין סיפור המגילה לסיפור ההצלה ביציאת מצרים בא לידי ביטוי גם בצמד התאריכים י״ד-ט״ו. השוו: ד׳ הנשקה, מגילת אסתר, עמ׳ 106.
31. השוו (אסתר ט׳ ב): "וְאִישׁ לֹא עָמַד לִפְנֵיהֶם כִּי נָפַל פַּחְדָּם עַל כָּל הָעַמִּים" לפסוק הסיכום של הכיבוש והנחלה בספר יהושע (כ״א מב): "וְלֹא עָמַד אִישׁ בִּפְנֵיהֶם מִכָּל אֹיְבֵיהֶם אֵת כָּל אֹיְבֵיהֶם נָתַן ה׳ בְּיָדָם". והשוו לקרי ולכתיב בפסוק זה במגילת אסתר (ודיון של הרב מ׳ ברויאר, מקראות).
32. שמות י״ב לח. השוו זכריה ב׳ טו.

במעמד זה נלוו רבים על היהודים, לא מתוך התחפשות ליהודים ("מתיהדים") אלא מתוך שותפות בגורלם.

וכך מסכם י' גרוסמן:

> אם בקריאה ראשונה של המגילה נראה היה כי 'סיפור חולין' לפנינו, הרי מתברר כי מלחמת תרבות רמוזה בין קורות המגילה. מאבק בין תרבות של משתאות יין (שהשמחה, כאמור, נעדרת מהם), ובין תרבות של צום ותשובה; בין תרבות שבה האדם מגלה את הגורל וכך שולט בעתיד לקרות, ובין תרבות המאמינה בא־ל השומע זעקת דלים ובוחן את ברואיו לפי מעשיהם.[33]

אם נסכם את אירועי המגילה אפשר להציג אותם כך: היהודים עולים לגדולה, שמם גדל בעולם, אבל הם משמרים את עצמם כחוג אינטימי שיש בו בדיחות פנימיות. ה' מתערב באופן נסתר בעלילה, והעלילה אכן מסתירה את נוכחותו, אבל רומזת עליה בעדינות, תוך שהיא מתייחסת לנאמנות לה', ולהשפעתו בעולם. היהודים, בסופו של דבר, מייצגים את הקב"ה, אבל רק בעבור מי שמוכן לראות את הקב"ה עומד מאחוריהם. החכמים רואים את זה, עמי הארץ מבינים את זה. אבל רק מי שנכנס למעגל הפנימי מפנים זאת.[34]

נשאר לנו לברר אם זהו סיפור של הסתר פנים או של נוכחות אלוקית. נראה שהתשובה לכך היא שזה גם וגם: זהו אכן הסתר פנים, אבל כזה המזמין את הקוראים לגלות בתוכו קודים פנימיים ואינטימיות.[35] למעשה יש במגילה שני מהלכים: בעולם של הסתר פנים שבו אין נבואה, המגילה מדריכה לשמוע את קולות התורה והנביאים בסיפורי החיים. יש כאן יצירה חדשה שבה השפה האלוקית והמקודשת ממשיכה מהעולם הקודם לעולם החדש שבו שוררת מציאות של חולין. נוסף לכך, ריבוי המשמעות של לשון המגילה קורא לחזור אל התורה ולפענח גם בה את ריבוי המשמעויות שלה, כפי שנראה מיד.

לצד זאת, הבחירה לתאר את אירועי ההווה ולרמוז לאירועי העבר היא גם בחירה לייצר תקשורת חדשה בהווה. הבחירה לכתוב את סיפור ההצלה תוך שימוש

33. בין משתה לצום, עמ' 91.
34. ראו גם הרב א' וולפיש (דברי שלום, עמ' 121–122).
35. שמעתי מהרבנית ח' גודינגר (דרייפוס) שגם בחלוקת החגיגה לשני תאריכים יש ממד אינטימי, בדגש על בניית הקהילה.

במקורות עתיקים היא דרך לייצר קהילה סביב אותם כתבי הקודש. אומנם היהודים בפרס לא עלו לארץ ישראל בקריאתו של כורש, ובחרו להישאר בגולה, אך הם לא ניתקו את עצמם ממקור הקדושה. הקדושה בחייהם באה לידי ביטוי בטקסטים שמהווים תשתית לחיים הללו, גם אם הם לא חוזרים ובונים את בית המקדש. לימים עזרא הסופר[36] מגיע מאותה גולה ומחבר בין עולם הקדושה שנובע מבית המקדש לעולם שהקדושה שלו נובעת מהספרים.

עיוני דרשה

וכלים מכלים שונים – בין בית המלך לבית המקדש

דע מאין באת – לאחר שראינו את הרמיזות של פסוקי המגילה לפסוקים קודמים, רמיזות שמעניקות לטקסט משמעות חדשה ורב ממדית, לא נתפלא שחז"ל דרשו באופן דומה את הפסוקים. הם חידדו את המסרים הללו ופענחו מילים רבות יותר כמכילות משמעויות נסתרות. כך מצאנו למשל שהמלך שנדדה שנתו הוא, על פי מדרשי חז"ל, 'מלכו של עולם'.[37] העץ שהמן הכין למרדכי מתפרש אצל חז"ל כעץ שהמן הכין לו, לעצמו.[38] בהמשך הפרק אתמקד בנושא אחד, והוא המקום שבית המקדש תופס במדרשי חז"ל על המגילה.

לפי מדרשי חז"ל, אחשורוש לובש את בגדי הכוהן הגדול במשתה,[39] "וְכֵלִים מִכֵּלִים שׁוֹנִים" הם כלי המקדש.[40] השימוש בהם במשתה כמוהו כקריאת תיגר על הבטחת ה' לבניית המקדש. שבעת הסריסים "רואי פני המלך" מקבילים לפי חז"ל לשבע פעולות בתהליך הקרבת הקורבנות כשישראל באים "לֵרָאוֹת אֶת פְּנֵי ה' אֱלֹהֶיךָ" (שמות ל"ד כד). שקלי ישראל, שנתרמים לטובת עבודת המקדש, הם התרופה לשקלים שהמן שוקל עבור אחשורוש.[41]

36. הן לפי הכרונולוגיה של חז"ל והן לפי הכרונולוגיה המקובלת על ההיסטוריונים, עזרא הסופר עלה לארץ מפרס לאחר סיפור המגילה.
37. בבלי מגילה טו ע"ב.
38. בבלי מגילה טז ע"א.
39. בבלי מגילה יב ע"א, על בסיס ההשוואה בין אסתר א' ד: "בְּהַרְאֹתוֹ אֶת עֹשֶׁר **כְּבוֹד** מַלְכוּתוֹ וְאֶת יְקָר **תִּפְאֶרֶת** גְּדוּלָּתוֹ" לבין שמות כ"ח ב: "וְעָשִׂיתָ בִגְדֵי קֹדֶשׁ לְאַהֲרֹן אָחִיךָ **לְכָבוֹד וּלְתִפְאָרֶת**".
40. אסתר א' ז; בבלי מגילה יא ע"ב – יב ע"א, על פי ההשוואה בין משתה אחשורוש למשתה בלשאצר (דניאל ה' א–ב), שם נאמר במפורש שהשתמשו בכלי המקדש.
41. בבלי מגילה יג ע"ב.

ולאן אתה הולך – מעבר לעובדה שחז"ל זיהו במגילה עצמה רבדים שונים של משמעות, תוך פיתוח רמזים אינטרטקסטואליים לשאר ספרי התנ"ך, נראה שמדרשים אלו מבטאים תפיסה מסוימת של המגמה הרעיונית של המגילה. הם רואים בסיפור המגילה מאבק נגד מלכו של עולם, שבא לידי ביטוי במאבק נגד מקדשו ששוכן בארץ, וכפי שזה בא לידי ביטוי במדרש (בבלי מגילה טו ע"ב):

'ויאמר לה המלך לאסתר המלכה מה בקשתך עד חצי המלכות ותעש' (אסתר ה' ג), חצי המלכות ולא כל המלכות, ולא דבר שחוצץ למלכות, ומאי ניהו [ומה הוא]? בנין בית המקדש.

מדרשי חז"ל מצביעים על ממד נסתר נוסף במגילה: המקדש. במדרשים נרמז כי זהו אחד מסלעי המחלוקת בין מלכות פרס ומדי ליהודים. אומנם לפי המחקר ההיסטורי המקדש כבר נבנה בשלב הזה,[42] ולפי זה היהודים שבחרו שלא לחזור לישראל הם שעיכבו את הגאולה והביאו על עצמם גזרות נוספות. עם זאת, חז"ל הבינו שלכל הפחות בנוגע לעיכוב בבניית המקדש, מלכי פרס שאחרי כורש היו אשמים, כפי שעולה מספר עזרא (ד' ה-כד). בכך הם כורכים את הגזרות נגד היהודים עם הגזרה נגד בניית המקדש, את המלחמה ביהודים במלחמה במלכו של עולם. מכל מקום, בעצם ההצגה הזאת יש גם המחשה כואבת למתח בין סיפור המגילה הגלותי, והיום טוב שנולד בעקבותיו, ובין החגים האחרים שהמקדש במרכזם. גם אם מלכות אחשורוש היא לא הגורם לכך שאין מקדש, העדרו נוכח בסיפור המגילה ובחג שנולד בעקבותיו.[43]

עיוני משנה

מסכת מגילה – שפה מגלה ומסתירה

ראינו בתנ"ך שלסיפור המגילה יש שפה חדשה־ישנה. שפתה והסגנון שלה מותאמים לקוראים שחיים בעולם תרבותי ומציאות היסטורית נוכחים וקיימים, אבל היא משתמשת בתבניות מוכרות מן העבר ובכך היא יוצקת תוכן רב משמעי לסיפור. באופן דומה, ניתן לתאר את מסכת מגילה במשנה. היא מייצרת חג חדש במציאות

42. ראו סיכום הטענות אצל ג"ח כהן, אסתר, עמ' 4-6.
43. השוו: י' גרוסמן, מגילת סתרים, עמ' 16-20.

היסטורית נוכחת וקיימת, אבל משתמשת בתבניות מוכרות מהעבר ומנסה להשתמש בהן כדי ליצוק תוכן רב משמעי לתוך המעשה ההלכתי.

"ועל כל הנלוים עליהם" – הנושאים במסכת והנושאים הנלווים אליה

התוכן של שני הפרקים הראשונים של המסכת מורכב. קשה לחשוב על מסכת נוספת שלתוכן ה'רשמי' של המסכת יש נפח קטן כל כך. רוב רובה של מסכת מגילה אינו עוסק בדיני קריאת מגילה בפורים. דיני קריאת מגילה (ואזכור קצר של מתנות לאביונים) מופיעים בחלק הראשון של פרק א' (משניות א-ד), ובחלק הראשון של פרק ב' (משניות א-ד). קריאות התורה של חודש אדר ושל פורים מוזכרות בשתי משניות בפרק ג' (משנה ד, ו) ודין נוסף בקריאת מגילה מוזכר במשנה הראשונה של פרק ד'. רוב המסכת מוקדש ל'נושאים נלווים'. עם זאת, כשנעיין בנושאים הללו ובאופן שילובם במסכת, נמצא מסר חשוב שנוגע לאופן שבו התמודדו חכמים עם חידוש ימי הפורים ועם הכתיבה של מגילת אסתר.

לאחר דיון קצר הקשור לזמני קריאת המגילה במקומות השונים, בפרק א' יש חטיבה שלמה שאינה קשורה לנושא המסכת והמאפיין החורז אותה הוא התבנית "אין בין... ל... אלא...".[44] החטיבה פותחת כך:

> [ד] קראו את המגילה באדר הראשון ונתעברה השנה קורין אותה באדר שני, **אין בין** אדר הראשון **לאדר** השני **אלא** קריאת המגילה ומתנות לאביונים.

כיוון שאפשר לעבר את השנה עד לראש חודש ניסן, יכול להיווצר מצב שבו חגגו את פורים, ואז עיברו את השנה ויש אדר נוסף.[45] כיוון שכך, המשנה משווה בין אדר ראשון לאדר שני לעניין הלכות הפורים, ומוזכרות במשנה קריאת מגילה ומתנות לאביונים.[46]

44. הראשונים שעסקו בכך (לדוגמה המאירי על המשנה) ובמחקר המשנה הקלאסי (לדוגמה ח' אלבק, מועד, עמ' 352, 357) רואים במשניות אלו חטיבה שנכנסה אגב גררא ובאופן אסוציאטיבי. לאור מלאכת המחשבת של המשנה כולה, ולאור העובדה שאת המשניות הללו היה ניתן לשלב במקומות אחרים בש"ס, ושמשניות דומות בעלות נוסח דומה לא זכו להיכנס למשנה, ורבות למשל שולבו בתוספתא המקבילה, נראה שיש לעמוד על הסבר משמעותי יותר לשילוב החטיבה הזאת כאן.

45. לפי הגמרא לא מעברים את השנה אחרי פורים, כי הציבור לא יסכים לכך לאחר תחילת הדרשות לפסח, ראו בבלי ראש השנה ז ע"א; סנהדרין יב ע"ב.

46. דין מתנות לאביונים מפותח מעט יותר בתוספתא פ"א ה"ד-ה"ה במהדורת ליברמן. זו המצווה

מכאן המשנה עוברת להשוואות נוספות מעין אלו:

[ה] **אין בין** יום טוב **לשבת אלא** אוכל נפש בלבד,
אין בין שבת **ליום** הכפורים **אלא** שזה זדונו בידי אדם וזה זדונו בכרת.

משנה זו משווה בין שבת ליום טוב ובין שבת ליום הכיפורים.[47]

[ו] **אין בין** המודר הנאה מחבירו **למודר** ממנו מאכל **אלא** דריסת הרגל וכלים שאין עושין בהן אוכל נפש,
אין בין נדרים **לנדבות אלא** שהנדרים חייב באחריותן ונדבות אינו חייב באחריותן.

משנה זו עוסקת בעולם הנדרים, הן בנדרי הנאה ומאכל והן בנדרים ונדבות שקשורים לקורבנות.[48] משנה זו קשורה לשונית למשנה הקודמת, שכן מעבר לתבנית "אין בין... ל... אלא", בשתי המשניות הללו מוזכר "אוכל נפש".

גם במשנה הבאה נמשכות ההשוואות:[49]

[ז] **אין בין** זב הרואה שתי ראיות **לרואה** שלוש **אלא** קורבן
אין בין מצורע מוסגר **למצורע** מוחלט **אלא** פריעה ופרימה ותגלחת וציפורים.

היחידה של פורים, חוץ ממקרא מגילה, שמוזכרת במשנה (פ"א מ"ג-מ"ד). אין זכר במשנה למשתה ושמחה או למשלוח מנות, שקשור למשתה. לדעת הרב פרופ' ד' הנשקה, מצוות הפורים, העם קיבל על עצמו את המשתה והשמחה, אך מסכת מגילה מתרכזת בתקנת חכמים לקרוא מגילה.

47. למרות התודעה של רבים, בשבת יש עונש מוות בידי אדם, שהוא חמור יותר מעונש כרת שביום הכיפורים.

48. בנדרי הנאה או מאכל, אדם אוסר נכסים שלו על אחרים או של אחרים עליו בנדר. המשנה משווה בין אדם שמודר הנאה כללית מאדם אחר ובין אדם שמודר ממנו רק ממאכל, שבמקרה כזה, למרות שדברים רבים נאסרים עליו, כי הם יכולים להוביל להנאה בתחום האוכל, לא הכול נאסר עליו. המשנה גם משווה בין נדרים לנדבות ואומרת שבשניהם אדם מקדיש קורבן אם כי באופן מעט אחר: בנדר אדם אומר "הרי עליי קורבן" ומתחייב להביא קורבן כלשהו, ובנדבה אדם מתנדב להביא בעל חיים מסוים כקורבן, "הרי זה קורבן".

49. העתקתי את הנוסח כאן מכת"י קאופמן. לנוסח הדפוס השתרבבה עוד השוואה שפוגעת בסימטריה של המשנה, כפי שנראה בהמשך.

הנושא המשותף במשנה זו הוא טהרה מטומאה. המשנה משווה בין שני סוגי טומאת זב ובין שתי דרגות של טומאת מצורע. גם משנה זו, כקודמתה, מתייחסת לקורבנות. במשנה הקודמת דובר על הקדשת קורבנות ובמשנה זו על הבאת קורבנות כחלק מתהליך הכפרה והטהרה.[50]

במשנה הבאה מובאת רק השוואה אחת:

[ח] **אין בין** ספרים **ל**תפילין ומזוזות **אלא** שהספרים נכתבין בכל לשון ותפילין ומזוזות אינן נכתבות אלא אשורית.
רבן שמעון בן גמליאל אומר אף בספרים לא התירו שיכתבו אלא יונית.

משנה זו עוסקת בהשוואה בין ספרי תורה לתפילין ומזוזות. ייתכן שלצורך איזון המשנה, שאין בה זוג, נוספה מחלוקת ודעה נוספת לתוך הדיון.

המשנה הבאה חוזרת למבנה הזוגי:

[ט] **אין בין** כהן משוח בשמן המשחה **ל**מרובה בגדים **אלא** פר הבא על כל המצות,
אין בין כהן משמש **ל**כהן שעבר **אלא** פר יום הכפורים ועשירית האיפה.

משנה זו משווה בין סוגים שונים של כוהנים. גם כאן יש קשר לעולם הקורבנות, והוא נוגע לקורבנות השונים שהכוהנים השונים מביאים. נציין שיש כאן אזכור של יום הכיפורים, שהוזכר גם במשנה הראשונה בחטיבה שלא הייתה קשורה לחודש אדר.

שתי משניות מביאות זוג שעוסק במקום הקרבת קורבנות:

[י] **אין בין** במה גדולה **ל**במה קטנה **אלא** פסחים.
זה הכלל כל שהוא נידר ונידב קרב בבמה וכל שאינו לא נידר ולא נידב אינו קרב בבמה.
[יא] **אין בין** שילה **ל**ירושלם **אלא** שבשילה אוכלים קדשים קלים ומעשר שני בכל הרואה ובירושלים לפנים מן החומה, וכאן וכאן קדשי קדשים נאכלים לפנים מן הקלעים. קדושת שילה יש אחריה היתר וקדושת ירושלים אין אחריה היתר.

50. אומנם אין לראות בציפורי המצורע קורבנות, אלא רק דמיון לקורבנות (כגון שעירי יום הכיפורים, וקיני זבים, זבות ויולדות), אבל התהליך כולו מאפשר אחר כך חזרה למקדש.

שתי המשניות האחרונות מפורטות יותר, אך גם בהן יש השוואה בין דברים שונים. הזוג האחרון עוסק במקומות קדושים: משנה י משווה בין במות שונות (מזבחות להקרבה בזמן שהיה מותר להקריב מחוץ לירושלים) ומשנה יא בין מקומות שונים שנבחרו על ידי ה' לשכן את שמו שם – שילה וירושלים. גם שתי המשניות הללו קשורות למשניות הקודמות תוך אזכור הנדרים והנדבות (כמשנה ו) ופעולת הראייה (כמשנה ז) לצד התייחסות כוללת להקרבת קורבנות.[51]

ניתן לראות שיש בפרק זה חטיבה ארוכה שהקשר שלה לנושא המסכת מקרי בהחלט. עם זאת, נראה שהכללת החטיבה הזאת במשנה נועדה לקדם רעיון. נשים לב שהחטיבה הזאת עוסקת הרבה בסוגים שונים של קדושה לפי הזוגות שראינו לעיל:

א. **קדושת הזמן** – היחס בין מועדים שונים (שבת, יום טוב, יום הכיפורים) שלכל אחד יש מרכיבים מיוחדים משל עצמו.
ב. **קדושה** שנובעת **מדיבור** – יש דרגות שונות של נדרים שמחילים איסורים מסוגים שונים או מחילים קדושה שיש לה מחויבויות שונות.[52]
ג. **קדושה** שנובעת **מטומאה** – המשנה מתארת סוגים שונים של טומאות ודרגות שונות של טומאה בסוגים השונים, עם זאת, היא גם מתמקדת באופנים שונים של היטהרות וכפרה (כולל קורבן).
ד. **קדושת הכתב** – המשנה משווה בין דרגות שונות של קדושת כתבי הקודש – ספרים, תפילין ומזוזות. המשנה הזאת חריגה שכן יש בה השוואה בודדת, ולא זוג. אפשר לראות בה 'בת זוג' של המשנה על קריאת המגילה באדר.
ה. **קדושת האדם** – המשנה משווה בין סוגים שונים של כוהנים בתפקידים שונים ובזמנים שונים.[53]

51. הרב ד"ר א' וולפיש, תקבולת במשנה, עמ' 74–78, גם עמד על הקשרים הללו בין המשניות (ועל עיקרי הדברים שבהמשך). הוא מוסיף שהזכרת החומה במשנה האחרונה שעוסקת בקדושת ירושלים קשורה להזכרת החומה במשנה הראשונה בפרק, העוסקת בזמני קריאת המגילה, בין היתר ב"ערים מוקפות חומה".
52. גם נדרי האיסור קשורים למושג הקדושה והמקדש, כפי שהראה מ' בנוביץ, נדר האיסור.
53. לדעת רש"י ורמב"ם, כוהן משוח בשמן המשחה מתייחס לבית הראשון (או לתקופה עד שיאשיהו גנז את שמן המשחה) וכוהן מרובה בגדים לבית השני. פרופ' צ"א שטינפלד, מרובה בגדים, מוכיח מהמקורות כי בזמן נתון היו יכולים להיות גם כוהן משיח וגם מרובה בגדים, ומסביר אחרת את ההבדלים ביניהם. מכל מקום, נראה שסוגי כוהנים אלו הם גם מאפיינים של תקופות שונות.

ו. **קדושת המקום** – המשנה מביאה מקומות שונים שקדושים ברמות שונות, ויש לכך השלכה על סוג עבודת ה' האפשרית בכל מקום ובכל זמן.

התחושה שעולה מתוך עיון בחטיבה הזאת, שנבחרה בקפידה,[54] היא שהמשנה מנסה לתאר עולם שיש בו רצף של קדושה. קדושה אינה בינארית אלא רצף שיש בו מגוון. אין דרגה אחת של קדושה בזמן, אלא לצד קדושת השבת עומדות קדושת יום טוב וקדושת יום הכיפורים. הדיבור יכול לייצר דרגות שונות של איסור ושל קדושה. גם בעולם הכהונה יש רצף של דרגות של קדושה, שלהן משמעויות הלכתיות שונות בהתאם לזמנים שונים. כך גם בקדושת הספרים יש רצף וכן בקדושת המקומות השונים לעבודת ה'.

יצירת רצף של קדושה, שגם משתנה ממקום למקום או מזמן לזמן, מאפשרת אלסטיות מסוימת בעולם ההלכתי, אלסטיות שתוכל להכיל בתוכה עוד דברים קדושים על הרצף. לצד יום טוב, יום הכיפורים ושבת, אפשר להוסיף גם את חג הפורים. לצד ספרים, תפילין ומזוזות, יש מקום נוח גם למגילה.[55] לצד עבודת ה' במקדש בירושלים, נמצא תקופות שבהן הותרה עבודה בשילה או בבמה שבחצר הבית של כל אדם, ואולי נוכל לייצר עבודת ה' מחדש גם בגלות. לצד הקדשת נדרים ונדבות, ויצירת איסורים בהבל פינו, נוכל להקדיש יום (או שניים) לה' שנייצר בו איסורים (הספד ותענית, לדוגמה) וחובות (כמו מקרא מגילה ומתנות לאביונים). וגם בחוץ לארץ, הטמאה,[56] אפשר לייצר מנגנונים של קרבה מחודשת אל הקודש.[57]

בפרק א' המשנה משתמשת בתבניות הקיימות כדי לייצר רצף ולאפשר יצירת תבניות חדשות. בפרק ב' המשנה חוזרת לאותן תבניות חדשות ואומרת: את החג החדש ואת התוכן החדש יוצקים לתבניות מוכרות.

54. ראו לעיל הערה 44.
55. ההשוואה בין ספרים מסוגים שונים עומדת בפני עצמה, בלי בן זוג, ונראה שזה נועד להבליט את ההשוואה הזאת דווקא במסכת שקרויה על שם טקסט שאנחנו רואים בו טקסט קדוש.
56. ראו יהושע כ"ב יט; הושע ט' ג; עמוס ז' יז, ובחז"ל "טומאת ארץ העמים" (ראו אנציקלופדיה תלמודית, כרך ב, טור קצו ואילך, ערך 'ארץ העמים'; י' נאמן, ארץ העמים, ובמקורות המצוינים שם).
57. העובדה שיש רצף של קדושה לא בהכרח מאפשרת יצירת נקודה חדשה שאיננה על הרצף. עם זאת, המשנה מתייחסת לקדושת הבמות, שילה וירושלים, שלא נקבעו והוגדרו באופן חד משמעי בתורה. אלו קדושות שהתבררו במהלך ספרי הנביאים. התורה לא קובעת מהו המקום אשר יבחר ה', או שיהיו כמה מקומות כאלו. אף היתר הבמות שנדרש מהפסוקים בדברים י"ב מתברר בעיקר מתוך סיפורי הנביאים. ממילא יש רצף של קדושות שמתבררות לאחר נתינת התורה.

אחרי התייחסות לדינים שונים הנוגעים לאופן קריאת המגילה, המשנה מביאה (פרק ב'):

[ד] **אין קורין את המגילה** ולא מלין ולא טובלין ולא מזין וכן שומרת יום כנגד יום לא תטבול עד שתנץ החמה וכולן שעשו משעלה עמוד השחר כשר.
[ה] **כל היום כשר לקריאת המגילה** ולקריאת ההלל ולתקיעת שופר ולנטילת לולב ולתפלת המוספין ולמוספין ולוידוי הפרים ולוידוי המעשר ולוידוי יום הכפורים, לסמיכה, לשחיטה, לתנופה, להגשה, לקמיצה ולהקטרה, למליקה ולקבלה ולהזייה ולהשקיית סוטה ולעריפת העגלה ולטהרת המצורע.
[ו] כל הלילה כשר לקצירת העומר ולהקטר חלבים ואיברים.
זה הכלל דבר שמצותו ביום כשר כל היום דבר שמצותו בלילה כשר כל הלילה.

משניות ד-ה מתחילות בעיסוק בזמן קריאת המגילה – החל מהנץ החמה (ואף משיעלה עמוד השחר) עד סוף היום. גם כאן המשנה כוללת נושאים נוספים ומשווה בין זמני קריאת המגילה למצוות נוספות, כמעט כולן מעולם המקדש והמועדים.[58] למעשה משניות אלו כוללות את הלכות קריאת המגילה בהגדרות הלכתיות קיימות של מצוות שמצוותן מהנץ החמה, אבל כשרות כבר מעמוד השחר, מצוות שכל היום כשר לעשותן.[59]

משנה ו מתייחסת, לכאורה ללא הקשר, למצוות הלילה, ואולי רומזת שיש גם מעשים דתיים שכשרים בלילה, ואף זמנם בלילה. יש בכך רמז, אם כי לא מפורש, לקריאת המגילה של הלילה (שלא מוזכרת בפירוש במגילה).[60]

58. רק מילה יוצאת דופן, ונראה שגם למצווה זו הקשרים פולחניים המזכירים את עבודת המקדש, לכל הפחות במדרשים. לדוגמה ויקרא רבה כ"ז א.
59. לקובץ "אין בין... אלא..." שבסוף פרק א' ולקובץ דברים שמצוותם ביום שבפרק ב' ניתן להוסיף את המשנה (פ"א מ"ג) הקשורה למקרים שבהם מאחרים אירוע אם יש צורך, וגם שם הנושאים קשורים למקדש – חגיגה, הקהל, תשעה באב ועצי כוהנים.
60. חיוב קריאת המגילה בערב מופיעה במפורש רק בדברי האמוראים בתלמודים: בבלי מגילה ד ע"א וירושלמי מגילה פ"ב ה"ד. השוו: מסכת סופרים פי"ד הט"ו. ברשימת מצוות הלילה, קצירת העומר היא מעשה מצווה שמקדים את מצוות הקרבת העומר שלמחרת, בעוד שהקטרת חלבים ואיברים משלימה את הקרבת קורבנות היום הקודם. גם בפירוש הגמרא עולות שתי התייחסויות לקריאת המגילה בלילה: כהקדמה חשובה לשמחת היום, או כעומדת בצילה. ראו בבלי מגילה ד ע"א ובדברי התוספות (ד"ה 'חייב אדם') והשפת אמת על אתר.

וכלים מכלים שונים – המעבר מבית המקדש לבית הכנסת

החלק השני של המסכת, שאפשר להגדיר כמעט את כולו כנושא נלווה, עוסק בעולם של בית הכנסת.[61] פרק ג' עוסק ברצף של קדושות, הפעם בגבולין:[62]

> [א] בני העיר שמכרו רחובה של עיר לוקחין בדמיו בית הכנסת, בית הכנסת לוקחין תיבה, תיבה לוקחין מטפחות, מטפחות לוקחין ספרים, ספרים לוקחים תורה. אבל אם מכרו תורה לא יקחו ספרים, ספרים לא יקחו מטפחות, מטפחות לא יקחו תיבה, תיבה לא יקחו בית הכנסת, בית הכנסת לא יקחו את הרחוב. וכן במותריהן. אין מוכרין את של רבים ליחיד, מפני שמורידין אותו **מקדושתו**, דברי רבי יהודה. אמרו לו אם כן אף לא מעיר גדולה לעיר קטנה.

המשנה מייצרת מערך נוסף של קדושה, שלא הכרנו עד כה, במרחב שקרוב לבית, וגם בו יש היררכיה: רחובה של עיר – בית כנסת – תיבה – מטפחות – ספרים – תורה. המדרג בין ספרים לתורה מזכיר את המדרג שבפרק ב' בין ספרים לתפילין ומזוזות. את היררכיית הקדושה המשנה מייצרת במרחב חדש, קרוב לבית, בעולם שאין בו מקדש.

למרות זאת, ניתן לראות שהמשנה שואפת לחבר בין הקדושות הללו. וכך מופיע בהמשך:

> [ג] ועוד אמר רבי יהודה בית הכנסת שחרב אין מספידין בתוכו, ואין מפשילין בתוכו חבלים, ואין פורשין לתוכו מצודות, ואין שוטחין על גגו פירות ואין עושין אותו קפנדריא, שנאמר: **'והשימותי את מקדשיכם'** (ויקרא כ"ו לא) קדושתן אף כשהן שוממין. עלו בו עשבים לא יתלוש מפני עגמת נפש.

61. יש שסברו ששילוב הנושאים במסכת מגילה נעשה רק מטעמי נוחות בשל מיעוט החומר ההלכתי שנוגע לפורים. כך דעת ע"צ מלמד, פרקי מבוא, עמ' 132. באופן דומה, הרב י' שביב (קידושין, עמ' 39–40) סבור שלעיתים נוספו נושאים נלווים למסכתות כדי 'לעבות' אותן. ראו גם: ח' אלבק (מועד, עמ' 349). הרב פרופ' מ' סבתו, משנה מגילה, מתייחס למשמעות הרעיונית של שני הפרקים האחרונים במסכת מגילה באופן דומה לדבריי כאן. אומנם בנוגע לחטיבה שבפרק א', הרב סבתו סבור שנושאים אלו הובאו דרך אגב.

62. פרק זה מופיע בבבלי כפרק הרביעי. אפשר שהפרק הרביעי שפותח בדינים נוספים שקשורים לקריאת מגילה הוצמד לפרק השני בגלל הנושא המשותף.

ר׳ יהודה מתייחס לקדושת בית כנסת שחרב ומצטט פסוק שמתייחס לקדושת המקדש. כשם שהמקדש קדוש גם כשהוא שמם, כך גם בית הכנסת משמר את קדושתו למרות שהוא חרב. נראה שר׳ יהודה מפרש את לשון הרבים לא רק ככינוי למקדש אחד או לשניים, אלא לכל מקום שנהפך לקדוש, ובכך מאפשר את התפשטות קדושת המקדש אל מקומות נוספים.

המשך הפרק כבר עוסק בתוכן שיוצקים לבית הכנסת:[63] פרק ג׳ מתאר את הקריאות השונות בתורה במועדים השונים. בעוד פרק ב׳ כלל את קריאת המגילה ברצף **הטקסים** הקשורים לעולם המקדש, בפרק ג׳ יש הרחבה של **רצף הטקסטים** שקריאתם מלווה את לוח השנה, כך שיכללו גם חגים מהתורה (מ״ה) עם חגים מדרבנן (מ״ו)[64] והכנות כלליות שקשורות למעגל השנה (מ״ד). גם פרק ד׳ מביא את קריאת המגילה כחלק מהקריאה שבבית הכנסת (פ״ד מ״א).[65] אומנם המשנה מבחינה בין דיני קריאת המגילה לדיני קריאת התורה, אך היא גם מחברת ביניהם. המשנה ממשיכה לדון בדברים שבהם בית הכנסת משמעותי: תפילה וקריאת שמע, ברכת כוהנים ותרגום התורה בעת קריאתה.[66] בכך המשנה מבססת את מעמד בית הכנסת ועומדת על המשמעות הכוללת של בית הכנסת כמקום לעם לשמוע את דבר ה׳ בתורה, בנביאים ובכתובים, וכמקום לעם להשמיע את דברו כלפי ה׳ בתפילה. כמו כן, היא ממצבת את קריאת המגילה במסגרת הזאת. מחד גיסא, היא ממקמת את קריאת המגילה במסגרת הנורמטיבית והמקובלת של הקריאה בתורה. כפי שניתן לראות בגמרא, הכללת מגילת אסתר בכתבי הקודש לא הייתה מובנת מאליו.[67] מאידך גיסא, המגילה גם מתקשרת להיבט המשמעותי הנוסף של בית הכנסת, התפילה. הדים

63. השווה: הרב מ׳ סבתו, משנה מגילה.
64. הרעיון של קריאה בתורה לקראת המועדים מבוסס על הפסוק (ויקרא כ״ג מד): ״וַיְדַבֵּר מֹשֶׁה אֶת מֹעֲדֵי ה׳ אֶל בְּנֵי יִשְׂרָאֵל״ (מגילה פ״ג מ״ו; ספרא אמור פרשה יב פרק יז אות יב–יג). פסוק זה נאמר לגבי מועדי התורה, אבל מופיע כאן אחרי תיאור הקריאות מדרבנן. בכך המשנה מחברת בין הקריאות השונות ורומזת לתפיסה של הקריאות הטקסיות גם כקריאות הכנה לקראת החגים, וממילא של המגילה כהכנה וכהסבר לקראת חגיגות היום. ראו: ד׳ הנשקה, מצוות הפורים.
65. לדעת הרב פרופ׳ מ׳ סבתו (משנה מגילה, עמ׳ 123–124), הקריאות בתורה קדמו בזמן לתקנת קריאת המגילה (וראו דיון בדעות השונות שם).
66. רמז לקדושה שקשורה לתפילה מופיע בקדושה של רחובה של עיר, שלפי ר׳ מנחם ב״ר יוסי, נובעת מהתפילה שם בתעניות (בבלי במגילה כו ע״א).
67. ראו בבלי מגילה ז ע״א; ירושלמי מגילה פ״א ה״ה. לדעת הרב פרופ׳ מ׳ סבתו (משנה מגילה), הסיבה שדיני קריאת התורה באו יחד עם דיני קריאת המגילה נועדה לחזק את חובת קריאת המגילה, לצד הדגשת המעלה של קריאת התורה על פני קריאת המגילה. רמז לקשר שמצאו חכמים בין חג הפורים לתורה מופיע בתוכן הקריאה בתורה בפורים בפרשת עמלק (ובפרשת זכור לפני פורים).

לכך ניתן למצוא בדברי רב נחמן בבבלי (מגילה יד ע"א), שקריאת מגילת אסתר היא גם בבחינת אמירת ההלל של חג הפורים: "קרייתא זו הלילא".[68]

מקראות קודש

"סוף דבר הכל נשמע" – רציפות של ישן וחדש

כשעיינו בפסוקי המגילה ראינו שהסיפור העלילתי יצוק בתבניות של שפת התנ"ך. התבניות הללו, שהיו מוכרות לכותבים ולקהל הקוראים והשומעים, העניקו תוכן ומשמעות נוספים לסיפור. התבנית של פסוקים מוכרים וצירופי מילים ידועים אפשרה הבנה מחודשת של הסיפור שנכתב, יחד עם 'גרירת משמעות' ומסרים בעלי עומק. באופן כזה אפשר להמשיך את דבר ה' שמופיע בתורה ליצירה האנושית המתחדשת.

גם המשנה במסכת מגילה היא תוצר של מלאכת מחשבת. נראה שהמסכת הזו באה להתמודד עם בעיה מהותית בפורים. זהו חג חדש המנותק לחלוטין מהעולם של בית המקדש. כל החגים האחרים בלוח השנה העברי קשורים באופן מהותי למקדש – בין אם מדובר ברמה הפשוטה ביותר של עלייה לרגל, וחובות הקורבנות במקדש, שאף מלווים בהלל, ובין אם מדובר בסממנים השונים של החגים שהם בעלי משמעות במקדש, וגם בגבולין הם יונקים משם משמעות, כפי שהראינו במקומות אחרים בספר זה.

בניגוד גמור לכך, חג הפורים נולד בגלות, מתוך עולם מנותק מהמקדש ואין בדיניו דבר עם עולם המקדש. ואדרבה, הוא עומד במתח מול המקדש, לכל הפחות בדברי חז"ל. למרות שיש להניח שחגגו אותו אף כאשר בית המקדש כבר היה בנוי,[69] אפילו הלל אין בפורים. המוקד של חגיגת הפורים הוא במקום אחר – בבית הכנסת, בקריאת המגילה.[70]

כנגד שתי הפנים הללו של חג הפורים – ניתוק מהמקדש והעברת המוקד לבית הכנסת – באים החלקים השונים של המסכת. פרקים א'-ב' שמים את חג הפורים ברצף של קדושות ותבניות שלקוחות ממסגרות הקדושה שמעוצבות בתורה שבכתב, בבחינה מסוימת של 'דע מאין באת'. ואילו פרקים ג'-ד' מייצרים שפה חדשה ותבניות

68. המאירי (שם) מסיק שלפי ההסבר הזה מי שאין לו מגילה, יאמר הלל במקום.
69. ראו מגילת תענית, מהדורת ו' נעם, עמ' 119-120, בבלי מגילה ג ע"א.
70. קיום נוסף של החג הוא בבתים, בעריכת משתאות ובמשלוחי מנות. ההיבט הזה מודגש במגילה, אבל לא במסכת מגילה.

חדשות שרלוונטיות בעולם שאין בו מקדש, בבחינת 'לאן אתה הולך'. גם הן ממשיכות את התבניות הקודמות שעוסקות ברצף של קדושה, ומבססות את התבנית של ליווי טקסטואלי לכל אחד מן החגים המוכרים.[71]

שהחיינו וקיימנו

אחד הנושאים שמעסיקים אותי בעולם לימוד התורה הוא היחס בין תורה שבכתב לתורה שבעל פה. בין הפשט הכתוב למשמעות הרבה שהעמסנו עליו, בין 'כוונת המשורר' ו'כוונת המחוקק' ללשון הכתוב מחד גיסא, ובין ההתאמה שנעשית בכל דור ודור ולכל דור ודור מאידך גיסא.[72]

דווקא המגילה הגלותית, של משתאות והוללות, של פאר והדר ושל חניטת נשים, של מציאת חן ושל תליית אנשים על העץ, פותחת את הפתח לגשר על הפער שבין דברי אלוהים חיים לחיים עצמם. אם במגילה שעוסקת בשפלות האנושית (במשתאות וברציחות, במחיקת המחשבה ובמחיקת עם), ניתן לחזור ולשאוב השראה מפסוקי התורה, אפשר לשלב את דבר ה' בדברי הימים ואפשר לבנות תרבות אנשים יודעי תורה ודוברי שפתה במציאות חשוכה.

אם בימי מרדכי ואסתר, מחברי המגילה הצליחו לבנות רבדים שונים של משמעות, תוך וירטואוזיות לשונית, במגילה של הסתר, כמה וכמה רבדים ומשמעויות נוכל לחזור ולגלות בדבר ה' עצמו. ואם בימי המשנה הצליחו ליצוק תוכן חדש לפי תבניות קיימות של הלכה ומכוחן לייצר תבניות חדשות, כדי להמשיך מאורה של תורה למציאות תוך מלאכת מחשבת של ממש, בוודאי שגם הדורות הבאים יצליחו להשכיל בכך. הדורות הבאים יוכלו לחזור למקורות ולמצוא בהם השראה ותוכן מתחדש, לצד העמקת התוכן הקיים, וגם לבנות מתוכם תבניות חדשות להמשיך לעבוד את ה' במציאות המתפתחת.

71. ניתן להשוות זאת לאופן שבו תיקנו חכמים את כתובת בנין דכרין (בבלי כתובות נב ע"ב). מהתורה אישה אינה יורשת את אביה או את בעלה, אך חכמים חששו שאבות לא ייתנו נדוניה לבנותיהם, וכך הן לא יינשאו. כדי לעודד את נתינת חנדוניה, הבטיחו בכתובה שהכסף שהאישה הביאה עימה וכסף הכתובה יעברו בירושה לבנים שלה בלבד ולא לבנים שיש לבעל מאישה אחרת. המניע לתקנה היה מבוסס על התורה (חשיבות הנשואין), וגם נוצק לתבניות של תורה, על ידי שהצמידו את הדין לדיני הכתובה והירושה, ווידאו שזה לא יבוא על חשבון דין תורה של חלוקת נחלות. בכך יצקו דין חדש, המבטא רעיון שכבר קיים בתורה, בתבניות מוכרות.

72. השוו: הרב א' וולפיש, דברי שלום, עמ' 115, 135.

לצד התפתחות התורה שבעל פה בסיפור המגילה, אפשר לראות גם את התפתחות הקהילה.[73] כדי לייצר חג קהילתי מחד גיסא, אבל שחוגגים לכל אורך האימפריה הפרסית מאידך גיסא, צריך לדבר בשפה שמחברת בין אנשים. היכולת לחבר בין הקהילות השונות ולהבדיל בינם ובין הגויים הסובבים אותם, התבססה על מקורות תרבות והשראה משותפים. באופן אירוני, נראה שכשכולם מדברים 'שפה אחת', ו'דברים אחדים', אפשר לבנות משהו חדש גם בתוך בליל של שפות. בציבוריות של ימינו, אני לפעמים מרגישה שהשפה הזאת חסרה. ככל שנרחיב את המקורות התרבותיים שמהם אנחנו שואבים, כך נוכל לייצר שפה משותפת. היו פעמים בעבר שהתלבטתי עד כמה חשוב שאנשים שאינם שומרי תורה ומצוות ילמדו תורה, ואם אנחנו מעדיפים בורים או אפיקורסים. ככל שהזמנים נוקפים, נראה לי קריטי שעם ישראל כולו יוכל לדבר בינו לבין עצמו על פי מקורות משותפים ועל בסיס היסטוריה והשראה משותפות.

73. המשנה במסכת מגילה דווקא (פ"ד מ"ג) היא זאת שמגדירה את הצורך במניין לטקסים שונים בבית הכנסת.

פרק יז

פסח בערב או ערב פסח?

יש משפחות שאצלן "פסח" מתחיל מפורים, המהדרות מתחילות בט"ו בשבט, המהדרות מן המהדרות בחנוכה ואחרות חיות בתודעה תמידית של "פסח". גם מבחינת ההכנה הרוחנית לחג יש דעות שונות: האם מתחילים שלושים יום קודם החג, בעיצומה של סעודת הפורים לכאורה,[1] או שמא רק שבועיים קודם הפסח.[2] בשל תודעת הפסח הממשמשת ובאה, היו שקבעו שאי אפשר לעבר את השנה אחרי פורים, כי העם לא ישתף פעולה.[3] בגמרא הדבר מיוחס לכך שכבר מתחילים לדרוש בהלכות הפסח, אבל יש להניח שגם מסיבות אחרות יהיה אפשר לקבוע שלא חוזרים למשלוחי מנות אחרי התחלת הניקיונות.

אז מתי בעצם מתחיל "פסח"? ומה התאריכים החשובים בחג הזה?

בפרק זה נתרכז בעיקר במקום של י"ד בניסן במועד הזה. ננסה לראות מה התורה וחכמים אומרים על מערכות הזמנים של המועד הזה בכלל וי"ד בניסן בפרט.

1. ראו: בבלי שבת יט ע"א; בבלי פסחים ו ע"א; והשוו: הרב א' כי טוב, ספר התודעה, עמ' שלא.
2. בבלי פסחים ו ע"א-ע"ב. הכנה של שלושים יום קודם החג נלמדת ממשה, שעמד בפסח ראשון והזהיר על פסח שני; הכנה של שבועיים נלמדת מפסח מצרים או מפסח מדבר, שם משה הוזהר והזהיר על הפסח בראש חודש.
3. בבלי ראש השנה ז ע"א; סנהדרין יב ע"ב.

עיוני מקרא

לוח הזמנים בפסוקים

התורה משרטטת לוח זמנים מפורט בכל הנוגע לפסח מצרים. נעקוב אחרי הזמנים השונים ומשמעותם (שמות י"ב):

(א) וַיֹּאמֶר ה' אֶל מֹשֶׁה וְאֶל אַהֲרֹן בְּאֶרֶץ מִצְרַיִם לֵאמֹר: (ב) **הַחֹדֶשׁ הַזֶּה לָכֶם רֹאשׁ
חֳדָשִׁים** רִאשׁוֹן הוּא לָכֶם לְחָדְשֵׁי הַשָּׁנָה: (ג) דַּבְּרוּ אֶל כָּל עֲדַת יִשְׂרָאֵל לֵאמֹר
בֶּעָשֹׂר לַחֹדֶשׁ הַזֶּה וְיִקְחוּ לָהֶם אִישׁ שֶׂה לְבֵית אָבֹת שֶׂה לַבָּיִת... (ו) וְהָיָה לָכֶם
לְמִשְׁמֶרֶת **עַד אַרְבָּעָה עָשָׂר יוֹם לַחֹדֶשׁ הַזֶּה** וְשָׁחֲטוּ אֹתוֹ כֹּל קְהַל עֲדַת יִשְׂרָאֵל
בֵּין הָעַרְבָּיִם... (ח) וְאָכְלוּ אֶת הַבָּשָׂר **בַּלַּיְלָה הַזֶּה** צְלִי אֵשׁ וּמַצּוֹת עַל מְרֹרִים
יֹאכְלֻהוּ... (י) וְלֹא תוֹתִירוּ מִמֶּנּוּ **עַד בֹּקֶר** וְהַנֹּתָר מִמֶּנּוּ עַד בֹּקֶר בָּאֵשׁ תִּשְׂרֹפוּ...
(יב) וְעָבַרְתִּי בְאֶרֶץ מִצְרַיִם **בַּלַּיְלָה הַזֶּה** וְהִכֵּיתִי כָל בְּכוֹר בְּאֶרֶץ מִצְרַיִם...
(יד) וְהָיָה **הַיּוֹם הַזֶּה** לָכֶם לְזִכָּרוֹן וְחַגֹּתֶם אֹתוֹ חַג לַה' לְדֹרֹתֵיכֶם חֻקַּת עוֹלָם תְּחָגֻּהוּ.
(טו) **שִׁבְעַת יָמִים** מַצּוֹת תֹּאכֵלוּ **אַךְ בַּיּוֹם הָרִאשׁוֹן** תַּשְׁבִּיתוּ שְּׂאֹר מִבָּתֵּיכֶם כִּי כָּל
אֹכֵל חָמֵץ וְנִכְרְתָה הַנֶּפֶשׁ הַהִוא מִיִּשְׂרָאֵל **מִיּוֹם הָרִאשֹׁן עַד יוֹם הַשְּׁבִעִי**.

לאורך הפסוקים הללו ניתן לזהות כמה תחנות שראויות לציון: הראשון לחודש הראשון – שבו מתחיל החודש שיהפוך לחודש הראשון לחודשי השנה. אפשר גם שאז נאמר למשה הציווי על הדינים השונים;[4] בעשור לחודש אמורים כבר לקחת את השה לצורך קורבן הפסח;[5] בי"ד בניסן בין הערביים שוחטים את הקורבן; בלילה אוכלים אותו, עד הבוקר, ואז שורפים את מה שנותר; ומט"ו עד כ"א בניסן יש חג של שבעת ימים שנקרא חג המצות.

מפסוקים אלו אפשר להתלבט מה מקומו של י"ד בניסן. האם כמו היום העשירי, ואולי גם הראשון, בחודש שמשמשים הכנה לחג, כך גם יום י"ד הוא הכנה לערב, דהיינו הקרבת הקורבן, או שמא ליום הזה יש משמעות בפני עצמו?

כשבאים לענות על השאלה הזאת שני דברים עולים מהפסוקים הללו. הראשון הוא פסוק י"ד, שבו נאמר: "וְהָיָה **הַיּוֹם הַזֶּה** לָכֶם לְזִכָּרוֹן וְחַגֹּתֶם אֹתוֹ חַג לַה' לְדֹרֹתֵיכֶם

4. ראו רש"י ורד"צ הופמן על אתר בעקבות המדרש בבבלי ראש השנה כ ע"א (וראו גם לעיל הערה 2).

5. אומנם התואר "קורבן" אינו מופיע בפסוקים אלו, ומופיע לראשונה בבמדבר ט' ז.

חֻקַּת עוֹלָם תְּחָגֻּהוּ". פסוק זה מופיע בתווך בין התיאור שנוגע לקורבן הפסח – שחיטתו בי"ד בין הערביים, אכילתו בלילה ושריפתו בבוקר, ובין הציווי על שבעת ימי חג המצות. האם היום הזה הוא י"ד או ט"ו? איזה יום צריך להיות לזיכרון וצריך לציין אותו כחג לה'?[6]

שאלת המשך לשאלה זו היא על איזה "יום ראשון" מדובר בפסוק טו: "אַךְ **בַּיּוֹם הָרִאשׁוֹן** תַּשְׁבִּיתוּ שְּׂאֹר מִבָּתֵּיכֶם". האם זה י"ד בניסן או ט"ו בו?

מחלוקת הפרשנים איזה יום חוגגים

כיוון שפסוקי התורה עצמה עמומים ולא חד משמעיים, פרשני המקרא נחלקו בפירושם. נביא לדוגמה את מחלוקת רש"י ואבן עזרא בהבנת המילים "והיה **היום הזה** לכם **לזכרון** וחגתם אותו". על איזה יום מדובר?

רש"י כותב (שמות י"ב יד):

> וחגתם אתו – יום שהוא לך לזכרון אתה חוגגו. ועדיין לא שמענו אי זהו יום הזכרון, תלמוד לומר '**זכור** את **היום הזה** אשר יצאתם' (שמות י"ג ג), למדנו **שיום היציאה הוא יום של זכרון**. ואיזה יום יצאו, תלמוד לומר 'ממחרת הפסח יצאו' (במדבר ל"ג ג), הוי אומר יום חמישה עשר בניסן הוא של יום טוב, שהרי ליל חמישה עשר אכלו את הפסח ולבקר יצאו.

לדעת רש"י חוגגים את היום שיוצאים ממצרים, ט"ו בניסן, וליל ט"ו הוא הלילה הראשון של החג המדובר. נשים לב כי לרש"י ה'חג' הוא במובן של יום טוב ואיסור מלאכה. ממילא, גם "היום הראשון" צריך לכאורה להתייחס ליום הזה, יום ט"ו.[7]

לעומת זאת לפי ראב"ע מדובר על יום אחר (הפירוש הקצר לשמות י"ב יד):

> והיה היום הזה – אחר שאמר 'בלילה הזה', שהוא יום חמשה עשר, אמר כי היום הזה שאמרתי לכם, ואעפ"י שאמר הזה קודם אותו היום. כן דרך המקרא. ולא צוה לשמור חג המצות עתה במצרים, גם לא במדבר, כי אין להם לחם. **רק**

6. הרב מ' ברויאר, פרקי מועדות, א, עמ' 93–109 הקדיש לכך דיון נרחב. בחלק מן הדברים הבאים תימצא הקבלה לדבריו.
7. המכילתא דר' ישמעאל (מסכתא דפסחא פרשה ז ד"ה והיה היום) מתלבטת בכך, ומשתמשת בביטוי "עדין הדבר שקול". דעת רש"י היא בעקבות הכרעת המכילתא דר"י. ודברים דומים, אם כי פחות ברורים, מופיעים במכילתא דרשב"י י"ב יד.

שמרו חג הפסח לבדו כאשר עשו במצרים, על כן אמר יהיה יום שלכם זכרון לדורותיכם, כי ביום ט"ו מניסן הלכו בדרך, והוא יום מקרא קדש.

לדעת ראב"ע, את י"ד בניסן צריך לחגוג, והוא אף קורא לו "חג הפסח".[8] יום הקרבת קורבן הפסח הוא יום בעל משמעות עצמית. אפשר שזה משום שבו נעשית הפעולה האקטיבית של ישראל בתהליך היציאה ממצרים,[9] שהניעה את התהליך. אפשר גם שהקרבת קורבן הפסח היא הברית הראשונה בין עם ישראל לקב"ה, ואכילת הקורבן רק משלימה את כריתת הברית.[10] מכל מקום, ליום עצמו יש משמעות, ולא רק כהכנה ליום היציאה בט"ו בניסן. בהמשך לכך, אפשר שהתורה מתייחסת באופן עצמאי ל"יום הראשון", שהוא החג עליו דובר, וביום הזה משביתים את החמץ.[11]

ההתלבטות על האופי של היום קיימת גם בפסוקים נוספים שעוסקים ביום הזה. בפרשת המועדות בויקרא כ"ג נאמר:

(ד) אֵלֶּה מוֹעֲדֵי ה' מִקְרָאֵי קֹדֶשׁ אֲשֶׁר תִּקְרְאוּ אֹתָם בְּמוֹעֲדָם: (ה) בַּחֹדֶשׁ הָרִאשׁוֹן **בְּאַרְבָּעָה עָשָׂר לַחֹדֶשׁ בֵּין הָעַרְבָּיִם פֶּסַח לַה'**: (ו) **וּבַחֲמִשָּׁה עָשָׂר יוֹם** לַחֹדֶשׁ הַזֶּה חַג **הַמַּצּוֹת לַה'** שִׁבְעַת יָמִים מַצּוֹת תֹּאכֵלוּ: (ז) בַּיּוֹם הָרִאשׁוֹן מִקְרָא קֹדֶשׁ יִהְיֶה לָכֶם כָּל מְלֶאכֶת עֲבֹדָה לֹא תַעֲשׂוּ: (ח) וְהִקְרַבְתֶּם אִשֶּׁה לַה' **שִׁבְעַת יָמִים** בַּיּוֹם הַשְּׁבִיעִי מִקְרָא קֹדֶשׁ כָּל מְלֶאכֶת עֲבֹדָה לֹא תַעֲשׂוּ.

פסוקים אלו מזכירים הן את הפסח בי"ד בניסן בין הערביים והן את חג המצות החל מיום ט"ו. גם פסוקים אלו סובלים פירושים שונים. מחד גיסא, ניתן לראות שהשם של יום י"ד הוא "פסח לה'", השונה משבעת הימים שמט"ו ואילך, המכונים "חג המצות לה'". מכאן ניתן לעמוד על היום הזה כבעל משמעות בפני עצמו, כדעת

8. השוו: פילון, על החוקים ב, 145, 150, עמ' 50–52, והוא מחלק בין השניים וקורא לי"ד בניסן "חג המעבר".
9. לדוגמה: מכילתא דר' ישמעאל מסכתא דפסחא פרשה ה ד"ה וראיתי את הדם.
10. כריתת ברית קשורה בתורה פעמים רבות להריגת בעלי חיים או הקרבתם. ראו לדוגמה: בראשית ט"ו ז–יח; שמות כ"ד ה–ח; ירמיהו ל"ד יח–כ. על המשמעות של קורבן הפסח כברית, ראו עוד בפרק הבא.
11. אין קשר הכרחי בין שתי המחלוקות הללו, וראו בדברי ראב"ע שם. ובכל זאת, הראייה של יום י"ד כיום בעל משמעות עצמאית מאפשרת לפרש ש"היום הראשון" הוא היום שדובר לראשונה, והוא היום שצריך להשבית בו את החמץ.

ראב"ע. כידוע, פסח שני חל בי"ד באייר (במדבר ט' יא). במקום אחד אף מוזכר, אף שבדרך אגב (שמות ל"ד כה): "לֹא תִשְׁחַט עַל חָמֵץ דַּם זִבְחִי וְלֹא יָלִין לַבֹּקֶר זֶבַח **חַג הַפָּסַח**", ומכאן משמע שהפסח, או לכל הפחות הקורבן שמקריבים בו, אכן קרוי חג.[12]

לעומת זה, בפסוקים שראינו כאן ובשמות י"ב רק "חג המצות" קרוי חג, וכך גם בתיאור של שלושת הרגלים בשמות כ"ג טו; ל"ד יח; דברים ט"ז טז. כלומר, כשהתורה מתייחסת לרגלים ולחובה לחוג או לחגוג בהם, היא מציינת רק את "חג המצות" ולא מזכירה "חג" בהקשר של פסח, כפי שאף רש"י כתב.

אם כן, למרות שהתורה נותנת לי"ד בניסן כותרת עצמאית, "פסח", המובחנת מהכותרת "חג המצות" לחג שמתחיל ביום ט"ו ונמשך שבעה ימים,[13] ישנה עמימות מסוימת ביחס ליום הזה, אם זהו יום שבו רק מקריבים קורבן, אבל לא יותר מזה, או שמא זה יום בעל משמעות עצמאית, חשובה וחגיגית.

עיוני משנה

הכרונולוגיה של המשנה ונקודת התחלה

ההתלבטות על מהות יום י"ד שראינו בפרשנים נובעת מעמימות הפסוקים ואף מהדהדת את ההתלבטות של חז"ל בסוגיה זו. כהרגלנו, נפנה למשנה ונתחיל במבנה של מסכת פסחים.

כמה מסכתות במשנה, במיוחד בסדר מועד, מסודרות לפי סדר כרונולוגי. מסכת שבת פותחת בהכנות לשבת ביום שישי,[14] דרך הכנת הנרות והדלקתם, חימום האוכל, הלבוש שמתאים לשבת, ועד לדיון בעיצומו של יום, באמצעות הגדרת המלאכות,

12. ראו הרב מ' ברויאר, פרקי מועדות, א, עמ' 95 (בניגוד לעמדת רד"צ הופמן לויקרא כ"ג ה). חז"ל קבעו שיש להקריב חגיגה בי"ד בניסן. ראו לדוגמה: משנה פסחים פ"ו מ"ג-מ"ד; בבלי פסחים ע ע"א. ראו גם דברי הימים ב ל"ה ז-יג. פרופ' י"ד גילת (פרקים, עמ' 129–133) סבור שאת חגיגת י"ד הקריבו עוד קודם חצות, ופרופ' י' תבורי (פסח דורות, עמ' 35–48) עומד על המהפך שחל במעמד החגיגה מחגיגה בעלת ערך עצמאי לחגיגה שמלווה את הקורבן כדי שייאכל על השובע. מהלך זה דומה לדואליות שאנו מוצאים גם בהיבטים אחרים של י"ד בניסן לאורך הפרק הזה.

13. לפי הרב ברויאר (פרקי מועד א, עמ' 96 ואילך) בחלק מהמקורות החגים הללו מתאחדים, כגון דברים ט"ז ב-ג; יחזקאל מ"ה כא.

14. המשנה הראשונה של המסכת יוצאת דופן ועוסקת בדיני הוצאה מרשות לרשות. ראו דיון במקומה של משנה זו, לעיל עמ' 10.

דווקא בפרק השביעי.[15] מסכת יומא פותחת ב"שבעה ימים" שקודם יום הכיפורים, מתקדמת לערב יום הכיפורים, ממשיכה בלילה ועוברת לעבודות היום.[16]

גם מסכת פסחים פותחת בדברים שעושים קודם הפסח (פרק א'):

[א] אור לארבעה עשר בודקים את החמץ לאור הנר...

המשנה פותחת באור לארבעה עשר, שבו בודקים את החמץ. פרק א' וחלקו הראשון של פרק ב' דנים בזמנים נוספים של בדיקת חמץ: בבוקר ארבעה עשר, בסוף זמן אכילה ובביעור החמץ באמצע יום י"ד. מאמצע פרק ב' ופרק ג' המסכת עוסקת בהכנות לערב, החל מהמצרכים הנדרשים להכנת המצות והמרור, והמשקים שבהם ניתן להשתמש כדי לסוך את קורבן הפסח, דרך הדברים שצריך להיזהר מהם במהלך הכנת האוכל ואפיית המצות.

מפרק ה' ואילך המשנה עוסקת בקורבן הפסח: זמני הקרבת התמיד, שכן את קורבן הפסח מקריבים אחרי קורבן התמיד, ואופן שחיטת קורבן הפסח והפשטתו לאחריו בפרק ה'; שחיטת קורבן הפסח כשי"ד בניסן חל בשבת בפרק ו'; צליית הפסח ודינים שונים הקשורים לאכילתו בפרק ז'; דיני החבורה שאוכלת את הפסח בפרק ח'; ודיני פסח שני ושאר תקלות בהליך הקרבת הקורבן בפרק ט'. ולבסוף בפרק י' המשנה מתארת את "ליל הסדר".

המסגרת הכרונולוגית של המשנה מתחילה מאור לי"ד בניסן, עוברת לבוקר, מתעכבת בחצות היום, עוברת לחלקו השני של היום, ומסתיימת בחצות הלילה של ליל הסדר. ויש לעיין בסדר זה: מדוע להתחיל את המסכת דווקא בנקודת הזמן הזו? ראינו לעיל אפשרויות שונות לתחום את דיני ה"פסח" – החל מראש חודש או מהיום העשירי, לדוגמה. ואם מתחילים ביום י"ד, מדוע לא להתחיל בין הערביים?

התשובה שהמסכת פותחת בליל י"ד מפני שאז בודקים את החמץ, מעלה שאלת המשך: מדוע בודקים את החמץ בליל י"ד? מהמשנה עצמה קשה לענות על שאלה זו.

הכרונולוגיה של פסח – בין בדיקת חמץ למנהגי איסור מלאכה

בתיאור סדר המשנה דילגתי על פרק ד', שמבחינת סדר הזמנים עוסק ביום י"ד בפני

15. התייחסנו לכך בפרק א'.
16. עסקנו בכך בפרק ח'.

עצמו יחד עם נושאים אחרים וראוי למבט מקרוב. המשנה בפרק רביעי של מסכת פסחים קובעת:

[א] **מקום שנהגו** לעשות מלאכה בערבי פסחים **עד חצות** עושין, מקום שנהגו שלא לעשות אין עושין...
[ה] ...וחכמים אומרים ביהודה היו עושין מלאכה בערבי פסחים **עד חצות** ובגליל לא היו עושין כל עיקר,
והלילה בית שמאי אוסרין ובית הלל מתירין עד **הנץ החמה**.

החלק הראשון של משנה א והחלק השני של משנה ה עוסקים במנהגי עשיית מלאכה בערבי פסחים עד חצות. גם המשך הפרק עוסק במלאכות שונות שהותרו או נאסרו בי״ד בניסן.[17] ממשנה א ברור שאחרי חצות לא עושים מלאכה. במשנה ה מובאים דברי חכמים שביהודה היו עושים מלאכה עד חצות ובגליל לא ומחלוקת בית הלל ובית שמאי ממתי אסור לעשות מלאכה, אם מהלילה או רק מהנץ החמה. מתוארים כאן, למעשה, שלושה מנהגים (או נוהגים) שונים: להפסיק ממלאכה בחצות היום של י״ד, מהנץ החמה בי״ד או בלילה קודם (״אור לי״ד״). בגמרא דנו אם לכל הדעות מדובר במנהג או שמא זו הלכה.[18] אפשר לומר שההבדל הוא אם זו החלטה רבנית מושכלת (הלכה) או אינטואיציה עממית שמתגלמת בפועל במציאות (מנהג). בין כך ובין כך, המנהגים או הנוהגים השונים מביאים לידי ביטוי תפיסות שונות בנוגע לאופיו של היום הזה, ואת התפיסות הללו ננסה לזהות ולהבין.

לעת עתה נשים לב להקבלה המעניינת בין הזמנים של הפסקת מלאכה לזמנים של בדיקת חמץ (פסחים פרק א׳):

[ג] רבי יהודה אומר בודקין **אור ארבעה עשר ובארבעה עשר שחרית ובשעת הביעור**, וחכמים אומרים לא בדק אור ארבעה עשר יבדוק בארבעה עשר, לא

17. בתווך, בין שני החלקים, המשנה משלבת חטיבה שלמה של נושא נלווה העוסקת במנהגים (משניות א–ה). רוב המנהגים ברשימה לא קשורים לחג הפסח. נראה שיש בחירה לציין את משמעותם של מנהגים דווקא בהקשר הזה. יש כאן רמז להיות חג הפסח החג של המנהגים: נוצרים סביבו הרבה מנהגים, וגם יש בו מפגשים של מנהגים, וצריך להחליט מה עושים במעבר ממקום למקום.
18. ראו לדוגמה: בבלי פסחים נה ע״א; יבמות יג ע״ב. וכן מחלוקת רש״י (ד״ה אסור) ותוספות (ד״ה מאימתי) על פסחים ב ע״ב. לדעת י״ד גילת, פרקים, עמ׳ 124, הפסקת המלאכה התחילה בתור איסור, הוא נחלש עם הזמן ולבסוף הפך למנהג.

בדק בארבעה עשר יבדוק בתוך המועד, לא בדק בתוך המועד יבדוק לאחר המועד, ומה שמשייר יניחנו בצינעא כדי שלא יהא צריך בדיקה אחריו.

בנוגע להפסקת עשיית מלאכה ראינו שלוש אפשרויות: אור לי״ד (״הלילה״), בוקר ט״ו (מהנץ) או חצות; גם ר׳ יהודה מציע שלוש אפשרויות: אור לי״ד (מוסכם גם על חכמים), בוקר י״ד (״שחרית״) וזמן הביעור בתחילת השעה השישית (קרוב לחצות).[19] ננסה לראות מניין צמחו האפשרויות הללו ומה המשמעות של כל אחת.

עיוני דרשה

הנחיצות של חצות בביעור חמץ

עומדים בפנינו שני דיונים נפרדים שיש ביניהם קשר במסגרת הכרונולוגית האפשרית: בדיקת חמץ וביעורו ואי עשיית מלאכה. נתחיל את הדיון בכרונולוגיה של החמץ, בשאלה מדוע יש צורך לבער את החמץ בחצות היום בי״ד ובהמשך נשאל מדוע בודקים את החמץ בערב קודם.

כפי שראינו, התורה קובעת זמן להשבתת חמץ (שמות י״ב):

(יד) **וְהָיָה הַיּוֹם הַזֶּה לָכֶם לְזִכָּרוֹן** וְחַגֹּתֶם אֹתוֹ חַג לַה׳ לְדֹרֹתֵיכֶם חֻקַּת עוֹלָם תְּחָגֻּהוּ: (טו) **שִׁבְעַת יָמִים** מַצּוֹת תֹּאכֵלוּ **אַךְ בַּיּוֹם הָרִאשׁוֹן תַּשְׁבִּיתוּ שְּׂאֹר מִבָּתֵּיכֶם** כִּי כָּל אֹכֵל חָמֵץ וְנִכְרְתָה הַנֶּפֶשׁ הַהִוא מִיִּשְׂרָאֵל **מִיּוֹם הָרִאשֹׁן עַד יוֹם הַשְּׁבִעִי**.

כפי שראינו, הפסוקים הללו הם מעט דו־משמעיים וקשה להכריע אם ״היום הראשון״ שבו צריך להשבית את החמץ הוא היום שדובר עליו קודם, כלומר יום י״ד בניסן, או שהוא היום שמדובר עליו בסמיכות, היום הראשון של שבעת ימי חג המצות, ט״ו בניסן.

19. משנה פסחים פ״א מ״ד. למעשה איסור חמץ הוא מחצות היום (סוף השעה השישית, תחילת השעה השביעית) אבל קבעו לבער שעה קודם שמא יעבור הזמן (רמב״ם בפירושו למשנה הנ״ל). מדברי הפרשנים עולה מחלוקת אם דעת חכמים מקבילה לדעת ר׳ יהודה או לא. חכמים ציינו את הזמנים: אור לי״ד, יום י״ד, בתוך המועד, לאחר המועד. לדעת הרמב״ם בפירוש המשנה, בתוך המועד היינו בימי החג, אבל לדעת רש״י מדובר על שעת ביעור החמץ, כלומר בשעה השישית: ״שהוא מועד הביעור״ (על פסחים י ע״ב, ד״ה בתוך המועד). אומנם אפשר שהמועד המדובר הוא מועד (חג) הפסח.

בעניין זה נחלקו התנאים והאמוראים בגמרא, ונביא כאן את הברייתא שבה מחלוקת התנאים[20] בבבלי פסחים ה ע"א:

תניא נמי הכי: 'אך ביום הראשון תשביתו שאר מבתיכם' (שמות י"ב טו) – מערב יום טוב, או אינו אלא ביום טוב עצמו?
תלמוד לומר 'לא תשחט על חמץ דם זבחי' (שם ל"ד כה) – לא תשחט את הפסח ועדיין חמץ קיים, דברי **רבי ישמעאל**.
רבי עקיבא אומר: אינו צריך, הרי הוא אומר 'אך ביום הראשון תשביתו שאר מבתיכם' (שם י"ב טו), וכתיב 'כל מלאכה לא [יעשה בהם]' (שם טז) ומצינו להבערה שהיא אב מלאכה.
רבי יוסי אומר: אינו צריך, הרי הוא אומר 'אך ביום הראשון תשביתו שאר מבתיכם' (שם טו) – מערב יום טוב, או אינו אלא ביום טוב – תלמוד לומר: 'אך' – חלק. ואי [ואם] ביום טוב עצמו – מי שרי [האם מותר]? הא איתקש [הרי הוקשו, הוצמדו בפסוקים] השבתת שאור לאכילת חמץ, ואכילת חמץ לאכילת מצה!

הברייתא פותחת בשאלה הגיונית למדי. היא מניחה שכשכתוב "אך ביום הראשון תשביתו שאור מבתיכם", מדובר על "ערב יום טוב", כפי שאנו נוהגים היום, כלומר בי"ד בניסן. אבל היא שואלת על כך, באופן מוצדק למדי: האם לא הגיוני יותר לומר שמדובר על יום טוב עצמו, "היום הראשון" של שבעת ימי החג? לשאלה זו יש שלוש תשובות: של ר' ישמעאל, ר' עקיבא ור' יוסי.

נפתח בשתי התשובות האחרונות. הן ר' עקיבא והן ר' יוסי מניחים שכשהתורה כותבת "אך ביום הראשון תשביתו שאור מבתיכם" היא מתכוונת ליום הראשון של החג, ט"ו בניסן. עם זאת, יש משהו שמפריע לפרש את הפסוק כפשוטו. לפי ר' עקיבא, כדי לבער את החמץ צריך לשרוף אותו, ואסור לשרוף שלא לצורך ביום טוב, שכן זו מלאכה אסורה.[21] ממילא אי אפשר לבער את החמץ ביום טוב ראשון ו"ייאלצו"

20. השוו מכילתא דר"י מסכתא דפסחא פרשה ח ד"ה אך ביום (ובאופן מעט אחר מכילתא דרשב"י י"ב טו).

21. הגמרא מסיקה מכאן שר' עקיבא סובר שלא אומרים מתוך שהותרה הבערה לצורך הותרה שלא לצורך.

לעשות זאת בערב יום טוב. ר׳ עקיבא רואה בפסוק התנגשות מסוימת בין הציווי לבער את החמץ ביום טוב עצמו לאיסור להבעיר אש, ולכן מקדים את השריפה לי״ד בניסן.

גם בדברי ר׳ יוסי יש היגיון דומה. אומנם לפי הפסוק צריך להשבית את החמץ ביום טוב ראשון של חג, אבל לפי הפסוק צריך לעשות זאת רק בחלק מהיום הראשון – כלומר, באמצע היום. ממילא, יש סתירה בין הציווי לבער בעיצומו או באמצעו של יום לאיסור שיהיה חמץ בזמן שיש חיוב אכילת מצה, כלומר מהערב הקודם. גם כאן, יש שני ציוויים סותרים, ולכן קובעים שהשבתת החמץ היא ביום הקודם.[22]

הצד השווה של שני הפירושים הללו הוא ששניהם רואים בהבערת החמץ חלק מהותי מחג המצות המתחיל בליל ט״ו בניסן,[23] ובכך הם שונים מפירושו של ר׳ ישמעאל. ר׳ ישמעאל לא ׳מתנצל׳ על השבתת החמץ ביום י״ד, ורואה בכך קיום של הדין עצמו. לשם כך הוא מזהה דין נוסף, המופיע בשמות ל״ד:

(כה) לֹא תִשְׁחַט עַל **חָמֵץ** דַּם **זִבְחִי** וְלֹא יָלִין לַבֹּקֶר **זֶבַח חַג הַפָּסַח**.

הפסוק בשמות קובע שאסור לשחוט את הזבח על החמץ, ובהמשך מתייחס לזבח חג הפסח. ר׳ ישמעאל מסיק מכך שיש ממד של איסור חמץ שאינו קשור לחיוב אכילת המצה, אלא הוא חלק משמעותי מהקרבת קורבן הפסח. ממילא, ביעור החמץ צריך להיעשות כבר בי״ד בניסן, ובכך ״היום הראשון״ מתפרש כיום שהוזכר קודם בפסוק, יום הקרבת קורבן הפסח.[24]

מדוע יש חובה להשבית את החמץ בחצות היום של יום י״ד? מדברי ר׳ ישמעאל עולה תשובה ברורה: זמן השבתת החמץ קשור באופן הדוק לזמן הקרבת הקורבן, ״בין הערביים״.[25] אך מדברי ר׳ עקיבא ור׳ יוסי אין תשובה ברורה לשאלה זו. מדברי

22. השוו גם מכילתא דר׳ ישמעאל מסכתא דפסחא פרשה י״ז ד״ה מצות יאכל, ובדברי מרכבת המשנה שם.
23. השוו לניסוח של ר׳ א׳ כי טוב, ספר התודעה, עמ׳ שלב: ״...ואילו הפסח, נתנה בו התורה מצוות ואזהרות הנוהגות גם קודם המועד ואחר המועד״.
24. על הקשר בין השבתת החמץ לחג המצות ולהקרבת קורבן הפסח נעמוד בפרק הבא.
25. רש״י (שמות י״ב ו) בעקבות חז״ל קובע: ״אותן שעות שבין עריבת היום לעריבת הלילה, עריבת היום בתחלת שבע שעות מ׳כי ינטו צללי ערב׳ (ירמיהו ו׳ ד), ועריבת הלילה בתחילת הלילה״. מדבריו עולה שחצות היום הוא הגבול בין סוף השעה השישית לתחילת השעה השביעית. אומנם, פרשנים רבים ראו בזמן בין הערביים את הערב הסמוך לט״ו (לדוגמה ראב״ע על שמות י״ב ו). ראו סיכום ודיון אצל רד״צ הופמן לויקרא כ״ג ה. אפשר שחלק מהפרשנים הבינו שזמן הקרבת

האמוראים שעסקו בשאלה עולה תשובה אפשרית. ראינו לעיל שר׳ יוסי הוכיח שאי אפשר לבער ביום טוב עצמו, שכן התורה אומרת ״אך ביום הראשון תשביתו״, והמילה ״אך״ פירושה שמדובר על משהו חלקי, וכניסוח חכמים ״אך – חלק״, כלומר רק בחלק מהיום. האמורא אביי[26] מסביר שזו הסיבה שגם לא מבערים מהבוקר, שכן ״אך – חלק״. כלומר לפי אביי, לא מדובר רק על חלק מהיממה אלא על חצי מהיום. רש״י מסביר שאם מקצת היום מותר בחמץ ומקצתו אסור, הגיוני לחלק אותו באמצע. אפשרות אחרת שמציע רש״י מבוססת על חילופי אותיות שלפיו ״אך״ הוא ״חץ״, כלומר חצי.[27] מכל מקום, לפי פירוש זה, הזמן אינו קשור לקורבן הפסח אלא לחלוקה של היום לשניים, בהתאם להבנה שאין קשר בין השבתת חמץ לקורבן, אלא רק לחג המצות.

המחלוקת הזו, שקשורה לשאלה אם השבתת החמץ שייכת מהותית לאכילת המצה של חג המצות או להקרבת קורבן הפסח, יכולה להיות גם מחלוקת על האופי של מה שעושים בי״ד בניסן. דהיינו אם י״ד בניסן הוא הכנה לערב, ולכן את השבתת החמץ של ט״ו בניסן עושים בפועל ביום י״ד; או שמא מעשה השבתת החמץ הוא חלק מהאופי העצמאי של יום י״ד בניסן. אומנם עדיין אפשר לראות במכלול כולו של השבתת החמץ והקרבת קורבן הפסח הכנה לאכילת הקורבן בליל ט״ו, ובכל זאת, נראה שי״ד הוא יום בעל משמעות עצמאית.[28]

הנחיצות של חצות באיסור מלאכה

גם בנוגע להפסקת עשיית מלאכה יש מחלוקת. כפי שראינו, הכול מודים שמחצות ואילך אין עושים מלאכה, אבל יש שנהגו או אסרו עשיית מלאכה כבר מהבוקר או מהלילה הקודם. מדוע אסור לעשות מלאכה ביום זה? ואיך ניתן להבין את מערכת הזמנים הזאת?[29]

הקורבן הוא סמוך ונראה לערב, כדי להכין את הקורבן לערב דווקא (אם כי ראב״ע רואה ערך בי״ד בניסן בפני עצמו).

26. בבלי פסחים ד ע״ב – ה ע״א.

27. ״ואיכא דאמר [ויש מי שאמר] אך הוא חץ בגימטריא דאח״ס בט״ע גי״ף דכ״ץ ותופס ח׳ תחת אל״ף וצד״י במקום כ״. וכן בראשונים נוספים. אומנם, חלוקת היום לשניים מבוססת על ההנחה שהביעור צריך להיעשות ״ביום״ ולא ביממה. ראו לדוגמה מאירי שם.

28. בדברי האמוראים שם ניתנו תשובות נוספות לשאלה, וגם אותן ניתן למיין לפי התשובות שרואות ערך עצמאי ביום י״ד ובין אלו שסבורות שביעור החמץ הוקדם לי״ד מטעמים טכניים.

29. לשם הבהרה, איסור המלאכה דומה לאיסורי מלאכה בחול המועד ולא לאיסורי מלאכה של יום

התלמוד הבבלי משווה בין איסור המלאכה של ערב פסח שמתחיל לכל הפחות בחצות לאיסורי מלאכה של ערבי שבתות וימים טובים שמתחילים סמוך למנחה. וכך נאמר במסכת פסחים (נ ע"ב):

מאי איריא ערבי פסחים? אפילו ערבי שבתות וערבי ימים טובים נמי!
דתניא: העושה מלאכה בערבי שבתות וימים טובים, מן המנחה ולמעלה – אינו רואה סימן ברכה לעולם.
התם מן המנחה ולמעלה הוא דאסור, סמוך למנחה – לא. הכא – מחצות.
אי נמי: התם – סימן ברכה הוא דלא חזי, אבל שמותי לא משמתינן ליה. הכא שמותי נמי משמתינן ליה.

תרגום: מדוע (המשנה) עוסקת בערבי פסחים? אפילו ערבי שבתות וערבי ימים טובים גם (אסור לעשות מלאכה)!
כמו ששנו בברייתא: העושה מלאכה בערבי שבתות וימים טובים, מן המנחה ולמעלה – אינו רואה סימן ברכה לעולם.
שם (בשבתות ובימים טובים) מן המנחה ולמעלה הוא אסור, סמוך למנחה – לא. כאן (בערבי פסחים) – מחצות.
או גם: שם – סימן ברכה הוא לא רואה, אבל לא מנדים אותו. כאן (בערבי פסחים) גם מנדים אותו (אם עושה מלאכה).

הגמרא משווה בין איסור המלאכה של ערב פסח לאיסור המלאכה בערבי שבתות וימים טובים, ובכך עומדת על הדמיון והקשר ביניהם.[30] לצד זאת, הגמרא עומדת על הייחוד של ערב פסח, ומציעה שני הסברים להבדל בין ערב פסח לערבי שבתות וימים טובים: הסבר אחד נוגע להיקף האיסור, שמתחיל כבר מחצות ולא רק סמוך למנחה, וההסבר האחר נוגע לחומרת האיסור – לאיסור המלאכה בערב פסח נוספה גם סנקציה רבנית בדמות נידוי. מדברים אלו ברור למדי שאיסור המלאכה בערבי

טוב (שבו הותרו רק מלאכות אוכל נפש) או שבת (שכל המלאכות נאסרו בה). ראו לדוגמה: רמב"ם הלכות יום טוב פ"ח הי"ז-הי"ח. מדובר בעיקר במלאכות של אומנות ועבודה חקלאית.

30. באופן מתמיה, לדעת הרב ברויאר, פרקי מועדות, א, עמ' 146–147 הבבלי לא מסביר את טעמו של איסור המלאכה כי ברור לו שזהו יום חג.

פסחים הוא מדרבנן, ודומה לאיסור המלאכה בערבי שבתות וימים טובים, גם אם הוא חמור מהם בהיקף ובתוקף.

עדיין לא ברור על איזה רקע האיסור בא,[31] ורש"י מסביר (על המשנה):

'שלא לעשות' – כדי שלא יהא **טרוד** במלאכה **וישכח ביעור חמצו ושחיטת הפסח ותיקון מצה** לצורך הלילה דמצוה לטרוח מבעוד יום כדי להסב מהר...

רש"י מסביר שכיוון שיש מטלות רבות בערב פסח, ביעור חמץ לפני חצות, שחיטת הפסח בבין הערביים והכנת המצה לקראת הערב,[32] חכמים רצו שאדם לא יהיה טרוד במלאכה ביום זה. זהו הסבר שיסודו ועיקרו טכני.[33]

בירושלמי מובא הסבר אחר (ירושלמי פסחים פ"ד מ"א):

מקום שנהגו לעשות מלאכה כו' – כתיב 'שם תזבח את הפסח בערב' (דברים ט"ז ו). אין לי אלא הוא, שלוחו מניין? תלמוד לומר 'ובשלת ואכלת' (שם ז). מה תלמוד לומר 'שם תזבח את הפסח בערב'? אינו בדין שתהא עסוק במלאכתך וקרבנך קרב, אבל אסור מלעשות מלאכה...[34] הרי פסח הרי קרבנן של כל ישראל הוא ותלו אותו מנהג?! אמר רבי אבהו שנייא [שונה] היא, שאין הפסח קרב אלא משש שעות ולמעלן.

הירושלמי מציין שכמו שבסעודה גדולה לא כל הסועדים עוסקים בבישול, כך לא כל עם ישראל שוחט בפועל את הקורבן אלא שליח אחד שוחט עבור החבורה כולה.

31. כיוון שהמקור לאיסור מלאכה בערבי שבתות וימים טובים הוא מסוגיה זו דווקא, קשה להסיק ממנה את טעם האיסור. הבבלי קושר בין איסור מלאכה בזמנים אלו לאיסור מלאכה במוצאי שבת ויום הכיפורים ובתעניות, שיש בהם "נדנוד עבירה". רש"י מסביר את נדנוד העברה כחוסר כבוד ופגיעה בהוספה מן החול על הקודש.
32. כך עולה מסידור המשנה שם, שאפיית המצות מתחילה לאחר ביעור החמץ. וכן משמע מדברי רש"י, שיש מצווה לאפות מבעוד יום כדי שיהיה אפשר להתחיל את הסדר מיד. כך גם נתקבל שיש מצווה לאפות את המצות דווקא אחר חצות. ראו לדוגמה: שולחן ערוך או"ח תנ"ח א. ראו סיכום מקורות ודיון אצל: הרב י' גרטנר, אפיית מצה.
33. השוו: הרב א' כי טוב, ספר התודעה, עמ' שנב.
34. הירושלמי מסביר באמצעות העיקרון הזה את מוסד המעמדות של נציגות מעם ישראל שתפקידה 'לעמוד' על קורבנות התמיד במהלך כל השנה עבור ישראל. אנשי המעמד אסורים במלאכה כמו בערב פסח (משנה תענית פ"ד מ"ב-מ"ג).

ובכל זאת, יש ביטוי לכך ש"כולם" שוחטים את הקורבן, וזאת על ידי הפסקת עשיית המלאכה. הפסקת המלאכה היא פועל יוצא של הקרבת קורבן הפסח, והשתתפות בהקרבה, לפחות תודעתית. מהירושלמי משמע שעשיית המלאכה (אחר חצות) אסורה מהתורה.[35]

כך גם עולה מדברי התוספות (פסחים נ ע"א):

> מקום שנהגו – אור"י בשם ריב"א דמפרש בירושלמי... ומשמע התם [שם] דמדאורייתא אסורה, ונראה דאף בזמן הזה דליכא [שאין] הקרבה, כיון שנאסר אז אסור לעולם.

לפי התוספות בהמשך לירושלמי, כיוון שמלאכה נאסרה כחלק מן הקורבן בזמן שבית המקדש היה קיים והקריבו קורבנות, האיסור נמשך גם כשלא מקריבים.[36]

למעשה, המחלוקת בין הבבלי ורש"י ובין הירושלמי ותוספות מקבילה למחלוקת שראינו לעיל על מהותו של היום הזה. האם, כדעת הבבלי ורש"י, י"ד בניסן הוא יום של הכנות לערב, שאין לעשות בו מלאכה כדי שיהיה אפשר להתרכז בהכנות, או שמא, כדעת הירושלמי ותוספות, זהו יום חג בפני עצמו,[37] יום שמקריבים בו קורבן אישי־משפחתי באופן לאומי, וההקרבה הזאת משפיעה על התודעה של בני החבורה כולה ודורשת מהם להימנע מעשיית מלאכה.[38]

המחלוקת הזאת מקבילה למחלוקת שראינו בעניין ביעור החמץ בי"ד בניסן: אם ביעור החמץ הוא פועל יוצא של איסור החמץ שנלווה לחיוב אכילת המצות של ליל ט"ו בניסן או שהוא חיוב עצמאי של יום י"ד שקשור להקרבת קורבן הפסח.

35. השוו להסברים השונים לאיסור מלאכה בחול המועד לעיל פרק ה'. השוו: בבלי מועד קטן יג ע"א וברש"י שם ד"ה מתקיף לה; רמב"ם הלכות יום טוב פ"ח הי"ז–הי"ח.

36. לדעת בעל המאור (פסחים טז ע"ב בדפי הרי"ף), ברגע שבטל הקורבן, בטל גם איסור המלאכה מדאורייתא, והוא נשאר בגדר דרבנן, כמו שאר ערבי שבתות וימים טובים. מדבריו אפשר להסיק שהירושלמי מתייחס לזמן שבית המקדש היה קיים, ואילו הבבלי מתייחס לזמן שאחרי חורבן הבית.

37. כך רבנו חננאל פסחים צח ע"א: "דהא משעת הפסח כיום טוב חשוב, שאומר בו הלל, לפיכך לא חל עליה אנינות".

38. גם הראשונים המסבירים כדעה זו נחלקו אם מדובר באיסור דאורייתא, כדעת תוספות כאן, או איסור דרבנן והקורבן הוא רק הבסיס לאיסור, כדעת הרמב"ם (הלכות יום טוב פ"ח הי"ח).

מקראות קודש

בדיקת חמץ מהערב

כפי שראינו, חצות היום הוא נקודה משמעותית ומבוססת הן בנוגע להשבתת חמץ והן בנוגע לאיסור מלאכה. כעת ננסה לעמוד על משמעות נקודות הזמן האחרות ביום הזה, שכן להן טרם מצאנו הסבר.

לשאלה מדוע בדיקת החמץ נעשית דווקא בערב קודם יש שתי תשובות מסוגים שונים. הראשונה בתלמוד הבבלי (פסחים דף ד ע"א):

> מכדי [מכיון ש] בין לרבי יהודה ובין לר' מאיר חמץ אינו אסור אלא משש שעות ולמעלה, ונבדוק בשית [בשש]?
> וכי תימא [ואם תאמר] זריזין מקדימין למצות, נבדוק מצפרא [מהבוקר]...
> אמר רב נחמן בר יצחק: בשעה שבני אדם מצויין בבתיהם ואור הנר יפה לבדיקה.

הגמרא מניחה שלא צריך לבדוק חמץ מאוד מוקדם, ומציעה לבדוק עם כניסת איסור החמץ (בחצות), או מהבוקר כדי להיות זריזים. אלו, כמובן, נקודות הזמן שראינו גם בקשר לאיסור מלאכה. התשובה של רב נחמן היא תשובה טכנית – נוח יותר ויעיל יותר לבדוק בערב, שאז אנשים נמצאים בבית ואור הנר יעיל יותר.

אומנם לעניין עצם השימוש באור הנר, לרב חסדא בגמרא יש הסבר מעט יותר משמעותי, ולפיו כדי שהחמץ "לא ימצא" בפסח[39] יש "למצוא" אותו קודם החג. רב חסדא לומד את טיב האמצעים שהתורה רומזת אליהם דרך פסוקים שמהם לומדים שחיפוש אמיתי הוא חיפוש בנרות.[40] מכאן שעדיף לחפש בלילה, כשאור הנר יעיל יותר. מכל מקום, הבחירה באור לי"ד היא בגלל התועלת שבזמן הזה.[41]

הירושלמי מביא את ההסבר הזה ומוסיף הסבר נוסף (ירושלמי פסחים פ"א ה"א):

> למה בלילה? א"ר יוסה שאין בדיקת הנר יפה אלא בלילה.

39. על סמך שמות י"ב יט: "שִׁבְעַת יָמִים שְׂאֹר לֹא יִמָּצֵא בְּבָתֵּיכֶם".
40. בבלי פסחים ז ע"ב. בהמשך הגמרא תקשור את דבריו גם לברייתא.
41. נשים לב למשחק המילים במשנה בין אור הנר לאור לי"ד.

ר׳ מנא לא אמר כן ׳ושמרתם את היום הזה לדרתיכם חקת עולם׳ (שמות י״ב יז) עשה שיהו היום והלילה משומרין.[42]

ר׳ מנא בירושלמי נותן הסבר אחר לבדיקת החמץ מהערב, ולפיו יש חובת ׳שמירה׳ של היום. אם במהלך יום י״ד צריך לבער את החמץ וצריך לשמור את היום, צריך להתחיל את השמירה מתחילת היום, מהערב, אור לי״ד. בדיקת החמץ בערב היא לא רק מטעמי נוחות, אלא מעין הגדרה של היום (בכניסתו)[43] כיום שאין בו חמץ. זהו אינו הסבר טכני אלא תוכני־מהותי.

נשים לב לפסוק שנדרש כאן (שמות י״ב יז):

וּשְׁמַרְתֶּם אֶת הַמַּצּוֹת כִּי בְּעֶצֶם הַיּוֹם הַזֶּה הוֹצֵאתִי אֶת צִבְאוֹתֵיכֶם מֵאֶרֶץ מִצְרָיִם **וּשְׁמַרְתֶּם אֶת הַיּוֹם הַזֶּה** לְדֹרֹתֵיכֶם חֻקַּת עוֹלָם.

הפסוק הזה, המופיע בהמשך לפסוקים שצוטטו בתחילת הפרק, מתייחס לשמירת המצות ולשמירת היום. שמירת המצות ככל הנראה קשורה לחג המצות, אך שמירת היום קשורה ל׳יום׳ המיוחד שהוגדר קודם, ור׳ מנא בירושלמי מפרש שזהו י״ד בניסן. זהו יום מיוחד הדורש שמירה מיוחדת.

ניתן לראות שיש כאן שני הסברים שונים לבדיקת החמץ מליל י״ד, הסבר אחד טכני והשני תוכני. לפי ההסבר הראשון, היה נוח להתחיל את בדיקת החמץ, לקראת ביעורו, בערב בזמן החושך שאז בני הבית נמצאים בבתים, ולפי ההסבר השני, פתיחת יום י״ד בבדיקת חמץ נובעת מהיותו יום שמור מחמץ, ואף שהביעור עצמו נעשה רק בחצות היום, תודעת השמירה מהחמץ מתחילה עם כניסת היום.

איסור מלאכה – מהערב או מהבוקר

גם לעניין הפסקת המלאכה בי״ד בניסן, ראינו הסברים שונים מדוע איסור המלאכה מתחיל בחצות. ננסה לחשוב מדוע הרחיבו את האיסור עוד קודם לחצות. לשיטה

42. המכילתא דרשב״י (י״ב יז) מביאה דרשה דומה: ״׳ושמרתם את היום הזה׳ (שמות י״ב יז) שמריהו מלפניו. מכאן אמרו אור ארבעה עשר בודקין את החמץ לאור הנר״. אומנם ניתן היה להבין שיש לשמור את יום ט״ו עוד לפניו ביום י״ד, אך נראה שיש להבין בדומה לדברי ר׳ מנא בירושלמי.

43. נחלקו הראשונים לגבי הזמן המדויק של בדיקת החמץ, אם בערב, בשעת דמדומי חמה, והתואר ״אור לי״ד״ מניח שעדיין יש מעט אור בחוץ, או שמדובר בתחילת הלילה. ראו בבאר היטב או״ח תל״א א.

שהאיסור נובע מהצורך לפנות את היום כדי לעסוק בצורכי הערב הטעם מובן, אך לשיטה שהאיסור הוא מחמת הקרבת הקורבן, מדוע נאסרה המלאכה עוד קודם חצות, מהבוקר או מהערב הקודם?

כדי להסביר זאת עלינו לעמוד על תופעה כללית בתורה ועל האנומליה של קורבן הפסח. התוספתא מתייחסת לאיסור המלאכה בערב פסח ומשווה בינו ובין איסור החמץ (תוספתא פסחים פ״ג הי״ח במהדורת ליברמן):

> מאימתי ארבעה עשר אסור במלאכה? ר׳ ליעזר בן יעקב אומ׳ מאור ארבעה עשר, ר׳ יהודה או׳ משתנץ החמה.
> אמ׳ ר׳ ליעזר בן יעקב היכן מצינו יום שמקצתו אסור בעשיית מלאכה ומקצתו מותר?
> אמ׳ לו ר׳ יהודה הוא יוכיח על עצמו שמקצתו אסור בחמץ ומקצתו מותר.

ר׳ אליעזר בן יעקב אוסר לעשות מלאכה מאור לארבעה עשר, כדעת בית שמאי ביחס לאנשי גליל.[44] ר׳ יהודה אוסר מהבוקר, משתנץ החמה, כדעת בית הלל ביחס לאנשי הגליל. ר׳ אליעזר בן יעקב מקשה על ר׳ יהודה בטענה שאין היגיון בשיטה זו: מדוע לאסור מלאכה רק מהבוקר?

מדברים אלו אנחנו מבינים מדוע מלאכה תיאסר כבר מהערב. אם י״ד בניסן הוא לא סתם יום אלא יום חג שחלק מרכזי בו הוא הקרבת הקורבן, ממילא היום כולו צריך להיות אסור בעשיית מלאכה. באופן דומה ראינו לעיל שבדיקת חמץ אור לארבעה עשר יוצרת יום שלם שהוא שמור מחמץ. כך שמירת היום כוללת גם איסור מלאכה.

הד לרעיון הזה ניתן למצוא בירושלמי (פסחים פ״ד ה״ו):

> מתני׳ וחכמים אומרים ביהודה היו עושין מלאכה בערבי פסחים עד חצות ובגליל לא היו עושין כל עיקר, הלילה ב״ש אוסרין וב״ה מתירין עד שתנץ החמה.
> גמ׳ הא יום אסור. רבי לעזר בשם רבי הושעיה **יום פסח הוא לה׳**.

לדעת ר׳ לעזר בשם רבי הושעיה, איסור המלאכה בי״ד בניסן נובע מהיותו יום חג. פני משה על אתר מפנה לפרשת המוספים (במדבר כ״ח טז): ״וּבַחֹדֶשׁ הָרִאשׁוֹן בְּאַרְבָּעָה

44. אומנם בגמרא (פסחים ב ע״ב) עלתה האפשרות שמדובר על עלות השחר, ואפשרות זאת לא בדיוק נדחתה, אבל לאור סיכום הסוגיה, נראה שאין צורך פרשני באפשרות הזאת.

עָשָׂר יוֹם לַחֹדֶשׁ פֶּסַח לַה'". פסוק זה הוא היחיד שעוסק בכל יום הפסח, ולא רק בבין הערביים. ממילא אפשר להבין ממנו, שכל היום כולו הוא 'פסח לה'.[45]

הרעיון שעומד בבסיס דעת ר' אלעזר בן יעקב בתוספתא ובדברי ר' לעזר בשם ר' הושעיה הוא שיום הפסח הוא אחד מן המועדים ויש בו איסור מלאכה. האיסור נובע מן הקורבן או מהכללת היום כולו ברשימת המועדים ומתפרס על פני היום כולו. ממילא, מובן מדוע איסור המלאכה מתחיל מהערב.

ר' יהודה, שסבור שאיסור המלאכה מתחיל מהבוקר, עונה לר' אליעזר מהתקדים של החמץ. בכל מה שקשור לאיסור חמץ – יום י"ד בניסן אינו כשאר הזמנים. איסור החמץ של יום י"ד מתחיל בפועל מחצות היום, ולעניין זה היום מחולק לשניים.

האנומליה של יום י"ד בניסן

כפי שראינו בפרקים הקודמים, בתורה יש שתי מערכות של ימים. מערכת אחת, המוכרת לנו יותר, היא "מערב עד ערב", כפי שכתוב ביום הכיפורים (ויקרא כ"ג לב): "שַׁבַּת שַׁבָּתוֹן הוּא לָכֶם וְעִנִּיתֶם אֶת נַפְשֹׁתֵיכֶם בְּתִשְׁעָה לַחֹדֶשׁ בָּעֶרֶב מֵעֶרֶב עַד עֶרֶב תִּשְׁבְּתוּ שַׁבַּתְּכֶם". גם בחג המצות נאמר (שמות י"ב יח): "בָּרִאשֹׁן בְּאַרְבָּעָה עָשָׂר יוֹם לַחֹדֶשׁ בָּעֶרֶב תֹּאכְלוּ מַצֹּת עַד יוֹם הָאֶחָד וְעֶשְׂרִים לַחֹדֶשׁ בָּעָרֶב". גם השבת נכנסת בערב ויוצאת בערב שלמחרת.[46]

אבל מערכת אחרת מתחילה בבוקר ומסתיימת בבוקר שלמחרת, וזו המערכת של המקדש, שבה היום מתחיל בבוקר. מי שעובד על המזבח כל הלילה, בבוקר צריך ליטול את ידיו לקראת עבודת היום החדש.[47] את הקורבנות מקריבים במהלך היום, ולאורך הלילה קורבנות היום מתעכלים על המזבח עד הבוקר, ואז מוציאים את הדשן ומתחילים מחדש. למעשה, הסוגיה הראשונה במסכת פסחים עומדת על המתח בין היום של המקדש ליום של הגבולין.

השניות הזו קיימת בחיי השגרה שלנו. סדר התפילות בסידור הוא שחרית, מנחה וערבית. אבל סדר תפילות השבת הוא ערבית, שחרית, מוסף ומנחה. זאת כיוון שסדר תפילות היום יום הוא לפי ציר היום של המקדש,[48] ותפילות השבת לאורך ציר היום של הגבולין.

45. אומנם לדעת שיירי קרבן ד"ה יום פסח, זו אסמכתא, שאם לא כן, הדבר לא היה תלוי במנהג.
46. אומנם הדבר לא נאמר במפורש לגבי שבת, וראו לעיל פרק ח' (עמ' 157 ובהערות שם).
47. תוספתא מנחות פ"א הי"ג במהדורת צוקרמאנדל; בבלי פסחים ב ע"ב.
48. התפילות הן כנגד הקורבנות, או לפחות זמני התפילות הם כנגד זמני הקורבנות במקדש. ראו: בבלי ברכות כו ע"ב.

חג המצות, שבו אוכלים את קורבן הפסח ושיש בו שבעה ימים, מתחיל מהערב. אבל י"ד בניסן יש בו אנומליה: הוא מתחיל מאמצע היום.[49] הוא לא מתחיל מהבוקר כמו במקדש, וגם לא מהלילה כמו בגבולין, אלא בבין הערביים. אולי משום כך ראו בו רק הכנה לערב הבא. אבל אם הקרבת קורבן הפסח היא אירוע משמעותי בפני עצמו, ולפי זה יש להגדיר את היום כחג, הרי שהיום הזה מתחיל בצהריים.

אם כן לפי הירושלמי, איסור המלאכה שמתחיל מחצות מבוסס על הקרבת הקורבן בצהריים. אבל השיטות שאיסור המלאכה מתחיל מהערב הן ניסיון להכניס את האנומליה לתבנית המוכרת של יום חג בגבולין, שמתחיל מהערב. אם יום י"ד בניסן הוא מועד, ואכן הוא מופיע ברשימת המועדים בשמות י"ב, בויקרא כ"ג וביתר שאת בבמדבר כ"ח, יש להתייחס אליו כך, ולא לעשות בו מלאכות של יום־יום, של חקלאות ואומנות.[50]

לפי ההיגיון הזה אפשר גם להבין את המנהג או ההלכה שאיסור המלאכה מתחיל בבוקר. אומנם איסור המלאכה המלווה את קורבן הפסח צריך להתפשט ליום כולו, אבל כיוון שאיסור המלאכה נובע מיום חג שכל כולו הקרבת קורבן – אפשר שהוא יתפשט על פני יום של מקדש, דהיינו מהבוקר, ולא מהערב כבגבולין.[51]

לסיכומו של עניין

דע מאין באת – כבר בתורה עצמה ישנה שניות אם הקרבת קורבן הפסח היא הכנה לאכילתו בערב או אירוע שעומד בפני עצמו והקורבן הוא כריתת ברית והפיכה לעם. האם היום שצריך לזכור הוא דווקא יום ט"ו בניסן,[52] ובו אנו מתרכזים כיום שהתחיל בו תהליך הגאולה, או שמא כבר את יום י"ד בניסן צריך לציין.

ולאן אתה הולך – בעניין הגדרת האופי של י"ד בניסן יש כמה משמעויות רעיוניות. המשמעות הראשונה קשורה לשאלה מה אנחנו חוגגים זכר ליציאת מצרים. מהמבט של ט"ו בניסן, אירועי יציאת מצרים מתרכזים בליל ט"ו בניסן, הלילה שבו ה' עשה שפטים במצרים, פסח על בתי בני ישראל וגאל אותם. ההצלה האלוהית היא היחידה הראויה לציון, וממילא רק יום זה הוא יום חג, וי"ד בניסן הוא יום שמתייחד

49. השוו רד"צ הופמן לויקרא כ"ג ה.
50. לדעת הרב מ' ברויאר, פרקי מועדות, א, עמ' 104 בדברים ט"ז יום איסור המלאכה של הפסח התאחד עם איסור המלאכה של ט"ו בניסן.
51. הד נוסף לכך ניתן למצוא בכך שאת חגיגת י"ד הקריבו עוד לפני חצות. ראו: י"ד גילת, פרקים, עמ' 133-132. ראו לעיל, הערה 12.
52. הדבר נאמר במפורש בדברים ט"ז ג, כפי שציין רש"י לעיל.

להכנות לערב. אבל אפשר לראות גם בי"ד בניסן את ראשית הגאולה, שבמוקד היום בני ישראל כורתים ברית עם הקב"ה וזובחים כנגד המצרים את תועבתם. היום הזה מתאפיין בשמירה מחמץ וממלאכה, אם לא מהערב אז לפחות מהבוקר. ואם לא מהבוקר, בוודאי מחצות, תוך מודעות לכך שזהו הזמן שבו אבותינו הקריבו את קורבן הפסח.

משמעות נוספת של י"ד בניסן קשורה לשאלה עד כמה אנחנו חווים את הפסח (במובן המקראי ובמובן של ימינו) בהקשר המקדשי שלו. רש"י מסכים שבי"ד בניסן מקריבים קורבן שאוכלים בליל ט"ו, אבל העיקר הוא החג בט"ו והוא מתחיל בערב, כמו במערכת הזמנים של הגבולין. בט"ו בניסן מתחיל חג המצות, ובו אוכלים קורבן, אבל החג הזה הוא העיקר. לעומת זאת, מהמבט של יום הקרבת קורבן הפסח כיום בעל משמעות עצמאית יש בפסח מקום מרכזי למקדש, והוא משולב עם הגבולין.[53]

ולפני מי אתה – לא תמיד קהל היעד של דברי חז"ל משפיע על תוכן הדרשות, אבל ניתן לראות בסוגיה זו שהבבלי מנתק את משמעות יום י"ד מהיותו יום חג של הקרבת קורבן, בעוד בירושלמי זכר הקורבן חי ונוכח. גם בעולם שאין בו מקדש, בארץ הקודש חווים יותר את נוכחותו של המקדש.[54]

שהחיינו וקיימנו

פעמים רבות כששואלים שאלה הנוגעת לתחום תורני, התשובה המיידית תהיה: "מחלוקת".[55] המחלוקות עוזרות לנו לחדד את הדעות השונות ולדייק את המשמעות של כל אחת מהן ואת העולם הרעיוני שהן באות לבטא. פעמים רבות המחלוקות יבטאו סולם ערכי שונה והתייחסויות שונות שגלומות כבר בתוך הכתובים.

בעולם ההלכתי בדרך כלל צריך להכריע במחלוקות. מתי צריך לבדוק חמץ, מתי לבער אותו, מתי מתחיל איסור המלאכה ועד מתי מותר לעשות דברים אחרונים.

53. בפרק הבא (ראו שם, הערה 64) נראה שהאנומליה של פסח קשורה לא רק למערכת הזמנים שהיא 'בין הזמנים' אלא גם לעובדה שקורבן הפסח הוא קורבן שמחבר בין הבית לגבולין.

54. לדעת פרופ' י"ד גילת (פרקים, עמ' 133) דווקא ביהודה, שחשו את העדר המקדש באופן בולט, איסור המלאכה הפך למנהג, בעוד שבגליל השמרנים, הרחוקים מן המקדש, נשאר איסור המלאכה על כנו. מכל מקום, בירושלמי, ההסבר יונק מתוך העולם של המקדש, בעוד בבבלי ההסבר הנפוץ יותר יונק מהעולם של הגבולין.

55. עיינו ב'שהחיינו וקיימנו' בפרק ב'.

דרכה של ההלכה להיות חדה וברורה. עם זאת, כשלומדים את מגוון הדעות, אפשר לנסות להטמיע בחיים האישיים גם את הדעות שלא נפסקו להלכה.

כך, לדוגמה, אנו עושים בקידוש בליל שבת. במסכת ברכות ופסחים נחלקו בית הלל ובית שמאי אם מברכים קודם על היין או קודם על היום. כידוע, ההלכה נפסקה כדעת בית הלל, ואנחנו מברכים קודם על היין. ובכל זאת, אנו אומרים קודם הקידוש את הפסוקים "ויכולו השמים והארץ וכל צבאם" (בראשית ב' א–ג). כך, בלי לפסוק נגד דעת בית הלל, אנו משלבים את דעת בית שמאי ומסבירים קודם הברכה על היין לשם מה התכנסנו.[56]

באופן דומה אני מתייחסת לאיסורי המלאכה בי"ד בניסן. אומנם, ההלכה נפסקה כדעת הבבלי, לכל הפחות בכך שזהו איסור דרבנן,[57] וניתן להבין שמטרתו לאפשר התעסקות בצורכי הערב.[58] אבל אין איסור להפסיק להתעסק בצורכי הערב יום או יומיים קודם, או אפילו בי"ד בניסן בבוקר, ומחצות ואילך להיכנס לתודעת הקרבת קורבן הפסח.

התחושה שעולה מהמקורות היא שחז"ל נערכו לפסח ברגע האחרון. הם לא יצאו לחופש מהלימודים שבוע קודם לכן, ולא התחילו לנקות את הבית כבר מחנוכה. אור לי"ד הם בדקו את החמץ לאור הנר, הם שרפו את החמץ בבוקר ואז אפו את המצות והכינו את המאכלים לערב.

בימינו אפשר לעשות דברים מעט יותר בנחת. ברוב הבתים אור לארבעה עשר הבית כבר מזמן נקי לפסח ואין חמץ לחפש. הבית כל כך נקי, שהמנהג הוא לפזר פירורי חמץ ברחבי הבית, כדי שיהיה מה למצוא.[59] בימינו גם אפשר להכין

56. שולחן ערוך או"ח רע"א י. אומנם אמירת 'ויכולו' אינה מדיני הקידוש והיא מבוססת על דברי הבבלי (שבת קיט ע"ב) שמי שאומר 'ויכולו' בערב שבת מעיד על הקב"ה שברא את עולמו. לכן פסוקים אלו משולבים בתפילה, והרא"ש (פסחים י', טו) מציין שאומרים אותם שוב לפני הקידוש, כדי להוציא את בני הבית. מכל מקום, ההצמדה בין פסוקים אלו לקידוש מייצרת באופן עקיף את הדרישה של בית שמאי לציין את מהות היום קודם הברכה על היין.

57. כן משמע מלשון השולחן ערוך או"ח תס"ח א, שמזכיר שהיו משמתים את מי שלא הפסיק ממלאכה. וראו בהערה הבאה.

58. רוב הראשונים והאחרונים הזכירו את עניין קורבן הפסח, גם אם מתוך הנחה שגזרו בגלל הקורבן שלא לעשות מלאכה, וצריך בית דין גדול יותר כדי להתיר את הגזרה (לדוגמה: מגן אברהם או"ח תס"ח ס"ק א). מכל מקום, מדובר על זכר לקורבן ולא התייחסות מהותית ליום כיום חג.

59. ראו: רמ"א או"ח תל"ב ב; מהר"ם חלוואה פסחים ז ע"א; מהרש"א חידושי אגדות ז ע"ב; שולחן ערוך הרב תל"ב; שו"ת ציץ אליעזר חלק ט סימן יז – קונ' רפואה בשבת פרק ט.

את המאכלים קודם ולהקפיא, וכבר אין צורך לעמוד בתור לתנור כדי לאפות את המצות לפסח.[60] כיוון שכך, אפשר לחוות את י"ד בניסן אחרי חצות אחרת, לא רק במנוחה אלא בתודעת חג ממש.

60. ראו משנה פסחים פ"ג מ"ד.

פרק יח

"מצה זו על שום מה?" לטעמה של המצה

בכל שנה אני תוהה מחדש מדוע בני ישראל לא היו מאורגנים ביציאת מצרים. שבועיים לפני כן נאמרו למשה כל פרטי היציאה; ארבעה ימים לפני הפסח בני ישראל לקחו את השה שישמש לקורבן פסח; באותו הערב האנשים היו לבושים לקראת יציאה, "מתניכם חגורים, נעליכם ברגליכם",[1] ויש להניח שכל הדברים – כולל כלי הכסף והזהב ששאלו מהמצרים – כבר היו ארוזים. מדוע דווקא אוכל צידה לדרך הם לא הכינו?

בפרק זה נעסוק בטעם המצה. נבחן את המקורות שעוסקים במצה, נבדוק אם אכן בני ישראל לא הספיקו להכין לעצמם צידה לדרך, ואם זו הסיבה שאוכלים מצות.

עיוני מקרא

הקושי והקושיה של המצה

התורה בכמה מקומות מתייחסת לאכילת המצה. המקום הראשון הוא עוד במצרים עצמה עם הציווי על קורבן הפסח (שמות י"ב):

1. שמות י"ב יא.

(ז) וְלָקְחוּ מִן הַדָּם וְנָתְנוּ עַל שְׁתֵּי הַמְּזוּזֹת וְעַל הַמַּשְׁקוֹף עַל הַבָּתִּים אֲשֶׁר יֹאכְלוּ אֹתוֹ בָּהֶם: (ח) וְאָכְלוּ אֶת הַבָּשָׂר בַּלַּיְלָה הַזֶּה צְלִי אֵשׁ **וּמַצּוֹת** עַל מְרֹרִים **יֹאכְלֻהוּ**.

כבר במצרים, עוד קודם שבני ישראל יצאו, הם הצטוו לאכול מצות עם הקורבן. בהמשך הם הצטוו שוב על אכילת מצות, בציווי על החג שנולד בעקבות היציאה ממצרים (שם):

(יד) וְהָיָה הַיּוֹם הַזֶּה לָכֶם לְזִכָּרוֹן וְחַגֹּתֶם אֹתוֹ חַג לַה' לְדֹרֹתֵיכֶם חֻקַּת עוֹלָם תְּחָגֻּהוּ:
(טו) **שִׁבְעַת יָמִים מַצּוֹת תֹּאכֵלוּ** אַךְ בַּיּוֹם הָרִאשׁוֹן תַּשְׁבִּיתוּ שְּׂאֹר מִבָּתֵּיכֶם כִּי
כָּל אֹכֵל חָמֵץ וְנִכְרְתָה הַנֶּפֶשׁ הַהִוא מִיִּשְׂרָאֵל מִיּוֹם הָרִאשֹׁן עַד יוֹם הַשְּׁבִעִי...
(יז) **וּשְׁמַרְתֶּם אֶת הַמַּצּוֹת כִּי בְּעֶצֶם הַיּוֹם הַזֶּה הוֹצֵאתִי אֶת צִבְאוֹתֵיכֶם מֵאֶרֶץ**
מִצְרָיִם וּשְׁמַרְתֶּם אֶת הַיּוֹם הַזֶּה לְדֹרֹתֵיכֶם חֻקַּת עוֹלָם: (יח) בָּרִאשֹׁן בְּאַרְבָּעָה
עָשָׂר יוֹם לַחֹדֶשׁ בָּעֶרֶב **תֹּאכְלוּ מַצֹּת** עַד יוֹם הָאֶחָד וְעֶשְׂרִים לַחֹדֶשׁ בָּעָרֶב:
(יט) שִׁבְעַת יָמִים שְׂאֹר לֹא יִמָּצֵא בְּבָתֵּיכֶם כִּי כָּל אֹכֵל מַחְמֶצֶת וְנִכְרְתָה הַנֶּפֶשׁ הַהִוא
מֵעֲדַת יִשְׂרָאֵל בַּגֵּר וּבְאֶזְרַח הָאָרֶץ: (כ) כָּל מַחְמֶצֶת לֹא תֹאכֵלוּ בְּכֹל מוֹשְׁבֹתֵיכֶם
תֹּאכְלוּ מַצּוֹת.

התורה קושרת בין השבתת חמץ, שמירת המצות ואכילת המצות, וכל אלו קשורות לכך ש"בעצם היום הזה הוצאתי את צבאותיכם מארץ מצרים". למרות הקשרים האלה, נראה במבט ראשון שבפסוקים עצמם לא ברור הקשר בין אכילת המצות ליציאת מצרים. מכל מקום, ניתן לראות שהתורה מצווה על אכילת מצות עוד במצרים עם הקורבן, ופסוקים אלו, שאף הם נאמרים במצרים, צופים פני עתיד ומצווים להקדיש חג של שבעה ימים שעניינם אכילת מצות.

למרות שני הציוויים הללו, מקובל לחשוב שאכילת המצה בליל הסדר ובשאר שבעת ימי החג קשורה למה שקרה ביציאת מצרים עצמה, כפי שמתואר בהמשך הפרק:

(לז) וַיִּסְעוּ בְנֵי יִשְׂרָאֵל מֵרַעְמְסֵס סֻכֹּתָה כְּשֵׁשׁ מֵאוֹת אֶלֶף רַגְלִי הַגְּבָרִים לְבַד
מִטָּף: (לח) וְגַם עֵרֶב רַב עָלָה אִתָּם וְצֹאן וּבָקָר מִקְנֶה כָּבֵד מְאֹד: (לט) **וַיֹּאפוּ אֶת**
הַבָּצֵק אֲשֶׁר הוֹצִיאוּ מִמִּצְרַיִם עֻגֹת מַצּוֹת כִּי לֹא חָמֵץ כִּי גֹרְשׁוּ מִמִּצְרַיִם וְלֹא
יָכְלוּ לְהִתְמַהְמֵהַּ וְגַם צֵדָה לֹא עָשׂוּ לָהֶם.

לפי הפסוקים הללו, הסיבה שאפו מצות ולא לחם חמץ היא מפני שגירשו אותם

ממצרים והם לא הספיקו להכין צידה לדרך. זהו הפירוש המקובל וגם הפירוש שמופיע בהגדות של פסח מדוע אוכלים מצות בפסח, אף שבפסוקים עצמם זה כלל לא נאמר. קל גם לראות את הבעיה בהסבר הזה: עוד לפני שבני ישראל לא הספיקו לא להחמיץ את בצקם הם כבר הצטוו לדורות לאכול מצות במשך שבעה ימים. למעשה עוד במצרים בני ישראל הצטוו לאכול מצות עם קורבן הפסח.

בספר דברים מובא הסבר אחר או מקביל לציווי לאכול מצות (פרק ט"ז):

> (א) שָׁמוֹר אֶת חֹדֶשׁ הָאָבִיב וְעָשִׂיתָ פֶּסַח לַה' אֱלֹהֶיךָ כִּי בְּחֹדֶשׁ הָאָבִיב הוֹצִיאֲךָ ה' אֱלֹהֶיךָ מִמִּצְרַיִם לָיְלָה: (ב) וְזָבַחְתָּ פֶּסַח לַה' אֱלֹהֶיךָ צֹאן וּבָקָר בַּמָּקוֹם אֲשֶׁר יִבְחַר ה' לְשַׁכֵּן שְׁמוֹ שָׁם: (ג) לֹא תֹאכַל עָלָיו חָמֵץ **שִׁבְעַת יָמִים תֹּאכַל עָלָיו מַצּוֹת לֶחֶם עֹנִי כִּי בְחִפָּזוֹן יָצָאתָ מֵאֶרֶץ מִצְרַיִם** לְמַעַן תִּזְכֹּר אֶת יוֹם צֵאתְךָ מֵאֶרֶץ מִצְרַיִם כֹּל יְמֵי חַיֶּיךָ: (ד) וְלֹא יֵרָאֶה לְךָ שְׂאֹר בְּכָל גְּבֻלְךָ שִׁבְעַת יָמִים וְלֹא יָלִין מִן הַבָּשָׂר אֲשֶׁר תִּזְבַּח בָּעֶרֶב בַּיּוֹם הָרִאשׁוֹן לַבֹּקֶר.

בספר דברים המצה מכונה "לחם עוני" והסיבה לאכילתה היא "כי בחפזון יצאת ממצרים". מהפסוקים עצמם לא ברור אם זהו אותו הסבר על החמץ שלא הספיק להחמיץ או שמא זהו הסבר עצמאי לחיוב אכילת מצה, אם זהו הסבר אחד או כמה הסברים שניתן לשלב ביניהם.[2]

ניתן למצוא בדברי הפרשנים שני כיוונים כלליים להסבר המקורות. לפי הכיוון הראשון יש עיקרון מארגן אחד לכל ההופעות של המצה בסיפור יציאת מצרים. כך לדוגמה, ר' דוד אבודרהם הציע בשם ר' יוסף קמחי כי הסיבה לאכילת המצה היא על שום שבחיפזון של בני ישראל לא הספיק בצקם להחמיץ. כיוון שה' ידע זאת מראש, הוא ציווה על כך לדורות, וכבר בפסח מצרים הם אכלו מצה על שם העתיד.[3] לחלופין, הרב מרדכי ברויאר הציע שמראש ממד החיפזון הוא חלק מהותי מקורבן הפסח.[4] לכן בני ישראל הצטוו לצלות את הקורבן, כי כך מכינים את הבשר במהירות,

2. ראו רמב"ן ורד"צ הופמן דברים ט"ז ג. וכן ראו כמה פירושים בדברי אבודרהם, ספר ההגדה ופירושה על "הא לחמא עניא".
3. לדעת רד"צ הופמן (שמות י"ב לט), הציווי על אכילת מצות בחג המצות נאמר רק אחרי יציאת מצרים, גם אם הוא מופיע קודם.
4. לדעתו, הפסח הוא על שם החיפזון, בבחינת שיכול אותיות פסח-חפז (הרב מ' ברויאר, פסח מצרים, עמ' 15; פרקי מועדות, א, עמ' 98-145). השוו ספר החינוך מצוה ז; הרב א' כי טוב, ספר התודעה, עמ' שמז.

שאותו יאכלו בחיפזון,[5] ולכן הצטוו לאכול עימו מצה, שאותה מכינים בחיפזון. בכך היא גם לחם עוני, של עניים המכינים אוכל במהירות.

לפי הכיוון האחר יש טעמים שונים למצוות המצה, כשם שיש טעמים שונים למצוות השבת או השמיטה. ספר דברים מציע הסבר אחד למצה, והוא היותה לחם עוני המזכירה את שעבוד מצרים, כמו בפסוק (שמות ג׳ יז): ״וָאֹמַר אַעֲלֶה אֶתְכֶם מֵעֳנִי מִצְרַיִם״.[6] העובדה שהלחם לא הספיק להחמיץ בגלל היציאה בחיפזון רומזת שהגאולה לא הסתיימה ברגע אחד, וגם אחרי היציאה ממצרים העוני נמשך.[7] לצד המצה, שהיא לחם עוני שמלווה את ישראל הן בשעבוד והן בתחילת הגאולה, ניתן להצביע על ההסברים האחרים למצוות המצה כפי שהם עולים מספר שמות. ישנה מצה של ליל הסדר שמלווה את קורבן הפסח וישנה מצה שקשורה דווקא לחג המצות. אומנם עוד יש לעמוד על שתי המשמעויות למצה שעולות מההקשרים של המצוות הללו. נבחן את הכיוון הזה תוך עיון בספרות חז״ל.

עיוני דרשה

המצה של קורבן הפסח – ״לא תשחט על חמץ״

בפרק הקודם ראינו מחלוקת אם השבתת החמץ קשורה לחג המצות, אלא שהיא הוקדמה מטעמים טכניים, או שהיא חלק מהקרבת קורבן הפסח בי״ד בניסן. ראינו את הדרשה של ר׳ ישמעאל (בבלי פסחים ה ע״א):

> תניא נמי הכי: ׳אך ביום הראשון תשביתו שאר מבתיכם׳ (שמות י״ב טו) – מערב יום טוב, או אינו אלא ביום טוב עצמו? תלמוד לומר ׳לא תשחט על חמץ דם זבחי׳ (שם ל״ד כה) – לא תשחט את הפסח ועדיין חמץ קיים, דברי **רבי ישמעאל.**

ר׳ ישמעאל מבסס את השבתת החמץ בי״ד בניסן על הפסוק (שמות ל״ד כה): ״לֹא תִשְׁחַט עַל **חָמֵץ** דַּם **זִבְחִי** וְלֹא יָלִין לַבֹּקֶר **זֶבַח חַג הַפָּסַח**״. מה הקשר בין הקרבת קורבן הפסח להשבתת החמץ? האם יש בכך גם הסבר לאכילת המצה יחד עם הקורבן?

5. באופן דומה פירשו רש״י, ר״י בכור שור וחזקוני על אתר.
6. וכן שמות ג׳ ז; ד׳ לא; דברים כ״ו ז.
7. ראו לעיל הערה 2, ולהלן הערה 36.

הזיהוי של האיסור ״לא תשחט על חמץ דם זבחי״ עם קורבן פסח אינו חידוש גדול, לכאורה, שכן קורבן הפסח מופיע בחלק השני של הפסוק. אבל הוא גם לא חידוש הכרחי, שכן איסור חמץ מופיע גם בהקרבת קורבנות אחרים (ויקרא ב׳):

(יא) כָּל הַמִּנְחָה אֲשֶׁר תַּקְרִיבוּ לַה׳ **לֹא תֵעָשֶׂה חָמֵץ כִּי כָל שְׂאֹר** וְכָל דְּבַשׁ **לֹא תַקְטִירוּ** מִמֶּנּוּ **אִשֶּׁה לַה׳**: (יב) קָרְבַּן רֵאשִׁית תַּקְרִיבוּ אֹתָם לַה׳ וְאֶל הַמִּזְבֵּחַ לֹא יַעֲלוּ לְרֵיחַ נִיחֹחַ.

התורה קובעת שמנחות שמוקרבות מקמח לא יכולות להיות חמץ, שכן לא מקטירים חמץ, שאור או דבש, ולא מעלים אותם על המזבח לריח ניחוח.[8] אומנם יש קורבנות שמכילים רכיב של חמץ, לדוגמה קורבן תודה (ויקרא ז׳):

(יא) וְזֹאת תּוֹרַת זֶבַח הַשְּׁלָמִים אֲשֶׁר יַקְרִיב לַה׳: (יב) אִם עַל **תּוֹדָה** יַקְרִיבֶנּוּ וְהִקְרִיב עַל זֶבַח הַתּוֹדָה חַלּוֹת מַצּוֹת בְּלוּלֹת בַּשֶּׁמֶן וּרְקִיקֵי מַצּוֹת מְשֻׁחִים בַּשָּׁמֶן וְסֹלֶת מֻרְבֶּכֶת חַלֹּת בְּלוּלֹת בַּשָּׁמֶן: (יג) **עַל חַלֹּת לֶחֶם חָמֵץ יַקְרִיב קָרְבָּנוֹ** עַל זֶבַח תּוֹדַת שְׁלָמָיו: (יד) וְהִקְרִיב מִמֶּנּוּ אֶחָד מִכָּל קָרְבָּן **תְּרוּמָה לַה׳ לַכֹּהֵן** הַזֹּרֵק אֶת דַּם הַשְּׁלָמִים לוֹ יִהְיֶה: (טו) וּבְשַׂר זֶבַח תּוֹדַת שְׁלָמָיו בְּיוֹם קָרְבָּנוֹ יֵאָכֵל לֹא יַנִּיחַ מִמֶּנּוּ עַד בֹּקֶר.

8. יש כמה הסברים מדוע החמץ פסול להקרבה. ההסבר המוכר הוא שחמץ הוא סמל לגאווה וליצר הרע, ראו לדוגמה: בבלי ברכות יז ע״א; בראשית רבה ל״ד, כא במהדורת תיאודור־אלבק; הרב א׳ כי טוב, ספר התודעה, עמ׳ שמו. לפי אחרים המצה היא עצירה של התפתחות הלחם, והיא היא שובע או רווחה חלקיים, ואילו החמץ מבטא שובע והנאה מפותחים ומלאים של חיי עצמאות, ראו לדוגמה: רש״ר הירש ויקרא ז׳ יב; הרב י׳ בן נון, חמץ ומצה. כשעומדים לפני ה׳ באים כדלים וכרשים ולכן מביאים את קורבן העני. אפשר לומר באופן מעט אחר שהמצות הן גולמיות יותר ולכן קרובות יותר לטבע או לפנימיות הדברים, וכמובן הזה הן מעין ״לחם אלוהים״ ושייכות יותר למקדש (השוו: פילון, על החוקים לפרטיהם, ב:161, עמ׳ 54; הרב י״צ רימון, הגדה, עמ׳ 239-240). לעומת זאת, החמץ הוא יצירה אנושית מפותחת יותר, ושייכת יותר לעולם שבחוץ, המסמל את ההנאה מהחיים ומהישיבה בארץ. ראו עוד בפרק הבא על חג השבועות. להסברים נוספים, שגם קושרים את החמץ לפיתוח מצרי ואת הקרבת החמץ למנהגי עבודה זרה, ראו אצל י׳ גרוסמן, תורת הקורבנות עמ׳ 193-196. הרב פרופ׳ י׳ גרוסמן נוקט גם הוא בעמדה שחמץ מסמל ׳מזון אנושי׳.

קורבן תודה הוא קורבן שלמים שמשלב בשר יחד עם לחמים. את הקורבן עצמו, בניגוד לשלמים, יש לאכול ביום ולילה, ולא להניח ממנו "עד בוקר". ר' עובדיה ספורנו והנצי"ב מוולז'ין[9] מסבירים שהמטרה של ריבוי האוכל וצמצום זמן האכילה היא כדי שבעל הקורבן, שצריך להודות על ניסו, יזמין לסעודתו אנשים רבים ויספר להם את סיפור הנס. קורבן זה כולל בעיקר לחמי מצה, אבל יש גם לחמי חמץ.[10] התורה מדגישה שחלק מהלחמים מגיעים ישירות לכוהן. כלומר, הם לא מוקרבים על גבי המזבח. גם בקורבן שמקריבים בשבועות, הכולל לחמי חמץ, הלחמים מונפים יחד עם השלמים, אבל רק חלק מהשלמים עולה לבסוף על גבי המזבח. החמץ עצמו לא קרב או מתקרב למזבח.

גם לקורבן הפסח מתלווה לחם, בדומה לקורבן תודה. בניגוד לקורבן תודה, הוא מובא ללא חמץ. כדי להבין זאת ננסה לעמוד על המשמעות של הקורבן הזה. עסקנו בכך מעט בפרק הקודם וכעת נרחיב.

שני פירושים מרכזיים ניתנו לאורך הדורות למשמעות הרעיונית של קורבן הפסח: משמעות אחת קשורה להצלת בני ישראל ממצרים. יש שהסבירו שהפסיחה היא דילוג, שה' "דילג" על בתי בני ישראל והגיע רק לבתי המצרים להכות בבכוריהם.[11] אחרים הסבירו שפסיחה היא חמלה והגנה, שה' הגן על בני ישראל וחמל עליהם ועל בניהם, ופגע רק במצרים.[12] בעוד שההבנה שה' דילג על בתי בני ישראל מעל בתיהם הרחיקה אותו מבני ישראל, ההבנה שה' חמל על בתי בני ישראל עומדת על הקשר הרגשי שנוצר בין עם ישראל לקב"ה, בבחינת "כַּאֲשֶׁר יַחְמֹל אִישׁ עַל בְּנוֹ הָעֹבֵד אֹתוֹ" (מלאכי ג' יז).[13] מכל מקום, הפסח הוא הקורבן שמסמל את ההצלה של בכורי ישראל בפרט ושל "בני בכורי ישראל" בכלל.

משמעות אחרת שניתנה לקורבן הפסח היא שהוא קורבן של כריתת ברית בין

9. ר"ע ספורנו על ויקרא ז' יא; העמק דבר לויקרא ז' יג. השוו: אברבנאל ויקרא ז' יב.
10. נראה שהתודה, כמו שתי הלחם, מחברת בין המקדש לחיים. האדם מביא תודה לה' על מה שהוא חווה בחיים מחוץ למקדש, ומפרסם את התודה כלפי חוץ. שתי הלחם מביאים מחוויית החקלאי למקדש והופכים את היום קדוש בכל המושבות. השוו רש"ר הירש לויקרא ז' יב. להסברים נוספים ראו בהערה הקודמת; הרב י' בן נון, חמץ ומצה, עמ' 28.
11. כך משמעות השורש פס"ח במלכים א י"ח כא. כך פירשו לדוגמה: רש"י, רשב"ם וחזקוני על שמות י"ב יא; רד"צ הופמן, ויקרא כ"ג ה; פילון, על החוקים, ב:145, עמ' 50, קורא לחג "חג המעבר" וראו בהערה 199 שם.
12. לדוגמה: התרגום המיוחס ליונתן וראב"ע (בפירוש הקצר בדעה הראשונה) שמות י"ב יא. ראו גם בספר היובלים מ"ט 15, שלדורות הפסח הוא קורבן זיכרון להגנה.
13. ראו גם אצל י' גרוסמן, המן והקרבן, לשתי המשמעויות הללו.

ה' לישראל.[14] המקריבים את קורבן הפסח מצהירים על עצמם כעמו של ה'.[15] הם מתחילים כמשפחות עובדי ה' שמקריבים "שה לבית אבות שה לבית", ובכך מצטרפים לאומה שעובדת ה'. הצטרפות היחידים לאומה אחת, הן בברית המילה שקדמה לפסח, והן בזביחת תועבת מצרים לעיניהם,[16] מאפשרת את "וַיְהִי בְּעֶצֶם הַיּוֹם הַזֶּה יָצְאוּ כָּל צִבְאוֹת ה' מֵאֶרֶץ מִצְרָיִם" (שמות י"ב מא).[17] לאור שתי המשמעויות הללו אפשר להבין את המקום של הקרבת שה (תועבת מצרים) ושימת הדם על המשקוף (לאות שלא להשחית את הבתים הללו).

שילוב המצה עם אכילת הפסח רומז להבנה נוספת של הקורבן הזה. השילוב הזה מזכיר את שילוב הלחמים השונים בקורבן תודה,[18] שגם הוא, כמו הפסח, קורבן שלמים. מתוך כך אפשר להגדיר שאת קורבן הפסח מקריבים בהקשר להודיה וסיפורי ניסים.[19] עם ישראל במצרים היו מלומדים בניסי מכות מצרים, ואפשר שכבר באותו ערב הם סיפרו בניסים אלו, תוך ציפייה לנס היציאה ממצרים. גם היכולת להקריב קורבן פסח לעיני המצרים היא בגדר נס. הרי שקורבן הפסח הוא חלק מסעודת הודיה.[20] ההסבר הזה משתלב בהסברים הקודמים, שכן יש כאן כריתת **ברית והודיה**

14. לדוגמה ספר החינוך מצווה יג. בתנ"ך הפסח הופך לחג של כריתת ברית מחודשת, לדוגמה: דברי הימים ב ל' א-כז (בימי חזקיה); מלכים ב כ"ג א-כג; דברי הימים ב ל"ה א-יט (בימי יאשיהו). ראו: הרב מ' ברויאר, פרקי מועדות, א, עמ' 106-107; הרב ח' רוזנברג, הפסח כקרבן, עמ' 21-23; ד' הנשקה, מה נשתנה, עמ' 223-224 (שמשווה את הפסח לסעודה שנלווית לכריתת ברית).
15. הרב מ' ברויאר, פרקי מועדות, א, עמ' 97, עומד על הקשר בין היות עם ישראל בני חורין ובין הצהרתם שהם עובדי ה'.
16. למקום השה בעבודת האלילים המצרית ראו ח"מ גבריהו, תועבות מצרים.
17. ראו סיכום אצל הרב ח' רוזנברג, הפסח כקרבן, עמ' 20-21. לדעתו, במצרים הפסח היה קורבן הגנה, ומתקופת המדבר הוא הפך ל"קורבן ה'" המסמל את הברית, ולכן ניתן להקריבו גם בתאריך אחר. ראו גם הרב מ' ברויאר, פרקי מועדות, א, עמ' 105; י' גרוסמן, המן והקרבן. נראה לי שההגנה נבעה מעצם כריתת הברית, ורק מי שהצהיר על עצמו כעובד ה' זכה שה' יפסח על ביתו.
18. ספר המנהיג סימן סט: "ונהגו בצרפת לעשות השלש מצות מעשירית האיפה זכר לתרומת לחמי תודה". ראו הרב מ"מ כשר, הגדה שלמה, עמ' 62. לעומת זאת, לדעת הרב א' בזק, פרשת החודש, המצה היא כנגד מנחה, וקורבן הפסח הוא שילוב של עולה (באופן צליית הבשר) עם שלמים (באכילת חבעלים), ובשילוב הזה, הבעלים הם בבחינת כוהנים, כפי שנראה גם להלן, הערה 25.
19. כך מגדיר ספר החינוך את מצוות הפסח השונות: "כדי שנזכור הנסים במצרים" (לדוגמה: מצווה ט). אך ראו גם לעיל הערה 14.
20. הודאה תוך כדי הנס ותוך ביטוי אמונה לנס שונה מהודאה על נס ודאי שכבר היה, ובכך (כמו בהיבטים נוספים) יש שינוי מסוים בין פסח מצרים לפסח דורות. מכל מקום, הן בפסח מצרים והן בפסח דורות יש בחינה של "אהיה אשר אהיה", כאשר העבר, ההווה והעתיד שלובים זה

לה' על נס **ההצלה** שעם ישראל נמצא בעיצומו.[21] בהקשר הזה יש שיראו גם במרור המשולב חלק מהחגיגיות של המעמד.[22]

נשוב וניתן את הדעת לפער הבולט בין קורבן תודה לקורבן פסח. גם בקורבן פסח הנאכל בחבורה, את הסעודה מלווה לחם והוא יוצר סעודה של הלל ושבח לה'. אך בניגוד לקורבן תודה, בקורבן פסח אין חמץ ומצה, אלא יש להשבית את השאור, ו"הלילה הזה כולו מצה", ויש להבין מדוע.

ההסבר לכך יתברר כשננסה להבין מה הופך את "קורבן פסח" ל"קורבן".[23] לכאורה, ההגדרה הבסיסית של קורבן היא שהוא או חלק ממנו קרב לה',[24] ולשם כך צריך מזבח, ואיזה מזבח היה לעם ישראל במצרים?

על השאלה הזאת עונה רב יוסף (בבלי פסחים צו ע"א):

בעי רבי זירא אימורי פסח מצרים היכא אקטרינהו?
א"ל אביי ומאן לימא לן דלא שויסקי עבוד?
ועוד, הא תנא רב יוסף ג' מזבחות היו שם – על המשקוף ועל שתי המזוזות ותו מידי אחרינא לא הוה.

תרגום: שאל רבי זירא החלקים של הקורבן שמוקטרים על המזבח של פסח מצרים, איפה הקטירו אותם?
אמר לו אביי ומי יאמר לנו שלא צלו אותם בשפוד?
ועוד, הרי שנה רב יוסף ג' מזבחות היו שם – על המשקוף ועל שתי המזוזות ומשהו אחר לא היה.

בזה. השוו: הרב מ' ברויאר, פרקי מועדות, א, עמ' 97-98; הרב י"ד סולוביצ'יק, זמן חרותנו, עמ' 90-91.

21. ניתן לראות בתנ"ך קשר בין סיפור מסגרת של תלות והכרת הטוב ובין כריתת ברית (ספר דברים, יהושע כ"ד).

22. ראו אור החיים שמות י"ב ח, שהמרור הוא מדרכי האכילה של מלכים. להסבר נוסף ראו ראב"ע הפירוש הארוך שמות י"ב ח.

23. ניתן להצביע על כמה היבטים של הפסח ששייכים לעולם הקורבנות: הדרישה לתמימות, איסור נותר, הביטוי "ראשו על כרעיו ועל קרבו" (שמות י"ב ט, בדומה לויקרא ד' יא), ועוד שנעמוד עליהם בהמשך. ראו: הרב מ' ברויאר, פסח מצרים, עמ' 11-19 (שסבור שהפסח החל כסעודת חירות, ובהמשך הפך לקורבן ממשי); לעומת הרב א' בזק, פרשת החדש, והרב י' גרוסמן, המן והקרבן (שסבורים שמדובר בקורבן ממש).

24. השוו לדיון על ארבעת המינים כקורבן, בפרק י'.

הגמרא אומרת שרב יוסף שנה בברייתא שבמצרים היו שלושה מזבחות: שתי המזוזות והמשקוף, ושם הקריבו או נתנו את הדם.[25] לפי זה, נתינת הדם על המשקוף והמזוזות בפסח מצרים לא הייתה רק סימון הבית כדי להגן עליו כשהמשחית עובר, אלא חלק מהקרבת הקורבן. ממילא מתברר שהבית כולו, שבו אוכלים את קורבן הפסח ואסור לצאת ולהוציא את הקורבן ממנו,[26] הוא המזבח. ואם כך, כל שאור וכל דבש לא יכולים להתקרב אל המזבח וצריך לבער אותם לפני כן. קורבן הפסח שמוקרב בבית והופך את הבית כולו למזבח[27] מחייב שהבית יהיה נקי מחמץ.[28] לאור זאת, גם ברור שהלחם שייאכל יחד עם קורבן הפסח יהיה דווקא מצה.[29]

הרמב"ן[30] הסביר שאבותינו אכלו מצות כי היה אסור להם לאכול חמץ, וזו הסיבה שגם אנחנו אוכלים מצות ולא משום שלא הספיק בצקם להחמיץ. עתה מובן מדוע הם לא הכינו צידה מראש – למצה הרכה של תקופת המקרא הייתה נטייה להתייבש מהר, ולכן לא רצו לאפות אותה מראש. הם הכינו את הבצק סמוך לערב, אבל בחיפזון לא הספיקו לאפות אותו לפני היציאה אלא רק לאחריה.

אחרי שבנו את המשכן במדבר, ואחרי שה' בחר את המקום הנבחר בארץ ישראל, הקרבת הקורבן בפועל עברה אל המקדש המרכזי.[31] עם זאת, הבית ממשיך להיות

25. הפועל הרגיל ביחס לדם הוא הקרבה או זריקה, אך בשמות כ"ט יב וויקרא ד' כה, ל מופיע הפועל נתינה. בכך יש היבט של קורבן חטאת, לצד היבטים של עולה ושלמים, שמצא הרב א' בזק, לעיל הערה 23.
26. כשם שאסור לצאת עם קורבנות אחרים מתחומי הקודש, לדוגמה: משנה פסחים פ"ג מ"ח; בבלי מנחות צה ע"א.
27. בהמשך לכך, פילון (על החוקים, ב: 145–148, עמ' 50–51, וכן רד"צ הופמן לויקרא כ"ג ה) רואה בבית הפרטי מקדש ובבני ישראל כולם כוהנים. מה המשמעות של בית שהופך למזבח? אפשר לראות בכך אלמנט מגן, כמו החזקה בקרנות המזבח (הרב א' בזק, פרשת החדש); או ממד של הקדשת ישראל לה' בתוך תחומו של ה' (י' גרוסמן, המן והקרבן). אפשר להוסיף שברית המילה שקדמה להקרבת קורבן הפסח קושרת בין האדם מישראל לה', האב דרך בנו, והבן באמצעות אביו. קורבן הפסח מתרחב לברית משפחתית־ביתית, ובכך היא מתרכזת בבית. בהמשך, הברית הפכה לברית לאומית, שנכרתת במקדש. רעיון זה קשור לכך שהפסח הוא קורבן מיוחד, שכן הוא אישי וציבורי בו זמנית. ראו לדוגמה: הרב מ"מ שניאורסון, ליקוטי שיחות, יח, עמ' 104–116.
28. מכאן ניתן לפרש כיצד הפסוקים שעוסקים במתן הדם על המזוזות והמשקוף קובעים שהם יהיו "לְחָק לְךָ וּלְבָנֶיךָ עַד עוֹלָם" (שמות י"ב כד). הם מתקיימים לדורות, גם אם המזבח משנה מקום.
29. אפשר שכשם שהמצה היא אנטיתזה לשאור, כך המרור הוא אנטיתזה לדבש. השוו לעיל, הערה 22.
30. רמב"ן על שמות י"ב לט.
31. כך משתמע מהעובדה שכבר בבמדבר ט' י נאמר שמי שבדרך רחוקה צריך לעשות פסח שני. השוו: י' קויפמן, תולדות, א, עמ' 543.

מוקד העשייה הדתית, והוא מוכן באופן תיאורטי להיות המקום המתאים להקרבת הקורבן באמצעות איסור החמץ משעת הקרבת הקורבן. וכך גם לדורות, ר׳ ישמעאל מלמד שעלינו לוודא שעם הקרבת הקורבן לא יהיה חמץ גם בבית. בכך הבית הופך למעין לוויין של המקדש, והבית הוא חלק מכריתת ברית הפסח וההודיה לה׳ על כך.

ההסבר הזה, המבוסס על דברי ר׳ ישמעאל ודברי אביי ורב יוסף ומפתח אותם מפסוקי התורה, מספק משמעות למצה כחלק מהקרבת קורבן הפסח עוד בפסח מצרים.

המצה של ״לחם עוני״ – לחמם של המעונים, העניים והעונים

נעבור למצת לחם העוני המוזכרת בספר דברים. בדברי חכמים ניתן למצוא כמה פירושים מהו ״לחם עוני״. בסוגיית הגמרא (פסחים קטו ע״ב – קטז ע״א) נאמר:[32]

> אמר שמואל ׳לחם עוני׳ (דברים ט״ז ג) (כתיב) לחם שעונין עליו דברים.
> תניא נמי הכי [יש ברייתא שגם אומרת כך]: ׳לחם עוני׳ לחם שעונין עליו דברים הרבה,
> דבר אחר ׳לחם עוני׳ עני כתיב מה עני שדרכו בפרוסה אף כאן בפרוסה,
> דבר אחר מה דרכו של עני הוא מסיק ואשתו אופה אף כאן נמי הוא מסיק ואשתו אופה.

בברייתא מובאים שלושה הסברים ל״לחם עוני״: הסבר אחד מתייחס לענייה כדיבור והסבר אחר מתייחס לעוני של הלחם, בבחינת הדלות של אוכלי המצה, בין אם הדלות באה לידי ביטוי בכמות הלחם שהיא פרוסה[33] או באופן האפייה – אפייה עצמית[34] או אפייה מהירה.[35] במקבילה בספרי דברים (פיסקא קל) מדובר גם על לחם שהוא לא חלוט או אשישה, כלומר מוכן בדרך פשוטה. מכאן משמע שמדובר על לחם שעניים רגילים לאכול, ואפשר שהעניים הללו הם היוצאים בחיפזון ממצרים.[36] עם זאת, ר׳

32. חלקה מבוסס על ספרי דברים פיסקא קל.
33. רמב״ם הלכות חמץ ומצה פ״ח ה״ו; שולחן ערוך או״ח תע״ג ו.
34. פירוש מהר״ם חלוואה בשם הגאונים; רא״ש פסחים ב׳, כו.
35. מהר״ם חלוואה על אתר.
36. רש״י על דברים ט״ז ג, ורמב״ן על דברים ט״ז ב. לדעת רד״צ הופמן (שם), לחם העוני ברגע היציאה נועד למנוע את המחשבה שהם הוציאו את עצמם ממצרים, שכן עדיין היו צריכים להיזהר מהמצרים ולהימלט מפניהם. וכן לדעת הרב א׳ שרייבר, לחם עוני, באכילת לחם עוני ביציאה ממצרים בני ישראל שוברים את הדפוס של סיפורי הירידה למצרים, שם שעבוד והכנעת האחר

שמעון שם קובע: "למה נקרא לחם עוני? על שם עינוי שנתענו במצרים",[37] כלומר לדעתו הלחם אמור להזכיר את שלב העינוי של מצרים.

אפשר לומר שלחלק מהדעות הלחם מזמן סיפור, ולחלק אחר הלחם הוא הדגמה של הסיפור. אומנם הלחם הוא כזה "שעונין עליו דברים הרבה", ואפשר שיש כאן רמז ליותר מסיפור אחד שמספרים אותו.

לסיכום, ראינו במדרשי חז"ל כמה כיוונים למשמעות המצה. ראינו את המצה כלחם המלווה את קורבן הפסח ומאיר אותו כקורבן תודה שמוקרב בקשר לעשיית ניסים. הוא מובא כמצה, שכן בפסח הבית הופך למזבח, וממנו יש להרחיק את החמץ. בהמשך לכך ראינו את המצה גם כלחם המספר סיפור, והיא מתחברת לקורבן שמזמן את הסועדים לספר בניסי יציאת מצרים ולהודות עליהם. לצד זאת, ראינו את המצה כלחמם של העניים, העשויה גם להזכיר את שעבוד מצרים ולא רק את ניסי היציאה.

עיוני משנה

מצה, מרור ופסח – עקרונות מארגנים של ליל הסדר

נפנה כעת למשנה בחיפוש אחר משמעות נוספת למצה. המשנה בפרק עשירי במסכת פסחים עוסקת בליל הסדר, והיא גם שואלת את השאלה ששאלנו וגם משיבה עליה. חלק נכבד מהמבנה של ליל הסדר נסוב סביב השילוב 'פסח, מצה ומרור'. מאכלים אלו מופיעים בחלק הראשון של הסדר, יחד עם הכוס הראשונה של היין (פסחים פרק י'):

> [ב] מזגו לו כוס ראשון... בית שמאי אומרים מברך על היום ואח"כ מברך על היין, ובית הלל אומרים מברך על היין ואחר כך מברך על היום.
>
> [ג] הביאו לפניו, מטבל **בחזרת** עד שמגיע לפרפרת **הפת**. הביאו לפניו **מצה וחזרת** וחרוסת ושני תבשילין,[38] אף על פי שאין חרוסת מצוה, רבי אליעזר בר צדוק אומר מצוה. ובמקדש היו מביאים לפניו גופו של **פסח**.

מלווים ב"וישבו לאכול לחם". ראו גם הרב י' בן נון, חמץ ומצה, עמ' 31–32, ובפרק הבא. הרמב"ם רואה בסוכות גם מעין מרור של זיכרון קשיי ההליכה במדבר (מורה נבוכים ג', מג), וכן בדברים ח' ג מתוארת ההליכה במדבר כעינוי.

37. מלבי"ם (דברים ט"ז ג) מסביר: "שהיה זכר להעינוי כי העבדים היו נותנים להם לחם שלא נתחמץ שקשה להתעכל".

38. שני התבשילין לא נמצאים בכתבי היד של המשנה.

לאחר מזיגת הכוס הראשונה והברכה עליה, מביאים את המאכלים לסועדים. בשלב הראשון מטבלים בחזרת, המוזכרת בתחילת המסכת כאחד הצמחים שמשמשים כמרור, ולפי המקובל היא החסה של ימינו.[39] לאחר מכן מביאים את האוכל שבא עם הפת,[40] המוגדר כ'פרפרת הפת' וכולל: מצה, וחזרת וחרוסת ושני תבשילין או גופו של הפסח.

המאכלים האלה מוזכרים במשנה שוב מיד:

> [ד] מזגו לו כוס שני וכאן הבן שואל אביו.
> ואם אין דעת בבן אביו מלמדו מה נשתנה הלילה הזה מכל הלילות
> שבכל הלילות אנו אוכלין חמץ ומצה הלילה הזה כולו **מצה**
> שבכל הלילות אנו אוכלין שאר ירקות הלילה הזה **מרור**
> שבכל הלילות אנו אוכלין בשר צלי שלוק ומבושל הלילה הזה כולו **צלי**
> שבכל הלילות אנו **מטבילין** פעם אחת הלילה הזה שתי פעמים.
> ולפי דעתו של בן אביו מלמדו, מתחיל בגנות ומסיים בשבח, ודורש מ'ארמי אובד אבי' (דברים כ"ו ה) עד שיגמור כל הפרשה כולה.

לפי המשנה, הבן אמור לשאול את אביו לאחר מזיגת הכוס השנייה שאלות. לפי חלק מהפרשנים הוא אמור לשאול את הקושיות שיבואו בהמשך, ורק אם הוא לא ישאל, אביו אמור לעזור לו.[41] אומנם, אפשר שהשאלות אמורות להיות ספונטניות.[42] מכל מקום, אם הבן לא שואל, האב אמור לעזור לו לשאול. לעצם טיבן של השאלות, אפשר שהאב עוזר לבן לשים לב לדברים השונים בלילה הזה, והשאלה היא בעצם **במה** נשתנה הלילה הזה מכל הלילות. ואפשר שהאב מדרבן את הבן לשאול על טיבם של השינויים הללו, ומעודד את הבן לשמוע **למה** או מדוע נשתנה הלילה הזה מכל הלילות.[43] על כל פנים, נראה שהמשנה מכוונת לשים לב לכמה שינויים משמעותיים בלילה הזה.

39. משנה פסחים פ"ב מ"ו; בבלי פסחים לט ע"א.
40. ראו ספראי, משנה פסחים, עמ' 363.
41. לדוגמה ראבי"ה חלק ב' – פסחים סימן תקכ"ה.
42. בבבלי פסחים קטו ע"ב השאלה היא על עקירת השולחן. לפי רשב"ם (פסחים קטז ע"א ד"ה וכאן) הבן שואל על מזיגת הכוס השני.
43. לדעת ספראי, משנה פסחים, עמ' 370–371 יש כאן שאלה הלכתית על השינויים הנדרשים או שאלה על טעמם.

בגרסת המשנה שלפנינו מובאים ארבעה שינויים משמעותיים: מצה, מרור, בשר צלי (פסח)[44] וטיבול. בכתבי היד של המשנה יש רק שלוש שאלות: טיבול, מצה ובשר צלי. כך לדוגמה בכת"י קאופמן:

שבכל הלילות [אין][45] אנו **מטבלים** אפילו פעם אחת,[46] הלילה הזה שתי פעמים,
שבכל הלילות אנו אוכלים חמץ ומצה הלילה הזה כולו **מצה**
שבכל הלילות אנו אוכלים בשר צלי שלוק ומבושל הלילה הזה כולו **צלי**.

חוקרי תלמוד עמדו על כך שהשאלה על הטיבול היא למעשה השאלה המקורית על המרור, שכן את החזרת – שהיא המרור – טיבלו פעמיים: פעם, במקום הראוי לו, כמתאבן לארוחה,[47] ופעם שנייה, באופן מפתיע, כמלווה את הבשר (הפסח) והפת (מצה).[48] לפי הנוסח הזה, התשובות לשאלה "במה נשתנה הלילה הזה" או השאלות "מדוע נשתנה הלילה הזה" ממוקדות באותם שלושה מאכלים: פסח, מצה ומרור, ככל הנראה לפי הסדר שפוגשים אותם בסדר: מרור (כמתאבן ואז כמלווה את הפת), מצה (הפת) ופסח (הבשר שנאכל עם הפת או לאחריו).

44. ההנחה בבסיס שאלה זו היא שאת שאר הבשר שנאכל בערב (לדוגמה קורבן חגיגה) גם היו צולים, כדעת בן תימא (פסחים ע ע"א, וראו תוספות קטז ע"א ד"ה כולו צלי). בגרסת המשנה לפנינו, מהבאת שני תבשילין ניתן להסיק שהבשר בליל הסדר הוא דווקא מבושל.
45. נוסף בתוך כתב היד.
46. בכת"י פארמה הנוסח הוא: "שבכל הלילות אנו מטבלים פעם אחת". ראו להלן הערה 48.
47. על שלב הטיבול הראשוני כשלב של מתאבנים, ראו: י' תבורי, פסח דורות, עמ' 250–268; ספראי, משנה פסחים, עמ' 363.
48. לניסוחים נוספים על שאלת הטיבול והמרור ראו אצל ספראי, משנה פסחים, עמ' 370. עם הזמן, המירו את הטיבול הראשון בסוג אחר של ירק כדי לא לעורר בעיות עם הברכה על המרור, וממילא השאלה על הטיבול לא עסקה דווקא במרור. בעקבות זאת, נוספה שאלה ממוקדת יותר על המרור, אם כי פחות מוצלחת הן מבחינת המנגינה והן מבחינת השינוי שאינו מובהק. בעקבות התפיסה שיש ארבע שאלות כמו ארבע הכוסות, כשהשאלה על הצלי כבר לא הייתה רלוונטית (ראו רי"ף פסחים כה ע"ב; רמב"ם הלכות חמץ ומצה פ"ח ה"ג) החליפו אותה בשאלה על ההסבה. בכך משלוש שאלות שממוקדות באוכל המיוחד, הפכה רשימת ה"מה נשתנה" לרשימת השינויים של הסדר, והשינוי עומד במרכז – "כדי שישאלו" (על סמך פסחים קטו ע"ב) – ולא התוכן שעליו שואלים. כך דעת פרופ' י' תבורי, פסח דורות, עמ' 250–268, עיינו שם.

פסח, מצה ומרורים – על שום מה?

לצד שלוש השאלות נדרשות שלוש תשובות או שלושה הסברים, וכך עונה רבן גמליאל במשנה (שם, לפי נוסח הדפוס):[49]

[ה] רבן גמליאל היה אומר כל שלא אמר שלשה דברים אלו בפסח לא יצא ידי חובתו, ואלו הן: פסח, מצה, ומרור.
פסח על שום שפסח המקום על בתי אבותינו במצרים, **מצה על שום שנגאלו** אבותינו במצרים, **מרור על שום שמררו** המצריים את חיי אבותינו במצרים.
בכל דור ודור חייב אדם לראות את עצמו כאילו הוא יצא ממצרים שנאמר 'והגדת לבנך ביום ההוא לאמר בעבור זה עשה ה' לי בצאתי ממצרים' (שמות י"ג ח).
לפיכך אנחנו חייבין להודות, להלל, לשבח, לפאר, לרומם, להדר, לברך, לעלה ולקלס למי שעשה לאבותינו ולנו את כל הניסים האלו: הוציאנו מעבדות לחירות, מיגון לשמחה, ומאבל ליום טוב, ומאפילה לאור גדול, ומשעבוד לגאולה ונאמר לפניו הללויה.

גם במשנה הזו יש פער בין מה שאנחנו מכירים מליל הסדר למה שמופיע במקורות הקדומים יותר, ובין מה שמופיע בגרסת המשנה שלפנינו לכתבי היד. בכתבי היד חסר החלק האמצעי שקובע שבכל דור חייב אדם לראות או להראות את עצמו כאילו הוא יצא ממצרים. כמו כן, בחלק האחרון, "לפיכך", חסרים חלק מהפעלים העוסקים בשבח ובהודיה, ומתוארת רק היציאה מעבדות לחירות. ובכך מכתבי היד ועד המשנה נוספו חלקים ובמשך הדורות שולבו בהגדה קטעים נוספים.

לצד ההוספות יש גם שינויים. רבן גמליאל במשנה הסביר בקצרה ואנחנו מאריכים וקצת משנים. ראשית השתנו מעט הלשון והסדר. בכתבי היד של המשנה רבן גמליאל קובע: "כל שלא אמר שלשה דברים אלו בפסח לא יצא ידי חובתו: פסח מצה **ומרורים**". הסדר והלשון יונקים מהפסוק (שמות י"ב ח): "וְאָכְלוּ אֶת **הַבָּשָׂר** בַּלַּיְלָה הַזֶּה צְלִי אֵשׁ **וּמַצּוֹת** עַל **מְרֹרִים** יֹאכְלֻהוּ". ברם, בהסבר המאכלים, רבן גמליאל

49. לפי מבנה הסדר שלפנינו, השאלות שונות וגם התשובה שמתקבלת מיד היא "עבדים היינו לפרעה במצרים" וכו', וממילא עובר זמן רב בין השאלות הללו (שכבר לא מתרכזות רק בפסח, מצה ומרור) לבין התשובות, ומשמע שהשאלות הן במה נשתנה הלילה הזה, והתשובה היא שבלילה הזה דברים השתנו בעולם. ראו לדוגמה: הרב י"צ רימון, הגדה, עמ' 142–143. אומנם, גם בהגדה שבמשנה יש פער בין שלב השאלות לתשובות הממוקדות של רבן גמליאל.

נוקט בסדר אחר: פסח, מרורים, מצה. לאור אי ההתאמה בין סדר ההסברים לכותרת, בדפוסים שינו וההסברים הם לפי פסח, מצה, מרור, וכך גם בהגדות שלנו. כפי שנראה, שינוי הסדר גרם לאיבוד המשמעות.

גם ההסברים במשנה למאכלים מעט שונים ממה שיש בידינו.[50] בכל הנוגע לפסח ולמרור, בהגדות שבידינו ההסבר דומה לזה שמופיע במשנה:

> **פֶּסַח שֶׁהָיוּ אֲבוֹתֵינוּ אוֹכְלִים** בִּזְמַן שֶׁבֵּית הַמִּקְדָּשׁ הָיָה קַיָּם, עַל שׁוּם מָה? עַל שׁוּם **שֶׁפָּסַח** הַקָּדוֹשׁ בָּרוּךְ הוּא עַל בָּתֵּי אֲבוֹתֵינוּ בְּמִצְרַיִם, שֶׁנֶּאֱמַר: 'וַאֲמַרְתֶּם זֶבַח **פֶּסַח** הוּא לַיי אֲשֶׁר **פָּסַח** עַל בָּתֵּי בְנֵי יִשְׂרָאֵל בְּמִצְרַיִם בְּנָגְפּוֹ אֶת מִצְרַיִם וְאֶת בָּתֵּינוּ הִצִּיל וַיִּקֹּד הָעָם וַיִּשְׁתַּחֲווּ' (שמות י"ב כז)...
> **מָרוֹר** זֶה שֶׁאָנוּ אוֹכְלִים, עַל שׁוּם מָה? עַל שׁוּם **שֶׁמֵּרְרוּ** הַמִּצְרִים אֶת חַיֵּי אֲבוֹתֵינוּ בְּמִצְרַיִם, שֶׁנֶּאֱמַר: '**וַיְמָרְרוּ** אֶת חַיֵּיהֶם בַּעֲבֹדָה קָשָׁה בְּחֹמֶר וּבִלְבֵנִים וּבְכָל עֲבֹדָה בַּשָּׂדֶה אֶת כָּל עֲבֹדָתָם אֲשֶׁר עָבְדוּ בָהֶם בְּפָרֶךְ' (שמות א' יד).

ניתן לראות שבהגדות שבידינו עשו התאמה לדורנו, תוך התייחסות לכך שאת הפסח היו אוכלים בעבר, בזמן שבית המקדש היה קיים. נוסף לכך, בהגדות הוסיפו פסוקי הוכחה או הדגמה של הפסיחה על הבתים ושל מירור החיים.

ההבדל המשמעותי מופיע ביחס להסבר של המצה. אנחנו מכירים את נוסח ההגדה כך:

> **מַצָּה** זוֹ שֶׁאָנוּ אוֹכְלִים, עַל שׁוּם מָה? **עַל שׁוּם שֶׁלֹּא הִסְפִּיק בְּצֵקָם שֶׁל אֲבוֹתֵינוּ לְהַחֲמִיץ** עַד שֶׁנִּגְלָה עֲלֵיהֶם מֶלֶךְ מַלְכֵי הַמְּלָכִים, הַקָּדוֹשׁ בָּרוּךְ הוּא, וּגְאָלָם, שֶׁנֶּאֱמַר: 'וַיֹּאפוּ אֶת הַבָּצֵק אֲשֶׁר הוֹצִיאוּ מִמִּצְרַיִם עֻגֹת **מַצּוֹת** כִּי לֹא חָמֵץ כִּי גֹרְשׁוּ מִמִּצְרַיִם וְלֹא יָכְלוּ לְהִתְמַהְמֵהַּ וְגַם צֵדָה לֹא עָשׂוּ לָהֶם' (שמות י"ב לט).

ההסבר של ההגדה הוא ההסבר המוכר והידוע,[51] אבל זה לא בדיוק ההסבר שאמר רבן גמליאל לפי הנוסח במשנה. במשנה רבן גמליאל הסביר: "מצה על שום שנגאלו

50. לפי ספראי, הגדת חז"ל, עמ' 36, בימיו של רבן גמליאל התוכן של הדרשות (וההסבר למאכלים) בליל הסדר עוד לא היה לגמרי מגובש. אפשר לומר שרבן גמליאל דרש להסביר את המאכלים השונים, וגם אם לו היו הסברים מסוימים, הם לא שללו הסברים אחרים.

51. מדבריו של הרב ד' גולדשמידט, הגדה, עמ' 52–53 משמע שההוספות (כגון הוספת השאלה "על שום מה") והשינויים נעשו בימי הביניים, והם לא קיימים בהגדות שבגניזות הקדומות.

אבותינו במצרים". האם ההסבר שאנחנו אומרים בימינו וההסבר במשנה הם אותו הסבר? אומנם נכון שהבצק לא הספיק להחמיץ בגלל הגאולה, אבל האם זאת בדיוק אותה הטענה?

המצה של חג המצות, משחקי מילים והסברי מאכלים

ברצוני לפתח את ההסבר של רבן גמליאל אחרת מכפי שהוא התפתח לאורך השנים. לשם כך, נשים לב לדבר חשוב מאוד במבנה ההסברים של רבן גמליאל לשלושת המאכלים של ליל הסדר. רבן גמליאל נותן הסברים למאכלים, שיש בהם משחקי מילים של לשון נופל על לשון. הפסח משום שפסח והמרור על שום שמררו. גם בפסוקים המצוטטים, השורשים פס"ח ומר"ר חוזרים ליתר הדגשה.

ההסבר של רבן גמליאל לאכילת הפסח מופיע ממש בפסוקים, כפי שההוספה במשנה של ימינו מדגישה, כשהיא מצטטת את הפסוק עצמו שקושר בין "ואמרתם זבח פסח", כלומר – וקראתם לזבח פסח או הסברתם את השם של הזבח כ'פסח', ומנמק את השם בכך שה' פסח על הבתים.[52] ההסבר השני שהמרור הוא 'על שם שמררו' כבר כולל תהליך מסוים של פרשנות, כי הוא לא כתוב במפורש בפסוקים. ההצמדה בין המאכל מרור לפסוק שמדבר על מצרים שמיררו את חיי בני ישראל הוא אינטואיטיבי והגיוני, ובכל זאת, הוא פרשנות.[53] אבל דווקא הבחירה הזו מלמדת על ההבנה של רבן גמליאל שהתורה רומזת בשמות מאכלים להסברים המלווים, ודווקא בדרך של לשון נופל על לשון.

אם כן למה המצה רומזת? המילה 'גאולה' לא בדיוק קשורה למילה מצה.

נדמה שאם נחזור לפסוקים בתורה, נגלה למה התכוון רבן גמליאל. נפתח בפסוקים שבהם יש הסבר מפורש (שמות י"ב):

(יז) וּשְׁמַרְתֶּם אֶת **הַמַּצּוֹת כִּי** בְּעֶצֶם הַיּוֹם הַזֶּה **הוֹצֵאתִי** אֶת צִבְאוֹתֵיכֶם מֵאֶרֶץ מִצְרָיִם וּשְׁמַרְתֶּם אֶת הַיּוֹם הַזֶּה לְדֹרֹתֵיכֶם חֻקַּת עוֹלָם.

52. שם הקורבן מוזכר בפסוקים (שמות י"ב יא) לפני ההסבר שלו (שם, יג, כז). מכאן יש שהציעו הסברים אחרים לשם פסח. וכך הרב מ' ברויאר, פרקי מועדות, א, עמ' 98 מזהה את משחק המילים בתוך הפסוק הראשון: "וַאֲכַלְתֶּם אֹתוֹ בְּחִפָּזוֹן פֶּסַח הוּא לַה'", והפסח הוא משחק מילים עם חפ"ז. ראו גם לעיל, הערה 4.

53. כפי שציינו כמה פרשנים, ניתן להסביר את המרור באופנים אחרים, וראו הערות 22, 29 לעיל והערה 65 להלן.

התורה מציגה משחק מילים! ה'מצה' קשורה להוצאה או ליציאה.[54] מבלי משים, גם תיאור סדר הלילה ברשימת 'קדש ורחץ', השלב של 'מוציא מצה' מנציח את משחק המילים של מצה ויציאה.[55]

רבן גמליאל ממקד את המבט שלנו על המצה ברגע היציאה, בגאולה. אם נעיין בדבריו, הוא שוזר את ההסבר למצה בהתייחסות הכללית ליציאה ממצרים. כפי שצוין, בכתבי היד של המשנה, סדר ההסברים הוא פסח, מרורים ורק לבסוף מצה,[56] וכך מסביר שם רבן גמליאל:

> מצה על שום [ש]ניגאלו, לפיכך אנו חייבים להודות להלל לשבח לפאר לרומם לגדל למי שעשה לנו ולאבותינו את כל הניסים האילו **והוציאנו** מעבדות לחירות ונאמר לפניו הללויה.[57]

כך סוף האמירה, שמודה במיוחד על **היציאה** מעבדות לחירות, כלומר על הגאולה, היא חלק מהאמירה וההסבר של המצה דווקא.

חיזוק לפירוש הזה למצה ניתן למצוא בתרגום אונקלוס. את הפסוק: "שבעת ימים מצות תאכלו" הוא מתרגם כך (שמות י"ב טו):

> שבעא יומין **פטירא** תיכלון...

54. גם ריבוי האות צ' מייצר מצלול שכולל בתוכו את 'מצרים' שממנה 'יצאו'. הקישור בין מצה ליציאה מופיע גם בשמות כ"ג טו.

55. על הקשר בין מצה ליציאה העיר גם פרופ' י' תבורי, פסח דורות, עמ' 52 ובהערה 60, בשם הרב ד' גולדשמידט, אך לא מצאתי את דבריו.

56. לדעת ספראי, הגדת חז"ל, עמ' 36 הסדר הזה הוא שיבוש, שכן הוא הפוך מסדר השאלות ומהכותרת של רבן גמליאל. עם זאת, נראה שסדר השאלות תואם את סדר הוצאת המאכלים, והכותרת של רבן גמליאל היא לפי סדר הפסוק. נראה שהסדר כאן נועד כדי לקשור את המצה והגאולה להמשך הדברים על היציאה מעבדות לחירות.

57. גם בקטע שנוסף למשנה ולהגדה מודגשת היציאה ממצרים: "בכל דור ודור חייב אדם לראות (נ"א: להראות) את עצמו כאילו הוא **יצא ממצרים** שנאמר 'והגדת לבנך ביום ההוא לאמר **בעבור** זה עשה ה' לי **בצאתי ממצרים**' (שמות י"ג ח)". חז"ל דרשו את המילים "בעבור זה" על המצה, שנאפית "מֵעֲבוּר הָאָרֶץ" (יהושע ה' יא). ראו: מ' בר־אשר, לבירור עניינם, עמ' 312-315. אם כן, יש כאן דרשה נוספת המזהה קשר בין המצה ובין "בצאתי ממצרים".

אונקלוס קורא למצות "פטירא".[58] כך הוא מתרגם גם את הפועל שילוח בהקשר של נישואין[59] ובהקשר של שחרור עבדים. בבראשית מ"ג נאמר:

(יד) וְאֵל שַׁדַּי יִתֵּן לָכֶם רַחֲמִים לִפְנֵי הָאִישׁ **וְשִׁלַּח** לָכֶם אֶת אֲחִיכֶם אַחֵר וְאֶת בִּנְיָמִין וַאֲנִי כַּאֲשֶׁר שָׁכֹלְתִּי שָׁכָלְתִּי.

ואונקלוס מתרגם:

וא־ל ש־די יתין לכון רחמין קדם גברא **ויפטר** לכון ית אחוכון אחרנא וית בנימין ואנא כמא דתכילית תכילית.

אונקלוס משתמש בשורש פט"ר הן לתרגום פעולת השילוח והשחרור והן לתרגום המצה.[60]

אם כן, מתברר מדברי רבן גמליאל ומעיון חוזר בפסוקים, שאוכלים מצות בחג המצות כדי לחגוג ולציין את היציאה. למעשה, התורה מצווה לאכול מצות במשך שבעת הימים **שאחרי** ליל הסדר כדי להזכיר את שלב היציאה ממצרים.

מרור, פסח ומצה – סיפור כרונולוגי של היציאה

נשים לב שההסבר של רבן גמליאל למעשה הופך את המאכלים של ליל הסדר לדרך לתאר סיפור. אם נתחיל בגנות ונסיים בשבח, כהדרכת המשנה, המרור הוא תיאור של **העבר הרע**, הפסח מזכיר את **ניסי ההווה**, והמצה מתעדת את **גאולת העתיד**. מאכלי הלילה מספרים סיפור שיש בו עבר, הווה ועתיד, וליל הסדר מתמקד בהווה הניסי אבל כולל בתוכו את כל סדר הזמנים.

58. ראו בקישור: https://cal.huc.edu/oneentry.php?lemma=pTr%20V&cits=all; הרב ר"ב פוזן, פרשגן שמות, עמ' 184–185.

59. לדוגמה את הפסוק בדברים כ"ד א: "וְכָתַב לָהּ סֵפֶר כְּרִיתֻת וְנָתַן בְּיָדָהּ **וְשִׁלְּחָהּ** מִבֵּיתוֹ" אונקלוס מתרגם: "ויכתוב לה גט פטורין ויתין בידה **ויפטרנה** מביתיה".

60. את פעולת השילוח שביציאת מצרים אונקלוס מתרגם גם כשילוח ואת הגירוש כ"תרכא", אך בוודאי שבפירושו השורש פט"ר קשור הן למצה והן לשילוח. לדעת הרב ר"ב פוזן (פרשגן בראשית, עמ' 787), אונקלוס מייחד את השורש פט"ר לשילוח והוצאה מהבית של המשלח, מה שקיים בגירושין ושחרור עבד פרטי (לדוגמה שמות כ"א כו), אבל לא ביציאת מצרים. התרגום המיוחס ליונתן משתמש בשורש פט"ר גם לציון השילוח ממצרים (ראו שם הערה 140).

אם **נסכם**, נראה שמתוך דברי רבן גמליאל במשנה עולה הסבר אחד לאכילת מצות, והוא שהמצה היא האוכל שנבחר – לכל הפחות בגלל משחק המילים – לציין ולהזכיר את היציאה ממצרים. במשך שבעה ימים נציין את היציאה באמצעות אכילת המצה (וסילוק היפוכה, החמץ). כיוון שהיציאה ממצרים הייתה ידועה ומתוכננת מראש, ניתן היה לצוות על חג בן שבעה ימים שבו יש לאכול מצות כדי לחגוג את היציאה עוד לפני שהיא אירעה. מדברי רבן גמליאל עולה שכלל מאכלי ליל הסדר נועדו לספר את הסיפור כולו. בפסח מצרים, בני ישראל ציינו את העבר הרע באמצעות המרור, וחוו את ההווה הניסי באמצעות קורבן הפסח, וציפו לקראת היציאה העתידית באמצעות המצה. קורבן הפסח משולב עם חג המצות של היציאה.[61] בפסח דורות משלבים את אותם האלמנטים ומנסים לחוות אותם מחדש כחלק מסיפור משולב של עבר, הווה ועתיד.

קורבן התודה ומבנה ההגדה

כפי שראינו, ליל הסדר סובב סביב האוכל, והסיפור שהוא מספר. לפי המשנה המתארת את הוצאת המאכלים, על השולחן מונחים פסח, מצה ומרור. הם מגרים את הסקרנות ונועדו לעורר שאלות במשנת "מה נשתנה", ורבן גמליאל משיב על השאלות ומסביר את המשמעות של הפסח, המצה והמרור. כאן המצה מייצגת בעיקר את המצה של "חג המצות" גם אם היא מלווה את קורבן הפסח.

אומנם למשניות של ליל הסדר יש עיקרון מארגן נוסף. במשניות שבפרק העשירי של מסכת פסחים, אפשר לעקוב אחרי מהלך הלילה גם על ידי ארבע הכוסות. המשנה פותחת בקביעה (משנה פסחים י'):

[א] ערבי פסחים סמוך למנחה לא יאכל אדם עד שתחשך, ואפילו עני שבישראל לא יאכל עד שיסב.
ולא יפחתו לו **מארבע כוסות** של יין ואפילו מן התמחוי.

לאחר שמוודאים שאפילו לעני שבישראל יהיו ארבע כוסות, המשנה מפרטת את הכוס הראשונה שעליה אומרים את ברכת היין והיום (מ"ב), את הכוס השנייה שעליה נאמר עיקר ההגדה ומברכים ברכת הגאולה (מ"ד-מ"ו), את הכוס השלישית של ברכת

61. יש בשיטה זו דמיון לתפיסה שהקרבת הקורבן היא לא מעשה עצמאי אלא מעשה שנועד להכשיר את אכילת הקורבן בערב עם המצות של חג המצות.

המזון ואת הרביעית של ההלל וברכת השיר (מ"ז). לכאורה הסדר נסוב סביב ארבע הכוסות, אך למעשה הוא נסוב סביב **הברכות**.[62] לצד הפסח, המצה והמרור, השורש בר"כ מלווה את פרק ערבי פסחים ומופיע בו תשע פעמים בכתבי היד ואחת עשרה פעמים בדפוסים. גם הפסוקים שדורשים בסדר, "ארמי אבד אבי", הם פסוקי מקרא ביכורים (דברים כ"ו ג-י), שהוא דברי הודאה.[63] השיא של המהלך הזה הוא במשנה המסכמת את דברי רבן גמליאל:

> [ה] לפיכך אנחנו חייבין **להודות**, להלל, לשבח, לפאר, לרומם, להדר, **לברך**, לעלה ולקלס למי שעשה לאבותינו ולנו את כל הניסים האלו הוציאנו מעבדות לחירות, מיגון לשמחה, ומאבל ליום טוב, ומאפילה לאור גדול, ומשעבוד לגאולה ונאמר לפניו הללויה.

במשנה זו מופיע כל השדה הסמנטי שקשור להודיה לה', וכמה צירופי מילים שמתחילים בגנות ומסיימים בשבח. אומנם בכתבי היד יש פחות פעלים ברשימה, והגנות והשבח מתייחסים רק לשעבוד ולגאולה, ועדיין יש במשנה זו לחזק את הזיהוי של עיקרון מארגן נוסף של הפרק ושל הערב סביב הברכה וההודאה.

המבנה הנוסף הזה תומך בתפיסה שראינו לעיל, שקורבן הפסח הוא סוג של קורבן תודה, והמצה היא הלחם שמלווה את הקורבן.

מקראות קודש

מצה עשירה – מצה עם כמה טעמים

נתבונן בטעמים השונים שזיהינו למצוות המצה. ראינו שהתורה קוראת למצה "לחם עוני", ור' שמעון סובר שהיא נועדה להזכיר את **העינוי** של מצרים. הברייתא ציינה שהמהות של המצה כלחם עוני גם באה לידי ביטוי באופן מעשי במצה שהיא לא מצה עשירה, שאופים אותה באופן אישי או מהיר, ואף מסתפקים בפרוסה, מה שמוביל ל"יחץ", שבו חוצים את המצה האמצעית לשני חלקים.

ר' ישמעאל עמד על המשמעות של המצה בהקשר של **קורבן הפסח** דווקא,

62. ראו רמב"ם הלכות חמץ ומצה פ"ז ה"י (הקושר את הכוס השנייה לאמירת ההגדה). השוו: הרב י"ד סולוביצ'יק, שיח הגרי"ד, עמ' ט-יא (שהכוסות גם משמשות לסיפור יציאת מצרים).
63. ראו לדוגמה: הרב י"צ רימון, הגדה, עמ' 177.

שכן את הפסח אסור לשחוט כשיש חמץ. הקישור שעושה ר' ישמעאל בין הפסח לחמץ מדגיש גם את הקשר בין קורבן הפסח לאכילת המצה. הצענו שהקשר הזה מלמד שקורבן פסח הוא קורבן שמלווה בלחם, שכן הוא קורבן **תודה**, אבל משום שהוא קורבן שמקריבים בבית, הבית כולו הופך להיות ראוי להקרבת קורבן ולכן יש לבער ממנו את החמץ.[64] וכך גם במצרים נאלצו ביציאה לאפות מצות. לימים, עברו להקריב במקום אשר יבחר ה', אבל הבית עדיין נשאר בחזקת ראוי להקרבה. סידור של ליל הסדר סביב **הברכות** הנאמרות על היין ושאר ביטויים של הודאה לה' מחזק את ההבנה שקורבן פסח הוא קורבן תודה.

לבסוף, ראינו שמדברי רבן גמליאל למדנו שהמצה מסמלת את **היציאה**. לחם השילוחין, ה"פטירא" שמסמל את משחק המילים "מוציא" ו"מצה". מתוך דבריו הבנו מדוע התורה מצווה על חג המצות בן שבעה ימים עוד טרם יצאו ממצרים, שכן בחג הזה חוגגים את היציאה באמצעות אכילת המצה.

ראינו שרבן גמליאל לא חידש רק שהמצה היא לחם של יציאה, אלא גם הציע כיצד שלושת המאכלים יספרו את סיפור היציאה ממצרים, כשמתחילים בגנות ומסיימים בשבח. המרור מסמל את העבר הרע, הפסח את ההווה הניסי, והמצה את העתיד הטוב. מתוך החידוש של רבן גמליאל אפשר לפרש מחדש את התפקידים השונים של המצה. מסיכום הדברים מתברר שלמצה יש שלושה תפקידים או שלוש מטרות, שמשתלבים עם שלושת המרכיבים המשמעותיים של ליל הסדר:

המצה **כמרור** – המצה היא **לחם עוני** המזכירה את לחמם של העבדים במצרים.[65]

המצה **כפסח** – המצה היא הלחם שמלווה את קורבן הפסח כקורבן **תודה**. הלחם הזה לא יכול להיות חמץ, וממילא הוא מצה.

המצה **כמצה** – המצה היא לחם **היציאה** ממצרים, על שם שנגאלו.

המצה מבטאת בתוכה את שלושת המרכיבים של הסדר כולו: **העבר הרע** (מרור), **ההווה הניסי** (פסח) **והגאולה העתידית** (מצה) – של יציאת מצרים. מכאן ניתן להבין מדוע חכמים הגדירו את המצה כזו ש"עונים עליה דברים הרבה". המצה

64. בפרק הקודם ראינו את האנומליה של י"ד בניסן מבחינת הזמנים, ונראה שהדבר קשור לכך שזהו יום שבו הבית והמקדש מתערבבים יחד.

65. לדעת הרב מ' ברויאר, פרקי מועדות, א, עמ' 163–164, בעקבות אור החיים לשמות י"ב ח, אומנם המרור ולחם העוני מזכירים את קשיי השעבוד, אך יחד עם קורבן הפסח הם מדגישים את הטעם הערב של הקורבן, כך שמטרת האכילה המשותפת היא להדגיש את הטעם של קורבן החירות, ובכך גם נותנים טעם (תרתי משמע) למרירות השעבוד.

מספרת סיפור בן שלושה שלבים, של שעבוד, של הצלה ניסית ושל גאולה. לפי זה אפשר גם להסביר מדוע בליל הסדר מניחים על השולחן שלוש מצות.[66]

שהחיינו וקיימנו

משניות מסכת פסחים הן מסמך חינוכי חשוב, וכמה כלים פדגוגיים עולים ממנה. ביניהם ניתן למצוא:

- יצירת מבנה לערב (סביב הכוסות והברכות וסביב האוכל);
- מוצגים רב חושיים – המאכלים השונים שניתן לראות ולהריח, ולבסוף גם לאכול – המייצגים מסרים חשובים;[67]
- טיפוח הסקרנות – הפניית המבט למה שמיוחד וייחודי במהלך הערב, והסקרנות משרתת גם את המסר, שהרי על השאלות צריך להשיב;
- המסר מועבר בכמה אמצעים: שאלות ותשובות; לימוד משותף סביב טקסט ("ודורש מארמי אבד אבי עד שגומר כל הפרשה כולה");[68] סיפור שמתחיל בגנות ומסיים בשבח,[69] ויש כמה סיפורים אפשריים ("נרטיבים") במקביל; את הסיפור אפשר לסכם בשלוש נקודות, שמתקשרות לאוכל שאוכלים ושניתן

66. בפועל בליל הסדר יש שלוש מצות: המצה שנלווית לקורבן הפסח והמצה של חג המצות. לצד שתי אלו מוסיפים את המצה האמצעית שמחלקים לשניים, בגלל הפרוסה של לחם העוני. להסברים השונים לשלוש המצות הללו ראו לדוגמה: ר' מ"מ כשר, הגדה שלמה, עמ' 61-62. הרב פרופ' ד' הנשקה (מה נשתנה, עמ' 221–224 ובהערות) עומד על הפער בין מצת הקורבן שנאכלת ליום אחד למצת החג שנאכלת כל שבעה, ומתחברת למצות שאפו ביציאה ממצרים. לדוגמה: תוספתא פסחים פ"ח הכ"א במהדורת ליברמן; משנה פסחים פ"ט מ"ה; בבלי פסחים צו ע"א-ע"ב. לדעתו, חז"ל זיהו משמעות עצמית לכל אחד מן הרכיבים השונים של הסדר, ובהמשך לכך חובת אכילת עצמית לכל אחד מהם. בהמשך תיקנו גם אכילה משותפת של המצה והמרור זכר לאכילה עם הקורבן. ראו: מה נשתנה, עמ' 224–232.
67. ראו: שבלי הלקט, על ההגדה, סימן רי"ח; הרב י"צ רימון, הגדה, עמ' 235.
68. הרב פרופ' ד' הנשקה עומד על סוגי הדרשות השונות שנוצרו לאורך הדורות סביב פרשת ארמי אובד אבי: דרשות "כמה שנאמר" לצד דרשות "אלו הן", ובנוסח שלפנינו שולבו דרשות מסוגים שונים יחד (ד' הנשקה, מדרש, עמ' 46-52). מכאן שבתחילה היה ניתן (ועדיין ניתן) לדרוש את הכתובים בצורות שונות.
69. ישנה מחלוקת אם "ודורש מארמי אבד אבי" הוא קיום של הדרישה להתחיל בגנות ולסיים בשבח או חלק נפרד של ההגדה. ראו סיכום אצל ר' מ"מ כשר, הגדה שלמה, עמ' 30-32; ודיון אצל ד' הנשקה, מדרש, עמ' 33-37.

לזכור אותן באמצעות משחקי המילים: העבר היה מר, הייתה פסיחה אלוהית ניסית בהווה, ויוצאים לגאולה;

- ולבסוף – הערב מוביל למסקנה ברורה, בבחינת ״עובר לעשייתה״, שיש להודות לה׳.

אצלנו בבית, כשאנחנו מגוונים את המתודות בליל הסדר, אנחנו משתדלים להדגיש את הנקודות הללו:

- אנחנו מעודדים שאלת שאלות באמצעות תגמול חיובי הן על שאלות והן על תשובות טובות;[70] אנחנו עושים סבב של ״מה נשתנה״ הבוחן נקודות נוספות מיוחדות בערב הזה, כדי לפתוח את העיניים ואת תשומת הלב.
- אנחנו מנצלים את התיאור שבני ישראל היו ״מצוינים״ במצרים, כלומר מובחנים, כדי לעשות סבב במה כל אחד מבני ה״חבורה״ הוא מצוין, ובכך לטפח עין טובה ויכולת לשבח, קודם כול בסביבה הקרובה. אנחנו גם שואלים איזו חוויה ״מרה״ מן העבר היא חלק מעיצוב האישיות שלנו בהווה, ובכך מצליחים להודות גם על חוויות העבר והתרומה שלהן לסיפור שלנו.
- אנחנו משתדלים לספר את הסיפור וגם ללמוד יחד את הטקסטים. אומנם אנחנו משתדלים שאת דרשת הטקסט ואת השאלות העמוקות יותר נסמן באמצעות סימניות מוכנות מראש ונפתח את השאלות ואת הדיון מחדש במהלך ׳שולחן עורך׳.
- מפעם לפעם אנחנו גם מאמצים את השיטה של רבן גמליאל: לחלק את סיפור הערב לעבר רע, הווה ניסי ועתיד של גאולה, ומרחיבים אותו. אנחנו מכינים לוח עם ציורים של מרור, פסח ומצה, ובמהלך ההגדה מחלקים ציורים שמסמלים את החלקים השונים של ההגדה: ״עבדים היינו״, ״לקו על הים מאתיים״ ועוד. משתתפי הסדר, בעיקר הילדים הקטנים, נדרשים לחשוב: למה זה שייך? למה זה קשור? האם זה תיאור העבר הרע, כמו ״עבדים היינו״ או תיאור ניסי יציאת מצרים, כמו עשר המכות וקריעת ים סוף? או שמא זה מתאר את ההישגים של היציאה ממצרים כגון ״ועכשיו קרבנו המקום לעבודתו״.

70. אנחנו נוהגים לקנות מתנת אפיקומן אחת לכל המשפחה, וה׳פרס׳ על השאלות והתשובות הוא חתיכת פאזל שבצירוף כל החלקים יפנה לפסוק בתנ״ך הרומז למיקום המתנה הזאת. כך אנחנו מעודדים שיתוף פעולה בין האחים, מונעים תחרות סביב מציאת והחבאת האפיקומן ונמנעים מלעודד גנבת אפיקומנים ומיקוח על מתנות ועוד.

לפעמים זה עשוי לאתגר, אבל זה מייצר רצף של הסיפור, שבתוכו אפשר לשלב מרכיבים שונים, ובכך גם לתת להם משמעות ולראות מול העיניים את הגנות מול השבח.

פרק יט

העומר ושתי הלחם – מהמן שבמדבר ללחם הארץ

רבים מהנשארים ללמוד תורה כל ליל שבועות[1] מחפשים מה ללמוד לאורך הלילה. איזו מסכת במשנה היא המתאימה ביותר ללמוד בחג השבועות?

בראש השנה יש מסכת 'ראש השנה'; לקראת יום הכיפורים לומדים את 'יומא' ולקראת סוכות את 'סוכה'; לכבוד פורים יש שמסיימים את מסכת 'מגילה' וכהכנה לפסח חוזרים למסכת 'פסחים'; ורק לחג השבועות אין מסכת מיוחדת. לעתים תלמידי ישיבה או בחורות מדרשה נלהבים מחליטים ללמוד בלילה הזה את מסכת 'שבועות', ואז מגלים שהיא בכלל בסדר נזיקין.[2]

במועדים האחרים, מסכתות המשנה עוסקות ברובן בדיני המקדש בחג, אך יש בהן עדיין דיון על קיום החג בגבולין. לכאורה בחג השבועות קשה למצוא תוכן לחג שאינו שייך למקדש. דיני חג השבועות במקדש נמצאים במסכת 'מנחות' בסדר קודשים, ושם ניתן ללמוד על קורבנות העומר ושתי הלחם. נעיין אפוא בקורבנות העומר ושתי הלחם, ובספירת העומר שביניהם. המעוניינים יכולים גם ללמוד לקראת

1. למנהג זה שורשים בתיקון ליל שבועות שייסד האר"י על פי זוהר בראשית ח' ונשען גם על המדרש בשיר השירים רבה א, יב, ב.
2. מסכת שבועות, מלשון שבועה, עוסקת בשבועות שונות. אומנם כבר מראשית ימי בית שני ניתן למצוא קשר בין שם החג לרעיון השבועה, ראו: דברי הימים ב ט"ו ח–טו; ספר היובלים ו' א–כא; נ' קליין, חג השבועות.

החג או במהלכו את מסכת 'ביכורים' בסדר זרעים, שכן חג השבועות פותח את עונת הביכורים, וגם למשניות אלו נגיע בהמשך.

בפרק זה אנסה גם לעמוד על היחס בין ההיבט החקלאי של חג השבועות להיבט ההיסטורי שלו, אם קיים כזה,[3] לצד שאלת היחס בין הבית למקדש.

עיוני מקרא

קציר, ביכורים או שבועות

חג השבועות הוא הרגל השני מבין שלושת הרגלים. בספר שמות הוא נקרא בתחילה (כ"ג טז): "וְחַג **הַקָּצִיר בִּכּוּרֵי** מַעֲשֶׂיךָ אֲשֶׁר תִּזְרַע בַּשָּׂדֶה". זהו חג בתקופת הקציר ונראה שהתוכן שלו קשור לביכורים. בשמות ל"ד מובאים פרטים נוספים על החג (פס' כב): "וְחַג **שָׁבֻעֹת** תַּעֲשֶׂה לְךָ **בִּכּוּרֵי קְצִיר חִטִּים**". פסוק זה מגלה שהקציר והביכורים קשורים לחיטים וכן שלחג הזה יש קשר ל'שבועות'. מהפסוק עצמו לא ברור איך השבועות הללו מתקשרים דווקא לביכורי קציר החיטים.

בספר במדבר החג מתואר כך (במדבר כ"ח):

> (כו) **וּבְיוֹם הַבִּכּוּרִים** בְּהַקְרִיבְכֶם **מִנְחָה חֲדָשָׁה** לַה' **בְּשָׁבֻעֹתֵיכֶם** מִקְרָא קֹדֶשׁ יִהְיֶה לָכֶם כָּל מְלֶאכֶת עֲבֹדָה לֹא תַעֲשׂוּ: (כז) וְהִקְרַבְתֶּם עוֹלָה... (כח) וּמִנְחָתָם...
> (ל) שְׂעִיר עִזִּים אֶחָד לְכַפֵּר עֲלֵיכֶם: (לא) מִלְּבַד עֹלַת הַתָּמִיד וּמִנְחָתוֹ...

לצד הביכורים, שמופיעים כתיאור של היום, "יום הביכורים", ולצד השבועות שהם חלק לא ברור מהגדרת החג, מופיע התוכן של היום: "בהקריבכם מנחה חדשה לה'". לצד אלו מופיעים קורבנות המוספים שתוכנם דומה לקורבנות של ראשי החודשים וחג המצות.[4]

בספר דברים מופיע פירוט רב יותר, כולל הקשר לשבעת השבועות (דברים ט"ז):

3. הרב י"ד סולוביצ'יק (מועדי הרב, עמ' 159–160) מעיד על הר"ח מבריסק שהחשיב את חג השבועות לחג שתי הלחם ולא לחג מתן תורה.

4. גם במועדים האחרים התיאור מתחלק לשניים: א. "הגדרת היום" – בי"ד בניסן "פֶּסַח לַה'" (כ"ח טז); בט"ו בו "חָג שִׁבְעַת יָמִים מַצּוֹת יֵאָכֵל" (יז); בא' בתשרי "יוֹם תְּרוּעָה יִהְיֶה לָכֶם" (כ"ט א); בי' בו "וְעִנִּיתֶם אֶת נַפְשֹׁתֵיכֶם כָּל מְלָאכָה לֹא תַעֲשׂוּ" (ז); בט"ו בתשרי "וְחַגֹּתֶם חַג לַה' שִׁבְעַת יָמִים" (יב); ו"בַּיּוֹם הַשְּׁמִינִי עֲצֶרֶת תִּהְיֶה לָכֶם" (לה); ב. הקרבת קורבנות המוספים.

(ט) שִׁבְעָה שָׁבֻעֹת תִּסְפָּר לָךְ **מֵהָחֵל חֶרְמֵשׁ בַּקָּמָה תָּחֵל לִסְפֹּר שִׁבְעָה שָׁבֻעוֹת:**
(י) וְעָשִׂיתָ חַג שָׁבֻעוֹת לַה׳ אֱלֹהֶיךָ **מִסַּת נִדְבַת יָדְךָ** אֲשֶׁר תִּתֵּן כַּאֲשֶׁר יְבָרֶכְךָ ה׳
אֱלֹהֶיךָ: (יא) **וְשָׂמַחְתָּ** לִפְנֵי ה׳ אֱלֹהֶיךָ אַתָּה וּבִנְךָ וּבִתֶּךָ וְעַבְדְּךָ וַאֲמָתֶךָ וְהַלֵּוִי
אֲשֶׁר בִּשְׁעָרֶיךָ וְהַגֵּר וְהַיָּתוֹם וְהָאַלְמָנָה אֲשֶׁר בְּקִרְבֶּךָ בַּמָּקוֹם אֲשֶׁר יִבְחַר ה׳ אֱלֹהֶיךָ
לְשַׁכֵּן שְׁמוֹ שָׁם: (יב) וְזָכַרְתָּ כִּי עֶבֶד הָיִיתָ בְּמִצְרָיִם וְשָׁמַרְתָּ וְעָשִׂיתָ אֶת הַחֻקִּים
הָאֵלֶּה.

תיאור החג בספר דברים כולל ספירת שבעה שבועות "מהחל חרמש בקמה", כלומר מתחילת הקציר. למרות שבספר שמות משמע שחג השבועות הוא "חג הקציר" והוא "יום ביכורים", מתברר שהקציר מתחיל שבעה שבועות קודם לכן. אומנם החג אינו מוגדר כחג הקציר אלא כ"חג שבועות", וייעודו הוא להביא 'מיסת', כלומר מידת 'נדבת ידך'. זוהי הזדמנות לתת לה' מהברכה שאנו מקבלים ממנו.

מההתייחסויות הללו לחג השבועות מתברר הקשר ההדוק בין החג לחקלאות. החג קשור לקציר ולהבאת ביכורים ונדבת הלב תלויה ונובעת מברכת ה'. הקציר הזה הוא דווקא קציר חיטים, והוא מגיע בסוף תקופה של שבעה שבועות מתחילת הקציר בפועל. תקופה זו כה חשובה שהיא אפילו מגדירה את שם החג בחלק מן המקורות, אבל לא ברור מה מהותה.

העומר ושתי הלחם

'מצוות היום' של חג השבועות מתוארת בהרחבה בפרשת המועדות בספר ויקרא. שם מתוארת גם 'נקודת ההתחלה' של אירועי חג השבועות, שמתחילים בקורבן העומר. פסוקים אלו עוסקים בקורבנות, ומטבע הדברים קצת קשה לעקוב אחרי כל הפרטים. עם זאת, המאמץ לתת את ליבנו הן לפרטים והן לניסוחים יניב פירות בדמות הבנה ומשמעות.

פרשה זו מתארת שני מכלולים של קורבנות. המכלול הראשון נסוב סביב קורבן העומר (ויקרא כ"ג):

(ט) וַיְדַבֵּר ה׳ אֶל מֹשֶׁה לֵּאמֹר: (י) דַּבֵּר אֶל בְּנֵי יִשְׂרָאֵל וְאָמַרְתָּ אֲלֵהֶם כִּי תָבֹאוּ אֶל
הָאָרֶץ אֲשֶׁר אֲנִי נֹתֵן לָכֶם **וּקְצַרְתֶּם אֶת קְצִירָהּ** וַהֲבֵאתֶם אֶת **עֹמֶר רֵאשִׁית קְצִירְכֶם**
אֶל הַכֹּהֵן: (יא) **וְהֵנִיף** אֶת **הָעֹמֶר** לִפְנֵי ה׳ לִרְצֹנְכֶם **מִמָּחֳרַת הַשַּׁבָּת** יְנִיפֶנּוּ הַכֹּהֵן:
(יב) וַעֲשִׂיתֶם בְּיוֹם הֲנִיפְכֶם אֶת **הָעֹמֶר** כֶּבֶשׂ תָּמִים בֶּן שְׁנָתוֹ לְעֹלָה לַה׳: (יג) וּמִנְחָתוֹ
שְׁנֵי עֶשְׂרֹנִים סֹלֶת בְּלוּלָה בַשֶּׁמֶן אִשֶּׁה לַה׳ רֵיחַ נִיחֹחַ וְנִסְכֹּה יַיִן רְבִיעִת הַהִין.

(יד) **וְלֶחֶם וְקָלִי וְכַרְמֶל** לֹא תֹאכְלוּ **עַד עֶצֶם הַיּוֹם הַזֶּה** עַד הֲבִיאֲכֶם אֶת **קָרְבַּן** אֱלֹהֵיכֶם חֻקַּת עוֹלָם לְדֹרֹתֵיכֶם בְּכֹל מֹשְׁבֹתֵיכֶם.

קורבן זה בא עם הקציר והוא מוגדר: "עומר ראשית קצירכם"; את העומר מניפים "לפני ה' לרצונכם" וזה נעשה "ממחרת השבת"; עם קורבן העומר מקריבים כבש לקורבן עולה עם המנחה והנסך הרלוונטיים (שני עשרונים סולת למנחה, ויין רביעית ההין); להקרבת העומר יש השלכה הלכתית: "עד עצם היום הזה" אסור לאכול "לחם וקלי וכרמל", כלומר עיבודים שונים של תבואה, ומותר לאכול אותם אחרי הקרבת העומר.

התורה ממשיכה:

(טו) וּסְפַרְתֶּם לָכֶם מִמָּחֳרַת הַשַּׁבָּת מִיּוֹם הֲבִיאֲכֶם אֶת **עֹמֶר הַתְּנוּפָה** שֶׁבַע **שַׁבָּתוֹת** תְּמִימֹת תִּהְיֶינָה: (טז) עַד מִמָּחֳרַת הַשַּׁבָּת הַשְּׁבִיעִת תִּסְפְּרוּ **חֲמִשִּׁים יוֹם** וְהִקְרַבְתֶּם **מִנְחָה חֲדָשָׁה לַה'**: (יז) **מִמּוֹשְׁבֹתֵיכֶם** תָּבִיאוּ **לֶחֶם תְּנוּפָה שְׁתַּיִם** שְׁנֵי עֶשְׂרֹנִים סֹלֶת תִּהְיֶינָה **חָמֵץ** תֵּאָפֶינָה **בִּכּוּרִים** לַה': (יח) וְהִקְרַבְתֶּם עַל הַלֶּחֶם שִׁבְעַת כְּבָשִׂים תְּמִימִם בְּנֵי שָׁנָה וּפַר בֶּן בָּקָר אֶחָד וְאֵילִם שְׁנָיִם יִהְיוּ עֹלָה לַה' וּמִנְחָתָם וְנִסְכֵּיהֶם אִשֵּׁה רֵיחַ נִיחֹחַ לַה': (יט) וַעֲשִׂיתֶם שְׂעִיר עִזִּים אֶחָד לְחַטָּאת וּשְׁנֵי כְבָשִׂים בְּנֵי שָׁנָה לְזֶבַח שְׁלָמִים: (כ) **וְהֵנִיף הַכֹּהֵן אֹתָם עַל לֶחֶם הַבִּכֻּרִים תְּנוּפָה לִפְנֵי ה' עַל שְׁנֵי כְּבָשִׂים קֹדֶשׁ יִהְיוּ לַה' לַכֹּהֵן**: (כא) וּקְרָאתֶם בְּעֶצֶם הַיּוֹם הַזֶּה מִקְרָא קֹדֶשׁ יִהְיֶה לָכֶם כָּל מְלֶאכֶת עֲבֹדָה לֹא תַעֲשׂוּ חֻקַּת עוֹלָם בְּכָל מוֹשְׁבֹתֵיכֶם לְדֹרֹתֵיכֶם. (כב) **וּבְקֻצְרְכֶם** אֶת קְצִיר אַרְצְכֶם לֹא תְכַלֶּה פְּאַת שָׂדְךָ בְּקֻצְרֶךָ וְלֶקֶט קְצִירְךָ לֹא **תְלַקֵּט** לֶעָנִי וְלַגֵּר תַּעֲזֹב אֹתָם אֲנִי ה' אֱלֹהֵיכֶם.

מהקרבת "עומר התנופה" סופרים שבע שבתות או חמישים יום ומקריבים קורבן נוסף. קורבן זה מוגדר כ"מנחה חדשה לה'". הוא כולל "לחם תנופה שתים" העשויים משני עשרונים סולת והם עשויים חמץ ומוגדרים גם כ"ביכורים" או כ"לחם ביכורים", ומובאים עם קורבנות נוספים. את לחם הביכורים מניפים עם שני כבשי השלמים כחלק מהליך ההקרבה שעליו נעמוד בהמשך. היום הזה, בניגוד ליום הנפת העומר, הוא 'מקרא קודש'.

באופן מפתיע התורה מוסיפה הערה בנוגע לקציר: "וּבְקֻצְרְכֶם אֶת קְצִיר אַרְצְכֶם לֹא תְכַלֶּה פְּאַת שָׂדְךָ בְּקֻצְרֶךָ וְלֶקֶט קְצִירְךָ לֹא תְלַקֵּט לֶעָנִי וְלַגֵּר תַּעֲזֹב אֹתָם אֲנִי ה' אֱלֹהֵיכֶם". לא ברור אם הפסוק הדורש לדאוג לעניים בעת הקציר קשור דווקא לחג

השבועות, שבהקשרים אחרים נקרא "חג הקציר", או שהוא סיכום לשני הקורבנות הללו יחד. נראה שכיוון שפעולת הקצירה הוזכרה בפסוקים אלו דווקא לגבי העומר, אזכור מחדש של הקציר הוא מסגרת לשני הקורבנות הללו.[5]

שני קורבנות ראשית

אחת הבעיות שמקשות על הבנת מהותם של הקורבנות הללו היא ששניהם קורבנות ראשית שמונפים לה'. העומר מוגדר כ"ראשית קצירכם" ושתי הלחם הם "מנחה חדשה" ו"ביכורים". באופן דומה, חג השבועות הוא חג הקציר, אבל הוא חל שבעה שבועות אחרי "מהחל חרמש בקמה", ובתחילת התקופה מוקרב קורבן העומר של ראשית הקציר.

אם כן, יש להבין כיצד שני הקורבנות הם "ראשית", "חדש" או "ביכורים".[6]

פרשנות מקובלת לשניות הזאת היא שמדובר על שני יבולים שונים: קורבן העומר, שמגיע באביב, מובא מראשית קציר השעורים,[7] ואילו שתי הלחם, שבאים בתקופת 'קציר החיטים', הם המנחה החדשה של החיטים.

הרעיון הזה מפותח בספרות קומראן, ובמגילת המקדש, אחד הספרים ההלכתיים המשמעותיים של הכת בקומראן, מתוארת מערכת מורכבת יותר. לאחר הקרבת שתי הלחם סופרים חמישים יום לחג ראשית התירוש (היין), ואז סופרים חמישים יום לחג ראשית היצהר (השמן).[8] כך, לדגן משני הסוגים, לתירוש וליצהר יש מעין "ביכורים" לאומיים,[9] והקרבתם מאפשרת את האכילה מהתוצרת החדשה הרלוונטית.

לפי הרעיון הזה, גם ללא ההרחבה של ספרות קומראן, יש ביכורים לאומיים

5. לדעת ראב"ע, בכור שור ואחרים, האזהרה נוגעת בעיקר לחג השבועות, שאז ראשית קציר החיטים, אך רשב"ם, רמב"ן ורד"צ הופמן מדגישים את הקשר של קציר העומר, שלא יבוא על חשבון העניים ושלא ישכיח את החובה של כל אחד ואחד לעניים.
6. היו שראו כאן תהליך שמתחיל בקציר השעורים ומסתיים בלחם החמץ, ומסמל את תקופת הקציר. ראו להלן, הערה 64. עם זאת, ברור למדי ששני הקורבנות הללו מתוארים כקורבנות ראשית וכל אחד מהם מסמל התחלה של תקופה.
7. בבלי מנחות סח ע"ב; ר"י בכור שור (ויקרא כ"ג י), הקושר זאת גם לפסוק: "כִּי הַשְּׂעֹרָה אָבִיב" (שמות ט' לא); רד"צ הופמן, הקושר זאת למציאות בשטח, שהשעורים מבשילות בתחילת האביב. ראו גם מילון BDB, ערך 'אביב' המפרש: "fresh, young ears of barley".
8. ראו: י' ידין, מגילת המקדש, כרך א, עמ' 81–99; י' תבורי, מועדי ישראל, עמ' 133–135; כ' ורמן, לגלות נסתרות, עמ' 310–347.
9. בכתבים אלו יום הנפת העומר מוגדר כחג והקורבנות שהתורה מייחסת ל"יום הביכורים" (במדבר כ"ח כו–לא) מובאים גם ביום הזה. ראו י' ידין, מגילת המקדש, כרך א, עמ' 83–84.

של שעורים, המאפשרים את אכילת התבואה החדשה, וביכורים לאומיים של חיטים, הפותחים גם את עונת הביכורים של פירות האילן.[10] קורבנות אלו שייכים לעולם הרעיוני והמחשבתי של מתנות הביכורים והראשית המבטאות הודיה לה' והכרת הטוב על השפע האלוהי, כפי שראינו לעיל בפרק ט"ו.

מהו עומר?

למילה 'עומר' בתורה ישנם שני מובנים: המובן הראשון והמוכר יותר הוא ערימה או אלומה של שיבולים,[11] לדוגמה (דברים כ"ד):

(יט) כִּי **תִקְצֹר קְצִירְךָ** בְשָׂדֶךָ וְשָׁכַחְתָּ **עֹמֶר** בַּשָּׂדֶה לֹא תָשׁוּב לְקַחְתּוֹ לַגֵּר לַיָּתוֹם וְלָאַלְמָנָה יִהְיֶה לְמַעַן יְבָרֶכְךָ ה' אֱלֹהֶיךָ בְּכֹל מַעֲשֵׂה יָדֶיךָ.

העומר כאן, שמוזכר בהקשר של קצירת השדה, הוא אלומת שיבולים. זוהי משמעות המילה גם במגילת רות. כך לדוגמה (רות ב' ז, טו): "וַתֹּאמֶר **אֲלַקֳטָה** נָּא וְאָסַפְתִּי **בָעֳמָרִים** אַחֲרֵי **הַקּוֹצְרִים** וַתָּבוֹא וַתַּעֲמוֹד מֵאָז הַבֹּקֶר וְעַד עַתָּה זֶה שִׁבְתָּהּ הַבַּיִת מְעָט... וַתָּקָם **לְלַקֵּט** וַיְצַו בֹּעַז אֶת נְעָרָיו לֵאמֹר גַּם בֵּין **הָעֳמָרִים תְּלַקֵּט** וְלֹא תַכְלִימוּהָ...". כשרות המואבייה מלקטת בין העומרים, היא עומדת בתוך ערימות השיבולים.

המובן השני של המילה עומר הוא מידה בגודל של עשירית האיפה המכונה בדרך כלל 'עשרון'.[12] המובן הזה נלמד מפרשת המן (שמות ט"ז לו): "**וְהָעֹמֶר עֲשִׂרִית הָאֵיפָה הוּא**". לפי המובן הזה של עומר, מדובר על כמות מסוימת של תבואה שנקצרה, ואפשר שהיא גם תהיה מעובדת ולא רק שיבולים גולמיות.

בין אם נראה בקורבן העומר קורבן גולמי של שיבולים ובין אם נניח שמדובר על קורבן מעובד בשיעור של עשירית האיפה, נמצא הבדל מהותי בינו ובין קורבן שתי הלחם. שתי הלחם הוא קורבן חמץ, בדרגת עיבוד גבוהה, הכוללת את הפיכת החיטים לקמח, התפחתם ואפייתם, ורק לאחר מכן הקרבתם. לעומת זאת, העומר לא רק בא מן השעורים, ככל הנראה, אלא הוא מגיע במצב גולמי יותר – בין אם כחומר גלם ממש ובין אם כחומר גלם מעובד חלקית שאינו מגיע לכלל חמץ. מתוך

10. ביחס בין שבועות וקציר החיטים לפירות האילן עסקנו בפרק ו'.
11. וכן באיוב כ"ד י. כך לדוגמה הבינו את קורבן העומר תרגום השבעים, אברבנאל על אתר; ב"א לוין, ויקרא, עמ' 157; הרב ב' קהת, מנחת הביכורים, עמ' 14. על הקשר הסמנטי בין השרש עמ"ר לשורש ער"מ ראו לדוגמה: מילון אבן שושן, ערך עמ"ר; מ' זהרי, שיכולי אותיות, עמ' 45.
12. ראו: ערך עמ"ר, קדרי, מילון, עמ' 812. את פסוקי קורבן העומר הסביר כמידה.

כך, ניתן לומר שהנתינה לה' בשתי התקופות הללו מתייחסת לחומרים שונים בצורות שונות של המתנות שניתנות לנו מאת ה'.

עיוני משנה

טקס קצירת העומר ותהליך הקרבת מנחת העומר

עיון במשניות עשוי להוסיף נופך לרעיון שעומד בבסיס קורבנות אלו ולרמוז למשמעויות שונות. נראה כיצד המשנה רואה את קורבן העומר, את שתי הלחם ואת היחס ביניהם (משנה מנחות פרק י'):

> [ג] כיצד היו עושים שלוחי **בית דין?** יוצאים מערב יום טוב ועושים אותו כריכות במחובר לקרקע כדי שיהא נוח לקצור, **וכל העיירות הסמוכות לשם** מתכנסות לשם כדי שיהא נקצר בעסק גדול... **כל כך למה? מפני הביתוסים שהיו אומרים אין קצירת העומר במוצאי יום טוב.**

כמעשה הפגנתי, וכדי לחזק את מעמד ההלכה, חכמים הפכו את קציר העומר לטקס פומבי, בשיתוף הקהל. המחלוקת עם הבייתוסים לא נגעה רק לשאלת התזמון – במוצאי יום טוב, כדעת חכמים, או במוצאי שבת, כדעת הבייתוסים – אלא גם לשאלה אם קציר העומר דוחה שבת. לדעת הבייתוסים קצירת העומר והקרבתו תמיד הייתה אמורה להיות ביום ראשון בשבוע. אבל לדעת חכמים, הקצירה הייתה יכולה להיות בכל יום בשבוע, ואם יום טוב ראשון של פסח (חג המצות) חל ביום שישי, קציר העומר יהיה בשבת. באופן אירוני, בעקבות קביעת הלוח העברי בימי הלל השני, יום העומר, ובעקבותיו שבועות, לעולם לא יחול בשבת.[13]

במשנה אחרת בתחילת הפרק מתוארת מחלוקת כיצד נעשית הקצירה בשבת ואם היא נעשית באופן אחר מיום חול:

> [א] רבי ישמעאל אומר העומר היה בא **בשבת** משלש סאין **ובחול** מחמש, וחכמים אומרים **אחד בשבת ואחד בחול** משלש היה בא. רבי חנניא סגן הכהנים אומר **בשבת** היה נקצר ביחיד ובמגל אחד ובקופה אחת, **ובחול** בשלשה ובשלש

13. דבר זה נולד מהרצון לוודא שיום חיבוט הערבה (הושענא רבה) לא יחול בשבת.

קופות ובשלש מגלות. וחכמים אומרים **אחד בשבת ואחד בחול** בשלשה ובשלש קופות ובשלש מגלות.

לפי המשנה, לדעת ר׳ ישמעאל קוצרים שלוש סאין בשבת[14] וחמש סאין ביום חול. ולדעת ר׳ חנניא סגן הכוהנים, קוצרים אותן באמצעות שלושה אנשים ובעזרת שלושה מגלים, או ביחיד ובמגל אחד בשבת. ננסה להבין מדוע צריך כל כך הרבה חיטים. בהמשך נאמר:

[ד] קצרוהו ונתנוהו בקופות. הביאוהו לעזרה. **היו מהבהבין אותו באור כדי לקיים בו מצות קלי** דברי רבי מאיר, וחכמים אומרים בקנים ובקליחות חובטים אותו כדי שלא יתמעך. נתנוהו לאבוב, ואבוב היה מנוקב **כדי שיהא האור שולט בכולו.** שטחוהו בעזרה והרוח מנשבת בו.
נתנוהו **ברחיים** של גרוסות, והוציאו ממנו **עשרון** שהוא מנופה משלש עשרה נפה, והשאר נפדה ונאכל לכל אדם...
בא לו לעשרון ונתן שמנו ולבונתו יצק ובלל הניף והגיש וקמץ והקטיר והשאר נאכל לכהנים.

לפי המשנה, לא היו מקריבים את העומר בצורה של שיבולים. היו מהבהבים את השעורים, כדי לוודא שהוא יהיה גם קלי, שהוא אחד התוצרים שהעומר מתיר. ואז היו טוחנים ומנפים שוב ושוב. מהקמח לוקחים עשרון, מניפים אותו ומקריבים אותו כמו כל מנחה אחרת. כיוון שמתחילה הייתה כמות גדולה של חיטים, בסוף התהליך, אחרי ניפוי מרובה היה נשאר עישרון, דהיינו עשירית האיפה שהוזכרה קודם, והתורה קראה לו עומר.[15]

המשך הפרק עוסק בקשר בין המקדש למדינה:

[ה] משקרב העומר יוצאין ומוצאין שוק ירושלים שהוא מלא **קמח וקלי** שלא ברצון חכמים, דברי רבי מאיר. רבי יהודה אומר: ברצון חכמים היו עושים. משקרב העומר הותר החדש מיד, והרחוקים מותרים מחצות היום ולהלן...

14. על הגודל של סאה נחלקו האחרונים, ושיעורה בין 8.3 ל־14.3 ליטרים.
15. בפסוקים שעוסקים בעומר הוזכרו המנחות שמקריבים עם הקורבנות המלווים את העומר, ושיעורן "שני עשרונים". ולהלן נסביר מדוע לא קראו גם לקורבן העומר "עישרון" או "עשירית האיפה".

[ו] **העומר היה מתיר במדינה ושתי הלחם במקדש.** אין מביאין מנחות ובכורים ומנחת בהמה קודם לעומר ואם הביא פסול, קודם לשתי הלחם לא יביא ואם הביא כשר...
[ט] ...מצות **העומר** לבא מן הקמה לא מצא יביא מן **העמרים**, מצותו לבא מן הלח לא מצא יביא מן היבש. מצותו לקצור בלילה נקצר ביום כשר **ודוחה את השבת.**

לצד ההכנות להקרבת העומר במקדש, החקלאים בשדה מתארגנים לקראת הצפת השווקים בתבואה החדשה, שתותר עם הקרבת העומר, גם אם במשנה נחלקו אם הדבר היה ברצון חכמים. במשנה נאמר שכשם שהעומר מתיר לאכול מהתבואה החדשה מחוץ למקדש, גם הקרבת שתי הלחם, בהיותם ביכורים, מאפשרת שימוש בתבואה חדשה, אבל הפעם בתוך המקדש.

סוף פרק י' במשנה מדגיש שוב שהעומר דוחה את השבת. הדגשה זו חשובה, שכן בשתי הלחם המצב שונה. בפרק הבא המשנה עוסקת בשתי הלחם (מנחות פרק י"א):

[א] שתי הלחם נילושות אחת אחת ונאפות אחת אחת...
[ב] אחד שתי הלחם ואחד לחם הפנים לישתן ועריכתן בחוץ ואפייתן בפנים **ואינן דוחות את השבת...**

המשנה משווה בין שתי הלחם ללחם הפנים ומתוך כך מנגידה בין שתי הלחם לעומר. העומר דוחה את השבת, ושתי הלחם לא, כמו לחם הפנים. לחם הפנים אינו דוחה את השבת כיוון שמקריבים אותו רק ביום ראשון.[16] אך גם אם שבועות חל בשבת יש להכין את שתי הלחם קודם השבת.

התוספת המרכזית שהמשנה תורמת לנו, מעבר למחלוקת בין חכמים לבייתוסין, נוגעת לאופי של העומר כמנחה רגילה, שאומנם הכנתה דוחה את השבת ויש בה תנופה, אבל בסופו של דבר היא מנחה רגילה. לא מדובר רק על השיעור של הקורבן, אלא גם על האופי שלו. לעומת זאת, קורבן שתי הלחם שנאפה כלחם הוא גם סוג של מנחה אבל דומה יותר ללחם הפנים, ואינו דוחה את השבת.

אם כן, מהתורה למדנו שיש שני קורבנות ראשית: העומר, ואחרי שבעה שבועות שתי הלחם. לפי הפרשנות המקובלת מדובר על הבאת ראשית השעורים ולאחר

16. אומנם הוא גם לא דוחה יום טוב אם יום ראשון חל בחג. ראו: בבלי פסחים מו ע"ב – מז ע"א.

מכן את ראשית החיטים. המשנה מדגישה שראשית השעורים מובאת כמנחה רגילה ששיעורה עישרון, אחד הפירושים לעומר בתורה. כמו כן, היא מדגישה שהעומר הזה דוחה את השבת.

העומר ומנחת הביכורים, שתי הלחם וקורבן ראשית

דע מאין באת – לפי מה קבעו חכמים שהעומר הוא מנחה ולא קורבן של שיבולים, שהיה יכול להיות דומה יותר לארבעת המינים? המשנה רומזת למשמעות החלופית של המונח "עומר" כשהיא קובעת שמצוות העומר לבוא מן הקמה,[17] אבל בדיעבד העומר יכול לבוא מן העומרים (פ"י מ"ט). בכך היא מכירה בפירוש האחר, אך דוחה אותו. וחוזרת השאלה, מדוע? מה משמעות הביטוי "עומר" בהקשר הזה? כמו כן, מניין למדו על החשיבות של קליית השעורים לפני הפיכתם לקמח וסולת? ומאין הסיקו שהעומר דוחה את השבת אבל שתי הלחם לא?

חכמים למדו על אופי העומר ושתי הלחם מפסוקים אחרים בספר ויקרא שעוסקים במנחות (פרק ב'):[18]

(יא) כָּל **הַמִּנְחָה** אֲשֶׁר תַּקְרִיבוּ לַה' לֹא תֵעָשֶׂה **חָמֵץ** כִּי כָל שְׂאֹר וְכָל דְּבַשׁ לֹא תַקְטִירוּ מִמֶּנּוּ אִשֶּׁה לַה': (יב) **קָרְבַּן רֵאשִׁית** תַּקְרִיבוּ אֹתָם לַה' וְאֶל הַמִּזְבֵּחַ לֹא יַעֲלוּ לְרֵיחַ נִיחֹחַ: (יג) וְכָל קָרְבַּן מִנְחָתְךָ בַּמֶּלַח תִּמְלָח וְלֹא תַשְׁבִּית מֶלַח בְּרִית אֱלֹהֶיךָ מֵעַל מִנְחָתֶךָ עַל כָּל קָרְבָּנְךָ תַּקְרִיב מֶלַח.

(יד) וְאִם תַּקְרִיב **מִנְחַת בִּכּוּרִים** לַה' **אָבִיב קָלוּי** בָּאֵשׁ גֶּרֶשׂ **כַּרְמֶל** תַּקְרִיב אֵת מִנְחַת בִּכּוּרֶיךָ: (טו) וְנָתַתָּ עָלֶיהָ שֶׁמֶן וְשַׂמְתָּ עָלֶיהָ לְבֹנָה מִנְחָה הִוא: (טז) וְהִקְטִיר הַכֹּהֵן אֶת אַזְכָּרָתָהּ מִגִּרְשָׂהּ וּמִשַּׁמְנָהּ עַל כָּל לְבֹנָתָהּ אִשֶּׁה לַה'.

פסוקים אלו מתארים שני סוגים של מנחות, שגם הן מאופיינות כמתנות ראשית. בפסוק יא התורה אוסרת שהמנחה תיעשה חמץ, אבל מציעה בפסוק יב להפוך את אותו חמץ ל"קורבן ראשית". סביר לומר שזו אותה "מנחה חדשה" ו"לחם ביכורים" שעליהם התורה דיברה בשתי הלחם שמובאים חמץ.

17. פירוש קמה הוא שיבולים עומדות (מילון BDB ערך קמה) או תבואה מוכנה לקצירה (קדרי, מילון, עמ' 949).

18. ראו: ספרא ויקרא פרשה יג סוף פרק יד אות ב-ד; בבלי מנחות סח ע"ב. יש בזיהוי זה גם תשובה לשאלה מה עושים עם העומר, שכן מלבד הנפה, הפרט הזה חסר בפסוקים.

בפסוק יד מדובר על מנחת ביכורים שהיא "אביב", שעורים צעירות וטריות. פסוק זה מזכיר את דרישת התורה שגם הפסח יחול בתקופת האביב. הפסוקים מכתיבים שהאביב הזה יהיה "קלוי באש גרש כרמל", מה שמזכיר את התוצרים שהותרו באמצעות הקרבת העומר: "לחם, קלי וכרמל". מכאן ניתן להבין מדוע חכמים זיהו את המנחה הזו עם קורבן העומר, שחל בתקופת האביב.[19]

באופן מעט מבלבל, העומר מוגדר במקומו כ"קורבן ראשית", וכאן כ"מנחת ביכורים", ולהפך – שתי הלחם בפרק כ"ג הן "קורבן ביכורים" וכאן הן "קורבן ראשית". למרות חילופי הכינויים הללו, אפשר להבין שהתורה מתייחסת כאן לצמד הקורבנות של ויקרא כ"ג. חילופי הכינויים מצביע על אופי זהה של שני הקורבנות הללו, שהם קורבנות ביכורים וראשית. הקשר בין קורבנות העומר ושתי הלחם לפסוקים אלו מסביר מדוע חכמים הסיקו שגם קורבן העומר הוא קורבן מנחה מהסוג הרגיל, ולא קורבן מיוחד עשוי אגודת שיבולים, כפי שהיינו יכולים לסבור.

ולאן אתה הולך – המשנה כוללת את הלכות קורבן העומר ושתי הלחם במסכת מנחות ויונקת את דיניהם מפסוקים שעוסקים בקורבנות ראשית וביכורים. בכך היא מחזקת את ההבנה שהמצוות הללו הן מצוות שקשורות למעגל השנה החקלאי – הן פותחות את העונה החקלאית של קציר השעורים ולאחר מכן את העונה החקלאית של קציר החיטים, וספירה של שבעה שבועות מחברת בין השניים. בראשית כל אחת מהתקופות מביאים מנחת ביכורים־ראשית המבטאת "כִּי מִמְּךָ הַכֹּל וּמִיָּדְךָ נָתַנּוּ לָךְ" (דברי הימים א כ"ט יד).[20] כפי שראינו לעיל בפרק ט"ו, מתנות הראשית מבטאות את אפסות האדם מול ה' ואת ההבנה שכל היבול הוא של הקב"ה ומכוחו. נתינת הראשית היא כקבלת 'רשות' לאכול את השאר.

במשנה נאמר (כלים פרק א'):

> [ו] עשר קדושות הן. ארץ ישראל מקודשת מכל הארצות, ומה היא קדושתה? **שמביאים ממנה העומר** והבכורים **ושתי הלחם** מה שאין מביאים כן מכל הארצות.

19. יש שהקשו על הקישור הזה בפשט הפסוקים, בין היתר בגלל ההקשר של המנחה בפרקי קורבנות הנדבה ובגלל הפתיחה "ואם תקריב", שמשתמע ממנה שזהו קורבן רשות. ראו: הרב ב' קהת, מנחת הביכורים, העוסק בקשיים בזיהוי הזה ובפתרונות אפשריים. הרב י' גרוסמן (תורת הקורבנות, עמ' 204–216) הסיק שפסוקים אלו מעידים על הדואליות של מנחת הביכורים כמנחה פרטית־התנדבותית לצד קורבן ציבורי.

20. ראו עוד להלן הערה 33.

העומר ושתי הלחם אינם רק הודאה על התבואה אלא הודאה על תבואת הארץ. כך אומר גם מביא הביכורים (דברים כ"ו):

(ט) וַיְבִאֵנוּ אֶל הַמָּקוֹם הַזֶּה וַיִּתֶּן לָנוּ אֶת הָאָרֶץ הַזֹּאת אֶרֶץ זָבַת חָלָב וּדְבָשׁ:
(י) וְעַתָּה הִנֵּה הֵבֵאתִי אֶת רֵאשִׁית פְּרִי הָאֲדָמָה אֲשֶׁר נָתַתָּה לִּי ה'...

לפי ההסבר שקושר בין קורבנות העומר ושתי הלחם למתנות הראשית והודאה לה' על התבואה ועל הארץ, הקשר בין הקורבנות הללו לרגלים מעט מקרי.[21] הד לתפיסה הזאת נמצא בכך שאין אזכור מיוחד של הקורבנות הללו בתפילות. העומר לא מוזכר בתפילות חג הפסח וחג המצות, ואף לא במשניות מסכת פסחים, וקורבן שתי הלחם לא מוזכר בתפילות חג השבועות,[22] בניגוד לקורבנות המוספים שכן מוזכרים בתפילות. בכך אפשר לזהות שהם נלווים לחגים וטפלים אליהם ולא חלק מהותי מהחגים הללו.[23]

מנחה של חמץ – הכיצד?

השוואת קורבן שתי הלחם לפסוקים שעוסקים במנחות מעוררת שאלה נוספת: אם אי אפשר להקריב חמץ, כיצד מקריבים את שתי הלחם? נראה שבהקרבת שתי הלחם, התורה הציגה בפנינו מעין פיקציה הלכתית. כדי להבין את האופן המיוחד של ההקרבה נשווה את שתי הלחם לביכורים ולתהליך הדומה של שניהם.

המשנה מציגה את טקס העלאת הביכורים לירושלים, את ההתרגשות הגדולה של המעמד ואת הכבוד הגדול שמעניקים תושבי ירושלים לעולים. היא מוסיפה (ביכורים פרק ג'):

21. שאלה זו תלויה גם במחלוקת ר' עקיבא ור' טרפון אם קורבנות המוספים של ספר במדבר חופפים לקורבנות המלווים את העומר ואת שתי הלחם. ראו: משנה מנחות פ"ד מ"ג; בבלי מנחות מה ע"ב ובראשונים שם.

22. לפי התוספתא (מגילה פ"ג ה"ה במהדורת ליברמן), קוראים על הנפת העומר ביום הראשון של חג המצות (ראו עוד להלן, הערה 41), אבל בחג השבועות קוראים מהפסוקים שבספר דברים. לדיון מדוע לא מזכירים את הקורבנות הללו בתפילה, ראו: הרב י' אפשטיין, הזכרת שתי הלחם, ובדברים המובאים מפי הרב י' אריאל שם.

23. לפי הגמרא (ערכין י ע"א-ע"ב), אומרים הלל ביום שהוא קדוש מחמת שאין עושים בו מלאכה, שנקרא מועד ושיש לו קורבן מיוחד לאותו יום. כל ימי חג הסוכות עומדים בקריטריונים אלו, אבל בחג המצות אין קורבן שונה בכל יום. לפי הכללים הללו, היה צריך לומר הלל בט"ז בניסן, שבו הקריבו את העומר. אומנם, אם נאמר שההצמדה בין העומר לחג מקרית, אפשר להבין מדוע אין אומרים בו הלל.

> [ג] הקרובים מביאים התאנים והענבים, והרחוקים מביאים גרוגרות וצמוקים...
> [ד] החליל מכה לפניהם עד שמגיעין להר הבית. הגיעו להר הבית, אפילו אגריפס המלך **נוטל הסל על כתפו** ונכנס עד שמגיע לעזרה. הגיע לעזרה ודברו הלוים בשיר: 'ארוממך ה' כי דליתני ולא שמחת אויבי לי' (תהלים ל' ב).
> [ה] הגוזלות שעל גבי הסלים היו עולות, ומה שבידם נותנים לכהנים.[24]

כשאדם מביא ביכורים, הוא מביא את ראשית פרי האדמה שלו לה', אבל נותן אותה בפועל לכוהן.[25] הפסוק שאוסר הקרבת חמץ ושאור אוסר גם הקרבת דבש, כלומר פירות.[26] ממילא, את השאור והדבש מביאים כקורבן ראשית, "ואל המזבח לא יעלו". לכן, כשאדם מביא את הביכורים שלו למקדש, הוא נותן מתנה לכוהן, שאומנם מונחת לצד המזבח[27] אבל לא עולה על המזבח ולא מוקרבת בפועל לה'.

מכאן ניתן להבין את קביעת המשנה ש"הגוזלות שעל גבי הסלים היו עולות". אם המטרה של עולי הרגלים הייתה לנצל את העלייה לרגל כדי להביא גם קורבן לה', כעין עולת ראייה המלווה את העלייה, היה אפשר להביא עולה גדולה יותר, אלא שיש הישג אחר בהקרבת הגוזלות שעל הסלים. נטילת הסל על הכתפיים הופכת את כל מה שבתוכו לדבר אחד. ממילא, הקרבה של הגוזלות לעולה היא הקרבה של כל סל הביכורים אף שרק חלק ממנו עולה על המזבח.

באופן דומה אפשר להבין את הקרבת שתי הלחם. באופן חריג, התורה מצווה להביא קורבן שלמים כחלק מקורבנות הציבור. את שני כבשי השלמים מניפים יחד עם שתי הלחם, וכשמקריבים את השלמים, מקריבים חלק מהחבילה שכללה את שתי הלחם. כך גם "מקריבים" קורבן שכולל את שתי הלחם, וגם לא מקריבים את שתי הלחם בפועל.[28] ייתכן שזו הסיבה שמביאים דווקא שלמים – כדי שחלק אחד יגיע למזבח, וחלק אחר עם שתי הלחם יגיע לכוהנים.

24. הפרשנים נחלקו מה ניתן לכוהנים. מרבית המפרשים פירשו שמדובר על הביכורים, וכך נקטתי להלן. לעומת זה, הרמב"ם פירש שהעולים היו מביאים יונים לה', ואת היונים "שבידם" נתנו לכוהנים.
25. במדבר י"ח יג: "בִּכּוּרֵי כָּל אֲשֶׁר בְּאַרְצָם אֲשֶׁר יָבִיאוּ לַה' לְךָ יִהְיֶה כָּל טָהוֹר בְּבֵיתְךָ יֹאכְלֶנּוּ".
26. ראו דברי הימים ב ל"א ה; בבלי כתובות קיא ע"ב; רש"י, רשב"ם ועוד על אתר. כפי שמדגיש ר"י אבן ג'נאח בספר השרשים, שרש דב"ש (עמ' 105), אין מתנת ראשית של דבש דבורים, וממילא הכוונה היא לפירות.
27. דברים כ"ו ד: "וְלָקַח הַכֹּהֵן הַטֶּנֶא מִיָּדֶךָ וְהִנִּיחוֹ לִפְנֵי מִזְבַּח ה' אֱלֹהֶיךָ".
28. לדעת הרב י' ראק, העומר, התנופה היא האמצעי להקריב קורבן או חלק ממנו ללא הקרבה בפועל.

אם נסכם – גם לפי המשנה, קורבנות העומר של ראשית השעורים ושתי הלחם של ראשית החיטים קשורים באופן חקלאי לחג הפסח וחג השבועות, ובהם אנחנו חוזרים פעמיים על הרעיון שהיבול בשדות מגיע מאת ה'. שני הקורבנות מוקרבים כסוג של מנחה, באים עם קורבנות נוספים ושניהם מתירים שימוש ביבול. העומר מתיר את היבול החדש במדינה ושתי הלחם מתיר את היבול החדש במקדש ופותח את עונת ביכורי האילן. שני הקורבנות הללו באים דווקא מארץ ישראל, ובכך מודים על הארץ ותבואתה.

אומנם לפי ההסבר הזה עדיין נותרו שאלות פתוחות: מדוע מנחת העומר היא מנחה רגילה, ואילו שתי הלחם חמץ? מדוע רק העומר דוחה את השבת? מדוע העומר מתיר במדינה ושתי הלחם במקדש?[29] נעיין במקורות חז"ל נוספים בניסיון לקבל תשובות לשאלות.

עיוני דרשה

נחפש במקורות נוספים בספרות חז"ל קו המשווה בין שני הקורבנות ואת האופי המשותף לשניהם, ולחלופין נעמוד על ההיבט הייחודי של כל קורבן בפני עצמו.

הודיה ודין – שעורים וחיטים כדי שיתברכו היבולים

ההבנה שקורבנות העומר ושתי הלחם הם קורבנות ראשית הקשורים להיבט החקלאי של הרגלים ולתבואת ארץ ישראל מזכירה את דברי ר' עקיבא בתוספתא (ראש השנה פ"א הי"ב במהדורת ליברמן):

> אמ' ר' עקיבא אמרה תורה הבא **עומר שעורין בפסח** שהו פרק שעורין **כדי שתתברך** לכם תבואה,
> הבא **חטים בכורים בעצרת** שהוא פרק אילן **כדי שיתברכו** עליך פירות אילן.

כפי שראינו בפרק על ראשי שנים וימי דין (לעיל פרק ו'), ברגלים השונים ניתנות

הוא מציין שלפי הפשט לא מתוארת הקרבה של קורבן העומר לגבי המזבח אלא רק הנפה. אך ראו לעיל, הערה 18.

29. נשים לב שלפי מגילת המקדש של קומראן, העומר התיר את תבואת השעורים ושתי הלחם התירו את תבואת החיטים. ראו לעיל, הערה 8.

מתנות שמובאות כדי לבטא הודאה על העבר, והעומר ושתי הלחם מבטאים הודאה על הקציר שהתחיל, והן מופנות ומונפות "למי שהשמים והארץ שלו". נוסף לכך, מתוך הבנה שימים אלו הם ימי דין, שבהם ה' מחליט אם העם ראוי לברכה, ההנפה וההקרבה של הקורבנות הללו היא גם בקשה על העתיד כדי "לעצור רוחות רעות" ובכדי "לעצור טללים רעים",[30] כדי להגן על התבואה הצומחת ועל פירות האילן מפגעי מזג האוויר.

הצורך בשתי מתנות ראשית, בתחילת עונת הקציר ובתחילת קציר החיטים ולקראת צמיחת פירות האילן, קשור גם לעובדה שבפסח המתח ביחס לתבואה גדול בהרבה משבועות, שכן אז לפגעי מזג האוויר יש השפעה קשה יותר על היבול.

הנביא ירמיהו אומר (ה' כד): "וְלֹא אָמְרוּ בִלְבָבָם נִירָא נָא אֶת ה' אֱלֹהֵינוּ הַנֹּתֵן גֶּשֶׁם יֹרֶה וּמַלְקוֹשׁ בְּעִתּוֹ **שְׁבֻעוֹת חֻקּוֹת קָצִיר יִשְׁמָר לָנוּ**". הנביא קובל על כך שהעם לא מעריך את הקב"ה, הן על הגשם שהוא מוריד והן על שמירת תקופת הקציר שנמשכת "שבועות". וכך נאמר גם במדרש (פסיקתא דרב כהנא, פיסקא ח):

> 'שבועות חוקות קציר ישמר לנו' (ירמיהו ה' כד), ישמר לנו מן השרב ומן הרוחות הקשות. ואילו הן, אילו שבע שבתות שבין הפסח לעצרת.

לפי המדרש הזה, לאחר הגשם בחורף, בין פסח לשבועות צריך שה' ישמור על התבואה מהשרב ומהרוחות הקשות. אפשר להוסיף על כך גם את הגשם המזיק ("טללים רעים"), שבמשנה במסכת תענית (פ"א מ"ז) הוגדר כ"סימן קללה".[31]

לפי זה, אפשר להבין חלק מההבדלים בין העומר לשתי הלחם, שכן העומר מבטא הודיה על העבר ובעיקר בקשה על העתיד, ואילו בשתי הלחם כבר יש רווחה גדולה יותר ובעיקר הודאה על העבר. אומנם, אצל פירות העץ התקופה עדיין בתחילתה, וממילא עדיין יש מתח לגביהם, אך מזג האוויר בעונה הזו כבר מתייצב.[32]

30. בבלי סוכה לח ע"א (בדיון על ארבעת המינים) ובמקבילה במנחות סב ע"א (בדיון על שתי הלחם).
31. ראו לעיל פרק י"ב על התקשורת האלוהית סביב הגשם שנמשכת גם מעבר לתקופת הגשם לתקופת הקציר והקיץ.
32. ראו לדוגמה: י' תבורי, מועדי ישראל, עמ' 132. וראו ספר אבודרהם תפלות הפסח: "ולפיכך צוה הקדוש ברוך הוא לספור ימים אלו כדי שנזכור צער העולם ולשוב לו בלבב שלם ולהתחנן לפניו לרחם עלינו ועל הבריות ועל הארץ שיהיו התבואות כתקנן שהם סבת חיינו שאם אין קמח אין תורה". מכאן ניתן למצוא טעם נוסף מדוע אין אומרים הלל שלם ביום הקרבת העומר (וראו לעיל הערה 23), שכן כמו ראש השנה ויום הכיפורים שאין אומרים בהם הלל, גם יום זה הוא יום דין.

שתי הלחם זהו קורבן תודה הכולל חמץ, ואכן יש שראו בשתי הלחם של חג השבועות את הלחמים המלווים את קורבן התודה,[33] שהוא שלמים, שכן בחג השבועות גוברת תחושת ההודאה על תחושת הדין.

חקלאות והיסטוריה – בין קורבן העומר לחג הפסח

במקורות נוספים בספרות חז"ל רואים כי לקורבנות העומר ושתי הלחם יש גם היבטים של זיכרון היסטורי של העבר, ולא רק הודאה על העבר ובקשה לעתיד.

כפי שראינו לעיל, מחלוקת קשה ניטשה בין חכמים לבייתוסים מתי יש להקריב את קורבן העומר.[34] לדעת הבייתוסים, יש להקריב את העומר ביום ראשון בשבוע, "ממחרת השבת". לעומת זאת, חכמים הבינו שיש להקריב את הקורבן ממחרת יום טוב ראשון של חג המצות, שגם הוא סוג של "שבת".[35]

ניתן לראות דרשות שונות של חכמים המבססות או מחזקות את התפיסה הזו. חלק מהדרשות מתייחסות לכך שיש שני תיאורים של הספירה: ספירה שמתחילה "ממחרת השבת" ונמשכת "שבע שבתות תמימות" לעומת ספירה של "שבעה שבועות" סתמיים או של חמישים יום. לפי הפירושים הללו, ספירה שמתחילה ממחרת השבת זו רק אפשרות אחת.[36] חלק מהדרשות עומדות על המקום של בית הדין בספירה של הימים והקביעה שלהם מתי הספירה מתחילה.[37]

אומנם גם בשבועות ובסוכות יש ממד של דין, אבל ההיבטים החגיגיים של רגלים אלו גוברים על הממד הזה. ראו גם את המדרש (ילקוט שמעוני רמז תרנ"ד) שבפרשת המועדות בספר דברים (פרק ט"ז) בפסח לא מצוינת שמחה, בעצרת היא מוזכרת פעם אחת, ובסוכות פעמיים, בהתאמה לרמת המתח על יבול אותה שנה.

33. ראו: פילון, על החוקים, א, 185 (כתבים, ב, עמ' 270); רמב"ן ויקרא כ"ג יז, שראו בלחמי החמץ יחד עם הכבשים שמועלים כשלמים תמצית של קורבן תודה שמלווה בלחם חמץ (לצד המנחות של הקורבנות שמוקרבות מצה). לביקורת על שיטה זו ראו: י' גרוסמן, המוציא לחם, עמ' 13-15.

34. יש הרואים זאת לא רק כמחלוקת בין הפרושים לצדוקים ולבייתוסים, אלא בין הפשט לדרש. ראו לדוגמה: הרב א' בזק, נצחוני בני, עמ' 187-193.

35. המסורת שיש להקריב את העומר ממחרת יום טוב ראשון של חג המצות מופיעה גם במקורות נוספים: תרגום השבעים, פילון (על החוקים ב, 162, כתבים ג, עמ' 54) ויוספוס (קדמוניות, ספר ג' ט, ה, כרך א, עמ' 98). ראו י' תבורי, מועדי ישראל, עמ' 137. לדיון מקיף בדעות השונות שחולקות על מסורת חז"ל ומספר חיזוקים לדעת חז"ל ראו רד"צ הופמן לויקרא כ"ג ט.

36. כך דעת ריב"ז בבבלי מנחות סה ע"ב. כן עולה מדעת ריה"ל בכוזרי ג' מא, וראו ד' הנשקה, ממחרת השבת.

37. כך דעת ר' אליעזר ור"י בן בתירא בבבלי שם. ר' יהושע שם מתייחס לחשיבות שהחג יהיה ניכר, ולא צמוד בהכרח לשבת.

כמה דרשות הולכות בכיוון אחר (בבלי מנחות סה ע"ב):[38]

רבי יוסי אומר: ממחרת השבת – **ממחרת יום טוב**; אתה אומר: ממחרת יום טוב, או אינו אלא ממחרת שבת בראשית? אמרת? וכי נאמר ממחרת השבת שבתוך הפסח? והלא לא נאמר אלא ממחרת השבת, דכל השנה כולה מלאה שבתות, צא ובדוק איזו שבת?
ועוד, נאמרה שבת למטה ונאמרה שבת למעלה, מה להלן רגל ותחילת רגל, **אף כאן רגל ותחילת רגל.**

ר' יוסי טוען שתי טענות, האחת 'טכנית': לפי הפירוש של שבת כשבת בראשית, לא ברור מתי יש להקריב את קורבן העומר. הטענה השנייה של ר' יוסי, שאליה מצטרפים גם ר' ישמעאל ור' יהודה בן בתירא, מניחה שיש קשר מהותי בין העומר לפסח, כמו שיש קשר בין שתי הלחם לרגל.[39] הציווי על העומר שמופיע מיד אחרי הציווי על חג הפסח והמצות אינו רק משום שהם חלים בערך באותה תקופה באביב, אלא יש קשר מהותי בין קורבן העומר לחג.[40]

דע מאין באת – מניין ההנחה שיש קשר הכרחי בין קורבן העומר לחג המצות? לפי החכמים הללו, הקשר מבוסס על העובדה שקורבנות העומר ושתי הלחם הם מערכת אחת, ואם קורבן שתי הלחם מוצמד לרגל, כך גם קורבן העומר. אומנם יש הבדל בין השניים, שכן את קורבן שתי הלחם מקריבים ביום טוב עצמו ואילו קורבן העומר מוקרב למחרת יום טוב.[41]

את הקשר בין קורבן העומר לחג הפסח אפשר לבסס על כמה מקורות. הראשון הוא פסוק ביהושע (פרק ה'):

38. דרשות אלו מופיעות גם בספרא אמור פרשה י פרק יב.
39. וראו גם דעת ר' יוסי ב"ר יהודה שם, שקושר באופן אחר לחג הפסח.
40. קשר נוסף בין שני החגים בא לידי ביטוי בשם עצרת, שכך כינו התנאים את חג השבועות. לפי פרופ' י' תבורי (מועדי ישראל, עמ' 147), היוונים פירשו את המילה עצרת exodion במשמעות קטע המסיים מחזה, ומכאן שזה אקורד הסיום של החג הקודם. רד"צ הופמן מוסיף שקורבנות חג השבועות מוזכרים בבמדבר כ"ח בלי להזכיר את קורבן העומר, וממילא ברור שקיומו של החג, שתלוי בספירה, מחובר לחג המצות, ולא לתאריך לא ידוע אחר.
41. ראו תוספתא מגילה פ"ג ה"ה (לפי רוב כתבי היד): "יום טוב הראשון של פסח קורין בפרשת הנף שבתורת כהנים", הקושרת בין העומר ליום טוב ראשון (שגם לו ניתן לקרוא "ממחרת הפסח"). אומנם, אפשר שהקריאה היא הכנה למוצאי החג, גם אם בדרך כלל קוראים כל יום את עניינו.

(י) וַיַּחֲנוּ בְנֵי יִשְׂרָאֵל בַּגִּלְגָּל וַיַּעֲשׂוּ אֶת הַפֶּסַח בְּאַרְבָּעָה עָשָׂר יוֹם לַחֹדֶשׁ בָּעֶרֶב בְּעַרְבוֹת יְרִיחוֹ: (יא) וַיֹּאכְלוּ מֵעֲבוּר הָאָרֶץ **מִמָּחֳרַת** הַפֶּסַח **מַצּוֹת וְקָלוּי** בְּעֶצֶם הַיּוֹם הַזֶּה: (יב) **וַיִּשְׁבֹּת** הַמָּן מִמָּחֳרָת בְּאָכְלָם מֵעֲבוּר הָאָרֶץ וְלֹא הָיָה עוֹד לִבְנֵי יִשְׂרָאֵל מָן וַיֹּאכְלוּ מִתְּבוּאַת אֶרֶץ כְּנַעַן בַּשָּׁנָה הַהִיא.

בפסוק הזה לא כתוב שהקריבו בפועל את העומר, אבל נראה שלמחרת הפסח התחילו לאכול מהחדש, כולל גם קלוי, כמו שמבואר בפסוק שמתייחס לאכילה שהתיר העומר.[42] לפי הבנה פשוטה של הפסוק, לכאורה משתמע שאכלו מעבור הארץ ממחרת הפסח, כלומר בט״ו בניסן, כפי שעולה מהשוואה לפסוק: ״וַיִּסְעוּ מֵרַעְמְסֵס בַּחֹדֶשׁ הָרִאשׁוֹן **בַּחֲמִשָּׁה עָשָׂר יוֹם לַחֹדֶשׁ הָרִאשׁוֹן מִמָּחֳרַת הַפֶּסַח** יָצְאוּ בְנֵי יִשְׂרָאֵל בְּיָד רָמָה לְעֵינֵי כָּל מִצְרָיִם״ (במדבר ל״ג ג). עם זאת, כפי שראינו בפרק י״ז, ׳יום׳ או ׳חג׳ הפסח הוא אנומליה, שכן הוא מתחיל בי״ד בניסן ״בין הערביים״ ומסתיים בבוקר למחרת, בט״ו בניסן בבוקר. ממילא ״ממחרת הפסח״ עשוי להיות ט״ו בניסן אך גם ט״ז בו, ואפשר שכך הבינו זאת חכמים.[43]

קשר נוסף בין העומר לפסח מבוסס על האביב שמשותף לשניהם. על המנחה שחכמים זיהו כעומר נאמר (ויקרא ב׳ יד): ״וְאִם תַּקְרִיב מִנְחַת בִּכּוּרִים לַה׳ **אָבִיב** קָלוּי בָּאֵשׁ...״. גם חג הפסח נשמר ״לְמוֹעֵד חֹדֶשׁ **הָאָבִיב** כִּי בוֹ יָצָאתָ מִמִּצְרָיִם״ (שמות כ״ג טו).[44] החשיבות של השמירה על חודש האביב קשורה בפסוק לעובדה ההיסטורית שבחודש הזה יצאו ממצרים, ועם זאת, האביב הזה מתחבר עם האביב של מנחת הביכורים שהיא מנחת העומר.

גם הביטוי ״עצם היום הזה״ מופיע באופן מיוחד בקשר לעומר וליציאת מצרים. כך מתוארת יציאת מצרים שלוש פעמים בשמות י״ב. כך לדוגמה: ״וּשְׁמַרְתֶּם אֶת הַמַּצּוֹת **כִּי בְּעֶצֶם הַיּוֹם** הַזֶּה הוֹצֵאתִי אֶת צִבְאוֹתֵיכֶם מֵאֶרֶץ מִצְרָיִם...״ (פס׳ יז; וכן בפס׳ מא, נא בהמשך). כך התורה מגדירה גם את יום הקרבת העומר (ויקרא כ״ג יד): ״וְלֶחֶם

42. לדעת רד״ק (יהושע ה׳ יא) אכלו מהתבואה הישנה, אך פירושו דחוק, לאור ההשוואה שהפסוקים יוצרים בעצם הזכרת אכילת הקלי בין פסוקים אלו לפסוקי העומר.

43. פירוש הפסוק נתון במחלוקת בגמרא. ראו: ירושלמי חלה פ״ב ה״א. בבבלי ראש השנה יג ע״א, קידושין לז ע״ב נראה שאכן הבינו שמדובר על יום ט״ז. ראו גם רמב״ם הלכות תמידין ומוספין פ״ז הי״א, ודיון של רד״צ הופמן על ויקרא כ״ג ט. אפשר להוסיף שמכיוון שחכמים הבינו שקציר העומר נעשה בלילה, ממילא אור לט״ז הוא ממחרת הפסח שנאכל אור לט״ו.

44. וכן: שמות י״ג ד; ל״ד יח; דברים ט״ז א. השוו: שמות ט׳ לא.

וְקָלִי וְכַרְמֶל לֹא תֹאכְלוּ **עַד עֶצֶם הַיּוֹם** הַזֶּה עַד הֲבִיאֲכֶם אֶת קָרְבַּן אֱלֹהֵיכֶם...", וגם יום הקרבת שתי הלחם (שם פס' כא): "וּקְרָאתֶם **בְּעֶצֶם הַיּוֹם הַזֶּה** מִקְרָא קֹדֶשׁ יִהְיֶה לָכֶם...".[45] כפי שראינו לעיל, הוא חוזר בשילוב בין השניים בספר יהושע (ה' יא): "וַיֹּאכְלוּ מֵעֲבוּר הָאָרֶץ מִמָּחֳרַת הַפֶּסַח מַצּוֹת וְקָלוּי **בְּעֶצֶם הַיּוֹם הַזֶּה**".[46]

לכאורה, הביטוי הזה שוב קושר את העומר דווקא לט"ו בניסן, אך נראה שחז"ל הבינו שהביטוי מתקשר למכלול של החג ולאו דווקא ליום הראשון. כיוון שהתורה קבעה שאת העומר מקריבים "ממחרת השבת", ממילא הכוונה ממחרת היום ששובתים בו בחג הזה, דהיינו היום הראשון של החג. הביטויים נועדו לקשור בין חג המצות ויציאת מצרים כמכלול להקרבת קורבן העומר. למעשה, ההקשר הזה נותן משמעות נוספת לשם חג המצות, שזהו חג שמקריבים בו (למחרת ה'שבת' של הפסח) מצות.[47]

ולאן אתה הולך – נראה שהנקודה המשמעותית שחז"ל עמדו עליה הייתה הקשר בין חג הפסח, שחוגג את יציאת מצרים, לקורבן העומר. ניתן היה לומר שבכך הם העניקו לחג הפסח הקשר חקלאי. כשם שחג הסוכות מציין את ההליכה במדבר בעקבות יציאת מצרים וגם את חג האסיף, כך חג המצות מציין גם את היציאה ממצרים וגם את ראשית קציר השעורים של האביב. לחלופין, אפשר להציע שחכמים רצו להצמיד את ראשית קציר השעורים לאירועי היציאה ממצרים, מתוך הבנה שהן לקורבן העומר והן לקורבן שתי הלחם יש הקשר היסטורי חשוב, לצד ההיבטים החקלאיים. באמצעות ההצמדה הזאת הם גם רומזים לקיומה של משמעות היסטורית לחג השבועות.[48]

45. הביטוי מופיע שוב שלוש פעמים דווקא ביחס ליום הכיפורים. הוא גם מופיע בסיפור המבול, וייתכן ששני המופעים הללו קשורים זה לזה. ראו לעיל פרק ח'. הסבר מסוים לקשר בין העומר, שתי הלחם וסיפור נח ניתן למצוא בדרשת הרמב"ן לראש השנה: "לפרש שהם על חקות קציר ואסיף ששמר לנו הקדוש ברוך הוא". בעקבות הפסוק מירמיהו, אפשר שיש כאן רמז לכך שחוגגים את עונות השנה שהשתמרו מאז הבטחת ה' במבול.

46. בפירוש הביטוי "(ב)עצם היום הזה" נחלקו המדרשים והפרשנים. רבים ראו בביטוי התייחסות לעיצומו או אמצעו של יום (לדוגמה: ספרי דברים פיסקא שלז). הרמב"ן חולק על קביעה זו, שכן גם הצום ואיסור המלאכה ביום הכיפורים הם "בעצם היום הזה" (ויקרא כ"ג כח-ל), ולכן הוא מסביר שמדובר בתוקפו ומרכזו של היום. מכל מקום, נראה לי שהביטוי משמש בדרך כלל לציון אירוע דרמטי.

47. כך פירש בעל הכתב והקבלה את הביטוי "ממחרת השבת" כחג הפסח "על שם שביתת החמץ שבו". ממילא קורבן המצות מובא לאחר השבתת החמץ. א' רון, ממחרת השבת, מוסיף שכדי לציין דווקא את שבת בראשית, התורה תמיד תנקוט בצירוף "יום השבת" או "היום השביעי".

48. כמה חכמים עמדו על המגמה לצרף לחג השבועות את ההקשר ההיסטורי של חג מתן תורה.

עומר של מן ועומר של שעורים

חכמים עוסקים בקורבן העומר במדרש ויקרא רבה, ורומזים לאופנים שונים שבהם ניתן להבין את הקורבן הזה. כך לדוגמה (ויקרא רבה אמור כ"ח א):

> א"ר ינאי בנוהג שבעולם אדם לוקח ליטרא אחת של בשר מן השוק כמה יגיעות הוא יגע כמה צער הוא מצטער עד שבישלה, והבריות ישנין על מטותיהן והקב"ה משיב רוחות ומעלה עננים ומגדל צמחים ומדשן את הפירות ואין נותנים לו אלא שכר העומר הה"ד [זהו שכתוב] 'והבאתם את עומר ראשית קצירכם אל הכהן' (ויקרא כ"ג י).

ר' ינאי במדרש מתייחס לעומר, הקטן וחסר המשמעות, כמתנה שאנו מעניקים לקב"ה 'בשכר' הרוחות והעננים, והתבואה שצומחת בעקבותיהם. ה' עושה רבות עבורנו בתחום החקלאי, וזוהי תשורתנו הקטנה בתמורה. אומנם בהמשך (כ"ח ב) חולק ר' אבין ומציין את היגיעות השונות סביב קורבן העומר, אותן יגיעות שראינו במשניות לעיל, הכוללות קצירה וסחיבה, קלייה וחבטה, טחינה וניפוי, עד שמגיעים לעישרון של סולת שעורים. עם זאת, ר' ינאי במדרש מתאר מתנה סמלית, כמו שאר מתנות הראשית, שבאה להודות לה' על כל הטוב, ובכך הוא מחזק את הכיוון שראינו לעיל.

ר' אבין מאיר את קורבן העומר באור אחר (ויקרא רבה אמור כ"ח ג):

> א"ר אבין אמ' להן הקדוש ברוך הוא לישראל בניי בואו ודעו מה ביני וביניכם, מן דיהבין עומר חד לכולכם [כשאתם נותנים, אתם נותנים עומר אחד לכולם] ומן דנסבין [וכשקיבלתם] 'עומר לגולגולת מספר נפשותיכם' (שמות ט"ז טז), ולא של חטין אלא של שעורים, ואף על פי כן הוו זהירים להביא אותו בעונתו. לפיכך משה מזהיר את ישראל ואומ' להן 'כי תבאו אל הארץ אשר אני נותן לכם וקצרתם את קצירה והבאתם את עומר ראשית קצירכם אל הכהן' (ויקרא כ"ג י).

ר' אבין קושר בין קורבן העומר שניתן במקדש למן שניתן לבני ישראל במדבר "עומר לגולגולת". גם ר' אבין משווה בין ההשקעה האלוהית הכוללת עומר לכל אחד

לדוגמה: א"ד בוראק, הבאת העומר; ש' כהן, ממחרת השבת. בהמשך נציע הסבר נוסף לקישור ההיסטורי הזה.

להשקעה האנושית הכוללת עומר לכל ישראל יחד.[49] עם זאת, ר׳ אבין לא מתייחס למאמץ החקלאי, אלא נותן לקורבן הזה הקשר היסטורי.[50]

דע מאין באת – לעיל עמדנו על שני המובנים של העומר – עומר כערימת שיבולים ועומר כמידה ״עשירית האיפה״. כפי שראינו, המובן הזה נלמד מפרשת המן (שמות ט״ז לו): ״**וְהָעֹמֶר עֲשִׂרִית הָאֵיפָה הוּא**״. אלא שיש לתת את הדעת לכך שבדרך כלל התורה קוראת למידה הזו ״עשירית האיפה״ או ״עישרון״, והמקום היחיד שהעומר מוגדר עשירית האיפה הוא בפרשת המן. ממילא, נראה שאין ללמוד רק את הכמות של מנחת העומר, עישרון, מפרשת המן,[51] אלא גם את המשמעות של העומר מפרשת המן.[52]

ולאן אתה הולך – כדי להבין את המשמעות ההיסטורית של קורבן עומר שהוא זכר למן במדבר, נעיין בסיפור המן (שמות ט״ז):

(יג) וַיְהִי בָעֶרֶב וַתַּעַל הַשְּׂלָו וַתְּכַס אֶת הַמַּחֲנֶה וּבַבֹּקֶר הָיְתָה שִׁכְבַת הַטַּל סָבִיב
לַמַּחֲנֶה: (יד) וַתַּעַל שִׁכְבַת הַטָּל וְהִנֵּה עַל פְּנֵי הַמִּדְבָּר דַּק מְחֻסְפָּס דַּק כַּכְּפֹר עַל
הָאָרֶץ: (טו) וַיִּרְאוּ בְנֵי יִשְׂרָאֵל וַיֹּאמְרוּ אִישׁ אֶל אָחִיו מָן הוּא כִּי לֹא יָדְעוּ מַה הוּא
וַיֹּאמֶר מֹשֶׁה אֲלֵהֶם **הוּא הַלֶּחֶם אֲשֶׁר נָתַן ה׳ לָכֶם** לְאָכְלָה: (טז) זֶה הַדָּבָר אֲשֶׁר
צִוָּה ה׳ לִקְטוּ מִמֶּנּוּ אִישׁ לְפִי אָכְלוֹ **עֹמֶר** לַגֻּלְגֹּלֶת מִסְפַּר נַפְשֹׁתֵיכֶם אִישׁ לַאֲשֶׁר
בְּאָהֳלוֹ תִּקָּחוּ... (כג) וַיֹּאמֶר אֲלֵהֶם הוּא אֲשֶׁר דִּבֶּר ה׳ **שַׁבָּתוֹן שַׁבַּת** קֹדֶשׁ לַה׳
מָחָר **אֵת אֲשֶׁר תֹּאפוּ אֵפוּ וְאֵת אֲשֶׁר תְּבַשְּׁלוּ בַּשֵּׁלוּ** וְאֵת כָּל הָעֹדֵף הַנִּיחוּ לָכֶם
לְמִשְׁמֶרֶת עַד הַבֹּקֶר: (כד) וַיַּנִּיחוּ אֹתוֹ עַד הַבֹּקֶר כַּאֲשֶׁר צִוָּה מֹשֶׁה וְלֹא הִבְאִישׁ
וְרִמָּה לֹא הָיְתָה בּוֹ... (לא) וַיִּקְרְאוּ בֵית יִשְׂרָאֵל אֶת שְׁמוֹ **מָן** וְהוּא כְּזֶרַע גַּד לָבָן
וְטַעְמוֹ כְּצַפִּיחִת בִּדְבָשׁ: (לב) וַיֹּאמֶר מֹשֶׁה זֶה הַדָּבָר אֲשֶׁר צִוָּה ה׳ **מְלֹא הָעֹמֶר**
מִמֶּנּוּ **לְמִשְׁמֶרֶת לְדֹרֹתֵיכֶם לְמַעַן יִרְאוּ אֶת הַלֶּחֶם אֲשֶׁר הֶאֱכַלְתִּי אֶתְכֶם בַּמִּדְבָּר**

49. בהערה 19 לעיל ראינו את הדעה שהתיאור של קורבן העומר משלב ממד של קורבן ציבור עם רמיזות לקורבן יחיד. ייתכן שגם ר׳ אבין עומד על המתח בין מה שהיה ראוי (שכל אחד יקריב) ובין מה שה׳ מבקש בפועל (קורבן אחד לכולם).

50. רמז לתפיסה ההיסטורית הזאת מופיע כבר בתוספתא (ראש השנה פ״א הי״ב במהדורת ליברמן) שכורכת ״עומר של מן״ עם ״עומר שעורין״.

51. מפרשת המן ניתן גם ללמוד שלא מדובר על תוצר גולמי אלא חומר מעובד (במדבר י״א ח): ״שָׁטוּ הָעָם וְלָקְטוּ וְטָחֲנוּ בָרֵחַיִם אוֹ דָכוּ בַּמְּדֹכָה וּבִשְּׁלוּ בַּפָּרוּר״.

52. גם י׳ גרוסמן, המוציא לחם, עמ׳ 36–40, עומד על הקשרים הללו, אם כי הוא מגיע למסקנות מעט שונות.

בְּהוֹצִיאִי אֶתְכֶם מֵאֶרֶץ מִצְרָיִם: (לג) וַיֹּאמֶר מֹשֶׁה אֶל אַהֲרֹן קַח צִנְצֶנֶת אַחַת וְתֶן שָׁמָּה **מְלֹא הָעֹמֶר** מָן וְהַנַּח אֹתוֹ **לִפְנֵי ה' לְמִשְׁמֶרֶת לְדֹרֹתֵיכֶם**: (לד) כַּאֲשֶׁר צִוָּה ה' אֶל מֹשֶׁה **וַיַּנִּיחֵהוּ אַהֲרֹן לִפְנֵי הָעֵדֻת לְמִשְׁמָרֶת**: (לה) וּבְנֵי יִשְׂרָאֵל אָכְלוּ אֶת הַמָּן אַרְבָּעִים שָׁנָה **עַד בֹּאָם אֶל אֶרֶץ נוֹשָׁבֶת** אֶת הַמָּן אָכְלוּ עַד בֹּאָם אֶל קְצֵה אֶרֶץ כְּנָעַן: (לו) **וְהָעֹמֶר עֲשִׂרִית הָאֵיפָה הוּא.**

המן ירד בפועל רק חודש אחרי יציאת מצרים, אבל מבחינת רעיונית, העומר הוא המשך של ניסי יציאת מצרים:[53] "למען יראו את הלחם אשר האכלתי אתכם במדבר בהוציאי אתכם מארץ מצרים". זהו הלחם הראשון שקיבלו "משמיים" ואכלו במדבר. הפסוקים מתארים כיצד משה הצטווה וציווה לשמור מהמן לדורות, כי זכר המן הוא חלק חשוב מזיכרון יציאת מצרים.

ל"שבת" יש מקום מיוחד בעומר, שכן זהו המפגש הראשון של העם עם הרעיון של שבוע של שבעה ימים שבסופו שובתים. אומנם במדבר דובר על "שבת שבתון" שהיא שבת בראשית, ובקורבן העומר ישנה "שבת" שיוצרת מסגרת של שבעה שבועות. היא לא קשורה דווקא לשבת בראשית, אבל קשר מסוים קיים איתה.[54]

החשיבות של המן בתהליך החינוכי וההתפתחותי של עם ישראל חוזר גם בספר דברים (פרק ח'):

(ב) וְזָכַרְתָּ אֶת כָּל הַדֶּרֶךְ אֲשֶׁר הוֹלִיכֲךָ ה' אֱלֹהֶיךָ זֶה אַרְבָּעִים שָׁנָה בַּמִּדְבָּר לְמַעַן **עַנֹּתְךָ** לְנַסֹּתְךָ לָדַעַת אֶת אֲשֶׁר בִּלְבָבְךָ הֲתִשְׁמֹר מִצְוֹתָיו אִם לֹא: (ג) **וַיְעַנְּךָ וַיַּרְעִבֶךָ וַיַּאֲכִלְךָ אֶת הַמָּן** אֲשֶׁר לֹא יָדַעְתָּ וְלֹא יָדְעוּן אֲבֹתֶיךָ לְמַעַן הוֹדִיעֲךָ כִּי לֹא עַל **הַלֶּחֶם** לְבַדּוֹ יִחְיֶה הָאָדָם כִּי עַל כָּל מוֹצָא פִי ה' יִחְיֶה הָאָדָם: (ד) שִׂמְלָתְךָ לֹא בָלְתָה מֵעָלֶיךָ וְרַגְלְךָ לֹא בָצֵקָה זֶה אַרְבָּעִים שָׁנָה: (ה) וְיָדַעְתָּ עִם לְבָבֶךָ כִּי כַּאֲשֶׁר

53. הרב פרופ' י' גרוסמן, בשם הרב ד' נתיב (במאמר המן והקרבן) מציין כמה הקבלות בין קורבן הפסח לעומר: הביטוי "עדת ישראל", התאריך ט"ו באייר, חודש אחרי פסח, אכילת בשר "בין הערביים", "איש לפי אכלו", האיסור להותיר עד בוקר, האיסור לצאת מהמקום/הבית, המשמרת והשמירה לדורות ועוד. כך מסביר זאת הרב פרופ' י' גרוסמן: "המן מבקש להזכיר לעם את קרבן הפסח, את ירידת השכינה והשגחתה הברורה במצרים".

54. לדעת הרב י' זקס (מועדים לשיחה, עמ' 174–180) הבנה זו הייתה דווקא נחלתם של הצדוקים והבייתוסים, וחז"ל חלקו עליה. לכן הבייתוסים הדגישו את שבת בראשית כמרכיב עיקרי בהגדרת העומר, וחכמים חלקו על כך. לדעתי, לחכמים היה חשוב להדגיש את ההיבט ההיסטורי של הקשר בין העומר ליציאת מצרים, והשבת מסומלת על ידי החג ולא על ידי שבת בראשית. גם ש' כהן, "ממחרת השבת", מציין שהמן התחיל לרדת ממחרת התאריך של (אכילת) פסח שני.

יְיַסֵּר אִישׁ אֶת בְּנוֹ ה׳ אֱלֹהֶיךָ מְיַסְּרֶךָּ: (ו) וְשָׁמַרְתָּ אֶת מִצְוֹת ה׳ אֱלֹהֶיךָ לָלֶכֶת בִּדְרָכָיו וּלְיִרְאָה אֹתוֹ.

כפי שראינו בפרק ה׳, תקופת ההליכה במדבר מקבילה לתקופת הינקות של עם ישראל, כאשר הם מקבלים את כל צורכיהם מאת ה׳. התלות הזאת, והדיוק שבמילוי הצרכים, היו קשים לעם ישראל, "ויענך וירעיבך", ואף הובילו ל׳מרד הנעורים׳ בבקשת הבשר. מכל מקום, המן כאן הוא סמל להליכה הזאת במדבר ולדאגה האלוהית, לצד החינוך האלוהי, לעם ישראל בראשית דרכו.

מזמור תהלים מסכם את האופי של המן כך (פרק ע"ח):

(כג) וַיְצַו שְׁחָקִים מִמָּעַל וְדַלְתֵי שָׁמַיִם פָּתָח: (כד) **וַיַּמְטֵר עֲלֵיהֶם מָן** לֶאֱכֹל **וּדְגַן שָׁמַיִם** נָתַן לָמוֹ: (כה) **לֶחֶם** אַבִּירִים אָכַל אִישׁ צֵידָה שָׁלַח לָהֶם לָשֹׂבַע.

המזמור מתאר את הלחם השמיימי שאלוהים מוריד. כבר באותו מזמור יש ביקורת על בני ישראל שלא העריכו מספיק את אותו לחם משמיים.

ניתן להציע שהעומר שבא בתקופת תחילת הקציר, ומהווה תודה על היבול בהווה, גם מזכיר את ראשית הלחם השמיימי שירד במדבר ורומז שיש להודות גם על האירוע ההיסטורי הזה. דווקא בראשית קציר השעורים, שהוא זמנו של חג הפסח שבו חוגגים את יציאת מצרים, אנחנו נזכרים במן, שהמשיך את ניסי יציאת מצרים. בהמשך לכך נראה שלצד צנצנת המן שמשה מנחה את אהרן לשמור לדורות "לפני העדות" כדי לראות את הנס, ה׳ מבקש גם להקריב קורבן "לפני ה׳" המזכיר את המן שקיבלו ישראל במדבר. בפועל, את הקורבן הזה מקריבים מהיום שבו פסק המן, ממחרת הפסח.[55] מרגע שהוא פסק, אפשר להתחיל להתייחס אליו כזיכרון.

הלקט, השכחה וזיכרון העומר והמן

ההבנה שקורבן העומר הוא זכר לעומר המן שבמדבר, מאפשרת לראות קשרים נוספים בין העומר לגולגולת להקשר של קורבן העומר בספר ויקרא. בפסוקי המן פעולת הליקוט חוזרת שוב ושוב (שם):

55. לדעת א׳ כסלו (והאכילנו את המן), פירוש "ממחרת השבת" הוא ממחרת היום שבו עתיד המן לשבות.

(יז) וַיַּעֲשׂוּ כֵן בְּנֵי יִשְׂרָאֵל **וַיִּלְקְטוּ** הַמַּרְבֶּה וְהַמַּמְעִיט: (יח) וַיָּמֹדּוּ **בָעֹמֶר** וְלֹא הֶעְדִּיף הַמַּרְבֶּה וְהַמַּמְעִיט לֹא הֶחְסִיר אִישׁ לְפִי אָכְלוֹ **לָקָטוּ**... (כא) **וַיִּלְקְטוּ** אֹתוֹ בַּבֹּקֶר בַּבֹּקֶר אִישׁ כְּפִי אָכְלוֹ וְחַם הַשֶּׁמֶשׁ וְנָמָס: (כב) וַיְהִי בַּיּוֹם הַשִּׁשִּׁי **לָקְטוּ לֶחֶם מִשְׁנֶה שְׁנֵי הָעֹמֶר** לָאֶחָד וַיָּבֹאוּ כָּל נְשִׂיאֵי הָעֵדָה וַיַּגִּידוּ לְמֹשֶׁה.

פעולת הליקוט שאופיינית לאיסוף המן, ומופיעה תשע פעמים בפרשה זו, מופיעה גם בהקשר של מתנות עניים[56] ובפסוקים המזכירים אותן במגילת רות, כפי שראינו לעיל.[57] גם הפסוק שמסכם את חטיבות הפסוקים על העומר ושתי הלחם מזכיר (ויקרא כ"ג כב):

וּבְקֻצְרְכֶם אֶת קְצִיר אַרְצְכֶם לֹא תְכַלֶּה פְּאַת שָׂדְךָ בְּקֻצְרֶךָ **וְלֶקֶט** קְצִירְךָ לֹא **תְלַקֵּט** לֶעָנִי וְלַגֵּר תַּעֲזֹב אֹתָם אֲנִי ה' אֱלֹהֵיכֶם.

נראה שהשימוש באותו פועל כדי לתאר את ליקוט המן במדבר ואת ליקוט מתנות העניים רומז לכך שהמן ניתן לנו במתנה, בחסדי ה'. לצד הדרישה שאף אנחנו נגמול חסד לעניים, אנחנו נדרשים לזכור את החסד האלוהי כלפינו.[58]

מקראות קודש

לחם מן השמיים או לחם מן הארץ

אם נביט בלחם של המדבר, למרות שירד מהשמיים, כמו שעורים גם הוא היה קצת קשה לעיכול. ובני ישראל התלוננו על כך (במדבר כ"א):

(ה) וַיְדַבֵּר הָעָם בֵּאלֹהִים וּבְמֹשֶׁה לָמָה הֶעֱלִיתֻנוּ מִמִּצְרַיִם לָמוּת בַּמִּדְבָּר כִּי אֵין לֶחֶם וְאֵין מַיִם וְנַפְשֵׁנוּ קָצָה **בַּלֶּחֶם הַקְּלֹקֵל**.

מסתבר שהלחם השמיימי, שאומנם היה אפשר לטחון, לבשל או לאפות אותו,[59] היה

56. ויקרא י"ט ט: "וּבְקֻצְרְכֶם אֶת קְצִיר אַרְצְכֶם לֹא תְכַלֶּה פְּאַת שָׂדְךָ לִקְצֹר **וְלֶקֶט** קְצִירְךָ לֹא **תְלַקֵּט**".
57. ראו גם רות ב' ב; ישעיהו י"ז ה.
58. הפסוקים גם קושרים בין ירידת המן לירידת הטל (שמות ט"ז יג-יד; במדבר י"א ט), ובכך מחזקים את הקשר בין הזיכרון ההיסטורי לתפילה על מזג האוויר.
59. שמות ט"ז כג; במדבר י"א ח.

דל. ככל שהתרחקו ממצרים והתקרבו לארץ ישראל וללחם רגיל, בני ישראל התלוננו על ה"לחם הקלוקל". לא בכדי נאמר "ויענך וירעיבך ויאכילך את המן". המן במדבר, כמו לחם השעורים, וכמו המנחה שהיא מצה, הם כולם סוג של לחם עוני. פעולת הליקוט קשורה אף היא לעוני.

בהמשך לתיאור העינוי, הרעב ונתינת המן, לחם השמיים שבעיני אדם הוא גם "לחם קלוקל", ארץ ישראל מתוארת כך (דברים ח'):

(ז) כִּי ה' אֱלֹהֶיךָ מְבִיאֲךָ אֶל אֶרֶץ טוֹבָה אֶרֶץ נַחֲלֵי מָיִם עֲיָנֹת וּתְהֹמֹת יֹצְאִים בַּבִּקְעָה וּבָהָר: (ח) **אֶרֶץ חִטָּה וּשְׂעֹרָה** וְגֶפֶן וּתְאֵנָה וְרִמּוֹן אֶרֶץ זֵית שֶׁמֶן וּדְבָשׁ: (ט) **אֶרֶץ אֲשֶׁר לֹא בְמִסְכֵּנֻת תֹּאכַל בָּהּ לֶחֶם** לֹא תֶחְסַר כֹּל בָּהּ אֶרֶץ אֲשֶׁר אֲבָנֶיהָ בַרְזֶל וּמֵהֲרָרֶיהָ תַּחְצֹב נְחֹשֶׁת: (י) **וְאָכַלְתָּ וְשָׂבָעְתָּ וּבֵרַכְתָּ אֶת ה' אֱלֹהֶיךָ עַל הָאָרֶץ הַטֹּבָה אֲשֶׁר נָתַן לָךְ.**

כשמשה מתאר את ארץ ישראל כארץ שלא במסכנות נאכל בה לחם, האם הוא רומז ללחם המסכן שהיה במדבר? ללחם העוני[60] שמלווה את בני ישראל מאז יציאתם ממצרים? אני מניחה שעבור בני ישראל התשובה היא כן. על כן, כשבני ישראל נכנסים לארץ ישראל, המן פוסק מלרדת והם אוכלים לחם מן הארץ.

מכל זה עולה שהעומר קשור לתהליך היציאה ממצרים והדאגה האלוהית במדבר, תהליך שהוא ראשוני ובוסרי, ואינו מפותח עד הסוף. לעומת זאת, בחג השבועות חוגגים את העצמאות האנושית ואת הלחם האנושי של הכניסה לארץ. בתחילה מביאים את הלחם האלוהי המזין, ולבסוף גם את הלחם האנושי הטעים.[61] מציינים את 'ראשית' הדאגה האלוהית, ולאחר מכן את 'ראשית' העצמאות האנושית בארץ ישראל.[62]

60. השוו פירוש רשב"ם על אתר.

61. ראו: פילון, על החוקים ב, עמ' 58–60. קשה לומר שהחמץ נפסל למזבח רק משום שהיא חומר מעובד, שהגיע לתכליתו. מצד אחד אין מביאים את הפרי המתוק, "הדבש", אל המזבח, למרות היותו גולמי. ומהעבר השני, יין ושמן המעובדים עולים על המזבח דרך קבע. ניתן לומר שאת צורכי האדם הבסיסיים מקריבים לה', בין אם הם בדרגת עיבוד שלמה ובין אם בדרגת עיבוד חלקית. אבל החלק של המותרות נשאר מחוץ למזבח. המותרות יכולות לבוא בצורת מיני מתיקה של פירות או בצורת התפחה טעימה של הדגן. ראו גם י' גרוסמן, תורת הקורבנות, עמ' 196.

62. למרות המשנה שראינו לעיל (עמ' 412), נחלקו התנאים אם העומר יכול לבוא מחוץ לארץ או רק מארץ ישראל. מכל מקום הסכימו שבניגוד לשאר המנחות, את שתי הלחם יש להביא דווקא מארץ ישראל. ראו בבלי מנחות פג ע"ב – פד ע"א; רמב"ן ויקרא כ"ג טו–טז.

אפשר להציע שהעומר מתחיל תהליך של אוכל שמגיע מהשמיים. הספירה נותנת משקל ומשמעות לכל יום ומדגישה את התקופה שעוברת.[63] בסוף התהליך מגיע השלב של "לחם מן הארץ", שתי לחם.[64] הלחם השמיימי הוא כשאר הלחמים של המקדש: מנחה, בלי חמץ, לחם עוני. הוא מגיע מהשעורים, שהם אומנם מזינים, אבל לא מה שבני אדם בוחרים בדרך כלל לאכול.[65] בהיותו לחם שמיים שעולה לריח ניחוח, הוא גם דוחה את השבת.

השפעת הלחם הזה היא כלפי חוץ, שכן אחרי הקרבת העומר נאמר (ויקרא כ"ג):

(יד) וְלֶחֶם וְקָלִי וְכַרְמֶל לֹא תֹאכְלוּ עַד עֶצֶם הַיּוֹם הַזֶּה עַד הֲבִיאֲכֶם אֶת קָרְבַּן אֱלֹהֵיכֶם חֻקַּת עוֹלָם לְדֹרֹתֵיכֶם **בְּכֹל מֹשְׁבֹתֵיכֶם**.

הקורבן במקדש שמייצג את לחם השמיים או את ההבנה העמוקה שכל לחם במהותו הוא מן השמיים משפיע החוצה, כלפי "בכל מושבותיכם", ומאפשר את האכילה בחוץ. אנו מביאים את ראשית תבואתנו בהווה כדי להזכיר את ראשית הדאגה האלוהית לסיפוק צורכנו בעבר. לאחר שאנו מבינים שכל הלחם מגיע מהשמיים, בעבר ובהווה, אנו מתירים לאכול גם לחם מן הארץ. ספירת העומר, המקשרת בין העומר לשתי הלחם, מאפשרת לעמוד על התקופה שבה ניתן לנו העומר ולהיות מודעים לאותם חסדי שמיים שליוו אותנו לאורך זמן.[66]

63. כמדומני שהתורה מתייחסת לתקופות של ימים כגון שבעת ימי החג או שבעת ימי היטהרות המצורע, אבל ספירה מופיעה דווקא כשיש תחושה של ריק וחוסר עשייה בין שני מאורעות, והספירה מקשרת ביניהם. למשל, ספירת שבעה ימים בין סוף הראייה של זב וזבה להיטהרות מציינת את תודעת הזמן החולף, כדי לקשר בין זמן הטומאה האקטיבית להיטהרות.

64. על החמץ כסיום של תהליך ראו: הרב י' בן נון, חמץ ומצה; י' גרוסמן, המוציא לחם, עמ' 18–19. לדעת הרב פרופ' י' גרוסמן, התורה עצמה אינה מציינת בפירוש את הקרבת העומר. כיוון שהחדש מותר במקדש רק לאחר שתי הלחם, כביכול ובאופן ספרותי, העומר מחכה עד להתרת החדש במקדש כדי שיהיה אפשר להקריבו.

65. מנחה של שעורים מוזכרת בהקשר נוסף, במנחת הסוטה. העומר של המן דומה לעומר של הסוטה, שכן הוא קובע באופן ניסי אם האישה עדיין שייכת לבית בעלה, או שהיא צריכה לחזור לבית אביה בגלל ניאוף. ראו: בבלי יומא עה ע"א. השוו ויקרא רבה כ"ח ו. ממילא מתברר ששני עומרי השעורים פועלים באופן ניסי בעולם ומשקפים תקופה של השגחה אלוהית גלויה.

66. בהמשך לכך ניתן לתת הסבר נוסף מדוע קורבן העומר אינו מלווה באמירת הלל שלם (ראו לעיל הערות 23 ו־32). תקופת העומר היא חגיגית, מעין חול המועד ארוך, אבל גם זמן מתח גבוה ופורענות, שנובעת מימי הדין המסמלים גם את ההשגחה הצמודה של המדבר, שם בתוך החסד האלוהי היה גם הרבה דין.

קורבן העומר וספירת העומר נועדו להזכיר את הלחם האלוהי, ואילו שתי הלחם שמביאים בסוף הספירה נועדו להביא אל הזיכרון וההודיה לה׳ את הלחם האנושי. זהו לחם חמץ המשלב את הטכנולוגיה האנושית ואת המשמעות של תהליך שמתהווה בחומר הגולמי. החמץ הוא הלחם שלא רק משביע אלא גם טעים. הוא לא הלחם של המדבר אלא הלחם של ארץ ישראל. הקורבן הזה לא משפיע מהמקדש החוצה, כמו העומר, אלא מגיע מן החוץ למקדש (שם):

(יז) **מִמּוֹשְׁבֹתֵיכֶם** תָּבִיאוּ לֶחֶם תְּנוּפָה שְׁתַּיִם שְׁנֵי עֶשְׂרֹנִים סֹלֶת תִּהְיֶינָה **חָמֵץ** תֵּאָפֶינָה בִּכּוּרִים לַה׳.

שתי הלחם הן מתנות המושבות לתוך המקדש, ומהוות פתח לשאר המנחות שיבואו מן התבואה החדשה ולשאר הביכורים שיגיעו מהפירות (ה״דבש״). זאת, לעומת העומר שהוא לחם המקדש, המאפשר את האכילה במושבות. כיוון שמדובר על לחם אנושי שמוקדש לה׳, הוא לא דוחה את השבת, אלא שייך לעולם העשייה האנושי של ימות החול.[67]

פסח וחג המצות חוגגים את היציאה ממצרים, וחג הסוכות חוגג את הדרך.[68] כעת מתברר שניתן להוסיף לכך את חג השבועות החוגג את הכניסה לארץ ואת ההתיישבות בה.

בימי יהושע ה׳ בחר להצמיד בקירוב את תאריך הכניסה לארץ לתאריך היציאה ממצרים, ובכך נסגר מעגל שכן הכניסה לארץ היא המשך ישיר – גם אם באיחור – ליציאה ממצרים.[69] לדורות, ה׳ מחבר בין השניים אבל גם מפריד ביניהם: זכר המן הוא ״ממחרת״ הפסח; כך נוצר קשר רציף בין הזכר של המן לאירוע הבא, באמצעות ספירת העומר, והשהייה בתוך אותה תקופה שהעומר אמור להזכיר לנו; ולבסוף סיום התקופה הזאת הוא על ידי קורבן חדש המבטא את השלב הבא בגאולה: הכניסה לארץ וקניית העצמאות. בכך המעבר מקורבן העומר לשתי הלחם הוא המעבר בין התלות של תקופת המדבר לעצמאות הנקנית בכניסה לארץ.

67. הרב פרופ׳ י׳ גרוסמן (המוציא לחם, עמ׳ 33) מוסיף שאת העומר מלווה עולה שעולה כולה לה׳, לעומת שתי הלחם המלווים בשלמים שמבטאים את השותפות בין האדם לה׳.
68. נשים לב שהרמב״ם רואה בארבעת המינים סימן לכניסה לארץ. ראו לעיל פרק י׳.
69. יום חציית הירדן הוא היום שבו לקחו את קורבן הפסח במצרים.

התורה אינה בהכרח קושרת את זיכרון האירועים לזמן שהם קרו, אלא לתופעות הטבע שמתחברות לזיכרון ההיסטורי.[70] ממילא, את זיכרון הלחם של הארץ התורה מקשרת לזמן שבו האדם שמח בלחם שהוא מייצר מן הארץ – תקופת קציר החיטים.[71] נציין כי אין ליום הזה תאריך מוגדר וקבוע, והוא חל בסיום תקופה אחת ותחילתה של תקופה אחרת. כך ניתן להבין מדוע התורה קובעת שני חגי ביכורים חקלאיים, כדי לסמל את שני סוגי הלחם שהקב"ה מאכיל. בכך ראשית השעורים מתחברת לראשית הלחם האלוהי, וראשית החיטים מסמנת את ראשית הלחם האנושי, שאף הוא בחסדי שמיים.

מכאן עולה שבחג הביכורים, שבו חוגגים את ראשית פרי האדמה, חוגגים גם את הכניסה לאדמה או תמצית ההתיישבות באדמה. כך גם מבואר בפרשת מקרא ביכורים (דברים כ"ו):[72]

(א) וְהָיָה כִּי **תָבוֹא אֶל הָאָרֶץ** אֲשֶׁר ה' אֱלֹהֶיךָ נֹתֵן לְךָ נַחֲלָה וִירִשְׁתָּהּ וְיָשַׁבְתָּ
בָּהּ: (ב) וְלָקַחְתָּ **מֵרֵאשִׁית כָּל פְּרִי הָאֲדָמָה** אֲשֶׁר תָּבִיא מֵאַרְצְךָ אֲשֶׁר ה' אֱלֹהֶיךָ
נֹתֵן לָךְ וְשַׂמְתָּ בַטֶּנֶא וְהָלַכְתָּ אֶל הַמָּקוֹם אֲשֶׁר יִבְחַר ה' אֱלֹהֶיךָ לְשַׁכֵּן שְׁמוֹ שָׁם:
(ג) וּבָאתָ אֶל הַכֹּהֵן אֲשֶׁר יִהְיֶה בַּיָּמִים הָהֵם וְאָמַרְתָּ אֵלָיו הִגַּדְתִּי הַיּוֹם לַה' אֱלֹהֶיךָ
כִּי בָאתִי אֶל הָאָרֶץ אֲשֶׁר נִשְׁבַּע ה' לַאֲבֹתֵינוּ לָתֶת לָנוּ: (ד) וְלָקַח הַכֹּהֵן הַטֶּנֶא
מִיָּדֶךָ וְהִנִּיחוֹ לִפְנֵי מִזְבַּח ה' אֱלֹהֶיךָ: (ה) וְעָנִיתָ וְאָמַרְתָּ לִפְנֵי ה' אֱלֹהֶיךָ אֲרַמִּי
אֹבֵד אָבִי וַיֵּרֶד מִצְרַיְמָה וַיָּגָר שָׁם בִּמְתֵי מְעָט וַיְהִי שָׁם לְגוֹי גָּדוֹל עָצוּם וָרָב:
(ו) וַיָּרֵעוּ אֹתָנוּ הַמִּצְרִים וַיְעַנּוּנוּ וַיִּתְּנוּ עָלֵינוּ עֲבֹדָה קָשָׁה: (ז) וַנִּצְעַק אֶל ה' אֱלֹהֵי
אֲבֹתֵינוּ וַיִּשְׁמַע ה' אֶת קֹלֵנוּ וַיַּרְא אֶת עָנְיֵנוּ וְאֶת עֲמָלֵנוּ וְאֶת לַחֲצֵנוּ: (ח) וַיּוֹצִאֵנוּ

70. גם חג הסוכות לא קשור בהכרח לתאריך כלשהו, ונראה שהתורה מקשרת בין חוויית האסיף לתחושה שה' מספק את צרכינו באופן יום־יומי. ראו לעיל פרק ט'. גם אם חז"ל לימדונו לחוג את מתן תורה בחג השבועות, לפי התאריך של תחילת חודש סיון, מפסוקי התורה עולה שאת זיכרון מתן תורה חוגגים במעמד ההקהל שבחג הסוכות.

71. לאור הספירה של העומר שמתחילה הן ממחרת יציאת מצרים והן מתקופת הכניסה לארץ, אפשר לומר שבחג השבועות חוגגים את הירושה והישיבה. חז"ל חישבו שמזמן שנכנסו לארץ עד שישבו בה עברו ארבע עשרה שנים, שבע שנות כיבוש ושבע שנות התיישבות (בבלי זבחים קיח ע"ב), והחישובים הללו הם במחזורים של שבע, לציין את התקופה שבין יציאת מצרים לבין ירושת הארץ. באופן דומה, יהושע מקיים מעין מעמד חוזר של ברכה וקללה בשכם לאחר הירושה והישיבה (יהושע כ"ד), והוא סגירת מעגל למעמד הברכה והקללה בכניסה לארץ.

72. הקשר בין חג הביכורים לבין הביכורים הפרטיים עולה בשמות כ"ג טז-יט; ל"ד כב-כו. וראו גם: דברי הימים ב ל"א א-י.

ה׳ מִמִּצְרַיִם בְּיָד חֲזָקָה וּבִזְרֹעַ נְטוּיָה וּבְמֹרָא גָּדֹל וּבְאֹתוֹת וּבְמֹפְתִים: (ט) וַיְבִאֵנוּ אֶל הַמָּקוֹם הַזֶּה **וַיִּתֶּן לָנוּ אֶת הָאָרֶץ הַזֹּאת אֶרֶץ זָבַת חָלָב וּדְבָשׁ: (י) וְעַתָּה הִנֵּה הֵבֵאתִי אֶת רֵאשִׁית פְּרִי הָאֲדָמָה אֲשֶׁר נָתַתָּה לִּי ה׳** וְהִנַּחְתּוֹ לִפְנֵי ה׳ אֱלֹהֶיךָ וְהִשְׁתַּחֲוִיתָ לִפְנֵי ה׳ אֱלֹהֶיךָ: (יא) וְשָׂמַחְתָּ **בְכָל הַטּוֹב** אֲשֶׁר נָתַן לְךָ ה׳ אֱלֹהֶיךָ וּלְבֵיתֶךָ אַתָּה וְהַלֵּוִי וְהַגֵּר אֲשֶׁר בְּקִרְבֶּךָ.

כאשר אדם מביא ביכורים, הוא לא מודה רק על פרי האדמה, אלא על כל ההיסטוריה שבסופה ה׳ נתן לנו את האדמה הזאת.[73] כך גם בחג הביכורים, ההודאה היא לא רק על התוצר שקיבלנו, אלא גם על הארץ שזכינו להיכנס אליה ולרשת אותה. הסיפור החקלאי מבטא את הסיפור ההיסטורי.[74]

עצרת והתכנסות

חכמים קראו לחג השבועות עצרת, למרות שהביטוי עצרת מוזכר בתורה דווקא בשמיני עצרת ובשביעי של פסח. נראה כי יש קשר מהותי בין חג השבועות, שמסיים מעין ׳חול המועד ארוך׳,[75] ובין שמיני עצרת שחל בסוף חול המועד סוכות. הסוכות והעומר מזכירים את ההליכה במדבר,[76] ומצוות היום של שבועות מזכירה את הכניסה לארץ. כפי שראינו בפרק י״א, גם מצוות היום של שמיני עצרת היא הכניסה לבית. אחרי שבעה ימים של ישיבה בסוכה, שמזכירה את ההליכה במדבר, בעצרת נכנסים פנימה, לבית, כזכר לכניסה לארץ ישראל, ביתנו הלאומי, שאפשרה את הכניסה של כל אחד ואחד לבית הפרטי שלו.

73. אצל האדם הפרטי, הפרי הגולמי הוא ביטוי חזק יותר לקשר שבין הפרי לקרקע, בעוד שברמה הלאומית שתי הלחם מבטאים את התהליך ההיסטורי שעבר על עם ישראל משלב של אכילת לחם משמיים לשלב של הכנת לחם מן הארץ.

74. הרב י׳ זקס (מועדים לשיחה, עמ׳ 228) קושר בין חג השבועות ליובל, שגם הוא מסומן באמצעות ספירת שבעה מחזורים של שבע, הוא קשור למעגל החקלאי של השנה והתבואה, אבל מבטא בעיקר את מתנת הארץ. אכן גם את היובל ניתן לקשר למעמד הר סיני סביב התקיעה בשופר וההכרזה שכולנו עבדי ה׳. ראו: אברבנאל ויקרא כ״ה; ש׳ כהן, ״ממחרת השבת״.

75. ראו פירוש הרמב״ן לויקרא כ״ג לו.

76. את משמעות הנס היום־יומי של העומר אנחנו חוגגים על ידי ספירת העומר, ואת משמעות הנס היום־יומי של הישיבה בסוכות אנחנו חוגגים על ידי הקורבן המשתנה בכל יום, שמשמעו שכל יום הוא חג בפני עצמו. ממילא הסיקו חכמים שבכל יום אומרים הלל. זאת בניגוד לחג המצות, החוגג אירוע אחד במשך שבעה ימים, וממילא בכל יום מקריבים אותו קורבן ולא אומרים הלל שלם.

מתחיל בגנות ומסיים בשבח – משתי הלחם לשני לוחות הברית

דע מאין באת – חג השבועות יוצא דופן במעגל השנה הן בכך שבתורה אין לו רקע היסטורי מפורש והן בכך שאין לו תאריך מוגדר. מעבר לשאלה מתי בדיוק מתחילה הספירה לקראת חג השבועות, בשנים שונות הספירה עשויה להסתיים בתאריכים שונים, ותלויה אם החודשים ניסן ואייר הם חודשים מלאים או חסרים.[77]

עם זאת, כשם שברור שלחג המצות ולחג הסוכות יש היבט חקלאי לצד היבט היסטורי, כך היה ברור לחז״ל שגם לחג השבועות יש היבט היסטורי לצד ההיבט החקלאי. החל מימי בית שני[78] יש זיהוי של חג השבועות עם מתן תורה. העמימות בנוגע לתאריך שבו נחוג בפועל חג השבועות, יחד עם ההבנה שהוא נחוג בראשית חודש סיון, התקשר אל מעמד הר סיני, שגם התאריך שלו עמום וחל במהלך חודש סיון.[79] אפשר שהזיהוי נוצר גם מהרצון לקשר בין החג לאירוע היסטורי והתחזק בזכות הקשרים הכרונולוגיים.[80]

ולאן אתה הולך – כבר בהגדה של פסח אפשר לתאר את הגנות והשבח של גאולת ישראל על שני צירים. הציר הראשון הוא הציר הרוחני: בתחילה עובדי עבודה זרה היו אבותינו ועתה קירבנו המקום לעבודתו. על הציר הזה, נקודת השיא וההשלמה היא מעמד הר סיני שבו כרתנו ברית עם ה׳ והפכנו לעבדיו,[81] וכפי שנאמר למשה במעמד הסנה (שמות ג׳ יב): ״בְּהוֹצִיאֲךָ אֶת הָעָם מִמִּצְרַיִם תַּעַבְדוּן אֶת הָאֱלֹהִים עַל הָהָר הַזֶּה״. השבח הזה מודגש כשאנחנו רואים בחג השבועות את חג מתן תורה.

הציר השני הוא הציר הלאומי, שאותו הדגשנו במהלך הפרק הזה: עבדים היינו לפרעה במצרים, ועתה? בהגדה של פסח השיא של השבח ברמה הלאומית לא

77. בבלי ראש השנה ו ע״ב.

78. ראו לעיל הערה 2. בספרות חז״ל ניתן לזהות תהליך הדרגתי. המשנה במגילה (פ״ג מ״ה) קובעת שבשבועות קוראים בפרשת המועדות של ספר דברים ״שבעה שבועות״, אבל בתוספתא (מגילה פ״ג ה״ה במהדורת ליברמן) אחת האפשרויות לקריאה בתורה היא תיאור מעמד הר סיני, ובספרות האמוראים קשר זה בולט ומודגש יותר.

79. לאפשרויות השונות מתי היה מעמד הר סיני ראו מקורות וניתוח אצל הרב א׳ לפשיץ, לתיארוכו של מתן תורה. למשמעות העמימות הזאת ראו לדוגמה הרב א׳ בזק, זמן מתן תורה.

80. ההצמדה הזאת אינה פשוטה. הן בשל חוסר הוודאות מתי בפועל ניתנה תורה, והן בשל העובדה שבשנים שבהן מקדשים את החודש על פי הראייה, חג השבועות יכול לחול בתאריכים שונים. ראו: בבלי שבת פז ע״א, ולעיל הערה 77.

81. לפי הרמב״ן (לדוגמה: ויקרא י״ח כה), קיום המצוות תלוי בעיקר בישיבה בארץ, ואף לפי הסיפור הזה של הגנות והשבח יש משמעות להתיישבות בארץ כהשלמת תהליך הפיכת עם ישראל לעבדי ה׳.

לגמרי ברור. עבדים היינו לפרעה במצרים מתייחס גם למעמד האישי (עבדים) וגם למקום (במצרים). השבח המלא צריך להתייחס גם למעמד האישי "עתה בני חורין", אך גם לממד הגאוגרפי, "בארץ ישראל", וכפי שמבטיח ה' באותו מעמד (שמות ג' ח): "וָאֵרֵד לְהַצִּילוֹ מִיַּד מִצְרַיִם וּלְהַעֲלֹתוֹ מִן הָאָרֶץ הַהִוא אֶל אֶרֶץ טוֹבָה וּרְחָבָה אֶל אֶרֶץ זָבַת חָלָב וּדְבָשׁ".[82]

ולפני מי אתה עומד – אפשר שהקשר שנוצר בספרות חז"ל בין חג השבועות למעמד הר סיני התחזק והתקבע בעקבות חורבן הבית ואיבוד האפשרות להקריב את קורבן העומר ושתי הלחם, ובהמשך בגלל הגלות והריחוק של עם ישראל מארצו. מטבע הדברים, לאורך הדורות השתמרה התורה והיה ניתן להמשיך לחגוג את קבלתה, אבל הקיום הגאוגרפי בארץ ישראל אבד והיה קשה לחגוג אותו.[83]

בימינו, כשעם ישראל זכה בחסדי שמיים לחזור לארצו ולעצמאותו, לא מעט משפחות משלימות בליל הסדר את דרשת הפסוק האחרון מ'ארמי אבד אבי': "**וַיְבִאֵנוּ** אֶל הַמָּקוֹם הַזֶּה וַיִּתֶּן לָנוּ אֶת **הָאָרֶץ** הַזֹּאת אֶרֶץ זָבַת חָלָב וּדְבָשׁ" (דברים כ"ו ט), פסוק זה מקביל ללשון הגאולה האחרון, שנעדר גם הוא מרוב ההגדות: "**וְהֵבֵאתִי** אֶתְכֶם אֶל **הָאָרֶץ** אֲשֶׁר **נָשָׂאתִי אֶת יָדִי** לָתֵת אֹתָהּ לְאַבְרָהָם לְיִצְחָק וּלְיַעֲקֹב וְנָתַתִּי אֹתָהּ לָכֶם מוֹרָשָׁה אֲנִי ה'" (שמות ו' ח).

אם בחג השבועות רבים מדגישים את השבועה שנשבענו בהר סיני, נראה להדגיש את מה שחוזר בשבועות ה' לאורך כל התורה: השבועה לתת לנו את הארץ.[84] ההיבטים החקלאיים של החגים מרוכזים ביבול של הארץ וברכת ה' בארץ, אבל בחג השבועות מתלכדת ההודיה על יבול ההווה, שלפעמים קיים (כמו עם שיבת ישראל לארצו) אבל לא היה קיים לאורך דורות רבים, יחד עם ההודיה על שבועת ה' לתת לנו את הארץ, שגם היא התקיימה. אומנם קיומה היה נתון לכל אורך הזמן בקיום השבועה שלנו בסיני, וממילא במשך השנים דווקא לשבועה בסיני חזרנו שוב ושוב בחג השבועות.

במשך השנים המרנו את שתי הלחם בשני לוחות הברית, את לחם המשנה האנושי בלוחות משנה אלוהיים, וראינו את פסגת היציאה ממצרים בנתינת התורה על הר סיני.[85] בעת שאנחנו חוזרים לארצנו, אפשר לבחור לחזור ולראות בספירת

82. בכל המקורות זו הסיבה הרשמית ליציאת מצרים. ראו דיון: הרב ד' הרבתר, מתן תורה.

83. הרב ד"ר י' בן נון (חמץ ומצה, עמ' 38–44) עומד על כמה קשרים ספרותיים במקרא בין מתן תורה לכניסה לארץ, הרומזים ששניהם הם תכלית היציאה ממצרים.

84. בראשית כ"ב טז; כ"ד ז; כ"ו ג; נ' כד.

85. בעקבות כך, השלמים שמלווים את שתי הלחם מתפרשים כשלמים שקשורים לברית, כמו בברית

העומר זיכרון של תקופה משמעותית שאנחנו מציינים בכל יום ויום, ולבחור לראות בחג השבועות סיום של תקופת היציאה ממצרים ששיאה בקיום הבטחת ה׳ לאבותינו ותחילת תקופת ההתיישבות בארץ.

בחג השבועות נציין את הקשר גם למתן תורה, נלמד בו תורה (אולי אפילו כל הלילה) ונודה על השלמת התהליך הרוחני שהחל ביציאת מצרים. אבל המנהגים של היום קושרים אותו גם לארץ ישראל: הירוק שממלא את הבתים ואת בתי הכנסת ואכילת מאכלי חלב ודבש, שמזכירים את השלמת התהליך בבואנו אל ״ארץ זבת חלב ודבש״.[86] למעשה, כבר התורה הדגישה את חשיבות החגיגה בבתים (ויקרא כ״ג כא): ״וּקְרָאתֶם בְּעֶצֶם הַיּוֹם הַזֶּה מִקְרָא קֹדֶשׁ יִהְיֶה לָכֶם כָּל מְלֶאכֶת עֲבֹדָה לֹא תַעֲשׂוּ חֻקַּת עוֹלָם **בְּכָל מוֹשְׁבֹתֵיכֶם** לְדֹרֹתֵיכֶם״.

שהחיינו וקיימנו

הבחירה של חז״ל לזהות בחג השבועות את חג מתן תורה, לצד הקשר ההגיוני לתאריך הזה בשנה, הוא בעל משמעות רבה ברמה הרעיונית. התורה היא לא דבר שניתן באופן חד פעמי בעבר, אלא היא ניתנת שוב ושוב, בכל שנה מחדש; לא מבחינת התכנים המפורשים, אלא מבחינת החוויה המתחדשת והאפשרויות הפרשניות הגלומות בתורה. את הברית עם ה׳ נחדש שוב ושוב ב׳הקהל׳ שחל פעם בשבע שנים בחג הסוכות, ופעם בשנה בזיכרון מעמד הברית בסיני. חידוש הברית וזיכרון נתינת התורה, מאפשרים לנו לחוות את קבלת התורה בכל פעם מחדש. התהליך הזה גם מאפשר לנו לקבל בכל פעם את התורה באופן מעט אחר. בכל דור ודור חייב אדם לראות כאילו הוא בעצמו בדורו מקבל מחדש את התורה, וממילא בכל דור ודור נמצא פנים חדשות בתורה המתאימות לפנים המגוונות של האנשים המקבלים את התורה.

באופן מעט אירוני, הפרק על חג השבועות, שמקובל אצלנו כחג מתן תורה, עסק בעיקר בתורה קצת אחרת ובהבנה אחרת של החג ממה שמקובל במקומות רבים. ובכל זאת, ההבנה של היום כיום של קבלת תורה מאפשרת לנו לחזור לתורה ולחפש בה משמעויות נוספות לדורנו. החזרה לארץ, כמו גם חזרה לעיון בפשטי המקראות,

האגנות (שמות כ״ד ה) ובברית בערבות מואב (דברים כ״ז ז) או לגילוי שכינה, הכולל גם את חנוכת המשכן (ויקרא ט׳ ד). ראו: הרב י׳ ראק, העומר.

86. למקור מנהג אכילת מאכלי חלב ראו לדוגמה משנה ברורה תצ״ד יב-יז.

עוזרת למצוא בתורה עצמה רעיונות נוספים בבסיסם של קורבנות העומר ושתי הלחם, של ספירת העומר וחג השבועות.

איך זה יכול לבוא לידי ביטוי באופן מעשי?

ראשית, נשים לב שהדבר המרכזי שנעשה בגבולין סביב התקופה הזאת הוא הספירה. הרמב"ן (על ויקרא כ"ג טו-טז) משווה בין "ולקחתם לכם" של ארבעת המינים ל"וספרתם לכם" של ספירת העומר. זה הקשר האישי שיש לכל אחד ואחד לתקופה זו. והקשר הזה בא לידי ביטוי בעיקר במודעות לתקופה שעוברת.[87] ניתן את ליבנו גם למשמעות שניתנה בדורנו לתקופה של ספירת העומר. בתהליך הנבנה לקראת חג השבועות, אנחנו משלבים שני ימי זיכרון המזכירים את תקופת העוני, לצד ימי הודאה על הזכות שאינה מובנת מאליה, לשוב לארצנו ולהתיישב בחלקיה השונים.

ובחג השבועות?

תודעה אחרת של החג תעניק משמעות נוספת למנהגי החג: נקשר את אכילת מאכלי החלב לסגולת ארץ ישראל, ולא רק לסגולת התורה; ונראה את קישוט בית הכנסת בצמחייה לא רק זכר לפריחת הר סיני אלא גם כביטוי לתבואה החדשה של הארץ וסמל לארץ הטובה שמצמיחה את התבואה הזאת.

גם למנהג ללמוד תורה בליל שבועות נוכל להעניק משמעות נוספת: אולי נלמד דברים שקשורים למעלת ארץ ישראל? אולי ניתן את ליבנו להודאה על הארץ וההתיישבות בה? אולי מי שלא רגיל לאפות חלות לשבת בשגרה יתאמץ הפעם ויכין חלות כנגד שתי הלחם?

נראה שההבדלים יהיו בעיקר תודעתיים. גם בתקופת המקדש, התוכן המרכזי של החג היה במקדש, וממילא "בכל מושבותיכם" נדרשה בעיקר התודעה שמקשרת בין העם כולו ובין מה שמתרחש במקדש "בעצם היום הזה".

87. הרמב"ם (מורה נבוכים ג' מג) מתייחס לכך שחוויית אכילת המצה בפסח נמשכת שבעה ימים, כדי שנחוש אותה, ואילו את חוויית חג השבועות (שלדעתו מציין את מתן תורה) אנחנו מתחילים לחוות בתחילת ספירת העומר.

פרק כ

בית, מקדש ומצוות עשה שהזמן גרמן

לימוד תורה עבורי הוא דרך להבין טוב יותר את העולם הדתי שלי. אני מנסה לעמוד על הדעות השונות, על המקור שלהן ומה המשמעות שלהן, בתקווה להשפיע באופן חיובי על האופן שבו אקיים מצוות ואחיה חיים רוחניים. לפעמים אני מעדיפה דעה אחת על פני חברתה, כי אני מרגישה שהיא מתאימה יותר מבחינה פרשנית לכתובים או שרעיונית היא מתיישבת על ליבי. אומנם התשובה לשאלה מה מתיישב על ליבי בוודאי מושפעת מהעולם שבו אני חיה ובהקשר החברתי והתרבותי שלי.

בהגיענו לפרק הסיכום, שעוסק במצוות עשה שהזמן גרמן, לא אחפש רק ניסוח מגוון של אפשרויות טקסטואליות או רעיוניות, אלא דברים שמתיישבים על ליבי, גם אם לא בהכרח יהיה לי נוח איתם. בפרק זה אעסוק בשאלה קיומית מאוד (תרתי משמע) על השותפות שלי כאישה ברבות מן המצוות שנידונו במהלך הספר. אנסה להראות עד כמה הדיון לאורך הספר עשוי לספק תשובה לשאלה יסודית בעבודת ה׳ של נשים: שאלת הפטור של נשים מקיום מצוות עשה שהזמן גרמן.

הספר זה נע כולו בין משכנו של האדם למשכן ה׳, בין האוהל הפרטי לאוהל מועד ובין המדינה למקדש. מה מקומן של נשים בכל זה? היכן הן שייכות, במה הן חייבות ומתי הן פטורות? עיסוק בשאלות הללו יעניק מבט נוסף לסוגיות שנידונו בספר, ואף יהוו קומה נוספת למסקנות שעלו מתוך הפרקים השונים.

עיוני מקרא

"בבנינו ובבנותינו... נלך כי חג ה' לנו" – האומנם?

התורה מכילה בתוכה מתח מובנה. מצד אחד, ברור שעבודת ה' שייכת לכל העם ולא רק לגברים. כך מפורש במשא ומתן של משה ופרעה (שמות י'):

(ח) וַיּוּשַׁב אֶת מֹשֶׁה וְאֶת אַהֲרֹן אֶל פַּרְעֹה וַיֹּאמֶר אֲלֵהֶם לְכוּ **עִבְדוּ אֶת ה' אֱלֹהֵיכֶם** מִי וָמִי הַהֹלְכִים: (ט) וַיֹּאמֶר מֹשֶׁה בִּנְעָרֵינוּ וּבִזְקֵנֵינוּ נֵלֵךְ **בְּבָנֵינוּ וּבִבְנוֹתֵנוּ** בְּצֹאנֵנוּ וּבִבְקָרֵנוּ נֵלֵךְ כִּי חַג ה' לָנוּ: (י) וַיֹּאמֶר אֲלֵהֶם יְהִי כֵן ה' עִמָּכֶם כַּאֲשֶׁר אֲשַׁלַּח אֶתְכֶם וְאֶת טַפְּכֶם רְאוּ כִּי רָעָה נֶגֶד פְּנֵיכֶם: (יא) לֹא כֵן **לְכוּ נָא הַגְּבָרִים** וְעִבְדוּ אֶת ה' כִּי אֹתָהּ אַתֶּם מְבַקְשִׁים וַיְגָרֶשׁ אֹתָם מֵאֵת פְּנֵי פַרְעֹה.

בעוד פרעה סבור שעבודת האל היא עבודה של הגברים, משה מדגיש שהם יצאו "בבנינו ובבנותינו", כי זהו חג ה' לכל עם ישראל. כל בני ישראל עמדו בתחתית הר סיני כדי לעבוד את ה' ולקבל את התורה, וגם לימים משה מדגיש שהברית עם ישראל כוללת את כולם (דברים כ"ט):

(ט) **אַתֶּם** נִצָּבִים הַיּוֹם כֻּלְּכֶם לִפְנֵי ה' אֱלֹהֵיכֶם רָאשֵׁיכֶם שִׁבְטֵיכֶם זִקְנֵיכֶם וְשֹׁטְרֵיכֶם כֹּל אִישׁ יִשְׂרָאֵל: (י) **טַפְּכֶם נְשֵׁיכֶם** וְגֵרְךָ אֲשֶׁר בְּקֶרֶב מַחֲנֶיךָ מֵחֹטֵב עֵצֶיךָ עַד שֹׁאֵב מֵימֶיךָ: (יא) לְעָבְרְךָ בִּבְרִית ה' אֱלֹהֶיךָ וּבְאָלָתוֹ אֲשֶׁר ה' אֱלֹהֶיךָ כֹּרֵת עִמְּךָ הַיּוֹם.

כמו הברית הנכרתת בין ה' לישראל, גם זיכרון מעמד הר סיני לדורות, בהקהל, יהיה משותף לכל החברה (דברים ל"א):

(יב) הַקְהֵל אֶת הָעָם **הָאֲנָשִׁים וְהַנָּשִׁים וְהַטַּף** וְגֵרְךָ אֲשֶׁר בִּשְׁעָרֶיךָ לְמַעַן יִשְׁמְעוּ וּלְמַעַן יִלְמְדוּ וְיָרְאוּ אֶת ה' אֱלֹהֵיכֶם וְשָׁמְרוּ לַעֲשׂוֹת אֶת כָּל דִּבְרֵי הַתּוֹרָה הַזֹּאת.

מצד שני, יש מקומות רבים שבהם ההתייחסות של התורה היא דווקא לגברים. בין אם מדובר בכך שהתורה פונה לגברים, גם כשההשלכות נוגעות גם לנשים,[1] ובין אם

1. הנמענים של הברית הם "אתם", ולצידם מופיעות ברשימה גם "נשיכם".

ברור שמצוות מסוימות הוטלו דווקא על גברים ולא על נשים. אומנם לאורך התורה כולה פעמים רבות הפנייה היא לעם כולו או באופן ספציפי גם לנשים וגם לגברים.[2]

גם בכל הנוגע לזמנים הקדושים, יש מצוות שפונות לנשים ולגברים כאחד. כך במצוות השבת (שמות כ׳):

(ח) זָכוֹר אֶת יוֹם הַשַּׁבָּת לְקַדְּשׁוֹ: (ט) שֵׁשֶׁת יָמִים תַּעֲבֹד וְעָשִׂיתָ כָּל מְלַאכְתֶּךָ: (ט) וְיוֹם הַשְּׁבִיעִי שַׁבָּת לַה׳ אֱלֹהֶיךָ **לֹא תַעֲשֶׂה כָל מְלָאכָה אַתָּה וּבִנְךָ וּבִתֶּךָ** עַבְדְּךָ וַאֲמָתְךָ וּבְהֶמְתֶּךָ וְגֵרְךָ אֲשֶׁר בִּשְׁעָרֶיךָ.

מהעובדה שמצוות השבת כוללת את הבנים ואת הבנות משמע שהכינוי ״אתה״ כולל הן את האב והן את האם. מכל מקום, הציווי על השבת, או לכל הפחות האיסור לעשות מלאכה, חל גם על הבנים וגם על הבנות, גם על העבדים וגם על השפחות. כך גם במצוות השמחה בחגים (דברים ט״ז):

(יא) וְשָׂמַחְתָּ לִפְנֵי ה׳ אֱלֹהֶיךָ **אַתָּה וּבִנְךָ וּבִתֶּךָ** וְעַבְדְּךָ **וַאֲמָתֶךָ** וְהַלֵּוִי אֲשֶׁר בִּשְׁעָרֶיךָ וְהַגֵּר וְהַיָּתוֹם **וְהָאַלְמָנָה** אֲשֶׁר בְּקִרְבֶּךָ בַּמָּקוֹם אֲשֶׁר יִבְחַר ה׳ אֱלֹהֶיךָ לְשַׁכֵּן שְׁמוֹ שָׁם.[3]

אם כן, נשים מצוות שלא לעשות מלאכה בשבת, ונראה שהן מצוות לשמוח בחגים, לכל הפחות בחג הסוכות ובחג השבועות, שבהם המצווה נאמרה באופן מפורש. לצד זאת, ברור שיש גם מצוות שלא נאמרו לנשים. הדרישה להיראות לפני ה׳ שלוש פעמים בשנה היא על הזכרים דווקא: ״שָׁלֹשׁ פְּעָמִים בַּשָּׁנָה יֵרָאֶה כָּל **זְכוּרְךָ** אֶל פְּנֵי הָאָדֹן ה׳״ (שמות כ״ג יז).

למעשה, בכל הנוגע לזמנים הקדושים, קשה לדעת אם יש ׳בניין אב׳ ומהו: אם ההנחה שגם בנינו וגם בנותינו הם חלק מעבודת ה׳ בזמנים הקדושים, כמו במצוות השבת והשמחה, או שאלו יוצאי הדופן ודווקא חובת הזכרים להיראות לפני ה׳ ברגלים מלמדת גם על תחומים נוספים.

2. חז״ל למדו שנשים מצוות בכל מצוות לא תעשה של התורה על פי הפסוק ״דַּבֵּר אֶל בְּנֵי יִשְׂרָאֵל **אִישׁ אוֹ אִשָּׁה** כִּי יַעֲשׂוּ מִכָּל חַטֹּאת הָאָדָם לִמְעֹל מַעַל בַּה׳ וְאָשְׁמָה הַנֶּפֶשׁ הַהִוא״ (במדבר ה׳ ו). ראו: ספרי במדבר פיסקא ב; בבלי קידושין לה ע״א; הרב א״ג אלינסון, האשה והמצוות, עמ׳ 26–27.
3. וכן בהמשך בפס׳ יד.

עיוני משנה

אסיף – מאילו מצוות נשים באמת פטורות?

נאסוף נתונים מהמשניות בעניין זה. במשנה במסכת קידושין מובא כלל (פרק א')[4]:

> [ז] ...וכל מצות עשה שהזמן גרמה אנשים חייבין ונשים פטורות,
> וכל מצות עשה שלא הזמן גרמה אחד אנשים ואחד נשים חייבין.
> וכל מצות לא תעשה בין שהזמן גרמה בין שלא הזמן גרמה אחד אנשים ואחד נשים חייבין,
> חוץ מבל תשחית ובל תקיף ובל תטמא למתים.

המשנה קובעת בפשטות שנשים פטורות מ"כל מצות עשה שהזמן גרמן". המשנה לא מגדירה מהן אותן מצוות ומה מבחין בינן ובין מצוות עשה שלא הזמן גרמן שנשים כן חייבות בהן. היא אפילו לא מביאה דוגמאות.[5] ממקורות אחרים נוכל להגדיר מצוות עשה שהזמן גרמן כמצוות הנובעות באופן ישיר ממסגרת של זמן מסוים או שחיובן מוגבל בזמן, למשל לחלק מסוים של היום דווקא.[6] בהמשך נראה השלמות שונות בתוספתא ובתלמודים למה שנאמר במשנה.

נחפש במשניות במסכתות השונות בסדר מועד את הנשים; נבין מה עולה ממה שמצאנו ומה היחס ביניהן ובין הכללים שהובאו במשנה. נתקדם לאורך מבנה הספר ולאורך לוח השנה.

מסכת שבת – ברור למדי שאיסורי שבת חלים גם על הנשים, כפי שעולה גם מהמשנה בקידושין, שכן מדובר על מצוות לא תעשה. במסכת שבת (פרק ב') הנשים מוזכרות גם בהקשר של מצווה חיובית, גם אם היא מדרבנן:[7]

4. השוו משנה סוטה פ"ב מ"ח.
5. כך גם במשניות אחרות באותה חטיבה שמביאות כללים הפרטים עלומים וגם לא ברור עד כמה הכללים מקיפים. כך לדוגמה לא ברור מהן מצוות האב על הבן או הבן על האב, ומתברר שנשים חייבות בכיבוד ומורא הורים, אבל לא נשים נשואות, וכן הלאה.
6. ש' וז' ספראי, משנה קידושין, עמ' 172.
7. המקור להדלקת נר שבת מעט עמום. המשנה (שבת פרק ב') מתייחסת לכך כדבר מובן מאליו, אם כי היא לא מגדירה את ההדלקה כמצווה, אלא מגדירה את האפשרויות השונות להדלקת הנר, ואפשר שבמקור האזהרה נוגעת לכך שאת התאורה יש להקפיד שלא להדליק אחר שהשבת כבר נכנסה. מכל מקום, בגמרא (בבלי שבת כג ע"ב, כה ע"ב) משמע שזו מצווה הקשורה לשלום בית ולעונג שבת. לדיון ומקורות ראו הרב י' ברנדס, הטעם כמעצב.

[ו] על שלש עבירות נשים מתות בשעת לידתן על שאינן זהירות בנדה ובחלה **ובהדלקת הנר**.

ממשנה זו משמע שנשים חייבות להיזהר בהדלקת נר שבת, שאפשר להגדיר אותה כמצווה תלויה בזמן.

מסכת חגיגה – המשנה קבעה (פרק א׳):

[א] **הכל חייבין בראיה חוץ מחרש**, שוטה, וקטן, וטומטום, ואנדרוגינוס, **ונשים**, ועבדים שאינם משוחררים, החיגר, והסומא, והחולה, והזקן, ומי שאינו יכול לעלות ברגליו.

הנשים פטורות מחובת הראייה ברגל. בפרק ב׳ ראינו שהפטור הוא מקורבן הראייה, ומשמע שנשים פטורות מן העלייה לרגל בכלל, אם כי יש שהבינו שהן פטורות רק מן הקורבן. כיוון שהמסכת כורכת יחד את חובת הראייה עם החגיגה, מובן שנשים פטורות גם מחובת הקרבת קורבן החגיגה.

מסכת ראש השנה – הנשים לא מוזכרות במסכת ראש השנה לא לפטור ולא לחיוב. המשנה קובעת שחירש, שוטה וקטן לא יכולים להוציא אחרים ידי חובת השופר, כיוון שהם לא מחויבים בדבר (פ״ג מ״ח), ומזה אפשר להסיק שנשים כן חייבות,[8] אך הדבר לא נאמר במפורש.

מסכת יומא – ברור למדי שנשים חייבות לצום ביום הכיפורים, למרות שזו מצווה שתלויה בזמן. הדבר עולה מתוך המשנה (פרק ח׳):

[א] יום הכפורים אסור באכילה ובשתיה וברחיצה ובסיכה ובנעילת הסנדל ובתשמיש המטה. והמלך **והכלה** ירחצו את פניהם, **והחיה** תנעול את הסנדל דברי רבי אליעזר, וחכמים אוסרין.

למרות שהמשנה אינה קובעת במפורש שנשים צמות, היא מחריגה את הכלה והחיה (היולדת) מחלק מעינויי יום הכיפורים (רחיצה ונעילת הסנדל), ומשמע שבשאר העינויים הן חייבות.

8. כך עולה מסוגיית הירושלמי על אתר (ראש השנה פ״ג ה״י), שאומנם מבקרת מקרה שאישה מברכת לבעלה ועבד לרבו, אבל נראה שהם יוצאים ידי חובה.

מסכת סוכה – מסכת סוכה היא המסכת שבה ניתן למצוא את ההתייחסות הרבה ביותר למצוות שמהן נשים פטורות. פטור של נשים מסוכה נאמר במפורש (סוכה פ"ב מ"ח): "**נשים** ועבדים וקטנים **פטורים** מן הסוכה". המשנה אינה מנמקת את הפטור. לגבי ארבעת המינים נאמר (סוכה פ"ג מט"ו): "מקבלת **אשה** מיד בנה ומיד בעלה ומחזירתו למים בשבת... קטן היודע לנענע חייב בלולב". ממשנה זו מתברר שהבעל והבן (מרגע שיודע לנענע) נוטלים את הלולב, והאישה רק מחזירה אותו לתוך המים.

לצד פטור נשים ממצוות סוכה ולולב, המשנה רומזת שגם אמירת הלל היא מצווה ששייכת דווקא לגברים. כך עולה מהמשנה (פרק ג'):

> [י] מי שהיה עבד או **אשה** או קטן מקרין אותו **עונה אחריהן מה שהן אומרין**, ותהי לו מאירה. אם היה גדול מקרא אותו עונה אחריו הללויה.

ההלל נלווה לנענוע הלולב, והמשנה רומזת שאדם צריך לדעת לקרוא את ההלל בעצמו, ולא בעזרת עבד, אישה או קטן. כיוון שהיא מחייבת אותו לחזור אחריהם, בניגוד למקרה שגדול קורא לו, משמע שהם לא מוציאים אותו ידי חובה, שכן הם עצמם לא חייבים.[9]

מסכת מגילה – כמו בקריאת השופר, גם בקריאת מגילה נאמר (משנה מגילה פ"ב מ"ד): "**הכל כשרין** לקרות את המגילה חוץ מחרש שוטה וקטן, רבי יהודה מכשיר בקטן". המשנה מחריגה מחיוב קריאת מגילה רק את מי שאינו חייב במצוות, אבל לא את הנשים. מכאן ניתן להסיק שנשים חייבות, אם כי גם כאן הדבר אינו מפורש.

מסכת פסחים – כשמעיינים במשנה ברור למדי שגם נשים שותפות בקורבן הפסח, אם כי לא ברור באיזה היקף (פרק ח'):

> [א] **האשה** בזמן שהיא בבית בעלה שחט עליה בעלה ושחט עליה אביה תאכל משל בעלה. הלכה רגל ראשון לעשות בבית אביה שחט עליה אביה ושחט עליה בעלה תאכל במקום שהיא רוצה...
>
> [ז] ... **ואין עושין חבורת נשים** ועבדים וקטנים.

לפי המשנה, השחיטה בפועל נעשית על ידי האב או הבעל, אבל גם האישה אוכלת את קורבן הפסח, ובחלק מהמקרים היא גם בוחרת את החבורה שלה. לצד זאת, לא

9. השוו משנה ראש השנה פ"ג מ"ח.

עושים חבורה של נשים ועבדים וקטנים. אפשר להבין שלא מצרפים אותם אלו לאלו, כגון עבדים ונשים יחד,[10] או שלא עושים חבורות של כל אחד מאלו בפני עצמם, ואז אפשר שנשים לא עומדות בפני עצמן בהקרבת קורבן פסח.[11]

בנוגע להגדה, מצד אחד, המשנה קובעת שלא יאכל "אדם" – בלשון כללית – עד שיסב (פ"י מ"א), וקושרת בין דיני ליל הסדר לשני המינים, ומצד שני, היא מתנסחת בהמשך בלשון אב ובן (שם מ"ד), ככל הנראה על פי לשון התורה (שמות י"ג ח): "וְהִגַּדְתָּ **לְבִנְךָ** בַּיּוֹם הַהוּא לֵאמֹר". אם כן, מהמשנה עצמה לא ברור עד כמה מצוות הפסח חלות על נשים, גם אם הן בוודאי שייכות בחלק מהן.

במסכת נוספת החורגת מסדר מועד מובאות מצוות נוספות שהזמן גרמן הקשורות ליום־יום ולא למעגל השנה.

מסכת ברכות – המשנה במסכת ברכות קובעת (פרק ג'):

> [ג] **נשים** ועבדים וקטנים **פטורין מקריאת שמע ומן התפילין, וחייבין בתפלה** ובמזוזה ובברכת המזון.

לפי המשנה, נשים פטורות מקריאת שמע ומתפילין, ובהמשך נראה את הקשר בינן למצוות עשה שהזמן גרמן. לצד זאת, הן חייבות בתפילה, שעל פניו גם היא מצוות עשה שהזמן גרמה. הן גם חייבות במזוזה ובברכת המזון, שאינן קשורות לזמן.

אז מה למדנו? המשנה קבעה שנשים פטורות ממצוות עשה שהזמן גרמן, בלי לציין מהן אותן המצוות. במעגל השנה זיהינו מצוות שנשים **פטורות** מהן: העלייה לרגל או קורבנות הראייה והחגיגה, המבוססות על הפטור המפורש בתורה; מצוות הסוכה, ארבעת המינים וההלל; קריאת שמע ותפילין. מן העבר השני, ראינו מצוות שנשים כן **חייבות** בהן: הדלקת נרות שבת, עינוי ביום הכיפורים ותפילה. המקורות לגבי שופר, קריאת מגילה וקורבן פסח לא היו חד משמעיים אך רמזו לחיוב של נשים במצוות אלו. למעשה, כשמסתכלים בחגים השונים, קשה לומר באופן ברור וחד משמעי "כל מצוות עשה שהזמן גרמן נשים פטורות". בהמשך ננסה להבין אם יש אכן כלל כזה ומה משמעותו.

10. ראו פסחים צא ע"א, וכן דעת הרמב"ם על המשנה, והוא מבהיר שאין בעיה שנשים וקטנים יהיו יחד אלא רק נשים ועבדים או קטנים ועבדים, כדי שלא יגיעו לפריצות.
11. כך עולה כאפשרות בפסחים צא ע"א, ביחס לברייתא שתובא להלן, עמ' 445.

עיוני דרשה

אסיף – מצוות נוספות שבהן נשים חייבות ופטורות

דוגמאות לכלל – גם מקורות נוספים בספרות חז"ל אינם חד משמעיים בנושא זה. המשנה קבעה שנשים פטורות מ'כל מצוות עשה שהזמן גרמן', והתוספתא (קידושין פרק א' במהדורת ליברמן) מביאה דוגמאות:

> [י] אי זו היא מצות עשה שהזמן גרמא? כגון **סוכה, לולב ותפלין**.
> אי זו היא מצות עשה שלא הזמן גרמא? כגון אבידה ושלוח הקן מעקה וציצית.
> ר' שמעון פוטר את הנשים מן **הציצית** מפני שהיא מצות עשה שהזמן גרמא.

התוספתא מביאה לכלל של המשנה שלוש דוגמאות בלבד המתאימות למה שראינו במשנה: סוכה, לולב ותפילין. מעבר לדוגמאות, החידוש בתוספתא נוגע למחלוקת אם ציצית היא מצוות עשה שהזמן גרמא או לא. נתייחס למחלוקת זו בהמשך.

מצוות שופר – במקבילה למקור הזה בירושלמי נוספה לרשימה גם מצוות השופר,[12] ובמקבילה בבבלי לאלו נוספה גם מצוות הציצית, ללא ציון המחלוקת עליה.[13] גם בתוספתא ראש השנה נקבע שנשים פטורות מתקיעה בשופר ואינן מוציאות את הרבים ידי חובה,[14] וכן נאמר במפרש בבבלי.[15] עם זאת, העדר השופר מהרשימה בגרסת התוספתא בקידושין, העדר הנשים מהרשימה של אלו שאינם מוציאים ידי חובה במשנת ראש השנה, ודברים עמומים מעט בסוגיית הירושלמי על אותה משנה[16] עשויים לשקף שהפטור של נשים ממצווה זו לא היה ברור לכול.

12. ירושלמי קידושין פ"א ה"ז.
13. בבלי קידושין לג ע"ב – לד ע"א. המחלוקת על הציצית מובאת בבבלי במסכת מנחות, וכפי שנראה להלן. לפי חלק מעדי הנוסח של הבבלי בקידושין, הציצית אינה מופיעה, ובחלק גם התפילין לא היו. ראו מקורות אצל הרב ש' ליברמן, תוספתא כפשוטה, ח, עמ' 922-923.
14. תוספתא ראש השנה פ"ב ה"ה במהדורת ליברמן. בהמשך בהלכה ט"ז נכתב שלא מעכבים את הנשים ואת הקטנים מלתקוע. משמע שהם לא אמורים לתקוע, אבל אין בעיה הלכתית בעצם התקיעה בשבת וביום טוב למי שאינו מצווה. במשנה, לעומת זאת נאמר שאין מעכבין את התינוקות מלתקוע (פ"ד מ"ח), והנשים לא מוזכרות.
15. הבבלי (ראש השנה לג ע"א) מסיק מכך שנאמר שאין מעכבין את התינוקות מלתקוע (ראו הערה קודמת), שאת הנשים מעכבין, ותולה את המחלוקת המשתמעת בין המשנה לתוספתא בשאלה אם נשים יכולות לקיים מצוות שהן פטורות מהן באופן של רשות. וראו על כך עוד להלן.
16. לעיל הערה 8.

מצוות השבת – מצוות הקידוש מופיעה במשנה במסכתות ברכות ופסחים ללא התייחסות לנשים. בגמרא מובאת דרשה על כך (בבלי ברכות כ ע"ב):

> אמר רב אדא בר אהבה: נשים חייבות בקדוש היום דבר תורה.
> אמאי? מצות עשה שהזמן גרמא הוא, וכל מצות עשה שהזמן גרמא נשים פטורות!
> אמר אביי: מדרבנן.
> אמר ליה רבא: והא דבר תורה קאמר! ועוד, כל מצות עשה נחייבינהו מדרבנן!
> אלא אמר רבא: אמר קרא 'זכור' (שמות כ' ח) ו'שמור' (דברים ה' יב) – כל שישנו בשמירה ישנו בזכירה, והני נשי, הואיל ואיתנהו בשמירה – איתנהו בזכירה.

> **תרגום**: אמר רב אדא בר אהבה: נשים חייבות בקידוש היום מהתורה.
> מדוע? והרי זו מצוות עשה שהזמן גרמה, וכל מצוות עשה שהזמן גרמה נשים פטורות!
> אמר אביי: החיוב הוא מדרבנן.
> אמר לו רבא: והרי הוא אמר שזה מהתורה. ועוד, אפשר לחייב את הנשים מדרבנן בכל מצוות העשה.
> אלא אמר רבא: התורה אמר 'זכור' (שמות כ' ח) ו'שמור' (דברים ה' יב) – כל מי שחייב בשמירה חייב בזכירה, ומכיוון שהנשים חייבות בשמירה – הן חייבות גם בזכירה.

רב אדא בר אהבה קובע שנשים חייבות בקידוש מהתורה, ורבא מביא לכך תימוכין בדרשת הכתובים, שזכירת השבת היא חלק בלתי נפרד משמירת השבת, וממילא נשים שחייבות בשמירה, הכוללת את כל איסורי השבת,[17] חייבות גם בזכירה. אם כן, גם במצווה הזאת נשים חייבות, ולמעשה בכל מצוות השבת, בין מצוות עשה ובין מצוות לא תעשה.[18]

עלייה לרגל ושמחה – לצד הפטור הרשמי מחובות העלייה לרגל, חז"ל הבינו

17. ראו בבלי עירובין צו ע"א.
18. ראו ר"ן על הרי"ף שבת מד ע"א (בדפי הרי"ף); אומנם ראו תוספות ר' עקיבא איגר מסכת שבת פ"ה מ"א.

שנשים חייבות במצווה אחרת ברגל, מצוות השמחה. כך נאמר בתוספתא (חגיגה פרק א׳ במהדורת ליברמן):

> [ד] שלש מצות נוהגות ברגל אילו הן ראיה חגיגה ושמחה. יש בראיה מה שאין בשתיהן. ראיה כלה לגבוה, מה שאין כן בשתיהן. חגיגה נוהגת לפני דיבור ולאחר דבור, מה שאין כן בשתיהן. **שמחה נוהגות באנשים ובנשים**, ונוהגת כל שבעה, מה שאין כן בשתיהן.

כפי שראינו לעיל, התורה מחייבת גם את הנשים במצוות השמחה של הרגלים.[19] היא כוללת את כל בני הבית, וביניהם הבת, השפחה והאלמנה. בגמרא עסקו בשאלה כיצד מקיימים מצווה זו (בבלי פסחים קט ע״א):

> תנו רבנן: חייב אדם לשמח בניו ובני ביתו ברגל, שנאמר ׳ושמחת בחגך׳ (דברים ט״ז יד), במה משמחם? ביין.
> רבי יהודה אומר: אנשים בראוי להם, ונשים בראוי להן.
> אנשים בראוי להם – ביין, ונשים במאי [במה]? תני רב יוסף: בבבל – בבגדי צבעונין, בארץ ישראל – בבגדי פשתן מגוהצין.
> תניא, רבי יהודה בן בתירא אומר: בזמן שבית המקדש קיים – אין שמחה אלא בבשר, שנאמר ׳וזבחת שלמים ואכלת שם ושמחת לפני ה׳ אלוהיך׳ (דברים כ״ז ז). ועכשיו שאין בית המקדש קיים – אין שמחה אלא ביין, שנאמר ׳ויין ישמח לבב אנוש׳ (תהלים ק״ד טו).

התנאים הציעו דרכים שונות לקיים את מצוות השמחה ברגל, אבל לדעת רבי יהודה בן בתירא הדיון כולו מתחיל רק לאחר חורבן הבית, ובזמן הבית הן גברים והן נשים קיימו את מצוות השמחה ברגל באכילת שלמים.[20]

מתברר שאפילו למי שאומר שהחובה הרשמית של עלייה לרגל חלה דווקא על הזכרים, בזמן שבית המקדש היה קיים נשים עדיין היו חייבות בעלייה לרגל, בין אם

19. דברים ט״ז יא, יד. רש״י על קידושין מפנה לפסוקים אלו, אבל בחגיגה ו ע״ב מפנה לפסוק בדברים י״ד כו, העוסק במעשר שני: ״וְנָתַתָּה הַכֶּסֶף בְּכֹל אֲשֶׁר תְּאַוֶּה נַפְשְׁךָ בַּבָּקָר וּבַצֹּאן וּבַיַּיִן וּבַשֵּׁכָר וּבְכֹל אֲשֶׁר תִּשְׁאָלְךָ נַפְשֶׁךָ וְאָכַלְתָּ שָּׁם לִפְנֵי ה׳ אֱלֹהֶיךָ **וְשָׂמַחְתָּ אַתָּה וּבֵיתֶךָ**״.
20. בפרק א׳ דנו אם מצוות שמחה בחג מתייחסת לאכילה של יום טוב או שמא ״שמחת יום טוב״ היא סעיף של ״מקרא קודש״, ושמחת החג היא דווקא בקורבנות.

לצורך הקרבת הפסח, למצוות ההקהל (פעם בשבע שנים) או לקיום מצוות השמחה, לפי ר׳ יהודה בן בתירא. גם אם נניח שאין חובה באכילת שלמים, החובה לשמוח יחד כמשפחה תגרור את האישה לעלות לרגל.

יש מן האמוראים והראשונים שסבורים כי חובת השמחה של האישה היא למעשה חובה של הבעל לשמח אותה. הדבר עולה מניסוח הברייתא שצוטטה כאן ״חייב אדם לשמח״. כך סובר אביי בכמה מקומות,[21] וחלק מהראשונים פסקו כמותו.[22] מכל מקום, כדי שבעלה יוכל לשמחה באכילת השלמים, האישה צריכה לעלות לרגל, וממילא אף שהיא פטורה מהחיוב לעלות, בפועל היא תצטרך לעלות.[23]

חנוכה ופורים – בעוד שמהמשנה השתמע שגם נשים חייבות בקריאת מגילה, גם אם הדבר לא נאמר במפורש, בתוספתא מבואר ההפך (תוספתא מגילה פרק ב׳ במהדורת ליברמן):

> [ז] הכל חייבין בקריאת מגלה כהנים לוים וישראל גרים ועבדים משוחררין חללים נתינים וממזרים סריס אדם סריס חמה פצוע דכא וכרות שפכה כולן חייבין ומוציאין את הרבים ידי חובתן...
> **נשים** ועבדים וקטנים **פטורין**, ואין מוציאין את הרבים ידי חובתן.

התוספתא קובעת שנשים פטורות, ולכן הן לא יכולות להוציא אחרים ידי חובה.[24] למרות זאת, בגמרא (בבלי מגילה ד ע״א) מובא שהן חייבות:

> דאמר רבי יהושע בן לוי: נשים חייבות במקרא מגילה, שאף הן היו באותו הנס.

דברים דומים קבע ר׳ יהושע בן לוי גם בחובת נשים בהדלקת נרות חנוכה (בבלי שבת

21. בבלי קידושין לד ע״ב; ראש השנה ו ע״ב; חגיגה ו ע״א.
22. לדוגמה ראב״ד על רמב״ם הלכות חגיגה פ״א ה״א; בעל המאור ראש השנה א ע״א בדפי הרי״ף, ד״ה בעי ר׳ זירא; ריטב״א קידושין לד ע״ב; השוו: ספר החינוך מצווה תפח. אומנם הרמב״ם כותב שנשים חייבות בשמחה (הלכות חגיגה שם, ספר המצוות עשה נד).
23. הבבלי (חגיגה ו ע״א) שואל מדוע חנה לא עלתה לרגל, שכן היא חייבת ב׳שמחה׳. מבואר בפסוקים (שמואל א ב׳) שאלקנה מחלק לכולם מנות.
24. בהתאם לכך אפשר שיש להבין את דברי הירושלמי (מגילה פ״ב ה״ה): ״בר קפרא אמ׳ צריך לקרותה לפני נשים ולפני קטני׳ שאף אותם היו בספק. ר׳ יהושע בן לוי עבד [עשה] כן, מכנש בנוי ובני בייתיה וקרי לה קומיהון [מכנס את בניו ובני ביתו וקורא אותה לפניהם]״. אומנם אין הכרח להסיק לגבי החיוב של נשים מההנחיה הפרקטית.

כג ע"א), ובגמרא אין חולק על הקביעות הללו. הראשונים נחלקו אם הן היו עיקר הנס, במעשיהן של אסתר ושל בת חשמונאי או יהודית, או שהן היו באותו ספק וסכנה וגם הן ניצלו. מחלוקת זו קשורה לשאלה אם ניתן לראות בהן עיקר הנס והמצווה או טפלות אליהם.[25] ר' יהושע בן לוי אינו מתייחס לשאר מצוות הפורים, שכן המשנה עצמה ממעטת לעסוק בהן, ואפשר להתלבט אם הוא התייחס לכלל המצוות שנובעות מאותו הנס, שגם נשים היו בו, או רק למקרא מגילה, שאותה הוא הזכיר במפורש.[26]

פסח – ראינו שמקומן של נשים בקורבן הפסח במשנה הוא מעט עמום. ואכן, אנו מוצאים מחלוקת בין התנאים מה בדיוק חובת האישה בקורבן הפסח (בבלי פסחים צא ע"ב):

> גופא: אשה, בראשון – שוחטין עליה בפני עצמה,
> ובשני – עושין אותה טפילה לאחרים, דברי רבי יהודה.
> רבי יוסי אומר: אשה – בשני שוחטין עליה בפני עצמה, ואין צריך לומר בראשון.
> רבי שמעון אומר: אשה, בראשון – עושין אותה טפילה לאחרים,
> בשני – אין שוחטין עליה כל עיקר.

בגמרא מובאת מחלוקת משולשת: לדעת ר' יוסי, אישה מצווה בקורבן פסח לגמרי, וחייבת הן בראשון והן בשני. לדעת ר' שמעון, אישה בקושי מצווה בקורבן פסח. בפסח ראשון היא טפלה, כלומר יכולה להצטרף לקורבן של אחרים המחויבים, אך בפסח שני היא לא שייכת כלל. לר' יהודה ישנה עמדת ביניים, ולדעתו אישה חייבת בקורבן הפסח הראשון, ובשני היא יכולה להצטרף לאחרים.

הגמרא קובעת שהמחלוקת קשורה לכך שבקורבן הפסח הראשון משמע שנשים מצוות, ובפסח שני משמע שנשים לא, והשאלה היא מאיזה מקור להשליך למקור השני. בפסח ראשון כתוב (שמות י"ב):

> (ג) דַּבְּרוּ אֶל כָּל עֲדַת יִשְׂרָאֵל לֵאמֹר בֶּעָשֹׂר לַחֹדֶשׁ הַזֶּה וְיִקְחוּ לָהֶם אִישׁ שֶׂה לְבֵית

25. רשב"ם (ובאופן חלקי רש"י) מצדד שהנשים היו פעילות בנס, ולעומתו בעלי התוספות קובעים שהן גם היו בסכנה, והן טפלות לנס. ראו פירושיהם לסוגיות אלו.

26. ראו דרכי משה לטור או"ח תרצ"ה; שו"ת שבות יעקב א' מא; ופרי חדש על אתר. נשים פטורות מהלל בחנוכה (רמב"ם הלכות מגילה וחנוכה פ"ג הי"ד), ולדעת הרב א"ג אלינסון (האשה והמצוות, עמ' 47), זה משום שזו אינה מצווה ייחודית לחנוכה.

> אָבֹת **שֶׂה לַבָּיִת:** (ד) וְאִם יִמְעַט הַבַּיִת מִהְיֹת מִשֶּׂה וְלָקַח הוּא וּשְׁכֵנוֹ הַקָּרֹב אֶל בֵּיתוֹ **בְּמִכְסַת נְפָשֹׁת** אִישׁ לְפִי אָכְלוֹ תָּכֹסּוּ עַל הַשֶּׂה.

מפסוקים אלו עולה שמצוות פסח ראשון היא על הנפשות השונות, זכרים ונקבות, שהם חלק מהבית. לעומת זאת, בפסח שני כתוב (במדבר פרק ט'):

> (ט) וַיְדַבֵּר ה' אֶל מֹשֶׁה לֵּאמֹר: (י) דַּבֵּר אֶל בְּנֵי יִשְׂרָאֵל לֵאמֹר **אִישׁ אִישׁ** כִּי יִהְיֶה טָמֵא לָנֶפֶשׁ אוֹ בְדֶרֶךְ רְחֹקָה לָכֶם אוֹ לְדֹרֹתֵיכֶם וְעָשָׂה פֶסַח לַה'... (יג) **וְהָאִישׁ** אֲשֶׁר הוּא טָהוֹר וּבְדֶרֶךְ לֹא הָיָה וְחָדַל לַעֲשׂוֹת הַפֶּסַח וְנִכְרְתָה הַנֶּפֶשׁ[27] הַהִוא מֵעַמֶּיהָ כִּי **קָרְבַּן ה'** לֹא הִקְרִיב בְּמֹעֲדוֹ **חֶטְאוֹ יִשָּׂא הָאִישׁ הַהוּא.**

פסוקים אלו מדברים על "איש" שצריך לקיים את הפסח, ושצריך להשלים את הקורבן בפסח שני. אם כן, ר' יהודה ור' יוסי הבינו שבפסח ראשון נשים חייבות, ומכאן ר' יוסי הסיק גם לפסח שני. ר' שמעון הבין מפסח שני שרק גברים חייבים, ומכאן הסיק גם לפסח ראשון. ואילו ר' יהודה השאיר את ההבחנה בין פסח ראשון, שבו נשים חייבות, לפסח שני, שבו נשים יכולות להצטרף. השיקול שקורבן הפסח הוא מצוות עשה שהזמן גרמא לא עולה כלל בדיון הגמרא.

מה לגבי שאר דיני ליל הסדר? הגמרא מביאה דרשה של ר' אליעזר לגבי המצה (בבלי פסחים מג ע"ב):

> דאמר רבי אליעזר: **נשים** חייבות באכילת מצה דבר תורה, שנאמר 'לא תאכל עליו חמץ' וגו' (דברים ט"ז ג) כל שישנו בבל תאכל חמץ – ישנו באכילת מצה. והני נשי נמי [והנשים הללו גם], הואיל וישנן בבל תאכל חמץ – ישנן בקום אכול מצה.

ר' אליעזר קובע שנשים חייבות באכילת מצה, כיוון שזה הצד השני של איסור אכילת חמץ ונלמד בהיקש. דרשה זו דומה לדרשה שראינו לעיל לגבי קידוש היום בשבת שמוקש לשמירת השבת.

כשם שר' יהושע בן לוי חייב נשים בנר חנוכה ובמקרא מגילה שכן הן היו

27. היה ניתן ללמוד מפסוק זה שקורבן פסח קשור ל"נפש" באופן כללי, כלומר גם לנשים, אבל נראה שהנפש הוזכרה כאן ביחס לכרת, כי רק הנפש נכרתת.

באותו הנס, כן הוא קובע לגבי ליל הסדר (בבלי פסחים קח ע"א-ע"ב): "ואמר רבי יהושע בן לוי: נשים חייבות בארבעה כוסות הללו, שאף הן היו באותו הנס". גם כאן נראה שאין חולק על דעת ר' יהושע בן לוי שנשים חייבות גם בארבע כוסות הסדר. וגם כאן לא ברור אם הוא מתייחס למכלול המצוות (דרבנן) של ליל הסדר או רק לשתיית ארבע הכוסות.[28]

לסיכום – מתוך עיון נוסף בתוספתא ובדרשות בגמרא אנו למדים שמצוות עשה שהזמן גרמן שנשים **פטורות** מהן הן קורבנות הראייה והחגיגה, וככל הנראה גם העלייה לרגל עצמה; סוכה, לולב והלל, קריאת שמע ותפילין ולרוב הדעות גם שופר. לצד אלו ניתן למצוא מצוות עשה שהזמן גרמן שנשים בוודאי **חייבות** בהן – קידוש בשבת (ובשאר המועדים) וכן שאר מצוות העשה של שבת, כגון "תשבות", עונג שבת ושלוש סעודות; מצוות הקהל ומצוות שמחה ברגלים; מצוות אכילת מצה בפסח; מצוות תפילה; ומצוות הדרבנן שנובעות מחלקן בנס: הדלקת נר חנוכה, מקרא מגילה וארבע כוסות. לגבי שתי מצוות ראינו **מחלוקת** אם נשים חייבות – מצוות ציצית, שבה לא ברור אם זו מצוות עשה שהזמן גרמה, ומצוות קורבן פסח.[29]

"כל" מצוות עשה שהזמן גרמן נשים פטורות?

את השאלה שעולה מתוך מה שראינו במשנה ובדרשות השונות גם הגמרא שואלת (בבלי קידושין לג ע"ב – לד ע"א):

> 'כל מצות עשה שהזמן גרמא' וכו'.
> ת"ר [תנו רבנן]: איזוהי מצות עשה שהזמן גרמא? סוכה, ולולב, שופר, וציצית, ותפילין;
> ואיזוהי מצות עשה שלא הזמן גרמא? מזוזה, מעקה, אבידה, ושילוח הקן.
> **וכללא הוא** [האם זה כלל]? הרי מצה, שמחה, הקהל, דמצות עשה שהזמן גרמא, ונשים חייבות!
> ותו [ועוד], והרי תלמוד תורה, פריה ורביה, ופדיון הבן, דלאו [שלא] מצות עשה שהזמן גרמא הוא, ונשים פטורות!

28. לעניין הסיבה יש דיון נפרד הקשור למערכת היחסים בין אישה לבעלה. ראו בבלי פסחים קח ע"א; בפירוש הרשב"ם שם; בשאילתות פרשה צו סימן עז; ובשולחן ערוך וברמ"א או"ח תע"ב ד.

29. ההכרעה שנשים חייבות בקורבן פסח מובילה גם להבנה שנשים חייבות גם במרור, שבימינו הוא מצווה מדרבנן. ראו טור או"ח תע"ב. וראו: רש"י פסחים צא ע"ב ד"ה לית ליה.

אמר רבי יוחנן: אין למדין מן הכללות [כללים] ואפילו במקום שנאמר בו חוץ... ומצות עשה שהזמן גרמא – **נשים פטורות. מנלן** [מניין לנו]?...

לאחר שהגמרא ציטטה את הברייתא שהביאה דוגמאות למצוות העשה שהזמן גרמן, היא שואלת האם יש כלל כזה, שכן יש גם יוצאים מן הכלל. היוצאים מן הכלל שהגמרא מביאה במצוות עשה שהזמן גרמן הם מצה, שמחה והקהל. כפי שראינו לעיל, כשם שיש עוד דוגמאות לכלל, כך יש דוגמאות נוספות ליוצאים מן הכלל.

לשאלה זו הגמרא מביאה את תשובת ר' יוחנן: "אין למדין מן הכללות (הכללים)", אך בהמשך היא גם שואלת מניין לומדים את הכלל. את תשובת ר' יוחנן ניתן להבין בכמה אופנים. אפשר לומר שיש כלל אבל יש לו יוצאים מן הכלל, ולכן אי אפשר להחיל את הכלל באופן גורף בלי לבדוק את הדוגמאות השונות. מכאן הגמרא מבררת מניין נלמד הכלל הזה: "מנלן?".

אפשרות אחרת היא שלדעת ר' יוחנן אין באמת כלל, אי אפשר ללמוד מן הכללים, כי אין באמת כלל כזה. אם כן, אפשר ששאלת הגמרא "מנלן?", כלומר מניין לומדים את הפטור, חולקת על דעת ר' יוחנן ומציבה עמדה אחרת, שיש כלל כזה, יש לו מקור ואפשר ללמוד ממנו לדוגמאות נוספות.

ראשונים רבים נקטו כהבנה הראשונה, שאכן יש כלל ש"מצוות עשה שהזמן גרמן נשים פטורות" גם אם יש יוצאי דופן רבים. השלכה של התפיסה הזאת יכולה להיות אם ניתקל במצווה שאיננו יודעים אם נשים חייבות בה או לא. אם אנו סבורים שהכלל תקף, נניח מראש שנשים פטורות עד שלא יוכח ההפך.[30] השלכה נוספת היא ההבנה שלכלל הזה יש משמעות, שאותה חיפשו ראשונים ואחרונים. לדעת חלק מן הראשונים, נשים פטורות בגלל השעבוד של אישה לבעלה,[31] או למשפחתה,[32] והבחירה של התורה למנוע התנגשות בין מחויבות האישה לבעלה לבין המחויבות

30. וכך תהיה ההנחה שנשים פטורות באופן גורף ממצוות עשה שהזמן גרמן מדרבנן אלא אם נאמר במפורש אחרת. ראו: תוספות ברכות כ ע"ב ד"ה בתפלה פשיטא; ברכי יוסף או"ח רצ"א ח; תשובות ר' עקיבא איגר מהדורא קמא סימן טז, ועוד. אומנם, מדברי רש"י על ברכות כ ע"ב (ד"ה וחייבין בתפלה) משמע (וכך הבינו התוספות מדבריו) שהוא לא מניח שנשים פטורות ממצוות דרבנן שתלויות בזמן.

31. לדוגמה אבודרהם, שער ג', ברכת המצוות; הרב א"ג אלינסון, האשה והמצוות, עמ' 11.

32. לדוגמה: ראב"ע על דברים כ"ב ה. יש להניח שהדבר נאמר על פי הייעוד של חוה (בראשית ג' כ): "כִּי הִוא הָיְתָה אֵם כָּל חָי". וכן ראו: אגרות משה או"ח ח"ד סימן מט; שו"ת משפטי עוזיאל ח"ד עניינים כלליים, סימן ד.

למצוות.[33] אחרים סבורים כי אישה לא זקוקה למצוות מעשיות אלו כדי לעבוד את הבורא.[34]

אבל הרמב"ם הבין אחרת. הרמב"ם בפירוש המשנה כתב (קידושין פ"א מ"ז):

> וכבר ידעת **שכלל הוא אצלינו** אין למדים מן הכללות, ואמרו "כל" רוצה לומר על הרוב, **אבל מצות עשה שהנשים חייבות ומה שאינן חייבות בכל הקפן אין להן כלל אלא נמסרים על פה והם דברים מקובלים**, הלא ידעת שאכילת מצה ליל פסח, ושמחה במועדים, והקהל, ותפלה, ומקרא מגלה, ונר חנוכה, ונר שבת, וקדוש היום, כל אלו מצות עשה שהזמן גרמה וכל אחת מהן חיובה לנשים כחיובה לאנשים. וכך גם מצות פריה ורביה, ותלמוד תורה, ופדיון הבן, ומלחמת עמלק, כל אחת מהן מצות עשה שלא הזמן גרמה ואין הנשים חייבות בהן, אלא כולן קבלה כמו שביארנו. **אבל הכלל שהזכיר במצות לא תעשה הוא נכון...**

הרמב"ם קובע כלל שלא לומדים מהכללים, אבל דווקא מציין שהכלל לגבי מצוות לא תעשה הוא כלל נכון, ואילו הכלל לגבי מצוות עשה שהזמן גרמן הוא לא כלל נכון: "אין להן כלל". לדעתו, אין כלל כזה, אלא רשימה של מצוות שעברה במסורת שנשים פטורות מהן שניתנה להן כותרת, אבל היא מאגדת את הרשימה ולא יוצרת אותה. לפי ההסבר של הרמב"ם, העיקרון "שהזמן גרמן" הוא ככל הנראה לא נכון. ייתכן שאין כלל או הסבר בכלל, אבל אפשר, וכך דעתי, שניתן להציע הסבר אחר לרשימת הפטורים הללו.[35]

לקבול על ההסברים המקובלים

אני מודה שההסברים המקובלים קשים בעיניי. אם עיקר הפטור של נשים ממצוות אלו היה קשור לשאלת הזמן של קיום המצוות, היה ניתן לייצר מערכת אחרת של פטור וחיוב. מצוות ציצית, לפי המסקנה שנשים פטורות,[36] אורכת פחות זמן מהזמן

33. מלמד התלמידים פרשת לך לך.
34. לדוגמה ילקוט שמעוני שמואל רמז ע"ח; מהר"ל מפראג, דרוש על התורה, כז; רש"ר הירש לויקרא כ"ג מג.
35. בני זמננו נחלקו עד כמה הרמב"ם עקבי בשיטה זו. י' בלידשטיין (לתוקפו של המושג) סובר שלא, ואילו הרב ד"ר ד' פיקסלר (פטור נשים) טוען שכן.
36. ראו שולחן ערוך או"ח י"ז ב.

שבו נשים רבות קושרות את כיסוי הראש שלהן בבוקר. קשה לומר שקשירת התפילין יוצרת יותר התנגשות עם שאר המחויבויות מאשר קשירת המטפחת. נטילת לולב, לפחות הקיום המינימלי של המצווה, אורכת כמו הזמן של הדלקת נרות שבת, ובזמן פחות לחוץ. האם קריאת שמע, שממנה נשים פטורות, דורשת זמן רב יותר מאשר תפילה, שבה נשים חייבות? מן העבר השני, אם האישה צריכה להיות נגישה לצרכים של בעלה, היינו מצפים שהיא תצטרך גם לשבת עמו בסוכה.[37]

טיעונים דומים ניתן לומר ביחס לקביעה כי נשים פחות צריכות מצוות מעשיות. האם מצוות הזכירה של שבת נדרשת יותר מהידיעה "כי בסכות הושבתי את בני ישראל בהוציאי אותם מארץ מצרים"? האם הרוחניות של נשים גורמת לכך שניתן לוותר על קריאת שמע אבל לא על תפילה? האם הקרבה היתרה של נשים לקב"ה מובילה לכך שהן חייבות בנרות שבת, אכילת מצה ושמחה בחגים, אבל לא בתפילין ושופר?

נוסיף לכך את התחושה שחכמים לא ראו כלל כזה כמחייב אותם בהכרח,[38] אחרת נראה שהיו פוטרים את הנשים ממצוות דרבנן כמו הדלקת נר חנוכה, קריאת מגילה וארבע כוסות. הם לא חשבו שאין לנשים זמן למצוות אלו, שהן יתנגשו עם מחויבויות אחרות, או שנשים רוחניות דיין ואינן זקוקות למצוות מעשיות אלו.[39]

הקושי הגדול ביותר מבחינתי שעולה מתוך ההנחה שיש פטור גורף בנוגע למצוות עשה שהזמן גרמן הוא הפער – הבלתי נסבל כמעט – בין הפטור של נשים מחובות העלייה לרגל ובין החובה של נשים לשמוח ברגלים על ידי אכילת הקורבנות. נשים בכל מקרה יצטרכו לעלות לרגל כדי לאכול את הקורבנות, אם כן מה משמעות הפטור מ"עלייה לרגל"? האם ייחסך להן זמן? האם הן לא יהיו שותפות בחוויה הרוחנית?

החוסר בכלל שבאמת מגדיר את מערכת המצוות שמהן נשים פטורות וחייבות, לצד הקושי בהסברים הקיימים, מוביל לחיפוש הסברים אחרים.

37. למעשה, הצעה כזאת עלתה בבבלי סוכה כח ע"ב, ונראה שנפסקה להלכה ברמ"א או"ח תרל"ט ב (כחובה של האיש ולא של האישה). ראו דיון אצל הרב י' זולדן, הסוכה בבית המקדש.
38. ראו לעיל הערה 30, וכן תוספות פסחים קח ע"ב ד"ה היו באותו הנס.
39. אפשר שהם חשבו שהעיקרון "אף הן היו באותו הנס" גובר על השיקולים הללו, אבל אז חוזרת השאלה, מדוע במצוות האחרות התורה לא חששה לזכר הנס של חג הסוכות, לאות של התפילין והציצית וכן הלאה.

הצעה חדשה: "מנלן?" – המקור לפטור

ברצוני להציע הסבר אחר לרשימת הפטורים, המבוסס על המקור שחיפשו לכלל בגמרא, תוך זיהוי מרכיבים אחרים משמעותיים מעבר לשאלת התלות בזמן. כיוון שכך, נתחיל, כמו בגמרא, ממצוות שאינן קשורות למועדים, אלא ליום־יום: תפילין וציצית, שם מופיעות הדרשות שפוטרות נשים אופן ממוקד.

כפי שראינו, הסוגיה במסכת קידושין חיפשה מקור ל"כלל" על הפטור של נשים ממצוות עשה שהזמן גרמן. וכך נאמר שם (קידושין לד ע"א):

ומצוות עשה שהזמן גרמא – נשים פטורות. מנלן?
גמר מתפילין, מה תפילין – נשים פטורות, אף כל מצות עשה שהזמן גרמא – נשים פטורות;
ותפילין גמר לה מתלמוד תורה, מה תלמוד תורה – נשים פטורות, אף תפילין – נשים פטורות.
ונקיש תפילין למזוזה!
תפילין לתלמוד תורה איתקיש בין בפרשה ראשונה בין בפרשה שניה, תפילין למזוזה – בפרשה שניה לא איתקיש.
ונקיש מזוזה לתלמוד תורה!
לא סלקא דעתך, דכתיב: 'למען ירבו ימיכם' (דברים י"א כא), גברי בעי חיי, נשי לא בעי חיי?!

תרגום: ומצוות עשה שהזמן גרמה, נשים פטורות. מניין לנו?
למד מתפילין: מה תפילין נשים פטורות אף כל מצוות עשה שהזמן גרמן נשים פטורות
ותפילין למד מתלמוד תורה. מה תלמוד תורה נשים פטורות אף תפילין נשים פטורות.
ונשווה את התפילין למזוזה (כדי לחייב)?!
תפילין הוצמדו לתלמוד תורה הן בפרשה ראשונה של קריאת שמע והן בפרשה שנייה, תפילין הוצמדו למזוזה בפרשה הראשונה אבל לא בשנייה.
ונשווה מזוזה לתלמוד תורה (כדי לפטור)?
אי אפשר להעלות זאת על הדעת, שכן כתוב 'למען ירבו ימיכם' (דברים י"א כא). גברים צריכים חיים ונשים לא צריכות חיים?!

הגמרא קובעת שפטור נשים ממצוות עשה שהזמן גרמן נלמד מתפילין, והפטור מתפילין נלמד בהיקש מהפטור של נשים במצוות תלמוד תורה, מצווה שלעצמה כלל אינה מצוות עשה שהזמן גרמה. ביחס למצוות מזוזה שמופיעה בסמיכות למצוות אלו, הגמרא קובעת שההיקש פחות מובהק, וכן שמצוות מזוזה מביאה חיים, וגם לנשים מגיע לחיות.[40]

ננסה להבין את ההיגיון הפרשני של הדרשות האלו, שמסיקות מלימוד תורה לתפילין, ומהם לשאר מצוות או למצוות נוספות שהזמן גרמן. לאחר מכן, נראה מה ניתן להסיק מדרשות אלו ברמה הרעיונית.

דע מאין באת – הפטור של נשים מתלמוד תורה אינו מובן מאליו, והוא מבוסס על דרשה שעוסקת בחובת האב ללמד את בנו תורה והפטור של האם מחובה זו (קידושין כט ע"ב):

ללמדו תורה. מנלן?
דכתיב: 'ולמדתם אותם את בניכם' (דברים י"א יט).
והיכא דלא אגמריה אבוה – מיחייב איהו למיגמר נפשיה, דכתיב: 'ולמדתם'.[41]
איהי מנלן דלא מיחייבא? דכתיב: 'ולימדתם' 'ולמדתם', כל שמצווה ללמוד – מצווה ללמד, וכל שאינו מצווה ללמוד – אינו מצווה ללמד.
ואיהי מנלן דלא מיחייבה למילף נפשה? דכתיב: 'ולימדתם' 'ולמדתם', כל שאחרים מצווין ללמדו – מצווה ללמד את עצמו, וכל שאין אחרים מצווין ללמדו – אין מצווה ללמד את עצמו.
ומנין שאין אחרים מצווין ללמדה? דאמר קרא: 'ולמדתם אותם את בניכם' – ולא בנותיכם.

40. על סמך העיקרון הזה היה ניתן לחייב נשים בתלמוד תורה, שכן התורה היא החיים (ראו לדוגמה משלי ג' יח; ד' יג). וראו את תשובת התוספות בבלי קידושין לד ע"א ד"ה גברא בעי חיי.

41. בגמרא עצמה אין מקור לפסוקים בדרשות. אפשר שהמקור הוא מהמילה "ולמדתם" בדברים ה' א (כדעת רש"י, וכפי שעולה מגרסת הרי"ף), וממילא ההבנה תהיה שמכל סוג של לימוד נשים פטורות. אפשרות אחרת היא שהדרשה כאן מבוססת על שתי אפשרויות קריאה של מילה זו בדברים י"א (כפי שעולה מדברי ר' חננאל בן שמואל בשיטת הקדמונים על אתר). לפי האפשרות הזאת, נשים פטורות מללמוד את מה שאמורים ללמד, אבל תכנים אחרים היא עשויה עדיין להיות חייבת ללמוד.

תרגום: ללמדו תורה. מנין לנו?
שכן כתוב: 'ולמדתם אותם את בניכם' (דברים י"א יט).
ובמקרה שאביו לא לימדו, הוא חייב ללמד את עצמו, שכן כתוב 'ולמדתם'.
מניין שהאם אינה מחויבת ללמד את בנה? שכן כתוב 'ולימדתם', 'ולמדתם',
כל שמצווה ללמוד מצווה ללמד, וכל שאינו מצווה ללמוד אינו מצווה ללמד.
ומניין שהיא אינה חייבת ללמד את עצמה? שכן כתוב: 'ולימדתם' 'ולמדתם'
כל שאחרים מצווים ללמדו, מצווה ללמד את עצמו, וכל שאין אחרים מצווים
ללמדו, אינו מצווה ללמד את עצמו.
ומניין שאחרים לא מצווים ללמד אותה. שכתוב: 'ולמדתם אותם את בניכם'
ולא בנותיכם.

הגמרא לומדת שנשים פטורות מתלמוד תורה על פי הפסוק: "וְלִמַּדְתֶּם אֹתָם **אֶת בְּנֵיכֶם** לְדַבֵּר בָּם" (דברים י"א יט). היא מבינה שהפסוק מחייב ללמד את הבנים תורה אך לא את הבנות,[42] וכן שרק מי שחייב ללמד חייב גם ללמוד.

הפטור ממצוות לימוד תורה לנשים מתמיה לאור העובדה שהתורה פעמיים כוללת נשים בחובת לימוד התורה, פעם באופן מפורש ופעם באופן מובלע. במצוות הקהל כתוב במפורש שנשים חייבות (דברים ל"א):

(יב) הַקְהֵל אֶת הָעָם הָאֲנָשִׁים **וְהַנָּשִׁים** וְהַטַּף וְגֵרְךָ אֲשֶׁר בִּשְׁעָרֶיךָ לְמַעַן יִשְׁמְעוּ **וּלְמַעַן יִלְמְדוּ** וְיָרְאוּ אֶת ה' אֱלֹהֵיכֶם וְשָׁמְרוּ לַעֲשׂוֹת אֶת כָּל דִּבְרֵי הַתּוֹרָה הַזֹּאת.[43]

כך גם משמע ממקום נוסף בספר דברים שמדבר על לימוד תורה (דברים ה'):

(א) וַיִּקְרָא מֹשֶׁה אֶל **כָּל יִשְׂרָאֵל** וַיֹּאמֶר אֲלֵהֶם שְׁמַע יִשְׂרָאֵל אֶת הַחֻקִּים וְאֶת הַמִּשְׁפָּטִים אֲשֶׁר אָנֹכִי דֹּבֵר בְּאָזְנֵיכֶם הַיּוֹם **וּלְמַדְתֶּם אֹתָם וּשְׁמַרְתֶּם לַעֲשֹׂתָם**.

42. בהמשך הגמרא מציגה דרשה חלופית: "'בניכם' ולא בני בניכם" (בבלי קידושין ל ע"א), ומכאן אפשר להסיק שהתורה כן מחייבת ללמד אף את הבנות. אומנם הדרשה שפוטרת נשים נפסקה להלכה, לדוגמה: רמב"ם הלכות תלמוד תורה פ"א ה"א, הי"ג; שולחן ערוך יו"ד רמ"ו, ו.
43. יש מחכמינו (חגיגה ג ע"א) שהבחינו בין המטרה של הנשים במעמד ההקהל, שהיא לשמוע, למטרה של הגברים בו, שהיא ללמוד.

מדברים אלו משמע שלימוד שמוביל ליראת ה׳ (בהקהל) ולשמירת המצוות[44] (בשני המקורות) מכוון לכול. מכאן, ניתן להציע שלימוד התורה שחז״ל דרשו שנשים פטורות ממנו הוא לימוד תורה מסוג אחר. הוא מבוסס על הפסוקים הבאים (דברים י״א):

(יח) וְשַׂמְתֶּם אֶת דְּבָרַי אֵלֶּה עַל לְבַבְכֶם וְעַל נַפְשְׁכֶם וּקְשַׁרְתֶּם אֹתָם לְאוֹת עַל יֶדְכֶם וְהָיוּ לְטוֹטָפֹת בֵּין עֵינֵיכֶם: (יט) **וְלִמַּדְתֶּם אֹתָם אֶת בְּנֵיכֶם לְדַבֵּר בָּם** בְּשִׁבְתְּךָ בְּבֵיתֶךָ **וּבְלֶכְתְּךָ בַדֶּרֶךְ** וּבְשָׁכְבְּךָ וּבְקוּמֶךָ: (כ) וּכְתַבְתָּם עַל מְזוּזוֹת בֵּיתֶךָ וּבִשְׁעָרֶיךָ.

פסוקים אלו מתייחסים לסוג אחר של לימוד תורה. לא מדובר רק על לימוד עצמי, אלא על לימוד לאחרים (הוראה), וכזה שמטרתו אינה שמירת התורה אלא ״דיבור בתורה״ והנחלתה הלאה.[45] מכאן אפשר שהצמצום של הלימוד דווקא ל״את בניכם״ מתייחס לסוג מסוים של לימוד. זו ״מצוות תלמוד תורה״ שהיא כוללת גם לימוד תיאורטי ולא רק ״למעשה״, ואפשר לקרוא לה לימוד של תרבות, לימוד של דיבור, לימוד שמטרתו הנכחה במרחב.[46]

נראה שהפטור מתפילין, שנלמד מהפטור מתלמוד תורה, מדגיש את הצד השווה שבין תפילין לתלמוד תורה ולסוג מסוים של תלמוד תורה דווקא. בשניהם יש ביטוי של הנכחת האמונה והתורה במרחב הציבורי. הגדרת התפילין כמצוות עשה שהזמן גרמה מבוססת על הפסוקים (שמות י״ג):

(ט) וְהָיָה לְךָ **לְאוֹת** עַל יָדְךָ **וּלְזִכָּרוֹן** בֵּין עֵינֶיךָ לְמַעַן תִּהְיֶה תּוֹרַת ה׳ בְּפִיךָ כִּי בְּיָד חֲזָקָה הוֹצִאֲךָ ה׳ מִמִּצְרָיִם: (י) וְשָׁמַרְתָּ אֶת הַחֻקָּה הַזֹּאת לְמוֹעֲדָהּ **מִיָּמִים יָמִימָה.**

פסוקים אלו קושרים בין התפילין כאות וזיכרון ובין שמירת המצווה ״מימים ימימה״.[47]

44. ראו, לדוגמה, רמ״א יו״ד רמ״ו ו, בשם האגור והסמ״ג: ״ומ״מ חייבת האשה ללמוד דינים השייכים לאשה״, וכן פירושו של רש״ר הירש על ויקרא ה׳ ב. ובכיוון אחר ראו: הרב א׳ פומרנצ׳יק, עמק ברכה, עמ׳ ה, ובמקורות המצוינים שם.

45. השוו את הניסוח של התוספות על ראש השנה לג ע״א (ד״ה הא רבי יהודה): ״דאישה אינה מצווה **לעסוק** בתורה״.

46. למעשה, התוכן של פרשת ׳והיה אם שמוע׳ שממנה לקוח פסוק זה עוסק בעיקר בשכר ועונש ופחות בתוכן המעשי של המצוות.

47. ראו מכילתא דר׳ ישמעאל מסכתא דפסחא פרשה יז. בפסוק זה מוזכר גם הביטוי ״למועדה״ הקושר בין האות והזיכרון לזמן מסוים. אומנם יש לדעת שיש רמזים בספרות חז״ל לדעה שהתפילין אינן מצוות עשה שהזמן גרמה. ראו להלן הערה 53.

מטרת התפילין כאות וזיכרון מתיישבת עם דרשה שמופיעה בכמה מקומות בתלמוד (לדוגמה, ברכות ו ע"א):

דכתיב: 'וראו כל עמי הארץ כי שם ה' נקרא עליך ויראו ממך' (דברים כ"ח י), ותניא, רבי אליעזר הגדול אומר: אלו תפילין שבראש.

רבי אליעזר רואה בתפילין (של ראש) את נשיאת שם ה' כלפי חוץ בגאון.

ברצוני להציע שהמקור שממנו בחרו ללמוד על הפטור של נשים ממצוות עשה שהזמן גרמן מעיד גם על סוג המצוות שמהן נשים פטורות ועל המשמעות של הפטור. מצוות תלמוד תורה ותפילין הן מצוות שקיום מרכזי שלהן הוא כלפי חוץ. הצד השווה של שתי המצוות הללו הוא ההיבט הפומבי שלהן. ישנן מצוות נוספות שתלויות בזמן שנעשות באופן פומבי, ונראה שמהן נשים יהיו פטורות. לעומת זאת, יש מצוות רבות שנעשות באופן פרטי ואישי, ברשות היחיד ובמרחב הביתי, ואנו נגלה שבהן הפטור לא קיים.

מה בין הציץ, הציצית והציוץ למצוות עשה שהזמן גרמן

ננסה לחדד מעט את ההגדרה הזאת וגם להדגים אותה דרך עיון במחלוקת על הציצית. כפי שראינו לעיל, התוספתא הציגה מחלוקת בין ר' שמעון לחכמים אם ציצית היא מצוות עשה שהזמן גרמה, וממילא נשים פטורות ממנה.

כך נאמר בתורה על מצוות ציצית (במדבר ט"ו):

(לז) וַיֹּאמֶר ה' אֶל מֹשֶׁה לֵּאמֹר: (לח) דַּבֵּר אֶל בְּנֵי יִשְׂרָאֵל וְאָמַרְתָּ אֲלֵהֶם וְעָשׂוּ לָהֶם צִיצִת עַל כַּנְפֵי בִגְדֵיהֶם לְדֹרֹתָם וְנָתְנוּ עַל צִיצִת הַכָּנָף פְּתִיל תְּכֵלֶת: (לט) וְהָיָה לָכֶם לְצִיצִת **וּרְאִיתֶם אֹתוֹ וּזְכַרְתֶּם אֶת כָּל מִצְוֹת ה'** וַעֲשִׂיתֶם אֹתָם וְלֹא תָתוּרוּ אַחֲרֵי לְבַבְכֶם וְאַחֲרֵי עֵינֵיכֶם אֲשֶׁר אַתֶּם זֹנִים אַחֲרֵיהֶם: (מ) לְמַעַן תִּזְכְּרוּ וַעֲשִׂיתֶם אֶת כָּל מִצְוֹתָי **וִהְיִיתֶם קְדֹשִׁים לֵאלֹהֵיכֶם**: (מא) אֲנִי ה' אֱלֹהֵיכֶם אֲשֶׁר הוֹצֵאתִי אֶתְכֶם מֵאֶרֶץ מִצְרַיִם לִהְיוֹת לָכֶם לֵאלֹהִים אֲנִי ה' אֱלֹהֵיכֶם.

הציצית נועדה כדי שיראו אותה והיא תזכיר את כל מצוות ה'. המטרה הזו של הציצית מוזכרת בדיון בין ר' שמעון (שהלכה כמותו) לחכמים (בבלי מנחות מג ע"א):[48]

48. דברי ר' שמעון מופיעים בספרי במדבר פיסקא קטו, ושם משמע שהמחלוקת היא לא אם ציצית

ר' שמעון פוטר בנשים. מאי טעמא [מה הטעם, ההסבר של] דר' שמעון?
דתניא: 'וראיתם אותו' (במדבר ט"ו לט) פרט לכסות לילה;
אתה אומר: פרט לכסות לילה, או אינו אלא פרט לכסות סומא?
כשהוא אומר: 'אשר תכסה בה' (דברים כ"ב יב) – הרי כסות סומא אמור,
הא מה אני מקיים 'וראיתם אותו'? פרט לכסות לילה.
ומה ראית לרבות כסות סומא ולהוציא כסות לילה?
מרבה אני כסות סומא שישנה בראיה אצל אחרים, ומוציא אני כסות לילה שאינה בראיה אצל אחרים.

בדברים אלו ר' שמעון דורש שני פסוקים שונים: הפסוק הראשון הוא "וראיתם אותו" וממנו ר' שמעון דורש שבגד של לילה פטור, כי בלילה לא רואים את הבגדים. התורה מתייחסת למצוות ציצית במקום נוסף (דברים כ"ב):

(יא) לֹא תִלְבַּשׁ שַׁעַטְנֵז צֶמֶר וּפִשְׁתִּים יַחְדָּו: (יב) גְּדִלִים תַּעֲשֶׂה לָּךְ עַל אַרְבַּע כַּנְפוֹת כְּסוּתְךָ אֲשֶׁר תְּכַסֶּה בָּהּ.

בהמשך נראה דרשה המבוססת על הסמיכות בין שעטנז למצוות ציצית, אבל כעת ניתן דעתנו שהתורה קובעת שיש לשים את הגדילים על הבגד "אשר תכסה בה". לפי הסוגיה, ר' שמעון הבין שהפסוק הזה מרבה את הכסות של הסומא. כשהגמרא שואלת מדוע לחייב את כסות הסומא אבל לא לחייב בגד שלובשים בלילה, ר' שמעון מתייחס לראייה כעיקרון מנחה. את כסות הלילה אף אחד לא רואה, אבל את כסות הסומא אחרים רואים, ולכן יש לבגד שלו ולציצית שעליו משמעות. מדברי ר' שמעון עולה שממד מרכזי של הציווי "וראיתם אותו" נוגע לאנשים שרואים את הבגד ולאו דווקא לאדם שלובש את הבגד. ולכן, למרות שאדם יודע שהוא לובש ציצית, בלילה, כשאי אפשר לראות אותה, אין לה משמעות. אבל לבגד של הסומא יש משמעות כשהוא עם ציצית, כי אחרים רואים אותה.

לעומת זה חכמים דורשים אחרת את המילים "וראיתם אותו".[49] כך (שם, ע"ב):

היא מצוות עשה שהזמן גרמא אלא אם נשים פטורות ממצוות עשה שהזמן גרמה. ראו גם דיון של הרב ש' גורן, נשים במצוות, שסבור שאף לדעת ר' שמעון אין כלל כזה אלא רק עיקרון מארגן.

49. בהמשך הסוגיה הם קובעים שהמילים "אשר תכסה בה" באות לרבות בגדים שיש להם יותר מארבע כנפות או פינות.

ורבנן האי 'וראיתם אותו' מאי עבדי ליה [מה עושים איתו]? מיבעי להו [זה נדרש] לכדתניא: 'וראיתם אותו וזכרתם' (שם) – **ראה** מצוה זו **וזכור** מצוה אחרת התלויה בו, ואיזו זו? זו קרית שמע, דתנן: מאימתי קורין את שמע בשחרית? משיכיר בין תכלת ללבן...

לדעת חכמים, אדם צריך לראות את הציצית כדי **שהוא** ייזכר במצוות.[50] התועלת של הציצית היא עבור האדם שלובש אותה, ועבורו המצווה הזאת רלוונטית בכל זמן.[51]

אפשר לומר שר' שמעון וחכמים חולקים אם הציצית היא כדי שהאדם עצמו יראה (או אפילו ירגיש) אותה או שממד משמעותי של הציצית נעוצה בראייה של אנשים אחרים. מכאן שהפטור של נשים ממצוות הציצית, על פי ר' שמעון, מבוסס על ההבנה שהציצית מיועדת לראייה **על ידי אחרים** (גם כשסומא לובש אותה).[52] בלילה, המצווה אינה מתקיימת כי אחרים לא רואים את הציצית, וזה הופך אותה למצווה שתלויה בזמן ולמצווה שנשים פטורות ממנה. הבנה כזאת של מצוות הציצית קושרת אותה גם לתפילין, שכן מתברר ששתיהן מזכירות את מצוות ה' ומפגינות כלפי חוץ קבלת עול מלכות שמיים.[53]

התפילין והציצית גם מזכירות את בגדי הכהונה. בסוגיה שדנה מי חייב בציצית,

50. נחלקו ראשונים ואחרונים מה דעת חכמים בנוגע לכסות סומא. מדברי רש"י (על סוכה יא ע"א, ד"ה לפרזומא) ותוספות (שבת קלא ע"א ד"ה ושוין) עולה שחכמים דרשו "'וראיתם אותו' פרט לסומא". אפשר לומר שאם לדעת חכמים האדם צריך לראות את הבגד בעצמו, ממילא אדם שאינו יכול לראות יהיה פטור. אומנם, המהרש"א בגיליון על מנחות מג ע"ב תמה על רש"י, ואפשר שלדעתו חכמים מחייבים גם את הסומא בלבישת ציצית. אם בלילה, כשאף אחד לא רואה, חייבים בציצית, אפשר להסיק שגם סומא חייב בציצית למרות שהוא לא רואה. להלכה סומא חייב בציצית (שולחן ערוך או"ח י"ז א), כדעת ר' שמעון, כשם שנפסקה דעתו ביחס לנשים.

51. בהמשך הגמרא מביאה דוגמאות נוספות למצוות שאפשר להיזכר בהן על ידי הציצית. הדוגמה שצוטטה כאן ממחישה שלובשים את הציצית בלילה, וכשאדם עצמו מצליח לזהות את הצבעים השונים הוא ידע שבכך כבר הגיע היום.

52. למעשה נחלקו אם יש להראות את הציצית כלפי חוץ (כן משמע מדעת השולחן ערוך או"ח ח' יא ובמשנה ברורה שם, ס"ק כו) או שדווקא עדיף שלא (כדעת האר"י שמובא בשער הכוונות, דף ז ע"ב). ראו עוד יחווה דעת ח"ב סימן א.

53. בתפילין יש למעשה שני מרכיבים: החלק של התפילין שהוא אות לאחרים (תפילין של ראש) לעומת החלק של התפילין שהוא "לך לאות ואינה אות לאחרים" (מכילתא דרבי ישמעאל בא מסכתא דפסחא פרשה יז). אולי יש בכך הסבר מסוים לדעה שתפילין אינה מצוות עשה שהזמן גרמה. ראו בבלי עירובין צה ע"ב – צו ע"ב.

הגמרא קובעת שיש חידוש בקביעה שכוהנים חייבים בציצית, בגלל הצד השווה בין הציצית לבגדי הכהונה (שם, ע"א):

> תנו רבנן: הכל חייבין בציצית, כהנים, לוים וישראלים, גרים, נשים ועבדים; ר' שמעון פוטר בנשים...
> כהנים איצטריכא ליה, סלקא דעתך אמינא,
> הואיל וכתיב: 'לא תלבש שעטנז צמר ופשתים יחדיו גדילים תעשה לך' (דברים כ"ב יא),
> מאן דלא אישתרי כלאים לגביה בלבישה הוא דמיחייב בציצית, הני כהנים הואיל ואישתרי כלאים לגבייהו לא ליחייבו,
> קמ"ל, נהי דאישתרי בעידן עבודה, בלא עידן עבודה לא אישתרי.
>
> **תרגום:** שנו חכמים: הכל חייבין בציצית, כהנים, לוים וישראלים, גרים, נשים ועבדים; ר' שמעון פוטר בנשים...
> כוהנים היה צריך לחדש, שכן היה עולה על דעתנו לומר שכיוון שכתוב 'לא תלבש שעטנז צמר ופשתים יחדיו גדילים תעשה לך' (דברים כ"ב יא),
> מי שלא הותר לו ללבוש כלאיים הוא זה שחייב בציצית, אבל הכוהנים הללו, כיוון שהתירו להם ללבוש כלאיים לא יהיו חייבים,
> לכן מלמד אותנו, שאומנם הכוהנים הותרו ללבוש כלאיים בזמן העבודה, אבל שלא בזמן העבודה לא הותרו (ולכן חייבים בציצית).

הגמרא שואלת מה החידוש ברשימה של האנשים שחייבים בציצית. הגמרא משיבה שהחידוש הוא שכוהנים חייבים בציצית, שכן גם בציצית וגם בבגדי הכהונה הותר איסור השעטנז, דבר שנלמד מסמיכות הפסוקים שראינו לעיל. מתוך הסוגיה עולה דמיון בין בגדי כהונה לציצית בנוגע להיתר כלאים, והדמיון נובע מפתיל התכלת (הצמר) המשולב בתוך הבגד (של פשתים).[54]

אפשר לומר שהציצית ובגדי הכהונה הם כעין 'מדים'. בגדי הכהונה הם מדי הכוהן והציצית היא המדים של האדם מישראל. הציץ של הכוהן הגדול דומה לציצית, הן בשם הדומה שקשור לראייה והן בהיותו נקשר בפתיל תכלת. אך הוא גם דומה

54. הראשונים נחלקו אם מדובר על השילוב של התכלת עם הצמר באבנט של כלל הכוהנים (רש"י כאן ד"ה כהנים) או על בגדי כוהן גדול (ר"ן על הרי"ף ביצה ז ע"ב ד"ה ונראה).

לתפילין, הממוקמים "בין עיניכם". שלושתם הם ביטוי ייצוגי והצהרת נאמנות לה' לעין כול. כשם שהכוהנים מתקדשים באמצעות בגדיהם (שמות כ"ח ג): "וְעָשׂוּ אֶת בִּגְדֵי אַהֲרֹן **לְקַדְּשׁוֹ** לְכַהֲנוֹ לִי", כך גם הציצית נועדה לקדש את ישראל (במדבר ט"ו מ): "וִהְיִיתֶם **קְדֹשִׁים** לֵאלֹהֵיכֶם".

הקשר בין התפילין והציצית לבגדי הכהונה מתקשר לתחום הלכתי נוסף שנשים פטורות ממנו – התחום של המקדש. לצד הקביעה שנשים פטורות ממצוות עשה שהזמן גרמן, המשנה מביאה רשימה של מצוות או פעולות שנשים פטורות מהן (קידושין פרק א'):

> [ח] הסמיכות והתנופות וההגשות והקמיצות וההקטרות והמליקות וההזאות והקבלות נוהגין באנשים **ולא בנשים**, חוץ ממנחת סוטה ונזירה שהן מניפות.

ממשנה זו עולה שכל הפעולות של המקדש, למעט אלו ששייכות לקורבן מיוחד של אישה, הן בתחומם הבלעדי של גברים.[55] התורה מייחדת את תפקיד הכהונה לבני אהרן הזכרים, ורק הם אלו שמשרתים במקדש. בהמשך לכך, המשנה כורכת יחד את כלל הפעולות שבמקדש – שנעשות בידי כוהנים ושנעשות בידי זרים – וכולן אינן נוהגות בנשים.

למעשה, זה גם המאפיין של מצוות לא תעשה שנשים פטורות מהן (שם):

> [ז] וכל מצות לא תעשה בין שהזמן גרמה בין שלא הזמן גרמה אחד אנשים ואחד נשים חייבין,
> חוץ מבל תשחית ובל תקיף ובל תטמא למתים.

האיסור להיטמא למתים, שאינו קיים בנשים, הוא איסור של כוהנים גברים (ויקרא כ"א א). אך גם איסור השחתת השיער והקפת הראש שנאמר לגברים ישראלים, מקביל לאיסורים דומים שנאמרו באופן מפורש לכוהנים.[56]

לפני מתן תורה ה' הגדיר את הייעוד של עם ישראל (שמות י"ט):

55. יש למעט מן הכלל הזה את הקביעה של הרמב"ם (הלכות בית הבחירה פ"א הי"ב) שנשים מצוות בבניין בית המקדש. עם זאת, הרמב"ם לא מתייחס לבנייה עצמה אלא לתרומה האישית של כל אחד ואחת, כמו בבניית המשכן במדבר. כמו כן, אפשר שיש הבדל בין בניית המקדש לעבודת המקדש.

56. השוו ויקרא י"ט כז-כח עם ויקרא כ"א א-ה.

(ו) וְאַתֶּם תִּהְיוּ לִי **מַמְלֶכֶת כֹּהֲנִים** וְגוֹי **קָדוֹשׁ** אֵלֶּה הַדְּבָרִים אֲשֶׁר תְּדַבֵּר אֶל **בְּנֵי יִשְׂרָאֵל**.

למרות הייעוד לכלל ישראל שיהיו ממלכת כוהנים, כבר במעמד הר סיני אנו רואים שיש קבוצה מסוימת – של גברים – מתוך "ממלכת הכוהנים" שאמורה לשמש ככוהנים ממש (שמות י"ט כב-כד). עם זאת, כלל בני ישראל, אך לא בנות ישראל, ימשיכו להיות מצווים בהיבטים מסוימים של כהונה.[57] בתורה עצמה מובאת הדרישה שלא להשחית את פאות הזקן ולא להקיף את הראש, וחכמים רומזים שגם התפילין והציצית, כמדי כהונה זוטא, משמשים כחלק מהייצוגיות של העם, ומוטלים דווקא על הגברים.

גם הוראת התורה לאחרים, שחז"ל לימדו שנשים פטורות ממנה, מקבילה להגדרת התפקיד של הכוהנים (ויקרא י'):

(י) **וּלֲהַבְדִּיל** בֵּין הַקֹּדֶשׁ וּבֵין הַחֹל וּבֵין הַטָּמֵא וּבֵין הַטָּהוֹר: (יא) **וּלְהוֹרֹת** אֶת בְּנֵי יִשְׂרָאֵל אֵת כָּל הַחֻקִּים אֲשֶׁר דִּבֶּר ה' אֲלֵיהֶם בְּיַד מֹשֶׁה.[58]

בעקבות הדרשות השונות, הקושרות את הפטור של הנשים ממצוות עשה שהזמן גרמן דווקא למצוות התפילין ותלמוד תורה, כשהאופי של המצוות הללו מתבהר גם מהדיון על מצוות הציצית, ניתן לחדד מעט את הכלל שהוצע לעיל לרשימת המצוות שמהן נשים פטורות שהתקבלה במסורת, לפי הרמב"ם.

המאפיין של המצוות שמהן נשים פטורות, הן מצוות העשה והן מצוות לא תעשה, הוא שהן **מצוות שיונקות מעבודת הכוהנים, וקשורות להנכחת האמונה במרחב הציבורי בכלל, ובמקדש בפרט:** הוראת התורה לאחרים, המדים הציבוריים שפונים כלפי חוץ ועבודת הקורבנות. לעומת זאת, כפי שנראה, בכל המצוות שתלויות

57. ההתייחסות לעם ישראל כממלכת כוהנים נעלמת מהמשך התורה, וגם בפסוקים המציינים את היות עם ישראל עם קדוש וסגולה, הכהונה נעדרת. כך בדברים ז' ו; י"ד ב; כ"ו יח-יט. התואר חוזר רק בדברי הנביא ישעיהו ס"א ו: "וְאַתֶּם כֹּהֲנֵי ה' תִּקָּרֵאוּ מְשָׁרְתֵי אֱלֹהֵינוּ יֵאָמֵר לָכֶם". אפשר שהדבר הוא תולדה של חטא העגל, שבו התברר שהעם צריך קודם כול לעבוד על היותו סגולה וקדוש, ורק לאחר מכן יוכל לחזור לייעוד של ממלכת כוהנים. מכל מקום, כלפי פנים נראה שלכל איש מישראל יש גם תפקיד מסוים של כוהן.

58. וכן דברים ל"ג י: "יוֹרוּ מִשְׁפָּטֶיךָ לְיַעֲקֹב וְתוֹרָתְךָ לְיִשְׂרָאֵל".

בזמן שהקיום העיקרי שלהן הוא אישי ומתקיים במרחב הביתי, נשים חייבות, כפי שנדגים כעת.

בין בית למקדש – ההבחנה בתוך המצוות השונות שהזמן גרמן

בפרק הראשון עסקנו במצוות **השבת** ובקשר בינה למרחב הפרטי. עקרון העל של השבת הוא: "אַל יֵצֵא אִישׁ מִמְּקֹמוֹ בַּיּוֹם הַשְּׁבִיעִי" (שמות ט"ז כט). השבת מאופיינת בהתכנסות בבית, ניתוק מהעולם העשייה החיצוני וכל הצרכים מוכנים מבעוד יום. כפי שראינו, נשים חייבות בכל מצוות השבת שנעשות במרחב הביתי וכוללות את כל המשפחה והנלווים עליה.[59] גם מצוות אכילת מצה היא מצווה ששייכת ומתקיימת בבית, ואכן נשים חייבות בה.[60]

לעומת זאת, ההיתר ביום טוב להוציא מרשות לרשות והחיוב בשלושת **הרגלים** להגיע למקדש מאפיינים את הימים הטובים כימים שהמוקד המרכזי שלהם הוא במרחב הציבורי והמקדשי.[61] בהמשך לכך, המצווה היחידה שנאמר לגביה במפורש שהיא דווקא מצווה של הזכרים היא המצווה להיראות **במקדש** ולא להיראות ריקם. שותפות במרחב הציבורי, סימון הנוכחות במרחב הקדוש[62] והקורבנות שנלווים לנוכחות הזאת מוטלים דווקא על הזכרים.

לכל אורך הספר ראינו שגם במסגרת החגים ישנם היבטים שונים שהם יותר 'ביתיים' והיבטים אחרים שהם יותר 'מקדשיים' או 'ציבוריים'. כך מצוות עינוי הנפש של **יום הכיפורים** לצד איסור עשיית כל מלאכה תקפה "בְּכֹל מֹשְׁבֹתֵיכֶם" (ויקרא כ"ג לא), על נשים וגברים כאחד. לעומת זאת, המוקד של מצוות **הסוכה** הוא במרחב הציבורי, הן ביציאה מבית הקבע לבית הארעי והן בראיית הסוכה כמעין 'מקדש

59. יש מחלוקת אם נשים חייבות בהבדלה כחלק ממצוות השבת או שזו חובה נפרדת ונשים פטורות. ראו שולחן ערוך או"ח רצ"ו ח, בסתם וביש אומרים וברמ"א, ובמקורות שלהם; ראו דיון אצל הרב א' רזניקוביץ, חיוב ורשות; ש' הימלפרב, חובת ההבדלה. הגמרא בשבועות יח ע"ב לומדת מהפסוקים על הכוהנים שצריכים להבדיל בין קודש לחול את חובת ההבדלה לכל אדם. נראה שאם מצוות הבדלה היא חלק ממצוות השבת, ממילא נשים יהיו חייבות. אם מצוות הבדלה היא חלק מהוראת התורה, נבין מדוע נשים פטורות.

60. כפי שראינו בפרק י"ח, המצה היא גם חלק מחג המצות, ובכך נשים ודאי מצוות, וגם חלק ממצוות אכילת קורבן הפסח, שעליה נעמוד בהמשך.

61. לדעת ר' עקיבא איגר (שו"ת ר' עקיבא איגר, פסקים או"ח סימן א') נשים חייבות בכלל מצוות השבת, אך פטורות ממצוות העונג של יום טוב.

62. ראינו בפרק ב' שיש בראיית פני ה' ברגל גם ממד מסוים של לימוד תורה באופן ציבורי.

מעט׳.[63] גם ההבנה **שארבעת המינים** הם סוג של קורבן, שעיקר מצוותו במקדש ושמלווה באמירת **ההלל**, מתיישבת עם הפטור של נשים ממצוות אלו.

תקיעת **השופר** היא מצווה מורכבת. מצד אחד, יש בה ממד מקדשי משמעותי, של תקיעות המלוות את הקורבנות, וממילא, נשים פטורות ממצווה זו. ומצד שני, ראינו דרשות שלפיהן מצוות השופר היא מצווה של גבולין, והשופר פונה לכל אדם באשר הוא, ״בְּכֹל אַרְצְכֶם״ (ויקרא כ״ה ט), ומכאן הסבר לדעה הרמוזה במקורות השונים שנשים חייבות במצוות השופר. המורכבות הזאת מסבירה מדוע למרות הפטור שהתקבל להלכה, לאורך הדורות נשים קיבלו על עצמן את מצוות השופר והרגישו צורך לשמוע את קול השופר הפונה אליהן באופן אישי.

ההבחנה בין מצוות המתקיימות במרחב הפרטי לבין מצוות המתקיימות ומונכחות במרחב הציבורי באה לידי ביטוי דווקא במה שנראה כפרדוקס – הפטור של נשים מחובת **הראייה** לצד החיוב שלהן, בצורה זו או אחרת, במצוות **השמחה**. ההבדל בין מצוות עלייה לרגל למצוות השמחה הוא בדיוק ההבדל שבין נוכחות במרחב הציבורי – ״יֵרָאֶה כָּל זְכוּרְךָ״ – במקדש, ובין מצווה פרטית שאומנם צריכה להתקיים דווקא בירושלים, אבל יכולה להתקיים במרחב הפרטי, כגון בית הארחה או אוהל, שהיא שמחה באכילה מבשר זבח השלמים.[64]

להלן נעסוק במצוות שהן מורכבות יותר.

המחלוקת על קורבן פסח

לאור ההבחנה בין מצוות ציבוריות ומצוות שקשורות למקדש ובין מצוות המאפיינות את המרחב הפרטי, ניתן להסביר את המחלוקת על קורבן הפסח שהובאה לעיל. מצד אחד זהו קורבן שמוקרב במקדש, ומצד שני הוא קורבן בעל אופי מיוחד. כפי שראינו בפרק י״ח, קורבן הפסח הוא קודם כול קורבן של בית: ״שה לבית״ (שמות י״ב ג), ובפסח מצרים הוא הוקרב בתוך הבית, והבית שימש כמזבח: ״הא תנא רב יוסף ג׳ מזבחות היו שם – על המשקוף ועל שתי המזוזות״ (בבלי פסחים צו ע״א).

למרות שהדבר לא נאמר במפורש, אפשר שמי שסבור שנשים פטורות מקורבן הפסח מבטא את העיקרון שנשים פטורות ממצוות הקשורות למקדש. לעומת זאת,

63. גם מצוות הסוכה נועדה כלפי חוץ ״לְמַעַן יֵדְעוּ דֹרֹתֵיכֶם״ (ויקרא כ״ג מג) ולא ״למען תדעו״.

64. יוצאת דופן היא מצוות ההקהל, שבה נדרשת נוכחות במרחב, לשם המטרה האמונית-אישית. נראה שהדבר נעוץ בכך שיש בהקהל שחזור של מעמד הר סיני ויסוד הברית בין העם לאלוהיו, ראו: ש׳ נאה, קריאת התורה. חידוש הברית יכול להתקיים רק בהשתתפות כל העם. גם המטרה האמונית מושגת באמצעות החוויה המשמעותית של הצטרפות לכלל.

מי שסבור שנשים חייבות בקורבן פסח מדגיש את ההיבט הביתי של הקורבן, גם אם בפועל אחד מן החבורה מקריב אותו במקדש והחבורה כולה אוכלת אותו בירושלים. גם את החובה להקריב פסח שני ניתן לראות בשני אופנים: ניתן לראות אותו כהשלמה של פסח ראשון, על כל היבטיו, ואפשר שהרעיון של 'השלמת הקורבן' קשור בטבורו למקדש.

מצוות דרבנן והחילוק בין הבית למרחב הציבורי והמקדשי

חכמים חייבו נשים בהדלקת נרות חנוכה, במקרא מגילה ובארבע כוסות, שכן "אף הן היו באותו הנס". שתיית ארבע כוסות בפסח, כמו אכילת מצה, היא חלק ממה שקורה סביב השולחן, בין אם בבית ובין אם באוהל בירושלים.

גם מצוות הדלקת נר חנוכה היא מצווה של הבית. כפי שראינו, נר חנוכה הוא "נר איש וביתו".[65] למרות שהדלקת נר חנוכה פונה לרשות הרבים ומפרסמת את הנס, היא עושה זאת על פתח הבית או פתח החצר. הצבת הנר בפתח הבית או החצר קושרת אותו למרחב הפרטי. נר חנוכה, בדומה למזוזה שמולה הוא מוצב, מצהיר על הנס, אבל מתוך הבית.[66] שתי הדוגמאות הללו מעידות שלמרות ההיבטים הפומביים של פרסומי ניסא, יש גם קיום יותר אישי, כמו בחיוב שתיית ארבע כוסות, או ביתי, כמו בהדלקת נר חנוכה.

לצד שתי המצוות הללו, קריאת המגילה גם היא מצווה שעניינה פרסום הנס.[67] כפי שראינו במסכת מגילה (לעיל פרק ט"ז), המשנה קושרת באופן ספרותי בין קריאת המגילה לקריאת התורה בבית הכנסת, ומביאה דווקא במסכת הזאת את מה שעושים בציבור (פרק ד'):

> [ג] אין פורסין את שמע ואין עוברין לפני התיבה ואין נושאין את כפיהם ואין קורין בתורה ואין מפטירין בנביא ואין עושין מעמד ומושב ואין אומרים ברכת אבלים ותנחומי אבלים וברכת חתנים ואין מזמנין בשם **פחות מעשרה**...

65. בבלי שבת כא ע"ב.
66. שבת כב ע"א. אומנם החתם סופר (חידושים שבת כא ע"ב) מתאר שנשים לא נהגו להדליק נרות חנוכה, לדעתו בגלל האופי הפומבי־ציבורי של ההדלקה, שמתקיימת מחוץ לבית.
67. פרסום הנס נאמר בעיקר לגבי נר חנוכה (בבלי שבת כג ע"ב, כד ע"א) וקריאת מגילה (בבלי מגילה ג ע"ב; יח ע"א; ברכות יד ע"א), אך גם לגבי ארבע כוסות (בבלי פסחים קיב ע"א). גם על ההלל נאמר שיש בו ממד של פרסום הנס (בבלי ברכות יד ע"א).

מצד אחד המסכת עוסקת בטקסים ציבוריים, ורומזת לכך שגם קריאת המגילה היא אחד מהם. מכאן ניתן גם להבין את דברי התוספתא, שהובאה לעיל, שנשים פטורות ממקרא מגילה ואינן מוציאות את הרבים ידי חובה.

מצד שני, קריאת המגילה אינה מוזכרת ברשימה הזאת, ומהמשנה עצמה משמע שנשים חייבות ומוציאות אחרים ידי חובה. למרות שיש קיום למצווה זו בבית הכנסת ובציבור, ניתן לומר, שכמו ארבע כוסות ונרות חנוכה, 'הפרסום מתחיל בתוכי' ומכוון קודם כול אל האדם הפרטי.[68] ממילא, קבע ר' יהושע בן לוי, וכך נפסקה ההלכה – אף נשים חייבות בנר חנוכה, שכן אף הן היו באותו הנס.[69]

בין קריאת שמע לתפילה, ובין תפילה לתפילה בציבור

הגמרא (בבלי ברכות כ ע"ב) מנמקת את הפטור של נשים מקריאת שמע בכך שהיא מצוות עשה שהזמן גרמה. היא מביאה שיקול מדוע היינו מחייבים נשים בכל זאת, שכן יש במצווה זו היבט של קבלת עול מלכות שמיים. אכן, בקריאת שמע יש היבט אישי ברור. הקביעה שה' אלוהינו ה' אחד צריכה להיות, קודם כול, "על לבבך". כיוון שכך, דווקא במצווה זו אנו מוצאים פוסקים רבים שסבורים שראוי שנשים יקראו קריאת שמע למרות שהן פטורות.[70]

ועם זאת, ההקשר של קריאת שמע מלמד שאין זו רק קבלת מלכות שמיים (דברים ו'):

(ד) שְׁמַע יִשְׂרָאֵל ה' אֱלֹהֵינוּ ה' אֶחָד: (ה) וְאָהַבְתָּ אֵת ה' אֱלֹהֶיךָ בְּכָל לְבָבְךָ וּבְכָל

68. למרות שגם בנר חנוכה מופיע השיקול של פרסומי ניסא, ראינו שלהלכה "כבתה אין זקוק לה" ו"הדלקה עושה מצווה", ומכאן שהרובד הראשוני של פרסומי ניסא הוא כלפי האדם עצמו.

69. בהמשך לכך, יש מחלוקת אם החיוב של נשים מספיק כדי להוציא גם את הרבים ידי חובה (כדעת רש"י על אתר; הרמב"ם הלכות מגילה וחנוכה פ"א ה"א, ועוד) או שפוסקים כדעת התוספתא, והן אומנם חייבות בשמיעת מגילה, אבל לא קשורות לאחריות הציבורית של הוצאת אחרים ידי חובה (לדוגמה: בעל הלכות גדולות, הלכות מגילה סי' יט; ר"ח על מגילה ד ע"א, ועוד). לסיכום ראו: הרב א' פרימר, קריאת מגילה. הרב פרימר מציין גם את השיקולים שמונעים קריאת נשים עבור גברים בשל ההקשר הציבורי של הקריאה. ואפשר שיש לכך הדים למחלוקת על מקומן של נשים בקריאת התורה.

70. לדוגמה: שולחן ערוך או"ח ע' א וברמ"א שם על סמך דעת האהל מועד, ודיון שם אם מדובר בכל הפרשה או רק בפסוק ראשון. מצאנו בגמרא הבחנה בין פרשה ראשונה של שמע, שהיא "ללמוד", ופרשה שנייה עוסקת ב"ללמד" (ברכות יד ע"ב). ואכן פרשה ראשונה של שמע מנוסחת בצורת יחיד, ופרשת "והיה אם שמוע" בלשון רבים. ממילא, עולה אפשרות שקריאת שמע מופנית קודם כלפי היחיד.

נַפְשְׁךָ וּבְכָל מְאֹדֶךָ: (ו) וְהָיוּ הַדְּבָרִים הָאֵלֶּה אֲשֶׁר אָנֹכִי מְצַוְּךָ הַיּוֹם **עַל לְבָבֶךָ**: (ז) **וְשִׁנַּנְתָּם לְבָנֶיךָ וְדִבַּרְתָּ בָּם** בְּשִׁבְתְּךָ בְּבֵיתֶךָ **וּבְלֶכְתְּךָ בַדֶּרֶךְ** וּבְשָׁכְבְּךָ וּבְקוּמֶךָ: (ח) וּקְשַׁרְתָּם לְאוֹת עַל יָדֶךָ וְהָיוּ לְטֹטָפֹת בֵּין עֵינֶיךָ: (ט) וּכְתַבְתָּם עַל מְזֻזוֹת בֵּיתֶךָ וּבִשְׁעָרֶיךָ.

ההקשר הכללי של מצוות קריאת שמע הוא של הנכחת האמונה הזו באופן נרחב יותר – על ידי שינון לבנים,[71] דיבור בדרכים, קשירה לאות ושימת טוטפות וכתיבה על המזוזות.[72] הכתיבה על המזוזות נעשית דווקא בבתים, ונשים חייבות במצווה זו, אבל שאר הדברים מונכחים במרחב. גם מפסוקים אלו חכמים למדו על מצוות תלמוד תורה.[73]

גם בתפילה נמצא היבט אישי והיבט ציבורי.[74] למרות שתפילה, כפי שעיצבו אותה חכמים, קשורה לזמן שנובע ממערכת הזמנים של המקדש, חכמים חייבו את הנשים בתפילה, שכן בעצם התפילה יש בקשת רחמים (שם). ביסוד התפילה יש מפגש אישי בין אדם לבוראו, וגם אישה נדרשת למפגש האישי הזה.

לצד זאת, נשים הן לא חלק מהגדרת ה'ציבור' לצורך תפילה במניין.[75] הצורך

71. ירושלמי ברכות פ"ג ה"ג. ראו גם ספרי דברים פיסקא לד: "ושננתם לבניך, אלו התלמידים".
72. נראה שיש במצוות קריאת שמע שני היבטים שונים שבאים לידי ביטוי במחלוקות התנאים על פרטי המצווה. לדעת רבי, קריאת שמע צריכה להיאמר דווקא בלשון הקודש וצריכה להישמע לאוזן (בבלי ברכות יג ע"א; סוטה לב ע"א-ע"ב). פרשות שצריכות להיאמר בלשון הקודש הן בעיקר טקסיות ופומביות (משנה סוטה פ"ז מ"א). רבי מבטא את הרעיון שהקריאה "שמע ישראל" פונה החוצה, ל"ישראל", ומצהירה על האמונה כלפי חוץ. היבט אחר של המצווה הוא פנימי־תוכני. לפי היבט זה ניתן לקרוא את שמע בכל לשון, כדעת חכמים (במשנה סוטה ובסוגיות הנ"ל). לפי ההיבט הזה, כל אחד מישראל קורא לעצמו ומצהיר "ה' אלוהינו ה' אחד". ההיבט הטקסי־הצהרתי וההקשר של הנכחת האמונה הם שהופכים את קריאת שמע למצוות עשה שנשים פטורות ממנה. מצד אחר, ההיבט הפנימי־תוכני בא לידי ביטוי בהלכות שונות של הקריאה ובעידוד של נשים לקבל על עצמן עול מלכות שמיים.
73. בבלי נדרים ח ע"א; מנחות צט ע"ב, ועוד.
74. בגמרא במסכת ברכות (כו ע"ב) ניתנו שני מקורות לתפילות הקבע. הסבר אחד הוא שהתפילה נלמדה מהתפילה האישית של האבות, והוא מייצג את הממד האישי של התפילה. הסבר שני הוא שהתפילות נלמדו מחקורבנות, והוא מייצג את התפילה הציבורית הטקסית, המהווה תחליף לקורבנות הציבור במקדש, וזה מתחבר לדרישה של קדושה של ציבור, שנראה להלן.
75. פטור נוסף של נשים הוא בתחום של בית המשפט – עדות ודיינות. למרות שנראה שאין קשר בין התחומים, אפשר שהפטור מעדות נועד לשחרר נשים מאחריות ציבורית או מהחובה להיות נוכחות בציבור. בכמה מקומות בתלמוד קושרים הופעה של אישה בבית דין לביזיון לאישה. ראו: כתובות עד ע"ב – עה ע"א; שם צז ע"ב; גיטין מו ע"א.

במניין של עשרה כדי להגדיר ציבור מופיע בגמרא (ברכות כא ע"ב),[76] ומבוסס על דרשת הפסוק:

> וכן אמר רב אדא בר אהבה: מנין שאין היחיד אומר קדושה? שנאמר: 'ונקדשתי בתוך בני ישראל' (ויקרא כ"ב לב) – כל דבר שבקדושה לא יהא פחות מעשרה.

במשנה ובגמרא עצמה לא מוזכר במפורש שנדרשים דווקא גברים, אבל זה נרמז בפסוקים שמהם לומדים את החיוב.[77] בבבלי הלימוד הוא מעדת המרגלים,[78] ובירושלמי ר' סימון לומד זאת מעשרת אחי יוסף.[79] נראה שהן אחי יוסף והן עדת המרגלים נתפסים כמי שמייצגים את כלל ישראל, וכך הלכה זו קשורה להגדרה של ציבור, או של מייצגי הציבור, כגברים דווקא. למעשה, בכל המניינים בתורה, שקובעים את היקפו של ה'ציבור', נמנים רק גברים.[80]

מקראות קודש

"אוהבם נדבה" – קיום מצוות עשה שהזמן גרמן בהתנדבות

ולאן אתה הולך – לאחר הניסיון להסביר את רשימת המצוות שנשים פטורות מהן, לצד רשימת מצוות עשה שהזמן גרמן שנשים חייבות בהן, ננסה להבין מה המשמעות של קיומן של שתי רשימות אלו לעבודת ה' של נשים. לשם כך, נצטרך להוסיף לדיון מרכיב חשוב, והוא מה מקומן של נשים מול אותן מצוות שמהן הן פטורות.

כפי שראינו לעיל, חכמים נחלקו אם נשים חייבות בקורבן הפסח. הוצגו שם שלוש אפשרויות: חיוב מלא, פטור ואף איסור, ו"טפלה". "טפלה" הכוונה שאישה אינה חייבת, אך היא רשאית לבחור להצטרף, וכן נוסח הירושלמי: "ואתיא [ובא] כמאן דאמר פסחן של נשים רשות".[81]

מצווה נוספת שבה בא לידי ביטוי הרעיון ששותפות הנשים היא רשות היא

76. העיקרון מופיע כבר קודם. ראו: משנה מגילה פ"ד מ"ג. וכן דיון מקביל בבבלי מגילה כג ע"ב.
77. החיוב מפורש בראשונים, ולאחר מכן בשולחן ערוך (לדוגמה או"ח נ"ה א).
78. וכן במקבילה במגילה מוזכרים שני הפסוקים – במדבר י"ד כז לעומת ט"ז כא.
79. בראשית מ"ב ה; ירושלמי ברכות פ"ז ה"ג, ובמקבילה במגילה פ"ד ה"ד.
80. להרחבה אם ומתי נשים יכולות להיחשב למניין או לציבור ראו: הרב א' פרימר, נשים ומניין.
81. ירושלמי פסחים פ"ח ה"א ובמקבילות. לפי דעה זו של ר' אלעזר בירושלמי, למרות שהוא רשות הוא דוחה את השבת.

מצוות מחצית השקל, שאף היא מופיעה בסדר מועד. כפי שצוין, בספירת עם ישראל נספרים דווקא הזכרים (שמות ל'):

(יג) **זֶה יִתְּנוּ כָּל הָעֹבֵר עַל הַפְּקֻדִים מַחֲצִית הַשֶּׁקֶל** בְּשֶׁקֶל הַקֹּדֶשׁ עֶשְׂרִים גֵּרָה הַשֶּׁקֶל מַחֲצִית הַשֶּׁקֶל תְּרוּמָה לַה': (יד) כֹּל הָעֹבֵר עַל הַפְּקֻדִים **מִבֶּן עֶשְׂרִים שָׁנָה וָמָעְלָה** יִתֵּן תְּרוּמַת ה'.

מצוות מחצית השקל מוטלת על "כל העובר על הפקודים מבן עשרים שונה ומעלה". בתחילת ספר במדבר (א' ב) מוגדר שמדובר דווקא בזכרים. עם זאת המשנה במסכת שקלים קובעת (פרק א'):

[ג] את מי ממשכנין? לוים וישראלים גרים ועבדים משוחררים **אבל לא נשים ועבדים וקטנים**.
כ'ל' קטן שהתחיל אביו לשקול על ידו שוב אינו פוסק, ואין ממשכנין את הכהנים מפני דרכי שלום.
[ה] אף על פי שאמרו אין ממשכנין **נשים** ועבדים וקטנים **אם שקלו מקבלין מידן**.
הנכרי והכותי ששקלו אין מקבלין מידן.

המשנה קובעת שלמרות שנשים, עבדים וקטנים פטורים ממצוות מחצית השקל (ולכן לא גובים מהם בעל כורחם), בכל זאת מקבלים מידם אם רצו לתת. זאת בניגוד לגויים וכותים, שאין להם זכות כזו. כלומר, לכל הפחות בנוגע למצוות מחצית השקל יש פטור, ומסתבר שזה משום שזו מצווה של ציבור ושל מקדש,[82] אך אין איסור.[83] כפי שראינו, הנשים פטורות מהפעולות השגרתיות הקשורות למקדש, למרות שיש להן שייכות לבנייתו (שמות ל"ה כב) ולזהות הלאומית שהמקדש במרכזה. לצד זאת, המעמד של נשים ברבות מן המצוות הללו הוא שאין חיוב, אך מותר להן להתנדב.

82. לדעת המאירי (שקלים פרק א') גם מחצית השקל היא מצוות עשה שהזמן גרמה.
83. מצוות מחצית השקל לדורות נועדה לממן את קורבנות הציבור למשך השנה (בבלי ראש השנה ז ע"א). כיוון שבתורה כך גם סופרים את העם, הבחירה לאפשר לנשים לתת את מחצית השקל מלמדת שהרצון לאפשר להן להשתתף עם הציבור גובר על הצורך לדעת את המניין המדויק של הציבור.

למרות הדברים הברורים ביחס למחצית השקל, בנוגע למצוות אחרות שנשים פטורות מהן הגמרא קובעת שישנה מחלוקת בין התנאים אם לאפשר לנשים לקיימן. לדעת ר' יוסי ור' שמעון "נשים סומכות רשות".[84] לעומת זאת, ר' יהודה סבור שנשים לא סומכות על קורבנות כלל, שכן התורה פטרה אותן, וממילא הן גם לא תוקעות בשופר,[85] ומוחים בידן כשהן מקיימות מצוות אחרות "שהזמן גרמן".[86] במסכת חגיגה ההיתר מוסבר כך (טז ע"א):

> אמר רבי יוסי: סח לי אבא אלעזר: פעם אחת היה לנו עגל של זבחי שלמים, והביאנוהו לעזרת נשים, וסמכו עליו נשים. לא מפני שסמיכה בנשים – אלא כדי לעשות נחת רוח לנשים.

הגמרא קושרת בין המחלוקת על סמיכה של נשים למחלוקת על סמיכה ביום טוב, המחלוקת הראשונה בתולדות התורה שבעל פה, שלא הוכרעה במשך דורות.[87] הרב א"א הלוי סבור ששתי המחלוקות הללו קשורות בשאלת השיתוף של העם ושל הנשים בעבודת המקדש.[88] הסמיכה על הקורבנות היא החלק של העם בעבודת המקדש, הקושרת בין הבעלים לקורבן שהם מביאים שאותו הכוהנים מקריבים עבורם. המתירים את הסמיכה פותחים את השותפות האנושית בעבודת ה' ומאפשרים אותה. השותפות הזו, כך עולה מהסוגיה, עושה "נחת רוח", גם אם היא לא מחויבת מבחינה הלכתית, ואולי אפילו אם היא יוצרת בעיות הלכתיות אחרות.[89]

84. עירובין צו ע"א-ע"ב; ראש השנה לג ע"ב; חולין פה ע"א; חגיגה טז ע"א; ספרא ויקרא, דבורא נדבה, פרשה ב. כן משמע ממקורות נוספים שנשים קיימו מצוות שהן פטורות מהן. ראו בבלי סוכה ב ע"ב – ג ע"א על הילני המלכה שישבה בסוכה, ועירובין צו ע"א-ע"ב על מיכל בת שאול שהניחה תפילין ואשתו של יונה שעלתה לרגל.
85. ראש השנה לג ע"א על סמך המשנה ראש השנה פ"ד מ"ח.
86. בפסיקתא רבתי פכ"ב מצויין שחכמים מיחו במיכל בת שאול שהניחה תפילין.
87. משנה חגיגה פ"ב מ"ב; תוספתא חגיגה פ"ב ה"ח במהדורת ליברמן.
88. הרב א"א הלוי, המחלוקת הראשונה.
89. ניתן לזהות שתי תפיסות עיקריות בנוגע למצוות שנשים פטורות מהן: האחת היא שנשים מראש לא נצטוו, וממילא בקיום המצוות יש היבט של בל תוסיף (לדוגמה רש"י על עירובין צו ע"ב ד"ה ולא מיחו; תוספות עירובין צו ע"א ד"ה מיכל בת כושי). לחלופין, צריך לוודא שהן לא פוגעות באיסורי תורה כדי לקיים את המצוות (לדוגמה: תוספות שם). ראו דיון אצל הרב א' רזניקוביץ, חיוב ורשות, עמ' 197–199. אפשרות אחרת היא שהמצוות ניתנו לכל עם ישראל ונשים קיבלו מהן פטור, לכן הן עדיין מוגדרות כמצוות, ובקיומן יש ערך (חידושי רמב"ן קידושין לא ע"א; ר"ן על הרי"ף ראש השנה ט ע"ב. ראו גם: שו"ת מן השמים סימן א').

בחלק מן המצוות, לפחות, נפסק שנשים יכולות לקיים את המצוות. וכך כותב הראב"ד על תורת כהנים (נדבה ב'):

> איכא מ"ד [יש מי שאומר] לדעת ר' יוסי ור' שמעון אפילו סמיכה גדולה עליו[90] מותרת בנשים **שכך נתנה בתורה לאנשים חובה ולנשים רשות.**

בהמשך לקביעה שנשים סומכות רשות, קובע הריטב"א (חדושים למסכת ראש השנה כט ע"ב):

> קיימא לן [מקובל אצלנו] דנשים סומכות רשות... דאע"ג דלא מחייבי מצוה איכא עלייהו [שלמרות שאינן חייבות יש עליהן מצווה] ונוטלות עליהם שכר... וכיון דאיכא צד [שיש צד] מצוה ונוטלין שכר נראין דברים כדברי האומר שאם רצו לברך יברכו.

המחלוקת אם נשים מברכות על מצוות עשה שהזמן גרמן שהן פטורות מהן קשורה גם למחלוקת כללית בהלכות ברכות,[91] עם זאת, הריטב"א קושר את המחלוקת גם לשאלת הערך העצמי של קיום המצוות הללו בידי נשים.

אם כן, נראה שלדעת ר' יהודה, חלוקת התפקידים במצוות היא קבועה, ולכל אחד יש מצוות שהוא מצווה ואין לשנותן. אך לדעת ר' יוסי ור' שמעון, שדעתם נתקבלה להלכה, אפשר להגדיר תחום שלם של מצוות – מקדשיות וציבוריות – כמצוות שהן בגדר רשות עבור הנשים, והן אף נוטלות שכר על קיומן. אומנם יש מצוות ותחומים שבהם נמנעה מנשים היכולת להשתתף מסיבות שונות,[92] אך העיקרון הכולל הוא

90. הראב"ד מתייחס לסמיכה על הבהמה באופן שיש בו חשש איסור. סמיכה כוללת הישענות על הבהמה וממילא שימוש בבהמה, מה שנאסר לעשות בחג בשל גזירת חכמים ונאסר לעשות בקודשים שלא לצורך. כאן הראב"ד מתיר חשש איסור בשל הערך החיובי של הסמיכה, גם אם היא רשות.

91. ראו: תוספות עירובין צו ע"א ד"ה דילמא (ובמקומות נוספים), הסבור שניתן לברך על מנהג שאינו חובה, לעומת הרמב"ם (לדוגמה: הלכות ברכות פי"א הט"ז; הלכות ציצית פ"ג ה"ט) שסבור שלא. וכן במחלוקת בין השולחן ערוך לרמ"א (או"ח תקפ"ט ו). לסיכום ראו, לדוגמה: רי"ד סולוביצ'יק, רשימות שיעורים עמ' רל; הרב א' ברקוביץ, התחייבות עצמית.

92. ישנם שלושה תחומים עיקריים: א. נשים יכולות להשתתף בתפילה בציבור אך לא להיות חלק מהגדרת הציבור, בין אם כדי שהפטור יהיה אפקטיבי, ובין אם משום שבמקרה הזה האחריות והזכות באות יחד; ב. נשים מנועות ממוסדות ציבוריים כגון עדות ודיינות. אפשר שהמניעה היא

שמצוות רבות שגברים מחויבים בהן, נשים יכולות לעשות ברשות ובהתנדבות, ויש לכך ערך.

הרשות שניתנה לנשים לבחור להשתתף במצוות מסוימות גם מטילה אחריות מסוימת על הציבור.[93] הגמרא (סוכה נא ע"ב) מתארת הקצאת משאבים לצורך עשיית תיקון גדול בשמחת בית השואבה כדי לאפשר לנשים להיות שותפות בשמחה, למרות שהן פטורות ממנה במקדש.

"במקדש", "בכל ארצכם" ו"בכל מושבותיכם" – הגדרת תחומי אחריות

על פי האמור לעיל אפשר להציע שחז"ל הבינו שהתורה מתייחסת לשלושה מרחבים עיקריים של עבודת ה': במרחב המקדשי מייצגים את ה' מול העם, ואת העם מול ה' באמצעות בגדי הכהונה, עבודת הקורבנות והוראה לציבור. מרכיבים מסוימים מתוך המקדש יוצאים אל המרחב הציבורי, ומבטאים במרחב את האמונה בה', דרך יצירת קדושה בציבור, דרך בגדים ומעשים המבטאים ומנכיחים את האמונה בה', ודרך לימוד התורה. כמו כן יש מצוות שבהן הציבור שותף בעבודת המקדש. לצד אלו, יש עבודת ה' שהיא אישית ומשפחתית בבית פנימה, במרחב האינטימי והפרטי, שגם אליו מביאים את הקדושה ואת המפגש עם הקב"ה.

עם הגדרת המרחבים השונים, התורה הפקידה קבוצות שונות על כל תחום. נשים מצוות בראש ובראשונה בעבודת ה' במרחב הביתי והאישי. על המרחב הציבורי מופקדים הגברים, ועבודת המקדש נתונה בעיקר בידי הכוהנים ועוזריהם הלוויים. כמובן, על פי רוב, גם הגברים מצווים במצוות שהצטוו הנשים, וגם הכוהנים מצווים במצוות שהצטוו הגברים האחרים. לכל אדם מישראל יש עבודת ה' פרטית־אישית, וגם הכוהנים והלוויים הם חלק מהעבודה הציבורית. עם זאת, אפשר להציע שלכל קבוצה יש תחום אחריות עיקרי.[94]

חלק מחיזוק הפטור. אם נשים היו יכולות להעיד בהתנדבות, לפטור לא הייתה שום משמעות; ג. בכמה מקרים נקבע שנשים לא יקיימו את המצוות, שכן יש בכך ממד של יוהרה (רמ"א או"ח י"ז ב) או חשש לפגיעה בקיום המצווה, כגון חוסר נקיות בתפילין (רמ"א בשם הכלבו או"ח ל"ח ג). למעשה, גם את קיום מצוות התפילין של גברים צמצמו עד למאוד וניתן להבין מדוע בחרו שלא להרחיב את האפשרות של נשים לקיים מצווה זו.

93. כפי שראינו לעיל, לדעת חלק מהראשונים, מצוות השמחה של האישה מבוססת על החובה של הבעל לשמח את אשתו ולרצות אותה שתעלה איתו לרגל. כך לדוגמה דעת בעל המאור על ראש השנה א ע"א בדפי הרי"ף (ד"ה בעי ר' זירא). ולפי זה העלייה שלה לרגל מבוססת על הרצון שלה מתוך מטרה לשמח אותה.

94. דברים אלו מהדהדים בצורה מסוימת את דברי אור החיים הקדוש, שמות ל"ט לב: "ובזה מצאנו

כיוון שהגברים אחראים על עבודת ה׳ הציבורית, ממילא יש העדפה לגברים במילוי תפקיד זה. הגברים משלימים מניין, והם קודמים בקיום המצוות הציבוריות כשיש קונפליקט.[95] האחריות על הציבור מצמצמת את יכולת הבחירה של הגברים ומטילה עליהם אחריות גדולה. עם זאת, הזכות של הנשים לבחור כיצד לבטא את עבודת ה׳ שלהן, באופן פרטי או באופן ציבורי, מטילה אחריות מסוימת על הציבור. מקבלים שקלים מאת נשים ולא דוחים אותן. נשים משתתפות בשמחת בית השואבה וסומכות על קורבנות, כשהן רוצות, גם אם זה דורש מאמץ.

״ואהבת את ה׳ אלוהיך״ – עבודת ה׳ של נשים

עד השנים האחרונות, וגם לא מעט בימינו, היה מקובל לחשוב שעבודת ה׳ של נשים מתרכזת במשפחה.[96] קביעה זו קשה בעיניי, שכן אין לה ביטוי מוצק בהלכה, ואף להפך. נשים פטורות מפרו ורבו,[97] וממילא גם אין להן חובה ממשית להתחתן.[98] הן פטורות מהוראת התורה לילדיהן[99] ומהכשרתם לחיים.[100] הן בוודאי שותפות בחלק מן הדברים הללו, אך אין זו האחריות שלהן.[101]

נחת רוח כי ה׳ צוה תרי״ג מצות, ומן הנמנע שימצא אדם אחד שישנו בקיום כולם – וזה לך האות כהן ולוי וישראל ונשים... אלא ודאי שתתקיים התורה במחברת הכללות ויזכו זה מזה. והוא מה שאמר הכתוב כאן ׳ויעשו בני ישראל ככל אשר צוה ה׳׳ כינה לכולם יחד מעשה כולם, הגם שמהם הביאו הנדבה, מהם עשו מלאכה, יאמר על כללותם שעשו הכל״.

95. כשיש שאלה שנוגעת לחלוקת משאבים (זמן, כסף וכיו״ב), העדיפות היא לקיום המצוות הציבוריות של הגברים. אומנם, במקרים רבים אפשר למצוא פתרונות שיאפשרו גם לנשים לקיים את המצוות הללו.
96. ראו לעיל, הערה 32.
97. משנה יבמות פ״ו מ״ו; הסבר אחד לפטור קשור לפעולת הכיבוש (בבלי יבמות סה ע״ב), ואפשר שמדובר (גם) על פעולת כיבוש העולם, באמצעות מילוי המרחב הציבורי. השוו: עלי תמר ירושלמי יבמות פ״ח ה״ג ד״ה כתיב ע״ד אשר; שו״ת הרדב״ז חלק ג (חושן משפט) סימן עג.
98. ראו לדוגמה: רמב״ם הלכות איסורי ביאה פכ״א הכ״ו. השיקולים המצדדים בחובה להתחתן הם: חשד (רמב״ם הלכות אישות פט״ו הט״ז); מצוות ״לשבת יצרה״ (מגן אברהם קנ״ג ס״ק ט, בניגוד לעמדת החלקת מחוקק סימן א׳, סעיף ב ס״ק א) וכדי לעזור בקיום פרייה ורבייה (שו״ת הר״ן לב).
99. ביחס לחובת חינוך הילדים ישנה מחלוקת. ראו בבלי נזיר כח ע״ב – כט ע״א, לעומת סוכה ב ע״ב, וסיכום באנציקלופדיה תלמודית, ערך ׳חנוך׳. מכל מקום, מקורות רבים מציינים את עדיפות האב, ובחלק מן המקורות משמע שהדבר תלוי ברצון האם (ושיש בכך מצווה אף אם אין חיוב).
100. משנה קידושין פ״א מ״ז; בבלי קידושין כט ע״א – ל ע״ב.
101. ראו לדוגמה: בבלי ברכות יז ע״א (לעניין שותפות בלימוד תורה); בבלי סוטה יא ע״ב (לעניין שותפות בפרייה ורבייה, בתקופת שעבוד מצרים).

אז מה כן?

נשים שותפות בברית עם הקב"ה, אך מתפקידן לבטא את השותפות הזאת, קודם כול, במרחב הפרטי. היות המרחב הפרטי־אישי, המרחב הייעודי לנשים, מציגה גם את המרחב הזה כמרחב חשוב ובעל משמעות בעבודת ה'.[102] הוא כולל ריכוז של מאמצים בהתבוננות פנימה ובהבאת הקודש לכל פינה ולכל בית, ולא רק לבית הכנסת או לבית המקדש. להבנתי, תפקידן של נשים למקסם את עבודת ה' במרחב הפרטי, וזו זכותן וחובתן.[103]

לצד זאת, יש חשיבות לממד ההתנדבותי של עבודת ה'. לצד העבודה הפרטית־אישית, נשים יכולות לנוע על הציר הפרטי והציבורי לפי התחושה והרצון. הן יכולות לצרף את תפילתן לתפילת הציבור,[104] להשתתף במצוות הציבוריות או לבחור להישאר בבית. כשם שגברים, וגם נשים, יכולים לקבל על עצמם סממנים מסוימים של כהונה על ידי קבלת נזירות,[105] נשים יכולות להשתתף במצוות הציבוריות כשהן בוחרות בכך, והבחירה אצל נשים גדולה יותר. לגברים אין זכות להיפטר מהאחריות שלהם, להסתנף במרחב הפרטי ולעבוד את ה' רק באופן אישי. ואילו לנשים יש אפשרות גדולה יותר להיות שותפות בציבור. אני סבורה שזה חלק מהמהות של המרחב הפרטי־אישי – המרחב של הבחירה החופשית.

בהמשך לכך נשים לא מצוות בפרייה ורבייה, ובכל זאת רבות מהנשים מביאות ילדים לעולם, ולא רק כדי לעזור לבן הזוג לקיים את המצווה שלו. נשים רבות יעשו זאת מתוך תחושת חובה, או הזדהות עם הרעיון של "פרו ורבו ומלאו את הארץ" ואצל חלק גדול זה גם טעון בתשוקה לאימהות. יש כאן ביטוי לעבודת ה' שבאה מתוך הזדהות, רצון פנימי והשתוקקות ולא מתוך ציווי מלמעלה, עיסוק בתיקון עולם במלכות ש־די בהתנדבות וברצון שמועצמים מפני שאין חיוב.[106]

102. הסימון של אישה דתייה (כיסוי ראש, בגדים צנועים) הוא בהקשר האישי־פרטי, לעומת המדים של האיש הדתי שההגדרה שלהם היא החצנה – ציצית ותפילין (וכן כיפה). אומנם, בימי חז"ל היה ציון לגברים נשואים (קידושין כט ע"ב), ואף היום יש קהילות שבהן רק גברים נשואים לובשים טלית.

103. ראו: ר' ק"ק שפירא, האדמו"ר מפיאסצ'נה, אש קודש, פרשת חוקת, עמ' קפג–קפג.

104. יש החולקים, ראו לדוגמה: שו"ת משנה הלכות ט"ו כו ובמקורות שם.

105. על הקשר בין נזירות לכהונה, ראו לדוגמה: נ' ורשנר, ראשית הנזר, עמ' 38–50.

106. ראו משך חכמה בראשית ט' ז.

שהחיינו וקיימנו

יש לא מעט נשים שמרגישות תלושות מהזהות המשפחתית והלאומית. יש להן שם משפחה אחד ואחרי החתונה הן מחליפות אותו בשם אחר. גם אם הן בוחרות לשמור את השם הקודם, הוא לא בהכרח יעבור הלאה לילדים שלהן. לפי ההלכה, זהות האם היא שקובעת את הלאום של הילד, אבל ברמה המשפחתית והנהגת הבית, בדרך כלל זהות האב היא שקובעת. וכשם שהן מרגישות מודרות מהזהות הקיבוצית המשפחתית, כך הן מרגישות מודרות מהמרחב הציבורי, כאשר במערכת השיקולים המשפחתית האישה תישאר בבית עם הילדים והאיש ישתתף בריטואלים הציבוריים.

אני בוחרת להסתכל על הדברים אחרת. נשים גמישות בהשתייכות המשפחתית והשבטית שלהן.[107] הן עוזבות את בית הוריהן ונכנסות למשפחה חדשה.[108] הזהות המשפחתית היא אולי פחות יציבה, אבל היא גם קשורה לבחירה אישית עם מי להתחתן והיא לא מקובעת מרגע הלידה.[109] הגמישות הזאת היא חלק ממרחב הבחירה הנשי. צמצום החובות של נשים, לצד המרחב ההתנדבותי במצוות הציבוריות יותר, מאפשר מקום גדול יותר לבחירה היכן ואיך להשקיע. לצד הבחירה להשתתף בחלק גדול במצוות שמהן אני פטורה, אני גם נהנית מכך שאני זאת שבוחרת.[110] אם בעבודת ה׳ יש מרכיבים של חובה ומרכיבים של נדבה, אני מרגישה שחלק מרכזי מהעולם הדתי של נשים מבוסס על נדבה. אם זה בקיום מצוות עשה שהזמן גרמן, בלימוד והוראת התורה, בהבאת ילדים לעולם, בחינוכם ובטיפול בהם.

חלוקת עבודת ה׳ למרחבים שונים עשויה לתת ביטוי טהור לסוגים שונים של עבודה – פולחן ושירות, ציבור ופרטים. כל קבוצה אחראית להביא לידי ביטוי

107. המניינים בתורה קובעים את מספר העם לפי השתייכות שבטית ובתי אב. נשים אינן נספרות בהקשר של השתייכות שבטית.

108. ראו לדוגמה: משנה כתובות פ״ד מ״ה; פ״ט מ״ו; בבלי פסחים פז ע״א; בבלי יומא נד ע״א, ועוד.

109. מאמר חז״ל יפה ממחיש זאת (מנחות קי ע״א): ״׳הביאי בני מרחוק ובנותי מקצה הארץ׳ (ישעיהו מ״ג ו), הביאי בני מרחוק – אמר רב הונא: אלו גליות של בבל שדעתן מיושבת עליהן כבנים, ובנותי מקצה הארץ – אלו גליות של שאר ארצות שאין דעתן מיושב עליהן כבנות״. הבנות פחות מיושבות ולכן יכולות לחזור בקלות לארץ, בעוד שאנשי בבל נאחזו חזק בגלות שלהם, כמו בנים שמיושבים מאוד. נראה שזה גם קשור להבחנה ״עמוני ולא עמונית, מואבי ולא מואבית״ (יבמות עז ע״א). וראו בעלי תמר ירושלמי יבמות פ״ח ה״ג ד״ה כתיב ע״ד אשר.

110. אומנם ״גדול המצווה ועושה״, אך מצאנו מקורות שמשבחים את הבחירה להשקיע בעבודת ה׳ גם כשאין ציווי. ראוי לדוגמה, לעיל סוף פרק י״א.

מקסימלי של העבודה במרחב שלה. עם זאת, חלק מהאחריות על הביטוי הטהור של כל מרחב הוא להשפיע על המרחבים האחרים.

התחום של השירות הפולחני צריך להשפיע על האופן שהציבור והפרטים עובדים את ה׳, לדוגמה בהדגשת ההקרבה העצמית והממונית ושאיפה לקדושה. נראה לי שיש כאן גם זיקוק והנכחה של ממד העבדים בעבודת ה׳.

התחום הציבורי אמור להשפיע על התחום הפולחני, כגון בהדגשת קרבת אלוהים במסגרת של כלל, שליחות ציבורית וענווה, וגם על התחום הפרטי, לדוגמה בראיית הזהות הדתית כחלק מזהות לאומית רחבה יותר.

כך גם התחום הפרטי צריך להשפיע על התחומים האחרים – להנכיח את המקום של חיבור אישי למצוות ולקב״ה, גם במסגרת עבודה פולחנית וציבורית, להעצים את המקום של הבחירה, למשל בבחירה באילו מצוות להשקיע יותר,[111] וכן הלאה. אפשר לומר שבקשר האישי עם הקב״ה, לצד הבחירה החופשית, יש זיקוק והנכחה של ממד הבנים בעבודת ה׳. כל קבוצה אחראית על הרעיון בטהרתו, כדי שתוכל גם לתרום לקבוצות האחרות.

111. ראו פירוש המשנה לרמב״ם, מכות פ״ג מט״ז.

קיצורים ביבליוגרפיים

אבן ג'נאח, ספר השרשים	י' אבן ג'נאח, ספר השרשים, מהדורת ב"ז באכר, ברלין 1896
אברמסקי, אנטישמיות	ש' אברמסקי, "אנטישמיות קדם־אידיאולוגית במגילת אסתר", ספר גולדשטין, עורך ב"צ לוריא, חברה לחקר המקרא בישראל, ירושלים תשמ"ח, עמ' 1-23
אופנהיימר, הפרשת מעשר	א' אופנהיימר, "הפרשת מעשר ראשון במציאות שלאחר חורבן הבית השני", סיני פג, ה/ו (תשל"ח), עמ' רסז-רפז
אורבך, חז"ל	א"א אורבך, חז"ל, פרקי אמונות ודעות, ירושלים תשמ"ג (הדפסה חמישית)
אלבק, מועד	ח' אלבק, ששה סדרי משנה, סדר מועד, ירושלים־תל אביב 1958
אלגביש, הנהגת ה'	ד' אלגביש, "הנהגת ה' את עולמו במגילת אסתר", מחקרי חג 6 (תשנ"ה), עמ' 38-44
אלון, מחקרים	ג' אלון, מחקרים בתולדות ישראל, א-ב, תל אביב תשי"ח

אלינסון, האשה והמצוות	א"ג אלינסון, האשה והמצוות, ירושלים תשל"ט
אל־קירקיסאני, כיתאב	Yaqub al-Qirqisani, Kitab al-Anwar wal-Maraqib; ed. Leon Nemoy, 5 vol., NY, 1939-1943
אפשטיין, הזכרת שתי הלחם	י' אפשטיין, "הזכרת שתי הלחם בשבועות", https://katzr.net/7062c3
אפשטיין, מבואות	י"נ אפשטיין, מבואות לספרות התנאים: משנה, תוספתא ומדרשי הלכה, עורך: ע"צ מלמד, ירושלים־תל אביב תשי"ז
אריאל, מור והדס	י' אריאל, מור והדס – עיונים בדניאל ואסתר, חספין 2000
אריאל, עוז מלך	י' אריאל, עוז מלך, עיונים בספר שמואל, חספין, תשנ"ו
ארמסטרונג, ארגון	Armstrong, D., Organization in the Mind, Psychoanalysis, Group Relations and Organizational Consultency, FL 2018
ארדט, על חילוניותה	נ' ארדט, "על חילוניותה של מגילת אסתר ו'תהפוכותיה'", תרביץ מ"ט (תש"ם), 236–223
אשחר, נר חנוכה משמאל	י' אשחר, "שתהא נר חנוכה משמאל ומזוזה בימין", שיר למעלות ה (תשס"ו), עמ' 327–341
בויארין, מדרש	ד' בויארין, מדרש תנאים: אינטרטקסטואליות וקריאת מדרש, תרגם: דוד לוביש, ירושלים תשע"א
בויארין, קולות	Boyarin, D., "Voices in the Text: Midrash and the Inner Tension of Biblical Narrative", Review Biblique 93-4 (1986), pp. 581-597
בוצ'קו, אור היהדות	ירחמיאל בוצ'קו, אור היהדות, דרוש ועיון בפרשיות השבוע, הגות ומוסר, ירושלים תש"ס

בזק, וכאשר אבדתי	א׳ בזק, "׳וכאשר אבדתי אבדתי׳ – בין בת שבע לאסתר", הדסה היא אסתר, עורך: א׳ בזק, אלון שבות תשנ"ז, עמ׳ 33–46
בזק, זמן מתן תורה	א׳ בזק, "זמן מתן תורה, תגובה למאמרו של מ׳ בן־ישר שפורסם במגדים י"א", מגדים יג (תשנ"א), עמ׳ 107–112
בזק, כניסת הכוהן	א׳ בזק, "כניסת הכוהן הגדול לקודש הקודשים", אתר VBM
בזק, נצחוני בני	א׳ בזק, נצחוני בני, שאלות יסוד בלימוד תורה שבעל פה, ראשון לציון 2020
בזק, פסח וסוכות	א׳ בזק, "פסח וסוכות, משכן ומקדש", ובחג הסוכות, אלון שבות תשע"ג, עמ׳ 117–126
בזק, פרשת החדש	א׳ בזק, "פרשת החדש: ייחודו של קורבן פסח", אתר VBM
ביגמן, חולו של מועד	ע׳ ביגמן "חולו של מועד, איסור מלאכה בחול המועד במלאכות שאינן של טירחה", פתיחתא ט׳ (תשס"ו), עמ׳ 49–54
בלידשטיין, הבאת ביכורים	י׳ בלידשטיין, "הבאת ביכורים בהלכת חז"ל", אשל באר שבע א (תשל"ו), עמ׳ 78–87
בלידשטיין, לא מסרן	י׳ בלידשטיין, "׳לא מסרן הכתוב אלא לחכמים׳ – לגלגולי הניב ומשמעותו", נטועים יד (תשס"ז), עמ׳ 9–29
בלידשטיין, לתוקפו של המושג	י׳ בלידשטיין, "לתוקפו של המושג ׳מצוות עשה שהזמן גרמן׳ במשנת הרמב"ם", סיני קכח (תשס"א), עמ׳ סו–עא
בן יהודה, מילון	א׳ בן יהודה, מלון הלשון העברית הישנה והחדשה, ירושלים תש"ה

בן נון, חג האסיף
י׳ בן נון, ״חג האסיף וחג הסוכות״, https://katzr.net/d7d4d8

בן נון, חמץ ומצה
י׳ בן נון, ״חמץ ומצה בפסח, בשבועות ובקרבנות הלחם״, מגדים יג (תשנ״א), עמ׳ 45-25

בן נון, יום ייסוד
י׳ בן נון, ״יום ייסוד היכל ה׳ (על פי נבואות חגי וזכריה)״, מגדים יב (תשנ״א), עמ׳ 97-49

בן נון, מגילת ההפך
י׳ בן נון, ״מגילת ההפך״, הדסה היא אסתר, עורך: א׳ בזק, אלון שבות תשנ״ז, עמ׳ 54-47

בן נון, ראש השנה
י׳ בן נון, ״ראש השנה או ראשית השנה״, בראש השנה יכתבון, קובץ מאמרים על ראש השנה, עורך: א׳ בזק, אלון שבות תשס״ג, עמ׳ 19-11

בן נון, היום השמיני
י׳ בן נון, ״היום השמיני ויום הכיפורים״, מגדים ח (תשמ״ט), עמ׳ 34-9

בן נון, זכור ושמור
י׳ בן נון, ״׳זכור ושמור בדיבור אחד נאמרו׳״, מגדים ט (תש״ן), עמ׳ 26-15

בנוביץ, נדר האיסור
מ׳ בנוביץ, ״נדר האיסור בתקופת הבית השני ובספרות התנאים: מוצאו ומשמעו״, תרביץ סד, ב (תשנ״ה), עמ׳ 228-203

בר אשר, לבירור עניינם
מ׳ בר אשר, ״לבירור עניינם של שני מדרשי לשון״, מחקרים בלשון חכמים, כרך ג, ירושלים תשע״ח, עמ׳ 315-307

ברויאר, ביאה ריקנית
מ׳ ברויאר, ״ביאה ריקנית וקטורת חסרה״, מגדים כז (תשנ״ז), עמ׳ 54-43

ברויאר, מקראות
מ׳ ברויאר, ״מקראות שיש להם הכרע״, מגדים י (תש״ן), עמ׳ 112-97

ברויאר, נס פורים
מ׳ ברויאר, ״ייחודו של נס פורים״, הדסה היא אסתר, עורך: א׳ בזק, אלון שבות תשנ״ז, עמ׳ 71-55

ברויאר, פסח מצרים	מ' ברויאר, "פסח מצרים ופסח דורות", מגדים כ (תשנ"ג), עמ' 9–19
ברויאר, פרקי מועדות	מ' ברויאר, פרקי מועדות, כרך א-ב, ירושלים תשנ"ג [מהדורה שלישית]
ברויאר, ראשי שנים	מ' ברויאר, "ארבעה ראשי שנים", עלון שבות 80
ברלין, אסתר	א' ברלין, אסתר, מקרא לישראל, ירושלים ותל אביב, תשס"א
ברנד, בראש השנה	י' ברנד, "ראש השנה והושענא רבה – מחגי מקדש לימי דין", בראש השנה ייכתבון, אלון שבות תשס"ג, עמ' 21–39
ברנדס, הטעם כמעצב	י' ברנדס, "הטעם כמעצב הלכה – עיון במצוות הדלקת נר שבת", אקדמות יב (תשס"ב), עמ' 209–234
ברקוביץ, הדף הקיומי, מועד	ד' ברקוביץ, הדף הקיומי, תובנות לחיים בסוגיות התלמוד, מועד, חגיגה-יומא, ירושלים 2013
ברקוביץ, התחייבות עצמית	א' ברקוביץ, "התחייבות עצמית של נשים במצות עשה שהזמן גרמא", סיני ק (1987), עמ' קפז-קצד
בשייצי, אדרת אליהו	א' בשייצי, ספר המצוות אדרת אליהו לר' אליהו בשייצי, אודסה ה'תרל"א
גבריהו, תועבות מצרים	ח"מ גבריהו, "תועבות מצרים", מחניים כח (1956), עמ' 57–60
גודינגר (דרייפוס), מצות חגיגה	ח' גודינגר (דרייפוס), "לביאורה של מצות חגיגה: אופיו של המפגש עם הקב"ה בעת העליה לרגל", דרישה 4 (תשע"ט), עמ' 89–116
גוטל, מקדש ומדינה	נ' גוטל, "מקדש ומדינה – הגדרות וביאורן", אור המזרח ל, ב [קה] (תשמ"ב), עמ' 3–26
גוטל, שלמי שמחה	נ' גוטל, שלמי שמחה, עיוני מועדים וזמנים, ירושלים תשע"ו

גויטיין, עיונים במקרא	ש"ד גויטיין, עיונים במקרא, תל אביב תשי"ז
גולדברג, שבת	א' גולדברג, פירוש למשנה מסכת שבת, ירושלים תשל"ו
גולדשמידט, הגדה	ד' גולדשמידט, הגדה של פסח, מקורותיה ותולדותיה, ירושלים תשכ"ט
גולדשמידט, מחקרי תפילה	ד' גולדשמידט, מחקרי תפילה ופיוט, ירושלים תשל"ט
גולינקין, האם חייבים לצום	ד' גולינקין, "האם חייבים לצום בתשעה באב ובשאר הצומות שנקבעו כזכר לחורבן", אתר מכון שכטר למדעי היהדות
גורן, מועדי ישראל	ש' גורן, מועדי ישראל, תל אביב 1993
גורן, נשים במצוות	ש' גורן, "נשים במצוות עשה שהזמן גרמן", מחנים צח (תשכ"ה), 10-16
גושן־גוטשטיין, אלוהים וישראל	א' גושן־גוטשטיין, אלהים וישראל כאב ובן בספרות התנאית, עבודת דוקטורט, ירושלים תשמ"ז
גיגי, ובחג נידונין	ב' גיגי, "ובחג נידונין על המים", ובחג הסוכות, אלון שבות תשע"א, עמ' 72-91
גילת, פרקים	י"ד גילת, פרקים בהשתלשלות ההלכה, ירושלים תשנ"ב
גינדין, מגילת אסתר	ת"ע גינדין, מגילת אסתר: מאחורי המסכה, מהדורה מורחבת ומתוקנת, ישראל תשפ"ב
גלאט־גלעד, כבוד ה'	D.A. Glatt-Gilad, "Yahweh's Honor at Stake: A Divine Conundrum", *JSOT* 98 (2002), pp. 63-74.
גן, מגילת אסתר	מ' גן, "מגילת אסתר באספקלריית קורות יוסף במצרים", תרביץ לא (תשכ"ב), עמ' 144-149

גנזל, צום השביעי	ט' גנזל, "למשמעות המשך קיומו של צום השביעי בימי שיבת ציון", שנתון לחקר המקרא והמזרח הקדום כ (תש"ע), עמ' 69-51
גפני, ראיית פני	ח' גפני, "ראיית פני הא־ל ברגל וחתימתה של מסכת מגילה", נטועים כא (תש"ף), עמ' 37-25
גרובר, דימויים נשיים	מ' גרובר, "דימויים נשיים בזיקה לה' בישעיהו השני", באר שבע ב (תשמ"ה), עמ' 84-75
גרוסמן, אדם המתאבל	י' גרוסמן, "אדם המתאבל על עצמו", פרשת תזריע־מצורע, אתר VBM
גרוסמן, בין משתה לצום	י' גרוסמן, "בין משתה לצום במגילת אסתר", הדסה היא אסתר, עורך: א' בזק, אלון שבות תשנ"ז, עמ' 91-73
גרוסמן, במשך היובל	י' גרוסמן, "במשוך היובל המה יעלו בהר", אתר VBM
גרוסמן, המוציא לחם	י' גרוסמן, "המוציא לחם מן הארץ: יום החמישים בויקרא כ"ג", ובחג השבועות – קובץ מאמרים על חג השבועות, עורך: י' ברזילאי, אלון שבות תשפ"ב, עמ' 40-11
גרוסמן, המן וקרבן	י' גרוסמן, "המן וקרבן הפסח", עלון שבות 153 (תשנ"ט)
גרוסמן, וירא את המקום	י' גרוסמן, "'וירא את המקום מרחק' – עקדת יצחק כסיפור רקע לברית האגנות ולסיפורים נוספים", מגדים כה (תשנ"ו), עמ' 85-79
גרוסמן, מגילת סתרים	י' גרוסמן, אסתר – מגילת סתרים, ירושלים 2013
גרוסמן, מכפרת המשכן	י' גרוסמן, "מכפרת המשכן אל כפרת הגבולין (ויקרא כ"ג, כו-לב)", וביום צום כיפור ייחתמון, קובץ מאמרים על יום הכיפורים, עורך: א' בזק, אלון שבות תשס"ה, עמ' 23-11

גרוסמן, קורבנות המוספים	י' גרוסמן, קורבנות המוספים (לפרשת פנחס), אתר VBM
גרוסמן, תורת הקורבנות	י' גרוסמן, תורת הקורבנות, מחוות של בשר ורוח, ירושלים תשפ"א
גרטנר, אפיית מצה	י' גרטנר, "אפיית מצה בערב פסח, מקורות המנהג והשתלשלותו", סיני פב (תשל"ח), עמ' 123-139
גרנות, חג הסוכות	ת' גרנות, "חג הסוכות כחג ה' וכגולת הכותרת של חגי תשרי", ובחג הסוכות, אלון שבות תשע"א, עמ' 33-71
גרשוני, קול צופיך	י' גרשוני, ספר קול צופיך, בירורים הלכתיים בעניינים שונים ובמיוחד בבעיות העומדות כיום על הפרק, ירושלים תש"מ
דובדבני, מעשה העקידה	מ' דובדבני, "מעשה העקידה – הנסיון הכפול", מגדים מט (תשס"ט), עמ' 9-22
הדסי, אשכול הכפר	יהודה בן אליה הדסי, ספר אשכול הכפר, מהד' דניאל י' לסקר (העומדת לצאת)
הולצמן, כבתה אין זקוק לה	ב' הולצמן, "'כבתה – אין זקוק לה': על סוגיה בהלכות נר חנוכה", מעגלים ד (תשס"ה), עמ' 27-35
הורביץ, בין לשון ללשון	א' הורביץ, בין לשון ללשון: לתולדות לשון המקרא בימי בית שני, ירושלים תשל"ב
הימלפרב, חובת ההבדלה	ש' הימלפרב, "חובת ההבדלה לנשים: האם הבדלה היא מצוות עשה שהזמן גרמה", דרישה 3 (תשע"ח), עמ' 13-30
הירושלמי, המדריך המספיק	ת' הירושלמי, ספר אלמרשד אלכאפי [המדריך המספיק], הודפס ונערך ע"י ב' טולידאנו, תל אביב תשכ"א

הכהן, לפני ה׳ יראה	אביה הכהן, לפני ה׳ יראה, עיונים במסכת חגיגה, עין צורים תשע״ד
הלוי, המחלוקת הראשונה	א״א הלוי, ״המחלוקת הראשונה (פרק בתולדות ההלכה)״, תרביץ כח (תשי״ט), עמ׳ 157-154
הנקין, ט״ו באב	א׳ הנקין, ״ט״ו באב – המחולות והחג״, עלוני ממרא 122 (תשס״ט), עמ׳ 74-49
הנשקה, זמנו של ההקהל	ד׳ הנשקה, ״אימתי הוא זמנו של ההקהל? (לתלמודם של תנאים)״, תרביץ סא (תשנ״ב), עמ׳ 192-177
הנשקה, מגילת אסתר	ד׳ הנשקה, ״מגילת אסתר – תחפושת ספרותית״, הדסה היא אסתר, עורך: א׳ בזק, אלון שבות תשנ״ז, עמ׳ 106-93
הנשקה, מדרש	ד׳ הנשקה, ״מדרש ארמי אבד אבי״, סידרא ד (תשמ״ח), עמ׳ 52-33
הנשקה, מה נשתנה	ד׳ הנשקה, מה נשתנה? ליל הפסח בתלמודם של תנאים, ירושלים תשע״ו
הנשקה, ממחרת השבת	ד׳ הנשקה, ״׳ממחרת השבת׳ – מבט חדש״, מגדים יד (תשנ״א), עמ׳ 26-9
הנשקה, מצות הפורים	ד׳ הנשקה, ״מצוות הפורים״, כתלנו יב (תשמ״ז), עמ׳ 83-77
הנשקה, פרשיות מעשר	ד׳ הנשקה, ״לתולדות פרשנותן של פרשיות מעשר: בין מגילת המקדש לחז״ל״, תרביץ עב, א-ב (תשס״ג), עמ׳ 111-85
הנשקה, שופר בשבת	ד׳ הנשקה, ״תקיעת שופר בשבת״, סידרא ח (תשנ״ב), עמ׳ 37-19
הנשקה, שמחת הרגל	ד׳ הנשקה, שמחת הרגל בתלמודם של תנאים, ירושלים תשס״ז

הראובני, טבע ונוף	נ׳ הראובני, טבע ונוף במורשת ישראל, נאות קדומים 1980
הרבתר, מתן תורה	ד׳ הרבתר, ״האם מתן תורה בסיני הוא סיבתה ותכליתה של יציאת מצרים״, ובחג השבועות – קובץ מאמרים על חג השבועות, עורך: י׳ ברזילאי, אלון שבות תשפ״ב, עמ׳ 109-123
השל, השבת	א״י השל, השבת, תרגום: אלכסנדר אבן־חן, תל אביב 2003
וולפיש, דברי שלום	א׳ וולפיש, ׳דברי שלום ואמת׳, הדסה היא אסתר, עורך: א׳ בזק, אלון שבות תשנ״ז, עמ׳ 107-137
וולפיש, יום הדין	א׳ וולפיש, ״יום הדין בתורת התנאים״, בראש השנה יכתבון, קובץ מאמרים על ראש השנה, עורך: א׳ בזק, אלון שבות תשס״ב, עמ׳ 61-86
וולפיש, מבנה וסדר	א׳ וולפיש, ״מבנה וסדר במשניות מסכת פסחים״, עלון שבות בוגרים ב (תשנ״ד)
וולפיש, מן הנעשה	א׳ וולפיש, ׳מן הנעשה בתחום המשנה׳, נטועים יד (תשס״ז), עמ׳ 140-145
וולפיש, משחקי לשון	א׳ וולפיש, ״משחקי לשון במשנה״, נטועים ב (תשנ״ה), עמ׳ 75-95
וולפיש, שיטת העריכה	א׳ וולפיש, שיטת העריכה הספרותית במשנה על פי מסכת ראש השנה, חיבור לשם קבלת תואר דוקטור לפילוסופיה, ירושלים תשס״א
וולפיש, שיקולים ספרותיים	א׳ וולפיש, ״שיקולים ספרותיים בעריכת המשנה ומשמעויותיהם״, נטועים א (תשנ״ד), עמ׳ 33-60
וולפיש, שישה פרקים	א׳ וולפיש, ״שישה פרקים מחפשים עורך, עיון בפרקי הפתיחה של המשנה במסכת שבת״, אסופות ז (2018), עמ׳ 83-93

וולפיש, תקבולת במשנה	א' וולפיש, "תקבולת במשנה", נטועים ג (תשע"ו), עמ' 59–86
וייס, משוט במקרא	ר' וייס, משוט במקרא, ירושלים תשל"ו
וינפלד, המעשר במקרא	מ' וינפלד, "המעשר במקרא – רקעו הממלכתי והפולחני", באר שבע א (תשל"ג), עמ' 122–130
ורשנר, ראשית הנזר	נ' ורשנר, ראשית הנזר: אסופת מערכות על מסכת נזיר, ירושלים תשע"ה
זהר, קובץ זר	נ' זהר, "'אמר ר' עקיבא': עיון לדוגמה במשמעות שילובו של קובץ 'זר' בעריכת המשנה", תרביץ ע (תשס"א), עמ' 353–366
זהרי, שיכולי אותיות	מ' זהרי, שיכולי אותיות וכפלי צורות בשפה העברית, ירושלים תשנ"א
זוין, המועדים בהלכה	הרב ש"י זוין, המועדים בהלכה, ירושלים תש"ט
זוין, לשיטות	הרב ש"י זוין, "לשיטות בית שמאי ובית הלל", בתוך: לאור ההלכה, בעיות ובירורים, ירושלים תש"ו, עמ' קעד-קפ
זולדן, גאולת הארץ	י' זולדן, "גאולת הארץ והמקדש והצומות", אמונת עתיך 24 (תשנ"ח), עמ' 7–13
זולדן, הסוכה בבית המקדש	י' זולדן, "הסוכה בבית המקדש והישיבה בה", מועדי יהודה וישראל, מרכז שפירא תשס"ד, עמ' 95–112
זולדן, הקהל ומועדי תשרי	י' זולדן, "הקהל ומועדי תשרי בימי עזרא ונחמיה" שמעתין 117–118 (תשנ"ד), עמ' 5–11
זולדן, מועדי ישראל	י' זולדן, מועדי ישראל ויהודה: המועדים וזיקתם לארץ, למדינה ולמקדש, אור עציון תשס"ד
זילבר, הקבלת פני	ע' זילבר, "הקבלת פני רבו ברגל", ממעין מחולה ח' (תשנ"ט), עמ' 156–174

זקוביץ, בארץ המראות	י' זקוביץ, מקראות בארץ המראות, תל אביב תשנ"ה
זקס, מועדים לשיחה	י' זקס, מועדים לשיחה, קריאות חדשות בחגי ישראל, תרגם: צ' ארליך, ישראל 2019
זר־כבוד, זכריה	מ' זר־כבוד, זכריה, דעת מקרא, ירושלים תש"ן
חכם, אסתר	ע' חכם, פירוש למגילת אסתר, בתוך: חמש מגילות, דעת מקרא, ירושלים תש"ן
טוקר, ארבעת הצומות	נ' טוקר, "סוגיית ארבעת הצומות ותוקפם כזכר לשריפת המקדש ולחורבן העיר ירושלים", מחקרי חג 4 (תשנ"ב), עמ' 57–72
טיגאי, דברים	Tigay, J.H., *Deuteronomy, The JPS Torah Commentary,* Philadelphia 1996,
ידין, מגילת המקדש	מגילת המקדש, ההדיר וצירף מבוא ופירוש יגאל ידין, כרך ראשון מבוא, ירושלים תשל"ז
יוספוס, קדמוניות	י' בן מתתיהו (פלביוס יוספוס), קדמוניות היהודים, תרגם מיוונית וצירף מבוא, הערות וביאורים, מפות ותמונות: א' שליט, כרך א', ירושלים־תל אביב, תש"ד
יסלזון, אבינו מלכנו	ש' יסלזון, "'אבינו מלכנו' – מקורותיו במקרא ובתלמוד", המעין מו, א (תשס"ו), עמ' 12–16
יעקבסון, נתיב בינה	י' יעקסון, נתיב בינה, כרך ה', תל אביב 1978
כהן, ממחרת השבת	ש' כהן, "'ממחרת השבת'", מגדים ד (תשמ"ח), עמ' 75–83
כהן, אסתר	ג"ח כהן, מבוא למגילת אסתר, בתוך: חמש מגילות, דעת מקרא, ירושלים תשנ"ד
כהן, התרמודאים	ת' כהן, "התרמודאים וזיקתם לחג החנוכה", שיר למעלות ג (תשס"א), עמ' 21–39
כהן (הנזיר), קול ואור	ד' כהן (הנזיר), ספר קול ואור, שביבי אורות ראש השנה, ירושלים תשמ"ז

כי טוב, ספר התודעה	א׳ כי טוב, ספר התודעה, חלקים א-ג, מהדורה שלישית ערוכה בידי חנוך ויוסף בן ארזה, ירושלים תשס״ח
כסלו, והאכילנו את המן	א׳ כסלו, ״׳והאכילנו את המן ונתן לנו את השבת׳ למשמעות ׳ממחרת השבת׳״, מגדים טז (תשנ״ב), עמ׳ 43–53
כ״ץ, הרבנות הראשית	ש׳ כ״ץ, ״הרבנות הראשית ויום ירושלים, החלטות, תפילות ומנהגים״, הרבנות הראשית לישראל ב (תשס״ב), עמ׳ 967–992
כשר, הגדה שלמה	מ״מ כשר, הגדה שלמה, סדר הגדה של פסח עם חילופי נוסחאות, הערות וציונים וילקוט פירושים, בצרוף מבוא על נוסח ההגדה והשתלשלותו ובירור עניינים שונים הנוגעים לליל הסדר, ירושלים תשכ״א
לאו, ביטול הצומות	ב׳ לאו, ״הדיון על ביטול הצומות״, https://www.makorrishon.co.il/nrg/online/1/ART/962/172.html
לאו, חכמים א	ב׳ לאו, חכמים, כרך ראשון: ימי בית שני, ישראל 2009
לוי, ושלח את הגשם	ב״י לוי, ושלח את הגשם, עיונים לראשית השנה, תרגום: א׳ סקסטין, ישראל 2013
לוין, ויקרא	Levine, B.A. Leviticus, The JPS Torah Commentary, PA-NY-JM 1989
ליבוביץ, הפייסות	ש׳ ליבוביץ, ״הפייסות ביום הכיפורים – ההלכה והפיוטים״, עלון שבות 134 (תשנ״ב), עמ׳ 55–67
ליברמן, תוספתא כפשוטה, ד	ש׳ ליברמן, תוספתא כפשוטה, חלק ד, סדר מועד, ניו יורק וירושלים תשס״ב
ליברמן, תוספתא כפשוטה, ה	ש׳ ליברמן, תוספתא כפשוטה, חלק ה, נויארק תשכ״ב

ליכט, מולך	י״ש ליכט, ״מלך, העברת בנים למלך״, אנציקלופדיה מקראית, כרך ד, ירושלים תשכ״ג, עמ׳ 1113–1118
ליכט, מועדי ישראל	י״ש ליכט, מועדי ישראל, זמנים ומועדים בתקופת המקרא ובימי בית שני, ירושלים תשמ״ח
ליכט, סוכות	י״ש ליכט, ״סכות, חג הסוכות״, אנציקלופדיה מקראית, כרך ה׳, ירושלים תשל״ח, עמ׳ 1037–1043
ליכטנשטיין, אין יסוד	מ׳ ליכטנשטיין, ״אין יסוד לתענית גשמים״, https://katzr.net/66cf69
למברט, צום	Lambert, D.A., "Fasting as a penitential rite: a biblical phenomenon?", Harvard Theological Review 96,4 (2003), 477-512
לנדאו, עלייה לרגל	ב׳ לנדאו, ״עלייה לרגל – ברגל״, מעלין בקדש יט (תש״ע), עמ׳ 129–132
לסקר, קראות	Lasker, D.J., Karaism, An Introduction to the Oldest Surviving Alternative Judaism, London 2022
לסקר, קראים	Lasker, D.J., From Judah Hadassi to Elijah Bashyatchi: Studies in Late Medieval Karaite Philosophy, Leiden and Boston, 2008
לפשיץ, יש אם	ב׳ לפשיץ, ״יש אם למסורת״, תרביץ סב, ג (תשנ״ג), עמ׳ 447–454
לפשיץ, תיארוכו של מתן תורה	א׳ לפשיץ, ״תיארוכו של מתן תורה במקורות חז״ל״, נטועים טז (תש״ע), עמ׳ 33–68
מאק, הנרות הללו	ח׳ מאק, ״׳הנרות הללו׳: גלגולה של תפילה״, https://www.makorrishon.co.il/judaism/425397/
מדן, איפה ואיפה	י׳ מדן, ״איפה ואיפה – עיון בפרשיות נדודי ישראל במדבר״, מגדים יז (תשנ״ב), עמ׳ 64–70

מדן, גדרי	י' מדן, "גדרי חול המועד", עלון שבות 180, עמ' 42–13
מדן, ומרדכי לא יכרע	י' מדן, "'ומרדכי לא יכרע ולא ישתחוה' – מדוע?", הדסה היא אסתר, עורך: א' בזק, אלון שבות תשנ"ז, עמ' 151–170
מדן, נסיון מרה	י' מדן, "פרשת בשלח, נסיון מרה", אתר VBM
מייטליס, לראות את פני	י' מייטליס, "האם ניתן לראות את פני ה'? למשמעות קריאת התורה בשבת חול המועד", ובחג הסוכות, אלון שבות תשע"א, עמ' 373–376
מילגרום, במדבר	J. Milgrom, *Numbers, The JPS Torah Commentary,* NY-Philadelphia 1990
מילר, דמדומים	Miller, P.E., *At the Twilight of Byzantine Karaism: the Anachronism of Judah Gibbor,* NY 1985
מלמד, פרקי מבוא	ע"צ מלמד, פרקי מבוא לספרות התלמוד, ירושלים תשל"ג
מרגליות, החילוקים	מ' מרגליות, החילוקים שבין אנשי מזרח ובני ארץ ישראל, ירושלים תרצ"ח
מרגליות, המאבק הסמוי	מ' מרגליות, "המאבק הסמוי בין אלהי ישראל לבין המן: הבטים מנטיים במגילת אסתר", בית מקרא כג (תשל"ח), עמ' 292–300
מרגליות, ממקום אחר	מ' מרגליות, "'ממקום אחר' – אסתר ד' יד", בית מקרא לא (תשמ"ו), עמ' 6–9
מרגלית, הזמנים הראוים	ע"מ מרגלית, "הזמנים הראויים לעליה לרגל ומשמעות ראיית פני ה' (עיון במשנת השפת אמת)", מעלין בקדש כז (תשע"ד), עמ' 151–157
מרקוס, מכפרת המקדש	י' מרקוס, מכפרת המקדש לכפרת הקהל, יום הכיפורים במקדש במקורות התנאיים, רמת גן תשפ"ב

נאה, אין אם	ש' נאה, "אין אם למסורת: או האם דרשו התנאים את כתיב התורה שלא כקריאתו המקובלת", תרביץ סא (תשנ"ב), עמ' 455-462
נאה, המחזור השבע־שנתי	ש' נאה "על המחזור השבע־שנתי של הקריאה בתורה בארץ ישראל", תרביץ עד, א (תשס"ה), עמ' 167-187
נאה, קריאת התורה	ש' נאה, "סדרי קריאת התורה בארץ ישראל: עיון מחודש", תרביץ סז, ב (תשנ"ח), עמ' 167-187
נאור, אמונת עיתיך	ב' נאור, אמונת עיתיך: המועדים בהלכה ובאגדה, במחקר ובסוד, ירושלים תשמ"ז
נאמן, ארץ העמים	י' נאמן, "ארץ העמים – מבט הסטורי", סיני קיט (שבט-אדר תשנ"ז), עמ' רנו-רסא
נבנצאל, ירושלים במועדיה	א' נבנצאל, ירושלים במועדיה, שבת קדש, חלק א, ירושלים תש"ע, עמ' עה-עו
נגן, חג הסוכות	י' נגן (גנק), חג הסוכות במחשבת חז"ל: ניתוח של מוטיבים בהלכות חג הסוכות בספרות התלמודית, חיבור לשם קבלת התואר דוקטור לפילוסופיה, ירושלים תשס"ד
נגן, מצוות סוכה	י' נגן (גנק), "מצוות סוכה בהלכה של חז"ל: בין בית למקדש", דעת 42 (תשנ"ט), עמ' 137-164
נגן, נשמת המשנה	י' נגן, נשמת המשנה, קריאה ספרותית וחיפוש משמעות, ישראל תשע"ו
נויברט, לגעת בזמן	ר' נויברט, לגעת בזמן, החגים כחוויה בעולם המדרש, ראשון לציון 2016
נויברט, שמירת שבת כהלכתה	י"י נויברט, שמירת שבת כהלכתה, ב כרכים, ירושלים תשמ"ט

נוישטטר, מצוות שילוח	ד׳ נוישטטר, ״מצוות שילוח טמאים לפי הרמב״ם״, מעלין בקודש כז (תשע״ד), עמ׳ 118-103
נעם, מגילת תענית	ו׳ נעם, מגילת תענית, הנוסחים, פשרם, תולדותיהם, בצירוף מהדורה ביקורתית, הוצאת יד יצחק בן צבי, ירושלים תשס״ד
נתנאל, לשון בתחפושת	א׳ נתנאל, ״לשון בתחפושת״, הדסה היא אסתר, עורך: א׳ בזק, אלון שבות תשנ״ז, עמ׳ 193-171
סבתו, הכוהנים הלוויים	מ׳ סבתו, ״הכוהנים הלוויים ומעשה העגל״, מגדים ב (תשמ״ז), עמ׳ 31-23
סבתו, משגיא לגוים	מ׳ סבתו, ״משגיא לגוים – ויאבדם״, הדסה היא אסתר, עורך: א׳ בזק, אלון שבות תשנ״ז, עמ׳ 196-203
סבתו, משנה מגילה	מ׳ סבתו, ״עיון במשנה מגילה ד, א לאור מגמת עריכתה של המסכת״, סידרא כו (תשע״א), עמ׳ 139-117
סגל, כה עשו חכמינו	י׳ סגל, כה עשו חכמינו, מאגדות חז״ל, צפת תשל״ו
סדר רב עמרם גאון	סדר רב עמרם גאון, הוצאת גולדשמידט ירושלים תשל״ב
סולוביצ׳יק, זמן חרותנו	הרי״ד סולוביצ׳יק, זמן חרותנו, על חג הפסח ועל ההגדה, תרגום: א׳ שנאן, תל אביב 2010
סולוביצ׳יק, מועדי הרב	הרי״ד סולוביצ׳יק, מועדי הרב, שיעורים מפי השמועה של מרן הגאון האמיתי הרב ר׳ יוסף דב הלוי סלוביצ׳יק זצ״ל על המועדים, ערוך בתוספת עיונים בהלכה על פי משנת הרב, מאת: ש״ז פיק, רמת גן תשס״ג
סולוביצ׳יק, רשימת שיעורים	הרי״ד סולוביציק, רשימות שיעורים על מסכת סוכה, ניו־יורק תש״נ

סולוביצ׳יק, שופר	הרי״ד סולוביצ׳יק, ״בגדר מצות תקיעת שופר״, מסורה ו (תשנ״ב), עמ׳ יט-כב
סולוביצ׳יק, שיח הגרי״ד	הרי״ד סולוביצ׳יק, הגדה של פסח שיח הגרי״ד, עורך: י״א ליכטנשטיין, ירושלים תשנ״ה
סולוביצ׳יק, שיעורים	הרי״ד סולוביצ׳יק, שיעורים לזכר אבא מרי, כרך א, מוסד הרב קוק, ירושלים תשס״ג
סוקולוב, מילון	Sokoloff, M., *A Dictionary of Jewish Babylonian Aramaic*, Ramat Gan, Baltimore and London, 2002
סמט, הבאת ביכורים	א׳ סמט, ״הבאת ביכורים ומקרא ביכורים (כ״ו, א-יא)״, בתוך: עיונים בפרשות השבוע, ירושלים תשס״ב, עמ׳ 364–382
ספר היובלים	כ׳ ורמן, ספר היובלים: מבוא, תרגום ופירוש, ירושלים 2015
ספראי וורנהורסט, הפרשת תרומות	ז׳ ספראי ומ׳ ורנהורסט, ״הפרשת תרומות ומעשרות בברית החדשה״, דרכי דניאל, מחקרים במדעי היהדות לכבוד הרב פרופסור דניאל שפרבר, עורך: א׳ פרזיגר, רמת גן תשנ״ז, עמ׳ 67–89
ספראי, הגדת חז״ל	ש׳ וז׳ ספראי, הגדת חז״ל, הגדה של פסח, ירושלים תשנ״ח
ספראי, העלייה לרגל	ש׳ ספראי, העלייה לרגל בימי הבית השני, תל אביב 1965
ספראי, משנה ביכורים	ש׳ וז׳ ספראי (בהשתתפות ח׳ ספראי), משנת ארץ ישראל, מסכתות עורלה, ביכורים (זרעים ח), ירושלים תשע״א
ספראי, משנה יומא	ש׳ וז׳ ספראי (בהשתתפות ח׳ ספראי), משנת ארץ ישראל, מסכת יומא (מועד ו), ירושלים תש״ע

ספראי, משנה סוכה	ש' וז' ספראי (בהשתתפות ח' ספראי), משנת ארץ ישראל, מסכת סוכה (מועד ז), עם מבוא ופירוש, ירושלים תשע"א
ספראי, משנה ראש השנה	ש' וז' ספראי (בהשתתפות ח' ספראי), משנת ארץ ישראל, מסכת ראש השנה (מועד ח, חלק שני), עם מבוא ופירוש, ירושלים תשע"א
ספראי, משנה פסחים	ש', ז' וח' ספראי, משנת ארץ ישראל, מסכת פסחים (מועד ד) עם מבוא ופירוש, ירושלים תשס"ט
ספראי, משנה קידושין	ז' וח' ספראי, משנת ארץ ישראל, מסכת קידושין, אלון שבות 2020
ספראי, משנה תענית	ז' וח' ספראי, משנת ארץ ישראל, מסכת תענית ומגילה (מועד ט), ירושלים 2010
סתיו, מבית לפרוכת	א' סתיו, מבית לפרוכת, פשט, עיון ומשמעות בעבודת יום הכיפורים, אלון שבות תשע"ו
עולם התנ"ך, אסתר	עולם התנ"ך, מגילות, עורך ראשי: י' קליין, תל אביב 2002
עולם התנ"ך, דברים	עולם התנ"ך, ספר דברים, עורך ראשי: מ' וינפלד, תל אביב 1999
עולם התנ"ך, ויקרא	עולם התנ"ך, ויקרא, עורך ראשי: מ' ויינפלד, תל אביב 2007
עולם התנ"ך, תרי עשר ב	עולם התנ"ך, תרי עשר ב', עורך ראשי: ז' וייסמן, תל אביב 2002
עמנואל, לא מסרן	י' עמנואל, "לא מסרן הכתוב אלא לחכמים", המעין טו, ב (תשל"ה), עמ' 27–41
פוזן, פרשגן בראשית	ר"ב פוזן, פרשגן, ביאורים פירושים ומקורות לתרגום אונקלוס, בראשית, ירושלים תשע"ג

פוזן, פרשגן שמות	ר"ב פוזן, פרשגן, ביאורים פירושים ומקורות לתרגום אונקלוס, שמות, ירושלים תשע"ד
פילון, כתבים	פילון האלכסנדרוני, כתבים, כרך ב-ג, בעריכת: ס' דניאל־נטף, ירושלים תש"ס
פומרנצ'יק, עמק ברכה	א' פומרנצ'יק, עמק ברכה, תל אביב תשל"ד
פיקסלר, מחלוקות	אוהד פיקסלר, "מחלוקות בית שמאי ובית הלל" באתר VBM
פיקסלר, פטור נשים	דרור פיקסלר, "פטור נשים ממצוות עשה שהזמן גרמן במשנת הרמב"ם", סיני קלא (תשס"ג), עמ' מא-נג
פרומר, כבתה אין זקוק לה	מ' פרומר, "כבתה אין זקוק לה והדלקה עושה מצוה", שיר למעלות ב (תש"ס), עמ' 23-31
פרופ, שמות	W.H.C. Propp, *Exodus 1-18*, The Anchor Bible, Doubleday, New York 1999
פרי, מקבילים נפגשים	מ' פרי, "מקבילים נפגשים, הארות על עיצובן הספרותי של משניות יומא", נטועים יג (תשס"ה), עמ' 27-51
פריאל, טהרת המצורע	י' פריאל, "טהרת המצורע כחנוכת הכהנים", אורשת ג (תשע"ב), עמ' 35-41
פרימר, נשים ומניין	A.A. Frimer, "Women and Minyan", Tradition 23:4 (1988), pp. 54-77
פרימר, קריאת מגילה	A.A Frimer, "Women's Megilla Reading", Traditions and Celebrations for the Bat Mitzvah, O.W.Elper, editor, Jerusalem 2003, pp. 281-304
פריש, מגילת אסתר	ע' פריש, "בין מגילת אסתר לספר מלכים", מחקרי חג 3 (תשנ"ב), עמ' 25-35

פריש, פרשת נח	א' פריש, "בין פרשת נח לפרשיות המשכן", מגדים נא (תש"ע), עמ' 9–24
פרנקל, סיפור האגדה	י' פרנקל, סיפור האגדה – אחדות של תוכן וצורה, תל אביב 2001
קדרי, מילון	מ"צ קדרי, מילון העברית המקראית, רמת גן תשס"ו
קהת, מנחת הביכורים	ב' קהת, "מנחת הביכורים וקרבן העומר", מגדים נז (תשע"ח), עמ' 7–19
קויפמן, תולדות	י' קויפמן, תולדות האמונה הישראלית, מימי קדם עד סוף בית שני, ירושלים ותל אביב, תשכ"ט
קוק, אורות התורה	הרב א"י הכהן קוק, אורות התורה, ירושלים תשמ"ה
קיל, דעת מקרא שמואל	י' קיל, ספר שמואל, דעת מקרא, ירושלים תשמ"ח
קליין, אין בין	ח' קליין "אין בין פתח לפנימיות המשנה", ביכורים ב (תשמ"ה), עמ' 90–104, ביכורים ג (תשמ"ו) עמ' 94–107
קליין, חג השבועות	נ' קליין, "חג השבועות בימי אסא", ובחג השבועות – קובץ מאמרים על חג השבועות, עורך: י' ברזילאי, אלון שבות תשפ"ב, עמ' 41–57
קלמן, המן והנקה	ת' קלמן, "פרשת בשלח המן והנקה", אתר כיפה, https://katzr.net/fcfcc6
קנוהל ונאה, מילואים וכיפורים	י' קנוהל וש' נאה, "מילואים וכיפורים", תרביץ סב (תשנ"ג), עמ' 17–44
קנוהל, פולמוס הכתות	י' קנוהל, "פולמוס הכיתות בימי בית שני והאסכולות הכהניות שבתורה: שאלת שיתוף העם בעבודת המקדש במועדים", תרביץ ס (תשנ"א), עמ' 139–146
קץ, ועשו לי	ב' קץ, "'ועשו לי מקדש ושכנתי בתוכם'", מגדים ו (תשמ"ח), עמ' 17–21

קרלינסקי, ארבעה צומות	ח' קרלינסקי, "ארבעה צומות החורבן לאור ההלכה בזמננו", אור המזרח טז (תשכ"ז), עמ' 184–191
ראק, העומר	י' ראק, "העומר, ספירת העומר וחג השבועות", אתר VBM
רב עמרם גאון, סדר	רב עמרם גאון, סדר רב עמרם גאון, ערוך ומוגה על פי כתבי יד ודפוסים עם השלמות, שנויי נוסחאות ומבוא בידי ד' גולדשמידט, ירושלים תשל"ב
רבינוביץ, יד פשוטה	נ"א רבינוביץ, משנה תורה הוא היד החזקה לרמב"ם עם פירוש יד פשוטה, מעלה אדומים תשס"ח
רובינשטיין, ההיסטוריה של הסוכות	J.L., Rubenstein, A History of Sukkot in the Second Temple and Rabbinic Periods, Maryland 2020
רוזנברג, פסח כקרבן	ח' רוזנברג, "פסח כ'קרבן ה'', פרשת הפסח בספר במדבר (ט', א-יד) כעיצוב מחודש של קורבן הפסח", מגדים סא (תשפ"ב), עמ' 7-27
רוזנסון, רוח הקודש	י' רוזנסון, "היסטוריה, ספרות ורוח הקודש – על אחד מענייניה של מגילת אסתר", הדסה היא אסתר, עורך: א' בזק, אלון שבות תשנ"ז, עמ' 225-236
רון, ממחרת השבת	א' רון, "ממחרת השבת", מגדים ט (תשנ"ב), עמ' 37-42
רזניקוביץ, חיוב ורשות	א' רזניקוביץ, "על חיוב ורשות נשים בהבדלה, ברכות ק"ש וסיפור יציאת מצרים", אסיף ב (תשע"ה), עמ' 193-216
רייזל, מבוא למדרשים	ע' רייזל, מבוא למדרשים, אלון שבות תשע"א
רימון, הגדה	י"צ רימון, הגדה של פסח, שירת מרים, הגדה ממקורה, ירושלים תשע"ג
רפל, מועדי ישראל	י' רפל, מועדי ישראל, אנציקלופדיה לשבת ולמועדי ישראל, ירושלים 2007 (הדפסה שישית)

רפפורט, מקבים א׳	א׳ רפפורט, ספר מקבים א׳: מבוא, תרגום ופירוש, הוצאת יד יצחק בן צבי, ירושלים תשס״ד
שביב, חנוכה	י׳ שביב, ״חנוכה ומגוון פניה״, צהר יז (תשס״ד), עמ׳ 100-92
שביב, יום הכיפורים	י׳ שביב, ״יום הכיפורים – חג החירות והשמחה״, וביום צום כיפור ייחתמון, קובץ מאמרים על יום הכיפורים, עורך: א׳ בזק, אלון שבות תשס״ה, עמ׳ 32-25
שביב, מדוע פתחה	י׳ שביב, ״מדוע פתחה שבת במלאכת הוצאה״, סיני קה (תש״ן), עמ׳ רכח-רל
שביב, מקרא ביכורים	י׳ שביב, ״למיקומן של מצוות מקרא ביכורים ווידוי מעשרות״, מגדים י (תש״ן), עמ׳ 44-39
שביב, קידושין	י׳ שביב, ״קידושין פרק ראשון – סדר ותבנית״, נטועים ג (אייר תשנ״ו), עמ׳ 58-39
שביב, ראש השנה	י׳ שביב, ״מסכת ראש השנה – בעיות ופתרונות״, נטועים א (טבת תשנ״ד), עמ׳ 18-11
שביד, מחזור הזמנים	א׳ שביד, ספר מחזור הזמנים: משמעותם של חגי ישראל, רעננה תשמ״ד
שוורץ, מקבים ב׳	ד׳ שוורץ, ספר מקבים ב׳: מבוא, תרגום ופירוש, הוצאת יד יצחק בן צבי, ירושלים תשס״ד
שורץ, ענני כבוד	ח״א שורץ, ״ענני כבוד או סוכות ממש?״, https://www.yeshiva.org.il/midrash/19220
שושן, סיפור חוני	מ׳ שושן, ״סיפור חוני המעגל במשנה, תענית ג, ח: מקרה מבחן של מלאכת הסיפור במשנה״, מחקרי ירושלים בספרות עברית כו (תשע״ג), עמ׳ 20-1
שחר, הגזרה	י׳ שחר, ״הגזרה על טומאת ארץ העמים״, בתוך: ההלכה – הקשרים רעיוניים ואידיאולוגיים גלויים וסמויים, מכון ון־ליר, ירושלים תשע״ב, עמ׳ 183-167

שחר, חורבן הבית	י' שחר, "חורבן הבית בתפיסתו של רבי עקיבה ועיצוב תעניות החורבן", ציון סח (תשס"ג), עמ' 165-145
שטינפלד, מרובה בגדים	צ"א שטינפלד, "למשמעו של מרובה בגדים", סיני צא א/ב (תשמ"ב), עמ' כג-מג
שטרן, המשל במדרש	ד' שטרן, המשל במדרש, סיפורת ופרשנות בספרות חז"ל, ישראל 1995
שטרנברג, הכוהנים הלוויים	ע' שטרנברג, "הכוהנים, הלוויים והבכורות", מגדים מז (תשס"ח), עמ' 79-55
שטרנברג, ובדברך עשיתי	ע' שטרנברג, "'ובדברך עשיתי' – סיפורי אליהו ואלישע", מגדים סא (תשפ"ב), עמ' 92-75
שטרנברג, יחסי חוק וסיפור	ע' שטרנברג, "יחסי חוק וסיפור במקרא בעיני חז"ל", נטועים כא (תש"ף), עמ' 26-1
שטרנברג, מלך במשפט	ע' שטרנברג, "'מלך במשפט יעמיד ארץ' (משלי כ"ט ד)", מסכת ד (תשס"ו), עמ' 193—171
שטרנברג, נושאים נלווים	ע"י שטרנברג, "תפקידם הספרותי של הנושאים הנלווים במשנה", אורשת ח (תשע"ה), עמ' 199-173
שטרנברג, שימני כחותם	ע"י שטרנברג, "'שימני כחותם על לבך' – זוית פרשנית חדשה במגילה שיר השירים", מגדים לו (תשס"ג), עמ' 120-95
שיטת הבחינות	שיטת הבחינות של הרב מרדכי ברויאר, בהוצאת תבונות, י' עופר וי' יעקבס עורכים, אלון שבות תשע"ב
שילת, מהלכות המועדים	י' שילת, "מהלכות המועדים, בענין עירוב והוצאה ליום הכיפורים", מעליות א (תש"מ), עמ' 42-38
שם משמואל	ש' סאכטשאב, ספר שם משמואל, ירושלים תשנ"ב

שמאע, לא הגידה	א' שמאע, "מדוע לא הגידה אסתר את עמה ואת מולדתה?", הדסה היא אסתר, עורך: א' בזק, אלון שבות תשנ"ז, עמ' 237–248
שמאע, שתי מגמות	א' שמאע, "שתי מגמות בחנוכת המשכן והשתקפותן בתורת הקרבנות", מגדים ב (תשמ"ז), עמ' 32–44
שמש, דיני הבכורות	א' שמש, "דיני הבכורות ומעשר הבהמה בספרות קומראן ובהלכת חז"ל", מגילות ג (תשס"ה), עמ' 143–161
שמש, מלאכי הקודש	A., Shemesh, "'The Holy Angels are in their Council': The Exclusion of Deformed Persons from Holy Places in Qumranic and Rabbinic Literature", Dead Sea Discoveries 4, 2 (1997), pp. 179-206
שנוולד, חג הסוכות	א"ח שנוולד, "חג הסוכות וסגולת ישראל", סוכת שילה, אסופת מאמרים לסוכות וקהלת, עורך: ש' מייזליש, ירושלים תשס"ב, עמ' 101–148
שניאורסון, ליקוטי שיחות	מ"מ שניאורסון, ליקוטי שיחות, כרך ו, ברוקלין תשנ"ט; כרך יח, ברוקלין תש"ס
שפירא, אש קודש	ק"ק שפירא (האדמו"ר מפיאסצנה), אש קודש, ירושלים תש"ך
שפרבר, מנהגי ישראל, ה	ד' שפרבר, מנהגי ישראל, מקורות ותולדות, כרך ה, ענייני חנוכה, ירושלים תשנ"ה
שפרבר, מנהגי ישראל, ח	ד' שפרבר, מנהגי ישראל, מקורות ותולדות, כרך ח, ירושלים תשס"ז
שפרבר, מצוות ולקחתם	ד' שפרבר, "מצוות 'ולקחתם' בחג הסוכות", סדרא טו (תשנ"ט), עמ' 167–179
שרון, מסיני לאתיופיה	ש' שרון, מסיני לאתיופיה, עולמה ההלכתי והרעיוני של יהדות אתיופיה, תל אביב 2012

שרייבר, לחם עוני	א׳ שרייבר, ״לחם עוני בארץ עניי״, אורשת ג (תשע״ב), עמ׳ 43–51
תבורי, מועדי ישראל	י׳ תבורי, מועדי ישראל בתקופת המשנה והתלמוד, ירושלים תשנ״ה
תבורי, פסח דורות	י׳ תבורי, פסח דורות, פרקים בהתפתחות ליל הסדר, תל אביב 2002

בספר מופיעים השירים הבאים:

עמ' 1 מי אוהב את השבת / אהוד מנור

עמ' 248 שרק תחייך / יובל דיין ואבי אוחיון

עמ' 248 אנחנו לא צריכים / אבי קורן

אנו מודים לכל היוצרים שהביעו את הסכמתם לשימוש ביצירתם. המערכת עשתה ככל יכולתה על מנת לאתר את בעלי הזכויות של כל החומר שנלקח ממקורות חיצוניים. אנו מתנצלים על כל השמטה או טעות, ואם יובאו לידיעתנו, נפעל לתקנן במהדורות הבאות.